中华传世藏书

【图文珍藏版】

二十五史

姜涛⊙主编

线装书局

窦建德传

【题解】

窦建德(573~621),贝州漳南(今山东武城东北)人。世代为农。公元611年,他的全家被隋官屠杀,于是率领二百人加入农民起义军。建德招收贤能,与士卒同甘苦,远近的人都来归附,到616年,已有兵士十余万人。617年,在乐寿(今河北献县)建国,自称长乐王。618年,自称夏国王,619年,消灭宇文化及,自称夏帝。在隋末农民起义领袖中,窦建德是一个最杰出、最有器局的人物,所以声势日盛,他领导的夏,成为黄河以北地区的大国。但称帝后,他的骄矜气滋长,曾听信谗言,杀害大将王伏宝和直臣宋正本,最后走上败亡的道路,被李世民消灭。

【原文】

窦建德,贝州漳南人也。少时,颇以然诺为事。尝有乡人丧亲,家贫无以葬,时建德耕于田中,闻而叹息,遽辍耕牛,往给丧事,由是大为乡党所称。初,为里长,犯法亡去,会赦得归,父卒,送葬者千余人,凡有所赠,皆让而不受。

大业七年,募人讨高丽,本郡选勇敢尤异者以充小帅,遂补建德为二百人长。时山东大水,人多流散,同县有孙安祖,家为水所漂,妻子馁死。县以安祖骁勇,亦选在行中。安祖辞贫,自言漳南令,令怒笞之。安祖刺杀令,亡投建德,建德舍之。是岁。山东大饿,建德谓安祖曰:"文皇帝时,天下殷盛,发百万之众以伐辽东,尚为高丽所败。今水潦为灾,黎庶穷困,而主上不恤,亲驾临辽;加以往岁西征,疮痍未复,百姓疲弊,累年之役,行者不归,今重发兵,易可摇动。丈夫不死,当立大功,岂可为逃亡之虏也。我知高鸡泊中广大数百里,莨蒲阻深,可以逃难,承间而出虏掠,足以自资。既得聚人,且观时变,必有大功于天下矣。"安祖然其计。建德招诱逃兵及无产业者,得数百人,令安祖率之,入

窦建德

泊中为群盗,安祖自称将军。玖人张金称亦结聚得百人,在河阻中。鄃人高士达又起兵得千余人,在清河界中。时诸盗往来漳南者,所过皆杀掠居人,焚烧舍宅,独不入建德之间。由是郡县意建德与贼徒交结,收系家属,无少长皆杀之。建德闻其家被屠灭,率麾下二百人亡归士达。士达自称东海公,以建德为司兵。后安祖为张金称所杀,其兵数千人又尽归于建德。自此渐盛,兵至万余人,犹往来高鸡泊中。每倾身接物,与士卒均执勤

苦,由是能致人之死力。

十二年,涿郡通守郭绚率兵万余人来讨士达。士达自以智略不及建德,乃进为军司马,咸以兵授焉。建德既初董群,欲立奇功以威众贼,请士达守辎重,自简精兵七千人以拒绚,诈为与士达有隙而叛之。士达又宣言建德背亡,而取房获妇人给为建德妻子,于军中杀之。建德伪遣人遗绚书请降,愿为前驱,破士达以自效。绚信之,即引兵从建德至长河界,期与为盟,共图士达。绚兵益懈而不备,建德袭之,大破绚军,杀略数千人,获马千余匹,绚以数十骑遁走,遣将追及于平原,斩其首以献士达。由是建德之势益振。

隋遣太仆卿杨义臣率兵万余人讨张金称,破之于清河。所获贼众皆屠灭,余散在草泽间者复相聚而投建德。义臣乘胜至平原,欲入高鸡泊中,建德谓士达曰:"历观隋将,善用兵者唯义臣耳,新破金称。远来袭我,其锋不可当。请引兵避之,令其欲战不得,空延岁月,将士疲倦,乘便袭击,可有大功,今与争锋,恐公不能敌也。"士达不从其言,因留建德守壁,自率精兵逆击义臣,战小胜,而纵酒高宴,有轻义臣之心,建德闻之曰:"东海公未能破贼而自矜大,此祸至不久矣。隋兵乘胜,必长驱至此,人心惊骇,吾恐不全"遂留人守壁,自率精锐百余据险,以防士达之败。后五日,义臣果大破士达,于阵斩之,乘势追奔,将围建德。守兵既少,闻士达败,众皆溃散。建德率百余骑亡去,行至饶阳,观其无守备,攻陷之,抚循士众,人多愿从,又得三千余兵。

初,义臣既杀士达,以为建德不足忧。建德复还平原,收士达败兵之死者,悉收葬焉。为士达发丧,三军皆缟素。招集亡卒,得数千人,军复大振,始自称将军。初,群盗得隋官及山东士子皆杀之,唯建德每获士人,必加恩遇。初得饶阳县长宋正本,引为上客,与参谋议。此后隋郡长吏稍以城降之,军容益盛,胜兵十余万人。

十三年正月,筑坛场于河间乐寿界中,自称长乐王,年号丁丑,署置官属。七月,隋遣右翊卫将军薛世雄率兵三万来讨之,至河间城南,营于七里井。建德闻世雄至,选精兵数千人伏河间南界泽中,悉拔诸城伪遁,云亡入豆子䴚中。世雄以为建德畏己,乃不设备。建德觇知之,自率敢死士一千人袭击世雄。会云雾昼晦,两军不辨,隋军大溃,自相踏藉,死者万余,世雄以数百骑而遁,余军悉陷。于是建德进攻河间,频战不下。其后城中食尽,又闻炀帝被弑,郡丞王琼率士吏发丧,建德遣使吊之,琼因使者请降,建德退舍具馔以待焉。琼率官属素服面缚诣军门,建德亲解其缚,与言隋亡之事,琼俯伏悲哀,建德亦为之泣。诸贼帅或进言曰:"琼拒我久,杀伤甚众,计穷方出,今请烹之。"建德曰:"此义士也。方加擢用,以励事君者,安可杀之?往在泊中共为小盗,容可恣意杀人,今欲安百姓以定天下,何得害忠良乎?"因令军中曰:"先与王琼有隙者,今敢动摇,罪三族。"即日授琼瀛州刺史。始都乐寿,号曰金城宫,自是郡县多下之。

武德元年冬至日,于金城宫设会,有五大岛降于乐寿,众鸟数万从之,轻日而去,因改年为五凤。有宗城人献玄圭一枚,景城丞孔德绍曰:"昔夏禹膺箓,天赐玄圭。今瑞与禹同,宜称夏国。"建德从之,先是,有上谷贼帅王须拔自号漫天王,拥众数万,入掠幽州,中流矢而死。其亚将魏刀儿代领其众,自号历山飞,入据深泽,有徒十万。建德与之和,刀儿因弛守备,建德袭破之,又尽并其地。

二年，宇文化及僭号于魏县，建德谓其纳言宋正本、内史侍郎孔德绍曰："吾为隋之百姓数十年矣，隋为吾君二代矣。今化及杀之，大逆无道，此吾雠矣，请与诸公讨之，何如？"德绍曰："今海内无主，英雄竞逐，大王以布衣而起漳浦，隋郡县官人莫不争归附者，以大王仗顺而动，义安天下也。宇文化及与国联姻，父子兄弟受恩隋代，身居不疑之地，而行弑逆之祸，篡隋自代，乃天下之贼也。此而不诛，安用盟主！"建德称善。即日引兵讨化及，连战大破之。化及保聊城。建德纵撞车抛石，机巧绝妙，四面攻城，陷之。建德入城，先谒隋萧皇后，与语称臣。悉收弑炀帝元谋者宇文智及、杨士览、元武达、许弘仁、孟景，集隋文武官对而斩之，枭首辕门之外。化及并其二子同载以槛车，至大陆县斩之。

建德每平城破阵，所得资财，并散赏诸将，一无所取。又不肉，常食唯有菜蔬、脱粟之饭。其妻曹氏不衣纨绮，所使婢妾才十数人。至此，得宫人以千数，并有容色，应时放散。得隋文武官及骁果尚且一万，亦放散，听其所去。又以隋黄门侍郎裴矩为尚书左仆射，兵部侍郎崔君肃为侍中，少府令何稠为工部尚书，自余随才拜授，委以政事。其有欲往关中及东都者亦恣听之，仍给其衣粮，以兵援之，送出其境。攻陷洺州，虏刺史袁子洺。迁都于洺州，号万春宫。遣使往灌津，祠窦青之墓，置守冢二十家。又与王世充结好，遣使朝隋越王侗于洛阳。后世充废侗自立，乃绝之。始自尊大，建天子旌旗，出警入跸，下书言诏。追谥隋炀帝为闵帝，封齐王暕子政道为郧公。然犹依倚突厥。隋义城公主先嫁突厥，及是遣使迎萧皇后，建德勒兵千余骑送之入蕃，又传化及首以献公主。既与突厥相连，兵锋益盛。

九月，南侵相州，河北大使淮安王神通不能拒，退奔黎阳。相州陷，杀刺史吕珉。又进攻卫州，陷黎阳，左武卫大将军李世勣、皇妹同安长公主及神通并为所虏。滑州刺史王轨为奴所杀，携其首以奔建德，曰："奴杀主为大逆，我何可纳之。"命立斩奴，而返轨首于滑州。吏人感之，即日而降。齐、济二州及兖州贼帅徐圆朗皆闻风而下。建德释李世勣，使其领兵以镇黎州。

三年正月，世勣舍其父而逃归，执法者请诛之，建德曰："勣本唐臣，为我所虏，不忘其主，逃还表朝，此忠臣也，其父何罪！"竟不诛。舍同安长公主及神通于别馆，待以客礼。高祖遣使与之连和，建德即遣公主与使俱归。尝破赵州，执刺史张昂、邢州刺史陈君宾、大使张道源等，以侵轶其境，建德将戮之。其国子祭酒凌敬进曰："夫犬各吠非其主，今邻人坚守，力屈就擒，此乃忠确士也。若加酷害，何以劝大王之臣乎？"建德盛怒曰："我至城下，犹迷不降，劳我师旅，罪何可赦？"敬又曰："今大王使大将军高士兴于易水抗御罗艺，兵才至，士兴即降，大王之意复为可不？"建德乃悟，即命释之。其宽厚从谏，多此类也。

又遣士兴进围幽州，攻之不克，退军于笼火城，为艺所袭，士兴大溃。先是，其大将王伏宝多勇略，功冠等伦，众帅嫉之。或言其反，建德将杀之，伏宝曰："我无罪也，大王何听谗言，自斩左右手乎？"既杀之，后用兵多不利。

九月，建德自帅师围幽州，艺出兵与战，大破之，斩首千二百级。艺兵频胜而骄，进袭其营，建德列阵于营中，填堑而出，击艺败之。建德薄其城，不克，遂归洺州。其纳言宋正本好直谏，建德又听谗言杀之。是后人以为诫，无复进言者，由此政教益衰。

先，曹州济阴人孟海公拥精兵三万，据周桥城以掠河南之地。其年十一月，建德自率兵渡河以击之。时秦王政王世充屯于洛阳，建德中书舍人刘斌说建德曰："今唐有关内，郑有河南，夏居河北，此鼎足相持之势也。闻唐兵悉众攻郑，首尾二年，郑势日蹙而唐兵不解。唐强郑弱，其势必破郑，郑破则夏有齿寒之忧。为大王计者，莫若救郑，郑拒其内，夏攻其外，破之必矣。若却唐全郑，此常保三分之势也，若唐军破后而郑可图，则因而灭之，总二国之众，乘唐军之败，长驱西入，京师可得而有，此太平之基也。"建德大悦曰："此良策矣。"适会世充遣使乞师于建德，即遣其职方侍郎魏处绘入朝，请解世充之围。

四年二月，建德克周桥，虏海公，留其将范愿守曹州，悉发海公及徐圆朗之众来救世充。军至滑州，世充行台仆射韩洪开城纳之，遂进逼元州、梁州、管州，皆陷之，屯于荥阳。三月，秦王入武牢，进薄其营，多所伤杀，并擒其将殷秋、石瓒。时世充弟世辨为徐州行台，遣其将郭士衡领兵数千人从之，舍众十余万，号为三十万，军次成皋，筑宫于板渚，以示必战。又遣闻使约世充共为表里。经二月，迫于武牢，不得进。秦王遣将军王君廓领轻骑千余抄其粮运，获其大将张青特，虏获甚众。

建德数不利，人情危骇，将帅已下破孟海公，皆有所获，思归洺州。凌敬进说曰："宜悉兵济河，攻取怀州河阳，使重将居守。更率众鸣鼓建旗，逾太行，入上党，先声后实，传檄而定。渐趋壶口，稍骇蒲津。收河东之地，此策之上也。行此必有三利：一则入无人之境，师有万全；二则拓土得兵；三则郑围自解。"建德将从之，而世充之使长孙安世阴赍金玉洺其诸将，以乱其谋。众咸进谏曰："凌敬书生耳，岂可与言战乎？"建德从之，退而谢敬曰："今众心甚锐，此天赞我矣。因此决战，必将大捷。已依众议，不得从公言也。"敬固争，建德怒，扶出焉。其妻曹氏又言于建德曰："祭酒之言可从，大王何不纳也？请自滏口之道，乘唐国之虚，连营渐进，以取山北，又因突厥西抄关中，唐必还师以自救，此则郑围解矣。今顿兵武牢之下，日月淹久，徒为自苦，事恐无功。"建德曰："此非女子所知也。且郑国悬命，朝暮以待吾来，既许救之，岂可见难而退，示天下以不信也？"于是悉众进逼武牢，官军按甲挫其锐。

及建德结阵于汜水，秦王遣骑挑之，建德进军而战，窦抗当之。建德少却，秦王驰骑深入。反覆四五合，然后大破之。建德中枪，窜于牛口渚，车骑将军白士让、杨武威生获之。先是，军中有童谣曰："豆入牛口，势不得久。"建德行至牛口渚，甚恶之，果败于此地。

建德所领兵众，一时奔溃，妻曹氏及其左仆射齐善行将数百骑遁于洺州。余党欲立建德养子为主，善行曰："夏王平定河朔，士马精强，一朝被擒如此，岂非天命有所归也？不如委心请命，无为涂炭生人。"遂以府库财物悉分士卒，各令散去。善行乃与建德右仆射裴矩、行台曹旦及建德妻率伪官属举山东之地，奉传国等八玺来降。七月，秦王俘建德至京师，斩于长安市，年四十九。自起军至减，凡六岁。河北悉平。其年，刘黑闼复盗据山东。

【译文】

窦建德，贝州漳南县人。年幼时，常干一些重许诺的义举。曾有一个同乡亲人去世，家里贫穷无法埋葬，当时建德正在田里犁地，听到这事后不禁叹息，突然中止犁地，把耕牛送去充作办丧事的费用，由此大为乡里所称道。起初，建德当里长，因犯法逃亡，遇上朝廷发布大赦令，又回到家乡。他父亲去世，送葬的有一千多人。所有送给他的礼物，他都推辞不受。

大业七年，朝廷募兵讨伐高丽，本郡挑选特别勇敢的人充当军队的小头目，于是委任建德做二百人长。当时太行山以东地区发生大水灾，百姓流散逃亡，同县有一个叫孙安祖的人，家被水淹，妻子儿女饿死。县里认为安祖骁勇，也选中他从军出征。安祖以家贫为由推辞，亲自向漳南县令报告，县令发怒鞭打他。安祖刺杀县令，逃到建德这里，建德安排他住下。这一年，太行山以东地区发生大饥荒，建德对安祖说："隋文帝的时候，天下繁盛，朝廷征集百万大军征讨辽东，尚且被高丽打败。现今大水成灾，百姓穷困，而皇上不加抚恤，却亲自驾临辽水；加上往年西征，国家所受的创伤尚未平复，百姓疲弊，连年的兵役徭役，应征的人只去不回，现在又再次征兵，天下轻易就可以摇动。大丈夫不死，当建立大功业，岂可做一名逃亡的贼寇！我知道高鸡泊中广大，方圆数百里，有蒲草阻隔，可以避难，再趁机出来抢掠，足可以自己供给自己。你在那里可以聚集民众，观察时世的变化，将来定会为天下人立大功。"安祖赞成他的计划。建德招聚、引诱逃兵和没有产业的百姓，得到数百人，让安祖统率，入泊中当强盗，安祖自称将军。当时玡县人张金称也聚集百人，居于黄河的险阻之处；鄃县人高士达又起兵反隋，有千余人，在清河县境内。当时各路盗贼往来于漳南的，所到之处都杀掠居民，焚烧住宅，唯独不进入建德的居里。因此郡县官猜测建德同盗贼交结，于是逮捕他的家属，不论长幼，全部杀死。建德听到他的家被杀绝的消息后，率领手下二百人投奔士达。士达自称东海公，让建德任司兵。后来安祖被张金称杀死，他的部队数千人又全归属建德。从此声势渐盛，军队达到一万多人，仍活动于高鸡泊中。建德常竭尽全力待人，和士兵一样干劳苦的工作，因此能使他人为他尽死力。

大业十二年，涿郡通守郭绚率领一万多名士兵来征讨士达。士达自认为智谋赶不上建德，于是让建德升任军司马，把军队全交给他指挥。建德初次统领全部人马，想立奇功以使盗贼们畏服，于是请士达看守军用物资，自己挑选精兵七千人抵御郭绚，假装成与士达有嫌隙而背叛他的样子。士达又宣称建德背叛自己，带兵逃走，而且找来一个虏获的妇女，伪称是建德的妻子，在军中把她杀了。建德派人给郭绚送信，假装请求投降，说自己愿充当前锋，击破士达，以此为郭绚效力。郭绚相信他的话，便领兵跟随建德到达长河县境，期望与他订立盟约，共同对付士达。郭绚的军队更加松懈，毫无防备，建德乘机袭击，大破郭绚的部队，杀死、劫掠数千人，获得马一千多匹，郭绚带领数十名骑兵逃走，建德派手下将领在平原追上他，砍下了他的头献给士达。从此建德的势力更加兴盛。

隋朝派太仆卿杨义臣率士兵一万多人讨伐张金称，在清河击破他，将所俘获的贼寇全部杀死，其余逃散在荒野之间的又聚集一起，投奔建德。义臣乘胜到平原，想进入高鸡泊中，建德对士达说："遍观隋朝将领，善于用兵的只有义臣一人而已。现在他新破金称，从远方来袭击我们，锋一正锐不可当。我请求领兵避开他，让他想打又打不成，白白拖延岁月,那时战士疲倦,我们乘便袭击,便可建立大功。现在同他争斗以决胜负,恐怕您不是他的对手。"士达不听他的话,于是留建德守营,自己率精兵迎击义臣,战斗取得小胜,士达便设盛宴狂饮,有轻视义臣之心。建德知道这事后说:"东海公没有能破敌却骄傲自大,这样灾祸临头就不会很远了。隋军乘胜,一定会顺利地前进到这里,那时人心惊恐,我们怕不能自全。"于是留人守营,自己率领精锐士兵一百多人占据险要之地,以预防士达的失败。过了五天,义臣果然大破士达,在阵上杀死他,并乘势追击逃敌,准备围攻建德。建德的守兵既少,得知士达失败,又全部溃散,建德带领一百多名骑兵逃跑,走到饶阳县,发现城里不设防,便攻陷了它,安抚士人百姓,人们多愿跟从,又得到士兵三千多名。

起初,义臣杀了士达后,认为建德不值得忧虑。于是建德又回到平原,收集士达已战死的败兵的尸体,都加以埋葬。公布士达逝世的消息,部队全穿白色丧服。招集已逃散的士达士兵,得到数千人,军队再次振兴,开始自称将军。起初,各路盗贼获得隋朝官吏及山东士人都杀掉,只有建德每次得到士人,必定以德惠相待。最初得到饶阳县长宋正本,待为上宾,让他参与军政大事的谋议。这以后隋朝的郡县长官逐渐献城投降,建德军容更盛,有优秀的士兵十余万。

大业十三年正月,建德在河间郡乐寿县境内筑坛场祭祀,自称长乐王,年号丁丑,设置官职并任命官吏。七月,隋朝派右翊卫将军薛世雄率领三万军队前来讨伐,到达河间城南,扎营于七里井。建德得知世雄的军队已到,挑选精兵数千人埋伏于河间南境的沼泽地中,全部从各城撤出军队,假装逃跑,放出话说,已逃入豆子航中。世雄以为建德害怕自己,于是不设防。建德侦察到这一情况,亲自率领敢于赴死的战士一千人袭击世雄。正好遇上白昼大雾,天色昏暗,敌我两军无从分辨,隋军惊逃溃散,自相践踏,死的人有一万多,世雄带领数百名骑兵逃走,余下的军队全部被俘。于甚建德进攻河间,打了多次未能攻下。以后城中粮食用完,又听说炀帝被杀。郡丞王琮率领城中的上卒官吏公布炀帝逝世的消息,建德派使者去吊唁,王琮通过使者请求投降,建德于是撤走围城的军队,备好食物等待王琮。王琮率领郡中佐吏穿白色衣服反绑双手到营门投降,建德亲自给他解开绳子,同他谈到隋亡的事,王琮俯伏在地,非常悲哀,建德也为此而哭泣。贼将们有的向建德进言说:"王琮抵抗我们很久,杀伤我们的士兵甚多,无计可施才出来投降,现在我们要求对他处以烹刑。"建德说:"这是一位义士,将加以提拔任用,借此鼓励侍奉君主的人,怎么可以杀害他? 从前在高鸡泊中一起当小强盗,也许可以任意杀人,现在要安抚百姓,平定天下,怎么能杀害忠良呢?"于是在军中发布命令说:"从前与王琮有嫌隙的,现在如果胆敢有所动作,罪及父母、兄弟、妻子。"当天便任命王琮为瀛洲刺史。开始在乐寿建都,称为金城宫。从这以后隋朝的郡县多降附建德。

武德元年冬至,建德同僚属在金城宫聚会,有五只大鸟降落到乐寿,各种鸟数万只跟随它们,历时一天才离去,于是改年号为五凤。有一个宗城人进献玄圭一枚,景城县丞孔德绍说:"从前夏禹亲受图歙,应运而兴,上天赐给玄圭。现在的祥瑞和夏禹的时候一样,国名应当改为夏。"建德听从。在这之前,有上谷盗贼首领王须拔自称漫天王,拥有徒众数万,进入幽州劫掠,中流箭身亡。他的副将魏刀儿代他统领徒众,自称历山飞,进据深泽县,有兵士十万。建德同他讲和,刀儿于是放松防备,建德击破他,又兼并他的所有土地。

武德二年,宇文化及在魏县僭越称帝,建德对自己的纳言宋正本、内史侍郎孔德绍说:"我当隋朝的百姓已经数十年了,隋做我的君主已经两代了。现在化及杀死隋帝,大逆不道,这是我的仇敌,请和诸位一起讨伐他,怎么样?"德绍说:"当今海内没有君主,英雄相互竞争,大王以平民的身份兴起于漳水之滨,隋朝的郡县官吏之所以都争相归附,是因为大王坚持顺理而行,用仁义安定天下。宇文化及与天子联姻,父子兄弟都蒙受隋朝的恩惠,身处于不被怀疑的地位,而干弑君谋逆的勾当,篡隋自代,是危害天下的坏人。这样的人不诛杀,要盟主做什么!"建德说他的意见很好。当天就领兵讨伐化及,连续作战都大破敌军。化及守聊城,建德派出撞车抛射石块,打击敌人,装置灵巧绝妙,四面攻城,打下了它。建德入城,先晋见隋朝萧皇后,同她谈话自称臣。全部收捕弑杀炀帝的主谋宇文智及、杨士览、元武达、许弘仁、孟景等,召集隋朝文武官吏,当着他们的面将这些人处斩,首级挂在营门外示众,化及和他的两个儿子都装进囚车,到大陆县处斩。

建德每次平定城池攻破敌阵,所得资财,都分赏给手下的将领,自己一无所取。又不吃肉,平常的食品只有蔬菜、糙米饭,他的妻子曹氏不穿用细绢和有花纹的丝织品做成的衣服,使用的奴婢、侍妾才十几人。到这时候,得到的宫女以千计算,都有姿色,立时释放。得到的隋朝文武官员和骁果将近一万,也全释放,随他们愿意上哪儿都可以。又让隋黄门侍郎裴矩任尚书左仆射,兵部侍郎崔君肃任侍中,少府令何稠任工部尚书,其余官员也随才授职,委以政事。有想到关中及东都去的也听便,还供给他们衣服、粮食,派士兵帮助他们,送他们出自己的国境。攻陷洺州,俘获刺史袁子干。迁都到洺州,称万春宫。派使者往灌津,到窦青的墓上祭祀,为他设置了二十户守墓的人家,又同王世充建立友好关系,派使者到洛阳朝见隋朝越王杨侗。后来王世充废掉杨侗,自立为帝,才同他断绝关系。开始自尊自大,立天子旌旗,像天子那样出入称警跸,发布文书称诏。为隋炀帝追加谥号为闵帝,封齐王杨暕的儿子政道为郧公。但仍依靠突厥。隋朝义城公主早先嫁到突厥,到这时候派使者来迎接萧皇后,建德带领一千多名骑兵送她入突厥,又递送化及的首级献给公主。这以后与突厥联合,兵势更盛。

九月,南侵相州,唐河北大使淮安王李神通不能抵御,逃到黎阳。相州沦陷,杀死刺史吕珉。又进攻卫州,打下黎阳。唐左武卫大将军李世勣、皇妹同安长公主及神通都被俘获。滑州刺史王轨被他的奴仆杀死,这个奴仆携带王轨的头投奔建德,建德说:"奴仆杀死主人是大逆不道,我怎么可以接纳这样的人呢。"命令立刻杀掉这个奴仆,而把王轨的头送回滑州。滑州的官吏百姓感激他,当天就投降。齐、济二州及兖州的盗贼首领徐圆朗都闻风降附。建德释放李世勣,派他领兵镇守黎州。

武德三年正月,李世勣丢下他的父亲逃回唐朝,负责执法的官吏要求杀世勣的父亲,建德说:"世勣原是唐朝的臣子,被我俘获,不忘自己的主人,逃回本朝,这是忠臣,他的父亲有什么罪呢!"竟然不杀世勣的父亲。安排同安长公主和神通住在客馆里,以客礼相待。唐高祖派使者来同建德和好、联合,建德就送公主和使者一起回唐。曾攻破赵州,捉住刺史张昂、邢州刺史陈君宾、大使张道源等,由于他们侵突建德的辖境,建德准备杀掉他们,建德的国子祭酒凌敬进言说:"狗对不是自己的主人的人总要吠叫,现在邻居们坚持防守,力尽就擒,这些人都很忠诚、刚强。如果残酷地加以杀害,用什么来劝励大王的臣子呢?"建德非常生气地说:"我到城下,他们仍坚持错误不投降,使我的军队吃苦受累,这罪怎么可以赦免?"凌敬又说:"现在大王如果派大将军高士兴在易水抵抗罗艺,敌兵刚到,士兴就投降,大王的意思以为可不可以呢?"建德于是醒悟,当即下令释放他们。他的宽厚和听谏。多类似这样。

又派士兴前去围攻幽州,没有能攻下,退兵到笼火城,被罗艺袭击,士兴的军队奔逃溃散。在这之前,建德的大将王伏宝勇猛多谋,功劳在同辈之上,许多将领嫉妒他。有人告他造反,建德要杀他,伏宝说:"我没有罪。大王为什么听信谗言,自己砍去左右手呢?"建德既杀了伏宝,以后作战多失利。

九月,建德亲自领兵包围幽州,罗艺出兵与建德作战,大破建德的军队,斩首级一千二百个。罗艺的军队屡战屡胜,骄傲轻敌,进袭建德的营地,建德在营中列阵,填掉部分营外的壕沟,领兵冲出,回击罗艺,打败了他。建德逼近幽州城,未能攻下它,于是回到洺州。建德的纳言宋正本好直言进谏,建德又听信谗言杀了他。这以后人们以此为戒,不再进言,从此政治教化日益衰落。

起初,曹州济阴人孟海公拥有精兵三万,占据周桥城,以它为据点劫掠黄河以南之地。这一年十一月,建德亲自率兵渡过黄河攻打海公。当时秦王在洛阳攻打王世充,建德的中书舍人刘斌劝建德说:"现在唐占有关内,郑占有河南,夏居于河北,这是三方鼎足相持的形势。听说唐军出动全部人马攻打郑国,前后两年,郑国的势力日减而唐军仍不解除对它的围困。唐强郑弱,那趋势必定会击破郑国,郑被击破,那么夏就会有唇亡齿寒的忧患。为大王考虑,不如援救郑国,郑在内部抵抗,夏从外面进攻,击破唐军是必然的。如果逼唐退兵,保全郑国,这就可以长久地保持天下三分的形势了。如果唐军被击破后而郑可谋取,那就接着灭掉它,再统领两国的军队,利用唐军的失败,长驱西入,京师就可以得到,这是使天下太平的基础。"建德非常高兴地说:"这是好计策啊!"刚巧遇上世充派使者来向建德求救兵,便派他的职方侍郎魏处绘入唐,要求解除对世充的围困。

武德四年二月,建德攻克周桥,俘获海公,留下他的将领范愿守曹州,全部征集海公及徐圆朗的军队来救世充,军队到滑州,世充的行台仆射韩洪打开城门接纳他们进城,于是进逼元州、梁州、管州,全攻下它们,屯兵于荥阳。三月,秦王李世民入虎牢关,进逼建德的营垒,多所杀伤并抓获建德的将领殷秋、石瓒。当时世充的弟弟世辩任徐州行台,派他的将领郭士衡领兵数千人跟随建德,两方的军队合起来共有十余万,号称三十万,驻扎在成皋,又在板渚筑宫室,借以表示一定要同唐决战。又派使者约世充相互呼应、配合。经过两个月,因被虎牢关阻迫,不能前进。秦王派将军王君廓率领轻骑兵千余名走近路袭击建德的运粮队伍,捉住他的大将张青特,其他俘获也很不少。

建德屡次失利,人们的情绪惊惧不安,将帅以下新破孟海公,都各自掠夺到一些东西，想回洺州。凌敬向建德进言说："我们应当全军渡过黄河，攻取怀州河阳县，派重要将领镇守。然后再率领部队，击鼓立旗，越过太行，进入上党，先树立声威，挫折敌方士气，然后进军，这样，无须作战，传递檄文即可使所到之地平定。进而逐渐趋向壶口，惊动蒲津，取得河东之地。这是上策。依此而行必定育三大好处：一是进入无人之境，军队不会受到任何伤害；二是可以扩展领土，得到士兵；三是对郑的围困能自动解除。"建德准备听从凌敬的建议，而世充的使者长孙安世暗中送黄金宝玉引诱建德的将领，让他们扰乱建德的谋划。将领们都进谏说："凌敬不过是个书生，怎么可以同他讨论作战的事呢？"建德听从他们的意见，下朝后谢绝凌敬说："现在大家的意志很坚决，这是上天助我。因此决战，必将大胜。已依从众人的议论，不能听你的话了。"凌敬坚决争辩，建德发怒，命令手下人将他扶出。建德的妻子曹氏又对建德说："祭酒的话可以听从，大王为什么不采纳呢？请由滏口的道路进兵，趁唐国在那儿空虚无备，军营相连逐渐推进，以夺取山北之地，利用突厥的军队向西抄掠关中，唐朝必定回师自救，这样对郑的围困也就解除了。现在驻军于虎牢关下，时间很长，只是自己苦自己。恐怕不会有什么功效。"建德说："这不是女人所能知道的事。而且郑国性命不保，朝朝暮暮等待我们来，我们既已答应援救，怎么可以见难而退，向天下人表明我们不讲信用呢？"于是全军出动进逼虎牢，官军按兵不动，挫折了建德的锐气。

等到建德在汜水列阵，秦王于是派骑兵挑战，建德进兵攻打唐军，窦抗领兵抵挡他。建德略往后退，秦王率骑兵深入敌阵，反复交战四五次，然后大破建德的军队。建德中枪，逃窜到牛口渚，车骑将军白士让、杨武威活捉了他。在这之前，军中有童谣说："豆入牛口，势力不能长久。"建德走到牛口渚，很厌恶这个名称，果然败于这个地方。

建德所率领的部队，一时间奔逃溃散，他的妻子曹氏和左仆射齐善行带领数百名骑兵逃回洺州。建德的余党想立建德的养子做君主，善行说："夏王平定河北，兵马精强，顷刻间被擒就像这样，难尊不是天命已有所归属了吗？不如倾心于唐，请求保全生命，不要使百姓再受苦受难。"于是把仓库里的财物全分给士兵，让他们各自散去。善行就同建德的右仆射裴矩、行台曹旦及建德的妻子，率领伪夏国官员献上太行山以东的土地及夏皇帝的传国玺等八个印章投降唐朝。七月，秦王带着被俘的建德到京师，在长安的市场上将他处斩，当时他四十九岁。建德从起兵到灭亡，共六年。河北全部平定。这一年，刘黑闼又窃据太行山以东地区反叛朝廷。

杜伏威传

【题解】

杜伏威（597～642），齐州章丘（今属山东）人。家境贫困，无以维生。十六岁时即与辅公祏聚众起事。大业九年（613），率众参加长白山（在今山东长山县）起义军，后向淮南发展，联合当地起义军，众至数万。大业十三年（617），大败隋将陈棱，攻破高邮，进据历阳（今安徽和县）声威大振，逐步占有江淮广大地区。但他未乘势灭隋，却于次年上表隋越王杨侗，被封为楚王，授东南道大总管。其后，李世民派人招降，杜伏威遂于武德二年（619）降唐。被任为东南道行台尚书令、江淮专抚大使，封吴王。武德五年（622），自请入朝，被留居长安。后辅公祏举兵反唐，杜伏威在长专被唐帝毒死。

杜伏威本是隋末一位重要的农民起义首领，由于他对统治阶级存有幻想，为谋取个人的爵位，先后向隋、唐两朝君主称臣，致使一支很有希望的农民起义军队伍被瓦解。

【原文】

杜伏威，齐州章丘人也。少落拓，不治产业，家贫无以自给，每穿窬为盗。与辅公祏为刎颈之交。公祏姑家以牧羊为业，公祏数攘羊以馈之，姑有憾焉，因发其盗事。郡县捕之急，伏威与公祏遂俱亡命，聚众为群盗，时年十六。常营护诸盗，出则居前，入则殿后，故其党咸服之，共推为主。

大业九年，率众入长白山，投贼帅左君行，不被礼，因舍去，转掠淮南，自称将军。时下邳有苗海潮，亦聚众为盗，伏威使公祏谓曰：“今同苦隋政，各兴大义，力分势弱，常恐见擒，何不合以为强，则不患隋军相制。若公能为主，吾当敬从，自揆不堪，可来听命，不则一战以决雄雌。”海潮惧，即以其众归于伏威。江都留守遣校尉宋颢率兵讨之，伏威与战，阳为奔北，引入葭芦中，而从上风纵火，迫其步骑陷于大泽，火至皆烧死。有海陵贼帅赵破阵，闻伏威兵少而轻之，遣使召伏威，请与并力。伏威令公祏严兵居外以待变，亲将十人持牛酒入谒。破阵大悦，引伏威入幕，尽集其酋帅纵酒高会。伏威于坐斩破阵而并其众。由此兵威稍盛，复屠安宜。

炀帝遣右御卫将军陈棱以精兵八千讨之，棱不敢战，伏威遗棱妇人之服以激怒之，并致书号为“陈姥”，棱大怒，悉兵而至。伏威逆拒，自出阵前挑战，棱部将射中其额，伏威怒，指之曰：“不杀汝，我终不拔箭。”遂驰之。棱部将走奔其阵，伏威因入棱阵，大呼冲击，所向披靡。获所射者，使其拔箭，然后斩之，携其首复入棱军备击，杀数十人。棱军大溃，仅以身免。乘胜破高邮县，引兵据历阳，自称总管，分遣诸将略属县，所至辄下，江淮间小盗争来附之。伏威尝选敢死之士五千人，号为“上募”，宠之甚厚，与同甘苦。有攻战辄令上募击之，及战罢阅视，有中在背便杀之，以其退而被击也。所获资财，皆以赏军士，有战死者，以其妻妾殉葬，故人自为战，所向无敌。

宇文化及之反也，署为历阳太守，伏威不受。又移居丹阳，进用人士，大修器械，薄赋敛，除殉葬法，其犯奸盗及官人贪浊者，无轻重皆杀之。仍上表于越王侗，侗拜伏威为东道大总管，封楚王。太宗之围王世充，遣使招之，伏威请降。高祖遣使就拜东南道行台尚书令、江淮以南安抚大使、上柱国，封吴王，赐姓李氏，预宗正属籍，封其子德俊为山阳公，赐帛五千段、马三百匹。伏威遣其将军陈正通、徐绍宗率兵来会。

武德四年，遣其将军王雄诞讨李子通于杭州，擒之以献。又破汪华于歙州，尽有江东、淮南之地，南接于岭，东至于海。寻闻太宗平刘黑闼，进攻徐圆朗，伏威惧而来朝，拜为太子太保，仍兼行台尚书令。留于京师，礼之甚厚，位在齐王元吉之上，以宠异之。初，辅公祏之反也，诈称伏威之令以冶其众，高祖遣赵郡王孝恭讨之。时伏威在长安暴卒。及公祏平，孝恭收得公祏反词，不晓其诈，遽以奏闻，乃除伏威名，籍没其妻子。贞观元年，太宗知其冤，赦之，复其官爵，葬以公礼。

【译文】

杜伏威，齐州章丘人。少年时穷困潦倒，不经营谋生之业，家里贫困无法维持生活，就时常穿壁翻墙偷东西。他与辅公祏结为生死之交。公祏的姑姑家以牧羊为职业，公祏多次偷了羊送给杜伏威，姑姑很恨他们，于是告发了他们的盗窃活动。郡县官吏紧急追捕他们。伏威就同公祏一道逃亡在外，聚集一帮人组成强盗集团，那时他才十六岁。杜伏威经常设法救护众强盗，出击时他冲在前面，返回时他走在后面，所以他的同伙都很佩服他，一致推举他做首领。

大业九年，杜伏威率领众人进入长白山，投奔贼帅左君行，未受到尊重，于是离开那里，转而掳掠淮南，自称将军。当时下邳有个苗海潮，也聚集很多人当强盗，杜伏威派辅公祏去对他说："如今我们共同遭受隋朝暴政之苦，各自为正义而起兵，力量分散、单弱，时常担心被捕捉，为什么不联合在一起，形成强大的势，这样就不怕隋朝军队来遏止我们了。如果您能当首领，我们会尊敬追随您；如果自我估量不能胜任的话，就应归顺我部听从指挥，否则，我们双方打一仗来分个高低。"听了这番话后，苗海潮害怕了，随即率领他的部属归顺杜伏威。江都留守派校尉宋颢领兵征讨他们，杜伏威率部迎战，假装打了败仗往回跑，把敌人引入芦苇丛中，然后从风向的上方放火，迫使敌人的步兵、骑兵都陷入大沼泽地，烈火袭来全被烧死。有个海陵贼帅名叫赵破阵，听说杜伏威兵士少而轻视他，就派使者召唤伏威，求与他合并兵力。杜伏威命令辅公祏整肃军队屯驻在赵营外面等待事态变化，亲自带十个人牵着牛、提着酒入营拜见。赵破阵十分高兴，领杜伏威走进营帐，把所有的头目全召集到一块，举行盛大宴会尽情痛饮。杜伏威在席上斩杀了赵破阵，随即兼并了他的部众。从此杜伏威军队的威力逐渐强盛，随后，他又率兵屠掠了安宜。

隋炀帝派右御卫将军陈棱率领八千精兵讨伐杜伏威，陈棱不敢出战，杜伏威给陈棱送去妇人的衣服，以此来激怒他，并且写信给陈棱，管他叫"陈老太太"，陈棱十分愤怒，带领全部士兵来交战。杜伏威率部迎战抵御，亲自到阵前挑动敌人出战，陈棱的部将举箭射中杜伏威的前额，伏威气坏了，指着那个人说："不杀死你，我到死也不拔掉箭杆！"于是驱马进击。陈棱的部将急忙逃回自己的阵中，杜伏威乘势攻入陈棱的阵营，大声喊叫，勇猛攻击，所到之处，谁也阻挡不了。捉住了那个射箭的人，叫他把箭拔下来，然后杀了他，带着那人的脑袋，又闯进陈棱军中奋力攻打，杀了好几十个人。陈棱的军队全线崩溃，只独自脱身。杜伏威乘胜攻破高邮县，带领士兵占据历阳县，自称"总管"，分别派遣各将领夺取历阳郡属下各县，杜军所到之处，立即攻下，江、淮间的小股强盗争着来归附杜伏威。伏威曾经挑选作战奋勇、敢于牺牲的人五千名，称为"上募"，对他们十分宠信，待遇优厚，与他们同甘共苦。一有进攻作战的任务，就命令上募出动，等到战斗结束检阅视察部队时，发现有背上负伤的就杀掉，认为他是在败退向后走时才彼击中背部的。作战缴获的钱财物品，全部用来奖赏军士，遇有战死的，就用他的妻妾来殉葬，所以他的将士人人主动奋战，所到之处，没有敌手。

宇文化及反叛朝廷后，委任他为历阳太守，伏威不接受任命。再次率部转移到丹阳，提拔任用有名望的人，大力修缮武器装备，减轻赋税，废除殉葬法，对那些犯了奸淫盗窃罪的人以及官员贪图财物品德污浊的，无论罪行轻重一律杀掉。多次给越王杨侗进献表章，杨侗授给杜伏威东南道大总管的官职，封为楚王。唐太宗围攻王世充时，派使者招抚杜伏威，伏威请求归降。唐高祖派使臣前去授予他东南道行台尚书令、江淮以南安抚大使、上柱国等职，封为吴王，赐姓李氏，列入由宗正寺掌管的皇室家族名册，封他的儿子德俊为山阳公，赐给丝织品五千段、马三百匹。杜伏威派他的将军陈正通、徐绍宗率领部队来与太宗的军队会合。

武德四年，杜伏威派他的将军王雄诞在杭州讨伐李子通，擒获李子通并把他进献给唐天子。随后又在歙州打败汪华，全部占有江东、淮南广大地区，南接五岭，东到大海。不久，听说唐太宗已平定刘黑闼，进而攻打徐圆朗，杜伏威感到害怕，赶紧亲自来朝见天子，唐高祖授予他太子太保之职，仍兼任行台尚书令。杜伏威被留在京城，高祖对他以礼相待，十分优厚，使其地位在齐王李元吉之上，以表示对他的宠爱优待不同于众人。当初，(杜伏威入京后)辅公祏率部造反，假托杜伏威的命令来蒙骗他的士兵们，高祖派赵郡王李孝恭讨伐他。此时杜伏威在长安突然死亡。等到平定公祏后，孝恭收集到公祏煽动造反的言辞，不知道其中有诈，就立即将它们上报皇帝，于是高祖除去杜伏威原有的名位，没收他妻子儿女的财产充公。贞观元年，太宗知道他冤枉，赦免了他，恢复了他的官职爵位，按国公的礼仪予以安葬。

李建成传

【题解】

隐太子李建成，唐高祖李渊长子。隋大业末，李渊在太原(在今山西)起兵，建成从之，拜陇西郡公，左领军大都督，从平长安。义宁元年(617)冬，隋恭帝拜其为唐国世子，节二年振抚军大将军、东讨元帅，率军十万攻洛阳。武德元年(618)，立为皇太子。武德四年(621)，刘黑闼反于河北，李建成率军讨平之。时太宗李世民功勋隆威，威震四海，李建成以自己不及之，心不自安，恐李世民夺其嫡嗣，遂与齐王李元吉结盟而欲加害太宗。李渊虽调停之而不得，双方势若水火。武德九年(626)，太宗李世民发动"玄武门之变"，李建成被杀，时年三十八岁。

【原文】

隐太子建成，高祖长子也。大业末，高祖捕贼汾、晋，建成携家属寄于河东。义旗初建,遣使密召之,建成与巢王元吉间行赴太原。建成至,高祖大喜,拜左领军大都督,封陇西郡公,引兵略西河郡,从平长安。义宁元年冬,隋恭帝拜唐国世子,开府,置僚属。二年,授抚军大将军、东讨元帅,将兵十万徇洛阳。及还,恭帝授尚书令。

武德元年,立为皇太子。二年,司竹群盗祝山海有众一千,自称护乡公,诏建成率将军桑显和进击山海,平之。时凉州人安兴贵杀贼帅李轨,以众来降,令建成往原州应接之。时甚暑而驰猎无度,士卒不堪其劳,逃者过半。高祖忧其不闲政术,每令习时事,自非军国大务,悉委决之,又遣礼部尚书李纲、民部尚书郑善果俱为宫官,与参谋议。

李建成和李元吉

四年,稽胡酋帅刘仚成拥部落数万人为边害,又诏建成率师讨之。军次鄜州,与仚成军遇,击,大破之,斩首数百级,虏获千余人。建成设诈放其渠帅数十人,并授官爵,令还本所招慰群胡,仚成与胡中大帅亦请降。建成以胡兵尚众,恐有变,将尽杀之。乃扬言增置州县,须有城邑,悉课群胡执板筑之具,会筑城所,阴勒兵士皆执之。仚成闻有变,奔于梁师都。竟诛降胡六千余人。

时太宗功业日盛,高祖私许立为太子,建成密知之,乃与齐王元吉潜谋作乱。及刘黑闼重反,王珪、魏征谓建成曰:“殿下但以地居嫡长,爰践元良,功绩既无可称,仁声又未遐布。而秦王勋业充隆,威震四海,人心所向,殿下何以自安?今黑闼率破亡之余,众不盈万,加以粮运限绝,疮痍未廖,若大军一临,可不战而擒也。愿请讨之,且以立功,深自封植,因结山东英俊。”建成从其计,遂请讨刘黑闼,擒之而旋。

时高祖晚生诸王,诸母擅宠,椒房亲戚并分事宫府,竞求恩惠。太宗每总戎律,惟以抚接才贤为务,至于参请妃媛,素所不行。初平洛阳,高祖遣贵妃等驰往东都选阅宫人及府库珍物,因私有求索,兼为亲族请官。太宗以财薄先已封奏,官爵皆酬有功,并不允许,因此衔恨弥切。

时太宗为陕东道行台,诏于管内得专处分。淮安王神通有功,太宗乃给田数十顷。后婕妤张氏之父令姨妤私奏以乞其地,高祖手诏赐焉。神通以教给在前,遂不肯与。婕妤矫奏曰:“敕赐妾父地,秦王夺之以与神通。”高祖大怒,攘袂责太宗曰:“我诏敕不行,尔之教命州县即受。”他日,高祖呼太宗小名谓裴寂等:“此儿典兵既久,在外专制,为读书汉所教,非复我昔日子也。”

又德妃之父尹阿鼠所为横恣,秦王府属杜如晦行经其门,阿鼠家僮数人牵如晦坠马殴击之,骂云:“汝是何人,敢经我门而不下马!”阿鼠或虑上闻,乃令德妃奏言:“秦王左右凶暴,凌轹妾父。"高祖又怒谓太宗曰:"尔之左右欺我妃嫔之家,一至于此,况凡人百姓乎!"太宗深自辩明,卒不被纳。妃嫔等因奏言:"至尊万岁后,秦王得志,母子定无孑遗。"因悲泣哽咽。又云:"东宫慈厚,必能养育妾母子。"高祖恻怆久之。自是于太宗恩礼渐薄,废立之心亦以此定,建成、元吉转蒙恩宠。

自武德初,高祖令太宗居西宫之承乾殿,元吉居武德殿后院,与上台、东宫昼夜并通,更无限隔。皇太子及二王出入上台,皆乘马携弓刀杂用之物,相遇则如家人之礼。由是皇太子令及秦、齐二王教与诏敕并行,百姓惶惑,莫知准的。建成、元吉又外结小人,内连嬖幸,高祖所宠张婕妤、尹德妃皆与之淫乱。复与诸公主及六宫亲戚骄恣纵横,并兼田宅,侵夺犬马。同恶相济,掩蔽聪明,苟行己志,惟以甘言谀辞承候颜色。

建成乃私召四方骁勇,并募长安恶少年二千余人,畜为宫甲,分屯左、右长林门,号为长林兵。及高祖幸仁智宫,留建成居守,建成先令庆州总管杨文干募健儿送京师,欲以为变。又遣郎将尔朱焕,校尉桥公山赍甲以赐文干,令起兵共相应接。公山、焕等行至豳乡,惧罪驰告其事。高祖托以他事,手诏追建成诣行在所。既至,高祖大怒,建成叩头谢罪,奋身自投于地,几至于绝。其志,置之幕中,令殿中监陈万福防御,而文干遂举兵反。高祖驰使召太宗以谋之,太宗曰:"文干小竖,狂悖起兵,州府官司已应擒剿。纵其假息时刻,但须遣一将耳。"高祖曰:"文干事连建成,恐应之者众,汝宜自行,还,立汝为太子。吾不能效隋文帝诛杀骨肉,废建成封作蜀王,地既僻小易制。若不能事汝,亦易取耳。"太宗既行,元吉及四妃更为建成内请,封伦又外为游说,高祖意便顿改,遂寝不行,复令建成还京居守。惟责以兄弟不能相容,归罪于中允王珪、左卫率韦挺及天策兵曹杜淹等,并流之巂州。

后又与元吉谋行鸩毒,引太宗入宫夜宴,既而太宗心中暴痛,吐血数升,淮安王神通狼狈扶还西宫。高祖幸等问疾,因敕建成:"秦王素不能饮,更勿夜聚。"乃谓太宗曰:"发迹晋阳,本是汝计;克平宇内,是汝大功。欲升储位,汝固让不受,以成汝美志。建成自居东宫,多历年所,今复不忍夺之。观汝兄弟,终是不和,同在京邑,必有忿竞。汝还行台,居于洛阳,自陕已东,悉宜主之。仍令汝建天子旌旗,如梁孝王故事。"太宗泣而奏曰:"今日之授,实非所愿,不能远离膝下。"言讫呜咽,悲不自胜。高祖曰:"昔陆贾汉臣,尚有递过之事,况吾四方之主,天下为家。东西两宫,途路咫尺,忆汝即往,无劳悲也。"及将行,建成、元吉相与谋曰:"秦王今往洛阳,既得土地甲兵,必为后患。留在京师制之,一匹夫耳。"密令数人上封事曰:"秦王左右多是东人,闻往洛阳,非常欣跃,观其情状,自今一去,不作来意。"高祖于是遂停。

是后,日夜阴与元吉连结后宫,潜诉愈切,高祖惑之。太宗惧,不知作为。李靖、李勣等数言:"大王以功高被疑,靖等请申犬马之力。"封伦亦潜劝太宗图之,并不许。伦反言于高祖曰:"秦王恃有大勋,不服居太子之下。若不立之,愿早为之所。"又说建成作乱曰:"夫为四海者,不顾其亲。汉高乞羹,此之谓矣。"

九年,突厥犯边,诏元吉率师拒之,元吉因兵集,将与建成克期举事。长孙无忌、房玄龄、杜如晦、尉迟敬德、侯君集等日夜固争曰:"事急矣!若不行权道,社稷必危。周公圣人，岂无情于骨肉？为存社稷，大义灭亲。今大王临机不断，坐受屠戮，于义何成？若不见听，无忌等将窜身草泽，不得居王左右。"太宗然其计。六月三日，密奏建成、元吉淫乱后宫，因自陈曰："臣于兄弟无丝毫所负，今欲杀臣，似为世充、建德报仇。臣今枉死，永违君亲，魂归地下，实亦耻见诸贼。"高祖省之愕然，报曰："明日当勘问，汝宜早参。"四日，太宗将左右九人至玄武门自卫。高祖已召裴寂、萧瑀、陈叔达、封伦、宇文士及、窦诞、颜师古等，欲令穷核其事。建成、元吉行至临湖殿，觉变，即回马，将东归宫府。太宗随而呼之，元吉马上张弓，再三不彀。太宗乃射之，建成应弦而毙。元吉中流矢而走，尉迟敬德杀之。俄而东宫及齐府精兵两千人结阵驰攻玄武门，守门兵仗拒之，不得入，良久接战，流矢及于内殿。太宗左右数百骑来赴难，建成等兵遂败散。高祖大惊，谓裴寂等曰："今日之事如何？"萧瑀、陈叔达进曰："臣闻内外无限，父子不亲，当断不断，反受其乱。建成、元吉，义旗草创之际，并不预谋，建立已来，又无功德，常自怀忧，相济为恶，衅起萧墙，遂有今日之事。秦王功盖天下，率土归心，若处以元良，委之国务，陛下如释重负，苍生自然乂安。"高祖曰："善！此亦吾之夙志也。"乃命召太宗而抚之曰："近日已来，几有投杼之惑。"太宗哀号久之。

建成死时年三十八。长子太原王承宗早卒。次子安陆王承道、河东王承德、武安王承训、汝南王承明、钜鹿王承义并坐诛。太宗即位，追封建成为息王，谥曰隐，以礼改葬。葬日，太宗于宜秋门哭之甚哀，仍以皇子赵王福为建成嗣。十六年五月，又追赠皇太子，谥仍依旧。

【译文】

隐太子李建成，是唐高祖李渊的长子。隋朝大业末年，唐高祖李渊在河东汾、晋地区镇压农民起义军，李建成携带着家属寄居在河东。李渊刚在太原起兵反隋时，派使者秘密召回李建成，李建成和巢王李元吉从小道偷偷奔赴太原。李建成到达后，李渊非常高兴，拜李建成为左领军大都督，封陇西郡公，率军攻略西河郡，又跟从平定长安。义宁元年冬天，隋恭帝拜李建成为唐国世子，可以开府第，设置僚属。第二年，授李建成抚军大将军、东讨元帅，率兵十万进攻洛阳。等从洛阳回来，隋恭帝又授李建成尚书令之职。

唐高祖武德元年，李建成被立为皇太子。武德二年，司竹盗匪首领祝山海手下有一千人，自称护乡公。李渊诏令李建成率将军桑显和等进击祝山海，将他们消灭。这时，凉州人安兴贵杀死贼帅李轨，率众前来投降，李渊令李建成去原州接应安兴贵。当时，天气炎热，李建成却驰骋游猎，放纵无度，士兵们受不了劳苦，逃亡了一大半。高祖李渊担心李建成不熟悉为政之术，常令李建成学习处理时事，只要不是重要的军国大事，都交给李建成处理。又派礼部尚书李纲、民部尚书郑善果等人都为宫中官员，参与李建成的谋议。

武德四年，稽胡酋长豪帅刘仚成拥部落人众数万人不断侵扰，为边境之害。高祖又诏令李建成率军讨伐。唐军进至鄜州，和刘仚成的人马相遇，挥军进击，大败刘仚成，斩首数百级，俘虏一千多人。李建成施用诈谋，释放被俘的渠帅首领数十人，并授给他们官爵，让他们回到原来部落招慰胡人，刘仚成和胡人中的大帅也请求投降。李建成因为胡人士兵人数尚多,怕他们叛乱,准备把他们都杀掉,便扬言增置州县,必须有城郭邑居,令所有胡人都拿着筑墙的工具,到筑城的地方集合,暗中却令士兵把他们都抓起来。刘仚成听说有变故,逃奔了梁师都。而李建成却终于杀死投降的胡人六千多人。

这时,唐太宗李世民功勋日盛,高祖李渊私下答应立李世民为皇太子,李建成暗中得知了这个消息,便和齐王李元吉秘密图谋作乱。等刘黑闼在河北重又起兵造反,王珪、魏征对李建成说:"殿下只是因为是嫡亲长子,才得立为皇太子,既没有可称道的功绩,仁义的声名也没有广为传播。而秦王世民功勋业绩显赫,威震四海,是人心所向,殿下凭什么使自己的地位安稳?现在刘黑闼率领败亡剩下的残兵,人数不满一万,加上粮运被限制阻绝,所占领之地战争创伤尚未平复,如果大军一到,可以不战而把他擒获。愿殿下向皇上请求率军讨伐,而且乘此机会建立功勋,巩固自己的地位并结交山东豪杰。"李建成听从了他们的计策,便向高祖李渊请求率军讨伐,擒获刘黑闼而凯旋归来。

当时,高祖李渊晚年生的几个儿子,他们的母亲得到李渊的宠爱,后宫亲戚故友分别在宫中任职,竞相求取恩惠。太宗李世民总是忙于军政事务,只以抚接贤才为务。至于给李渊的妃子们参见请安,是李世民平素所不干的事情。刚刚平定洛阳,李渊派自己的贵纪等人驰往东都去选择宫中用人和府库中的珍宝物品,并私自向李世民索要财物,还为亲戚族人要官做。李世民因为财物账簿已经封好上奏,而官爵只酬给有功之人,便都不答应。因此这些人对李世民更加怀恨在心。

当时,太宗李世民为陕东道行台,李渊诏令李世民在自己所管辖的地区可以自专处分。淮安王李神通有功劳,太宗便赐给良田数十顷。后来高祖婕妤张氏的父亲让张婕妤私自向高祖请求要这些田地,高祖手写诏令将这些土地赐给他。李神通因为太宗赐给在前,便不肯答应。张婕妤便说谎上奏说:"皇上赐给臣妾父亲的田地,秦王夺去给了李神通。"李渊大怒,甩着袖子责备李世民说:"我下的诏敕行不通,而你的命令州县便听从。"一天,李渊叫着太宗的小名对裴寂等人说:"这孩子久掌兵权,在外边专制行事,被那些读书人教唆,已不是我过去的孩子了。"

另外高祖德妃的父亲尹阿鼠横行不法,秦王府属官杜如晦从尹阿鼠的家门口经过,尹阿鼠的几个家奴把杜如晦从马上拉下来殴打,骂道:"你是什么人,敢经过我家门口而不下马!"尹阿鼠怕高祖李渊知道此事,便让德妃上奏说:"秦王的左右凶暴无礼,欺凌臣妾的父亲。"李渊又大怒,对太宗说:"你的左右欺凌我的妃嫔家属竟然到这种地步,何况对凡人百姓呢?"李世民极力辩解,李渊却根本不听。李渊的妃嫔们乘机奏言说:"至尊万岁之后,秦王得志,我们母子一个也活不了。"说着还哭哭啼啼。又说:"东宫皇太子慈善仁厚,必然能养育臣妾母子。"李渊为此伤怀了很久。从此,对太宗李世民的恩遇礼仪逐渐淡薄,也因此而不再有废皇太子而更立之心。李建成和李元吉转而受到恩宠。

从武德初年开始,高祖李渊令太宗李世民居住在西宫的承乾殿,李元吉居住在武德殿的后院,和上台、东宫昼夜相通,没有阻隔。皇太子和李世民、李元吉出入上台,都骑着马,携带着弓箭、刀和杂用物品,遇见时用一家人之礼。因此,皇太子的命令和秦王、齐王的命令及高祖李渊的诏勑同时并行,百姓惶惑,不知该依何令为准。李建成和李元吉又外结小人、内连嬖妾幸臣,高祖李渊所宠爱的张婕妤、尹德妃都和他们私通淫乱。他们又和各个公主及六宫亲戚骄恣纵横,兼并百姓田地,侵夺人民马匹财物。同恶相济,掩蔽聪明,苟行己志,只知道用好听的言语阿谀奉承及察言观色。

李建成又私自招募四方骁勇,并募长安城中恶少年二千多人充当宫中甲士,分别屯驻在左、右长杯门,号为长林兵。等高祖李渊临幸仁智宫,留李建成居守京师,李建成先命令庆州总管杨文干招募骁勇健儿送京师,想依靠他们发动变乱。又派郎将尔朱焕、校尉桥公山携带甲胄赐给杨文干,让他起兵相接应。桥公山和尔朱焕等行至幽乡,怕被治罪,派人骑马驰告高祖李渊,李渊借口别的事情,写手诏让李建成到监时驻地。李建成到来后,高祖大怒,李建成叩头谢罪,跳起来自投于地,几乎死去。当天夜里,高祖下令把李建成放在帐幕中,令殿中临陈万福作防御准备。而杨文干便起兵反叛。李渊派骑马召李世民商量此事,李世民说:"杨文干不过是竖子一个,狂悖起兵,州府官员已开始进剿。纵然一时不能平定,但只须派一员将领即可。"李渊说:"杨文干的事牵连到建成,恐怕响应他的人多。你还是自己去,回来后,立你为皇太子。我不能效法隋文帝诛杀亲骨肉,废掉建成,封他为蜀王,地方既偏僻又狭小,容易制服。如果他不能服从你的指挥,也容易攻取。"太宗走了之后,李元吉和李渊的四个妃子更相为李建成在后宫说情,封伦又在外游说,高祖李渊的思想便改变了,遂不再提废立的事,又令李建成回京师居守,只责备他兄弟不能相容,而归罪于中允王珪、左卫率韦挺及天策兵曹杜淹等人,把他们都流放到巂州。

以后,李建成又和李元吉谋划用毒药,请太宗李世民入宫夜宴,不久李世民肚子突然疼痛,吐了几次的血,淮安王李神通狼狈地把李世民扶回府第。高祖到府中来看望李世民的病,并敕令李建成说:"秦王平素不能饮酒,以后不能再夜里饮酒,"又对太宗说:"起兵晋阳,本是你的计策;平定海内,是你的大功。想立你为皇太子,你怎么也不肯接受,以此成全你自己美好的志愿。建成居东宫为皇太子已有多年,现在又不忍心废掉他。看来,你们兄弟之间,最终还是不能和好,同在京师,必然引起矛盾冲突。你回还行台,到洛阳去,从陕州以东,都由你掌管。你还可以建立天子旌旗,像汉代的梁孝王那样。"太宗哭着上奏:"今天所授的官职,实在不是我的愿望,我不能远离父亲膝下。"说着呜咽哭泣,悲痛不已。高祖说:"过去陆贾是汉朝的臣子,尚且能够在孩子中间依次来往,何况我是四方之王,天下为家。东西两宫,路途仅咫尺之遥,想念你了我就去,不用悲伤。"等太宗准备启程,李建成和李元吉在一起商量说:"秦王现在去洛阳,既得土地和军队,必然后患无穷。把他留在京师而制服他,不过是匹夫一人而已。"秘密令几个人上封事说:"秦王的左右大多是山东之人,听说去洛阳,都非常欢欣雀跃。看他们的样子,现在一走,便再也不回来了。"高祖便将此事作罢。

从此以后,李建成日夜暗中和李元吉连结后宫,更频繁地诋毁太宗李世民,高祖将信将疑。太宗惶惧不安,不知道该怎么办。李靖、李勣等几次说:"大王功高而被猜疑,我们请效犬马之力。"封伦也暗中劝太宗除掉李建成,太宗都不答应。封伦见太宗不从,反言于高祖说:"秦王仗着自己立有大功、不服居于太子之下。如果不立他为太子,请陛下早点为他安排个地方。"又劝李建成作乱,说:"为天下四海的人,不顾自己的亲人。汉高祖刘邦向项羽乞求分食父亲的一杯羹,便是如此。"

武德九年,突厥进犯边塞,高祖诏令李元吉率军抵御,李元吉乘调集兵马之机,准备和李建成约期举事,除掉太宗。长孙无忌、房玄龄、杜如晦、尉迟敬德、侯君集等人日夜和太宗争执说:"事情已经很紧急了!如果再不动手,社稷必然陷于危难。周公是圣人,难道对亲骨肉没有感情?为保存社稷,大义灭亲。如今大王临机不断,坐着等死,能成什么义?如果不听我们的话,我们只好逃亡草泽之中,不能再在大王左右了。"太宗同意了他们的计划。六月三日,太宗秘密上奏李建成、李元吉在后宫淫乱,并自己辩解说:"臣对兄弟没有丝毫对不起的地方,现在他们想杀臣,像是为王世充、窦建德报仇。臣现在冤枉而死,永别君亲,魂归于地下,实在也以见各个贼人为耻。"高祖看了表章之后,感到愕然,回报说:"明天便勘问此事,你要早点进宫。"四日,太宗率左右九个人到玄武门以自卫、高祖已下令召裴寂、萧瑀、陈叔达、封伦、宇文士及、窦诞、颜师古等人入宫,想令他们彻底调查此事。李建成、李元吉走到临湖殿时,发觉有伏兵,便调转马头,想东回宫府。太宗李世民跟在他们后面喊叫他们,李元吉在马上张弓搭箭,向太宗射了三箭都未射中,太宗便自己发箭而射,当即把李建成射死。李元吉身中流箭逃走,尉迟敬德杀死了他。过了一会儿,东宫和齐王府精兵两千人结阵猛攻玄武门,遭守门的士兵顽强抵御,不得进入,双方打了很久,流箭直射到内殿中。太宗手下的数百名骑兵前来助战,李建成的兵马才溃败逃散。高祖李渊得知后大吃一惊,对裴寂等人说:"今天是怎么回事?"萧瑀、陈叔达等说:"臣听说内外无限,父子不相亲爱,当断不断,反受其乱。李建成和李元吉在初举义旗时,都不曾参与谋划。立为太子和封王以后,又没有什么功德,常常自怀忧虑,相济为恶,祸起于萧墙之下,才有今天的事情。秦王功盖天下,海内归心。如果让他继承大统,将国家政务交给他,陛下如释重负,而百姓自然安和。"高祖说:"好!这也是我平素的愿望。"使命召太宗入宫,抚摸着太宗的头说:"近一段日子,我几乎像曾参之母,听信谣言而害了你。"太宗悲痛地哭了很久。

李建成死的时候二十八岁,他的长子太原王李承宗早死。次子安陆王李承道、河东王李承德、武安王李承训、汝南王李承明、钜鹿王李承义都被处死。太宗即位后,追封李建成为息王,谥号为隐,以礼改葬。埋葬之日,太宗在宜秋门哭得非常悲痛,并以皇子赵王李福为李建成的后嗣,贞观十六年五月,又追赠李建成为皇太子,谥号依旧不变。

房玄龄传

【题解】

房玄龄(579~648),名乔(一说名玄龄、字乔),齐州临淄(今山东临淄东北)人,隋朝末年任隰城尉。唐军入关中,他前往谒见李世民,被任用为秦王府记室参军。他在秦府十余年,是李世民的主要谋士。后来参与"玄武门之变",帮助李世民取得帝位。贞观元年(627),房玄龄任中书令,成为宰相。四年(630)又任尚书左仆射,总揽朝政。房玄龄精通吏治,在任宰相期间,审定法令时能注意宽大,量才用人时能不论贵贱,适应了唐初要求安定和急需人才的社会政治形势,为"贞观之治"做出了贡献。房玄龄与另一位宰相杜如晦一起被后人合称为"房杜",被看作是唐初的两位良相。

【原文】

房乔,字玄龄,齐州临淄人。曾祖翼,后魏镇远将军、宋安郡守,袭壮武伯。祖熊,字子,释褐州主簿。父彦谦,好学,通涉《五经》,隋泾阳令,《隋书》有传。

玄龄幼聪敏,博览经史,工草隶,善属文。尝从其父至京师,时天下宁晏,论者咸以国祚方永,玄龄乃避左右告父曰:"隋帝本无功德,但诳惑黔黎,不为后嗣长计,混诸嫡庶,使相倾夺,储后藩枝,竞崇淫侈,终当内相诛夷,不足保全家国。今虽清平,其亡可翘足而待。"彦谦惊而异之。年十八,本州举进士,授羽骑尉。吏部侍郎高孝基素称知人,见之深相嗟挹,谓裴矩曰:"仆阅人多矣,未见如此郎者。必成伟器,但恨不睹其耸壑凌霄耳。"父病绵历十旬,玄龄尽心药膳,未尝解衣交睫。父终,酏饮不入口者五日。后补隰城尉。

房玄龄

会义旗入关,太宗徇地渭北,玄龄杖策谒于军门,温彦博又荐焉。太宗一见,便如旧识,署渭北道行军记室参军。玄龄既遇知己,罄竭心力,知无不为。贼寇每平,众人竞求珍玩,玄龄独先收人物,致之幕府。及有谋臣猛将,皆与之潜相申结,各尽其死力。

既而隐太子见太宗勋德尤盛,转生猜间。太宗尝至隐太子所,食,中毒而归,府中震骇,计无所出。玄龄因谓长孙无忌曰:"今嫌隙已成,祸机将发,天下恟恟,人怀异志。变端一作,大乱必兴,非直祸及府朝,正恐倾危社稷。此之际会,安可不深思也!仆有愚计,莫若遵周公之事,外宁区夏,内安宗社,申孝养之礼。古人有云,'为国者不顾小节',此之谓欤。孰若家国沦亡,身名俱灭乎?"无忌曰:"久怀此谋,未敢披露,公今所说,深会宿心。"无忌乃入白之。太宗召玄龄谓曰:"衅危之兆,其迹已见,将若之何?"对曰:"国家患难,今古何殊。自非睿圣钦明,不能安辑。大王功盖天地,事钟压纽,神赞所在,匪藉人谋。"因与府属杜如晦同心戮力。仍随府迁授秦王府记室,封临淄侯;又以本职兼陕东道大行台考功郎中,加文学馆学士。玄龄在秦府十余年,常典管记,每军书表奏,驻马立成,文约理赡,初无稿草。高祖尝谓侍臣曰:"此人深识机宜,足堪委任。每为我儿陈事,必会人心,千里之外,犹对面语耳。"隐太子以玄龄、如晦为太宗所亲礼,甚恶之,谮之于高祖,由是与如晦并被驱斥。

隐太子将有变也，太宗令长孙无忌召玄龄及如晦，令衣道士服，潜引入阁计事。及太宗入春宫，擢拜太子右庶子，赐绢五千匹。贞观元年，代萧瑀为中书令。论功行赏，以玄龄及长孙无忌、杜如晦、尉迟敬德、侯君集五人为第一，进爵邢国公，赐实封千三百户。太宗因谓诸功臣曰："朕叙公等勋效，量定封邑，恐不能尽当，各许自言。"皇从父淮安王神通进曰："义旗初起，臣率兵先至。今房玄龄、杜如晦等刀笔之吏，功居第一，臣窃不服。"上曰："义旗初起，人皆有心。叔父虽率得兵来，未尝身履行阵。山东未定，受委专征，建德南侵，全军陷没。及刘黑闼翻动，叔父望风而破。今计勋行赏，玄龄等有筹谋帷幄、定社稷之功，所以汉之萧何，虽无汗马，指踪推毂，故得功居第一。叔父于国至亲，诚无所爱，必不可缘私，滥与功臣同赏耳。"初，将军丘师利等咸自矜其功，或攘袂指天，以手画地。及见神通理屈，自相谓曰："陛下以至公行赏，不私其亲，吾属何可妄诉？"

三年，拜太子少师，固让不受，摄太子詹事，兼礼部尚书。明年，代长孙无忌为尚书左仆射，改封魏国公，监修国史。既任总百司，虔恭夙夜，尽心竭节，不欲一物失所。闻人有善，若己有之。明达吏事，饰以文学，审定法令，意在宽平。不以求备取人，不以己长格物，随能收叙，无隔卑贱。论者称为良相焉。或时以事被谴，则累日朝堂，稽颡请罪，悚惧踧踖，若无所容。九年，护高祖山陵制度，以功加开府仪同三司。十一年，与司空长孙无忌等十四人并代袭刺史，以本官为宋州刺史，改封梁国公，事竟不行。

十三年，加太子少师，玄龄频表请解仆射，诏报曰："夫选贤之义，无私为本；奉上之道，当仁是贵。列代所以弘风，通贤所以协德。公忠肃恭懿，明允笃诚。草昧霸图，绸缪帝道。仪刑黄阁，庶政惟和；辅翼春宫，望实斯著。而忘彼大体，徇兹小节，虽恭教谕之职，乃辞机衡之务，岂所谓弼予一人，共安四海者也？"玄龄遂以本官就职。时皇太子将行拜礼，备仪以待之，玄龄深自卑损，不敢修谒，遂归于家。有识者莫不重其崇让。玄龄自以居端揆十五年，女为韩王妃，男遗爱尚高阳公主，实显贵之极，频表辞位，优诏不许。十六年，又与士廉等同撰《文思博要》成，锡赉甚优。进拜司空，仍综朝政，依旧监修国史。玄龄抗表陈让，太宗遣使谓之曰："昔留侯让位，窦融辞荣，自惧盈满，知进能退，善鉴止足，前代美之。公亦欲齐踪往哲；实可嘉尚。然国家久相任使，一朝忽无良相，如失两手。公若筋力不衰，无烦此让。"玄龄遂止。

十七年，与司徒长孙无忌等图形于凌烟阁，赞曰："才兼藻翰，思入机神。当官励节，奉上忘身。"高宗居春宫，加玄龄太子太傅，仍知门下省事，监修国史如故。寻以撰《高祖、太宗实录》成，降玺书褒美，赐物一千五百段。其年，玄龄丁继母忧去职，特敕赐以昭陵葬地。未几，起复本官。太宗亲征辽东，命玄龄京城留守，手诏曰："公当萧何之任，朕无西顾之忧矣。"军戎器械，战士粮廪，并委令处分发遣。玄龄屡上言敌不可轻，尤宜诚慎。寻与中书侍郎褚遂良受诏重撰《晋书》，于是奏取太子左庶子许敬宗、中书舍人来济、著作郎陆元仕、刘子翼、前雍州刺史令狐德棻、太子舍人李义府、薛元超、起居郎上官仪等八人，分功撰录。以藏荣绪《晋书》为主，参考诸家，甚为详洽。然史官多是文咏之士，好采诡谬碎事，以广异闻；又所评论，竞为绮艳，不求笃实，由是颇为学者所讥。唯李淳风深明星历，善于著述，所修《天文》《律历》《五行》三志，最可观采。太宗自著宣、武二帝及陆机、王羲之四论,于是总题云"御撰"。至二十年,书成,凡一百三十卷,诏藏于秘府,颁赐加级各有差。

玄龄尝因微谴归第,黄门侍郎褚遂良上疏曰:"君为元首,臣号股肱,龙跃云兴,不啸而集,苟有时来,千年朝暮。陛下昔在布衣,心怀拯溺,手提轻剑,仗义而起。平诸寇乱,皆自神功,文经之助,颇由辅翼。为臣之勤,玄龄为最。昔吕望之扶周武,伊尹之佐成汤,萧何关中,王导江外,方之于斯,可以为匹。且武德初策名伏事,忠勤恭孝,众所同归。而前宫、海陵,凭凶恃乱,干时事主,人不自安,居累卵之危,有倒悬之急,命视一刻,身縻寸景。玄龄之心,终始无变。及九年之际,机临事迫,身被斥逐,阙于谟谋,犹服道士之衣,与文德皇后同心影助,其于臣节,自无所负。及贞观之始,万物惟新,甄吏事君,物论推与,而勋庸无比,委质惟旧。自非罪状无赦,搢绅同尤,不可以一犯一愆,轻示遐弃。陛下必矜玄龄齿发,薄其所为,古者有讽谕大臣遣其致仕,自可在后,式遵前事,退之以礼,不失善声。今数十年勋旧,以一事而斥逐,在外云云,以为非是。夫天子重大臣则人尽其力,轻去就则物不自安。臣以庸薄,忝预左右,敢冒天威,以申管见。"

二十一年,太宗幸翠微宫,授司农卿李纬为民部尚书。玄龄时在京城留守,会有自京师来者,太宗问曰:"玄龄闻李纬拜尚书如何?"对曰:"玄龄但云李纬好髭须,更无他语。"太宗遽改授纬洛州刺史。其为当时准的如此。

二十二年,驾幸玉华宫,时玄龄旧疾发,诏令卧总留台。及渐笃,追赴宫所,乘担舆入殿,将至御座乃下。太宗对之流涕,玄龄亦感咽不能自胜。敕遣名医救疗,尚食每日供御膳。若微得减损,太宗即喜见颜色;如闻增剧,便为改容凄怆。玄龄因谓诸子曰:"吾自度危笃,而恩泽转深,若孤负圣君,则死有余责。当今天下清谧,咸得其宜,唯东讨高丽不止,方为国患。主上含怒意决,臣下莫敢犯颜;吾知而不言,则衔恨入地。"遂抗表谏曰:

臣闻兵恶不戢,武贵止戈。当今圣化所覆,无远不届,洎上古所不臣者,陛下皆能臣之,所不制者,皆能制之。详观今古,为中国患害者,无如突厥。遂能坐运神策,不下殿堂,大小可汗,相次束手,分典禁卫,执戟行间。其后廷陀鸱张,寻就夷灭,铁勒慕义,请置州县,沙漠以北,万里无尘。至如高昌叛换于流沙,吐浑首鼠于积石,偏师薄伐,俱从平荡。高丽历代逋诛,莫能讨击。陛下责其逆乱,弑主虐人,亲总六军,问罪辽、碣。未经旬月,即拔辽东,前后虏获,数十万计,分配诸州,无处不满。雪往代之宿耻,掩崤陵之枯骨,比功较德,万倍前王。此圣心之所自知,微臣安敢备说。

且陛下仁风被于率土,孝德彰于配天。睹夷狄之将亡,则指期数岁;授将帅之节度,则决机万里。屈指而候驿,视景而望书。符应若神,算无遗策。擢将于行伍之中,取士于凡庸之末。远夷单使,一见不忘;小臣之名,未尝再问。箭穿七札,弓贯六钧。加以留情坟典,属意篇什,笔迈钟、张,辞穷班、马。文锋既振,则管磬自谐;轻翰暂飞,则花葩竞发。抚万姓以慈,遇群臣以礼。褒秋毫之善,解吞舟之网。逆耳之谏必听,肤受之诉斯绝。好生之德,焚障塞于江圳;恶杀之仁,息鼓刀于屠肆。凫鹤荷稻粱之惠,犬马蒙帷盖之恩。降乘吮思摩之疮,登堂临魏征之枢。哭战亡之卒,则哀动六军;负填道之薪,则精感天地。重黔黎之大命,特尽心于庶狱。臣心识昏聩,岂足论圣功之深远,谈天德之高大哉!陛下兼众美而有之,靡不备具,微臣深为陛下惜之重之,爱之宝之。

《周易》曰:"知进而不知退,知存而不知亡,知得而不知丧。"又曰:"知进退存亡,不失其正者,惟圣人乎!"由此言之,进有退之义,存有亡之机,得有丧之理。老臣所以为陛下惜之者,盖此谓也。老子曰:"知足不辱,知止不殆。"谓陛下威名功德,亦可足矣;拓地开疆,亦可止矣。彼高丽者,边夷贱类,不足待以仁义,不可责以常礼。古来以鱼鳖畜之,宜从阔略。若必欲绝其种类,恐兽穷则搏。且陛下每决一死囚,必令三覆五奏,进素食、停音乐者,盖以人命所重,感动圣慈也。况今兵士之徒,无一罪戾,无故驱之于行阵之间,委之于锋刃之下,使肝脑涂地,魂魄无归,令其老父孤儿、寡妻慈母,望辖车而掩泣,抱枯骨以摧心。足以变动阴阳,感伤和气,实天下冤痛也。且兵者凶器,战者危事,不得已而用之。向使高丽违失臣节,陛下诛之可也;侵扰百姓,而陛下灭之可也;久长能为中国患,而陛下除之可也。有一于此,虽日杀万夫,不足为愧。今无此三条,坐烦中国,内为旧王雪耻,外为新罗报仇,岂非所存者小,所损者大?

愿陛下遵皇祖老子止足之诫,以保万代巍巍之名。发沛然之恩,降宽大之诏,顺阳春以布泽,许高丽以自新,焚凌波之船,罢应募之众,自然华夷庆赖,远肃迩安。臣老病三公,且夕入地,所恨竟无尘露,微增海岳。谨馨残魂余息,预代结草之诚。倘蒙录此哀鸣,即臣死且不朽。

太宗见表,谓玄龄子妇高阳公主曰:"此人危惙如此,尚能忧我国家。"

后疾增剧,遂凿苑墙开门,累遣中使候问。上又亲临,握手叙别,悲不自胜。皇太子亦就之与之诀。即日授其子遗爱右卫中郎将,遗则中散大夫,使及目前见其通显。寻薨,年七十。废朝三日,册赠太尉、并州都督,谥曰文昭,给东园秘器,陪葬昭陵。玄龄尝诫诸子以骄奢沉溺,必不可以地望凌人,故集古今圣贤家诫,书于屏风,令各取一具,谓曰:"若能留意,足以保身成名。"又云:"袁家累叶忠节,是吾所尚,汝宜师之。"高宗嗣位,诏配享太宗庙庭。

子遗直嗣,永徽初为礼部尚书、汴州刺史。次子遗爱,尚太宗女高阳公主,拜驸马都尉,官至太府卿、散骑常侍。初,主有宠于太宗,故遗爱特承恩遇,与诸主婿礼秩绝异。主既骄恣,谋黜遗直而夺其封爵,永徽中诬告遗直无礼于己。高宗令长孙无忌鞠其事,因得公主与遗爱谋反之状。遗爱伏诛,公主赐自尽,诸子配流岭表。遗直以父功特宥之,除名为庶人。停玄龄配享。

【译文】

房乔,字玄龄,是齐州临淄县人。曾祖父房翼,是后魏的镇远将军、宋安郡太守,承袭壮武伯爵位。祖父房熊,字子,初任官为州主簿。父亲房彦谦,喜好读书,涉猎《五经》,任隋朝泾阳县令,《隋书》有传。

房玄龄幼时聪明,博览经史,工于草书隶书,善写文章,曾跟随父亲到京城去。当时天下安宁,大家都认为隋朝的国运会很长久,房玄龄避开左右随从对父亲说:"隋朝皇帝本无功德,只会迷惑黎民百姓,不为后代作长远打算。他混淆嫡亲和庶出,让他们互相争夺,皇太子与诸王,又竞相奢侈,早晚会引起互相残杀,靠他们是不足以保全家国的。现在天下虽然清平,但其灭亡却指日可待。"房彦谦听后很吃惊,从而对他另眼相看。房玄龄十八岁时,本州举荐他应进士考,及第后被授羽骑尉。吏部侍郎高孝基一向被认为有知人之明,见到房玄龄后深加赞叹,对裴矩说:"我见过的人多了,还从未见到像这位郎君那样的人。他将来必成大器,但恨我看不到他功成名就,位高凌云了。"父亲久病,历百余日,房玄龄尽心侍奉药物膳食,一直没有脱衣睡觉。父亲去世后,五天不吃不喝。后来房玄龄被任命为隰城县县尉。

到高祖举义旗入关内,太宗向渭北拓地时,房玄龄驱马前往军营谒见。温彦博又加以推荐。太宗一见房玄龄,就如同旧相识一般,署任他为渭北道行军记室参军。房玄龄既然已遇知己,就竭尽全力,知无不为。每当讨平寇贼时,众人都竞相搜求珍玩,唯独房玄龄先去网罗人才,送到太宗幕府。遇有猛将谋臣,他就暗中与他们交结,使他们能各尽全力。

不久隐太子李建成见太宗功德比他更盛,转而产生猜忌。太宗曾到隐太子住所吃饭,中毒而归。幕府中人十分震惊,但又无计可施。房玄龄因此对长孙无忌说:"现在怨仇已成,祸乱将发,天下人心恐慌,各怀异志。灾变一作,大乱必起。不但能祸及幕府,还怕会倾覆国家。在此关头,怎能不再三深思呢!我有条愚计:不如遵从周公诛杀兄弟的故事,就能对外抚宁天下,对内安定宗族社稷,来尽一份孝养的礼节。古人曾经说过:'治理国家的人不能顾及小节',说的就是这个道理。这比家国沦亡、身败名裂不是要好得多吗?"长孙无忌说:"我也早有这种打算,一直没敢披露出来。您现在所说的,与我的想法深深相合。"长孙无忌于是入见太宗献策。太宗召来房玄龄对他说:"危险的征兆,已现出迹象,应该怎么办呢?"房玄龄回答说:"国家遭逢患难,古今没什么不同,不是英明的圣人,不能平定它。大王功盖天地,符合君临臣民的预兆,自有神助,不靠人谋。"因此与幕府属官杜如晦同心尽力。仍然随同幕府升迁为秦王府记室,封爵临淄侯。又以本职兼任陕东道大行台考功郎中,加官文学馆学士。房玄龄在秦王府十余年,经常掌管文书。每当撰写奏章时,他驻马路边、一挥而就,行文简洁道理充分,不打任何草稿。高祖曾对侍臣们说:"此人深知事理,完全可以委任。每当他为我儿向我陈述事情,都能理会我心,使千里之外,与我儿就像对面谈话一样。"隐太子看到房玄龄、杜如晦被太宗信任,十分厌恶,在高祖面前进谗言,于是房玄龄与杜如晦一起被贬斥。

隐太子将要变乱,太宗命令长孙无忌召来房玄龄和杜如晦,让他们穿上道士服装,悄悄带他们入府阁议事。到太宗入东宫成为皇太子,提拔房玄龄为太子右庶子,赐绢五千匹。贞观元年,代替萧瑀任中书令。太宗论功行赏以房玄龄和长孙无忌、杜如晦、尉迟敬德、侯君集五人为第一。房玄龄晋爵邢国公,赐予实有封户一千三百户。太宗因此对诸位功臣说:"朕奖励你们的功勋,给你们划定封邑,恐怕不能全都恰当。现在允许你们各自发表意见。"太宗叔父淮安王李神通进言说:"高祖刚举义旗,臣就率先领兵赶到。现在房玄龄、杜如晦等刀笔吏功居第一,臣有些不服。"太宗说:"义旗初举,人人有心追随。叔父虽然率兵前来,但不曾身经战阵。山东没有平定时,叔父受命出征,窦建德南侵,叔父全军覆灭。到刘黑闼叛乱，叔父才随军破敌。现在论功行赏，房玄龄等有运筹帷幄、安定国家的功劳。所以汉朝的萧何，虽然没有征战的功劳，但他指挥谋划、助人成事，因此能功居第一。叔父是皇家至亲，对你的确没什么可以吝惜，但朕又切不可因此私情，让你与功臣接受同等的赏赐。"起初，将军丘师利等都居功自傲，甚至有时挽袖指天、以手画地，陈说怨愤。等见到李神通理屈后，他们自己互相议论说："陛下赏赐极为公正，不徇私情，我辈怎能妄加陈述呢？"

贞观三年，任命房玄龄为太子太师。他坚辞不肯接受，改任代理太子詹事、兼礼部尚书。明年，代替长孙无忌任尚书左仆射，改封爵为魏国公，并监修国史。房玄龄既已总管百官事务，就虔诚恭谨、日夜操劳，不让一事处理不当。听到别人的长处，就像自己有长处那样高兴。他精通吏事、注意文辞，审定法令、意在宽平。用人不求全责备，也不以自己的长处来衡量别人，随才录用，不拘贵贱，当时人称为良相。有时因事被皇上谴责，他就连日在朝堂上叩头请罪，恐惧不安，似无地自容一般。贞观九年，房玄龄监护高祖陵庙制度，因功加授开府仪同三司。十一年，房玄龄和司空长孙无忌等十四人一起被授予世袭刺史。房玄龄带原官任宋州刺史、改封爵为梁国公。这件事结果没有施行。

贞观十三年，加房玄龄官为太子太师。房玄龄再三上表请求解除仆射职务，太宗下诏书回报说："选用贤能的根本，在于无私；侍奉君上的道义，贵在当仁不让。列圣所以能弘扬风化，贤臣所以能协力同心。公忠贞庄重、诚信贤明，为我草创霸业，助成帝道。执掌尚书省，使百政通和；辅佐皇太子，实众望所归。但是公忘记了那些大事，拘于这点小节，虽然恭敬完成教谕事务、却要辞去宰相职位，这难道就是所说的辅佐朕共同安定天下吗？"房玄龄于是带本官就任太子太师。当时皇太子要行拜师礼，已备好仪仗等待。房玄龄深加谦退，不敢进见，于是回家去了。有见识的人都推崇他的谦让精神。房玄龄认为自己居宰相位十五年，女儿是韩王妃子、儿子房遗爱娶高阳公主，实在是极为显贵，于是频繁上表，请求辞去职位。太宗下诏宽慰，但并不批准。十六年，又与高士廉等人一起撰成《文思博要》，赏赐丰厚。拜官司空，仍然总掌朝政，依旧监修国史。玄龄上表辞让，太宗派遣使节对他说："过去留侯张良让位、窦融辞去富贵，都是自己惧怕功名太盛，知道进能够退、善察时势、及时止步的，所以前代人加以赞美。公也想追随往日贤哲，实在应当嘉奖。然而国家任用公已久，一旦突然失去良相，就如同失去双手一般。公若体力不衰，就不要再辞让了。"房玄龄于是停止了推让。

贞观十七年，房玄龄和司徒长孙无忌等人的像被画在凌烟阁上。赞词说："才能兼有辞藻，思虑化入神机。为官励精守节，奉上尽忠忘身。"高宗在东宫时，加房玄龄太子太傅、仍然知门下省事、监修国史如故。后因《高祖、太宗实录》撰成，太宗颁下诏书褒奖，赐织物一千五百段。同年，房玄龄因继母去世、停职修丧礼，太宗特命赐以昭陵葬地。不久，恢复本职。太宗亲自出征辽东，命房玄龄在京城留守，手写诏书说："公担当着萧何那样的职任，朕就没有后顾之忧了。"军事器械、战士衣粮，都委任房玄龄去处置发送。房玄龄屡次上言说敌人不可轻视、应当特别谨慎。后与中书侍郎褚遂良接受诏命重新撰写《晋书》，于是上奏选取了太子左庶子许敬宗、中书舍人来济、著作郎陆元仕、刘子翼、前雍州刺史令狐德棻、太子舍人李义府、薛元超、起居郎上官仪等八人，分工修撰。以臧荣绪所写《晋书》为主，参考诸家，很是博洽详尽。然而修史官员都是文学之士，喜好采用怪异荒谬琐碎的故事，来显示见多识广；加上所写的评论追求艳丽、不求真实，因此多被学者讥讽。唯独李淳风精通星象历法，善于著述写作。他写的《天文》《律历》《五行》三志最值得阅读。太宗亲自撰写了晋宣帝、晋武帝二帝以及陆机、王羲之共四篇纪传的评论，于是题名说"御撰"。到二十年，《晋书》撰成，共一百三十卷，诏命藏在秘书省，按级别对撰写人赐物加官。

房玄龄曾因微小过失被罢官回家。黄门侍郎褚遂良上奏说："君主是'首脑'，臣下称'四肢'。有龙跃就有云起、不待呼啸而汇集，假如时机到来，千年不敌一瞬。陛下过去是布衣百姓时，心怀拯救民众的大志，手提轻剑、仗义而起。平定诸处寇乱，全靠陛下神功，而文章谋略，颇得辅佐帮助。作为臣下，玄龄出力最勤。往昔吕望扶助周武王、伊尹辅佐成汤，萧何竭力于关中、王导尽心于江南。比起这些人，玄龄可以匹敌。况且武德初年出仕做官的人，都是忠诚勤恳、恭敬孝顺，众人同归陛下。但隐太子与海陵王，凭仗凶乱、求用惑主，使人人不能自安，处境像鸡蛋相叠一样危险、形势如身被倒挂一样危急，命在旦夕、身系寸阴，而玄龄之心，始终不变。到武德九年之际，事情紧迫，玄龄虽被贬斥赶走，未能参与谋略，但仍然穿着道士衣服入府，与文德皇后一起同心相助。他在臣节方面，确实没有什么亏欠。到贞观初年，万物更新，玄龄选择能吏侍奉君主、为舆论所推奖，虽有无上功勋，却忠心依旧。只要不是犯有不赦的罪状、为百官同愤，就不能因一点小错误就轻易地舍弃他不用。陛下如果确实怜悯玄龄年迈，或瞧不起他的行为，自可像古时那样，谕示大臣让他退休。但这事实行起来要靠后一些，并要遵循往日故事，按退休礼仪去做，就不会使陛下失去好的声誉。现在玄龄这样有数十年功勋的旧臣，因一件小事而被贬斥，朝廷外面议论纷纷，都认为不应该。天子重用大臣则人尽其力，轻易舍弃则人心不安。臣以庸碌之才，愧列陛下左右，斗胆冒犯天威，略为陈述管见。"

贞观二十一年，太宗前往翠微宫，在那里授司农卿李纬官为民部尚书。房玄龄当时留守京城。恰好有人从京城来，太宗问他："玄龄听说李纬官拜尚书后怎么样？"那人回答："玄龄只说李纬胡子好，没说其他话。"太宗立刻改授李纬为洛州刺史。房玄龄就是这样，是当时的一种尺度。

贞观二十二年，太宗前往玉华宫。当时房玄龄旧病发作，诏书命令他在京养病并仍然总管留守事务。到他病重时，太宗让他来玉华宫。房玄龄坐抬轿入殿，一直被抬到太宗座前才下轿。太宗面对他垂泪，房玄龄也感动的哽咽不止。诏书派遣名医救治，并命尚食局每日供应宫廷膳食。如果房玄龄稍有好转，太宗便喜形于色；如果听说病情加重，脸色便变得悲伤。房玄龄因此对诸子说："我自从病情危急后，受恩泽反而更深；如果辜负了圣明君主，则死有余辜。当今天下清明，各件事务都很得当，唯独东征高丽不止，将为国患。主上含怒下了决心，臣下不敢冒犯圣威。我若知而不言，就会含恨入地。"于是上表劝谏说：

臣听说兵革最怕不收敛，武功贵在停止干戈。当今圣明教化，无所不至。上古未能臣服的地方,陛下都能让其称臣;未能制服的地方,陛下都能制服。详察古今,为中国患害最大的,首推突厥。而陛下却能运用神机妙策,不下殿堂就使突厥大、小可汗相继归降,分掌禁卫军,执戟行列间。其后薛延陀嚣张,旋即被讨平灭亡;铁勒倾慕礼义,请朝廷设置州县。沙漠以北,万里安宁,没有兵尘硝烟。至于说高昌在流沙拥兵叛乱,吐谷浑在积石山归属不定,发一军进讨,全都荡平。高丽躲过诛灭,已经历代,朝廷未能征讨。陛下谴责它为逆作乱、杀害君主虐待民众,于是亲自统领六军,前往辽东、碣石问罪,不到一月,就攻拔了辽东,前后抓获俘虏达数十万,分配在诸州,无处不满。雪前代的旧耻,埋亡卒的枯骨。若比较功德,则高出前王万倍。这些都是圣主心中所自知的,卑臣怎么敢详尽述说。

况且陛下仁风流布、遍于四海,孝德显扬、与天同高。看到夷狄将要灭亡,便能算出还需几年;授予将帅指挥谋略,就能决胜万里之外。屈指计日、等待驿传,观日算时、迎候捷报,符合应验如同神灵,算计谋划没有遗漏。在行伍之中提拔将领、于凡人之内选取士人。远方的使节,一见不忘,小臣的名字,不曾再问。射箭能洞穿七层铠甲、拉弓能力贯百八十斤。加上留心经典、注意文章,用笔超过钟繇、张芝,文辞不让班固、司马迁。文锋已振、管磬自然和谐,翰墨轻飞、花卉竞相开放。以仁慈安抚百姓、以礼义接遇群臣。有喜好生命的德性,在江湖焚烧障塞,释放鱼类;有厌恶杀戮的仁慈,在屠场止息刀斧,拯救畜生。鸭鹤承接了稻粱的赐予、犬马蒙受着帷盖的恩惠。下车吮吸李思摩的箭疮、登堂哭临魏征的灵柩。为战亡的七卒哭泣,哀痛震动六军;背填路用的薪柴,精诚感动天地。重视民众的生命,特别关心狱因。臣见识昏聩,怎能论尽圣功的深远,奢谈天德的高大呢!陛下兼有众多长处,各种优点无不具备,卑臣深深地为陛下珍惜它,爱重它。

《周易》说:"知道进而不知道退,知道存而不知道亡,知道得而不知道失。"又说:"知道进退存亡,又不迷失正道的,只有圣人啊!"由此说来,进里有退的含义,存中有亡的机宜,得内有失的道理,老臣为陛下珍惜的原因,指的就是这些。老子说;"知足就不会招致侮辱,知道适可而止就不会遇到危险。"陛下的威名功德。也可以说是"足"了;拓广疆域,也可以"止"了。那个高丽,是边境的夷族残类,不足以用仁义对待,也不可以常礼责备。古来将他们像鱼鳖一样喂养,应该宽恕他们。如果一定要灭绝他们的种类,恐怕野兽落入穷困境地就要搏斗。而且陛下每次决杀一个死因,都必定命令法官再三复审多次上奏,并要吃素食、停音乐。这就是在因为人命关天,感动了圣上仁慈之心的缘故。何况现在这些兵士,没有一点罪过,却无故被驱赶到战阵之间,处于刀锋剑刃之下,使他们肝脑涂地,魂魄没有归处;让他们的老父孤儿、寡妻慈母,望灵车而掩泣,抱枯骨而伤心,这就足以使阴阳发生变动,和气受到伤害,实在是天下的冤痛啊。况且"兵"是凶器,"战"是危事,不得已才使用。如果高丽违反臣节,陛下诛讨它是可以的;如果高丽侵扰百姓,陛下灭亡它是可以的;如果高丽会成为中国的长久之患,陛下除掉它是可以的。有其中的一条,虽然日杀万人,也不值得惭愧。现在没有这三条,却烦扰中国,内为前朝旧王雪耻,外替新罗报仇,难道不是所保存的少、所丢失的多吗?

希望陛下遵循皇朝祖先老子"止足"的告诫,来保全万代巍峨的名声。发布甘沛的恩泽,颁下宽大的诏书;顺应阳春散布雨露,允许高丽悔过自新;焚烧凌波的船只,停罢应募的民众,自然华夏与夷族都庆贺依赖,远方肃宁近处安定。臣是老病的三公,早晚就要入地,所遗憾的只是臣竟然没有尘埃露水,来增高山岳增广海洋。谨此竭尽残魂余息,预先代行报恩的忠诚。倘若承蒙录用这些哀鸣,臣就是死而不朽了。

太宗见到表奏,对房玄龄的儿媳妇高阳公主说:"此人病危成这样,还为我国家担忧。"

房玄龄后来病情加剧。太宗于是凿通苑墙开设新门,屡次派遣宫中使臣问候。太宗又亲自前往,握手告别,悲伤不止。皇太子也前去与他诀别。当天授房玄龄的儿子房遗爱为右卫中郎将、房遗则为中散大夫,让他生前看到儿子的显贵。不久病故,时年七十岁。太宗命三天不上朝,下册书赠房玄龄官太尉、并州都督,赐谥号为"文昭",朝廷供丧葬器物,陪葬在昭陵。房玄龄常告诫诸子不能骄奢、沉溺于声色,一定不可以用地位门第去欺凌他人,因此汇集了古今圣贤的家诫格言,写在屏风上,令诸子各取一扇,对他们说:"你们如果能留意这些家诫,就足以保身成名。"又说:"汉朝的袁家历代保有忠节,是我所崇尚的,你们也应该效法。"高宗继位,诏命房玄龄在太宗庙庭中祔祭。

长子遗直承袭了房玄龄的爵位,永徽初年官为礼部尚书、汴州刺史。次子遗爱,娶太宗女儿高阳公主,官拜驸马都尉,后至太府卿、散骑常侍。起初,太宗宠爱高阳公主,因此遗爱受到特别恩泽,与太宗其他女婿的礼仪官秩有极大差异。高阳公主既已骄横放纵,阴谋贬黜遗直而夺取他的封爵,就在永徽年中诬告遗直对她无礼。高宗命令长孙无忌审讯此事,因而获得了公主与遗爱的谋反实情。遗爱被诛死,公主赐自杀,其他诸子流放到岭南。遗直因父亲有功而特予宽宥,革官为平民,停罢了房玄龄在太宗庙庭的祔祭。

李勣传

【题解】

李勣(594~700),本姓徐,名世勣,字懋功,曹州离狐(今山东东明县境)人。家富,多僮仆。隋末,参加翟让起义,阵斩隋将张须陀。后劝说翟让奉戴李密,为李密献计袭破黎阳仓,赈济灾民。瓦岗军失败后归唐,赐姓李氏。随李世民破王世充、窦建德、刘黑闼,又讨平江南辅公祏。贞观三年(629),与李靖一起大破东突厥。他镇守并州十六年,使边境安宁。十五年(641),以朔州行军总管母破薛延陀。后又随太宗征高丽。用兵多谋略,善应变,战胜所尝得金帛,都散之于将士,功劳都推之于下,故深得人心,是唐代一位名将。

【原文】

李勣,曹州离狐人也。隋末,徙居滑州之卫南。本姓徐氏,名世勣,永徽中,以犯太宗讳,单名勣焉。家多僮仆,积粟数千钟,与其父盖皆好惠施,拯济贫乏,不问亲疏。

大业末,韦城人翟让聚众为盗,勣往从之,时年十七,谓勣让曰:"今此土地是公及勣乡壤,人多相识,不宜自相侵掠。且宋、郑两郡,地管御河,商旅往还,船乘不绝,就彼邀截,足以自相资助。"让然之,于是劫公私船取物,兵众大振。隋遣齐郡通守张须陀率师二万讨之,勣与频战,竟斩须陀于阵。

初,李密亡命在雍丘,浚仪人王伯当匿于野,伯当共勣说翟让奉密为主。隋令王世充讨密,勣以奇计败世充于洛水之上,密拜勣为东海郡公。时河南、山东大水,死者将半,隋帝令饥人就食黎阳,开仓赈给。时政教已紊,仓司不时赈给,死者日数万人。勣言于密曰:"天下大乱,本是为饥,今若得黎阳一

李勣

仓,大事济矣。"密乃遣勣领麾下五千人自原武济河掩袭,即日克之,开仓恣食,一旬之间,胜兵二十万余。经岁余,宇文化及于江都弑逆,拥兵北上,直指东郡。时越王侗即位于东京,赦密之罪,拜为太尉,封魏国公,授勣右武侯大将军,命讨化及。密遣勣守仓城,勣于城外掘深沟以固守;化及设攻具,四面攻仓,阻堑不得至城下,勣于堑中为地道出兵击之,大败而去。

武德二年,密为王世充所破,拥众归朝。其旧境东至于海,南至于江,西至汝州,北至魏郡,勣并据之,未有所属,谓长史郭孝恪曰:"魏公既归大唐,今此人众土地,魏公所有也。吾若上表献之,即是利主之败,自为己功,以邀富贵,吾所耻也。今宜具录州县名数及军人户口,总启魏公,听公自献,此则魏公之功也。"乃遣使启密。使人初至,高祖闻其无表,唯有启与密,甚怪之。使者以勣意闻奏,高祖大喜曰:"徐世勣感德推功,实纯臣也。"诏授黎阳总管、上柱国、莱国公。寻加右武侯大将军,改封曹国公,赐姓李氏,赐良田五十顷,甲第一区。封其父勣为济阴王,勣固辞王爵,乃封舒国公、授散骑常侍、陵州刺史。令勣总统河南、山东之兵以拒王世充。及李密反叛伏诛,高祖以勣旧经事密,遣使报其反状。勣表请收葬,诏许之。勣服衰绖,与旧僚吏将士葬密于黎山之南,坟高七仞,释服而散,朝野义之。

寻而窦建德擒化及于魏县,复进军攻勣,力屈降之。建德收其父,从军为质,令勣复守黎阳。三年,自拔归京师。四年,从太宗伐王世充于东都,累战大捷。又东略地至武牢,伪郑州司兵沈悦请翻武牢,勣夜潜兵应接,克之,擒其伪刺史荆王行本。又从太宗平窦建德,降王世充,振旅而还。论功行赏,太宗为上将,勣为下将,与太宗俱服金甲,乘戎辂,告捷于太庙。其父自洺州与裴矩入朝,高祖见之大喜,复其官爵。勣又从太宗破刘黑

闵、徐圆朗,累迁左监门大将军。圆郎重据兖州反,授勣河南大总管以讨之,寻获圆朗,斩首以献,兖州平。

七年,诏与赵郡王孝恭讨辅公祐,孝恭领舟师巡江而下,勣领步卒一万渡淮,拔其寿阳,至硖石。公祐之将陈正通率兵十万屯于梁山,又遣其大将冯惠亮帅水军十万,锁连大舰以断江路,仍于江西结垒,分守水陆,以御王师。勣攻其垒,寻克之。惠亮单舸而遁。勣乘胜逼,正通大溃,以十余骑奔于丹阳。公祐弃城夜遁,勣纵骑追斩之于武康,江南悉定。

八年,突厥寇并州,命勣为行军总管,击之于太谷,走之。太宗即位,拜并州都督,赐实封九百户。贞观三年,为通汉道行军总管,至云中,与突厥颉利可汗兵会,大战于白道。突厥败,屯营于碛口,遣使请和。诏鸿胪卿唐俭往赦之,勣时与定襄道大总管李靖军会,相与议曰:"颉利虽败,人众尚多,若走渡碛,保于九姓,道遥阻深,追则难及。今诏使唐俭至彼,其必弛备,我等随后袭之,此不战而平贼矣。"靖扼腕喜曰:"公之此言,乃韩信灭田横之策也。"于是定计。靖将兵逼夜而发,勣勒兵继进。靖军既至,贼营大溃,颉利与万余人欲走渡碛。勣屯军于碛口,颉利至,不得渡碛,其大酋长率其部落并降于勣,虏五万余口而还。

时高宗为晋王,遥领并州大都督,授勣光禄大夫,行并州大都督府长史。父忧解,寻起复旧职。十一年,改封英国公,代袭蕲州刺史,时并不就国,复以本官遥领太子左卫率,勣在并州凡十六年,令行禁止,号为称职。太宗谓侍臣曰:"隋炀帝不能精选贤良,安抚边境,惟解筑长城以备突厥,情识之惑,一至于此。朕今委任李世勣于并州,遂使突厥畏威遁走,塞垣安静,岂不胜远筑长城耶?"

十五年,征拜兵部尚书,未赴京,会薛延陀遣其子大度设师骑八万南侵李思摩部落。命勣为朔州行军总管,率轻骑三千追及延陀于青山,击大破之,斩其名王一人,俘获首领,虏五万余计,以功封一子为县公。勣时遇暴疾,验方云须灰可以疗之,太宗乃自剪须,为其和药。勣顿首见血,泣以恩谢,帝曰:"吾为社稷计耳,不烦深谢。"

十七年,高宗为皇太子,转勣太子詹事兼左卫率,加位特进,同中书门下三品。太宗谓曰:"我儿新登储贰,卿旧长史,今以宫事相委,故有此授。虽屈阶资,可勿怪也。"太宗又尝闲宴,顾勣曰:"朕将属以幼孤,思之无越卿者。公往不遗于李密,今岂负于朕哉!"勣雪涕致辞,因啮指流血。俄而沉醉,乃解御服覆之,其见委信如此。

十八年,太宗将亲征高丽,授勣辽东道行军大总管,攻破盖牟、辽东、白崖等数城,又从太宗摧珍驻跸阵,以功封一子为郡公。二十年,延陀部落扰乱,诏勣将二百骑便发突厥兵讨击。至乌德鞬山,大战,破之。其大首领梯真达官率来临,其可汗咄摩支南窜于荒谷,遣通事舍人萧嗣业招尉部领,送于京师,碛北悉定。

二十二年,转太常卿,仍同中书门下三品;旬日,复除太子詹事。二十三年,太宗寝疾,谓高宗曰:"汝于李勣无恩,我今将责出之,我死后,汝当授以仆射,即荷汝恩,必致其死力"。乃出为叠州都督。高宗即位,其月,召拜洛州刺史,寻加开府仪同三司,令同中书门下,参掌机密。是岁,册拜尚书左仆射。永徽元年,抗表求解仆射,仍令以开府仪同三司依旧知政事。四年，册拜司空。初，贞观中，太宗以勋庸特著，尝图其形于凌烟阁，至是，帝又命写形焉，仍亲为之序。显庆三年，从幸东都，在路遇疾，帝亲临问。麟德初，东封泰山，诏勣为封禅大使，乃从驾。次滑州，其姐早寡，居勣旧间，皇后亲自临问，赐以衣服，仍封为东平郡君。勣又坠马伤足，上亲降问，以所乘赐之。

乾封元年，高丽莫离支男生为其弟男建所逐，保于国内城，遣子献城诣阙乞师。总章元年，命勣为辽东道行军总管，率兵二万略地至鸭绿水。贼遣其弟来拒战，勣纵兵击败之，追奔二百里，至于平壤城。男建闭门不敢出，贼中诸城骇惧，多拔人众遁走，降款者相继。勣又引岳围平壤，辽东道副大总管刘仁轨、郝处俊、将军薛仁贵并会于平壤，掎角围之。经月余，克其城，虏其王高藏及男建、男产，裂其诸城，并为州县，振旅而旋。令勣便道以高藏及男建献于昭陵，礼毕，备军容入京城，献太庙。

二年，加太子太师，增食实封通前一千一百户。其年寝疾。诏以勣弟晋州刺史弼为司卫正卿，使得视疾。寻薨，年七十六。帝为之举哀，辍朝七日，赠太尉、扬州大都督，谥曰贞武，给东园秘器，陪葬昭陵，令司平太常伯杨昉摄同文正卿监护。及葬日，帝幸未央古城，登楼临送，望柳车恸哭，并为投祭。皇太子亦从驾临送，哀恸悲感左右。诏百官送到故城西北，所筑坟一准卫、霍故事，象阴山、铁山及乌德鞬山，以旌破突厥、薛延陀之功。光宅元年，诏勣配享高宗庙庭。

勣前后战胜所得金帛，皆散之于将士。初得黎阳仓，就食者数十万人。魏征、高季辅、杜正伦、郭孝恪皆客游其所，一见于众人中，即加礼敬，引之卧内，谈谑忘倦，及平武牢，获伪郑州长史戴胄，知其行能，寻释放，竟推荐，咸至显达，当时称其有知人之鉴。又，初平王世充，获其故人单雄信，依例处死，荐表称其武艺绝伦，若收之于合死之中，必大感恩，堪为国家尽命，请以官爵赎之。高祖不许。临将就戮，勣对之号恸，割股肉以啖之，曰："生死永诀，此肉同归于土矣。"仍收养其子。每行军用师，颇任筹算，临敌应变，动合事机。与人图计，识其臧否，闻人片善，扼腕而从，事捷之日，多推动于下，以是人皆为用，所向多克捷。洎勣之死闻者莫不凄怆。

与弟弼特存友爱，闺门之内，萧若严君。自遇疾，高宗及皇太子送药，即取服之；家中召医巫，皆不许入门。子弟固以药进，勣谓曰："我山东一田夫耳，攀附明主，滥居富贵，位极三台，年将八十，岂非命乎？修短必是有期，宁容浪就医人求活！"竟拒而不进。忽谓弼曰："我似得小差，可置酒以申宴乐。"于是堂上奏女妓，詹下列子孙。宴罢。谓弼曰："我自量必死，欲与汝一别耳。恐汝悲哭，诳言似差可，未须啼泣，听我约束。我见房玄龄、杜如晦、高季辅辛苦作得门户，亦望垂裕后昆，并遭痴儿破家荡尽。我有如许豚犬，将以付汝，汝可防察，有操行不伦、交游非类，急即打杀，然后奏知。又见人多埋金玉，亦不须尔。惟以布装露车，载我棺枢，棺中敛以常服，惟加朝服一副，死倘有知，望著此奉见先帝。明器惟作马五六匹，下帐用幔布为顶，白纱为裙，其中著十个木人，示依古礼刍灵之义，此外一物不用。姬媵已下，有儿女而愿住自养者听之，余并放出。事毕，汝即移入我堂，抚恤小弱。违我言者，同于戮尸。"此后略不复语，弼等遵行遗言。

李勣,曹州离孤人。隋朝末年,移居滑州的卫南县。本姓徐,名世勣,永徽年间,因触犯太宗的名讳,改为单名勣。家里多奴仆,积蓄粟达数千种,他与父亲徐盖都乐善好施,在拯救和接济贫困的人时,常常不问亲疏关系。

隋大业末年,韦城人翟让聚众为盗,李韦也去参加,当时才十七岁,他对翟让说:"现今这一片土地是您和我李勣的家乡,人们多互相认识,不宜于自相侵犯掠夺。而宋、郑两郡,其辖区中有御河,商旅往来,船只不绝,到那里去拦截,足够我们自己所需要的资财。"翟让同意,于是抢劫官船和私船上的财物,兵马大为振作兴旺。隋朝廷派遣齐郡通守张须陀率二万军队来镇压,李勣与他们多次作战,最后在阵上杀了张须陀。

起初,李密在雍丘流亡,浚仪人王伯当把他藏匿在民间,王伯当与李勣劝说翟让奉戴李密为首领。隋朝廷命令王世充讨伐李密,李勣设奇计在洛水上打败了王世充,李密拜李勣为东海郡公。当时河南、山东大水,死了将近半数人口,隋炀帝命令饥民到黎阳仓去找粮食吃,同时开仓发粮救济灾民。由于这时政局已十分混乱,粮仓的官吏不按时开仓发粮,因此饿死的人每天有数万人。李勣对李密说:"天下大乱,本来就是因为饥饿,现在如果能抢得黎阳一仓,大事就能成功了。"李密于是派李勣率领五千士兵从原武渡过黄河发动突然袭击,当天就攻下黎阳仓,开仓任凭饥民取粮,得到饥民拥护,十天时间,增加士兵二十多万。一年多以后,宇文化及在江都杀了隋炀帝,带兵北上,直指东郡。当时越王柏侗在东京洛阳即皇帝位,赦免了李密的罪,拜为太尉,封魏国公,授官李勣为右武侯大将军,命他们讨伐宇文化及。李密派李勣守仓城,李勣在城外挖掘深的壕沟作为防守工事;宇文化及准备了攻城器具,四面攻仓,遇到深沟不能到达城下,李勣在沟中挖地道出兵攻击他,宇文化及大败而去。

唐武德二年,李密被王世充打败,带领部众投归朝廷。李密旧有的地盘东到海边,南到长江,西到汝州,北到魏郡,被李勣控制,还没有归属,李勣对长史郭孝恪说:"魏公既然已经投归大唐,现在这里的人口土地,是魏公所有的。我如果上表献给朝廷,就是因主子失败而得利,把它当作自己的功劳去讨富贵,这是我感到可耻的。现在应该全部记录县的名称数目以及军民的户口,统统报给魏公,让魏公自己去上献,这就是魏公的功劳了。"于是派使者去告诉李密,使者初到,高祖听说他没有表,只有书信给李密,十分奇怪。使者把李勣的意思上奏,高祖大喜说:"徐世勣深感主人恩德推让功劳,是个忠臣。"下诏授官为黎阳总管、上柱国、业国公。不久加右武侯大将军,改封曹国公,赐姓李氏,赐良田五十顷,上等住宅一座。封他父亲李盖为济阴王,李盖坚决推辞王爵,于是封舒国公,授官散骑常侍、陵州刺史。命令李勣统领河南、山东的军队去抵御王世充。等后来李密因反叛被杀,高祖因为李勣以前曾臣属于李密,派使者向他报告李密反叛的事情经过。李勣上表请求收葬,朝廷同意。李勣穿了丧服,与从前的僚佐官吏将士们把李密安葬在黎山之南,坟高五丈,等除丧后才散去,朝廷上下都认为他很讲义气。

不久窦建德在魏县活捉了宇文化及,又进军攻李勣,李勣力尽投降。窦建德带走他的父亲,随军作为人质,命李勣再守卫黎阳。武德三年,李勣脱身回到京师,四年,随从太宗在东都讨伐王世充,多次战斗获大胜。又向东夺取土地直到虎牢,伪郑州司兵沈悦请求献出虎牢投降,李勣在黑夜派兵偷偷前去应接,攻克了虎牢,活捉伪刺史荆王王行本。又随从太宗讨平窦建德,战胜和降伏了王世充,凯旋而归。论功行赏,太宗为上将,李勣为下将,李勣与太宗都穿了金甲,乘兵车,向太庙告捷。李勣的父亲与裴矩一起从沼州入朝,高祖见到他们大喜,恢复了他们的官爵。李勣又随从太宗击败了刘黑闼、徐圆朗,不断加官到左监门大将军。徐圆朗重新占据兖州反叛,朝廷授李勣为河南大总管去讨伐,不久捉住徐圆朗,斩首后献上首级,兖州被平定了。

七年,朝廷下诏命李勣与赵郡王孝恭一起讨伐辅公祏,孝恭率领水军沿长江而下,李勣率领一万步兵渡过淮河,攻下寿阳,到硖石。辅公祏的将领陈正通率十万兵屯驻在梁山,公祏又派他的大将冯惠亮率领十万水军,用铁链把大的战船连在一起来封锁长江水道,还在长江西岸筑垒,分守水陆两路,来抵御官军。李勣攻击他们的营垒,不久攻克。冯惠亮乘了一只小船独自逃跑。李勣乘胜进攻,陈正通的军队奔逃溃散,他带了十余名骑兵逃奔到丹阳。辅公祏抛弃城在夜晚逃走,李勣纵马追到武康,把他杀了,江南全部平定。

八年,突厥进攻并州,朝廷命李勣为行军总管,在太谷对突厥发动攻击,赶跑了它们。太宗即位,拜李勣为并州都督,赐给封邑九百户。贞观三年,任通汉道行军总管,到云中,与突厥首领颉利可汗的兵相遇,双方在白道大战。突厥失败,扎营在碛口,派使者请求讲和。朝廷诏命鸿胪卿唐俭前去赦免它们。当时李勣与定襄道大总管李靖的军队相遇会合,他与李靖议论说:"颉利虽然失败,部众还很多,如果向北走渡过沙漠,归依于铁勒九姓,那么道路遥远险阻很多,我们追他们就很难追上。现在朝廷派使者唐俭到那里,他们必然防备松懈,我们随后袭击他们,就可以不经过战斗而平定贼军了。"李靖握住自己手腕高兴地说:"您的这番话,就是韩信消灭田横的策略呀。"于是定下此计。李靖带兵连夜出发,李勣统率士兵随后前进。李靖军到达后,突厥军营大乱,颉利可汗与一万余人想北逃渡过沙漠。李勣在沙漠口布置军队守候,颉利到这里,无法渡过沙漠,他的大酋长都率领自己的部落向李勣投降,李勣共俘获五万余人而回军。

当时高宗封晋王,遥领并州大都督,朝廷授官李勣为光禄大夫,行并州大都督府长史。因父丧离职,不久又恢复原职。十一年,改封英国公,世袭蕲州刺史,当时世袭刺史都不到州郡就任,又以并州刺史遥领太子左卫率。李勣在并州共十六军,令行禁止,纪律严明,人们都认为他称职,太宗对侍臣说:"隋炀帝不能够精选贤良之才任官,安抚边境,只知道修筑长城来防备突厥,他的错误的认识,竟到了如此地步。朕今委任李世勣到并州任官,使突厥害怕而逃走,边境安宁,这不是比到远处筑长城更胜一筹吗?"

十五年,被朝廷拜为兵部尚书,尚未去京赴任,刚好薛延陀派他的儿子大度设率领八万骑兵南下侵犯李思摩部落。朝廷命李勣为朔州行军总管,率领轻装骑兵三千人追击薛延陀,在青山追到了他,经过战斗,大败了他,斩他的有名的王一人,俘获他的首领,以及部众五万余人,因功封李勣一个儿子为县公。李勣当时得了急病,验方说胡须的灰可以治疗，太宗就把自己胡须剪下，为他和药，"我是为国家打算，不烦劳你这样深谢。"

十七年，高宗为皇太子，转封李勣为太子詹事兼左卫率，加位特进，同中书门下三品。太宗对他说："我儿刚为皇太子，你是他原来的长史，现在把东宫的事托付给你，故有此任命。虽然在官阶、资历上有些委屈你，希望你不要相怪。"太宗又曾在闲时设宴，对李勣说："朕想把幼年的太子托付给大臣，想来想去没有一个大臣比得上你。你过去不肯背叛李密，现在岂会负心于朕呢！"李勣痛哭流涕地发誓，并咬指出血。过一会因喝醉酒而睡着，太宗脱下御服盖在他身上，可见他受到太宗的信赖到何种程度。

十八年，太宗准备亲自出征高丽，授李勣为辽东道行军大总管，攻破盖牟、辽东、白崖等数城，又随从太宗摧毁

剪须和药

了驻跸山的敌军阵营，因功封一个儿子为郡公。二十年，恭延陀部落内乱，朝廷命李勣率领二百骑兵并乘便征发突厥兵一起讨伐出击。到了乌德鞬山，与敌大战，打败了他们。他们的大首领梯真达官率领部众来投降，他们的可汗咄摩支向南流窜于荒谷中，朝廷派通事舍人萧嗣业招抚他的部属，送到京师，漠北全部平定。

二十二年，转任太常卿，仍任同中书门下三品；十天后，再任官太子詹事。二十三年，太宗病，对高宗说："你对李勣没有恩惠，我现在将他贬任外官，我死后，你就任命他为仆射，他就感你的恩，必会为你出死力。"于是出为叠州都督。高宗即位，当月，召李勣入朝拜洛州刺史，不久加开府仪同三司，又命他任同中书门下三品，参与执掌机密事务。这一年，又册拜尚书左仆射。永徽元年，上表求解除仆射职务，天子仍命他以开府仪同三司依旧执掌政事。四年，拜司空。起初，贞观年间，太宗曾因他功勋特别显著，把他的像画在凌烟阁上，到这时候，高宗又命令画他的像，并亲自写了序。显庆三年，跟从高宗到东都洛阳，在路上患了病，高宗亲自看望问候。麟德初年，东封泰山，诏命李勣为封禅大使，仍然随从皇帝东行，到滑州暂停，他的姐姐早年守寡，居住在李勣的旧房，皇后亲自去看望问候她，赏赐给衣服，封她为东平郡君。李勣又从马上跌下来伤了脚，皇帝亲自问候，把所骑的马赐给他。

乾封元年，高丽莫离支男生被他的弟弟男建驱逐，依附于国内城，派遣他的儿子到皇

宫献诚并乞求出兵援助。总章元年，朝廷任命李勣为辽东道行军总管，领兵两万攻占土地一直到鸭绿江。男建派他的弟弟前来抵抗，李勣发兵出击打败了他们，追击二百里，直到平壤城。男建闭城门不敢出来，敌人中其他各座城害怕，很多带着人口逃走，向李勣投降的人陆续不断。李勣又发兵包围平壤，辽东道副大总管刘仁轨、郝处俊、将军薛仁贵也都会师在平壤，四面围攻，经过一个多月，攻克了这座城，俘获高丽王高藏和男建、男立，分割其各座城，都立为唐的州县，凯旋而归。天予命令李勣顺道把高藏和男建献到昭陵，献俘的礼仪完毕后，整顿军容进入京城，到太庙献俘。

二年，加官太子太师，增赐封邑连同以前共一千一百户。这一年李勣生病，皇帝诏命他的弟弟晋州刺史李弼为司卫正卿，让他照料李勣，并请医治病。不久李勣死，年龄七十六岁。皇帝为他举哀，停止朝会七天，赠宫太尉、扬州大都督，谥号为"贞武"，给东园的棺材，陪葬在昭陵，命令司平太常伯相杨昉协助同文正卿督办表事。到下葬那天，皇帝到未央古城，登楼看着送行，望着灵车痛哭，并为他安排祭奠。皇太子也随从皇帝送葬，他的悲恸和哀痛深深感动了左右侍从。皇帝下诏百官送到故城西北，所修筑的坟一律按照卫青、霍去病的旧事，仿象阴山、铁山以及乌德鞬山，以表彰他击破突厥、薛延陀的功绩。光宅元年，下诏李勣可以在高宗庙陪从受祭。

李勣前后战争取胜所得的黄金和绢帛，都分送给将士。最初攻下黎阳仓时，前往要粮吃的有数十万人。魏征、高季辅、杜正伦、郭孝恪都来到了黎阳仓，李勣在众人当中一见到他们，就以礼相待，十分尊敬，把他们引到自己家中。无拘束的畅谈嬉笑，忘却了疲倦。等到平定虎牢，俘获伪郑州长史戴胄，知道他的品行才能，很快就释放，这些人全得到他的推荐，很多人后来地位显赫，当时人称颂李勣有知人之明。又，刚平定王世充，抓获他的老朋友单雄信，按规定要处死，李勣上表称说他武艺绝伦，如果把他从应该处死的人之中提拔上来，他必然大为感恩，能为国家献出生命，请求以自己的官爵来赎他的罪。高祖不同意。在将要行刑时，李勣对着他号啕痛哭，割下自己的大腿肉给他吃，说："生死永别，我这肉和你同归于土了。"于是收养了他的儿子。每次行军指挥部队，颇能运筹谋算，临敌应变，总能符合实际抓住时机。与人商量计谋，能识别其正确与否，听到了一点合理意见，就握住自己手腕，兴高采烈地采纳，事情成功的时候，多把功劳推给手下人，因此人人都愿意为他做事，军队所到之处，多能取得胜利。李勣逝世的时候，听到这消息的人没有一个不凄怆哀悼。

李勣同弟李弼特引友爱，在家中，他严肃如同严厉的君主。自从得病，高宗和皇太子送药，当即取来服下；家中召来医巫，都不许进门。子弟坚持把药送给他吃，李勣对他们说："我是山东一个田夫，攀附上圣明的君主，滥竽充数似的得到了富贵，位已到三公，年将近八十，这岂不是命该到此吗？寿命长短都是有限期的，岂能随便到医生那里求活命！"竟拒而不进药。有一天，忽然对李弼说："我似乎有点好转，可以摆酒欢乐一番。"于是在堂上让女乐工奏乐，屋檐下站列着子孙。宴会结束，对李弼说："我自己估计必死，想借此与你作一诀别。恐怕你悲哭，故谎说病有好转，现在不要啼哭，听我立下规矩。我看房玄龄、杜如晦、高季辅辛辛苦苦建立起门第，也希望留传给后代，结果都遭到愚蠢子孙败完家产。我有这些豚犬子孙，把他们交付给你，你应预防察看，如果有操行不正，交结坏人的，立即打死，然后报我知道。又我见别人在棺材中多埋金玉，这也不需要。只要用白布覆盖着没有帷盖的车，载我的棺材，棺中验尸用平常的衣服，只要加朝服一套，死后倘若有知，希望穿上它去奉见先帝。随葬的明器只要制作五六匹马，地宫里的帷帐用黑布做顶，白纱布做四周的裙，其中放置十个木偶，以表示按古礼用草人草马殉葬的含义，此外一概不用。姬妾以下，有儿女的愿意住下自己养育的听便，其余的全部放他们出离。丧事办完后，你就搬入我的家住，抚养、体贴幼弱的子女。违背我的话，就如同戮我的尸一样。"此后再也不说话了，李弼等遵照他的遗言去办。

秦叔宝传

【题解】

秦琼（？～638），字叔宝，齐州历城（今山东济南）人，以勇猛著称。隋末随张须陀镇压起义军，后依附李密。李密失败后，投入王世充门下，因鄙薄其狡诈，最后投奔唐高祖李渊，随从李世民破尉迟敬德，又征伐宋金刚、王世充、窦建德、刘黑闼，在战斗中表现出勇悍无比，受到李世民的重视。武德九年（626），随从太宗诛杀建成、元吉，拜左武卫大将军。秦叔宝是唐初名将和开国功臣。从宋到明清，成为话本和小说中的英雄人物。

【原文】

秦叔宝名琼，齐州历城人。大业中，为隋将来护儿帐内。叔宝丧母，护儿遣使吊之，军吏怪曰："士卒死亡及遭丧者多矣，将军未尝降问，独吊叔宝何也？"答曰："此人勇悍，加有志节，必当自取富贵，岂得以卑贱处之。"

隋末群盗起，从通守张须陀击贼帅卢明月于下邳。贼众十余万，须陀所统才万人，力势不敌，去贼六七里立栅，相持十余日，粮尽将退，谓诸将士曰："贼见兵却，必轻来追我。其众既出，营内即虚，若以千人袭营，可有大利。此诚危险，谁能去者？"人皆莫对，唯叔宝与罗士信请行。于是须陀委栅遁，使二人分领千兵伏于芦苇间。既而明月果悉兵追之，叔宝与士信驰至其栅，栅门闭不得入，二人超升其楼，拔贼旗帜，各杀数人，营中大乱。叔贤、士信又斩关以纳外兵，因纵火焚其三十余栅，烟焰涨天。明月奔还，须陀又回军奋击，大破贼众。明月以数百骑遁去，余皆虏之。由是勇气闻于远近。

又击孙宣雅于海曲，先登破之。以前后累勋授建节尉。从须陀进击李密于荥阳，军败，须陀死之，叔宝以余众附裴仁基。会仁基以武牢降于李密，密得叔宝大喜，以为帐内骠骑，待之甚厚。密与化及大战于黎阳童山，为流矢所中，坠马闷绝。左右奔散，追兵且至，唯叔宝独捍卫之，密遂获免。叔宝又收兵与之力战，化及乃退。后密败，又为王世充所得，署龙骧大将军。叔宝薄世充之多诈，因其出抗官军，至于九曲，与程咬金、吴黑闼、牛进达等数十骑西驰百许步，下马拜世充曰："虽蒙殊礼，不能仰事，请从此辞。"世充不敢逼，于是来降。

高祖令事秦府，太宗素闻其勇，厚加礼遇。从镇长春宫，拜马军总管。又从征于美良川，破尉迟敬德，功最居多。高祖遣使赐以金瓶，劳之曰："卿不顾妻子，远来投我，又立功效。朕肉可为卿用者，当割以赐卿，况子女玉帛乎？卿当勉之。"寻授秦王右三统军。又从破宋金刚于介休。录前后勋，赐黄金百斤、杂绿六千段，授上柱国。从讨王世充，每为前锋。太宗将拒窦建德于武牢，叔宝以精骑数十先陷其阵。世充平，进封翼国公，赐黄金百斤、帛七千段。从平刘黑闼，赏物千段。

叔宝每从太宗征伐，敌中有骁将锐卒，炫耀人马，出入来去者，太宗颇怒之，辄命叔宝往取。叔宝应命，跃马负枪而进，必刺之万众之中，人马辟易，太宗以是益重之，叔宝亦以此颇自矜尚。

六月四日，从诛建成、元吉。事宁，拜左武卫大将军，食实封七百户。其后每多疾病，因谓人曰："吾少长戎马，所经二百余阵，屡中重疮。计吾前后出血亦数斛矣，安得不病乎？"十二年卒，赠徐州都督，陪葬昭陵。太宗特令所司就其茔内立石人马，以旌战阵之功焉。十三年，改封胡国公。十七年，与长孙无忌等图形于凌烟阁。

秦叔宝

【译文】

秦叔宝，名琼，齐州历城人。大业年间，在隋将来护儿军中任事。叔宝母亲去世，来护儿派人去吊唁，军吏感到奇怪，说："士兵死亡以及家遭丧事的人很多，将军未曾降身去慰问，为何独独吊唁叔宝家？"来护儿答道："此人勇敢强悍，加上有志气节操，必然会自己取得富贵，岂能像对待卑贱的人那样对待他。"

隋末群盗蜂起，秦叔宝随从通守张须陀在下邳出击盗贼统帅卢明月。贼军的人数有十余万，张须陀所统军队才一万人，力量比不过贼军，于是在离贼军六七里的地方设营立栅，相持十余天，粮食吃完将要退兵，张须陀对各将士说："贼军看到我们兵退却，一定会轻易地来追我们。他们的大部队出来后，营内就空虚，如果用一千人的队伍去偷袭营房，可获得大胜利。但这诚然是十分危险的，谁能去呢？"没有人回答，只有秦叔宝与罗士信请求去行动。于是张须陀弃营而退逃，派他们两人分别率领一千士兵埋伏在芦苇中间。不久，卢明月果然派出几乎全部的兵追来，秦叔宝与罗士信骑马飞驰到敌人的营地，营门紧闭不能进去，两人就偷偷爬过栅栏，到了敌人城楼上，拔去了旗帜，各杀死数人，敌营中大乱。秦叔宝、罗士信又斩死守关贼兵，打开城门，让外面隋兵可进入，接着放火焚烧了敌军三十余座营栅，烟焰弥漫天空。卢明月回军来救，张须陀也回军奋起追击，大败贼军。卢明月带数百人骑马逃去，其余都被俘虏。从此秦叔宝的勇猛远近闻名了。

又在沿海的弯曲处出击孙宣雅，最先冲上去打败了他。积前后多次功勋授宫建节尉。随从张须陀在荥阳进攻李密，打了败仗，张须陀战死，秦叔宝带着剩余士兵投奔裴仁基。刚好裴仁基献虎牢关投降李密，李密得到秦叔宝大喜，任为骠骑将军，对他十分优厚。李密在黎阳童山与宇文化及大战，被流箭射中，从马上跌下来，昏了过去。左右战士已奔散，追兵将到，只有秦叔宝单独捍卫他，李密才避免被俘，秦叔宝又收集余兵与敌人奋力作战，宇文化及终于退兵。后来李密失败，秦叔宝又被王世充所得，被任命为龙骧大将军。秦叔宝鄙薄王世充为人多狡诈，趁他出去抵抗官军，到了九曲，就与程咬金、吴黑闼、牛进达等数十人骑马向西奔驰百余步，然后下马拜辞王世充，说："虽然承蒙您给我们特殊的礼遇，但我们不能侍奉您，请就此告别。"王世充不敢追逼，于是来投降官军。

唐高祖命秦叔宝到秦王府去做事，太宗素来听说他勇猛，对他十分优待礼敬。随从秦王镇守长春宫，拜官为马军总管。又随从秦王出征美良川，打败尉迟敬德，功劳要算他最多。高祖派使者尝赐给他金瓶，慰劳他说："卿不顾妻儿，远来投奔我，又立功劳。朕的肉如果可以被卿所用，也当割下来赐给卿，何况女子、玉器、绢帛呢？卿应当努力自勉。"不久授官为秦玉右三统军。又随从秦王在介休击败宋金刚。综合前后的功勋，赐给黄金一百斤，杂色丝织品六千段，授官上柱国。随从讨伐王世充，常常担任前锋。太宗在虎牢关抵御窦建德的时候，秦叔宝带数十名精锐骑兵先攻陷敌人阵地。王世充被平定后，晋封为翼国公，赐给黄金一百斤，帛七千段。随从平定刘黑闼，赐给织物一千段。

秦叔宝每次随从太宗征伐，敌人中有勇敢而武艺高强的将领或士兵，在阵上横冲直撞，炫耀其武功的，太宗看了十分怖怒，总是命令秦叔宝去收拾他。秦叔宝接受命令后，立即跨上战马提着枪冲入阵中，必能在万众之中把他刺倒，使敌人的人马退避，太宗因此更加看重他，秦叔宝也为此颇为自负。

武德九年六月四日，随从太宗诛杀建成、元吉。此事结束后，拜官左武卫大将军，赐给封邑七百户。这以后常多疾病，于是对人说："我从小就过戎马生涯，共经过二百多次战斗，多次受重伤，估计我前后流的血也有数斛了，哪里会不得病呢？"贞观十二年去世，赠官徐州都督，陪葬在昭陵。太宗特别命令有关官府在他的墓内立石人石马，以表彰他的战斗之功。十三年，改封胡国公。十七年，与长孙无忌等人的像都被画在凌烟阁上。

王珪传

【题解】

王珪(571~639年)，字叔玠，唐初太原祁县人。唐高祖时，为太子中允，深受太子李建成的礼遇。后来因玄武门之变受牵连,贬于边远之地。太宗即位后,召回京中,拜官谏议大夫。总是诚心诚意地竭尽为臣之道,多多地进献谏言。太宗称赞道:"卿家所谈论的,大都能说中朕的过失。自古为君主者,没有不想江山长治久安的,然而又做不到,就是因为不知自己的过失,或者知道却不能够改正的缘故。如今朕有过失,卿家能够直言,朕又闻过能改,还愁江山不平安吗?"太宗对他眷顾越来越深厚。贞观元年(627),升任黄门侍郎,参与朝政,为副相。次年,晋升为侍中。他对房玄龄、魏征、李靖、温彦博、戴胄以及自己的评价,不仅深受太宗赞许,也为各位宰相所公认。

【原文】

王珪,字叔玠,太原祁人也。在魏为乌丸氏,曾祖神念,自魏奔梁,复姓王氏。祖僧辩,梁太尉、尚书令。父凯,北齐乐陵太守。珪幼孤,性雅澹,少嗜欲,志量沈深,能安于贫贱,体道履正,交不苟合。季叔颇当时通儒,有人伦之鉴,尝谓所亲曰:"门户所寄,唯在此儿耳。"开皇末,为奉礼郎。及颇坐汉王谅反事被诛,珪当从坐,遂亡命于南山,积十余岁。

高祖入关,丞相府司录李纲荐珪贞谅有器识,引为世子府谘议参军。及东宫建,除太子中舍人,寻转中允,甚为太子所礼。后以连其阴谋事,流于嶲州。建成诛后,太宗素知其才,召拜谏议大夫。

贞观元年,太宗尝谓侍臣曰:"正主御邪臣,不能致理;正臣事邪主,亦不能致理。唯君臣相遇,有同鱼水,则海内可安也。昔汉高祖,田舍翁耳,提三尺剑定天下,既而规模弘远,庆流子孙者,此盖任得贤臣所致也。朕虽不明,幸诸公数相匡救,冀凭嘉谋,致天下于太平耳。"珪对曰:"臣闻木从绳则正,后从谏则圣。故古者圣主,必有净臣七人,言而不用,则相继以死。陛下开圣虑,纳刍荛,臣处不讳之朝,实愿罄其狂瞽。"太宗称善,敕自今后中书门下及三品以上入阁,必遣谏官随之。珪每推诚纳忠,多所献替,太宗顾待益厚,赐爵永宁县男,迁黄门侍郎,兼太子右庶平。

二年,代高廉为侍中。太宗尝闻闲与珪宴语,时有美人侍侧,本庐江王瑗之姬,瑗败籍没入宫,太宗指示之曰:"庐江不道,贼杀其夫而纳其室。暴虐之甚,何有不亡者乎!"珪避席曰:"陛下以庐江取此妇人为是耶,为非耶?"太宗曰:"杀人而取其妻,卿乃问朕是非,何也?"对曰:"臣闻于管子。"曰:"齐桓公之郭,问其父老。"曰:"郭何故亡?"父老曰:"以其善善而恶恶也。"桓公曰:"若子之言,乃贤君也,何至于亡?"父老曰:"不然,郭君善善而不能用,恶恶而不能去,所以亡也。"今此妇人尚在左右,窃以圣心为之,陛下若以为非,此谓知恶而不去也。"太宗虽不出此美人,而甚重其言。

时太常少卿祖孝孙以教宫人声乐不称旨,为太宗所让。珪及温彦博谏曰:"孝孙妙解音律,非不用心,但恐陛下顾问不得其人,以惑陛下视听。且孝孙雅士,陛下忽为教女乐而怪之,臣恐天下怪愕"。太宗怒曰:"卿皆我之腹心,当进忠献直,何乃附下罔上,反为孝孙言也!"彦博拜谢,珪独不拜曰:"臣本事前宫,罪已当死。陛下矜恕性命,不以不肖,置之枢近,责以忠直。今臣所言,岂是为私?不意陛下忽以疑事诮臣,是陛下负臣,臣不负陛下。"帝默然而罢。翌日,帝谓房玄龄曰:"自古帝王,能纳谏者固难矣。昔周武王尚不用伯夷、叔齐，宣王贤主，杜伯犹以无罪见杀。吾夙夜庶几前圣，恨不能仰及古人。昨责彦博、王珪，朕甚悔之。公等勿以此而不进直言也。"

时房玄龄、李靖、温彦博、戴胄、魏征与珪同知国政。后尝侍宴，太宗谓珪曰："卿识鉴清通，尤善谈论，自房玄龄等，咸宜品藻，又可自量，孰与诸子贤？"对曰："孜孜奉国，知无不为，臣不如玄龄。才兼文武，出将入相，臣不如李靖。敷奏详明，出纳惟允，臣不如温彦博。处繁理剧，众务必举，臣不如戴胄。以谏诤为心，耻君不及于尧、舜，臣不如魏征。至如激浊扬清，嫉恶好善，臣于数子，亦有一日之长。"太宗深然其言，群公亦各以为尽己所怀，谓之确论。后进爵为郡公。七年，坐漏泄禁中语，左迁同州刺史。明年，召拜礼部尚书。十一年，与诸儒正定五礼书成，赐帛三百段，封一子为县男。

是岁，兼魏王师。既而上问黄门侍郎韦挺曰："王珪为魏王泰师，与其相见，若为礼节？"挺对曰："见师之礼，拜答如礼。"王问珪以忠孝，珪答曰："陛下，王之君也，事君思尽忠；陛下，王之父也，事父思尽孝。忠孝之道，可以立身，可以成名，当年可以享天佑，余芳可以垂后叶。"王曰："忠孝之道，已闻教矣，愿闻所习。"珪答曰："汉东平王苍云：'为善最乐'。"上谓侍臣曰："古来帝子，生于宫闱，及其成人，无不骄逸，是以倾覆相踵，少能自济。我今严教子弟，欲令皆得安全。王珪我久驱使，是所谙悉，以其意存忠孝，选为子师。尔宜语泰：'汝之待珪，如事我也，可以无过'。"泰每为之先拜，珪亦以师道自居，物议善之。时珪子敬直尚南平公主。礼有妇见舅姑之仪，自近代公主出降，此礼皆废。珪曰："今主上钦明，动循法制。吾受公主谒见，岂为身荣，所以成国家之美耳。"遂与其妻就席而坐，令公主亲执笲行盥馈之道，礼成而退。是后公主下降有舅姑者，皆备妇礼，自珪始也。

珪少时贫寒，人或遗之，初不辞谢；及贵，皆厚报之，虽其人已亡，必赈赡其妻子。事寡嫂尽礼，抚孤侄恩义极隆，宗姻困匮者，亦多所周恤。珪通贵渐久，而不营私庙，四时蒸尝，犹祭于寝，坐为法司所劾，太宗优容，弗之谴也，因为立庙，以愧其心。珪既俭不中礼，时论以是少之。十三年，遇疾，敕公主就第省视，又遣民部尚书唐俭增损药膳。寻卒，年六十九，太宗素服举哀于别次，悼惜久之，诏魏王泰率百官亲往临哭，赠吏部尚书，谥曰懿。

【译文】

王珪，字叔玠，太原祁县人。在北魏时是乌丸氏，曾祖神念，由北魏投奔南朝萧梁，改姓王氏。祖父王僧辩，在萧梁任太尉、尚书令。父亲王凯，任北齐乐陵太守。王珪少年时父亲去世，性格清高典雅，少嗜好和欲望，志向深远，能够安于贫贱，做事依循法规走正道，交友不随便苟且。小叔叔王颇在当时为通儒，有辨别评述人的才能，曾经告诉亲属们说："我们家的希望，只有在这个孩子身上了。"隋文帝开皇末年，王珪出任奉礼郎。到王颇因参与汉王杨谅反叛事被杀，王珪当一块治罪，于是逃亡到南山中，前后达十余年之久。

唐高祖入关，丞相府司录李刚推荐王珪诚实正直有见识，引用为世子府谘议参军。到立皇太子，建立东宫，王珪被任命为太子中舍人，不久转任中允，太子李建成十分尊重他。后因和皇太子阴谋事件相牵连,被流放到崔州。李建成被杀后,唐太宗李世民平时就知道王珪的才能,召回拜为谏议大夫。

贞观元年,唐太宗曾经告诉侍臣说:"正主统领着邪臣,不能使国家达到治平;正臣服务于邪主,也不能使天下太平。唯有君臣相协调,就如鱼水一样,则天下可安定。从前汉高祖刘邦,不过是一田间的老头,提三尺宝剑平定天下后,立即着手建章立制规划宏大,幸福流传后代,这是崇尚信任而又得到贤臣所达到的。朕虽然不圣明,希望诸公多多相辅助救援,期望凭借大家良策妙谋,使天下达到太平。"王珪回答说:"臣听说木材用墨绳为标准则正,帝王听从臣下谏诤则圣明。因此古代圣主,一定有诤谏的臣子七人,说了如果君主不用,则相继以死。陛下开圣虑,纳平民百姓建议,臣处在不需隐瞒直言的朝代,确实愿意倾尽其悖理不明的言论。"唐太宗称赞,命令从今以后中书门下及三品以上官员入阁,一定要派遣谏官相随。王珪经常以诚意相见送上正确的意见,对很多事献可替否诤言进谏,唐太宗对他的眷顾越来越多,赐爵永宁县男,迁黄门侍郎,兼任太子右庶子。

贞观二年,代替高士廉任侍中,唐太宗曾避人独居和王珪宴饮谈话,当时有美人在旁边侍候,本是庐江王李瑗的姬妾,李瑗阴谋败露死亡后没收入宫,唐太宗指着美人说:"庐江王无道德,贼杀了她的丈夫而把她收为妻妾。暴虐至极,能有不灭亡的吗!"王珪离开座位说:"陛下认为庐江王取这个妇人是对呢,还是错呢?"唐太宗说:"杀人而夺取他的妻子,卿还问朕对错,这是为什么?"王珪回答说:"臣从管子那里听说,齐桓公到郭国,问父老说:郭国是什么原因灭亡的?父老说:因为他喜好善良而厌恶罪恶的原因。桓公说:"如果像您所说的话,那是贤明的君主,为什么至于灭亡?"父老说:"不是,郭国君主喜好善良的人但是不能用,厌恶有罪恶的人但是又不除去,所以灭亡了。现在这个妇人还在您左右,我私下认为您心里认为最对的,陛下如果认为是错。这可说是知恶而不去了"。唐太宗虽然不把这个美人赶出宫,但很重视王珪的言论。

当时太常少卿祖孝孙因教宫人声乐不符合皇帝旨意,被唐太宗所遣责。王珪和温彦博进谏说:"孝孙很了解音律的奥妙,又不是不用心,但恐怕是陛下询问的那人不好,因此迷惑了陛下的视听。而且孝孙是高雅人士,陛下忽然让他教女乐而且责备他,臣恐天下人知道了都吃惊。"唐太宗说:"卿都是我的亲近,应当进忠献直,为什么要附下,反而为孝孙说话呢?"温彦博马上承认错误并道歉,王珪自己坚持说:"臣本来为前东宫服务,罪责已经应当处死,陛下体恤宽恕了我的性命,不认为不正派,安排在政府的中枢近地,要求以忠直为务。今天臣听说的,岂是为了私事?不料陛下忽然用惑乱的事来责备臣,是陛下背弃了臣,臣不辜负陛下。"唐太宗默然不语而罢。第二天,唐太宗告诉房玄龄说:"自古以来的帝王,能纳谏的实在太难了。从前周武王尚且不用伯夷、叔齐,周宣王是贤明君主,杜伯还以无罪被杀。我早晚都在好好学习前圣,恨不能仰望到古人。昨天责备彦博、王珪,朕十分后悔这件事。你们不要因此而不进直言了"。

当时,房玄龄、李靖、温彦博、戴胄、魏征和王珪同知国政。后曾经侍宴,唐太宗对王珪说:"卿精通鉴别人才、辨别是非,尤其善于谈论,自房玄龄等,都应当做出品评,又可自我衡量,什么地方比诸子好?"王珪回答说:"努力不懈地为国家着想,凡是清楚的就都去做，臣不如玄龄。文武双全，出能为将，入能任相，臣不如李靖。陈述奏进详细明白，上传下达十分公允，臣不如温彦博。处理繁剧政务，有条不紊，周到全面，臣不如戴胄。以谏净为意念，以君主不能与尧、舜一样为耻辱，臣不如魏征。至于斥责邪恶奖励善良，嫉恶好善，臣与诸子相比，也有一点长处。"唐太宗很赞成他的说法，群公也各自都认为说出了自己的心意，称为精确的评论。后来晋爵为郡公。七年，因走漏宫中言语，降职为同州刺史。明年，召回拜为礼部尚书。十一年，和诸儒校正审订《五礼》，书成，赐帛三百段，封一个儿子为县男。

这一年，兼职魏王师。任命后，唐太宗问黄门侍郎韦挺说："王珪为魏王李泰师，与他相见，如何行礼节?"韦挺回答说："见师的礼节，拜答都要合乎礼仪规定。"魏王泰问王珪忠孝的问题，王珪回答说："陛下，是王的君主，侍奉君主要考虑尽忠；陛下，是王的父亲，服侍父亲应当尽孝。忠孝的道理，可以立身，可以成名，当时可以享受天赐福佑，余芳可以流传后世。"魏王泰说："忠孝道理，已经听过教诲了，愿听所应当学习的。"王珪说："汉朝东平王张苍说过：'为善最乐'。"唐太宗告诉侍臣说："自古以来皇帝的儿子，生于宫中，及其成人，没有不骄奢淫逸的，因此颠覆相接，很少有自己救助自己的，我现在严格教育子弟，想要都得到安全。王珪我遣使了很久，因此十分熟悉，因他意存忠孝，选为儿子的老师。你们告诉泰说：'你对待王珪，如同侍奉我一样，才可以无过错'。"魏王泰见王珪经常是先行拜礼，王珪也以师道自居，大家的议论认为很好。当时，王珪的儿子敬直娶南平公主。礼有媳妇见公婆的仪式，到近代公主出嫁，这套礼仪都废除了。王珪说："现在皇帝大圣明，行动遵循法制。我受公主谒见，岂为我自己荣耀，所以要成国家之美。"在举行结婚仪式时，王珪和他的妻子就席而坐，让公主亲自拿着竹器给公婆行洗手进食物之道，礼成而退下去。从此后，公主出嫁有公婆的，都要备妇礼，这是自王珪开始的。

王珪少年时，家中贫寒，有人馈赠物品，开始没有辞谢；到富贵后，都厚厚的给予报答，虽然那人已死亡，一定要赈济赡养他的妻子。侍奉寡嫂礼仪周全，抚养孤侄恩义极重，宗族、亲戚有家中生活困难的，也是多方面给予周济。王珪官高位显时间越来越长，但是不建私庙，四时祭祀，依然在家中进行。因此被法司所弹劾，唐太宗宽容，不去谴责他，因势给他建庙，以愧其心。王珪既然俭朴不合于礼，当时舆论因此看不起他。贞观十三年，生病，皇帝命令公主到府第照看，又派民部尚书唐俭恰增损调节药膳。不久，去世，终年六十九岁，唐太宗素服到别次哀悼，追念哀伤了很久，下诏命魏王泰率领百官亲往临哭，赠吏部尚书，谥号曰懿。

魏征传

【题解】

魏征（580~643），字玄成，巨鹿（今河北巨鹿）人。少时孤贫，出家为道士，隋末参加李密领导的瓦岗军。李密失败后降唐,后又被窦建德俘虏。窦建德败亡,被唐太子李建成任用为太子洗马。李建成被杀,唐太宗即位后,提拔他作谏议大夫,先后进谏二百余事。贞观二年(628)升任秘书监,参与朝政。贞观七年(633)任侍中,正式行使宰相职权,进封郑国公。由于魏征不太熟悉法律政令,在任期间最大的政绩在于对唐太宗的犯颜直谏。他再三告诉唐太宗君主"兼听则明、偏信则暗"的道理,并以隋朝灭亡为例提醒唐太宗"水能载舟,亦能覆舟",希望唐太宗能任用贤能、节省民力、居安思危、宜静不宜动。他的许多谏议和意见给唐太宗的行为及政策措施以十分有益的影响,因此在他死后唐太宗曾感慨地说:"以铜为镜,可以正衣冠;以古为镜,可以知兴替;以人为镜,可以明得失","今魏征殂逝,遂亡一镜矣。"魏征是中国封建社会中以尽力谏诤而闻名后世的一位宰相。

【原文】

魏征,字玄成,钜鹿曲城人也。父长贤,北齐屯留令。征少孤贫,落拓有大志。不事生业,出家为道士。好读书,多所通涉,见天下渐乱,尤属意纵横之说。

大业末,武阳郡丞元宝藏举兵以应李密,召征使典书记。密每见宝藏之疏,未尝不称善。既闻征所为,遽使召之。征进十策以干密,虽奇之而不能用。及王世充攻密于洛口,征说密长史郑颋曰:"魏公虽骤胜,而骁将锐卒死伤多矣;又军无府库,有功不赏,战士心惰。此二者难以应敌。未若深沟高垒,旷日持久,不过旬月,敌人粮尽,可不战而退,追而击之,取胜之道。且东都食尽,世充计穷,意欲死战,可谓穷寇难与争锋,请慎无与战。"颋曰:"此老生之常谈耳!"征曰:"此乃奇谋深策,何谓常谈?"因拂衣而去。

魏征

及密败,征随密来降,至京师,久不见知,自请安辑山东,乃授秘书丞,驱传至黎阳。时徐世勣尚为李密拥众,征与世勣书曰:

自隋末乱离,群雄竞逐,跨州连郡,不可胜数。魏公起自叛徒,奋臂大呼,四方响应,万里风驰,云合雾聚,众数十万。威之所被,将半天下,破世充于洛口,摧化及于黎山。方欲西蹈咸阳,北凌玄阙,扬旌翰海,饮马渭川,翻以百胜之威,败于奔亡之虏。固知神器之重,自有所归,不可以力争。是以魏公思皇天之乃眷,入函谷而不疑。公生于扰攘之时,感知己之遇,根本已拔,确乎不动,鸠合遗散,据守一隅。世充以乘胜余勇,息其东略;建德因侮亡之势,不敢南谋。公之英声,足以振于今古。然谁无善始,终之虑难,去就之机,安危爽节。若策名得地,则九族荫其余辉;委质非人,则一身不能自保。殷鉴不远,公所闻见。孟贲犹豫，童子先之，知几其神，不俟终日。今公处必争之地，乘宜速之机，更事迟疑，坐观成败，恐凶狡之辈，先人生心，则公之事去矣。

世勣得书，遂定计遣使归国，开仓运粮，以馈淮安王神通之军。

俄而建德悉众南下，攻陷黎阳，获征，署为起居舍人。及建德就擒，与裴矩西入关。隐太子闻其名，引直洗马，甚礼之。征见太宗勋业日隆，每劝建成早为之所。及败，太宗使召之，谓曰："汝离间我兄弟，何也？"征曰："皇太子若从征言，必无今日之祸。"太宗素器之，引为詹事主簿。及践祚，擢拜谏议大夫，封钜鹿县男，使安辑河北，许以便宜从事。征至磁州，遇前宫千牛李志安、齐王护军李思行锢送诣京师。征谓副使李桐客曰："吾等受命之日，前宫、齐府左右，皆令赦原不问。今复送思行，此外谁不自疑？徒遣使往，彼必不信，此乃差之毫厘，失之千里。且公家之利，知无不为，宁可虑身，不可废国家大计。今若释遣思行，不问兵罪，则信义所感，无远不臻。古者，大夫出疆，苟利社稷，专之可也。况今日之行，许以便宜从事，主上既以国士见待，安可不以国士报之乎？"即释遣思行等，仍以启闻，太宗甚悦。

太宗新即位，励精政道，数引征入卧内，访以得失。征雅有经国之才，性又抗直，无所屈挠，太宗与之言，未尝不欣然纳受。征亦喜逢知己之主，思竭其用，知无不言。太宗尝劳之曰："卿所陈谏，前后二百余事，非卿至诚奉国，何能若是？"其年，迁尚书左丞。或有言征阿党亲戚者，帝使御史大夫温彦博案验无状。彦博奏曰："征为人臣，须存形迹，不能远避嫌疑，遂招此谤。虽情在无私，亦有可责。"帝令彦博让征，且曰："自今后不得不存形迹。"他日，征入奏曰："臣闻君臣协契，义同一体。不存公道，唯事形迹，若君臣上下，同遵此路，则邦之兴丧，或未可知。"帝瞿然改容曰："吾已悔之。"征再拜曰："愿陛下使臣为良臣，勿使臣为忠臣。"帝曰："忠、良有异乎？"征曰："良臣，稷、契、咎陶是也。忠臣，龙逢、比干是也。良臣使身获美名，君受显号，子孙传世，福禄无疆。忠臣身受诛夷，君陷大恶，家国并丧，空有其名。以此而言，相去远矣。"帝深纳其言，赐绢五百匹。

贞观二年，迁秘书监，参与朝政。征以丧乱之后，典章纷杂，奏引学者校定四部书。数年之间，秘府图籍，粲然毕备。

时高昌王麹文泰将入朝，西域诸国咸欲因文泰遣使贡献，太宗令文泰使人厌怛纥干往迎接之。征谏曰："中国始平，疮痍未复，若微有劳役，则不自安。往年文泰入朝，所经州县，犹不能供，况加于此辈。若任其商贾来往，边人则获其利，若为宾客，中国即受其弊矣。汉建武二十二年，天下已宁，西域请置都护，远侍子。光武不许，盖不以蛮夷劳弊中国也。今若许十国入贡，其使不下千人，欲使缘边诸州何以取济？人心万端，后虽悔之，恐无所及。"上善其议。时厌怛纥干已发，遽追止之。

后太宗幸九成宫，因有宫人还京，憩于沣川县之官舍。俄又右仆射李靖、侍中王珪继至，官属移宫人于别所而舍靖等。太宗闻之，怒曰："威福之柄，岂由靖等？何为礼靖而轻我宫人！"即令案验沣川官属及靖等。征谏曰："靖等，陛下心膂大臣；宫人，皇后扫除之隶。论其委付，事理不同。又靖等出外，官吏访朝廷法式，归来，陛下问人间疾苦。靖等自当与官吏相见，官吏亦不可不谒也。至于宫人，供食之外，不合参承。若以此罪责县吏，恐不益德音，徒骇天下耳目。"帝曰："公言是也。"乃释官吏之罪，李靖等亦寝而不问。

寻宴于丹霄楼，酒酣，太宗谓长孙无忌曰："魏征、王珪，昔在东宫，尽心所事，当时诚亦可恶。我能拔擢用之，以至今日，足为无愧古人。然征每谏我不从，发言辄即不应，何也。"对曰："臣以事有不可，所以陈论，若不从辄应，便恐此事即行。"帝曰："但当时且应，更别陈论，岂不得耶？"征曰："昔舜诫群臣：'尔无面从，退有后言。'若臣面从陛下方始谏，此即'退有后言'，岂是稷、契事尧、舜之意耶？"帝大笑曰："人言魏征举动疏慢，我但觉妩媚，适为此耳。"征拜谢曰："陛下导之使言，臣所以敢谏，若陛下不受臣谏，岂敢数犯龙鳞？"

是月，长乐公主将出降，帝以皇后所生，敕有司资送倍于永嘉长公主。征曰："不可。昔汉明欲封其子，云'我子岂与先帝子等？可半楚、淮阳'。前史以为美谈。天子姊妹为长公主，子为公主，既加'长'字，即是有所尊崇。或可情有浅深，无容礼相逾越。"上然其言，入告长孙皇后，后遣使赍钱四十万、绢四百匹，诣征宅以赐之，寻进爵郡公。

七年，代王珪为侍中，尚书省滞讼有不决者，诏征评理之。征性非习法，但存大体，以情处断，无不悦服。

初，有诏遣令狐德棻、岑文本撰《周史》，孔颖达、许敬宗撰《隋史》，姚思廉撰《梁》《陈史》，李百药撰《齐史》。征受诏总加撰定，多所损益，务存简正。《隋史》序论，皆征所做，《梁》《陈》《齐》各为总论，时称良史。史成，加左光禄大夫，进封郑国公，赐物二千段。

征自以无功于国，徒以辩说，遂参帷幄，深惧满盈，后以目疾频表逊位。太宗曰："朕拔卿于仇虏之中，任公以枢要之职，见朕之非，未尝不谏。公独不见金之在矿也，何足贵哉，良冶锻而为器，便为人所宝，朕方自比于金，以卿为良匠。卿虽有疾，未为衰老，岂得便尔？"其年，征又面请逊位，太宗难违之，乃拜征特进，仍知门下事。其后又频上四疏，以陈得失。

其一曰：

臣观自古受图膺运，继体守文，控御英杰，南面临下，皆欲配厚德于天地，齐高明于日月，本枝百代，传祚无穷。然而克终者鲜，败亡相继，其故何哉？所以求之失其道也。殷鉴不远，可得而言。

昔在有隋，统一寰宇，甲兵强盛，三十余年，风行万里，威动殊俗，一旦举而弃之，尽为他人之有。彼炀帝岂恶天下之治安，不欲社稷之长久，故行桀虐，以就灭亡哉？恃其富强，不虞后患，驱天下以从欲，罄万物以自奉。采域中之子女，求远方之奇异。宫宇是饰，台榭是崇，徭役无时，干戈不戢，外示威重，内多险忌。谗邪者必受其福，忠正者莫保其生。上下相蒙，君臣道隔，人不堪命，率土分崩，遂以四海之尊，殒于匹夫之手，子孙殄灭，为天下笑，深可痛哉！

圣哲乘机，拯其危溺，八柱倾而复正，四维绝而更张。远肃迩安，不逾于期月；胜残去杀，无待于百年。今宫观台榭，尽居之矣，奇珍异物，尽收之矣，姬姜叔媛，尽侍于侧矣；四海九州，尽为臣妾矣。若能鉴彼之所以亡，念我之所以得，日慎一日，虽休勿休。焚鹿台之宝衣，毁阿房之广殿，惧危亡于峻宇，思安处于卑宫，则神化潜通，无为而理，德之上也。

若成功不毁，即仍其旧，除其不急，损之又损。杂茅茨于桂栋，参玉砌以土阶，悦以使人，不竭其力。常念居之者逸，作之者劳，亿兆悦以子来，群生仰而遂性，德之次也。若惟圣罔念，不慎厥终，忘缔构之艰难，谓天命之可恃。忽采椽之恭俭，追雕墙之侈靡，因其基以广之，增其旧而饰之。触类而长，不知止足，人不见德，而劳役是闻，斯为下矣。譬之负薪救火，扬汤止沸，以乱易乱，与乱同道，莫可则也。后嗣何观？则人怨神怒；人怨神怒，则灾害必下，而祸乱必作。祸乱既作，而能以身名令终者鲜矣。顺天革命之后，隆七百之祚，贻厥孙谋，传之万世，难得易失，可不念哉。

其二曰：

臣闻求木之长者，必固其根本；欲流之远者，必浚其泉源；思国之安者，必积其德义。源不深而岂望流之远，根不固而何求木之长。德不厚而思国之治，虽在下愚，知其不可，而况于明哲乎！人君当神器之重，居域中之大，将崇极天之峻，永保无疆之休。不念于居安思危，戒贪以俭，德不处其厚，情不胜其欲，斯亦伐根以求木茂，塞源而欲流长者也。

凡百元首，承天景命，莫不殷忧而道著，功成而德衰。有善始者实繁，能克终者盖寡，岂其取之易而守之难乎？昔取之而有余，今守之而不足，何也？夫在殷忧必竭诚以待下，既得志则纵情以傲物。竭诚则胡越为一体，傲物则骨肉为行路。虽董之以严刑，振之以威怒，终苟免而不怀仁，貌恭而不心服。怨不在大，可畏惟人。载舟覆舟，所宜深慎，奔车朽索，其可忽乎？

君人者，诚能见可欲则思知足以自戒，将有所作则思知止以安人，念高危则思谦冲而自牧，惧满溢则思江海而下百川，乐盘游则思三驱以为度，恐懈怠则思慎始而敬终，虑壅蔽则思虚心以纳下，想谗邪则思正身以黜恶，恩所加则思无因喜以谬赏，罚所及则思无因怒而滥刑。总此十思，弘兹九德，简能而任之，择善而从之，则智者尽其谋，勇者竭其力，仁者播其惠，信者效其忠。文武争驰，君臣无事，可以尽豫游之乐，可以养松乔之寿，鸣琴垂拱，不言而化。何必劳神苦思，代下司职，役聪明之耳目，亏无为之大道哉！

其三曰：

臣闻《书》曰："明德慎罚，惟刑恤哉！"《礼》云："为上易事，为下易知，则刑不烦矣。上多疑则百姓惑，下难知则君长劳矣。"夫上易事，下易知，君长不劳，百姓不惑。故君有一德，臣无二心，上播忠厚之诚，下竭股肱之力，然后太平之基不坠，"康哉"之咏斯起。当今道被华夷，功高宇宙，无思不服，无远不臻。然言尚于简大，志在于明察，刑赏之本，在乎劝善而惩恶，帝王之所以与天下为画一，不以亲疏贵贱而轻重者也。今之刑赏，未必尽然。或申屈在乎好恶，轻重由乎喜怒。遇喜则矜其刑于法中，逢怒则求其罪于事外，所好则钻皮出其毛羽，所恶则洗垢求其瘢痕。瘢痕可求，则刑斯滥矣；毛羽可出，则赏典谬矣。刑滥则小人道长，赏谬则君子道消。小人之恶不惩，君子之善不劝，而望治安刑措，非所闻也。

且夫暇豫清谈，皆敦尚于孔、老；威怒所至，则取法于申、韩。直道而行，非无三黜，危人自安，盖亦多矣。故道德之旨未弘，刻薄之风已扇。夫上风既扇，则下生百端，人竞趋时，则宪章不一，稽之王度，实亏君道。昔州黎上下其手，楚国之法遂差；张汤轻重其心，汉朝之刑以弊。人臣之颇僻，犹莫能申其欺罔，况人君之高下，将何以措其手足乎！以睿圣之聪明，无幽微而不烛，岂神有所不达，智有所不通哉？安其所安，不以恤刑为念；乐其所乐，遂忘先笑之变。祸福相倚，吉凶同域，唯人所召，安可不思。顷者责罚稍多，威怒微厉，或以供给不赡，或以人不从欲，皆非致治之所急，实乃骄奢之攸渐。是知贵不与骄期而骄自来，富不与奢期而奢自至，非徒语也。

且我之所代，实在有隋。隋氏乱亡之源，圣明之所临照。以隋氏之甲兵，况当今之士马；以隋氏之府藏，譬今日之资储，以隋氏之户口，校今时之百姓，度长计大，曾何等级？然隋氏以富强而丧败，动之也；我以贫寡而安宁，静之也。静之则安，动之则乱，人皆知之，非隐而难见也，微而难察也。鲜蹈平易之涂，多遵覆车之辙，何哉？在于安不思危，治不念乱，存不虑亡之所致也。昔隋氏之未乱，自谓必无乱；隋氏之未亡，自谓必不亡。所以甲兵屡动，徭役不息，至于身将戮辱，竟未悟其灭亡之所由也。可不哀哉！

夫鉴形之美恶，必就于止水，鉴国之安危，必取于亡国。《诗》曰："殷鉴不远，在夏后之世。"又曰："伐柯伐柯，其则不远。"臣愿当今之动静，思隋氏以为鉴，则存亡治乱，可得而知。若能思其所以危，则安矣；思其所以乱，则治矣；思其所以亡，则存矣。存亡之所在，节嗜欲以从人，省畋游之娱，息靡丽之作，罢不急之务，慎偏听之怒。近忠厚，远便佞，杜悦耳之邪说，听苦口之忠言。去易进之人，贱难得之货，采尧、舜之诽谤，追禹、汤之罪己，惜十家之产，顺百姓之心，近取诸身，恕以待物，思劳谦以受益，不自满以招损。有动则庶类以和，出言而千里斯应，超上德于前载，树风声于后昆。此圣哲之宏规，帝王之盛业，能事斯毕，在乎慎守而已。

夫守之则易，取之实难，既得其所以难，岂不能保其所以易。其或保之不固，则骄奢淫泆动之也，慎终如始，可不勉欤！《易》云："君子安不忘危，存不忘亡，治不忘乱，是以身安而国家可保。"诚哉斯言，不可以不深察也。伏惟陛下欲善之志，不减于昔时；闻过必改，少亏于曩日，若能以当今之无事，行畴昔之恭俭，则尽善尽美，固无得而称焉。

其四曰：

臣闻为国之基，必资于德礼；君子所保，惟在于诚信。诚信立则下无二心，德礼形则远人斯格。然则德礼诚信，国之大纲，在于父子君臣，不可斯须而废也。故孔子曰："君使臣以礼，臣事君以忠。"又曰："自古皆有死，人无信不立。"文子曰："同言而信，信在言前；同令而行，诚在令外。"然则言而不行，言不信也；令而不从，令无诚也。不信之言，无诚之令，为上则败国，为下则危身，虽在颠沛之中，君子所不为也。

自王道休明，十有余载，威加海外，万国来庭，仓廪日积，土地日广。然而道德未益厚，仁义未益博者，何哉？由乎待下之情未尽于诚信，虽有善始之勤，未睹克终之美故也。其所由来者渐，非一朝一夕之故。昔贞观之始，闻善若惊，暨五六年间，犹悦以从谏。自兹厥后，渐恶直言，虽或勉强，时有所容，非复曩时之豁如也。睿谔之士，稍避龙鳞；便佞之徒，肆其巧辩。谓同心者为朋党，谓告讦者为至公，谓强直者为擅权，谓忠谠者为诽谤。谓之朋党，虽忠信而可疑；谓之至公，虽矫伪而无咎。强直者畏擅权之议，忠谠者虑诽谤之尤。至于窃斧生疑，投杼致惑，正人不得尽其言，大臣莫能与之争。荧惑视听，郁于大道,妨化损德,其在兹乎?故孔子恶利口之覆邦家,盖为此也。

且君子小人,貌同心异。君子掩人之恶,扬人之善,临难无苟免,杀身以成仁。小人不耻不仁,不畏不义,唯利之所在,危人以自安。夫苟在危人,则何所不至。今将求致治,必委之于君子;事有得失,或访之于小人。其待君子也则敬而疏,遇小人也必轻而狎,狎则言无不尽,疏则情或不通。是毁誉在于小人,刑罚加于君子,实兴丧所在,亦安危所系,可不慎哉!夫中智之人,岂无小慧,然才非经国,虑不及远,虽竭力尽诚,犹未免于倾败;况内怀奸利,承颜顺旨,其为祸患,不亦深乎?故孔子曰:"君子或有不仁者焉,未见小人而仁者。"然则君子不能无小恶,恶不积无妨于正道;小人或时有小善,善不积不足以立忠。今谓之善人矣,复虑其有不信,何异夫立直木而疑其影之不直乎?虽竭精神,劳思虑,其不可亦已明矣。

夫君能尽礼,臣得竭忠,必在于内外无私,上下相信。上不信则无以使下,下不信则无以事上,信之为义大矣哉!故自天佑之,吉无不利。昔齐桓公问于管仲曰:"吾欲酒腐于爵,肉腐于俎,得无害于霸乎?"管仲曰:"此极非其善者,然亦无害霸也。"公曰:"何如而害霸乎?"曰:"不能知人,害霸也;知而不能用,害霸也;用而不能信,害霸也;既信而又使小人参之,害霸也。"晋中行穆伯攻鼓,经年而不能下,馈间伦曰:"鼓之啬夫,间伦知之,请无疲士大夫而鼓可得。"穆伯不应。左右曰:"不折一戟,不伤一卒,而鼓可得,君奚为不取?"穆伯曰:"间伦之为人也,佞而不仁。若间伦下之,吾不可以不赏。赏之,是赏佞人也。佞人得志,是使晋国之士舍仁而为佞,虽得鼓,将何用之?"夫穆伯列国大夫,管仲霸者之佐,犹慎于信任,远避佞人也如此,况乎为四海之大君,应千龄之上圣,而可使巍巍之盛德,复将有所间然乎?

若欲令君子小人是非不杂,必怀之以德,待之以信,厉之以义,节之以礼,然后善善而恶恶,审罚而明赏。则小人绝其佞邪,君子自强不息,无为之化,何远之有。善善而不能进,恶恶而不能去,罚不及于有罪,赏不加于有功,则危亡之期,或可未保,永锡祚胤,将何望哉!

太宗手诏嘉美,优纳之。尝谓长孙无忌曰:"朕即位之初,上书者或言'人主必须威权独运,不得委任群下';或欲耀兵振武,慑服四夷。唯有魏征劝朕'偃革兴文,布德施惠,中国既安,远人自服。'朕从其语,天下大宁。绝域君长,皆来朝贡,九夷重译,相望于道。此皆魏征之力也。"

太宗尝嫌上封者众,不近事实,欲加黜责。征奏曰:"古者立诽谤之木,欲闻己过,今之封事,谤木之流也。陛下思闻得失,只可恣其陈道。若所言衷,则有益于陛下;若不衷,无损于国家。"太宗曰:"此言是也。"并劳而遣之。

后太宗在洛阳宫,幸积翠池,宴群臣,酒酣各赋一事。太宗赋《尚书》曰:"日昃玩百篇,临灯披《五典》。夏康既逸豫,商辛亦流湎。姿情昏主多,克己明君鲜。灭身资累恶,成名由积善。"征赋西汉曰:"受降临轵道,争长趣鸿门。驱传渭桥上,观兵细柳屯。夜宴经柏谷,朝游出杜原。终藉叔孙札,方知皇帝尊。"太宗曰:"魏征每言,必约我以礼也。"寻以修订《五礼》,当封一子为县男,请让孤兄子叔慈。太宗怆然曰:"卿之此心,可以励俗。"遂许之。

十二年，礼部尚书王珪奏言："三品以上遇亲王于涂，皆降乘，违法申敬，有乖仪准。"太宗曰："卿辈皆自崇贵，卑我儿子乎？"征进曰："自古迄兹，亲王班次三公之下。今三品皆曰天子列卿及八座之长，为王降乘，非王所宜当也。求诸故事，则无可凭，行之于今，又乖国宪。"太宗曰："国家所以立太子者，拟以为君也。然则人之修短，不在老少，设无太子，则母弟次立。以此而言，安得轻我子耶？"征曰："殷家尚质，有兄终弟及之义；自周以降，立嫡必长，所以绝庶孽之窥觎，塞祸乱之源本，有国者之所深慎。"于是遂可珪奏。会皇孙诞育，召公卿赐宴，太宗谓侍臣曰："贞观以前，从我平定天下，周旋艰险，玄龄之功，无所与让。贞观之后，尽心于我，献纳忠谠，安国利民，犯颜正谏，匡朕之违者，唯魏征而已。古之名臣，何以加也。"于是亲解佩刀以赐二人。

征以戴圣《礼记》编次不伦，遂为《类礼》二十卷，以类相从，削其重复，采先儒训注，择善从之，研精覃思，数年而毕。大宗览而善之，赐物一千段，录数本以赐太子及诸王，仍藏之秘府。

先是，遣使诣西域立叶护可汗，未还，又遣使多赍金银帛历诸国市马。征谏曰："今以立可汗为名，可汗未定，即诣诸国市马，彼必以为意在市马，不为专意立可汗。可汗得立，则不甚怀恩。诸蕃闻之，以为中国薄义重利，未必得马而失义矣。昔汉文有献千里马者，曰：吾凶行日三十里，吉行五十里，銮舆在前，属车在后，吾独乘千里马将安之？乃赏其道里所费而返之。汉光武有献千里马及宝剑者，马以驾鼓车，剑以赐骑士。陛下凡所施为，皆邈逾三王之上，奈何至于此事，欲为孝文、光武之下乎？又魏文帝欲求市西域大珠，苏则曰：'若陛下惠及四海，则不求自至，求而得之，不足为贵也。'陛下纵不能慕汉文之高行，可不畏苏则之言乎？"太宗纳其言而止。

时公卿大臣并请封禅，唯征以为不可。太宗曰："朕欲卿极言之。岂功不高耶？德不厚耶？诸夏未治安耶？远夷不慕义耶？嘉瑞不至耶？年谷不登耶？何为而不可？"对曰："陛下功则高矣，而民未怀惠；德虽厚矣，而泽未滂流；诸夏虽安，未足以供事；远夷慕义，无以供其求；符瑞虽臻，罻罗犹密；积岁丰稔，仓廪尚虚。此臣所以窃谓未可。臣未能远譬，且借喻于人。今有人十年长患瘵，治且愈，此人应皮骨仅存，便欲使负米一石，日行百里，必不可得。隋氏之乱，非止十年，陛下为之良医，疾苦虽已乂安，未甚充实，告成天地，臣窃有疑。且陛下东封，万国咸萃，要荒之外，莫不奔走。今自伊、洛以东，暨乎海岱，灌莽巨泽，苍茫千里，人烟断绝，鸡犬不闻，道路萧条，进退艰阻，岂可引彼夷狄，示以虚弱？竭财以赏，未厌远人之望，重加给复，不偿百姓之劳。或遇水旱之灾，风雨之变，庸夫横议，悔不可追。岂独臣之恳诚，亦有舆人之诵。"太宗不能夺。是后，右仆射缺，欲拜之，征固让乃止。

及皇太子承乾不修德业，魏王泰宠爱日隆，内外庶僚，并有疑议。太宗闻而恶之，谓侍臣曰："当今朝臣忠謇，无逾魏征，我遣傅皇太子，用绝天下之望。"十六年，拜太子太师，知门下省事如故。征自陈有疾，诏答曰："汉之太子，四皓为助，我之赖公，即其义也。知公疾病，可卧护之。"

其年，称绵惙，中使相望。征宅先无正寝，太宗欲为小殿，辍其材为征营构，五日而成。遣中使赍素褥布被而赐之，遂其所尚也。及病笃，舆驾再幸其第，抚之流涕，问所欲言，征曰："嫠不恤纬，而忧宗周之亡。"后数日，太宗夜梦征若平生，及旦而奏征薨，时年六十四。太宗亲临恸哭，废朝五日，赠司空、相州都督，谥曰文贞，给羽葆鼓吹、班剑四十人，赙绢布千段，米粟千石，陪葬昭陵。及将祖载，征妻裴氏曰："征平生俭素，今以一品礼葬，羽仪甚盛，非亡者之志。"悉辞不受，竟以布车载柩，无文彩之饰。太宗登苑西楼，望丧而哭。诏百官送出郊外。帝亲制碑文，并为书石。其后追思不已，赐其实封九百户。尝临朝谓侍臣曰："夫以铜为镜，可以正衣冠；以古为镜，可以知兴替；以人为镜，可以明得失。朕常保此三镜，以防己过。今魏征殂逝，遂亡一镜矣！征亡后，朕遣人至宅，就其书函得表一纸，始立表草，字皆难识，唯前有数行，稍可分辨，云：'天下之事，有善有恶。任善人则国安，用恶人则国乱。公卿之内，情有爱憎。憎者唯见其恶，爱者唯见其善。爱憎之间，所宜详慎，若爱而知其恶，憎而知其善，去邪勿疑，任贤勿贰，可以兴矣。'其遗表如此。然在朕思之，恐不免斯事。公卿侍臣，可书之于笏，知而必谏也。"

征状貌不逾中人，而素有胆智。每犯颜进谏，虽逢王赫斯怒，神色不移。尝密荐中书侍郎杜正伦及吏部尚书侯君集有宰相之才。征卒后，正伦以罪黜，君集犯逆伏诛，太宗始疑征阿党。征又自录前后谏诤言辞往复以示史官起居郎褚遂良。太宗知之，愈不悦。先许以衡山公主降其长子叔玉，于是手诏停婚，顾其家渐衰矣。

征四子。叔琬、叔璘、叔瑜。叔玉袭爵国公，官至光禄少卿；叔瑜至潞州刺史；叔璘礼部侍郎，则天时为酷吏所杀。

神龙初，继封叔玉子膺为郑国公。

叔瑜子华，开元初太子右庶子。

【译文】

魏征，字玄成，钜鹿县曲城人。父亲魏长贤，任北齐屯留县令。魏征少年时孤苦贫穷，但风流洒脱，胸怀大志，不去谋生，出家做了道士。他喜好读书，往往能融会贯通。看到天下一天天混乱，便特别留意起纵横学说。

隋朝大业末年，武阳郡丞元宝藏起兵响应李密，召魏征掌管文书。李密每次见到元宝藏的书信，都要称赞一番。当他得知这些书信都出自魏征之手，立即派人把魏征召去。魏征向李密提出十条计策，李密虽然称奇却不采用。及至王世充在洛口攻李密，魏征对李密的长史郑颋说："魏公（李密）虽然迅速取胜，但精兵强将死伤太多，加之军队没有钱物，有功将士得不到奖赏，士气低落。这两点使他的军队难于应敌。不如深挖沟，高筑墙，拖延时日，这样不出十天半月，敌人粮草用尽，就可以不战而退敌，此时再追击消灭敌人，这是取胜之道。而且东都洛阳粮尽，王世充无计可施，就要死战，可以说被逼入绝境的敌人很难与他争锋。请慎重考虑，不要与敌人交战。"郑颋说："这些不过是老生常谈。"魏征说："这是奇谋深策，怎么说是常谈？"于是拂袖而去。

待到李密失败，魏征随他一同降唐，来到京城。魏征很久得不到赏识，便自己请求去

安抚山东地区。于是他被授为秘书丞,乘驿马赶到黎阳。当时徐世勣还在效忠李密,聚众一方,魏征投书徐世勣,信中写道:

自从隋末战乱分裂,争夺天下的群雄跨州连郡,数不胜数。魏公叛隋而起,振臂疾呼,四方响应,驱驰万里,追随之众如云合雾聚,以数十万计,威风所至,几达半壁天下。在洛口破王世充,在黎山摧毁宇文化及,正要西蹈咸阳,北夺宫阙,扬旌旗于瀚海,饮战马于渭川,却以百战百胜的神威败为奔亡逃命的穷寇。因此可知帝王之位,自有所归,不是奋力争夺就能得到的。为此,魏公念及皇帝眷顾,毫不迟疑西入函谷关。您生于乱世,感念魏公的知遇之恩。如今依靠的根基已撤,您却不改初衷,纠集残余部众,固守一隅。使王世充以乘胜余勇,不敢东向,窦建德顺有利之势,不敢南攻。您的英名足以传扬今古。然而谁没有好的开端呢? 要想有好的结局却不易。背离唐还是归附唐是关系您安危的大计。如果接受唐的封爵,领受封地,那么九族都可以享受余荫;若误投他人,那么您就连自身也无法保全。前代已有教训,您已耳闻目睹。孟贲只因犹豫不决,就使童子先他一步,征兆一出现,应当立即把握,不能等到明天。现在您位于兵家必争之地,处在须尽快决断的关头,若再迟疑不决,坐观成败,恐怕凶顽狡诈之徒就会抢先一步萌生献地降唐之心,那样的话您的大势就无可挽回了。

徐世勣得到书信,便定计遣使归附唐朝,并开仓运粮,供应淮安王神通的军队。

不久窦建德率部众南下,攻占黎阳,俘获魏征,让他任起居舍人。等到窦建德被俘,他又和裴钜一起西行入关归唐。隐太子李建成听说他的名声,引荐他做太子洗马,对他十分尊敬。魏征看到太宗李世民的功业日盛一日,常劝建成对他早做防备。及至建成失败,太宗派人召来魏征,对他说:"你挑拨我们兄弟二人,这是为什么?"魏征回答:"皇太子若是听从我的话,绝不会有今日的灾祸了。"太宗一直很器重他,引荐他做詹事主簿。太宗继位后,升魏征为谏议大夫,封钜鹿县男,派他去安抚河北地区,并准许他遇事相机处理,不必请示。魏征行至磁州,遇到李建成的东宫千牛李志安和齐王护军李思行正被枷梏押往京城。魏征对副使李桐客说:"我辈接受使命之日,原东宫太子府、齐王府的人,都已被圣命赦免,不再问罪。现在却又押送恩行问罪,别人谁能不自生疑心,徒然派使臣前去,他们一定不会相信。这真是差之毫厘,失之千里。况且只要于国家有利,就该知无不为,宁可殃及自身,不可败坏国家大计。现在如果放还思行,不向他问罪,那么朝廷信义能够感化之处,就会无远不及。古时,卿大夫出使边地,只要于国家有利的事,就可以专断,何况此次出行,允许我们有遇事随时处理、不必请示的权利。皇上既把我们当国士对待,我们怎么能够不以国士的身份行事以报效皇上呢?"他们立即开释思行等人,过后据实上报,太宗十分高兴。

太宗初即位,励精图治,多次领魏征进卧室,询问施政得失。魏征很有治国的才略,并且性情耿直,无所屈服。太宗与他谈话,总是欣然采纳他的意见,他也欣喜遇到知己的君主,力图竭尽所能,知无不言。太宗曾慰劳他说:"卿所陈述劝谏的事,前后共有二百余条,如果不是卿竭诚为国效力,怎么能如此?"这一年,魏征升任尚书左丞。有人传言魏征偏袒自己的亲戚,皇帝派御史温彦博调查证明传言不实。温彦博奏报说:"魏征身为朝臣,应该检点自己的言行举止,他却不能避开嫌疑,所以招来这些非议。虽然在情理上他并没有徇私,但也有该受责备的地方。"皇帝命温彦博去责备魏征,并且说:"从今以后不可不注意自己行为的影响。"过了几天,魏征入朝上奏道:"臣听说君臣和协默契,二者道义上如同一个整体。哪有弃公道于不顾,只追求个人行为影响的。如果君臣上下,都按这条道路行事,那么国家的兴亡就不可预知了。"皇帝吃惊地变了脸色,说:"我已经悔悟了。"魏征再次叩拜说:"希望陛下让臣做良臣,不要让臣做忠臣。"皇帝说:"难道忠和良还有区别吗?"魏征答:"稷、契和皋陶就是良臣,而龙逢、比干则是忠臣。良臣能使自身获得美名,君主也获得显赫的尊号,并且子孙相传,福禄无穷。忠臣却不但自己遭杀身之祸,也使君主陷于罪恶深重的境地,自家、国家一同毁灭,只是空得一个忠臣的美名。由此而言,忠和良相差太远了。"皇帝诚恳地接受了他的意见,并赐给他五百匹绢。

唐太宗

贞观二年,魏征迁秘书监,开始参与朝政。他提出战乱过后,典籍章册纷零杂乱,奏请选派学者校定经、史、子、集四部书,几年之内,国家书库的典藏已是洋洋大观、十分齐备了。

其时高昌国王麴文泰即将入京朝见,西域各国都想随文泰一行派使朝贡,太宗命令文泰的使臣厌怛纥干前往迎接他们。魏征劝阻说:"中国刚刚安定,还没有从战争的创伤中恢复过来,如果稍有劳役,就会使自身不安定。往年文泰一人入朝,一路经过的州县都供他不起,更何况又加上这些来使。如果听任他们的商贾往来经商,边地的人还可以从中获利,但若作为宾客,中国很快就会受到他们的困累。东汉建武二十二年时,天下已经安定,西域请求汉设置都护,并遣送子弟入侍汉天子。光武皇帝没有同意,就是因为不想为了异族而使中国劳顿困竭。现在如果准许十国入朝进贡,十国的使臣不少于千人,想要让沿边各州拿什么来接待他们呢?人心万种,日后虽然后悔,恐怕也于事无补了。"皇帝认为他的意见很好。这时厌怛纥干已启程,于是立即派人去追赶阻止他。

后来,太宗游幸九成宫。因为有宫女要回京城,她们就住在沣川县的官舍里,不久右仆射李靖、侍中王珪相继到来,县里官吏把宫女从官舍移走,而让李靖等人住下。太宗得知后恼怒地说:"威福的权柄难道归李靖这几个人?为什么优礼接待李靖而慢怠我的宫女。"随即下令查处沣川县官员和李靖等人。魏征劝阻说:"李靖他们几人是陛下的心腹大臣，而宫女是替皇上皇后清扫的奴婢，若论他们各自的职守，完全不是一回事。何况李靖等人外出，各地官吏要向他们打听朝廷的纲纪，回朝后，陛下也要向他们询问民间的疾苦。李靖等人自然应当与下面的官吏见面，下面的官吏也不能不去参见大臣。至于宫女，除了供给她们饮食之外，并不需要另外参见逢承。如果以此为罪责罚县吏，恐怕不利于陛下仁德的名声，只会使天下人听说后惊骇。"太宗说："你的话很对。"于是宣布县官无罪，对李靖等人也不再责问。

不久太宗在丹霄楼设宴。酒兴正浓时，太宗对长孙无忌说："魏征、王珪过去在东宫做事尽心竭力，当时也实在可恶。我能提拔他们，一直到今天，完全算得上无愧于古人了。但是魏征每次劝谏，我不听从时，我说的话他总不立即回答，这是为什么？"长孙无忌回答："大臣们认为事情不妥，所以才陈述意见，如果陛下不听从而大臣马上回答，就恐事情会立即实行。"皇帝说："当时姑且先答应，过后再另外陈述意见，不是就可以了吗？"魏征说："往昔舜告诫群臣'你们不要当面顺从我，退下后又有话说。'如果臣当面顺从陛下，回去后又要进谏，这就叫'退下后又有话说，'这哪里是稷、契用来侍奉尧、舜的心志呢。"皇帝大声笑道："人家都说魏征举止粗疏傲慢，我却只觉得他柔媚，刚才的事就是这样。"魏征拜谢道："陛下引导臣，让臣讲话，所以臣才敢进谏。如果陛下不接受臣的劝谏，臣岂敢屡次冒犯陛下。"

当月，长乐公主将要下嫁，皇帝认为她是皇后所生，因此命主管官员送去的陪嫁比永嘉长公主多一倍。魏征说："不行。过去汉明帝要封自己的儿子时说：'我的儿子怎么可以与先帝的儿子同等待遇呢？只可以给他相当于楚王、淮阳王一半的封土。'这件事被前代的史书传为美谈。天子的姐妹称长公主，女儿称公主。既然加上'长'字，就表示尊崇的意思。或许她们的感情可以有深浅之分，但是在礼遇上却不能越制。"皇帝同意他的话，回去后告诉长孙皇后。皇后派人带上钱四十万、绢四百匹，到魏征家中赏赐给他。不久他的爵位进为郡公。

贞观七年，魏征代替王珪任侍中，尚书省有迟迟判决不下的案子，皇上命令魏征评断。魏征本不熟悉法律，他只是依据大的原则，按情理断处，没有人不心悦诚服。

当初皇帝下诏令，派令狐德棻、岑文本撰写《周史》，派孔颖达、许敬宗撰写《隋史》，派姚思廉撰写《梁史》《陈史》，李百药撰写《齐史》。魏征奉诏统一修订，对上面各书有多处删改，力求简明无误。《隋史》的序和论，都是魏征所作，他还为《梁史》《陈史》《齐史》各书写了总论。当时这几部书被称为良史。史书修成后，魏征升左光禄大夫，晋封为郑国公，受赐彩帛二千段。

魏征自认为对国家没有功劳，只是因为能言善辩，才参与国事的决策，生怕荣宠太过，后来便以眼疾为由多次上表辞官。太宗说："朕朕把卿从仇敌的阵营中提拔起来，让卿担任机要的职务，卿见到朕的过失，也从来没有不加劝谏。卿难道看不见，金属埋在矿里时，哪里值得珍惜，擅长冶炼的良匠把它锻造后制成器具，才被世人看作宝物。朕把自己比作金属，把卿比做良匠。卿虽然有病，却没有衰老，怎么能让卿就辞官呢？"这一年，魏征又当面向太宗请求辞官，太宗难于违背他的要求，于是拜他为特进，依旧让他掌

管门下省政务。其后魏征又连上四篇章疏,论述治国成功与失败的经验。第一篇说:

臣考察自古以来凡接受版图配享天命、承继帝位恪守成法、统御英豪君临天下者,都希望道德崇厚达于天地,神思睿智与日月相辉,子孙百代,国运相传,没有穷尽。但是能够保全天下的很少,一个个相继败亡,这是什么缘故呢?我为此探求他们失败的原因。历史教训并不遥远,可以求得为陛下言说。

往昔隋朝,统一天下,军势强盛,三十余年间风行万里,声威远震异域,然而一旦举天下而弃之,天下便都为他人所有。难道他隋炀帝不喜欢天下太平安定,不想使国家命运长远,而故意像夏桀那样施行虐政,以走向败亡吗?就是因为他自恃国家富强,不思虑以后的祸患。驱使天下人以放纵一己的私欲,耗尽天下资财以供自己享用,搜寻天下美女,求取远方珍奇异物,宫殿室宇务求装饰华丽,楼台亭榭务求建筑巍峨徭役不息,战事不断,对外耀武扬威,内部危机四伏,奸诈邪恶者必定从中获福,忠臣义士不能保全性命。上下欺骗,君臣猜忌,百姓不堪重负,国家分崩离析,于是天下至尊之主死在匹夫手下,子孙也遭诛戮,最终为天下人耻笑,真是太让人痛惜了。

圣人贤哲善于把握时机,挽救危急沉沦的局势。支撑苍穹的八根立柱倾倒能使它重新竖起,礼义廉耻四义沦丧能使它重新光大,不出十天半月,可使远近整肃安定,无须等待百年,便可使恶人归善而废除刑杀。如今隋朝的宫观楼台都已住上,珍奇异物都已收齐,又有妻妾嫔妃在身旁服侍,四海九州也已称臣称妾了。如果能够以隋亡的教训为鉴,记住我唐朝所以得天下的原因,一天比一天谨慎,虽政绩良好而不自以为好,焚烧商纣王鹿台的宝衣,捣毁秦始皇阿房宫宽广的殿堂,身处高大的宫殿便忧惧国家危亡,身居卑陋的宫室才能安然处之,那么就会暗通神灵化境,使天下无为而治,这是德之中最上乘的境界。如果不毁弃已经完成的功业,继续按照成规行事,停罢并非急需之务,将用度减损之后再减损,雕梁画栋间参以茅草,玉石台阶庞杂以土台,以和悦役使百姓而不穷竭民力,时常想到坐享其成者已十分安逸,劳作者却十分辛苦,百姓因愉悦而归顺,众生因仰慕而安守本分,这是德之中次一等的境界。如果不思念圣贤之道,不顾及日后的结局,忘却创业的艰难,自以为可以依恃天命,忽视建筑的俭朴,追求雕墙画栋的奢侈靡费,前代的宫室要拓宽,旧物添新再加粉饰,遇到相类似之物必定与之攀比、一争高下,而不想到适可而止,人们看不到德政,只听说无休止的劳役,这是德之中最下等的。这样做就如同背负柴草去救火,泼上开水以制止沸腾,这是以新乱代替旧乱,与原有的乱如出一辙,切不可以效法。这样做后果如何?会使天怒人怨。天怒人怨,就必定遭受灾害、引发祸乱。一旦祸乱发生,便很少有国君能够保全自家性命、留下美好名声的了。顺应天命改朝换代之后,国运兴盛七百年。这七百年的江山谁都想把它留给后人,传续万代。然而得天下难,失天下易,难道还能够不认真想一想吗!

第二篇说:

臣听说要想树木茂盛,必须使它的根部扎得牢固;要想河水流得长远,必须疏浚它的源头;要使国家安泰,必须积聚德政义行。源头不深怎么能希望河流长远,根部扎得不牢哪有树木的繁茂。德行不崇厚却希望国家大治,臣虽愚钝,也知道不行,更何况贤明圣哲呢。君主掌握国家的重权，居宇宙间道、天、地、王四大之一，其尊崇与上天一样高峻，应永保福运无疆。如果不想到居安思危，以节俭戒除贪婪，不能使德行聚累崇厚，不能用情理战胜欲望，这也就如同砍伐树根而想使它茂盛、阻塞源头而想使河流长远一样。

一切帝王，承受上天大命，没有不是深怀忧惧而治绩卓著、功业告成而德行衰微的。有良好开端的实在很多，能够贯彻到底的却很少。难道是夺取江山容易守护江山难吗？昔日夺取时力有余，如今守卫却力不足，原因何在？原来深怀忧患时必定竭尽诚心对待下面的人，已经实现志向后就会放纵自己，傲视一切。如果竭尽诚心，那么就会四海结为一家，如果傲视一切，那么至亲骨肉也会视同路人。虽以严刑管束、以威怒震慑，终究也只是免于刑罚而并不感念仁德，外表恭顺而内心不服。怨愤不在大小，可畏惧的是众人。（众人如水）水可以载舟，也可以覆舟，这是应该十分谨慎对待的；腐朽的绳索套着奔驰的车辆，这种危险是可以忽视的吗？

为人君主者，如果能做到见到引起贪欲之物就想到知足以警诫自己；将要有所举措时就想到应当适可而止以使百姓安定；每念身居高位面临危殆就想到谦虚淡泊以自处；惧怕满盈而溢出就想到要如江海那样低下以容纳百川；以巡游为乐就想到天子射猎应以三驱为限；恐怕松懈倦怠就要想到做事应当谨慎地开始、兢兢业业地结束；忧念壅塞蒙蔽就要想到应虚心待人以接纳下面的意见；思虑谗言邪说就要想到端正自身以去除邪恶；有所赏赐就该想到不因个人喜好而误赏；有所惩罚就要想到不因盛怒而滥用刑罚。总结这"十思"，弘扬九德，选拔有才能者任用，择取好的意见听从，那么聪明的人就会献出全部智谋，勇敢的人就会献出全部力量，仁慈的人就会传播他们的恩惠，诚信的人就会贡献全部忠心。文臣武将争相效力，君臣之间没有嫌隙。这样就可以尽享悠游之乐，可以颐养天年、弹琴鸣曲，垂衣拱手，无须烦言而教化已成。何必劳费精神，苦苦思虑，代替臣下履行各自的职责，役使聪明的耳目，而有亏"无为而治"的大道呢！

第三篇说：

臣听《尚书》说："崇显道德而慎用刑罚，用刑务求慎重不滥！"《礼记》说："君主易于侍奉，臣民易于了解，那么刑罚就不至苛繁。如果君上多猜忌之心，百姓就会困惑；如果臣民难于了解，君上就要操劳。"君主易于侍奉，臣民易于了解，君主不操劳，臣民不困惑。君主有专一的美德，臣民就不会萌生异心，君主以忠厚的诚心待下，臣下就会效辅佐之力，这样太平的基业才不致坠亡，"康哉"的赞颂就会响起。当今圣道遍及华夏和异邦，功高达于宇宙，无处不归服，无远不向化。然而言谈崇尚简要，心志贵在明察。刑罚赏赐的本意在于劝善惩恶。帝王之所以要划一天下，就在于不因亲疏贵贱而使赏罚轻重不一。如今的刑罚和赏赐未必都适当，是非曲直以个人的好恶为准，赏罚的轻重视个人的喜怒而定。高兴时依法慎重量刑，发怒时则在事实之外寻找罪名。对于喜爱的人，不惜以皮上钻孔显露羽毛般的夸张去赞美，对于厌恶的人，则把瘢痕当作污点加以挑剔。瘢痕可以找到，刑罚就可以滥施，羽毛不难显露，赏赐便可以谬加。滥用刑罚，小人之道大张，赏赐失当，君子之道消亡。小人的恶行得不到惩处，君子的善举得不到鼓励，却希望天下安定，刑罚弃置不用，这样的事臣没有听说过。

而且闲暇清淡时，都信奉、推崇孔子、老子；一旦发威动怒，则效法申不害、韩非。凭道义行事，也难保不会被三次罢官；危害他人保全自己，这样的事大约也有许多。因此道德的宗旨没有弘扬，而刻薄的风习大张。上面已兴起风气，下面就会不断滋生事端。人人争相追逐时尚，法度规章便不一致。稽考王者法度，这样实在有亏人君之道。昔日伯州黎与人串通作弊，楚国的法律于是败坏；张汤量刑轻重不一，汉朝的刑律便有偏差。臣下的偏颇，人们尚且不能申明他的欺瞒，更何况君主倚高倚低，将使下面何以适从呢！以圣上的聪明才智，应该无所不知。难道是神思有所不及，睿智有所不通吗？这是因为安于现状便不考虑刑罚须谨慎，乐于眼前便忘记先笑难免日后祸变。祸福相互依赖，凶吉连在一起，只在于人们自己招致，怎么可以不慎重考虑！近来对下责罚稍多，威怒稍盛，或由于供应物品不足，或由于不能顺遂自己的欲望，都不是达到天下太平所急需的事务，实际上是骄纵奢侈在渐渐滋长。由此可知尊贵没有与骄傲相约而骄傲自会到来，富足没有与奢侈相约而奢侈自会来到，这并不只是说说而已。

况且我朝所取代的是隋朝，隋朝祸乱灭亡的根源，应该是圣上明君所对照思考的。以隋朝的兵马，比当今的军力；以隋朝的库藏，比当今的储备；以隋朝的户口，比当今的百姓；衡量两者的长短大小，有多大的差别呀！然而隋朝以富国强兵而丧乱败亡，因为国家动荡；我朝却以贫国寡民而邦国安宁，因为国家平静。以静治国则天下安定，以动治国则天下离乱，人人都明白这个道理，并非隐蔽不明显、细微难于觉察。但很少有人走平坦易行的道路，大多却跟从翻车的辙印，原因何在？就在于安定时不思虑危难，太平时想不到战乱，生存时不忧惧灭亡。往昔隋朝未乱时，自以为一定不会乱，未灭亡时，自以为一定不会亡。因此屡屡兴兵打仗，徭役不止，以至于自身行将被杀受辱，竟然还不知道灭亡的原因，不是很可悲吗？

照看相貌的美丑，一定要去静止的水面，照看国家的安危，一定要吸取亡国的教训。《诗经》说："殷朝的借鉴不远，就在夏朝。"又说："砍伐树枝做斧柄，斧柄尺度并不远。"臣希望当今有所举动时，要把隋朝作为镜子，那么存亡治乱的道理便可以明白了，若能想到隋朝危机的原因，就会安定；想到隋朝祸乱的原因，就会太平；想到隋朝灭亡的原因，就会长存。生存还是灭亡就在于：节制嗜好欲望以顺从他人，减少游猎的娱乐，制止靡费华丽的兴作，停办并非急需的事务，小心因偏听而犯怒，接近忠诚敦厚者，疏远巧言媚宠者，杜绝悦耳的邪说，听取逆耳忠占，使善于钻营的人远去，使稀罕的货物轻贱。采用尧舜树立诽谤之木的做法；追念夏禹、商汤责罚自己的美德。珍惜民产，顺应民心，近取自身为则，以宽恕待人接物，想到勤劳谦和可以受益，不要因自满而招致损害。这样便能有所动作而万众相和，说一句话便千里呼应，超越前代人高尚的道德，为后世树立良好的风范。这是圣哲的宏伟规划，帝王的盛大功业。要做的事就是这些，只在于慎重保守成业而已。

保守帝王的成业容易，夺取它却很困难。已经取得难于得到的，还能保不住容易守护的吗？如果保守得不稳固，那是因为骄奢淫逸动摇了它。因此怎能不努力，做到慎终如始呢！《易经》说："君子平定不忘危险，生存不忘灭亡，太平不忘动乱，因此自身安全，国家也可以保全。"这些话千真万确，不能不深刻体会呀。臣惟愿陛下求善的心志不减当年,闻过必改的行为不逊于往日。若能在当今的太平之世,仍像往昔一样奉行恭谦节俭,那么尽善尽美自然是当之无愧的了。

第四篇说:

臣听说治理国家的根本,必定要依靠德和礼;君子所保有的,只是诚和信。建立起诚、信,臣下就不会怀有二心;有了德、礼,远方异国的人也会感通圣德。所以德、礼、诚、信是治国的大纲,父子君臣之间,一刻也不能废弃。因此孔子说:"君主以礼使用臣下,臣下以忠侍奉君主。"又说:"自古人都有一死,做人如果没有信义便会一事无成。"文子说:"同样的话有些能得到信任,可知在说话之前就有一个信义的问题;同样的命令,有些就能够施行,可见在存命令之外,还有一个诚意的问题。"这样看来说过的话没有被实行,是因为说话不讲信义;下达的命令没有被遵从,是因为命令缺乏诚意。不讲信义的话、缺乏诚意的命令,对上会使国家败亡,对下会危及自身,即使处在颠沛流离的困境,君子也是不会不讲诚信的。

自从实行帝王正道,天下美好清明,至今已有十余年,皇朝声威远播海外,万国前来朝贡,仓谷日益充实,土地日见宽广。然而道德却没有更加崇厚,仁义也不见一天天广博,原因何在? 就在于陛下还没有完全以诚意和信任对待臣下,虽然开始时十分勤奋,却不见坚持到底的美德。所以会这样是逐渐形成的,而非一朝一夕的缘故。过去在贞观初年,陛下听到善言就为之惊叹,乃至五、六年间仍以听从劝谏为乐。但从此之后逐渐嫌恶直言,虽有时勉强接受,不时加以容忍,但已不再有往日的豁达大度了。正义直言的大臣,慢慢开始回避陛下;阿谀媚宠的小人却大肆施展巧辩的伎俩,彼此同心的大臣被指为朋党,揭短告密者被说成大公无私,坚强耿直者被说成专权,忠诚正直者被诬为诽谤。被指为朋党的大臣,虽忠诚守信义仍受到猜疑;被说成大公无私的小人,虽伪善虚假也不受责罚;坚强耿直者畏惧擅权的非议,忠诚正直者担心诽谤的罪名,以至于猜疑成风,谣言惑众,正直的人不能畅所欲言,大臣中没有人敢于争辩。蛊惑视听,阻塞正道,妨碍教化,亏损道德,不正是如此吗? 孔子之所以厌恶以巧言善辩颠覆国家的人,大概就是因为这个道理。

况且君子和小人外表相同而内心不一样。君子替人掩恶扬善,危难临头不苟且免祸,而是杀身成仁。小人不耻于不讲仁,不畏惧丧失义,只要有利可图,就会危害他人以求自身平安。如果敢于危害他人,还有什么不敢干呢! 现在要想达到天下太平,必定任用君子;事情有差错,有时又会询问小人,对待君子敬重而疏远,对待小人轻视而亲昵。亲昵就会无话不说,疏远就会情感互不相通。这样毁誉由小人决定,刑罚由君子担当,实在关系到国家的兴亡安危,怎么可以不慎重对待呀! 才智中等的人,哪能没有小聪明,然而才能不足以治国。考虑问题不深远,虽然全力以赴、忠心耿耿,仍不免失败。更何况内心奸诈贪利、善于察言观色迎合陛下心意的人,这种人造成的祸患还不够深吗? 因此孔子说:"君子中也有有时不仁的,但从来没见到小人而具有仁的品德的。"这样看来,君子不可能没有小恶,但只要恶不积累多就不会妨碍正道;小人有时也会有小善,但善不积累就不足以树立忠诚。现在说一个人善,却又担心他不讲信义,这同树立一根笔直的木头却怀疑它的影子不正有什么两样？这样做即使耗尽精神，殚思竭虑，依旧行不通，这也是十分明白的。

君王能尽礼，人臣能效忠，必定由于对内对外没有私心，上下彼此相信。君上不信任臣下就无法使用臣下，臣下不相信君上就不能侍奉君上，信的意义真是太大了！借此能得到上天的佑助，没有不吉不利的。从前齐桓公问管仲说："我想让酒在酒杯中发臭，让肉在砧板上烂掉，这不会妨害霸业吗？"管仲说："这样做非常不好，但是不妨害霸业。"齐桓公问："怎样做就会损害霸业呢？"齐桓公说："不能了解人损害霸业；了解了而不去任用损害霸业；任用了而不加信任损害霸业；已经给予信任了而又使小人参杂其间也损害霸业。"晋国中行穆伯攻打鼓国，过了一年仍不能攻克。馈间伦说："鼓国的啬夫，间伦认识。请允许我不使士大夫们劳累而夺取鼓国。"穆伯没有答应。随从问："不折毁一支戟，不伤害一个士兵，而鼓国可以攻克，您为什么不采用呢？"穆伯说："间伦为人，巧于谄媚而不讲仁义。如果他攻下鼓城，我不能不奖赏，奖赏他，就是奖赏谄媚的人，谄媚的人得志，这会使晋国士人放弃仁而去做谄媚的事。这样即使夺取鼓国，又有什么用呢。"穆伯身为列国大夫，管仲是霸业的辅臣，对于信任人尚且如此慎重，远远避开谄媚之徒，何况陛下身为四海大国的君主、享千年之寿的圣上，岂能使巍巍盛德，又稍有不足呢？

若要使君子和小人之间是非不致混杂，必须以德安抚臣民，以信对待臣民，以义鼓励臣民，以礼约束臣民，然后奖善惩恶，做到赏罚分明。这样小人就可以戒除阿谀奸邪的恶习，君子则会自强不息。陛下无为而臣民得到教化，还有比这更好的吗？奖善而不能使善者晋升，惩恶而不能去除恶者，有罪不罚，有功不赏，那么国家危亡的日子，就不好说了。又将如何指望把福运永久赐给子孙后代呢！

太宗手写诏书表示称赞，优礼采纳。又对长孙无忌说："朕即位初期，上书者有的说：'人君必须独断威权，不能委任群臣。'有的想炫耀武功，使四方异族慑服。只有魏征劝朕'放弃武力，振兴教化，广布德政，遍施惠泽，中国安定之后，远方异族自然归服'。朕听从他的话，天下于是十分安定，偏远僻地的君长都来朝贡，各国行人辗转翻译着彼此的语言，在大路上往来不断。这都是魏征的功劳。"

太宗曾经嫌上密封奏章的人太多，不合乎事实，想加以罢斥。魏征上奏说："古人立诽谤之木，想听到自己的过失，今天的密封奏书和古时的谤木是一样的意思。陛下想知道自己的得失，就只能任人说短论长，如果所说切合实际，就会有益于陛下，不切合实际，也无损于国家。"太宗说："这番话很对。"向他表示慰劳并送他离去。

后来太宗在洛阳宫，游幸积翠池，宴请群臣。酒兴浓时，每人以一件事赋诗。太宗以《尚书》为题赋诗一首："日昃玩百篇，临灯披《五典》。夏康既逸豫，商辛亦流湎。恣情昏主多，克己明君鲜。灭身资累恶，成名由积善。"魏征以西汉历史为题赋诗一首："受降临轵道，争长趣鸿门。驱传渭桥上，观兵细柳屯。夜宴经柏谷，朝游出杜原。终藉叔孙礼，方知皇帝尊。"太宗说："魏征每次讲话，必定以礼约束我。"不久因魏征修成《五礼》，应当封他的一个儿子为县男。魏征请求把封爵让给亡兄的孤子叔慈。太宗凄然说："卿这样的心，可以激励世俗。"随后批准了他的请求。

贞观十二年，礼部尚书王珪上奏说："三品以上官员在路上遇到亲王，都要下马，这种违反法令以表示尊敬的做法，有悖于礼的准则。"太宗说："大臣们都自认为尊崇高贵，难道我的儿子就单卑下吗？"魏征进言说："自古至今，亲王的等级在三公以下。如今三品官指的都是天子的列卿、尚书省长官和各部尚书，他们为亲王下马，可不是亲王应当承受的。查询以往的成例，没有凭据；实行到现在，又违背国家大法。"太宗说："国家所以要立太子，就是准备让他做国君的。但是人的寿命的长短，不在年长年少。假如没有太子，他的胞弟也会依次而立。以此而言，怎么可以轻视我的儿子呢？"魏征说："殷商崇尚质朴，有兄长死后弟弟取代王位的做法。周朝以后，立嫡子必定立嫡长子，以此杜绝其余子嗣觊觎觎王位，堵塞祸乱的根源。这是掌管国家的人应当十分谨慎的。"于是太宗同意了王珪的奏言。适逢皇孙出世，太宗召集公卿赐宴。太宗说："贞观以前，跟随我平定天下，在乱世奔波周旋的，房玄龄的功劳不可推让。贞观之后，对我尽心竭力、奉献忠诚，使国家平安、百姓获益、敢犯颜直谏、纠正朕的过失的，只有魏征一人了。古代的名臣又怎能比得上他呢。"于是亲自解下佩刀赐给房玄龄、魏征二人。

魏征因戴圣的《礼记》编排没有秩序，而编《类礼》二十卷，分门别类，删除重复，采用前代大儒的训注，择善而从。研究精辟而思考深入，经过几年编成全书。太宗看了给予赞扬，赐给魏征帛一千段，又把书抄录了几部，赐给太子和各亲王，并将书收藏在秘书省书库中。

先前，朝廷曾派使臣到西域立叶护为可汗。使臣还没有回来，又派使节带上许多金、银、帛、缎到西域各国买马。魏征劝谏说："现在以立可汗为名，去西域，可汗还没有确定，又到各国去买马，各国一定以为我们意在买马，并不专为立可汗。这样即使立了可汗，可汗也不会十分感恩戴德。而各国听说这件事，会认为中国薄义重利。我们未必能得到马，却又失去了义。过去汉文帝时有人献千里马，汉文帝说：'我因凶丧的事出行，每日走三十里，因吉庆的事出行每日五十里，銮车在前，属行车马在后，我独自骑着千里马能安然处之吗？'于是赏还路途费用后让献马的人返回。汉光武帝时有人献千里马和宝剑，光武帝用千里马驾车，把宝剑赐给骑士。陛下凡所作所为，都远远超过三王之上，为什么在这件事情上要在孝文帝、光武帝之下呢？再有，魏文帝想买西域的大珠，苏则说：'如果陛下的惠泽遍及四海，那么大珠不求自来，经过索求才得到它，也就没有什么可珍贵的。'陛下纵然不能追慕汉文帝的高尚行为，能不以苏则的话为戒吗？"太宗接受了他的意见而停派买马使者。

其时公卿大臣一致请求举行封禅大典，只有魏征认为不可以。太宗说："朕想让卿彻底说出对这件事的看法。难道朕功劳还不高、道德还不崇厚、国家还不太平安定、远方异邦还不仰慕大义、祥瑞还没有到来、粮谷还没有丰收吗？为什么不可以举行封禅大典？"魏征问答："陛下的功勋当然很高，但是百姓还没有感怀恩惠；陛下的道德虽然崇厚，但圣泽还没有汇成巨流；国家虽然安定，但还不足以供奉国家大典；远方异邦虽仰慕大义，但我们还拿不出东西满足他们的索求；祥瑞虽然到来，但刑网还很密结；虽然连年丰收，但粮仓尚嫌空虚，这些就是臣私下以为不可以封禅的道理。臣不能借用太远的东西做比喻,姑且以人做比喻:现在有一个人,患病长达十年,刚刚治好,瘦得只剩下皮包骨。若马上就让他背上一石米,一天走百里路,必定做不到。隋朝的祸乱,不止十年,陛下做它的良医,疾病虽已治好,但是还不强壮,就去向天地报告成功,臣私下有些怀疑。而且陛下要去东方封禅泰山,各国都要汇聚而来,连荒蛮极远之地,也没有不奔驰而来的。如今从伊水、洛水向东直到海岱,遍地灌木草莽和巨大的沼泽,苍茫千里,人烟断绝,听不到鸡鸣狗吠,道路萧条,前后都有艰难险阻。怎么可以引来异族,让他们看到我们的虚弱呢?穷竭财力去赏赐,也不能满足远方异族的愿望,加重偿还,仍不足以补偿百姓的辛劳。若再遇水旱灾害、风雨变幻,庸俗小人横加议论,就会追悔不及了。岂止臣一人有恳切劝谏的诚心,还有众人的公议。"太宗不能使魏征改变主张。此后,右仆射的官位空缺,太宗想让魏征担任,魏征坚决推辞,太宗才没有任命。

及至皇太子承乾不注意修行、道德,魏王李泰越来越受皇上宠爱,内外百官都有疑义,太宗听说后十分厌恶,对侍臣说:"当今朝臣中忠诚正直的,没有人能超过魏征,我要派他当太子的老师,以此断绝天下人改立太子的希望。"贞观十六年,拜魏征为太子太师,仍然知门下省事,魏征自己诉说有病。太宗下诏书答复:"汉朝的太子,有商山四位皓首隐士辅佐,我依赖公,也是这个用意。我知道公有疾病在身,公可以卧床佑护太子。"

这一年,魏征病重,太宗派宦官看望。魏征的家宅原来没有正厅,太宗原要造一座小殿,于是停造小殿用其料为魏征家修建正厅,五天完工。又派宦官送来白色的褥子和布被赐给魏征,这是顺从魏征的喜好。待到魏征病危,太宗又亲自去他家,摸着魏征流下眼泪,问他还有什么话要说。魏征说:"寡妇不担心纬纱少,而忧虑宗周的灭亡。"过了几天,太宗梦见魏征一如往常,等到天亮,就得到魏征去世的奏报。这一年魏征六十四岁。太宗亲自前去痛哭,五日不上朝办公。赠魏征司空、相州都督,加谥号文贞,供给有羽葆和鼓吹乐的仪仗以及佩剑护卫四十人,赐给绢布千段,粮谷千石,令在昭陵陪葬。等到即将抬棺枢上灵车行祖祭礼时,魏征夫人裴氏说:"魏征一生节俭朴素,现在以一品官的礼遇安葬他,羽旗仪仗盛大,不合乎亡者的心愿。"于是退回所有的东西不受纳,最后以布幔的车子载着棺木,上面没有漆刻任何文采做装饰。太宗登上禁苑西楼,遥望丧车而哭悼。下诏令百官送灵车出郊外。太宗亲自作碑文,并把它书写到碑石上。而后追思不已,赐给魏征遗属实封户九百家。太宗曾在朝廷对侍臣说:"以铜为镜可以端正衣冠,以历史为镜可以知道兴衰的道理,以人为镜可以看清自己的得失,朕时常保有这三面镜子,以防止自己的过失,现在魏征去世,朕于是失去了一面镜子呀。魏征去世后,朕派人去他家,在他书写的函件中得到一纸表文,刚刚写了草稿,字迹都很难辨认,只有前面几行可以看得清楚些,上面说:'天下的事,有善有恶,任用善者国家就会平安,任用恶人国家就会动乱;公卿之间,陛下对他们的情感有爱有憎,对于憎恶的,只看到恶的一面,对于钟爱的,只看到善的一面。在爱憎之间,应当十分审慎。如果陛下能做到对于爱的知道恶的一面,对于憎的知道善的一面,去除邪恶毫不迟疑,任用贤能不加猜疑,国家就可以兴旺发达了。'魏征遗留表文的内容就是这些。然而在朕看来,仍恐怕不免要犯魏征所说的过错,公卿侍臣可以把表文书写在朝笏上,知道朕有过失一定要劝谏。"

　　魏征体态相貌不超过平常的人，但是向来有胆量、有智谋。每次冒犯天子进谏，虽然碰到天子勃然大怒，仍能做到面不改色。他曾秘密推荐中书侍郎杜正伦和吏部尚书侯君集有做宰相的才干。魏征死后，杜正伦因犯罪被罢官，侯君集因叛逆罪被处死，太宗开始疑心魏征偏袒同党。魏征又自己抄录了先后劝谏皇帝的言辞，并把它拿给史官起居郎褚遂良看，太宗得知更加不高兴，原先曾答应把衡山公主嫁给魏征的长子叔玉，现在亲手写诏书停掉这门婚事。这样魏征的家也就渐渐衰落了。

　　魏征有四个儿子，叔琬、叔璘、叔瑜。叔玉继承魏征国公的爵位，任官至光禄少卿；叔瑜任官至潞州刺史；叔璘任官至礼部侍郎，武则天时被酷吏杀害。

　　神龙初年，叔玉的儿子魏膺被续封为郑国公。

　　叔瑜的儿子魏华在开元初年任太子右庶子。

李百药传

【题解】

　　李百药（565～648），字重规，定州定平（今河北安平）人，唐初史学家。其父李德林，在北齐时曾参加修撰国史，成纪、传共二十七篇。入隋，又奉文帝命续修，总计撰成北齐史三十八篇。贞观元年（627），李百药受诏修订《五礼》并承继父业完成《北齐书》。贞观三年，唐太宗又下诏修梁、陈、齐、周、隋五代史，李百药仍分撰北齐史，于贞观十年告成，这就是《北齐书》。该书五十卷，即帝纪八卷、列传四十二卷，记载了北魏分裂前到北齐灭亡共七十余年间的史事。此书到北宋时已残缺不全。现行五十卷本，是后人据李延寿《北史》辑补的，其中仅十七卷是其旧本。从今本看，李百药叙事简洁，注重政治事件的记述，企求从历史中取得鉴戒的思想表现很突出；但其叙述内容除政治外，经济、文化方面涉及太少，这不仅使一代之史大为偏持，而且由于注意力的片面，就必然使其鉴戒的作用大打折扣了。

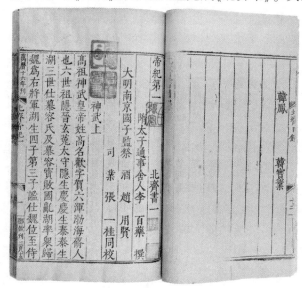

《北齐书》书影

李百药字重规,定州安平人,隋内史令、安平公德林子也。为童儿时多疾病,祖母赵氏故以百药为名。七岁解属文。父友齐中书舍人陆乂、马元熙尝造德林宴集,有读徐陵文者,云:"既取成周之禾,将刈琅邪之稻",并不知其事。百药时侍立,进曰:"《传》称'郚人藉稻'。杜预《注》云'郚国在琅邪开阳。'"乂等大惊异之。

开皇初,授东宫通事舍人,迁太子舍人,兼东宫学士。或嫉其才而毁之者,乃谢病免去。十九年,追赴仁寿宫,令袭父爵。左仆射杨素、吏部尚书牛弘雅爱其才,奏授礼部员外郎,皇太子勇又召为东宫学士,诏令修《五礼》,定律令,撰《阴阳书》。台内奏议文表,多百药所撰。时炀帝出镇扬州,尝召之,百药辞疾不赴,炀帝大怒,及即位,出为桂州司马。其后,罢州置郡,因解职还乡里。

大业五年,授鲁郡临泗府步兵校尉。九年,充成会稽。寻授建安郡丞,行达乌程,属江都难作,复为沈法兴所得,署为掾。会沈法兴为李子通所破,予通又命为中书侍郎、国子祭酒。及杜伏威攻灭子通,又以百药为行台考功郎中。或有谮潜者,伏威囚之,百药著《省躬赋》以致其情,伏威亦知其无罪,乃令复职。

伏威既据确江南,高祖遣使招抚,百药劝伏威入朝,伏威从之,遣其行台仆射辅公祏与百药留守,遂诣京师。及渡江至历阳,狐疑中悔,将害百药,乃饮以石灰酒,因大泄痢,而宿病皆除。伏威知百药不死,乃作书与公祏令杀百药,赖伏威养子王雄诞保护获免。公祏反,又授百药吏部侍郎。有谮百药于高祖,云百药初说杜伏威入朝,又与辅公祏同反。高祖大怒。及公祏平,得伏威与公祏令杀百药书,高祖意稍解,遂配流泾州。

太宗重其才名,贞观元年,召拜中书舍人,赐爵安平县男。受诏修订《五礼》及律令,撰《齐书》。二年,除礼部侍郎。朝廷议将封建诸侯,百药上《封建论》曰:

臣闻经国庇民,王者之常制;尊主安上,人情之本方。思阐治定之规,以弘长世之业者,万古不易,百虑同归。然命历有赊促之殊,邦家有理乱之异,遐观载籍,论之详矣。咸云周过其数,秦不及期,存亡之理,在于郡国。周氏以监夏、殷之长久,遵黄、唐之并建,维城磐石,深根固本,虽王纲驰废,枝干相持,故使逆节不生,宗祀不绝。秦氏背师古之训,弃先王之道,践华恃险,罢侯置守,子弟无尺土之邑,兆庶罕共治之忧,故一夫号泽,七庙隳祀。

臣以为自古皇王,君临宇内,莫不受命上玄,飞名帝策,缔构遇兴王之运,殷忧属启圣之期。虽魏武携养之资,汉高徒役之贱,非止意有觊觎,推之亦不能去也。若其狱讼不归,菁华已竭,虽帝尧之光被四表,大舜之上齐七政,非止情存揖让,守之亦不可固焉。以放勋、重华之德,尚不能克昌厥后。是知祚之长短,必在天时,政或盛衰,有关人事。隆周卜代三十,卜运七百,虽沦胥之道斯极,而文、武之器犹存,斯则龟鼎之祚,已悬定于杳冥也。至使南征不返,东迁避逼,禋祀如线,郊畿不守,此乃凌夷之渐,有累于封建焉。暴秦运短闰余,数钟百六。受命之主,德异禹、汤;继世之君,才非启、诵。借使李斯、王绾之辈盛开四履,将闾、子婴之徒俱启千乘,岂能逆帝子之勃兴,抗龙颜之基命者也!

　　然则得失成败，各有由焉。而著述之家，多守常辙，莫不情亡今古，理蔽浇淳，欲以百王之季，行三代之法。天下五服之内，尽封诸侯，王畿千乘之间，俱为采地。是以结绳之化行虞、夏之朝，用象刑之典治刘、曹之末，纪纲既紊，断可知焉。锲舟求剑，未见其可；胶柱成文，弥所多惑。徒知问鼎请隧，有惧霸王之师，白马素车，无复藩篱之援。不悟望夷之衅，未甚羿、浞之灾；高贵之殃，宁异申、缯之酷。乃钦明昏乱，自革安危，固非守宰公侯，以成兴废。且数世之后，王室浸微，始自藩屏，化为仇敌。家殊俗，国异政，强凌弱，众暴寡，疆场彼此，干戈日寻。狐骀之役，女子尽髽；崤陵之师，只轮不返。斯盖略举一隅，其余不可胜数。陆士衡方规规然云："嗣王委其九鼎，凶族据其大邑，天下晏然，以治待乱。"何斯言之谬也！而设官分职，任贤使能，以循吏之才，膺共治之寄，刺郡分竹，何代无人。至使地或呈祥，天不爱宝，民称父母，政比神明。曹元首方区区然称："与人共其乐者，人必忧其忧，与人同其安者，人必拯其危。"岂容委以侯伯，则同其安危；任之牧宰，则殊其忧乐。何斯言之妄也！

　　封君列国，藉庆门资，忘其先业之艰难，轻其自然之崇贵，莫不世增淫虐，代益骄侈。自离宫别馆，切汉凌云，或刑人力而将尽，或召诸侯而共乐。陈灵则君臣悖礼，共侮征舒；卫宣则父子聚麀，终诛寿、朔。乃云为己思治，岂若是乎？内外群官，选自朝廷，擢士庶以任之，澄水镜以鉴之，年劳优其阶品，考绩明其黜陟。进取事切，砥砺情深，或俸禄不入私门，妻子不之官舍。颁条之贵，食不举火，剖符之重，衣唯补葛。南阳太守，敝布裹身；莱芜县长，凝尘生甑。专云为利图物，何其爽欤！总而言之，爵非世及，用贤之路斯广；民无定主，附下之情不固。此乃愚智所辨，安可惑哉？至如灭国弑君，乱常干纪，春秋二百年间，略无宁岁。次睢咸秩，遂用玉帛之君；鲁道有荡，每等衣裳之会。纵使西汉哀、平之际，东洛桓、灵之时，下吏淫暴，必不至此。为政之理，可一言以蔽之。

　　伏惟陛下握纪御天，膺期启圣，救亿兆之焚溺，扫氛祲于寰区。创业垂统，配二仪以立德；发号施令，妙万物而为言。独照宸衷，永怀前古，将复五等而修旧制，建万国以亲诸侯。窃以汉、魏以还，余风之弊未尽；勋、华既往，至公之道斯革。况晋氏失驭，宇县崩离；后魏乘时，华夷杂处。重以关河分阻，吴、楚悬隔，习文者学长短纵横之术，习武者尽干戈战争之心，毕为狙诈之阶，弥长浇浮之俗。开皇在运，因藉外家。驱御群英，任雄猜之数；坐移时运，非克定之功。年逾二纪，民不见德。及大业嗣文，世道交丧，一时人物，扫地将尽。虽天纵神武，削平寇虐，兵威不息，劳止未康。

　　自陛下仰顺圣慈，嗣膺宝历，情深致治，综核前王。虽至道无名，言象所纪，略陈梗概，实所庶几。爱敬蒸蒸，劳而不倦，大舜之孝也。访安内竖，亲尝御膳，文王之德也。每宪司谳罪，尚书奏狱，大小必察，枉真咸申，举断趾之法，易大辟之刑，仁心隐恻，贯彻幽显，大禹之泣辜也。正色直言，虚心受纳，不简鄙讷，无弃刍荛，帝尧之求谏也。弘奖名教，劝励学徒，既耀明经于青紫，将升硕儒于卿相，圣人之善诱也。群臣以宫中暑湿，寝膳或乖，请徙御高明，营一小阁。遂惜家人之产，竟抑子来之愿，不吝阴阳所感，以安卑陋之居。去岁荒俭，普天饥馑，丧乱甫尔，仓廪空虚。圣情矜愍，勤加惠恤，竟无一人流离道路，犹且食噉藜藿。乐撤簨虡，言必凄动，貌成癯脊。公旦喜于重译，文命矜其即序。陛下每四夷款附，万里归仁，必退思进省，凝神动虑，恐妄劳中国，以事远方，不藉万古之英声，以存一时之茂实。心切忧劳，迹绝游幸，每旦视朝，听受无倦，智周于万物，道济于天下。罢朝之后，引进名臣，讨论是非，备尽肝膈，唯及政事，更无异辞。才及日昃，命才学之士，赐以清闲，高谈典籍，杂以文咏，间以玄言，乙夜忘疲，中宵不寐。此之四道，独迈往初，斯实生民以来，一人而已。弘兹风化，昭示四方，信可以期月之间，弥纶天壤。而淳粹尚阻，浮诡未移，此由习之永久，难以卒变。请待断斫雕成朴，以质代文，刑措之教一行，登封之礼云毕，然后定疆理之制，议山河之赏，未为晚焉。《易》称："天地盈虚，与时消息，况于人乎？"美哉斯言也。

太宗竟从其议。

四年，授太子右庶子。五年，与左庶子于志宁、中允孔颖达、舍人陆敦信侍讲于弘教殿。时太子颇留意典坟，然闲燕之后，嬉戏过度，百药作《赞道赋》以讽焉，辞多不载。太宗见而遣使谓百药曰："朕于皇太子处见卿所献赋，悉述古来储贰事以诫太子，甚是典要。朕选卿以辅弼太子，正为此事，大称所委，但须善始令终耳。"因赐彩物五百段。然太子卒不悟而废。十年，以撰《齐史》成，加散骑常侍，行太子左庶子，赐物四百段。俄除宗正卿。十一年，以撰《五礼》及律令成，进爵为子。后数岁，以年老固请致仕，许之。太宗尝制《帝京篇》，命百药并作，上叹其工，手诏曰："卿何以身之老而才之壮，何齿之宿而意之新乎！"二十二年卒，年八十四，谥曰康。

百药以名臣之子，才行相继，四海名流，莫不宗仰。藻思沈郁，尤长于五言诗，虽樵童牧竖，并皆吟讽。性好引进后生，提奖不倦。所得俸禄，多散之亲党。又至性过人，初侍父母丧还乡，徒跣单衣，行数千里，服阕数年，容貌毁悴，为当时所称。及悬车告老，怡然自得，穿池筑山，文酒谈赏，以舒平生之志。有集三十卷。子安期。

【译文】

李百药，字重规，是定州安平人，隋内史令、安平公李德林的儿子。李百药儿童时期体弱多病，他的祖母赵氏就给他起名百药。七岁的时候就懂得如何写作文章。他父亲的好友北齐中书舍人陆乂、马元熙曾经去李德林家参加宴会，有一个读徐陵文章的人，说徐陵文章中有"已经收了成周的庄稼，将割琅邪之稻"的话，不知讲的什么事。李百药当时正站在旁边，就上前对那人说："《传》中称'鄅人收割稻谷'。杜预注解说'鄅国在琅邪的开阳'。"陆乂等人对李百药的学问记忆感到十分吃惊。

开皇初年，李百药被授职为东宫通事舍人，又迁升太子舍人，兼任东宫学士。有人嫉妒他的才华并陷害他，李百药便借口身体有病，辞去了官职。开皇十九年，朝廷补任他的官职，让他进入仁寿宫，并让他继承他父亲的爵位。左仆射杨素、吏部尚书牛弘都很欣赏他的才华，上奏朝廷之后，授任他为礼部员外郎，皇太子杨勇又叫他去做东宫学士。文帝命令李百药修订《五礼》，制定条律法规，撰写《阴阳书》。礼部中的奏议文表，多是百药撰写的。当时炀帝还是扬州的总管，曾召李百药去他那里。百药以病推辞，没有去。炀帝为此非常愤怒。他即位之后，贬罚百药外出任桂州司马。后来，炀帝改州为郡，李百药因此被罢免官职，回归家乡。

大业五年，李百药被授任鲁郡临泗府步兵校尉。九年，他前往会稽戍守，不久又被任命为建安郡丞。在赴任的路上，走到乌程时，恰逢江都出现农民起义，又被沈法兴抓住，让他暂时代理府掾事务。不久沈法兴被李子通打败，李子通便任命李百药为中书侍郎、国子祭酒。杜伏威攻打、击败李子通后，又任命李百药为行台考功郎中。有人在杜伏威面前诽谤他，杜伏威便将他囚禁起来。李百药著《省躬赋》来表述自己的真实情感，杜伏威也了解到他并没有罪过，于是恢复了他的职位。

杜伏威占据江南之后，唐高祖派去使者，想招抚他。百药劝说伏威投降朝廷，伏威听从了他的建议，并命令行台仆射辅公祏与百药留守，自己前去京师献降。但杜伏威渡过长江到达历阳时，又在怀疑中后悔自己的行动，便想杀掉百药。于是让他饮用石灰酒，百药用后大泻一场，反而除掉了所有的病根。杜伏威得知百药未死，便给辅公祏写信，命令他杀死百药。幸有伏威养子王雄诞的保护，百药获免一死。后来辅公祏又起兵反唐，任命百药为吏部侍郎。有人在高祖面前谗言，说百药起初说服杜伏降唐，后又与辅公威一起谋反。高祖听后大怒。平定公伏之后，朝廷发现了杜伏威给辅公祏让他杀死李百药的书信，高祖的气愤才稍有缓解，于是发配百药流放泾州。

太宗即位后重视百药的才学名声，贞观元年，召回百药，任命他为中书舍人，赐给他安平县男的爵位。李百药接受诏令，修订《五礼》及条律法规，撰述《齐书》。二年，李百药任职礼部侍郎。朝廷为封建诸侯事召集大臣议论，百药奏上《封建论》，说：

我听说经理国家，保护民众，是统治天下者都要做的事情；尊敬主人，保卫皇上地位的安定，是做人的基本原则。思索、创立治理安定国家的法规，以光大长治久安帝业的人，万古以来都是如此，他们千思百虑都是为了一个目的。然而，天命、历数有长短盈缺之别，国家有治理衰乱之异，纵览古今载籍，它们都已论述得很详细了。这些论述都认为，西周的统治时间超过了命定的气数，而秦国的存在则没有达到命定的时间，因此保存或失去统治的关键，在于同家本身治理得如何。周王朝借鉴夏、殷治理长久的经验，遵循黄帝、唐尧制定的各项统治措施，建立相互网结、坚如磐石的城堡，从根本上深入、强固统治，虽然后来王朝的纲纪逐渐被废弃，但枝、干仍能相互扶持，这才没有出现背叛周王朝的事情，使得周朝的帝业没有断绝。秦朝则违背丁学习古制的教导，抛弃先王们治理国家的方法、原则，建都华山之下，依仗它的险要，废除诸侯，建置郡守，自己的子弟没有半点封邑，百姓很少有与皇上一起治理国家的忧患，所以当陈胜在大泽乡振臂一呼，秦朝帝业便完全崩溃了。

我以为自古以来的皇上帝王，能够成为君主，统治天下，没有不受命上天，在帝王的名录上留下高贵的名声的，他们在缔造自己的王朝的时候，恰遇出现新王的气运，在深切忧虑的时候，刚好碰到上天要开启圣明的时期。因此即使曹操只有被宦官收养的资历，刘邦普为低贱的小吏，但他们都能成为君王，这并不只是由于他们有觊觎帝位之心，从气数上来推算，天意也是不让他们失去这个机会的。至于被暂时释放的囚徒不能按时归狱，国家的人才也已枯竭，虽然帝尧的光辉照耀四海，大舜的才能使七政都整治得有条有理,(但尧、舜也只能退位),并不只是由于尧、舜一心要退让帝位,而是因为即使尧、舜坚守不放,帝位也是不能稳固的。以尧、舜的德行,尚不能让他们的后人也繁荣昌盛。由此可以明白,统治时间的长短,必定是由天命所给的机遇决定的,而国政的兴盛和衰败,则是与人事相关联的。兴隆的周代卜算出自己将有三十代君主,统治时间有七百年,虽然后来王道沦落到了极点,但文王、武王的统治规模仍然存在,这不说明帝位的存在及其朝限,早已被高高在上、冥冥不可见的天安排好了吗?至于昭王南征死于楚河之畔,平王东迁,以避西戎的进逼,周王朝的祖业微弱如线,连京城周围的土地都守护不住,这就说明王朝败落的原因,是受累于封建制。残暴的秦朝,其帝位之运短促,执政于帝王系统中的闰位之时,气数恰逢一百零六,因此得以掌握政权。但受命而兴的秦王,德行有异于大禹、商汤;后来继位的二世,寸能又不能与大启、诅诵相比。假设李斯、王绾之辈能够开拓四方的疆域,将闾、子婴之徒有千乘之兵能够完全发动,又怎能逆转汉高祖勃兴帝业的趋势,抵抗真龙天子的命运!

然而帝业的得失成败,各代有各代的原因。而谈论政事的作者,大多都墨守通常的解释,没有不在感情上不区分今古的差别,在论述事理时看不到古今社会风气的逐渐变异的,都希望在百代帝王之后,仍施行三代的法规。在天下五服之内,尽封诸侯;在君王的土地和各诸侯国之间,到处都是分封的采邑。这样就是把结绳时代的教化推行在虞、夏之朝,用尧舜时期的象刑治理刘汉及曹魏的末世,纲纪的紊乱,便断然可知了。刻舟求剑,不见得可行;胶柱成文,实在是太糊涂了。这些人徒劳地知道楚庄王问鼎、晋文公请用天子葬礼,表现出周王对于霸王之师的恐惧;以不加修饰的马和车为天子出丧,反映出王室已失去了分封诸侯国的援助。却不明白赵高弑二世于望夷宫,并不比后羿、寒浞制造的灾乱更厉害;高贵乡公曹髦遭到的杀身之殃,与申侯、缯侯反叛周幽王的残暴行为又有什么不同。这些都是由于皇上昏乱,自己改变了自己安全的处境,并不是由于郡守、宰相、公侯,能够造成废除帝王的局面的。况且数代之后,王室将逐渐衰微,与各个分封国的不和也要出现,互相之间将成为仇敌。每家都有不同的习俗,每国都有不同的政治制度,于是以强凌弱,以众欺寡,每个分封国彼此划清疆界,战争频频爆发。狐驳的那场战争,鲁国战败,鲁国的女子全都身披丧服;秦国攻打晋国的军队,在崤陵大败,没有一支车轮能够返回秦国。这里仅略举一、二,类似的事情不可胜数。陆士衡方才谦卑地说:"把国家政权交给继位的君王,让那些危险有势力的世族占据大城镇,这样天下就会平安,可以以治待乱。"这种说法多么荒谬啊!况日,朝廷设官分职,任贤使能,于是廉明清正的官员,接受皇上共治国家的期望,被分到各郡,管辖地方州郡的治理。这些人才哪一代没有。这种治理方式,使大地上时而出现祥瑞,上天也不吝惜他的宝藏,民众将官吏看作是自己的父母,政治同神仙治理的一样清明。曹元首方才神情自得地说,"能够同别人共享欢乐的,别人也必然会分担他的忧愁;能够与别人共享平安的,别人也一定会拯救他的危机。"难道允许把统治地方的权力委托给诸侯国的侯伯,就能同安共危;交给州郡牧宰,他们同皇上的安乐就不相同了吗?这些话说得多么荒诞啊!

各封君列国,凭借和依赖他们的门第,遗忘了先祖创业的艰难,忽视了与生俱来的尊崇和高贵,他们没有不世增淫虐,代益骄侈的。虽然他们有众多的离宫别馆,摩顶凌云,但这些或是劳役人力殆尽而建造起来的,或是为了召集其他诸侯共同寻欢作乐的。陈灵公与仪行父违背礼教,拿夏征舒取乐;卫宣公则父子同娶一个女人,最终酿出诛杀寿、朔二公子的惨祸。(就是这样的诸侯),天子还说他们是为自己思虑治理国家的大事,难道果真如此吗?而内朝或外朝的众多官吏,都由朝廷统一选拔,从文人百姓中提升出来,任以官职,用清明的官员去评定他们,每年他们都在各自的职位上辛勤劳作,朝廷还要对他们的工作成效进行考评,以宣明升迁或是黜降。这些官员渴望升迁的心很急切,他们砥砺自己的品行,对自己要求很严格,有的官员甚至不把俸禄用作自己家用,也不让妻室儿女到自己的官舍中。身居颁布条令的显贵地位,但吃饭也不生火;掌握着军队大权,所穿的衣服也仅是打着补丁的麻衣。南阳太守,穿着破旧的衣服;莱芜县长范冉,家中清贫,久不做饭,以至甑中积聚了大量的尘土。只说各地官员为了私利,索取财物,这与事实是多么的不符啊!总而言之,郡县官员的职位不是世袭,所以选用贤能的路途很宽广;老百姓没有终身不变的主人,所以依附之情便不牢固。这些是愚笨者和聪慧者都能分辨的道理,怎么能够迷惑人呢!至如诸侯国灭国弑君,扰乱纲常秩序,(这些事在春秋时期大量出现),二百年间很少有安定的岁月。宋国、邾国及其他东夷小国都想成为霸王,于是就杀人来祭祀土地神;鲁国的政局不稳固,于是就常常等待各卿大夫的会盟。纵使西汉哀帝、平帝之际,东汉桓帝、灵帝之时,地方官吏残暴,也必定不会到达这个地步。掌握政治的原则,可以一言以蔽之。

下臣俯伏思量,陛下您掌握政权,统治天下,顺应时运,开启圣明,救亿万百姓于水深火热之中,荡涤灾祸隐患于寰宇之内。开创大业,传位后代,祭享天地以立德,发布命令,施行政措,探知万物的精深细微之后才做出结论。我暗自揣度皇上的心意,是怀念往古的制度,将恢复人臣五等的旧制,分封王国,以诸侯为依靠的对象。下臣以为,汉、魏以来,因封国建侯而造成的流弊还没有除尽,尧舜的时代已成过去,在道义上追求完全公正的风尚已发生变革。况且两晋政权并没有完全控制天下,国土分裂;后魏乘机占据中原,于是中国境内华夷杂处。如果重新分割关、河,建立相互阻隔的诸侯国,那么习文者便会又热衷于学习长短纵横之术,习武者全都怀有挥舞干戈,发动战争的欲望,天下之人全是狡诈、阴险之辈,浇薄浮华的风气将更为昌盛。隋承运而有国家,但在开皇时期,却凭借外戚的势力。文帝指挥豪杰群英,使用的是有雄才大略、却又心存猜忌的权术;他坐等时运的转移,并非是我朝以武力平定天下的功绩。隋统治的时间已经经过了两个皇帝,百姓却并没有得到他们的恩德。到了隋炀帝时期,社会风气日益败坏,各种英雄豪杰,几乎一个都没有出现。虽然上天赋予他神武之能,削平寇虐,但他频繁出兵,使战士和平民都得不到安宁。

自从陛下仰承顺应您圣贤的父亲的事业,继承受任统治大权,您全部心思都用来思虑如何把国家治理到最好的状态,综理借鉴前代帝王的经验教训。虽然我在官府中没有什么名气,但从您的言谈举止中,我体察到您的功德。我在这里略陈梗概,它实在不过是您所有作为一点皮毛而已。您敬爱父母,恭恭敬敬,虽忙碌辛勤却并不厌倦,这是大舜一样的孝心。您访问安抚宫内小臣，亲尝御膳，这是文王一样的美德。每有御史上交的疑难案件，尚书关于案件诉讼的奏折，无论大小，都要亲自审察，冤枉的和正直的都要给以平反昭雪，废除断趾之法，更易大辟之刑，将恻隐仁义之心，贯彻到社会的各个角落，这是大禹怜悯罪人的慈悲胸怀。您认真对待直言的进谏，并虚心接受，不嫌弃地位低微和言谈木讷的人，不遗弃山村野夫的各种意见，这是帝尧的求谏方式。您弘奖名教，劝励学徒，已经提拔考取明经的儒生为高级官员，还将升迁学识渊博的儒士为政府卿相，这种劝诱士人上进的方式，是圣人的作为。大臣们认为宫中焖热潮湿，陛下睡觉和吃饭可能会感到不舒适，便请求迁徙侍奉皇上的地方，另选地方营造一个小阁楼。可是您爱惜百姓们创造的财富，最终抑制了忠顺大臣们提出的建议，不顾天气酷热或寒冷的影响，安然地居住在简陋的房子中。去年出现天灾，农作物歉收，普天之下受饥挨饿，死丧祸乱纷纷出现，仓廪空虚。陛下深切地关心、怜惜民众，勤于施惠、抚恤他们，于是天下竟然没有一人流离失所，更不要说食用藜藿之类的野菜了。陛下为此事撤去了乐队用以悬挂钟鼓的木架，言谈哀伤，容颜凄凉，体貌消瘦。公旦为各族语言的辗转翻译而高兴，大禹为能在所到之处即兴作文而自负。陛下每当周边四夷诚心归附，万里之外的少数民族归心圣德时，必然退而深思反省，专心致志地思虑，唯恐错误地征役中原百姓，平定远方民族。您不愿践踏自己的万古英名，只为保存当前的胜利成果。您内心为国事非常忧虑、辛劳，从不出外游幸，每日早晨上朝，主持政务，接受奏折没有疲倦的时候。您的智慧所及，遍于万物，仁义道德，能够拯救天下。罢朝之后，又留下一些名臣，共同讨论为政得失，彼此肝胆相照，但所谈论者只有政事，绝无其他话题。太阳刚刚偏西，就命令才学之士，赐给他们清静悠闲的时间，自由自在地谈论典籍，还有文章诗词，并间有哲学玄言，直到深夜，忘记了疲劳，顾不上睡觉。陛下这四个方面的道义，超过了历史上所有君王的作为，实在是自有生民以来，唯一的一个人啊。弘扬风化，昭示四方，的确可在一月之间，遍示天下。然而淳朴与文明之间，尚有阻隔，浮华诡诈的风气还没有改变，这些是由于积习已久，难以很快得以改变。请等待社会风气能够去浮华，崇质朴，以质代文，以刑措之教统一行为，登临泰山，完成封禅之礼，然后再决定统治疆土的制度，讨论以何种形式赐赏功臣，也不算晚嘛。《易》中说："天地日月有盈有虚，随着时间的变化而消失，何况人呢？"这句话说得多好啊！

太宗最后听从了李百药的建议。

贞观四年，李百药被任命为太子右庶子。五年，李百药与左庶子于志宁、中允孔颖达、舍人陆敦信在弘教殿为太子讲课，当时太子对书籍还很感兴趣，然而在清静地学习之后，却玩耍过度，百药于是作《赞道赋》来劝说太子，此文很长，此处不载。太宗看到赋后，派使者对百药说："朕于皇太子处见到你献上的赋，详细叙述古代以来有关太子的事情来告诫太子，所说非常正确重要。朕选你来辅弼太子，正是为了这样，这是我举荐你的重任所在，你有好的开端，也一定要让它延续到最后。"于是赐给李百药彩色织物五百段。然而太子却终于因不醒悟而被废。贞观十年，李百药因撰成《齐史》，加官为散骑常侍，行太子左庶子，赐物四百段。不久又任宗正卿。贞观十一年，李百药因撰成《五礼》及律令，爵位晋升为子。数年之后,李百药以年老坚决请求退休,得到朝廷允许。太宗曾创作《帝京篇》,命令百药也一起作一篇,皇上叹服李百药文章的工丽,亲笔写诏说:"爱卿身体虽已老,但才华是多么地实力雄厚,年龄已大,但立意是多么地新颖!"贞观二十二年,李百药去世,时年八十四,谥号为"康"。

李百药作为名臣之子,才行都继承了父亲,四海之内的名流人士,没有不承认他的地位而敬仰他的。文思华美,含蓄深刻,尤其擅长写五言诗,即使是砍柴的少年,放牛的儿郎,都能吟诵他的诗句。他又喜好引进后生,不知厌倦地提拔扶持他们。他把得到的俸禄,大多分散给需用钱的亲戚邻里。他淳厚的天性也超过了一般人,起初为父母的丧事回到老家时,他光着脚,穿着单衣,行走数千里地,为父母守丧数年,容貌因之毁悴,受到当时人们的称颂。后来告老还乡,他怡然自得,游乐于山水之间,携友作文,以酒论赏,以此舒展他平生的心愿。李百药有文集三十卷,儿子李安期。

姚思廉传

【题解】

姚思廉(557~637),字简之,吴兴武康(今浙江德清西)人,唐初著名史学家。其父姚察(553~606),任陈朝秘书监、领大著作、吏部尚书,曾修《梁书》。入隋后,又曾奉命撰梁、陈之史,未竟而卒。姚思廉继承父业,从隋大业初年即开始续补,经二十余年,至唐贞观三年(629),才受唐太宗诏独撰梁、陈二史,于贞观十年奏上。《梁书》共五十六卷,其中本纪六卷,列传五十卷,无表、志,记述了萧齐末年和萧梁皇朝五十余年的历史,比较全面地反映了政治、军事、文化、思想状况。其中姚察所著几乎占了全书的一半。《陈书》三十六卷,包括纪六卷,列传三十卷,无表、志,记述了梁、陈之际的政治变化和陈皇朝三十余年的历史。其中姚思廉的新作居多。二书相较《梁书》比《陈书》无论内容和文字上都稍胜一筹。在材料上,二书多因承旧史,留下了不少曲笔之处。但梁、陈二代事迹,别的书籍记载极少,所以这两部书至今仍被看成研究这段历史的主要著作。

【原文】

姚思廉字简之,雍州万年人。父察,陈吏部尚书,入隋历太子内舍人、秘书丞、北绛公,学兼儒史,见重于二代。陈亡,察自吴兴始迁关中。思廉少受汉史于其父,能尽传家业,勤学寡欲,未尝言及家人产业。在陈为扬州主簿,入隋为汉王府参军,丁父忧解职。初,察在陈尝修梁、陈二史,未就,临终令思廉续成其志。丁继母忧,庐于墓侧,毁瘠加人。服阕,补河间郡司法书佐。思廉上表陈父遗言,有诏许其续成《梁》《陈》史。炀帝又令与起居舍人崔祖濬修《区宇图志》。

后为代王侑侍读,会义师克京城,侑府僚奔骇,唯思廉侍王,不离其侧。兵将升殿,思廉厉声谓曰："唐公举义,本匡王室,卿等不宜无礼于王。"众服其言,于是布列阶下。高祖闻而义之,许其扶侑至顺阳阁下,泣拜而去。观者咸叹曰："忠烈之士也。仁者有勇,此之谓乎!"

高祖受禅,授秦王文学。后太宗征徐圆朗,思廉时在洛阳,太宗尝从容言及隋亡之事,概然叹曰："姚思廉不惧兵刃,以明大节,求诸古人,亦何以加也!"因寄物三百段以遗之,书曰:"想节义之风,故有斯赠。"寻引为文学馆学士,太宗入春宫,迁太子洗马。

贞观初,迁著作郎、弘文馆学士。写其形像列于《十八学士图》,令文学褚亮为之赞,曰:"志苦精勤,纪言实录。归危殉义,余风励俗。"三年,又受诏与秘书监魏征同撰梁、陈二史,思廉又采谢炅等诸家梁史续

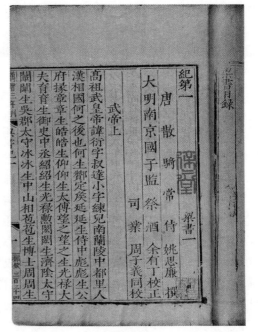

《梁书》书影

成父书,并推究陈事,删益傅縡、顾野王所修旧史,撰成《梁书》五十卷、《陈书》三十卷。魏征虽裁其总论,其编次笔削,皆思廉之功也,赐彩绢五百段,加通直散骑常侍。

思廉以藩邸之旧,深被礼遇,政有得失,常遣密奏之,思廉亦直言无隐。太宗将幸九成宫,思廉谏曰:"离宫游幸,秦皇、汉武之事,固非尧、舜、禹、汤之所为也。"言甚切至。太宗谕曰:"朕有气疾,热便顿剧,固非情好游赏也。"因赐帛五十匹。九年,拜散骑常侍,赐爵丰城县男。十一年卒,太宗深悼惜之。废朝一日,赠太常卿,谥曰康,赐葬地于昭陵。

【译文】

姚思廉,字简之,是雍州万年人。他的父亲姚察,是陈朝的吏部尚书,后入隋历任太子内舍人、秘书丞、北绛公,他兼有儒学、史学两个领域的学识,在陈、隋两代都很受器重。陈朝灭亡之后,姚察从吴兴迁往关中地区。思廉年少时跟随父亲学习汉史,能够完全把他父学的学识传递下去,他勤学寡欲,从来没有谈到有关家人、产业之类的事情。姚思廉仕陈时为扬州主簿,入隋之后为汉王府参军,后因服父丧退职。起初,姚察在陈时曾修撰梁、陈二朝的史书,但未能最后完成,他临终嘱托思廉一定要继承并完成自己未竟的事业。父亲去世后接着又是母亲去世,姚思廉便在父母墓旁修筑一个茅庐,由于哀伤过度,他消瘦得比别人都厉害。服丧期满后,补官河间郡司法书佐。思廉上表陈述父亲的遗言,皇上诏令允许他续成《梁史》《陈史》。炀帝又让起居舍人崔祖濬修撰《区宇图志》。

思廉后来成为代王杨侑的侍读,不久遭遇义师平定京城。代王的府僚纷纷逃奔,只有思廉陪伴代王,不离其侧。唐兵将登上王府殿堂,思廉厉声说道:"唐公高举正义之旗,

本意在于安定王室,卿等不应该对代王无礼。"大家都很敬服他的话,于是在殿堂的台阶下排列兵士。高祖听到这件事后,认为思廉很正直,允许他扶持杨侑到顺阳阁下,他流着眼泪,行过拜礼,才离开了杨侑。看到这件事的人都感叹地说:"姚思廉是忠烈之士啊。仁义之人才有勇气,就是说的姚思廉吧!"

高祖即皇位之后,授姚思廉为秦王府文学。后太宗征伐徐圆朗,思廉当时在洛阳,太宗曾从容地谈到隋朝灭亡的事情,(对姚思廉的行为)感慨万分说:"姚思廉不惧怕兵刃,敢于宣明大节,即使在古代寻找这样的人,忠义的程度又能比他多多少呢!"于是遣使赠送给他三百段礼物,并有书信,说:"思念您的知节晓义的气度,故赠给您这些东西。"不久就引荐姚思廉为文学馆学士。太宗进入礼部之后,姚思廉被授官太子洗马。

贞观初年,姚思廉升任著作郎,弘文馆学士。他的画像被收入《十八学士图》,朝廷又让文学褚亮为他作赞,歌颂道:"志向艰难,用心勤奋,所记君言,都为实录。临危不惧,殉身为义,古代余风,可励民俗。"贞观三年,姚思廉受诏与秘书监魏征共同修撰梁、陈二史,思廉又采用谢炅等诸家梁史续写完父亲未成之稿,并对陈朝史事进行推究、删改、补充傅澪、顾野王所修旧史,撰成《梁书》五十卷、《陈书》三十卷。魏征虽然为二书的总论作了最后裁定,但其编次、删改,都是思廉的功劳,朝廷于是赐给思廉彩绢五百段,并加官为通直散骑常侍。

姚思廉因是秦王府旧僚,深受太宗礼遇,政有得失,就经常地遣使秘密上奏,他对政事评论直言不隐。太宗将游览九成宫,思廉谏道:"到离宫游玩,是秦皇、汉武做的事,本不是尧、舜、禹、汤这些圣明君主所做的事。"言词非常恳切。太宗解释说:"朕有气疾,炎热天气中便会加剧,并非我性情本身爱好游赏。"于是赐思廉帛五十匹。贞观九年,授思廉散骑常侍,赐爵为丰城县男。贞观十一年思廉去世,太宗深感悲伤和惋惜,以至停止朝事一天,追赠思廉为太常卿,谥号为"康",并在昭陵一带赐给他墓地。

颜师古传

【题解】

颜师古(581~645),以字行,雍州万年(今陕西西安)人,唐初著名经学史、史学家。以博学著称,著述颇丰。他对史学的最大贡献是为《汉书》做了详细的注释。魏晋之后,《汉书》受到士人的广泛赞誉,研读者甚众,作注者达二十余家。颜师古博采众家,经审慎考订,著成了《汉书注》。其注重点在于扫除阅读《汉书》的文字上的障碍,诸如音读、字义、名物、典故、地理注释多详,同时对《汉书》自身记载的诸矛盾处亦时有所揭,对前人注释之误则各有辩驳。颜题古广揽兼收,又不轻信盲从,宁可存疑,决不武断,使其注成为阅读《汉书》时不能不借助的工具,受到后人的重视,简称其注为"《汉书》颜注"。

【原文】

颜籀字师古，雍州万年人，齐黄门侍郎之推孙也。其先本居琅邪，世仕江左；及之推历事周、齐，齐灭，始居关中。父思鲁，以学艺称，武德初为秦王府记室参军。师古少传家业，博览群书，尤精诂训，善属文。隋仁寿中，为尚书左丞李纲所荐，授安养尉。尚书左仆射杨素见师古年弱貌羸，因谓曰："安养剧县，何以克当？"师古曰："割鸡焉用牛刀。"素奇其对。到官果以干理闻。时薛道衡为襄州总管，与高祖有旧，又悦其才，有所缀文，尝使其构摭利病，甚亲昵之。寻坐事免归长安，十年不得调，家贫，以教授为业。

及起义，师古至长春宫谒见，授朝散大夫。从平京城，拜敦煌公府文学，转起居舍人，再迁中书舍人，专常机密。于时军国多务，凡有制诰，皆成其手。师古达于政理，册奏之工，时无及者。太宗践祚，擢拜中书侍郎，封琅邪县男。以母忧去职。服阕，复为中书侍郎。岁余，坐事免。

太宗以经籍去圣久远，文字讹谬，令师古于秘书省考定《五经》。师古多所厘正，既成，奏之。太宗复遣诸儒重加详议。于时诸儒传习已久，皆共非之。师古辄引晋、宋已来古今本，随言晓答，援据详明，皆出其意表，诸儒莫不叹服。于是兼通直郎、散骑常侍，颁其所定之书于天下，令学者习焉。

贞观七年，拜秘书少监，专典刊正，所有奇书难字，众所共惑者，随疑剖析，曲尽其源。是时多引后进之士为雠校，师古抑素流，先贵势，虽富商大贾亦引进之，物论称其纳贿，由是出为郴州刺史。未行，太宗惜其才，谓之曰："卿之学识，良有可称，但事亲居官，未为清论所许。今之此授，卿自取之。朕以卿曩日任使，不忍遐弃，宜深自诫励也。"于是复以为秘书少监。师古既负其才，又早见驱策，累被任用，及频有罪谴，意甚丧沮。自是阖门守静，杜绝宾客，放志园亭，葛巾野服，然搜求古迹及古器，耽好不已。俄又奉诏与博士等撰定《五礼》，十一年，《礼》成，进爵为子。时承乾在东宫，命师古注班固《汉书》，解释详明，深为学者所重。承乾表上之，太宗命编之秘阁，赐师古物二百段、良马一匹。

十五年，太宗下诏，将有事于泰山，所司与公卿并诸儒博士详定仪注。太常卿韦挺、礼部侍郎令狐德棻为封禅使，参考其仪，时论者竞起异端。师古奏曰："臣撰定《封禅仪注书》在十一年春，于是诸儒参详，以为适中。"于是诏公卿定其可否，多从师古之说，然而事竟不行。师古俄迁秘书监、弘文馆学士。十九年，从驾东巡，道病卒，年六十五，谥曰戴。有集六十卷。其所注《汉书》及《急就章》，大行于世。永徽三年，师古子扬庭为符玺郎，又表上理由古所撰《匡谬正俗》八卷。高宗下诏付秘书阁，仍赐扬庭帛五十匹。

【译文】

颜籀，字师古，雍州万年人，是南齐黄门侍郎颜之推的孙子，他们的祖先原本居住在琅邪，后世代在江左任官；到颜之推时，他才北上到北周、北齐做官，北齐灭亡后，他开始在关中定居。颜师古的父亲叫颜思鲁，以学术成就闻名于世，武德初年是秦王李世民府中的记室参军。颜师古从年少时起，就被传授家学，他博览群书，尤其精通训诂学，善于写文章。隋仁寿中，师古受尚书左丞李纲推荐，被授以安养县尉。尚书左仆射杨素看到师古年龄不大，身体又虚弱，便对他说："安养是一个非常难管理的县，你凭什么去安定治理它？"师古回答道："割鸡焉用牛刀。"杨素对他的回答感到非常惊奇。师古上任之后，果然治理得井井有条，并以此闻名。当时薛道衡为襄州总管，他和师古的高祖有旧情，又喜欢题古的才干，所以每当他做出文章后，都让师古评论好坏优劣，与师古相处得非常亲密。不久，师古因事被免职，回到长安，有十年之久的时间没有得到朝廷调用。家中贫穷，他只好以教书为业。

到高祖李渊领导的义军兴起之后，师古到长春宫拜见高祖，被任命为朝散大夫。随后他跟随高祖平定了京城，又被任命为敦煌公府文学，转任起居舍人，又提升为中书舍人，专门管理和负责起草机密文件。当时军中和朝廷里事情很多，所有的重要政策、制度、命令等文件，都由颜师古写成。师古通达各项政务，册文、章奏都做得非常准确，当时的官员没有能比得上他的。太宗即位之后，提拔师古为中书侍郎，又封琅邪县男。后师古因服母丧离职。服丧期满后，又被任命为中书侍郎。一年多后，师古又因事被免官。

太宗看到现存的古代书籍离成书的年代已很久远了，书中文字多有讹谬，就命令颜师古到秘书省考辨、裁定《五经》文字。师古对《五经》文字有许多校订，全部勘正完后，上奏给朝廷。太宗又指令其他儒生对理由古的校订重新加以详细的评议。当时许多儒生对讹谬传习已久，于是都纷纭指责颜师古的审定本。师古于是大量征引晋、宋以来的古今各种版本，根据大家提出的问题，做出了令人信服的回答；所有依据，都详细明白，大大出乎那些儒生们的意料之外，使得他们都纷纷叹服师古的审定本。于是太宗让题古兼任通直郎、散骑常侍，并向全国颁布师古审定的《五经》，命令学习者使用研读。

贞观七年，任命题古为秘书少监，专门负责刊正书籍的事。所有的奇书难字，及众人都感到迷惑的字句，师古都根据疑问，一一剖析，详细地讲述文意的来由，这时官府中多推荐年轻有学问的学者作为雠校，颜师古（在举荐官员时），压抑庶族学者，提拔门弟高贵者的子弟，即使这些人是富商大贾也举荐他们。于是社会舆论高责他收受贿赂，朝廷因此（惩罚他）令他出京城为郴州刺史。师古还没有上路，太宗怜惜他的才华，对他说："卿的学识，确实是值得称道的，但你提拔关系亲近者为官员，就不被舆论认可。如今遭到这样的调任，是你自己招来的。朕思量你从前在职位的作用，不忍心让你出去得那么远，你应该深深地以此事为戒，劝勉自己。"于是又恢复了他秘书少监的官职。师古很自信自己的学识、才华，从年轻时就很早担负了各种任务，后被朝廷一直任用，但当犯有过失而遭黜谴后，他的情绪便非常沮丧。从此后闭门守静，杜绝宾客，在林园亭榭之间放任自己的情趣，戴着麻布帽子，穿着游玩的衣服，但他对古迹及古器的求访，依然兴趣盎然，没有中止。不久，他又奉诏与博士等人撰写《五礼》，贞观十一年，《五礼》完成，朝廷将他的爵升进为子。当时李承乾还是太子，他命令师古注释班固的《汉书》。师古的《汉书》注释详细明白，深受学者的重视。承乾上表交此书给皇上，太宗诏令将此书编入秘阁，并赐给师古织物二百段、良马一匹。

贞观十五年，太宗发下诏令，将祭祀泰山，让负责此事的有关部门及公卿官吏、诸儒博士制定个详细的礼仪规则。太常卿韦挺、礼部侍郎狐德棻为封禅使，他们参阅多种礼书，考定封禅的礼制，为此议论者竞相提出不同意见。师古上奏说："我在十一年春撰定《封禅仪注书》，当时经过诸儒学士们的审查，认为适中。"太宗于是诏令公卿官吏决定是否可用，他们大都依从师古的说法，然而祭泰山一事最终没有举行。师古不久又被提升为秘书监、弘文馆学士。贞观十九年，师古跟随皇帝车队巡查东方，中途病故，时年六十五岁，谥号为"戴"。颜师古有文集六十卷。他注解的《汉书》及《急就章》，在社会上广泛流传。永徽三年，颜师古的儿子颜扬庭为符玺郎，扬庭上表奏上师古撰述的《匡谬正俗》八卷。高宗下诏将此书交付秘书阁，并因此赐赏扬庭帛五十匹。

令狐德棻传

【题解】

令狐德棻(583~666)，宜州华原(今陕西耀县)人，唐初著名史学家。他是唐初大修前朝史的发动者。武德四年(621)，他上书唐高祖，建议撰修或重修前朝史，深得高祖的赞赏。次年，李渊即颁布了《命萧瑀等人修六代史诏》，任命了各代史书修撰的负责人，后因种种原因而中缀。但这一年令狐德棻购募天下图书的建议产生了积极的结果，使唐朝廷在数年之后，群书必备，为此后史学的开展创造了条件。贞观三年(629)，唐太宗复命诸大臣撰写梁、陈、齐、周、隋五代史，令狐德棻除承命撰写《周书》外，还负责诸史撰写的组织协调工作。贞观十二年，唐太宗下诏修晋史，参加写作的有十八人，令狐德棻又是"为首"者，重大举措都由他决定。另外，他还为李延寿审阅过《南史》和《北史》。他自己署名的史书却只有一部《周书》。此书包括本纪八卷，列传四十二卷，无表、志，实际上记述了从东、西魏分裂(534)到杨坚代周(581)总计四十八年的西魏、北周史；又将后梁史纳入其中，弥补了前史中西魏、后梁史事的疏缺，在一定程度上呈现了当时南北历史的发展大势。全书"繁简得宜，文笔亦极简劲"，受到多数人的肯定。

【原文】

令狐德棻，宜州华原人，隋鸿胪少卿熙之子也。先居敦煌，代为河西右族。德棻博涉文史，早知名。大业末为药城长，以世乱不就职。及义旗建，淮安王神通据太平宫，自称总管，以德棻为记室参军。高祖入关，引直大丞相府记室。武德元年，转起居舍人，甚见亲待。五年，迁秘书丞，与侍中陈叔达等受诏撰《艺文类聚》。高祖问德棻曰："比者，丈夫冠、妇人髻竞为高大，何也?"对曰："在人之身，冠为上饰，所以古人方诸君上。昔东晋之末，君弱臣强，江佐士女，皆衣小而裳大。及宋武正位之后，君德尊严，衣服之制，俄亦变改。此即近事之征。"高祖然之。

时承丧乱之余，经籍亡逸，德棻奏请购募遗书，重加钱帛，增置楷书，令缮写。数年间，群书略备。德棻尝从容言于高祖曰："窃见近代已来，多无正史，梁、陈及齐，犹有文籍。至周、隋遭大业离乱，多有遗阙。当今耳目犹接，尚有可凭，如更十数年后，恐事迹湮没。陛下既受禅于隋，复承周氏历数，国家二祖功业，并在同时。如文史不存，何以贻鉴今古？如臣愚见，并请修之。"高祖然其奏，下诏曰：

司典序言，史官记事，考论得失，究尽变通，所以裁成义类，惩恶劝善，多识前古，贻鉴将来。伏牺以降，周、秦斯及，两汉传绪，三国受命，迄于晋、宋，载籍备焉。自有魏南徙，乘机抚运，周、隋禅代，历世相仍，梁氏称邦，跨据淮海，齐迁龟鼎，陈建皇宗，莫不自命正朔，绵历岁祀，各殊徽号，删定礼仪。至于发迹开基，受终告代，嘉谋善政，名臣奇士，立言著绩，无乏于时。然而简牍未编，纪传咸阙，炎凉已积，谣俗迁讹，余烈遗风，倏焉将坠。朕握图驭宇，长世字人，方立典谟，永垂宪则。顾彼湮落，用深轸悼，有怀撰次，实资良直。中书令萧瑀、给事中王敬业、著作郎殷闻礼可修魏史，侍中陈叔达、秘书丞令狐德棻太史令庾俭可修周史，兼中书令封德彝、中书舍人颜师古可修隋史，大理卿崔善为、中书舍人孔绍安、太子洗马萧德言可修梁史，太子詹事裴矩、兼吏部郎中祖孝孙、前秘书丞魏征可修齐史，秘书监窦琎、给事中欧阳询、秦王文学姚思廉可修陈史。务加详核，博采旧闻，义在不刊，书法无隐。

瑀等受诏，历数年，竟不能就而罢。

贞观三年，太宗复敕修撰，乃令德棻与秘书郎岑文本修周史，中书舍人李百药修齐史，著作郎姚思廉修梁、陈史，秘书监魏征修隋史，与尚书左仆射房玄龄总监诸代史。众议以魏史既有魏收、魏澹二家，已为详备，遂不复修。德棻又奏引殿中侍御史崔仁师佐修周史，德棻仍总知类会梁、陈、齐、隋诸史。武德已来创修撰之源，自德棻始也。六年，累迁礼部侍郎，兼修国史，赐爵彭阳男。十年，以修周史赐绢四百匹。十一年，修《新礼》成，进爵为子。又以撰《氏族志》成，赐帛二百匹。十五年，转太子右庶子，承乾败，随例除名，十八年，起为雅州刺史，以公事免。寻有诏改撰《晋书》，房玄龄奏德棻令预修撰，当时同修一十八人，并推德棻为首，其体制多取决焉。书成，除秘书少监。

永徽元年，又受诏撰定律令，复为礼部侍郎，兼弘文馆学士，监修国史及《五代史志》。寻迁太常卿，兼弘文馆学士。

时高宗初嗣位，留心政道，尝召宰臣及弘文馆学士于中华殿而问曰："何者为王道、霸道？又孰为先后？"德棻对曰："王道任德，霸道任刑。自三王已上，皆行王道；唯秦任霸术；汉则杂而行之；魏、晋已下，王、霸俱失。如欲用之，王道为最，而行之为难。"高宗曰："今之所行，何政为要？"德棻对曰："古者为政，清其心，简其事，以此为本。当今天下无虞，年谷丰稔，薄赋敛，少征役，此乃合于古道。为政之要道，莫过于此。"高宗曰："政道莫尚于无为也。"又问曰："禹、汤何以兴？桀、纣何以亡？"德棻对曰："《传》称：'禹、汤罪己，其兴也勃焉；桀、纣罪人，其亡也忽焉。'二主惑于妹喜、妲己，诛戮谏者，造炮烙之刑，是其所以亡也。"高宗甚悦，既罢，各赐以缯彩。

四年，迁国子祭酒，以修贞观十三年以后实录功，赐物四百段，兼授崇贤馆学士。寻又撰《高宗实录》三十卷，进爵为公。龙朔二年，表请致仕，许之，仍加金紫光禄大夫。乾封元年,卒于家,年八十四,谥曰宪。德棻暮年尤勤于著述,国家凡有修撰,无不参预。

【译文】

令狐德棻,宜州华原人,隋朝鸿胪少卿令狐熙的儿子。他的家族原先居住在敦煌,世代为河西的大族。令狐德棻博涉文史,很早就有名气。大业末年,被任命为药城长,他认为社会纷乱,就没有接受官职。到了义军大旗竖起,淮安王神通占据太平宫,自称总管,任用德棻为记室参军。高祖李渊入关后,任用德棻为大丞相府记室。武德元年,德棻转任起居舍人,甚受高祖亲密相待。五年,升为秘书丞,与侍中陈叔达等受诏编撰《艺文类聚》。高祖曾问德棻:"过去,男人戴冠、妇人头上挽髻都竞相攀比高大,这是为什么?"德棻回答道:"在人的身体上,冠是最上面的饰物,所以古人以冠比喻君上。后到东晋末期,君弱臣强,江左的仕女们,都上衣小而裙子大。到了宋武帝刘裕摆正君臣秩序之后,君主应有的尊严得到恢复,于是衣服的样式,不久也就改变了。我说的这些,都是近代的事情,可做过去人们对帽子、发式要求的证明。"高祖认为他说得对。

当时正值丧乱之后,图书散逸、丢失很多,令狐德棻上奏请求向民间收购遗存的书籍,对献书的人多给钱帛,并在官府中增加楷书手,让他们工整地抄写。几年之间,众多的图书大略齐备了。德棻曾从容不迫地对高祖说:"我看到近代以来,各朝多无正史,梁、陈及齐,还有文籍存留。至于北周、隋,遭受大业年间的战乱,国家文件、图书有很多遗缺。当今离周、隋不远,许多事从前朝人那里还可访问到,著史尚有凭据,若再过十几年,周、隋的事情恐怕就会湮没无闻了。陛下您既接受禅让于隋,又承受北周的政权,大唐国家有二祖的基业,都是在北周营造的。如果北周及隋的历史不能在文章、史书中保存下来,如何给现在提供借鉴!以我的愚见,请求同时修撰周、隋历史。"高祖同意了他的奏请,下诏书说:

掌管典籍的记载言论,史官记载事情,他们考察评论朝政得失,探究穷尽变通之理,以此裁量言、事为不同意义的类别,用来惩恶劝善,使后人多识前古往事,并给后人留下借鉴。伏羲以后,接着就是周、秦,两汉又继承他们的余绪,以后又是三国受命于天,一直到晋、宋,这期间记载史事的文籍都很完备。自从有魏向南迁徙,抓住时机建立帝国,周、隋禅让帝位,历代相承,梁氏建立邦国,跨据淮海,齐国拥有政权,陈国营建皇室宗亲,他们没有不自称正统,延续他们每年的祭祀的。他们的徽号各不相同,但都制定自己的礼义制度。至于先祖发迹,开拓基业,承接前代的终结,将换代的事祀告上天,其间有高超的谋略,贤明的政治,众多的名臣奇士,他们创立学说,建立显赫的功绩,每一代都不缺少这样的人。然而这些业绩并没有被编入书籍,纪传体史也都缺少,时间已过去得不短了,有关过去的民谣风俗已在流传中发生错讹,前代的余烈遗风,瞬息之间就会被埋没。朕掌握政权,统治天下,一心想爱护人民,让社会长治久安,不久前才制定了典章制度,要让它们成为永久遵循的法则。我看到那些将要湮灭埋没的业绩,心中深感怜惜和悲伤,因此考虑要把过去的业绩编集起来,这件事必须依赖能够直笔的良史。中书令萧瑀、给事中王敬业、著作郎殷闻礼可修魏史,侍中陈叔达、秘书丞令狐德棻、太史令庾俭可修周史,兼中书令封德彝、中书舍人颜师古可修隋史，大理卿崔善为、中书舍人孔绍安、太子洗马萧德言可修梁史，太子詹事裴矩、兼吏部郎中祖孝孙、前秘书丞魏征可修齐史，秘书监窦琏、给事中欧阳询、秦王文学姚思廉可修陈史。你们这些人务必仔细研核史料，广博地采集过去的各种史实，这次编撰的目的是要成为后世著史的典范，必须书法无隐。

萧瑀等接受诏命，经过数年之久，这件事最终没有能够完成，因而作罢。

贞观三年，太宗重新下令修撰前朝诸史，于是命令德棻与秘书郎岑文本修周史，中书舍人李百药修齐史，著作郎姚思廉修梁、陈史，秘书监魏征修隋史，魏征还与尚书左仆射房玄龄为修撰各部前代史的总监。大家认为，魏史既然有魏收、魏澹二家史书，就已经很详备了，于是就不再重新修撰。德棻又上奏推荐殿中侍御史崔仁师帮助自己修撰周史，德棻还全面掌管梁、陈、齐、隋诸史在体例、内容分类方面的统一、协调工作。武德已来开创修撰史书端绪的，是从德棻开始的。贞观六年，令狐德棻历任礼部侍郎，兼修国史，赐爵为彭阳男。贞观十年，他因为修撰周史被赏赐绢四百匹。十一年，德棻修成《新礼》，爵晋升为子。又因为他撰成《氏族志》，朝廷赏赐他帛一百匹。十五年，德棻转任太子右庶子，太子承乾谋反失败之后，按照惯例，令狐德棻被免去官职。贞观十八年，他又被朝廷起用，任命为雅州刺史，后又因公事被免职。不久，皇上诏令要重新修撰《晋书》，房玄龄奏请德棻参与修撰，当时同修者共有十八人，他们一起推举德棻为主管人，《晋书》的编撰体例大都是由德棻最后裁决的。《晋书》撰成之后，德棻被任命为秘书少监。

永徽元年，令狐德棻又受诏撰定律令，又重为礼部侍郎，兼弘文馆学士，监修大唐国史及《五代史志》。不久又迁为太常卿，兼弘文馆学士。

当时高宗刚刚继位，留心为政之道，他曾在中华殿召集宰臣及弘文馆学士，问道："什么是王道、霸道？它们的出现谁先谁后？"德棻回答道："王道以德治天下，霸道用刑治天下。自三王以上，都施行王道；只有秦始皇任用霸术；汉朝是将王道、霸道交杂使用；魏晋以下，王道和霸道全都没有了。如想施行它们，王道是最好的，但施行起来也最为艰难。"高宗问道："现在施行的各项政治措施，以哪一项为最关键的？"德棻回答道："古代人治理国家，以清静人心，精简事务，为基本方针。当今天下没有需要戒备、忧虑的事情，五谷丰登，国家收取赋敛很轻，征役也很少，这种做法合乎古人治国的大道。治理国家的关键，是莫过于此了。"高宗说："为政之道没有比无为而治更高的策略了。"接着他又问道："大禹、商汤为何能创建国家？夏桀、商纣为何亡国？"德棻回答道："《传》上讲：'大禹、商汤把罪过归于自己，因此他们的国家能够生气勃发地建立起来；夏桀、商纣把罪过全归于别人，因此他们的国家在瞬息之间就灭亡了。'夏桀、商纣被妹喜、妲己迷惑，诛杀进谏的忠臣，制造炮烙这种严酷的刑法，这就是他们灭亡的缘由。"高宗非常高兴，集会散后，高宗向前来中华殿议事的大臣们各赐以缯彩。

永徽四年，德棻被提升为国子祭酒，因为修撰贞观十三年以后的实录有功，受赐织物四百缎，并让他兼任崇贤馆学士。不久，德棻又修撰《高宗实录》三十卷，于是他的爵位又被晋升为公。龙朔二年，他上表请求退休，得到皇上允许，给他加衔为金紫光禄大夫。乾封元年，德棻在家中去世，时年八十四。谥号为"宪"。德棻晚年，在著述方面尤其勤奋，国家凡有修撰的事，他都全部参与了。

傅仁均传

【题解】

傅仁均，滑州白马人（今河南滑县），东都（洛阳）道士。擅长历法计算。以编历功于唐初任员外散骑常侍，太史令。唐朝初建，太史令庾俭、太史丞傅奕推荐傅仁均制定新历。他上表说明他的新历有七大特点：1.以武德元年（戊寅年，即公元 618 年）为上元，称为戊寅元历；2.采用岁差，五十余年冬至差一度，与《尧典》日短星昴的记载相符；3.能推出《诗经》日食；4.与鲁僖公时冬至记录符合；5.采用定朔，因而有连着三个大月或三个小月；6.周日时辰以子半起始，周天度数由虚六度起；7.采用定朔，因而晦朔两日看到月亮的缺点不再出现。傅仁均的《戊寅元历》建立在东汉两晋南北朝至隋代天文学重大进展的基础上。其基本特点是：1.废除了繁琐无用的上元积年方法，废除了不精确的闰周概念；2.采用了精密的定朔方法；3.继续采用先进的岁差方法。这是中国历法史上的重大进步。《戊寅元历》于武德元年七月颁行后，遭到多方反对。唐书本传及历志中记载了王孝通的驳辞和傅仁均的辩词，以傅仁均胜利告终。傅仁均的改革终于难以为当时接受。武德九年（626），上元积年被恢复。武德十九年出连续四个大月，导致定朔法夭折，到李淳风《麟德历》才部分实行。这两项改革，直到元代《授时历》才得以彻底实行。《授时历历议》中称傅仁均为四大历家之一。

【原文】

傅仁均，滑州白马人也。善历算、推步之术。武德初，太史令庾俭、太史丞傅奕表荐之，高祖因召令改修旧历。仁均因上表陈七事：

其一曰："昔洛下闳以汉武太初元年岁在丁丑，创历起元，元在丁丑。今大唐以戊寅年受命，甲子日登极，所造之历，即上元之岁，岁在戊寅，命日又起甲子，以三元之法，一百八十去其积岁。武德元年戊寅为上元之首，则合璧连珠，悬合于今日。"

其二曰："《尧典》为日短星昴，以正仲冬，前代造历，莫能允合。臣今创法，五十余年冬至辄差一度，则却检周、汉，千载无违。"

其三曰："经书日蚀，《毛诗》为先，'十月之交，朔日辛卯'。臣今立法，却推得周幽王六年辛卯朔蚀，即能明其中间，并皆符合。"

其四曰："《春秋命历序》云：'鲁僖公五年壬子朔旦冬至。'诸历莫能符合。臣今造历，却推僖公五年正月壬子朔旦冬至则同，自斯以降，并无差爽。"

其五曰："古历日蚀，或在于晦，或在二日；月蚀或在望前，或在望后。臣今立法，月有三大三小，则日蚀常在于朔，月蚀在望前。却验鲁史，并无违爽。"

其六曰："前代造历，命辰不从子半，命度不起虚中。臣今造历，命辰起子半，度起于虚六度，命合辰，得中于子，符阴阳之始，会历术之宜。"

其七曰："前代诸历，月行或有晦犹东见、朔已西朓。臣今以迟疾定朔，永无此病。"

经数月，历成奏上，号曰《戊寅元历》，高祖善之。武德元年七月，诏颁新历，授仁均员外散骑常侍，赐物二百段。

后中书令封德彝奏历术差谬，敕吏部郎中祖孝孙考其得失。又太史丞王孝通执《甲辰历法》以驳之曰：

案《尧典》云："日短星昴，以正仲冬。"孔氏云七宿毕见，举中者言耳。是知中星无定，故互举一分两至之星以为成验也。昴西方处中之宿，虚为北方居中之星，一分各举中者，即余六星可知。若乃仲春举鸟，仲夏举火，此一至一分又举七星之体。则余二方可见。今仁均专守昴中而为定朔，执文害意，不亦谬乎！又案《厅令》：仲冬"昏在东壁"。明知昴中则非常准。若言陶唐之代，定是昴中，后代渐差，遂至东壁。然则尧前七千余载，冬至之日，即便合翼中，逾远弥却，尤成不隐。且今验东壁昏中，日体在斗十有三度；若昏于翼中，日应在井十有三度。夫井极北，去人最近。而斗极南，去人最远，在井则大热，在斗乃大寒。然尧前冬至，即应翻热，及于夏至，便应反寒。四时倒错，寒暑易位，以理推寻，必不然矣。又，郑康成博达之士也，对弟子孙皓云：日永星火，只是大火之次三十度有其中者，非谓心之火星也，实中正也。又平朔、定朔，旧有二家；平望、定望，由来两术。然三大三小，是定朔、定望之法；一大一小，是平朔、平望之义。且日月之行，有迟有疾，每月一相及，谓之合会，故晦朔无定，由人消息。若定大小合朔者，合会虽定，而籥元纪首，三端并失。若上合履端之始，下得归余于终，合会时有进退，履端又皆允协，则《甲辰元历》为通术矣。

仁均对曰：

宋代祖冲之久立差术，至于隋代张胄玄等，因而修之，虽差度不同，各明其意。今孝通不达宿度之差移，未晓黄道之迁改，乃执南斗为冬至之恒星，东井为夏至之常宿，率意生难，岂为通理？夫太阳行于宿度，如邮传之过逆旅，宿度每岁既差，黄道随而变易，岂得以胶柱之说而为斡运之难乎？

又案《易》云："治历明时。"《礼》云："天子玄端，听朔于南门之外。"《尚书》云："正月上日，受终于文祖。"孔氏云："上日，朔日也。"又云："季秋月朔，辰不集于房。"孔氏云："集，合也。不合，则日蚀随可知矣。"又云："先时、不及时，皆杀无赦。"先时，谓朔日不及时也。若有先后之差，是不知定朔之道矣。《诗》云："十月之交，朔日辛卯。"又，《春秋》日蚀三十有五，左丘明云："不书朔，官失之也。"明圣人之教，不论于晦，唯取朔耳。自春秋以后，去圣久远，历术差违，莫能详正。故秦汉以来，多非朔蚀，而宋代御史中丞何承天微欲见意，不能详究，乃为太史令钱乐之、散骑侍郎皮延宗所抑止。孝通今语，乃是延宗旧辞。承天既非甄明，故有当时之屈。今略陈梗概，申以明之。

夫理历之本，必推上元之岁，日月如合璧，五星如连珠，夜半甲子朔旦冬至。自此以后，既行度不同，七曜分散，不知何年更得余分普尽，还复总会之时也？唯日分气分，得有可尽之理,因其得尽,即有三端之元。故造经立法者,小余尽即为元首,此乃纪其日数之元,不关合璧之事矣。时人相传,皆云大小余俱尽,即定夜半甲子朔旦冬至者,此不达其意故也。何者?冬至自有常数,朔名由于月起,既月行迟疾无常,三端岂得即合?故必须日月相合,与冬至同日者,始可得名为合朔冬至耳。故前代诸历,不明其意,乃于大余正尽之年而立其元法,将以为常,而不知七曜散行,气朔不合。今法唯取上元连珠合璧,夜半甲子朔旦冬至,合朔之始以定,一九相因,行至于今日,常取定朔之宜,不论三端之事。皮延宗本来不知,何承天亦自未悟,何得引而相难耶?

孝孙以仁均之言为然。

贞观初,有益州人阴弘道又执孝通旧说以驳之,终不能屈。李淳风复驳仁均历十有八事,敕大理卿崔善为考二家得失,七条改从淳风,余一十一条并依旧定。仁均后除太史令。卒官。

【译文】

傅仁均,滑州白马人。擅长天文历法计算。武德初年,太史令庾俭、太史丞傅奕上书推荐他。唐高祖李渊召令他修改旧历。傅仁均上表说了七件事:

第一,当初洛下闳以汉武帝太初元年丁丑为新历的起始,历元为丁丑。如今大唐戊寅年受命,甲子日登极,所造的历,上元就定在戊寅年,甲子日。用"三元"方法一百八十年为周期,武德元年戊寅为上元,则日月合璧,五星连珠。一直到今天都适用。

第二,《尧典》说:"日短星昴,以正仲冬。"前人所造的历,没有一个能符合孤的。如今我造的历,每五十余年冬至点移动一度。参校周、汉以来的记载,千载无差。

第三,经书中的日食,《毛诗》最早:"十月之交,朔日辛卯。"按我的历法,可以推出周幽王六年辛卯朔日食,与此相符。

第四,《春秋命历序》载有:"鲁僖公五年壬子朔旦冬至。"前人各种历法都不能符合。我的历法推得僖公五年正月壬子朔旦冬至与之相同。从那以后(按与历代记录相符),并无差错。

第五,古时历书,日食常在晦日(按:朔前一日),或在初二日;月食常在望前或望后。我的新历,有时连着三个大月,有时连着三个小月。这样,日食总是在朔日(初一),月食总在望日前。与鲁史(春秋)记载校验,没有差错。

第六,前代造历,时辰不从子时半开始,星度不从虚宿中开始。我的历法,时辰从子时开始,星度从虚六度起,与时辰相配,得到子时为中,符合阴阳的规律和历术的原则。

第七,按前人各种历法,月亮常常在晦日仍可在东方见到,朔日仍可在西方看到。我的新历以月亮的实际位置定朔日,永无这种毛病。

经过几个月,新历完成献上,名曰《戊寅元历》,皇帝很赞赏。武德元年(公元618年)七月,下令颁行新历,任命傅仁均为员外散骑常侍,赐丝绸二百段。

后来中书令封德彝报告历法差误,吏部郎中祖孝孙奉命考察。此外,太史丞王孝通以《甲辰历》为根据批驳傅仁均:

《尧典》说："日短星昴，以正仲冬。"孔安国解释说，七宿同时可见，只举其中间一宿而已。可见中天的星宿并无一定，只是两分两至时各举一宿为代表。昴为西方七宿中居中之宿，虚为北方七宿居中者。一分(秋分)一至(冬至)各举出中间一宿，其余六宿就都知道了。至于春分举(南方)鸟星，夏至举(东方)火星，这一分(春分)一至(夏至)又举出七宿全体，则西方、北方的星宿也可想见。如今傅仁均专以日中星昴一句为根据来做定朔，歪曲经文原意，不是错误了吗？再说《月令》，仲冬"昏在东壁"，可见昴中的说法并不准确。如果说陶唐(尧)时代恰恰是昴中，后代逐渐变化，直变到东壁，那么尧前七千余年，冬至日便成了翼宿(黄昏时)中天。时代愈远，差距愈大，谬误愈加明显。

如今测得(冬至日)黄昏东壁星中天，太阳应在斗十三度。如果翼宿中天，太阳就应在井十三度。井宿在最北，离人最近；而斗宿极南，离人最远。日在井则天下最热，在斗则最冷。如果(如傅仁均所说)尧前冬至反而最热，夏至反而最冷，四季倒错，寒暑易位，这是绝对不合道理的。再说，郑康成是知识渊博的人。他对弟子孙皓说：(《尧典》中)日永星火，只是中天星在大火这一次(按：一组恒星)三十度里，并非说火就仅指心宿恰恰正中。再说，平朔、定朔，过去就是两家；平望、定望，从来就是两种方法。三大三小(按：月相连)是定朔、定望的方法；一大一小是平朔、平望的原则。日月运行，有时快有时慢。每月相逢一次，叫作"合会"，因而晦朔日期不定，由编历的人安排。若一定按定朔方法来定月大月小，虽然日月会合能够确定。但蔀、元、纪这些历元的原则就都不符合了。若要远处符合起始历元，近处合理地处理余数，日月会合时允许稍有误差，历元又能相符，那就要数《甲辰元历》最好了。傅仁均答辩道：

(南朝)宋代祖冲之早已创立(移动冬至点的)的差术，到隋代张胄玄等人加以改进。虽然所用的差度大小不同，道理是一样的。如今王孝通不懂宿度差移的事实，不明黄道迁改的道理，固执南斗为冬至恒星，东井为夏至之宿，故意刁难，这哪里是不变的道理？太阳在星宿中运动，如同邮传在驿站间行走。既然宿度每年有差，黄道因而随着变易。哪能用胶柱不变的道理来刁难运行着的天体呢？

《易经》说："治历明时。"《礼记》说："天子玄端，听朔于南门之外。"《尚书》说："正月上日，受终于文祖。"孔氏说："上日就是朔日。"《尚书》又有："季秋日朔，辰不集于房。"孔氏说："集，日月相合。不合，可见是日食。"又说："先时，不及时皆杀无赦。"先时就是预报的朔日不准确。之所以有先后之差，是不知道定朔的道理。《诗经》说："十月之交，朔日辛卯。"《春秋》记载日食三十五次。左丘明说："不书朔，官失之也。"说明圣人孔子不言晦，只记朔。自春秋以后，离圣人的时代渐远，历法差误，不能辩证(按：春秋时代的记载)。因而秦汉以来，日食多不在朔日。(南朝)宋代御史中丞何承天提出定朔的看法，但未能详细证明，为太史令钱乐之、散骑常侍皮延宗所压制。王孝通今天所说，是皮延宗的旧话。何承天当时理论不完善，因而被压制。我如今把其中道理简单申明一下。

编历的根本，必要推算上元。这时日月相逢如合璧，五星会聚如连球，夜半冬至、甲子日同时发生。从此以后，各个天体速度不同，日月五星分散运行，不知何年何月其运动的余数同时为零，日月五星才能恰巧又相会在一起。唯有日分、气分有可能同时为零，因此才有日月合朔于冬至的三端之元。故而编造成法的人以小余为零作为元首,这是纪日数的起始日,并不关日月合璧的事。人们传说,大小余都为零时,即定为夜半甲子朔旦冬至之日,这是不懂真正原理的说法。为什么呢?冬至(来自太阳运动)有一定的规律,而朔是由月亮运动决定的。既然月亮运动快慢无常,三端哪能轻易相合?因而必需日月相合,又恰巧在冬至这一天,才能叫合朔冬至。前代诸历,不明白这个道理,以大余为零的年(这样的年冬至为甲子日)为元作为规律,而不知道日月五星七曜散行,气朔不合。如今我的历法只取日月合璧、五星连珠、夜半甲子朔旦冬至的日子为上元,以此为起始,按规律推算以至于今日,以定朔方法确定朔日,不管三端的事。这些事皮延宗不懂,何承天也不清楚,怎么能作为理由来批驳我呢?

祖孝孙听后同意了傅仁均的说法。

贞观初年,益州人阴弘道又把王孝通的论点提出来,终究未能驳倒傅仁均。李淳风又提出十八条意见批驳《戊寅元历》,崔善为奉命考察双方得失。结果七条按李淳风的意见执行,其余十一条仍按傅仁均的方法。傅仁均后来当太史令,死于任上。

傅奕传

【题解】

自从汉代中期佛教传入中国之后,历来有人持宣扬肯定与批判否定两种观点。傅奕是初唐人,他对佛教的猛烈批判,显然从维护帝王的统治出发,从根本上迎合了刚刚开张的唐王朝大业的需要。所以得到了高姐、太宗的支持。

【原文】

傅奕,相州邺人也。尤晓天文历数。隋开皇中,以仪曹事汉王谅。及谅举兵,谓奕曰:“今兹荧惑入井,是何祥也?”奕对曰:“天上东井,黄道经其中,正是荧惑行路所涉,不为怪异;若荧惑入地上井,是为灾也。”谅不悦。及谅败,由是免诛,徙扶风。

高祖为扶风太守,深礼之。及践祚,召拜太史丞。太史令庾俭以其父质在隋言占候忤炀帝意,竟死狱中,遂惩其事,又耻以数术进,乃荐奕自代,遂迁太史令。奕既与俭同列,数排毁俭,而俭不之恨,时人多俭仁厚而称奕之率直。奕所奏天文密状,屡会上旨,置参旗、井钺等十二军之号,奕所定也。武德三年,进《漏刻新法》,遂行于时。

七年,奕上疏请除去释教,曰:

佛在西域,言妖路远。汉译胡书,恣其假托。故使不忠不孝,削发而揖君亲;游手游食,易服以逃租赋。演其妖书,述其邪法,伪启三涂,谬张六道,恐吓愚夫,诈欺庸品。凡百黎庶,通识者稀,不察根源,信其矫诈。乃追既往之罪,虚规南将来之福。布施一钱,希万倍之报;持斋一日,冀百日之粮。遂使愚迷,妄求功德,不惮科禁,轻犯宪章。其有造作恶逆,身坠刑网,方乃狱中礼佛,口诵佛经,昼夜忘疲,规免其罪。且生死寿夭,由于自然;刑德威福,关之人主。乃谓贫富贵贱,功业所招,而愚僧矫诈,皆云由佛。窃人主之权,擅造化之力,其为害政,良可悲矣!

案《书》云:"惟辟作福威,惟辟玉食。臣有作福、作威、玉食,害于而家,凶于而国,人用侧颇僻。"降自牺、农,至于汉、魏,皆无佛法,君明臣忠,祚长年久。汉明帝假托梦想,始立胡神,西域桑门,自传其法。西晋以上,国有严科,不许中国之人,辄行髡发之事。泊于苻、石,羌胡乱华,主庸臣佞,政虐祚短,皆由佛教致灾也。梁武、齐襄,足为明镜。昔褒姒一女,妖惑幽王,尚致亡国;况天下僧尼,数盈十万,翦刻缯彩,装束泥人,而为厌魅,迷惑万姓者乎!今之僧尼,

傅奕

请令匹配,既成十万余户,产育男女,十年长养,一纪教训,自然益国,可以足兵。四海免蚕食之殃,百姓知威福所在,则妖惑之风自革,淳朴之化还兴。

且古今忠谏,鲜不及祸。窃见齐朝章仇子他上表言:"僧尼徒众,糜损国家,寺塔奢侈,虚费金帛。"为诸僧附会宰相,对朝谗毁;诸尼依托妃主,潜行谤讟言。子他竟被囚执,刑于都市。及周武平齐,制封其墓。臣虽不敏,窃慕其踪。

又上疏十一首,词甚切直。高祖付群官详议,唯太仆卿张道源称奕奏合理。中书令萧瑀与之争论曰:"佛,圣人也。奕为此议,非圣人者无法,请置严刑。"奕曰:"礼本于事亲,终于奉上,此则忠孝之理著,臣子之行成。而佛逾城出家,逃背其父,以匹夫而抗天子,以继体而悖所亲。萧瑀非出于空桑,乃遵无父之教。臣闻非孝者无亲,其瑀之谓矣!"瑀不能答,但合掌曰:"地狱所设,正为是人。"高祖将从奕言,会传位而止。

奕武德九年五月密奏太白见秦分,秦王当有天下,高祖以状授太宗。及太宗嗣位,召奕赐之食,谓:"汝前所奏,几累于我,然今后但须尽言,无以前事为虑也。"太宗常临朝谓奕曰:"佛道玄妙,圣迹可师,且报应显然,屡有征验,卿独不悟其理,何也?"奕对曰:"佛是胡中桀黠,欺诳夷狄,初止西域,渐流中国。遵尚其教,皆是邪僻小人,模写庄、老玄言,文饰妖幻之教耳。于百姓无补,于国家有害。"太宗颇然之。

贞观十三年卒,年八十五。临终诫其子曰:"老、庄玄一之篇,周、孔《六经》之说,是为名教,汝宜习之。妖胡乱华,举时皆惑,唯独窃叹,众不我从,悲夫!汝等勿学也。古人裸葬,汝宜行之。"奕生平遇患,未尝请医服药,虽究阴阳数术之书,而并不之信。又尝醉卧,蹶然起曰:"吾其死矣!"因自为墓志曰:"傅奕,青山白云人也。因酒醉死,呜呼哀哉!"其纵达皆此类。注《老子》,并撰《音义》,又集魏、晋已来驳佛教者为《高识传》十卷,行于世。

　　傅奕,相州邺人。特别精通天文历数。隋代开皇年间,以仪曹的职位跟从汉王李谅。等到李谅发动兵变,对傅奕说:"现在火星飞到井中,是什么好事?"傅奕回答说:"天上东井,黄道经过其中,正是火星经过之地,不足奇怪。如果火星进入地上的井,就是灾害了。"李谅不高兴。所以李谅兵败后,傅奕免去问罪迁移到扶风。

　　高祖做抚风太守时,对他特别礼待。等当了皇帝,召拜他为太史丞。太史令庾俭因为父亲在隋代谈论占候之事违背了隋炀帝的意思,最后死在监狱中,便很以这事为戒,加上耻于用数术求晋升,于是推荐傅奕代替自己,傅奕升迁为太史令。傅奕与庾俭同处一个行当,多次说庾俭的坏话,而庾俭不恨他。当时人赞扬庾俭的仁厚,也称赞傅奕的直率。傅奕所上奏的天文密状,多次符合皇上的旨意,设置参旗、井钺等十二军的称号,也是傅奕所制定的。武德三年,傅奕进呈《漏刻新法》,流行于当时。

　　武德七年,傅奕上疏请求废除佛教。说:

　　佛在西域,宣传妖法,路途尚遥远,汉人翻译胡人所著书,让其任意借托。所以使不忠不孝的人,剃掉头发而向君上、父母合十作揖;游手好闲,穿袈裟以逃避租税。推演其妖书,叙说其邪法,宣扬虚伪和谬误,恐吓无知的百姓,欺骗平庸的人。一般的老百姓,真正认识的不多,不考察其根源,相信它的欺诈,于是追究已过去的罪错,虚无地计划将来的福气。布施一钱,希望得到一万倍的报偿;布施一天饭,希望得到一百天的粮。于是使愚蠢迷惑的人,妄求功德,不害怕禁令,轻易地违犯法律制度。有的人犯了罪,受到制裁。在监狱中拜佛,嘴里念着佛经,昼夜忘掉疲劳,希望免掉他的罪。再说生死、长寿短命,全由于自然;刑罚、恩惠,关系在君王。却说贫富贵贱,是功德决定,愚笨的僧人欺诈,都说决定于佛。窃取君王的权利,占有造化的力量,它妨害政权,真可悲啊。

　　《尚书》说:"要避免作威作福,要避免大肆挥霍。臣子中有作威作福和大肆挥霍的,对国有害,是个灾难。"从伏羲、神农开始,到汉代、魏朝,都没有佛法。君主贤明,臣下忠诚,国运长久。汉明帝假托梦中的想法,开始信奉外国神,西域的僧人,传来佛法。西晋以前,国家有严禁,不准中国人剃发出家当和尚。到了符坚、石崇,羌胡扰乱了中华,君主平庸,臣子谄媚,政治腐败,国运不长。都是因为佛教带来的灾难啊。梁武帝、齐襄帝,足以成为后人借鉴的一面镜子。以前褒姒不过是一个女子,迷惑了周幽王,尚可以使国家灭亡,何况天下的和尚尼姑,有十万人之多,剪刻丝织品,穿带在泥人身上,装神弄鬼,来迷惑天下的百姓!今天的和尚尼姑,请让他们成家,便成了十万多户人家,生儿育女,养育十年,教化十二年,自然有益于国家,可以增强兵力。四海之内免于被蚕食的灾难,百姓也知道威福在谁的手里。这样妖惑的风气自然改掉,淳朴的风化会重新兴起来了。

　　再说古往今来忠心劝谏皇上的人,很少有不遭殃的。曾看见齐朝章仇子他上表说:"和尚尼姑太多,损害国家。夺庙塔院奢侈,白白浪费金钱丝帛。"那些和尚巴结宰相,诽谤朝廷;那些尼姑依附着王妃公主,暗中造谣生非。章仇子他竟然被关起来,处死在都市上。到了周武帝打败齐,下令建造他的墓。我虽然不聪敏,愿意追随他。

又上疏十一篇,言语很坦直。高祖拿给群臣去商议,只有太仆卿张道源认为傅奕说的是有道理的。中书令萧瑀与张道源争辩道:"佛是圣人,傅奕这样说,是说圣人没有法,请严肃处理。"傅奕说:"礼根本在于侍奉亲人,最终则是侍奉君上。这样忠孝的道理就会显著,臣子的行为就会有成。而佛却要人们到城外去出家,离开他的父亲,以一介匹夫来同皇帝相抗衡,以继续自己来背离他的亲人。萧瑀并不是生在空桑这个地方,却要遵从不要父亲的佛教。我听说不孝顺的人没有亲人,这就是说的萧瑀吧!"萧瑀不能回答,只是合起手掌说:"所以要设置地狱,正是为了惩罚这种人。"高祖打算遵循傅奕的意见,正遇上传皇位便停止了。

傅奕在武德九年五月秘密地上奏说太白星在秦国分野处出现,秦王当占有天下。高祖将奏书拿给太宗。太宗继位后,召来傅奕赐给他吃的食物,对他说:"你以前所上的奏,差一点坏了我的事。但以后仍然可以畅所欲言,不要因这件事而背包袱。"太宗经常在朝廷上对傅奕说:"佛道玄妙,神圣的行迹可以学习,并且报应之事很明显,多次都有验证。你独独不懂得它的道理,为什么?"傅奕回答说:"佛是胡人中的狡猾者,在少数民族中欺诈,原来只限于西域,渐渐地流传到中国。遵循崇尚佛教的,都是些邪恶的小人。模仿写作庄子、老子的言论,来掩饰妖幻的佛教。对老百姓没有好处,对国家有害处。"太宗很同意他的话。

贞观十三年,傅奕去世,年八十五岁。临终之前告诫他的儿子说:"老子、庄子讲玄谈道的文章,周公、孔子《六经》的学说,就是名教,你们应该学习。佛教迷乱了华夏,所有的人都被迷惑,只有我一人暗自感叹,大家都不听我的,可悲啊。你们不要学。古人裸葬,你们应该遵行这一点。"傅奕平时患了病,从不请医吃药,虽然探究阴阳数术之论,却并不相信。又曾经醉了躺着,一下起来说:"我要死了。"因而为自己写了墓志说:"傅奕,青山白云人。因为喝酒醉死了,啊,悲哀啊。"他的放纵旷达就像这样。他注了《老子》,并且撰写《音义》,又汇集魏晋以来驳斥佛教的文章,编成《高识传》十卷,在世上流行。

姚崇传

【题解】

姚崇(650～721),陕州硖石(今河南三门峡东南)人。本名元崇,字元之,武则天时改以字行,玄宗时为避开元字讳,又改名崇。

姚崇初应制举,授官濮州司仓。武则天时五迁为夏官郎中。契丹入侵河北时,因处理军机有条不紊,果断干练,受到则天的赏识,升为夏官侍郎。圣历元年又加同凤阁鸾台平章事。神龙元年与张柬之、桓彦范等人谋划诛杀张易之兄弟,因功被封为梁县侯。中宗复位后,出任亳州刺史、常州刺史。睿宗即位,征召他为兵部尚书、同中书门下三品。因与宋璟奏请让公主出居洛阳、亲王出任刺史触怒皇室,被贬为申州刺史。先天二年又

入朝为相。他向玄宗提出十项改革建议,包括以仁爱治天下;不求边功,不做军事冒险;依法制行事,不论亲疏;禁止宦官干政;禁止贡献以取宠于皇帝;皇亲国戚不得任台省官;不得增建佛寺道观;广开言路纳谏;杜绝外戚干政;停止不合制度的滥用人才。他的建议基本上被玄宗所采纳。他反对度人为僧,将其中伪滥勒令还俗。在蝗灾泛滥时他坚持捕杀,卓有成效。开元四年,举宋璟自代。九年去世,遗嘱中阐明佛道之害,嘱后人薄葬。

姚崇三度为相,都兼兵部尚书之职,对于边境屯守、兵马器械等无不默记于心。玄宗励精图治,政事多向他咨询。姚崇善于应变成命,宋璟以守法主公道见长,二人同心辅佐,使赋役宽平,刑法公正,百姓富庶。故人称唐代贤相,前称房(玄龄)、杜(如晦),后称姚(崇)、宋(璟),成为有唐一代著名的良相。

【原文】

姚崇,本名元崇,陕州硖石人也。父善意,贞观中,任嶲州都督。元崇为孝敬挽郎,应下笔成章举,授濮州司仓,五迁夏官郎中。时契丹寇陷河北数州,兵机填委,元崇剖析若流,皆有条贯。则天甚奇之,超迁夏官侍郎,又寻同凤阁鸾台平章事。

圣历初,则天谓侍臣曰:"往者周兴、来俊臣等推勘诏狱,朝臣递相牵引,咸承反逆,国家有法,朕岂能违。中间疑有枉滥,更使近臣就狱亲问,皆得手状,承引不虚,朕不以为疑,即可其奏。近日周兴、来俊臣死后,更无闻有反逆者,然则以前就戮者,不有冤滥耶?"元崇对曰:"自垂拱已后,被告身死破家者,皆是枉酷自诬而死。告者特以为功,天下号为罗织,甚于汉之党锢。陛下令近臣就狱问者,近臣亦不自保,何敢辄有动摇?被问者若翻,又惧遭其毒手,将军张虔勖、李安静等皆是也。赖上天降灵,圣情发寤,诛锄凶竖,朝廷乂安。今日已后,臣以微躯及一门百口保见在内外官更无反逆者。乞陛下得告状,但收掌,不须推问。若后有征验,反逆有实,臣请受知而不告

姚崇

之罪。"则天大悦曰:"以前宰相皆顺成其事,陷朕为淫刑之主。闻卿所说,甚合朕心。"其日,遣中使送银千两以赐元崇。

时突厥叱利元崇构逆,则天不欲元崇与之同名,乃改为元之。俄迁凤阁侍郎,依旧知政事。

长安四年,元之以母老,表请解职侍养,言甚哀切,则天难违其意,拜相王府长史,罢知政事,俾获其养。其月,又令元之兼知夏官尚书事,同凤阁鸾台三品。元之上言:"臣事相王,知兵马不便。臣非惜死,恐不益相王。"则天深然其言,改为春官尚书。是时,张易之请移京城大德僧十人配定州私置寺,僧等苦诉,元之断停,易之屡以为言,元之终不纳。

由是为易之所谮,改为司仆卿,知政事如故,使充灵武道大总管。

神龙元年,张柬之、桓彦范等谋诛易之兄弟,适会元之自军还都,遂预谋,以功封梁县侯,赐实封二百户。则天移居上阳宫,中宗率百官就阁起居,王公已下皆欣跃称庆,元之独呜咽流涕。彦范、柬之谓元之曰:"今日岂是啼泣时!恐公祸从此始。"元之曰:"事则天岁久,乍此辞违,情发于衷,非忍所得。昨预公诛凶逆者,是臣子之常道,岂敢言功;今辞违旧主悲泣者,亦臣子之终节,缘此获罪,实所甘心。"无几,出为亳州刺史,转常州刺史。

睿宗即位,召拜兵部尚书、同中书门下三品,寻迁中书令。时玄宗在东宫,太平公主干预朝政,宋王成器为闲厩使,岐王范、薛王业皆掌禁兵,外议以为不便。元之同侍中宋璟密奏请令公主往就东都,出成器等诸王为刺史,以息人心。睿宗以告公主,公主大怒。玄宗乃上疏以元之、璟等离间兄弟,请加罪,乃贬元之为申州刺史。再转扬州长史、淮南按察使。为政简肃,人吏立碑纪德。俄除同州刺史。先天二年,玄宗讲武在新丰驿,召元之代郭元振为兵部尚书,同中书门下三品,复迁紫微令。避开元尊号,又改名崇,进封梁国公。固辞实封,乃停其旧封,特赐新封一百户。

先是,中宗时,公主外戚皆奏请度人为僧尼,亦有出私财造寺者,富户强丁,皆经营避役,远近充满。至是,崇奏曰:"佛不在外,求之于心。佛图澄最贤,无益于全赵;罗什多艺,不救于亡秦。何充、苻融,皆遭败灭;齐襄、梁武,未免灾殃。但发心慈悲,行事利益,使苍生安乐,即是佛身。何用妄度奸人,令坏正法?"上纳其言,令有司隐括僧徒,以伪滥还俗者万二千余人。

开元四年,山东蝗虫大起,崇奏曰:"《毛诗》云:'秉彼蟊贼,以付炎火。'又汉光武诏曰:'勉顺时政,劝督农桑,去彼螟蜮,以及蟊贼。'此并除蝗之义也。虫既解畏人,易为驱逐。又苗稼皆有地主,救护必不辞劳。蝗既解飞,夜必赴火,夜中设火,火边掘坑,且焚且瘗,除之可尽。时山东百姓皆烧香礼拜,设祭祈恩,眼看食苗,手不敢近。自古有讨除不得者,祗是人不用命,但使齐心戮力,必是可除。"乃遣御史分道杀蝗。汴州刺史倪若水执奏曰:"蝗是天灾,自宜修德。刘聪时除既不得,为害更深。"仍拒御史,不肯应命。崇大怒,牒报若水曰:"刘聪伪主,德不胜妖;今日圣朝,妖不胜德。古之良守,蝗虫避境,若其修德可免,彼岂无德致然!今坐看食苗,何忍不救,因以饥馑,将何自安?幸勿迟回,自招悔吝。"若水乃行焚瘗之法,获蝗一十四万石,投汴渠流下者不可胜计。

时朝廷喧议,皆以驱蝗为不便,上闻之,复以问崇。崇曰:"庸儒执文,不识通变。凡事有违经而合道者,亦有反道而适权者。昔魏时山东有蝗伤稼,缘小忍不除,致使苗稼总尽,人至相食;后秦时有蝗,禾稼及草木俱尽,牛马至相啖毛。今山东蝗虫所在流满,仍极繁息,实所稀闻。河北、河南,无多贮积,倘不收获,岂免流离,事系安危,不可胶柱。纵使除之不尽,犹胜养以成灾。陛下好生恶杀,此事请不烦出敕,乞容臣出牒处分。若除不得,臣在身官爵,并请削除。"上许之。

黄门监卢怀慎谓崇曰:"蝗是天灾,岂可制以人事?外议咸以为非。又杀虫太多,有伤和气。今犹可复,请公思之。"崇曰:"楚王吞蛭,厥疾用疗;叔敖杀蛇,其福乃降。赵宣至贤也,恨用其犬;孔丘将圣也,不爱其羊。皆志在安人,思不失礼。今蝗虫极盛,驱除可得，若其纵食，所在皆空。山东百姓，岂宜饿杀！此事崇已面经奏定讫，请公勿复为言。若救人杀虫，因缘致祸，崇请独受，义不仰关。"怀慎既庶事曲从，竟亦不敢逆崇之意，蝗因此亦渐止息。

是时，上初即位，务修德政，军国庶务，多访于崇，同时宰相卢怀慎、源乾曜等，但唯诺而已。崇独当重任，明于吏道，断割不滞。然纵其子光禄少卿彝、宗正少卿异广引宾客，受纳馈遗，由是为时所讥。时有中书主书赵诲为崇所亲信，受蕃人珍遗，事发，上亲加鞫问，下狱处死。崇结奏其罪，复营救之，上由是不悦。其冬，曲赦京城，赦文特标诲名，令决杖一百，配流岭南。崇自是忧惧，频面陈避相位，荐宋璟自代。俄授开府仪同三司，罢知政事。

居月余，玄宗将幸东都，而太庙屋坏，上召宋璟、苏颋问其故，璟等奏言："陛下三年之制未毕，诚不可行幸。凡灾变之发，皆所以明教诫。陛下宜增崇大道，以答天意，且停幸东都。"上又召崇问曰："朕临发京邑，太庙无故崩坏，恐神灵诫以东行不便耶？"崇对曰："太庙殿本是苻坚时所造，隋文帝创立新都，移宇文朝故殿造此庙，国家又因隋氏旧制，岁月滋深，朽蠹而毁。山有朽壤，尚不免崩，既久来枯木，合将摧折，偶与行期相会，不是缘行乃崩。且四海为家，两京相接，陛下以关中不甚丰熟，转运又有劳费，所以为人行幸，岂是无事烦劳？东都百司已作供拟，不可失信于天下。以臣愚见，旧庙既朽烂，不堪修理，望移神主于太极殿安置，更改造新庙，以申诚敬。车驾依前径发。"上曰："卿言正合朕意。"赐绢二百匹，令所司奉七庙神主于太极殿，改新庙，车驾乃幸东都。因令崇五日一参，仍入阁供奉，甚承恩遇。后又除太子少保，以疾不拜。九年薨，年七十二，赠扬州大都督，谥曰文献。

崇先分其田园，令诸子侄各守其分，仍为遗令以诫子孙，其略曰：

古人云：富贵者，人之怨也。贵则神忌其满，人恶其上；富则鬼瞰其室，虏利其财。自开辟已来，书籍所载，德薄任重而能寿考无咎者，未之有也。故范蠡、疏广之辈，知止足之分，前史多之。况吾才不逮古人，而久窃荣宠，位逾高而益惧，恩弥厚而增忧。往在中书，遘疾虚惫，虽终匪懈，而诸务多缺。荐贤自代，屡有诚祈，人欲天从，竟蒙哀允。优游园沼，放浪形骸，人生一代，斯亦足矣。田巴云："百年之期，未有能至。"王逸少云："俯仰之间，已为陈迹。"诚哉此言。

比见诸达官身亡以后，子孙既失覆荫，多至贫寒，斗尺之间，参商是竞。岂唯自玷，仍更辱先，无论曲直，俱受嗤毁。庄田水碾，既众有之，递相推倚，或致荒废。陆贾、石苞，皆古之贤达也，所以预为定分，将以绝其后争，吾静思之，深所叹服。

昔孔丘亚圣，母墓毁而不修；梁鸿至贤，父亡席卷而葬。昔杨震、赵咨、卢植、张奂，皆当代英达，通识今古，咸有遗言，属以薄葬。或濯衣时服，或单帛幅巾，知真魂去身，贵于速朽，子孙皆遵成命，迄今以为美谈。凡厚葬之家，例非明哲，或溺于流俗，不察幽明，咸以奢厚为忠孝，以俭薄为悭惜，至令亡者致戮尸暴骸之酷，存者陷不忠不孝之诮。可为痛哉，可为痛哉！死者无知，自同粪土，何烦厚葬，使伤素业。若也有知，神不在枢，复何用违君父之令，破衣食之资。吾身亡后，可殓以常服，四时之衣，各一副而已。吾性甚不爱冠衣,必不得将入棺墓,紫衣玉带,足便于身,念尔等勿复违之。且神道恶奢,冥涂尚质,若违吾处分,使吾受戮于地下,于汝心安乎?念而思之。

今之佛经,罗什所译,姚兴执本,与什对翻。姚兴造浮屠于永贵里,倾竭府库,广事庄严,而兴命不得延,国亦随灭。又齐跨山东,周据关右,周则多除佛法而修缮兵威,齐则广置僧徒而依凭佛力。及至交战,齐氏灭亡,国既不存。寺复何有?修福之报,何其蔑如!梁武帝以万乘为奴,胡太后以六宫入道,岂特身戮名辱,皆以亡国破家。近日孝和皇帝发使赎生,倾国造寺,太平公主、武三思、悖逆庶人、张夫人等皆度人造寺,竟术弥街,咸不免受戮破家,为天下所笑。经云:"求长命得长命,求富贵得富贵","刀寻段段坏,火坑变成池"。比来缘精进得富贵长命者为谁?生前易知,尚觉无应,身后难究,谁见有征。且五帝之时,父不葬子,兄不哭弟,言其致仁寿、无夭横也。三王之代,国祚延长,人用休息,其人臣则彭祖、老聃之类,皆享遐龄。当此之时,未有佛教,岂抄经铸像之力,设斋施物之功耶?《宋书·西域传》,有名僧为《白黑论》,理证明白,足解沈疑,宜观而行之。

且佛者觉也,在乎方寸,假有万像之广,不出五蕴之中,但平等慈悲,行善不行恶,则佛道备矣。何必溺于小说,惑于凡僧,仍将喻品,用为实录,抄经写像,破业倾家,乃至施身亦无所吝,可谓大惑也。亦有缘亡人造像,名为追福,方便之教,虽则多端,功德须自发心,旁助宁应获报?递相欺诳,浸成风俗,损耗生人,无益亡者。假有通才达识,亦为时俗所拘。如来普慈,意存利物,损众生之不足,厚豪僧之有余,必不然矣。且死者是常,古来不免,所造经像,何所施为?

夫释迦之本法,为苍生之大弊,汝等各宜警策,正法在心,勿效儿女子曹,终身不悟也。吾亡后必不得为此弊法。若未能全依正道,须顺俗情,从初七至终七,任设七僧斋。若随斋须布施,宜以吾缘身衣物充,不得辄用余财,为无益之枉事,亦不得妄出私物,徇追福之虚谈。

道士者,本以玄牝为宗,初无趋竞之教,而无识者慕僧家之有利,约佛教而为业。敬寻老君之说,亦无过斋之文,抑同僧例,失之弥远。汝等勿拘鄙俗,辄屈于家。汝等身没之后,亦教子孙依吾此法云。

十七年,重赠崇太子太保。

崇长子彝,开元初光禄少卿。次子异,坊州刺史。少子弈,少而修谨,开元末,为礼部侍郎、尚书右丞。天宝元年,右相牛仙客薨,彝男闳为侍御史、仙客判官,见仙客疾亟,逼为仙客表,请以弈及兵部侍郎卢奂为宰相代己。其妻因中使奏之,玄宗闻而怒之,闳决死,弈出为永阳太守,奂为临淄太守。玄孙合,登进士第,授武功尉,迁监察御史,位终给事中。

【译文】

姚崇,本名元崇,陕州硖石人。父亲善意,贞观年间,曾任嶲州都督。元崇作了孝敬皇帝的挽郎,在制科下笔成章科考试中及第,朝廷授予他濮州司仓参军的职位,经过五次改迁做到夏官郎中。当时契丹入寇,攻陷了河北几个州郡,军机事务堆积,元崇辨别分析,犹如水之分流,都很有条理。武则天非常稀罕他的才能,越级提升他为夏官侍郎,紧接着又加同凤阁鸾台平章事之衔。

圣历初年,武则天对随侍左右的人说:"以前周兴、来俊臣等人负责皇帝交办的案件的审理,朝廷臣僚们互相牵制。接受了谋反的罪名,国家有法律,朕怎么能违背。怀疑这其中有无辜受害的人,又派左右亲近之臣到狱中亲自询问,获得了所有犯人的亲笔供词,承认罪行属实,朕不再怀疑,便批准了周兴他们的报告。近来周兴、来俊臣死后,再没听说有谋反的人。如此看来以前被杀的人中,岂不是有受冤被滥杀的吗?"元崇回答说:"自从垂拱以后,被告身亡家破的,都是因无辜遭受酷刑被迫认罪而死,告发者认为是立功,天下人称为罗织,比汉代的党锢之祸更厉害。陛下派亲近之臣到狱中查问,这些近臣尚且不能自保,哪敢随便动摇已经断定的结论?被关的人如果翻案,又怕遭酷吏毒打,将军张虔勖、李安静等人都是如此。幸赖上天降福,陛下醒悟,诛灭凶恶的小人,使朝廷太平无事。从今以后,为臣以微贱之躯和一家百口性命来担保,现任中外官吏再没有谋反的人。请求陛下再接到告发状词时,仅仅收存保管好,不必再推究审问。如果以后有了证据,谋反属实的话,我请求接受知情不报的罪名。"武则天非常高兴地说:"以前的宰相都顺应促成此事,陷我于滥施酷刑之君的名声。听了卿所说的话,非常符合我的心意。"当天,就派宦官给元崇送去一千两银子作为赏赐。

当时因突厥叱利元崇图谋叛逆,武则天不愿元崇和他同名,便改名为元之,不久转任凤阁侍郎,仍旧知政事。

长安四年,元之因母亲年老,上表请求解职回家侍奉母亲,言辞非常悲伤。武则天不好违背他的心愿,让他任相王府长史,卸去知政事的职权,便于他侍奉母亲。这一月,又让元之兼掌夏官尚书事,加同凤阁鸾台三品衔。元之上疏说:"我正在侍奉相王,不便于兼掌兵马,为臣并非怕死,恐怕不利于相王。"武则天很同意他的话,便改任春官尚书。这个时候,张易之请求把京城十位大德僧移到定州私设的寺庙中,僧人们苦苦诉说,元之决意停止,易之屡次提出,元之始终不予接受。由此遭到易之的诽谤诋毁,改官为司仆卿,仍旧执掌政事,让他充任灵武道大总管。

神龙元年,张柬之、桓彦范等人谋划诛杀张易之兄弟,正赶上元之从灵武军回到都城,便参预谋划,因功被封为梁县侯,赐封户二百户。武则天退位移居上阳宫,中宗率文武百官迁到皇宫中生活,王公以下都欢欣雀跃,前来道贺,唯独元之呜咽流泪。彦范、柬之对元之说:"今天哪里是哭泣的时候,恐怕你的灾祸将从今开始了。"元之说:"我侍奉则天已经多年,突然就此分离,这发自内心的感情,不是能忍住的,先前和你们一道诛杀凶险的逆臣,是作臣子应尽的职责,哪敢说有什么功劳;现在辞别旧日的君主而悲伤哭泣,也是臣子最后的礼节,要是由此而获罪,确实是我心甘情愿的。"没过多久,就调他出去任亳州刺史,后转迁为常州刺史。

睿宗即位,召他入朝委以兵部尚书、同中书门下三品,不久升迁为中书令。当时玄宗在东宫,太平公主干预朝政,宋王李成器为闲厩使,岐王李范、薛王李业都掌管着禁军,外面人议论都觉得不利。元之与侍中宋璟秘密地上奏皇帝,请求让公主到东都洛阳去,让李成器等各位亲王到地方上任刺史,以稳定人心。睿宗把他们的意见转告给公主,公主大怒。玄宗便上疏以元之、宋璟等人离间他们兄弟为由,请求给予加罪处罚,睿宗于是把元之贬为申州刺史。后来又转迁扬州长史、淮南按察使。元之在任时治理政务简明严肃,百姓官吏为他立碑记录他的功德。不久以后,又任同州刺史。先天二年,玄宗在新丰驿讲习武事,征召元之代替郭元振任兵部尚书、同中书门下三品,又升为紫微令。为了避开元尊号之讳,又改名为崇,晋封为梁国公。姚崇坚决辞让所授封户,玄宗便取消他原有的封户,特意赐给他一百户新封户。

先前,中宗统治时期,公主、外戚都上奏请求度人出家为僧、尼姑,也有拿出私人财产建造寺庙的人,富有之家以及强壮人丁都想办法逃避赋役,远近大小寺庙中都占满了人。至此,姚崇上奏说:"佛不在于外,在于从内心寻找。佛图澄最为贤明,却无益于保全后赵政权;鸠摩罗什多才多艺,却不能挽救后秦的灭亡。何充、蔡融信佛,可都遭到败亡;齐襄、梁武二帝也信佛,但也没能免除灾祸。只要慈悲发自内心,行事有益,使百姓安乐,就是佛身。哪里还用乱度奸人,败坏佛法呢?"玄宗接受了他的意见,让有关部门官吏搜查僧徒,因不实滥度还俗的有一万二千多人。

开元四年,山东发生大蝗灾,姚崇上奏说:"《毛诗》记载:'抓住那吃禾稼的害虫,投入烈火中烧死。'另外汉光武帝曾下诏说:'努力顺应时令,鼓励、敦促百姓种田织布,除掉那些蚀苗的蝗螟,以及其他吃庄稼的害虫。'所说的都是灭蝗的措施。蝗虫既然知道怕人,就容易驱逐。另外禾苗都各有主人,救护起来必然不辞辛劳。蝗虫既然会飞,夜间必然见火就扑,如在夜间点起火堆,在火堆边挖坑,边烧边埋,蝗虫就可以被除尽。当时山东地区的百姓都烧香拜神,祭祀祈福,眼看蝗虫吞食禾苗,手却不敢靠近。自古以来蝗虫没有除掉,只是因为人们不肯尽力,只要让大家齐心协力,蝗虫就一定能够除尽。"于是派遣御史分赴各道督促灭蝗。汴州刺史倪若水坚持上奏说:"蝗虫是上天降下的灾祸,自然应当靠修养德行来消灭。刘聪的时候捕杀不成,反而为害更加厉害。"依旧抵制御史,不肯从命。姚崇大怒,发牒文给若水说:"刘聪是伪皇帝,德不压邪;现在是圣明的朝廷,邪不能压德。古代蝗虫遇到好郡守,就避开他的州境,如果说修德可以免除祸害的话,那岂不是说蝗害是由于无德招致的!现在坐视蝗虫吃禾苗,怎么能忍心不救,由此造成饥荒,将如何心安呢?希望不要迟疑,以免自己招来悔恨。"倪若水才执行烧埋灭蝗的命令,捕获蝗虫十四万石,扔进汴渠里流走的无法计算。

当时朝廷里议论纷纷,都以为驱除蝗虫不利,皇上听到以后,又向姚崇询问。姚崇说:"平庸的儒者恪守经文,不懂变通。凡有事情违背经义而合乎道理的,也有违反常理而符合变通之道的。过去魏的时候山东有蝗虫伤害庄稼,由于稍加忍耐没采取捕杀办法,致使庄稼全被蝗虫吃尽,百姓饥饿导致了人吃人的局面;后秦时有蝗灾,庄稼和草木都被吃光了,牛马到了互相啃毛的地步。现在山东一带到处是蝗虫,还在极力繁殖,实在很少听说。河北、河南地区,粮食积蓄不多,倘若没有收成,百姓岂能免遭流亡之苦。这件事情关系到国家的安危,不能再固守旧规。纵然是害虫没被全部除尽,也总比姑息不除造成灾害要好。陛下爱惜生灵,憎恨杀戮,这件事请求不必劳烦陛下发布诏敕,请允许由为臣发牒文处理。如果没能除灭蝗虫，为臣所有的官爵都请一律削除。"皇帝同意了他的意见。

黄门监卢怀慎对姚崇说："蝗患是上天降下的灾害，哪能由人来制止？外面议论都认为捕杀不妥。另外杀虫太多，会伤害天地阴阳之气的调和。现在还可以改变主意，请求您考虑。"姚崇说："楚王吞吃了蚂蟥，他的病就痊愈了；孙叔敖杀了两头蛇，他的福气便随之降临了。赵宣子最为贤明，恨晋灵公放狗咬他；孔丘近乎于圣人，而不爱惜祭祀用羊。他们都志在安定百姓，考虑问题不违背礼义。现在蝗害泛滥严重，驱除它们是可能的，如果放任让它们蚕食禾苗的话，那么蝗虫所到之处，庄稼会全被吃光。山东的百姓，难道就应该饿死！此事我姚崇已当面上奏由皇帝做决定，请你不要再说了。如果为救人杀虫而因此招致灾祸的话，姚崇请求独自承受，从道义上说也不依赖和牵连您。"卢怀慎既然凡事都曲意顺从，终究也不敢违背姚崇的意志，蝗虫因此也逐渐被制止消除了。

这时候，皇帝刚刚即位，致力于实行德政，军国一切事务，多向姚崇询问，同时期的宰相卢怀慎、源乾曜等人，只是附和从命而已。姚崇独自承担重任，通晓为官之道，裁断政事没有滞缓。然而却放任他的儿子光禄少卿姚彝、宗正少卿姚异广招宾客，收受馈赠，因此遭到了当时人的非议。当时有中书主书赵诲受到姚崇的信任，接受了蕃人的珍贵礼物，事发之后，皇帝亲自审问，把他投入监狱，判处死刑。姚崇结案报告他的罪行，又要营救他，皇帝因此不高兴。这年冬季，特赦京城的罪犯，赦文中特意标出赵诲的名字，下令处以一百杖的刑罚，发配流放到岭南。姚崇从此便忧虑恐惧，多次当面奏请皇帝允许他让出宰相的席位，并推荐宋璟代替他。不久便授予他开府仪同三司，免除执掌政事的权力。

过了一个多月，玄宗要去东都，而太庙的房屋坏损，召来宋璟、苏颋询问原因。宋璟等人报告说："陛下三年服丧期未满，实在不能出行。凡是发生了灾害变故，都是上天用来申明教训和警告之意的。陛下应该更加尊崇正道，以回报天意，姑且停止东都之行的打算。"玄宗又召见姚崇询问道："我就要从京师出发，太庙却无缘无故地倒塌了，恐怕是神灵在告诫我不该东行吧？"姚崇回答说："太庙的殿堂本来是苻坚时所修造的，隋文帝创建新都后，把宇文氏朝廷旧殿的材料用来建造了太庙，唐朝又延续隋代的旧制，继续用作太庙，年代久了便因腐朽虫蛀而毁坏了。山有朽土，尚且不能避免崩塌，年久的枯木，自然会要折断的，只是偶然地与您出行的日期相吻合，并不是因为出行才倒塌的。而且皇帝以四海为家，长安、洛阳两京连接，陛下因为关中地区收成不好，往来转运粮食又要劳民伤财，所以才为了百姓出行去洛阳，哪里是没事自找烦劳呢？东都的各个部门已经安排好供应计划，您可不能失信于天下。依为臣的愚见，旧的太庙已然朽烂，没法修好，希望把太庙神位移置到太极殿，重新改建新太庙，以表示对先帝的忠诚敬意。您的车驾应该按照计划马上出发。"皇上说："你的话正符合朕的心意。"赐给他二百匹绢作为奖赏，命令有关部门的官吏恭敬地把七个神位捧到太极殿安置，又改建新庙，于是皇帝出发去东都。命姚崇每五天一次上朝参见皇帝、依旧入阁中供奉，得到皇帝的恩惠，礼遇很多。后来又任命为太子少保，因生病没有受拜。开元九年逝世，终年七十二岁，朝廷追赠他为扬州大都督,定谥号为文献。

姚崇先划分好田园家产,让子侄各自守住自己应得的份额,还立遗书以告诫子孙,大致意思是说:

古人说:富贵会招致人们的怨恨。贵则招致神灵嫉妒你的满盈,人们讨厌你位居其上;富则招鬼来窥视你的家,奴仆也来贪图你的钱财。自从开天辟地以来,按书籍所记录,那种德行浅薄、承担重任却能长寿无罪的人是不存在的。所以范蠡、疏广之流,明白适可而止和知足的尺度,前代的史书都称赞他们。何况我的才能不及古人,却长期窃得荣耀和宠任,地位越高越害怕,皇帝赐予的恩惠越厚就越增添我的忧虑。以往在中书任职时,患病体弱,虽然始终不敢懈怠,可各项政务还是多有缺欠。推荐贤人代替自己,多次真诚祈求天从人愿,终于承蒙皇上的哀怜和同意。我悠然畅游在园林池沼之间,放任自己的形态,人生一世,能这样也就满足了。田巴说:"百年的生命,没有人能够达到。"王逸少说:"仅在俯首举头之间,一切已成过去的陈迹了。"这些话都是确实的。

近来看到各位达官死后,子孙们既然失去庇护,遂大多落入贫寒,为了一斗一尺的家产,也要互相争夺。不仅只是玷污自己,而且更辱没了先人,不论谁是谁非,都受到人们的讥笑和非议。庄田和水碾,既是大家共同拥有的,由于互相推诿、依赖,有的则导致荒废。陆贾、石苞,都是古时贤明豁达的人,所以在死前事先分定家产,以杜绝身后子孙的争夺,我静心考虑这些,对他们的做法深表赞叹和佩服。

昔日孔丘仅次于圣人,母亲的墓坏了却不修复;梁鸿是大贤人,父亲去世却用席子裹尸埋葬。从前杨震、赵咨、卢植、张奂,都是当世杰出而通达的人,他们通晓古今之事,都有遗言,嘱咐后人薄葬。有的身穿洗干净的平常衣服,有的用单层的绢来束发,他们懂得人的真魂离开身躯后,以快速腐朽为最好,子孙都遵照他们既定的主张,至今人们还作为美谈。凡是厚葬的人家,一概都不是明智的,有的是沉溺于流行的习俗,不辨善恶贤愚,都以为奢侈厚葬才是忠孝,而节俭薄葬就是吝啬爱财,以至让死者招致戮尸暴骸的惨祸、生者陷于不忠不孝的责难。真是令人痛惜的事啊,令人痛惜啊!死者没有感觉,自然如同粪土,何必费力厚葬,造成原有家业的损害。如果死者也有知觉的话,他们的灵魂不在棺材里,又何必违背君父之命,耗费可供衣食之用的钱财。我死以后,可用平常的衣服来收敛,一年四季的衣服各一套罢了。我生性非常不喜欢做官穿的礼服,一定不要放入棺墓,紫衣玉带,穿在身上足够了,你们不要违背我的意愿。而且墓道也讨厌奢华,阴间崇尚质朴,如果你们违反我的决定,让我在地下尸体遭戮,你们能心安吗?请你们考虑。

现在的佛经,是鸠摩罗什翻译的,姚兴手执经本和他一起对应翻译。姚兴在永贵里建造佛塔,竭尽府库的资财,广求装饰美盛,可他却没能延年,国家也随之灭亡。另外齐国横跨山东,周国占据关右,周就大量除灭佛法而整治军威,齐却广泛安置僧徒,依靠佛的力量。等到两国交兵时,齐国灭亡了,国家既不存在,还有什么佛寺呢?求福所换来的报应,是何等轻视!梁武帝以皇帝的身份作寺庙的奴仆,胡太后用皇后的身份入寺为教徒。结果哪只是身死名辱,都导致了亡国败家的结局。近来孝和皇帝发遣使者去放生,倾国所有来建造佛寺,太平公主、武三思、悖逆庶人、张夫人等人都度人出家,建造寺庙,这些人用尽手段,寺庙充斥街道,都不能避免杀身破家,被天下人耻笑。佛经说:"求长命得长命,求富贵得富贵","刀会一段段折断,火坑会变成水池",近来因持善乐道不自放纵而得到富贵和长命的有谁呢? 生前的事容易知道,尚且感到没有回应,身死之后难于推求,谁见到这些有什么征验。况且五帝的时候,父不葬子,兄不哭弟,是说人们都长寿,没有夭折和遭横祸致死的。三王之世,国运长久,人们休养生息,身为臣子的彭祖、老聃之类,都享受长寿高龄之福。在当时,还没有佛教,哪里是抄写佛经、铸造佛像的功力和设斋施舍的功劳? 《宋书·西域传》中有位知名僧人,撰著了《白黑论》,道理论证得明确清楚,足以解除深疑,应该阅读照办。

况且佛是一种感悟,在于内心。如果有自然一切事物景象的广大,也没超出色、受、想、行、识五蕴的范围,只要对一切众生都慈悲为怀,做善事不作恶事,就把握住佛道了。何必沉溺于小人浅薄的说教,受凡僧的迷惑,把佛经中的比喻当成符合实际的记载,抄写经文,描绘佛像,倾家荡产,乃至于舍身也在所不惜,这才是太糊涂啊。也有人为死者造像,称为追福,因人施教,诱导人们领悟佛的真义,办法虽然多种多样,然而诸如念佛布施等事都必须发自内心,靠别人相助难道应该得到善报吗? 这样互相欺骗,渐渐形成风俗,既损耗活人的钱财,也无助于死者。假如有通达多识的人,也被时俗所限制了。如来广施慈爱,目的是利于万物,而损害资财不足的众生,增加豪僧富裕的资财,如来一定不能这么做。而且死的常规,自古以来不能避免的,制作的佛经、佛像,有什么用呢?

释迦牟尼塑像

释迦的根本之法是百姓的大害,你们应各自警惕,只要正法在心,不要效法那些儿女之辈,终生不能觉悟。我死之后一定不要实行这种有害之法。如果不能全部按照正道去做,必须顺应俗情,从第一个七日到最后一个七日,任凭你们请僧人设七日斋会。如果斋会的同时必须布施,则应用我常用的衣物,不得随意动用多余的资财,去做无益的冤枉事,也不要乱用私人财物,去顺应追福的空谈。

道士,原本是以衍生万物来源为宗旨,最初没有逐利、竞争的教论,而没有见识的人羡慕僧人有利可图,就照佛教的做法去做。恭敬地追寻老君的教法,也没有斋会的条文,使其同于僧人之例,错得很远。你们不要拘守鄙陋的习俗,有损于家。你们身死以后,也要教导子孙照我的做法去做。

开元十七年,玄宗重赠姚崇为太子太保。

姚崇的长子姚彝，开元初年任光禄少卿。次子姚异，任坊州刺史。小儿子姚弈，年幼时就能修身谨严，开元末年，作礼部侍郎，尚书右丞。天宝元年，右相牛仙客去世，姚彝的儿子闳作侍御史和牛仙客的判官，看到仙客病势严重，强迫仙客上表，请求朝廷让姚弈和兵部侍郎卢奂担任宰相以代替自己。牛仙客的妻子通过宦官上奏皇帝，玄宗听后大怒，姚闳被处死，姚弈贬为永阳太守，卢奂贬为临淄太守。姚崇玄孙姚合，进士及第，授官武功县尉，后升迁为监察御史，官位最后达到给事中。

张嘉贞传

【题解】

张嘉贞（666～729）是唐玄宗开元年间宰相。唐玄宗继武则天之后做了皇帝，开始也颇为振作，一改以前的严刑峻法，力求用宽惠的方针治国。而张嘉贞出于私利，倾陷无辜，又挑唆玄宗对大臣进行残酷的杖责。崔器阴险刻薄，想要把陷于安史之乱军中的官员全部处死。幸而他的阴谋没有买现，否则我们今天就不可能读到大诗人王维中年以后的许多名作了。

【原文】

张嘉贞，蒲州猗氏人也。弱冠应五经举，拜平乡尉，坐事免归乡里。长安中，侍御史张循宪为河东采访使，荐嘉贞材堪宪官，请以已之官秩授之。则天召见，垂帘与之言，嘉贞奏曰："以臣草莱而得入谒九重，是千载一遇也。咫尺之间，如隔云雾，竟不见日月，恐君臣之道有所未尽。"则天遽令卷帘，与语大悦，擢拜监察御史。累迁中书舍人，历秦州都督、并州长史，为政严肃，甚为人吏所畏。

开元初，因奏事至京师，上闻其善政，数加赏慰。嘉贞因奏曰："臣少孤，兄弟相依以至今。臣弟嘉祐，今授鄯州别驾，与臣各在一方，同心离居，魂绝万里。乞移就臣侧近，臣兄弟尽力报国，死无所恨。"上嘉其友爱，特改嘉祐为忻州刺史。

时突厥九姓新来内附，散居太原以北，嘉贞奏请置军以镇之，于是始于并州置天兵军，以嘉贞为使。六年春，嘉贞又入朝。俄有告其在军奢僭及赃贿者，御史大夫王晙因而劾奏之，按验无状，上将加告者反坐之罪。嘉贞奏曰："昔者天子听政于上，瞍赋矇诵，百工谏，庶人谤，而后天子斟酌焉。今反坐此辈，是塞言者之路，则天下之事无由上达。特望免此罪，以广谤诵之道。"从之，遽令减死，自是帝以嘉贞为忠。嘉贞又尝奏曰："今志力方壮，是效命之秋，更三数年，即衰老无能为也。惟陛下早垂任使，死且不惮。"上以其明辨，尤重之。八年春，宋璟、苏颋罢知政事，擢嘉贞为中书侍郎、同中书门下平章事。数月，加银青光禄大夫，迁中书令。

嘉贞断决敏速，善于敷奏，然性强躁自用，颇为时论所讥。时中书舍人苗延嗣、吕太

一、考功员外郎员嘉静、殿中侍御史崔训，皆嘉贞所引，位列清要，常在嘉贞门下共议朝政，时人为之语曰："令公四俊，苗、吕、崔、员。"

　　开元十年，车驾幸东都。有洛阳主簿王钧为嘉贞修宅，将以求御史，因受赃事发，上特令朝堂集众决杀之。嘉贞促所由速其刑以灭口，乃归罪于御史大夫韦抗、中丞韦虚心，皆贬黜之。其冬，秘书监姜皎犯罪，嘉贞又附会王守一奏请杖之，皎遂死于路。俄而广州都督裴伷先下狱，上召侍臣问当何罪，嘉贞又请杖之。兵部尚书张说进曰："臣闻刑不上大夫，以其近于君也。故曰：'士可杀，不可辱。'臣今秋受诏巡边，中途闻姜皎以罪于朝堂决杖，配流而死。皎官是三品，亦有微功。若其有犯，应死即杀，应流即流，不宜决杖廷辱，以卒伍待之。且律有八议，勋贵在焉。皎事已往，不可追悔。伷先祗宜据状流贬，不可轻又决罚。"上然其言。嘉贞不悦，退谓说曰："何言事之深也？"说曰："宰相者，时来即为，岂能长据？若贵臣尽当可杖，但恐吾等行当及之。此言非为伷先，乃为天下士君子也。"初，嘉贞为兵部员外郎，时张说为侍郎。及是，说位在嘉贞下，既无所推让，说颇不平，因以此言激怒嘉贞，由是与说不叶。上又以嘉贞弟嘉祐为金吾将军，兄弟并据将相之位，甚为时人之所畏惮。十一年，上幸太原行在所，嘉祐赃汙事发，张说劝嘉贞素服待罪，不得入谒，因出为幽州刺史，说遂代为中书令。嘉贞怅恨，谓人曰："中书令幸有二员，何相迫之甚也。"明年，复拜户部尚书，兼益州长央，判都督事。敕嘉贞就中书省与宰相会宴，嘉贞既恨张说挤己，因攘袂勃骂，源乾曜、王唆共和解之。

　　明年，坐与王守一交往，左转台州刺史。复代卢从愿为工部尚书，定州刺史，知北平军事，累封河东侯。将行，上自赋诗，诏百僚于上东门外饯之。至州，于恒岳庙中立颂，嘉贞自为其文，乃书于石，其碑用白石为之，素质黑文，甚为奇丽。先是，岳祠为远近祈赛，有钱数百万，嘉贞自以为颂文之功，纳其数万。十七年，嘉贞以疾请就医东都，制从之。至都，目瞑无所见，上令医人内直郎田休裕、郎将吕弘泰驰传往省疗之。其秋卒，年六十四，赠益州大都督，谥曰恭肃。

　　嘉贞虽久历清要，然不立田园。及在定州，所亲有劝植田业者，嘉贞曰："吾忝历官荣、曾任国相，未死之际，岂受饥馁？若负谴责，虽富田庄，亦无用也。比见朝士广占良田，及身没后，皆为无赖子弟作酒色之资，甚无谓也。"闻者皆叹伏。

　　初，嘉贞作相，荐万年县主簿韩朝宗，擢为监察御史。及嘉贞卒后十数岁，朝宗为京兆尹，因奏曰："自陛下临御已来，所用宰相，皆进退以礼，善始令终，身虽已没，子孙咸在朝廷。唯张嘉贞晚年一子，今犹未登官序。"上亦悯然，遽令召之，赐名延赏，特拜左内率府兵曹参军。德宗朝，位至宰辅，自有传。

　　嘉祐有干略，自右金吾将军贬浦阳府折冲，至二十五年，为相州刺史。相州自开元以来，刺史死贬者十数人，嘉祐访知尉迟迥周末为相州总管，身死国难。乃立其神祠以邀福。经三考，改左金吾将军。后吴竞为邺郡守，又加尉迟神冕服。自后郡守无患。

【译文】

　　张嘉贞，蒲州猗氏人，二十岁左右，应五经考试，被任为平乡尉，因事被免职，回到家乡。武后长安年间,侍御史张循宪任河东采访使,他举荐张嘉贞的才能可以任执法的官,要求把他自己的官阶让给张嘉贞。武则天就召见张嘉贞,隔着帘子和他谈话。张嘉贞奏道:"臣以草莽平民而能够谒见皇上,这是千载一遇的机会。但相去只一尺左右,好比有云务阻隔,竟见不到太阳和月亮,恐怕君臣之间的道理,尚有所不足。"武则天马上命令卷上帘子,与张嘉贞谈话,大为欣赏,提拔他为监察御史,逐渐升迁到中书舍人,历任秦州都督、并州长史。他办政事很严肃,颇为百姓和官吏所畏惧。

玄宗开元初年,因为有事上奏来到京城,玄宗听说他政事办得好,曾多次加以赏赐和慰问。张嘉贞因此上奏说:"臣从小丧父,兄弟相依为命直到今天。臣的弟弟张嘉祐,现任鄯州别驾,和臣住在很远的地方,虽然同心,却分开很远,万里相隔,请求让他移居到臣较近之处。臣兄弟二人应该尽力报国,死而无恨。"玄宗赞赏他兄弟友爱,特地改调张嘉祐为忻州刺史。

当时突厥九姓新来归附,部落散居在太原以北,张嘉贞奏请朝廷设置军镇来镇抚,于是开始在并州设置天兵军,以张嘉贞为天兵使。开元六年春天,张嘉贞又到京城朝见玄宗,不久有人告发他在天兵军奢侈僭越及受贿赂等事,御史大夫王晙因此劾奏他,但审查并无事实。玄宗将要处告发者以反坐的罪名。张嘉贞奏道:"从前天子在上听取政务,让盲人背诵古人的格言,让各臣工向天子进谏,让平民百姓议论朝政,而后天子再根据这些意见加以考虑。现在对这些人处以反坐的罪名,这是堵塞进言者之路,使天下的事情无由上达到天子那里。所以希望免除这个罪名,来广开议政之路。"玄宗听从了这意见,就下令上告者免死。从此,玄宗以为张嘉贞忠诚。张嘉贞又曾上奏说:"现在臣的意志和精力正当强盛之时,是出力报效天子的时候。再过几年,臣就衰老,不能有所作为了。请陛下早日加以使用,臣连死也不怕。"玄宗认为他明察善辩,越发看重他。开元八年春天,宋璟、苏颋免去参与政事的职务,玄宗提拔张嘉贞为中书侍郎,同中书门下平章事。过了几个月,又加官为银青光禄大夫,升为中书令。

张嘉贞决断事情很快,善于陈奏事务但性刚愎急躁,自以为是,颇为当时舆论所讥笑。当时的中书舍人苗延嗣、吕太一、考功员外郎员嘉静、殿中侍御史崔训,都是张嘉贞所引荐的,他们都位居清贵的要职,常在张嘉贞门下一起议论时政。当时人有这样的说:"张令公有四个贤俊,苗、吕、员和崔训。"

开元十年,玄宗去到东都洛阳,主簿王钧给张嘉贞修建住宅,目的是求御史之职。但王钧因受贿的事被揭露,玄宗特令百官在朝堂集会将他处死。张嘉贞就催促职掌其事的人赶快行刑以灭口。于是他归罪于御史大夫韦抗、中丞韦虚心,都加以贬黜。这年冬天,秘书监姜皎犯罪,张嘉贞又勾结王守一,奏请对姜皎进行杖责。姜皎就此死在贬谪的路上。不久,广州都督裴伷先被抓进监狱,玄宗向侍奉诸臣,裴伷先应判处哪一种罪。张嘉贞又请求加以杖责。兵部尚书张说向前说:"臣听说刑罚不能上及大夫阶层,因为他们接近君主。所以说士可以杀而不能加以羞辱。臣今年秋天受诏巡视边境,途中听说姜皎因犯罪在朝堂上受杖打,流放而死。姜皎官三品,也有一些功劳,如果他有罪,该杀就杀,该流放就流放,不应该在朝廷上受杖来羞辱他,对他像个普通士兵一样。况且法律有轻发落的八议，有功劳的贵臣就在其中。姜皎的事已过去，不能改了。裴伷只适合据罪流放，不可轻易入加杖责。"玄宗赞成他的意见。张嘉贞不高兴，退朝后对张说说："你为什么说得那么严重呢？"张说说："宰相的职位，本来是时机来了就当，哪能永远据有此位？如果显贵的臣子全部可以杖打，但恐我们也会挨到。我今天这话，并不是为了裴伷先，而是为天下士人君子而发。"起初，张嘉贞为兵部员外郎时，张说任兵部侍郎，到这个时候，张说的官位在张嘉贞之下，张嘉贞毫不推让，张说很不服气，因此用这话而激怒张嘉贞，张嘉贞也因此与张说不和睦。玄宗又任命张嘉贞的弟弟张嘉祐为金吾将军，兄弟都居于将相的位子，当时人很忌惮他们。开元十一年，玄宗到太原巡视，张嘉祐贪污的事被揭发，张说劝张嘉贞穿着素色衣服等待议罪，不能上谒皇帝，因此被调出任幽州刺史，张说就代他为中书令。张嘉贞恼恨地对人说："中书令本有两员，为什么相逼迫得这样厉害！"明年，又拜官为户部尚书，兼益州长史，判都督事。玄宗下敕让张嘉贞到中书省与宰相们一同参加宴会。张嘉贞既然恨张说排挤自己，因此卷起袖子怒骂，源乾曜和王唆一起从中调解。

明年，因张嘉贞和王守一来往，贬为台州刺史，又代卢从愿任工部尚书定州刺史，管理北平军事，累计封爵为河东侯。将要赴任时，玄宗亲自作诗还下诏让百官在上东门外给他钱行。张嘉贞到了定州，在恒岳庙中立碑颂神。张嘉贞自作碑文，写在石上。这块碑用白色石制成。白底黑字，很珍奇美丽。此前远近的人祷永恒岳庙，集有钱几百万，张嘉贞自居作碑文之功，取了其中几万钱。开元十七年，张嘉贞因病请求到东都洛阳就医，玄宗下令允许。到了东都眼睛已看不见了。玄宗命令医生内直郎田休裕、郎将品弘泰乘快马驿车去慰问和治疗。这年秋天死去，年六十四，追赠益州大都督，谥为恭肃。

张嘉贞虽然长期历任清贵要职，但不置办田园。在他到定州后，和他亲近的人有的劝他建置田产，张嘉贞说："我得居官位，曾经任国家的宰相，还未死的时候，难道怕挨饿。如果犯了罪，虽有许多田庄也没有用。近来见朝廷官员，大量地占有良田，等身死之后，都被无赖子弟作为酒色的用途，很没有意义。"听到的人都很佩服称叹。当初张嘉贞任宰相，举荐万年县主簿韩朝宗，提拔为监察御史。等到张嘉贞死后十多年，韩朝宗任京兆尹，就上奏说："从陛下登帝位以来，所任用的宰相都以礼任免，得到善始善终，他们本人虽已去世，子孙都在朝廷任职。只有张嘉贞晚年生有一子，现在还未做官。"玄宗也很惋惜，马上下令召见张嘉贞之子，赐名延赏，特地任命他为左内率府兵曹参军。到德宗时，位至宰相，另外有传。

张嘉祐有办事能力，从右金吾将军贬为阳府折冲。到开元二十五年，任相州刺史。相州从开元以来，刺史被贬死去的有十几个人。嘉祐访知尉迟迥北周末任相州总管，死于北周的国难，于是立了尉迟迥祠以求福。经过三次考核政绩，改为左金吾将军。后来吴兢任邺郡守，又给尉迟迥神像加冕服，从此以后郡守都无恙。

刘知几传

【题解】

刘知几(661~721),字子玄,彭城(今江苏徐州)人。我国古代杰出的史学理论家。他的代表作是《史通》。《史通》全书共二十卷,分内篇、外篇二部分,内篇十卷三十九篇,外篇十卷十三篇,每一小篇均为专题论述的形式。其中内篇有三篇原文已经亡佚。

《史通》是对我国唐初以前史学状况的第一次全面总结。它在批评以往史学的基础上,形成了一个系统的史学理论体系。包括:

史学目的论。《史通》认为,史学"乃生人之急务,为国家之要道"(《史官建置》),治理国家绝不能缺少史学。史学的存在,是为了"申以劝诫,树之风声"(《直书》),史学是维护封建统治秩序的重要工具。

史家论。《史通》提出了衡量史家优劣的三个标准。首先,史家必须具备彰善瘅恶,不惧强御的"直笔"精神;其次,史家要具有编纂不朽史书的才华;第三,史家必须要有渊博的学识。《史通》主张史家要撰述能成一家之言的史书,对唐高宗及武则天时期的史馆弊病作了尖锐的批评。

史书编纂论。《史通》论述了关于史书内容、史料选择、史书体裁、体例、文字表述,撰述原则在内的几个理论问题。指出"五志七科"是史书的主要内容,选择史料要博采而善择,纪传体、编年体是史书编纂的主要形式,史书的文字表述要尚简,特别主张要"适时随俗",要在史书中反映出时代风尚的变革。《史通》尤其强调,"书法不隐",如实记事,是编纂实录史书的基本原则。

史学批评论。《史通》指出,进行史学批评,必须能够探赜索幽,不能妄测史家的本意。要根据时代的特点,评价史书价值。

总之,《史通》是我国第一部具有完整体系的史学理论著作。它的出现,把我国古代的史学理论推向了一个新的层面,标志着我国古代史学理论的形成。

【原文】

刘子玄,本名知几,楚州刺史胤之族孙也。少与兄知柔俱以词学知名,弱冠举进士,授获嘉主簿。证圣年,有制文武九品已上各言时政得失,知几上表陈四事,词甚切直。是时官爵僭滥而法网严密,士类竞为趋进而多陷刑戮,知几乃著《思慎赋》以刺时,且以见意。凤阁侍郎苏味道、李峤见而叹曰:"陆机《豪士》所不及也。"

知几长安中累迁左史,兼修国史。擢拜凤阁舍人,修史如故。景龙初,再转太子中允,依旧修国史。时侍中韦巨源、纪处讷、中书令杨再思、兵部尚书宗楚客、中书侍郎萧至忠并监修国史,知几以监修者多,甚为国史之弊。萧至忠又尝责知几著述无课,知几于是求罢史任，奏记于至忠曰：

仆自策名士伍，待罪朝列，三为史臣，再入东观，竟不能勒成国典，贻彼后来者，何哉？静言思之，其不可者五也。何者？古之国史，皆出自一家，如鲁、汉之丘明、子长，晋、齐之董狐、南史，咸能立言不朽，藏诸名山，未闻藉以众功，方玄绝笔。唯后汉东观，大集群儒，而著述无主，条章靡立。由是伯度讥其不实，公理以为可焚，张、蔡二子纠之于当代，傅、范两家嗤之于后叶。今史司取士，有倍东京，人自以为荀、袁，家自称为政、骏。每欲记一事，载一言，皆阁笔相视，含毫不断。故首白可期，而汗青无日。其不可一也。

前汉郡国计书，先上太史，副上丞相；后汉公卿所撰，始集公府，乃上兰台。由是史官所修，载事为博。原自近古，此道不行，史臣编录，唯自询采。而左右二史，阙注起居；衣冠百家，罕通行状。求风俗于州郡，视听不该；讨沿革于台阁，簿籍难见。虽使尼父再出，犹且成其管窥，况限以中才，安能遂其博物。其不可二也。

昔董狐之书法也，以示于朝；南史之书弑也，执简以往。而近代史局，皆通籍禁门，幽居九重，欲人不见。寻其义者，由杜彼颜面，防诸请谒故也。然今馆中作者，多士如林，皆原长喙，无闻齰舌。倘有五始初成，一字加贬，言未绝口而朝野具知，笔未栖毫而晋绅咸诵。夫孙盛实录，取嫉权门；王韶直书，见仇贵族。人之情也，能无畏乎！其不可三也。

古者刊定一史，纂成一家，体统各殊，指归咸别。夫《尚书》之教也，以疏通知远为主；《春秋》之义也，以惩恶劝善为先。《史记》则退处士而进奸雄，《汉书》则抑忠臣而饰主阙。斯并曩贤得失之例，良史是非之准，作者言之详矣。顷史官注记，多取禀监修，杨令公则云"必须直词"，宗尚书则云"宜多隐恶"。十羊九牧，其事难行；一国三公，适从焉在？其不可四也。

窃以史置监修，虽无古式，寻其名号，可得而言。夫言监者，盖总领之义耳。如创纪编年，则年有断限，草传叙事，则事有丰约。或可略而不略，或应书而不书，此失刊削之例也。属词比事，劳逸宜均；挥铅奋墨，勤惰须等。某帙某篇，付之此职；某纪某传，归之此官。此铨配之理也。斯并宜明立科条，审定区域，倘人思自勉，则书可立成。今监之者既不指授，修之者又无遵奉。用使争学苟且，务相推避，坐变炎凉，徒延岁月。其不可五也。

凡此不可，其流实多，一言以蔽，三隅自反。而时谈物议，焉得笑仆编次无闻者哉！比者伏见明公每汲汲于劝诱，勤勤于课责。或云坟籍事重，努力用心；或云岁序已淹，何时辍手？窃以纲维不举，而督课徒勤，虽威以次骨之刑，勖以悬金之赏，终不可得也。语曰："陈力就列，不能则止。"仆所以比者布怀知己，历抵群公，屡辞载笔之官，愿罢记言之职者，正为此耳。当今朝号得人，国称多士。蓬山之下，良直差肩；芸阁之中，英奇接武。仆既功亏刻鹄，笔未获麟徒殚太官之膳，虚索长安之米。乞以本职，还其旧居，多谢简书，请避贤路。惟明公足下哀而许之。

至忠惜其才，不许解史任。宗楚客嫉其正直，谓诸史官曰："此人作书如是，欲置我何地！"

时知几又著《史通子》二十卷，备论史策之体。太子右庶子徐坚深重其书，尝云："居史职者，宜置此书于座右。"知几自负史才，常慨时无知己，乃委国史于著作郎吴兢，别撰

《刘氏家史》十五卷、《谱考》三卷。推汉氏为陆终苗裔，非尧之后；彭城丛亭里诸刘，出自宣帝子楚孝王嚣曾孙司徒居巢侯刘恺之后，不承楚元王交。皆按据明白，正前代所误，虽为流俗所讥，学者服其该博。初，知几每云若得受封，必以居巢为名，以绍司徒旧邑；后以修《则天实录》功，果封居巢县子。又乡人以知几兄弟六人进士及弟，文学知名，改其乡里为高阳乡居巢里。

景云中，累迁太子左庶子，兼崇文馆学士，仍依旧修国史，加银青光禄大夫。时玄宗在东宫，知几以名音类上名，乃改子玄。二年，皇太子将亲释奠于国学，有司草仪注，令从臣皆乘马著衣冠。子玄进议曰：

古者自大夫以上，皆乘车而以马为騑服。魏、晋以降，迄乎隋代，朝士又驾牛车。历代经史，具有其事，不可一二言也。至如李广北征，解鞍憩息；马援南伐，据鞍顾盼，斯则鞍马之设，行于军旅；戎服所乘，贵于便习者也。按江左官至尚书郎而辄轻乘马，则为御所弹。又颜延之罢官后，好骑马出入闾里，当代称其放诞。此则专车凭轼，可摆朝衣；单马御鞍，宜从亵服。求之近古，灼然之明验也。

自皇家抚运，沿革随时。至如陵庙巡谒，王公册命，则盛服冠履，乘彼辂车。其士庶有衣冠亲迎者，亦时以服箱充驭。在于他事，无复乘车，贵贱所行，通用鞍马而已。臣伏见比者，銮舆出幸，法驾首途，左右侍臣，皆以朝服乘马。夫冠履而出，只可配车而行，今乘车既停，而冠履不易，可谓唯知其一而未知其二也。何者？褒衣博带，革履高冠，本非马上所施，自是车中之服。必也覊而升蹬，跣以乘鞍，非唯不师古道，亦自取惊今俗。求诸折中，进退无可。且长裾广袖，襜如翼如，鸣珮行组，锵锵奕奕，驰骤于风尘之内，出入于旌旗之间，倘马有惊逸，人从颠坠，遂使属车之右，遗履不收，清道之傍，绁骖相续，固以受嗤行路，有损威仪。

今议者皆云秘阁有《梁武帝南郊图》，多有危冠乘马者，此则近代故事，不得谓无其文。臣案此图是后人所为，非当时所撰。且现代间有古今图画者多矣，如张僧繇画《群公祖二疏》，而兵士有著芒屩者；阎立本画《明君入匈奴》，而妇人有著帷帽者。夫芒屩出于水乡，非京华所有；帷帽创于隋代，非汉宫所作。议者岂可征此二画，以为故实者乎？由斯而言，则《梁氏南郊之图》，义同于此。又传称因俗，礼贵缘情。殷辂周冕，规模不一；秦冠汉佩，用舍无常。况我国家道轶百王，功高万古，事有不便，理资变通，其乘马衣冠，窃谓宜从省废。臣怀此异议，其来自久，日不暇给，未及摧扬。今属殿下亲从齿胄，将临国学，凡有衣冠乘马，皆惮此行，所以辄进狂言，用申鄙见。

皇太子手令付外宣行，仍编入令，以为常式。

开元初，迁左散骑常侍，修史如故。九年，长子贶为太乐令，犯事配流。子玄诣执政诉理，上闻而怒之，由是贬授安州都督府别驾。

子玄掌知国史，首尾二十余年，多所撰述，甚为当时所称。礼部尚书郑惟忠尝问子玄曰："自古以来，文士多而史才少，何也？"对曰："史才须有三长，世无其人，故史才少也。三长，谓才也、学也、识也。夫有学而无才，亦犹有良田百顷，黄金满盈，而使愚者营生，终不能致于货殖者矣。如有才而无学，亦犹思兼匠石，巧若公输，而家无楩柟斧斤，终不能果成其宫室者矣。犹须好是正直，善恶必书，使骄主贼臣，所以知惧，此则为虎傅翼，善无可加，所向无敌者矣。脱苟非其才，不可叨居史任。自夐古以来，能应斯目者，罕见其人。"时人以为知言。子玄至安州，无几而卒，年六十一。自幼及长，述作不倦，朝有论著，必居其职。预修《三教珠英》《文馆词林》《姓族系录》，论《孝经》非郑玄注，《老子》无河上公注，修《唐书实录》，皆行于代，有集三十卷。后数年，玄宗敕河南府就家写《史通》以进，读而善之，追赠汲郡太守；寻又赠工部尚书，谥曰文。

【译文】

刘子玄，本名刘知几，是楚州刺史刘胤的同族孙子。刘知几少年时与其兄刘知柔都以擅长韵文之学而知名，二十岁时应举中进士，任命为获嘉县主簿。证圣年间，皇上下令九品以上的文武官员，各自说出时政得失。刘知几上表叙述了四件事情，言词非常确切率直。在这个时期，官爵僭滥而法规严厉周密，士人们竞相趋进，却有很多人陷于刑戮之中。刘知几于是著《思慎赋》以讽刺时局，并且以此表现自己的意愿。凤阁侍郎苏味道、李峤看到后赞叹道："即使是陆机的《豪士赋》也不及此啊。"

刘知几于长安年间连续职任左史，兼修国史。后提升为凤阁舍人，但依然像过去一样参加修史工作。景龙初年，又转任太子中允，依旧修国史。当时侍中韦巨源、纪处讷，中书令杨再思，兵部尚书宗楚客，中书侍郎萧至忠一起监修国史。刘知几认为监修过多，成为修国史工作最严重的弊端。萧至忠又曾经责备刘知几在著述上没有计划，刘知几于是请求免去修史的职务，写信给萧至忠陈述道：

我自从加入官吏的队伍，与众官站列在朝廷之上，进见奏报皇上，至今已三次被任命为史官，二次进入史馆，但最终却不能著成国史，并以此流传后代，这是为什么呢？

我自己思考这件事，认为不能著成国史是由于五个原因。都是什么呢？古代的国史，都出自一家，如鲁国的左丘明，刘汉的司马迁，晋国的董狐，齐国的南史，他们都能著成不朽之作，藏于名山。从未听说过凭借众人的功力，才能撰成绝世佳作的。只有后汉在东观大集群儒，（撰写国史，）但在著述上没有主持人，也没有规定统一的体例。于是李伯度上表讥讽国史失实，仲长统认为应该焚毁。张衡、蔡邕二人在当时为修史发生纠纷，傅玄、范晔两家后来对这部书表示轻蔑。现在史馆选用的官员，是东汉修史人数的一倍，这些人都认为自己是荀悦、袁宏，各自夸誉自己是刘向、刘歆。每次要记载一件事，一句话，都搁笔相视，含着笔不能下一个结语。所以等头发白是可以期望的，但要等国史修成却没有日子。这是第一不可。

西汉时，郡县及诸侯国上报的载录地方人事、户口、赋税的簿书，先交给太史，再呈送丞相。后汉时，公卿官员的奏书，先集中于公府，然后交给兰台。所以史官所修国史，记载的事情很广博。从近古开始，这种做法不再施行了。史官的编集记录，只有自己求询采集。但左史、右史的起居注有所缺漏，众多的门阀世族，如今也很少有人来通报他们的情况了。在州郡中搜访风俗民情，所见所闻都有不完备的方面；在官府藏书中寻讨历史沿革，却有许多原始材料书籍难以见到。即使让孔圣人出生在现在，也只能有管窥之见，况且我们限于中等才能,怎能达到广闻博识的目的? 这是第二不可。

过去董狐以记事表明道义法则,并在朝廷上宣示;南史兄弟为了记载弑君一事,拿着竹简前往朝廷。而近代的修史机构,都设立在内城,幽居禁城之内,想要人们都看不见。思考这样做的用意,大约是以此来谢绝情面,防止有人拉关系的缘故。然而如今史馆中的作者,士多如林,都喜言善辩,没有听说咬着舌头不说话的人。一旦有史书草成,一个字的嘉誉或贬毁,话还没有说完,朝野便都知道了;毛笔还没有插入笔套,官员们就都可以背诵了。孙盛的实录,被当权者嫉恨;王韶的直书,被贵族视为仇敌。这是人之常情啊,谁能不畏惧它呢! 这是第三不可。

古时候刊定一史,纂成一家之言,体裁、规定都不一样,旨意目的也都不同。《尚书》的教导,是以通晓以往,预知未来为主;《春秋》的宗旨,是以惩恶劝善为首要目的。《史记》则黜退那些不愿做官的高洁之人而推荐奸雄;《汉书》则压抑忠臣而粉饰皇上的缺点。这些都是过去的圣贤们有得有失的例子,是好史书应遵循的是非标准,过去写书的人说得已很详细了。近来史官注录记载,大多是承命于监修官,杨令公命令"必须直书",宗尚书则说"应该把不好的事情多多地隐讳起来"。十头羊却有九个牧人,事情就很难做成;一个国家三个主人,听命、跟从谁呢? 这是第四不可。

我个人认为史馆设置监修官,虽然古代没有模式,但追寻其名号渊源,还是可以说出一些的。所谓监,是总管统领的意思。如果是编年记事,则在时间上有起止断限;如果写作传体,叙述事迹,则记事有繁富有简洁。有的应该省略却不省略,有的应该记载而不记载,这些就违背了全书取舍的规则。连缀文辞,排列史事,烦劳和安逸应该平均;挥洒铅粉,奋笔而书,勤快人和懒惰人的任务应相等。某卷某篇,交付给这个职务的人;某纪某传,归属于那个史官。这些就是选用人员安排事务的法则。这些都需要明确地订立规矩,详细确定职责范围,一旦每个人都自己思量着努力进取,那么史书就可立即写成。现在监修的官员既然不指派授理任务,撰写的官吏也没有可以遵守奉命的。这就使官员争着效法苟且之人,尽力互相推避任务,坐等季节的冷热变化,白白地延误岁月。这是第五不可。

凡是这些妨碍修撰国史的情况,类似的实在还有很多。我在这里用主要的几条概括这些,其他的举一反三便可知道了。而如今众人的议论,怎么可以讥笑我在编撰史书上没有什么成就呢! 近来我尊敬地看到大人您常常心怀急切地勉励开导史官们,还时常提出要求,进行考察。您有时说著述典籍的事业很重大,要努力用心;有时说时间已经过去很多,国史何时才能完成? 我个人认为,不确立制度条例,却徒劳地勤于督促、考察,即使以残酷的刑法进行威胁,以重金赏赐进行勉励,最终也是达不到目的的。有这样一句话:"发挥自己的力量,承担责任,实在做不好就罢手。"我近来之所以向自己的知己敞开心扉、陈述想法,一个一个地触犯长官们,多次要辞去记载的官位,愿意罢免自己记言的职务,正是因为这句话的缘故。如今朝廷号称得到贤才,国家多有才学渊博之人,大明宫里,贤良正直者比比皆是,秘书省中,英奇之才一个挨着一个。我既然仿效圣贤没有成功,编撰的史书也没有最后完成,白白地用尽太官的饭食,凭空取得朝廷的俸禄。乞请还我以过去的职务,让我回到过去的住所,谢绝简书往来,避让朝廷纳贤之路。请求明达的长官您可怜我,答应我的请求。

萧至忠爱惜刘知几的才华,没有答应他辞去史官的请求。宗楚客嫉恨刘知几的正直,对其他史官说:"他写出这样的信,想把我等置于何地!"

当时刘知几又著《史通》二十卷,详细地议论史书的体例。太子右庶子徐坚非常重视这部书。曾说:"居于撰史职位上的人,应该将这部书置于座右。"刘知几自负史才,经常慨叹当时没有了解自己才能的人,于是将著国史的任务委托给著作郎吴兢,自己另外撰述《刘氏家史》十五卷、《谱考》三卷。推导出汉氏是颛顼后代陆终的子孙,并不是尧的后人。彭成丛亭里的各支刘姓,都出自宣帝的儿子楚孝王刘嚣的曾孙司徒居巢侯刘恺之后,并不是承续楚元王刘交之后。所有这些,都考证清楚,证据确凿,可以刊正前代的错误。虽然被世俗之人讥笑,但学者却敬佩他考据翔实,学识渊博。起初,刘知几常说,如果能够得到皇帝授予的封号,就一定要以"居巢"为名,以继承从前司徒刘恺受封城邑的名号,后来刘知几因为撰修《则天实录》有功,果然被封为居巢县子。另外,刘知几的乡亲们因为刘氏兄弟六人都获进士及第,文章、学识名扬天下,就将乡里的名称改为高阳乡居巢里。

景云年间,刘知几连续被任命为太子左庶子,兼崇文馆学士,并依旧修国史,加衔银青光禄大夫。当时玄宗是东宫太子,刘知几的名字在读音上与太子的名字相似,就改称子玄。景云二年,皇太子将亲自去国学祭奠先圣先师,(作为入学典礼)。有关部门起草了仪式的礼节章程,规定随从官员一律骑马、穿官服。子玄上奏建议道:

古时候自大夫以上,都乘车而马有四匹。魏、晋以后,直至隋代,京城的官员们都是乘坐牛车。历代经史,都记录有这些事情,不能在这里一一说明。至如李广北征匈奴,打完一仗即解下马鞍休息;马援南伐公孙述,依凭马鞍侦察敌情,这些都说明,设置鞍、马,是在军队中使用的;穿着戎服骑马,是图它方便骑射。南朝官员升为尚书郎的,常常随便骑马,于是被御史弹劾,颜延之罢官之后,喜欢骑马出入闾里,当时的人们都说他放诞不羁。这些都说明,如果乘坐专车,可以穿着朝衣;如果骑着御鞍的马匹,则应该穿着便服。举出近古的这些例子,都是可以说明这个道理的明证。

自皇家应运而兴,就随着时代的需求,制定相关的制度。至于去陵庙扫墓祭祀,任命王公大臣,就穿着华丽的衣服鞋帽,乘坐豪华大车。一般的书生、百姓如果要穿着整洁的服装亲自迎接贵客,也是常常驾驭带有车箱的车子。(除此之外的)其他事情,则不再乘车,无论是贵族还是百姓外出,都只是骑马而已。臣子我近来看到天子的车驾外出巡幸,皇车一出发上路,左右侍卫都身着朝服乘马。既然穿戴正规,就只能配上车出行。如今既然罢除了侍卫乘车的规矩,但服装却不更换,可谓是只知其一而不知其二啊。为什么呢?宽衣大带,革履高冠,本来就不是马上能使用的,当然是坐车才能穿的衣服。如果一定要穿着袜子踩镫,不穿鞋子骑马,不但没有遵循传统习惯,也违背了当今习俗。想要求得折中,是不行的。而且衣袖宽广,飘飘洋洋,佩玉叮咚,丝带成行,节奏明快,神采飞扬,驰行于世俗的骚扰之内,出入于旌旗术戟之间,一旦马受惊飞奔,骑者颠坠于地,便会使成排车马的两旁,丢满大量的鞋子,皇车专用的路上,受阻的马匹一个连着一个。这当然就会使路边的行人嗤笑,因而有损皇家的威仪。

现在提出建议的人都说,秘阁之中有《梁武帝南郊图》,图上有许多戴着高冠骑马的人,这是近代出现的事情,不能说(盛服骑马的事在过去)没有记载。但我认为这幅图是后人所画,并不是当时的作品。而且现在有许多关于古今事情的图画,如张僧繇画有《群公祖二疏》,图中兵士有的穿着草鞋;阎立本画《明君入匈奴》,图中妇女有的戴着周边缝有黑纱以防风沙的帽子。可是草鞋出于水乡,并非中原所有;防风沙的帽子创始于隋代,并非汉代宫廷的服饰。建议盛服骑马的人难道可以根据这二幅画,就认为中原果真有草鞋,西汉果真有防风沙的帽子吗?因此说,《梁氏南郊之图》(所画并非当时之事),道理就在于此。再说,解经的书宣扬要顺应习俗,《礼》经注重依据实际情况。殷商乘辂车,周代用冕,规模不一样;秦代男子讲究戴冠,汉代男子喜欢佩剑,用舍没有常规。何况我们国家在道义上超过任何一个帝王,功高万古,如果礼节、事情不便利的,当然有权力加以变通。身着朝服骑马这种形式,我个人认为应当废除。我怀有这一异议,已经有很久了,由于没有机会,一直没来得及宣扬。现在恰逢殿下您要前往国学与众卿之子一起读书,凡有衣冠乘马的人都畏惧这次出行,所以我轻率地进此狂言,以申说我的鄙陋之见。

皇太子亲笔批示对外宣布施行,并编入制度中,作为常规。

开元初年,刘知几升任左散骑常侍,修史职务依然不变。开元九年,刘知几长子刘贶任职太乐令,由于触犯条律被发配流放。刘知几为此到执法部门申诉。皇上听到这件事后很愤怒,贬授刘知几为安州都督府别驾。刘子玄负责撰修国史,首尾共二十多年,有许多成就,甚为当时人们称赞。礼部尚书郑惟忠曾问子玄:"自古以来,文学人才多而史学人才少,这是为什么?"刘子玄回答说:"作为史学人才,必须具备三项才能,世上没有这种人,所以史才缺少。三项才能,是说才、学、识。只有学问而没有能力,就比如有百顷良田,黄金满筐,却使愚笨的人去经营,永远不能发财致富。只有能力而没有学问,就好像兼有雕刻石玉的才思,灵巧得像公输,但家中却没有楔、楠一类的木料,斧头一类的工具,最终不能完成宫室的建造。尤其须要坚持正义,端正刚直,善恶必书,使骄奢的皇上、祸国的臣子,也有他们惧怕的事情。这样就会如虎添翼,没有比这更好的人才,天下也没有能够抵挡他的人。倘若不具备(以上这三种)才能就不能忝居史官的位置。自远古以来,能够符合这几项要求的,实在是很少。"当时人们认为这些话是很有见解的。刘子玄到了安州之后,没有多长时间就去世了,享年六十一岁。他从小到老,撰述不倦,只要朝廷里有论著的任务,他就一定会任居其职。曾参与修撰了《三教珠英》《文馆词林》《姓族系录》,论断《孝经》并非郑玄所注,《老子》没有河上公的注,又修撰了《唐书实录》。这些著述都在当时流行,又有文集三十卷。刘知几去世数年之后,玄宗诏令河南府派人到他家抄写《史通》,进献给朝廷。玄宗读过之后,觉得很不错,于是追赠刘子玄汲郡太守;不久又追赠为工部尚书,谥号"文"。

吴兢传

【题解】

吴兢(670~749)，汴州浚仪(今河南开封)人，唐代史学家。他从武则天时期起长期担任史职，达四十余年，参加国史的修撰，又私撰了《唐史》《唐春秋》、梁、齐、周、陈、隋史等史书。惜留传至今的仅一部《贞观政要》。他叙事简核，直书不讳，以"董狐笔法"闻名当世。

【原文】

吴兢，汴州浚仪人也。励志勤学，博通经史。宋州人魏元忠、亳州人朱敬则深器重之，及居相辅，荐兢有史才，堪居近侍，因令直史馆，修国史。累月，拜右拾遗内供奉。神龙中，迁右补阙，与韦承庆、崔融、刘子玄撰《则天实录》成，转起居郎。俄迁水部郎中，丁忧还乡里。开元三年服阕，抗疏言曰："臣修史已成数十卷，自停职还家，匪忘纸札，乞终余功。"乃拜谏议大夫，依前修史。俄兼修文馆学士，历卫尉少卿、左庶子。居职殆三十年，叙事简要，人用称之。末年伤于太简。《国史》未成，十七年，出为荆州司马，制许以史稿自随。中书令萧嵩监修国史，奏取兢所撰《国史》，得六十五卷。累迁台、洪、饶、蕲四州刺史，加银青光禄大夫，迁相州长史，封襄垣县子。天宝初改官名，为邺郡太守，入为恒王傅。

兢尝以梁、陈、齐、周、隋五代史繁杂，乃别撰《梁》《齐》《周史》各十卷、《陈史》五卷，《隋史》二十卷，又伤疏略。兢虽衰耗，犹希史职，而行步伛偻，李林甫以其年老不用。天宝八年，卒于家，时年八十余。兢卒后，其子进兢所撰《唐史》八十余卷，事多纰缪，不逮于壮年。兢家聚书颇多，尝目录其卷第，号《吴氏西斋书目》

【译文】

吴兢，是汴州浚仪人。他志向坚定，勤奋好学，因而博通经史。宋州人魏元忠、亳州人朱敬则都非常器重他。等到魏、朱二人做了相辅，便推荐吴兢，说他具有史家才能，能够在皇上的左右承担职务。因此皇上命令吴兢到史馆临时任职，修撰国史。几个月后，任命他为右拾遗内供奉。神龙年间，他升任右补阙。当他与韦承庆、崔融、刘子玄撰成《则天实录》之后，又转任起居郎。不久又升任水部郎中，但由于母亲去世，便辞职回乡服丧。开元三年，服丧期满，便直言上疏说："臣修史已成数十卷，自从停职返乡至今，都没有忘怀修史之事，请皇上准许我完成剩余的任务。"皇上任命他为谏议大夫，同以前一样，担任修史工作。不久他兼任修文馆学士，又先后担任卫尉少卿、右庶子的职务。吴兢任史职近三十年，叙事简明扼要，当时人们都器重、称赞他。但吴兢晚年的著述却过于简开元十七年，《国史》还没有修成，吴兢被贬罚出任荆州司马，皇上允许他随身携带未成史稿。中书令萧嵩监修国史时，向朝廷献上吴兢撰述的《国史》六十五卷。后来，吴兢又先后担任台、洪、饶、蕲四州刺史，加衔银青光禄大夫，又升为相州长史，封襄垣县子。天定初年改官名，为邺郡太守，又进入朝廷为恒王的老师。

　　吴兢曾经因为梁、陈、齐、周、隋五代史过于冗繁，就另外又编著了《梁史》《齐史》《周史》各十卷，《陈史》五卷，《隋史》二十卷，但这些著述又过于疏略。吴兢晚年，体力衰耗，走路弯腰躬背，但他依然希望能重新担任史官。李林甫认为他太老了，就没再用他。天宝八年，吴兢死于家中，当时有八十多岁。吴兢死后，他的儿子将他撰著的《唐史》八十多卷进献给朝廷。这部书记事有许多错误，不及他在壮年时的著述。吴兢家中藏书很多，他曾自己给这些书做了一个目录，称作《吴氏西斋书目》。

韦述传

【题解】

　　韦述（？～757年），京兆万年（今陕西西安）人，唐代史学家。他在玄宗时代担任史职二十余年，在令狐德棻和吴兢草修的基础上，撰成了《国史》一百一十三卷，"事简而记详"，为五代后晋刘昫等撰《旧唐书》提供了丰富而简明的材料。他还撰写了《百家类例》等谱学著作，是个较有成就的谱学家。韦述博识、勤奋，著史坚持直书，受到时人和后代的敬重。

【原文】

　　韦述，司农卿弘机曾孙也。父景骏，房州刺史。述少聪敏，笃志文学。家有书二千卷，述为儿童时，记览皆遍，人骇异之。景龙中，景骏为肥乡令，述从父至任。洺州刺史元行冲，景骏之姑子，为时大儒，常载书数车自随。述入其书斋，忘寝与食。行冲异之，引与之谈，贯穿经史，事如指掌，探赜奥旨，如遇师资。又试以缀文，操牍便就。行冲大悦，引之同榻曰："此吾外家之宝也。"举进士，西入关。时述甚少，仪形眇小。考功员外郎宋之问曰："韦学士童年有何事业？"韦述曰："性好著书。述有所撰《唐春秋》三十卷，恨未终篇。至如词策，仰待明试。"之问曰："本求异才，果得迁、固。"是岁登科。

　　开元五年，为栎阳尉。秘书监马怀素受诏编次图书，乃奏用左散骑常侍元行冲、左庶子齐浣、秘书少监王珣、卫尉少卿吴兢并述等二十六人，同于秘阁详录四部书。怀素寻卒，行冲代掌其事，五年而成，其总目二百卷。述好谱学，秘阁中见常侍柳冲先撰《姓族系录》二百卷，述于分课之外手自抄录，暮则怀归。如是周岁，写录皆毕，百氏源流，转益详悉。乃于《柳录》之中，别撰成《开元谱》二十卷。其笃志忘倦，皆此类也。

　　转右补阙，中书令张说专集贤院事，引述为直学士，迁起居舍人。说重词学之士，述与张九龄、许景先、袁晖、赵冬曦、孙逖、王翰常游其门。赵冬曦兄冬日、弟和璧、居贞、安贞、颐贞等六人，述弟迪、迥、迢、迨、巡亦六人，并词学登科。说曰："赵、韦昆季，今今杞梓也。"十八年，兼知史官事，转屯田员外郎，职方吏部二郎中，学士、知史官事如故。及张九龄为中书令，即集贤之同职，裴耀卿为侍中，即述之舅，皆相推重，语必移晷。二十七年，转国子司业，停知史事。俄而复兼史职，充集贤学士。天宝初，历左右庶子，加银青光禄大夫。九载，兼充礼仪使。其载迁尚书工部侍郎，封方城县侯。

述在书府四十年，居史职二十年，嗜学著书，手不释卷。国史自令狐德棻至于吴兢，虽累有修撰，竟未成一家之言。至述始定类例，补遗续阙，勒成《国史》一百一十三卷，并《史例》一卷，事简而记详，雅有良史之才，兰陵萧颖士以为谯周、陈寿之流。述早以儒术进，当代宗仰，而纯厚长者，澹于势利，道之同者，无间贵贱，皆礼接之。家聚书二万卷，皆自校定铅椠，虽御府不逮也。兼古今朝臣图，历代知名人画，魏、晋已来草隶真迹数百卷，古碑、古器、药方、格式、钱谱、玺谱之类，当代名公尺题，无不毕备。及禄山之乱，两京陷贼，玄宗幸蜀，述抱《国史》藏于南山，经籍资产，焚剽殆尽。述亦陷于贼庭，授伪官。至德二年，收两京，三司议罪，流于渝州，为刺史薛舒困辱，不食而卒。其甥萧直为太尉李光弼判官，广德二年，直因入奏言事称旨，乃上疏理述于苍黄之际，能存《国史》，致圣朝大典，得无遗逸，以功补过，合沾恩宥。乃赠右散骑常侍。

议者云自唐已来，氏族之盛，无逾于韦氏。其孝友词学，承庆、嗣立为最；明于音律，则万石为最；达于礼仪，则叔夏为最；史才博识，以述为最。所撰《唐职仪》三十卷、《高宗实录》三十卷、《御史台记》十卷、《两京新记》五卷，凡著书二百余卷，皆行于代。

【译文】

韦述，是司农卿韦弘机的曾孙。父亲叫韦景骏，任房州刺史。韦述小的时候，聪慧敏捷，笃志文学。家中有藏书二千卷，韦述在还是儿童的时候，便记诵、阅览完毕，为此人们感到非常惊异。景龙年间，景骏为肥县县令，韦述跟随父亲到了任上。洺州刺史元行冲，是韦述父亲姑姑的儿子，是当时的大儒，常常随身带着好几车书。韦述到了他的书斋之中，便废寝忘食的看书。元行冲感到奇怪，便与他交谈起来。谈话从经学讲到史学，韦述全都了如指掌，并能深知其中的深刻含义，就像是得到过名师的指点一样。元行冲又用写作文章来检查他，韦述拿起纸笔便写成了。元行冲非常高兴，便让他与自己同睡一床，说："这可是我外家的宝贝啊。"韦述后西入潼关，应进士举。当时他还很小，外表看起来很不起眼。负责考试的员外郎宋之问问他："韦学士你小时候做过什么事啊？"韦述回答说："我爱好著书。撰有《唐春秋》三十卷，遗憾的是还没有写完。至于我文章写得如何，就恭敬地等待您公正的考试了。"之问说道："我就是来搜寻高才博学之人的，果然得到了司马迁、班固一样的才子。"韦述在这年考中了进士。

开元五年，韦述担任栎阳尉。秘书监马怀素接受皇上命令整理编排图书，并得皇上允许同左散骑常侍元行冲、左庶子齐浣、秘书少监王珣、卫尉少卿吴兢、韦述等二十六人，一起在秘阁中详细编录四部图书。不久马怀素去世，元行冲代理他的职务，五年后完成了这项任务，一共有目录二百卷。韦述喜好谱学，他在秘阁中看到常侍柳冲以前撰写的《姓族系录》二百卷，就在干完自己分内的事之后，抄录这部书，每次到黄昏时才拿着抄本回家。如此经过了一年，终于把这部书全部抄完。这样他对百家姓氏的源流，就知道得更加详细了。于是他根据柳冲《系录》关于唐代的记录，另外写成了《开元谱》二十卷。韦述志向坚定，专心学术，不知疲倦，如此可见一斑。

后来韦述转任右补阙，中书令张说掌管集贤院的事务，他引荐韦述为直学士，升任起居舍人。张说很器重有文采、有学问的人，因此韦述与张九龄、许景先、袁晖、赵冬曦、孙逖、王翰等，经常到他家中。赵冬曦的哥哥冬日，弟弟和壁、居贞、安贞，颐贞等六人，韦述的弟弟迪、遘、迥、起、巡也是六个人，都应试并考中词学科。张说说："赵氏、韦氏兄弟，都是当今的优秀人才。"开元十八年，韦述兼掌史官事务，转任屯田员外郎、职方吏部二郎中，在集贤院任直学士和掌史官事务同从前一样。到了张九龄任中书令，他曾在集贤院中与韦述同职，裴耀卿为侍中，他就是韦述的舅舅，他们互相都很推重，一谈起话来就要谈很长时间。开元二十七年，转任国子司业，停止掌理史事。不久又重新兼任史职，担任集贤院学士。天宝初年，他先后担任左、右庶子，加衔银青光禄大夫。九年之后，兼职为礼仪使。这年又升为尚书工部侍郎，封方城县侯。

韦述在集贤院有四十年，担任史职有二十年。他非常喜欢读书、写书，手不释卷。国史从令狐德棻开始著述，一直到吴兢，虽然没有间断修撰，但最终也没有一部完整的具有统一宗旨、体例的国史。到了韦述担任史官，才开始制定类例，补充遗漏，续写后面的部分，著成《国史》一百一十三卷，加上《史例》一卷。《国史》记载历史，条理简明，记述得却很详细。说明韦述完全具备优秀史家的才能，兰陵萧颖士认为他是谯周、陈寿一类的史家。韦述早年以儒学渊博成为杰出学者，深受当时人们的宗仰。但他却是一位纯厚长者，淡泊于权势利禄。只要是志趣相投，无论出身贵贱，他都以礼相待。韦述家中藏书二万卷，都由他亲自校定文字版本，即使是御府的图书也比不上他的精善。凡属古今朝臣与历代知名人士的画，魏晋以后数百卷草书、隶书的真迹，古碑、古器、药方、制度法令、钱谱、玺谱之类，以及当代名公的书信、题词，他都全部收藏。到了安史之乱爆发，叛贼攻陷两京，玄宗奔逃蜀地，韦述怀抱《国史》躲藏在南山中，但他的全部收藏及家产，却被抢掠、焚毁殆尽。韦述自己也陷于叛贼之手，被授官职。至德二年，大唐收复两京，（由于韦述曾在叛贼军中做官，）三司给他定罪，判他流放渝州。在渝州他被刺史薛舒压制迫害，于是绝食而死。他的外甥萧直是太尉李光弼的判官，广德二年，萧直因为上奏谈论事情符合皇上的心意，便（顺势）上疏为韦述辩护，认为他在仓皇逃奔的时候，还能保存《国史》，使得圣朝伟大的著作，没有遗落散失，以此功补过，应该得到皇上的恩赦和宽恕。皇上于是追赠韦述为右散骑常侍。

有人议论说，自唐开国以来，从氏族的角度看，韦氏这一族人是最兴旺发达的。在孝友方面，韦承庆、韦嗣立是最突出的；通晓音律，则韦万石是最突出的；精通礼仪，则韦叔夏是最突出的；学识渊博，有史学才能的，要以韦述为最突出了。韦述的著述有《唐职仪》三十卷、《高宗实录》三十卷、《御史台记》十卷、《两京新记》五卷，共著书二百余卷，都在世上流行。

李林甫传

【题解】

李林甫，出身李唐宗室，以辈分而沦，当是唐玄宗的远房叔叔。年轻时素行才望不高，被人瞧不起。但是，他却十分机灵乖巧，善于钻营，历任御史中丞、刑部侍郎、吏部侍郎、黄门侍郎等职，开元二十二年（734年）拜相。由于他"面柔而有狡计，能伺候人主意"，又厚结宦官、妃家，"伺帝动静，皆预知之"，因而"出言进奏，动必称旨"，不到两年时间便又兼任中书令，一人专权达十六年之久。对上，"蔽欺天子耳目"，杜绝谏诤之路；对下，妒贤嫉能，排斥异己，"阴计中伤之"。因此，当时都称其"口有蜜，腹有剑"。唐玄宗委政李林甫，正是其由"明"变"昏"的转折点，也是唐政权由国治转乱的征兆。

【原文】

李林甫，高祖从父弟长平王叔良之曾孙。叔良生孝斌，官至原州长史。孝斌生思海，官至扬府参军，思海即林甫之父也。林甫善音律，初为千牛直长，其舅楚国公姜皎深爱之。开元初，迁太子中允。时源乾曜为侍中，乾曜侄孙光乘，姜皎妹婿，乾曜与之亲。乾曜之男洁白其父曰："李林甫求为司门郎中。"乾曜曰："郎官须有素行才望高者，哥奴岂是郎官耶？"数日，除谕德。哥奴，林甫小字。累迁国子司业。

十四年，宇文融为御史中丞，引之同列，因拜御史中丞，历刑、吏二侍郎。时武惠妃爱倾后宫，二子寿王、盛王以母爱特见宠异，太子瑛益疏薄。林甫多与中贵人善，乃因中官干惠妃云："愿保护寿王。"惠妃德之。初，侍中裴光庭妻武三思女，诡谲有材略，与林甫私。中官高力士本出三思家，及光庭卒，武氏衔哀祈于力士，请林甫代其夫位，力士未敢言。玄宗使中书令萧嵩择相，嵩久之以右丞韩休对，玄宗然之，乃令草诏。力士遽漏于武氏，乃令林甫白休。休既入相，甚德林甫，与嵩不和，乃荐林甫堪为宰相，惠妃阴助之，因拜黄门侍郎，玄宗眷遇益深。

李林甫

二十三年，以黄门侍郎平章事裴耀卿为侍中，中书侍郎平章事张九龄为中书令，林甫为礼部尚书、同中书门下三品，并加银青光禄大夫。林甫面柔而有狡计，能伺候人主意，故骤历清列，为时委任。而中官妃家，皆厚结托，伺上动静，皆预知之，故出言进奏，动必称旨。而猜忌阴中人，不见于词色，朝廷受主恩顾，不由其门，则构成其罪；与之善者，虽厮养下士，尽至荣宠。寻历户、兵二尚书，知政事如故。

寻又以太子瑛、鄂王瑶、光王琚皆以母失爱而有怨言，驸马都尉杨洄白惠妃，玄宗怒，谋于宰臣，将罪之。九龄曰："陛下三个成人儿不可得。太子国本，长在宫中，受陛下义方，人未见过，陛下奈何以喜怒间忍欲废之？臣不敢奉诏。"玄宗不悦。林甫惘然而退，初无言，既而谓中贵人曰："家事何须谋及于人。"时朔方节度使牛仙客在镇，有政能，玄宗加实封，九龄又奏曰："边将训兵秣马，储蓄军实，常务耳，陛下赏之可也；欲赐实赋，恐未得宜。惟圣虑思之。"帝默然。林甫以其言告仙客，仙客翌日见上，泣让官爵。玄宗欲行实封之命，兼为尚书，九龄执奏如初。帝变色曰："事总由卿？"九龄顿首曰："陛下使臣侍罪宰相，事有未允，臣合尽言。远忤圣情，合当万死。"玄宗曰："卿以仙客无门籍耶？卿有何门阀？"九龄对曰："臣荒徼微贱，仙客中华之士。然陛下擢臣践台阁，掌纶诰；仙客本河湟一使典，目不识文字，若大任之，臣恐非宜。"林甫退而言曰："但有材识，何必辞学，天子用人，何有不可？"玄宗滋不悦。

九龄与中书侍郎严挺之善。挺之初娶妻出之，妻乃嫁蔚州刺史王元琰。时元琰坐赃，诏三司使推之，挺之救免其罪。玄宗察之，谓九龄曰："王元琰不无赃罪，严挺之嘱托所由辈有颜面。"九龄曰："此挺之前妻，今已婚崔氏，不合有情。"玄宗曰："卿不知，虽离之，亦却有私。"玄宗籍前事，以九龄有党，与裴耀卿俱罢知政事，拜左、右丞相，出挺之为洺州刺史，元琰流于岭外。即日林甫代九龄为中书、集贤殿大学士、修国史；拜牛仙客工部尚书、同中书门下平章事，知门下省事。监察御史周子谅言仙客非宰相器，玄宗怒而杀之。林甫言子谅本九龄引用，乃贬九龄为荆州长史。

玄宗终用林甫之言，废太子瑛、鄂王瑶、光王琚为庶人，太子妃兄驸马都尉薛锈长流瀼州，死于故驿，人谓之"三庶"，闻者冤之。其月，佞媚者言有乌鹊巢于大理狱户，天下几致刑措。玄宗推功元辅，封林甫晋国公，仙客豳国公。其冬，惠妃病，三庶人为祟而毙。储宫虚位，玄宗未定所立。林甫曰："寿王年已成长，储位攸宜。"玄宗曰："忠王仁孝，年又居长，当守器东宫。"乃立为皇太子。自是林甫惧，巧求阴事以倾太子。

林甫既秉枢衡，兼领陇右、河西节度，又加吏部尚书。天宝改易官名，为右相，停知节度事，加光禄大夫，迁尚书左仆射。六载，加开府仪同三司，赐实封三百户。而恩渥弥深，凡御府膳馐，远方珍味，中人宣赐，道路相望。与宰相李适之虽同宗属，而适之轻率，尝与林甫同论时政，多失大体，由是主恩益疏，以至罢免。黄门侍郎陈希烈性便佞，尝曲事林甫，适之既罢，乃引希烈同知政事。林甫久典枢衡，天下威权，并归于己，台司机务，希烈不敢参议，但唯诺而已。每有奏请，必先赂遗左右，伺察上旨，以固恩宠。上在位多载，倦于万机，恒以大臣接对拘检，难徇私欲。自得林甫，一以委成。故杜绝逆耳之言，恣行宴乐，袵席无别，不以为耻，由林甫之赞成也。

林甫京城邸第，田园水磑，利尽上腴。城东有薛王别墅，林亭幽邃，甲于都邑，特以赐之，及女乐二部，天下珍玩，前后赐予，不可胜计。宰相用事之盛，开元以来，未有其比。然每事过慎，条理众务，增修纲纪，中外迁除，皆有恒度。而耽宠固权，已自封植，朝望稍著，必阴计中伤之。初，韦坚登朝，以坚皇太子妃兄，引居要职，示结恩信，实图倾之，乃潜令御史中丞杨慎矜阴伺坚隙。会正月望夜，皇太子出游，与坚相见，慎矜知之，奏上。上大怒，以为不轨，黜坚，免太子妃韦氏。林甫因是奏李适之与坚昵狎，及裴宽、韩朝宗并曲附适之，上以为然，赐坚自尽，裴、韩皆坐之斥逐。后杨慎矜权位渐盛，林甫又忌之，乃引王𬬮为御史中丞，托以心腹。𬬮希林甫意，遂诬罔密奏慎矜左道不法，遂族其家。杨国忠以椒房之亲，出入中禁，奏请多允，乃擢在台省，令按刑狱。会皇太子良娣杜氏父有邻与子婿柳勣不叶，勣飞书告有邻不法，引李邕为证，诏王𬬮与国忠按问。𬬮与国忠附会林甫奏之，于是赐有邻自尽，出良娣为庶人，李邕、裴敦复枝党数人并坐极法。林甫之苞藏安忍，皆此类也。

林甫自以始谋不佐皇太子，虑为后患，故屡起大狱以危之，赖太子重慎无过，流言不入。林甫尝令济阳别驾魏林告陇右、河西节度使王忠嗣，林往任朔州刺史，忠嗣时为河东节度，自云与忠王同养宫中，情意相得，欲拥兵以佐太子。玄宗闻之曰：“我儿在内，何路与外人交通？此妄也。”然忠嗣亦左授汉阳太守。八载，咸宁太府赵奉章告林甫罪状二十余条。告未上，林甫知之，讽御史台逮捕，以为妖言，重杖决杀。

十载，林甫兼领安西大都护、朔方节度，俄兼单于副大都护。十一载，以朔方副使李献忠叛，让节度，举安思顺自代。国家武德、贞观以来，蕃将如阿史那社尔、契苾何力，忠孝有才略，亦不专委大将之任，多以重臣领使以制之。开元中，张嘉贞、王晙、张说、萧嵩、杜暹皆以节度使入知政事，林甫固位，志欲杜出将入相之源，尝奏曰：“文士为将，怯当矢石，不如用寒族、蕃人，蕃人善战有勇，寒族即无党援。”帝以为然，乃用思顺代林甫领使。自是高仙芝、哥舒翰皆专任大将，林甫利其不识文字，无入相由，然而禄山竟为乱皆由专得大将之任故也。

林甫恃其早达，舆马被服，颇极鲜华。自无学术，仅能秉笔，有才名于时者尤忌之。而郭慎微、苑咸文士之阘茸者，代为题尺。林甫典选部时，选人严迥判语有用“杕杜”二字者，林甫不识“杕”字，谓吏部侍郎韦陟曰：“此云‘杖杜’，何也？”陟俯首不敢言。太常少卿姜度，林甫舅子，度妻诞子，林甫手书庆之曰：“闻有弄獐之庆。”客视之掩口。

初，杨国忠登朝，林甫以微才不之忌；及位至中司，权倾朝列，林甫始恶之。时国忠兼领剑南节度，会南蛮寇边，林甫请国忠赴镇。帝虽依奏，然待国忠方渥，有诗送行，句末言入相之意。又曰：“卿止到蜀郡处置军事，屈指待卿。”林甫心尤不悦。林甫时已寝疾。其年十月，扶疾从幸华清宫，数日增剧，巫言一见圣人差减，帝欲视之，左右谏止。乃敕林甫出于庭中，上登降圣阁遥视，举红巾招慰之，林甫不能兴，使人代拜于席。翌日，国忠自蜀达，谒林甫，拜于床下，林甫垂涕托以后事。寻卒，赠太尉、扬州大都督，给班剑、西园秘器。诸子以吉仪护柩还京师，发丧于平康坊之第。

林甫晚年溺于声妓，姬侍盈房。自以结怨于人，常忧刺客窃发，重扃复壁，络板甃石，一夕屡徙，虽家人不之知。有子二十五人、女二十五人：岫为将作监，崿为司储郎中，屿为太常少卿；子婿张博济为鸿胪少卿，郑平为户部员外郎，杜位为右补阙，杨齐宣为谏议大夫，元㧑为京兆府户曹。

初,林甫尝梦一白皙多须长丈夫逼己,接之不能去。既寤,言曰:"此形状类裴宽,宽谋代我故也。"时宽勾户部尚书、兼御史大夫,故因李适之党斥逐之。是时杨国忠始为金吾胄曹参军,至是不十年,林甫卒,国忠竟代其任,其形状亦类宽焉。国忠素憾林甫,既得志,诬奏林甫与蕃将阿布思同构逆谋,诱林甫亲族间素不悦者为之证。诏夺林甫官爵,废为庶人,岫、崿诸子并谪于岭表。林甫性沉密,城府深阻,未尝以爱憎见于容色。自处台衡,动循格令,衣冠士子,非常调无仕进之门。所以秉钧二十年,朝野侧目,惧其威权。及国忠诬构,天下以为冤。

【译文】

李林甫,唐高祖的从父弟长平王李叔良的曾孙,李叔良生李孝斌,官至原州长史。李孝斌生李思海,官至扬州参军,李思诲就是李林甫的父亲。李林甫擅长音律。最初为官千牛直长,他舅父楚国公姜皎非常喜欢他。玄宗开元初年,迁为太子中允。当时源乾曜为侍中,源乾曜的侄孙源光乘,是姜皎的妹夫,源乾曜与他很是亲近,源乾曜的儿子源洁对父亲说:"李林甫要求当司门郎中。"源乾曜说:"郎中必须是平素品行和才望都高的人,哥奴哪里能当郎官呢?"过了数日,除官为谕德。哥奴,是李林甫的小名。累迁至国子司业。

开元十四年,宇文融为御史中丞,引荐李林甫与自己同列,于是拜官为御史中丞,历刑、吏二部侍郎。当时武惠妃正宠压后宫,她的两个儿子寿王、盛王因母亲得宠也尤其被宠异,而太子李瑛则越加被疏远淡薄,李林甫与很多中贵人交好,便通过宦官干谒武惠妃,道:"我愿保护寿王。"武惠妃很感激他。此前,侍中裴光庭的妻子是武三思的女儿,诡谲而有才略,与李林甫有私情。宦官高力士本出自武三思家,及至裴光庭去世,武氏含悲求请于高力士,请求让李林甫替代其夫的位置,高力士未敢答应。玄宗让中书令萧嵩选择宰相,萧嵩过了好久才以右丞韩休应对,玄宗同意,便命他起草诏命。高力士很快把这消息透露给武氏,武氏便让李林甫去告诉韩休。韩休既入朝为相,很感激李林甫,却与萧嵩不和,便推荐李林甫为宰相,武惠妃从暗处相助,于是便拜官黄门侍郎,玄宗对他的恩遇更深了。

开元二十三年,以黄门侍郎平章事裴耀卿为侍中,中书侍郎平章事张九龄为中书令,李林甫为礼部尚书、同中书门下三品,都加银青光禄大夫。李林甫表面柔顺而内有狡计,能观察皇上的意图,所以骤然历官清显之列,为当时所委任。而对宦官与后妃之家,他都深相结纳,窥伺皇上动静,都能预先知道,所以出言进奏,动辄符合皇上意旨。而他性格猜忌,暗中陷害人,不露于言词面色。朝官受到皇上恩顾,只要不出入他的门下,就要设法构成其罪;而与他交好的,即使是厮养之徒、卑贱之士,都可以位至荣宠。不久历官户部、兵部二尚书,执掌政事如故。

不久,太子李瑛、鄂王李瑶、光王李琚因母亲失宠而有怨言,驸马都尉杨洄把此事禀告给武惠妃,玄宗因此大怒,与宰相们商议,准备治罪。张九龄道:"陛下三个成年的儿子不可再得。太子是国家根本,生长于宫中,受陛下教诲,人们没见他有什么过失,陛下为什么在喜怒之间就忍心要废掉他呢？臣不敢奉行诏旨。"唐玄宗很不高兴。李林甫不知所答而退下，开始并无一言，既而他对中贵人说："王子自己家中的事，何必与外人商量。"当时朔方节度使牛仙客在镇所，有政治才干，玄宗要加以实封(唐时封爵有食邑，但往往是名义上的封邑，实封则是享受封邑的塞帅训兵秣马，储备军事物资，这是正常的租赋了)。张九龄又上奏道："边职任，陛下赏赐他就可以了。现在要赐以封邑的租赋，恐怕不甚得当。希望圣上考虑。"玄宗默然不语。李林甫把这些话告诉了牛仙客，牛仙客次日面见玄宗，哭泣着辞让官爵。玄宗要执行实封的命令，还让牛仙客兼任尚书。张九龄坚持上奏如旧。玄宗面色大变，道："事情总要听你的吗？"张九龄叩头道："陛下让臣担任宰相，事情有所不妥，臣就理应尽言。违忤圣意，该当万死。"玄宗道："你认为牛仙客没有门第吗？你又有何门阀？"张九龄答道："臣是荒野微贱之人，仙客是中华之士。但陛下擢拔臣登上台阁，执掌诏诰；而牛仙客不过河湟的一名典史(按牛仙客泾州人，初为县中小吏)，目不识文字，如若委以重任，臣担心不太妥当。"李林甫退朝后说道："只有才干见识，何必有文辞之学，天子用人，有什么不可的？"玄宗便更加对张九龄不满意了。

张九龄与中书侍郎严挺之交好。严挺之把初次娶的妻子休了，她便嫁给了蔚州刺史王元琰。当时王元琰犯了贪赃罪，诏令三司使鞠审，严挺之救免其罪。玄宗了解到此事，对张九龄说："王元琰不是没有赃罪，严挺之嘱托主管官吏给了面子。"张九龄道："她是严挺之的前妻，如今他已娶了崔氏，不应再有情分。"玄宗道："你不知道，虽然已经离婚，还是有私情的。"玄宗又追究前事，认为张九龄有党羽，便把他与裴耀卿都罢知政事，拜为左、右丞相，而出严挺之为洺州刺史，王元琰流放岭南。就在当天，李林甫代替张九龄为中书令、集贤殿大学士、修国史；拜牛仙客为工部尚书、同中书门下平章事，知门下省事。监察御史周子谅上言说牛仙客不是宰相之材，玄宗发怒而杀死了他。李林甫说周子谅本是张九龄所荐举的，于是贬张九龄为荆州长史。

玄宗终于采用李林甫的建议，废太子李瑛、鄂王李瑶、光王李琚为庶人，太子妃的哥哥驸马都尉薛锈远流于瀼州，死于破旧的驿站中，人们称太子李瑛等为"三庶人"，听到这事的都感到冤枉。这个月，佞媚之人上言有乌鹊在大理寺狱的门上搭起了巢，天下几乎达到"刑措不用"的境界。玄宗把功劳推让给宰相，封李林甫为晋国公，牛仙客为豳国公。这年冬天，武惠妃病，"三庶人"的鬼魂为祟而死(按《新唐书》言，玄宗用李林甫之言，杀死李瑛等三子)。储君之宫空虚，玄宗还定不下立谁为太子。李林甫说："寿王年已长成，太子之位他是很适合的。"玄宗道："忠王仁孝，年岁又居长，应该由他守重器于东宫。"便立忠王为皇太子。从此李林甫心怀忧惧，巧妙地探求阴私之事以倾陷太子。

李林甫既已执掌宰相大权，兼领陇右、河西节度使，又加吏部尚书。天宝年间改换官名，李林甫担任右相，罢去节度使，加光禄大夫，迁为尚书左仆射。天宝六载，加开府仪同三司，赐实封三百户食邑。而玄宗恩遇愈加深厚，凡是皇宫中的御膳珍馐，远方的珍奇食品，由宦官宣命赐送，相望于道路。他与宰相李适之虽然同为皇帝宗室，但李适之性格轻率，曾与李林甫一起论辩时政，多失宰相之体，由此玄宗对他越加疏远，以至罢免。黄门侍郎陈希烈生性便巧谄媚，曾委曲侍奉李林甫，李适之既已罢相，李林甫便荐引陈希烈为同知政事。李林甫久掌政枢，天下威权，都收归于自己，中央各部门机务，陈希烈不敢参与意见，只是唯唯恭恭而已。李林甫每次所有奏请，必先贿赠玄宗的左右，窥伺玄宗的意旨，以巩固自己的恩宠。玄宗在位多年，倦怠于处理政务，常认为与大臣相对时拘束，难徇自己的私欲。自从得到李林甫，一切政事都委托给他办理了，所以他杜绝逆耳的忠言，恣意肆行宴乐，衽席之上不加区别（按指玄宗纳其子寿王妃杨玉环事），也毫不以为羞耻，这都是由于李林甫赞助而成的缘故。

李林甫在京城的宅第，以及田园、水磨，尽都是上等膏腴。城东有薛王的别墅，林亭幽邃，为都城之甲，玄宗特别赐给李林甫，还有女乐二部、天下的珍玩，前后赏赐，不可胜计。宰相用事之盛，自开元以来，未有能与他相比的。但他遇事非常谨慎，料理各种政务，增修各种法律，朝内外官吏的任命，都有稳定的规矩。可是他牢结恩宠，加固权位，培植自己的势力，谁在朝廷上声望稍著，他必然暗中策划加以中伤。开初，韦坚进入朝廷，李林甫因为韦坚是皇太子妃的哥哥，便荐引他居于要职，表示以恩信相结纳，但他实际上要图谋倾陷韦坚，便悄悄让御史中丞杨慎矜暗中窥伺韦坚的过错。正值正月十五之夜，皇太子出游，与韦坚相见，杨慎矜知道了，便奏告玄宗。玄宗大怒，认为他们图谋不轨，便黜罢韦坚，废免太子妃韦氏。李林甫借以上奏李适之与韦坚亲昵过分，裴宽、韩朝宗都曲身依附李适之。玄宗相信了这些话，便赐韦坚自尽，裴宽、韩朝宗都坐罪斥逐出朝。后来杨慎矜的权力地位渐盛，李林甫又忌恨起他，便荐引王铧为御史中丞，以心腹相托。王铧投合李林甫的意旨，便秘密上奏诬陷杨慎矜用邪教为不法，于是族灭了杨家。杨国忠以外戚之亲，出入宫禁，奏请多被应允，李林甫便把他提拔到御史台，让他按察刑狱。正值皇太子良娣（良娣为太子内官，位低于太子妃）杜氏的父亲杜有邻与女婿柳勣不和，柳勣上匿名书告杜有邻不法，并引李邕为证，诏命王铧与杨国忠鞫审。王铧、杨国忠附和李林甫之意而上奏，于是赐杜有邻自尽，杜良娣逐出东宫为庶人，李邕、裴敦复等几个亲友都被处以极刑。李林甫的包藏祸心、安忍不露，都与此相类。

李林甫自己认为开始没有打算佐助皇太子，顾虑将为后患，所以屡次兴起大狱以倾危太子，所赖太子稳重谨慎，没有过犯，所以流言未被玄宗相信。李林甫曾让济阳别驾魏林诬告陇右、河西节度使王忠嗣，魏林以往任朔州刺史，王忠嗣当时为河东节度使，自言与忠王同养于宫中，情意相投，打算拥兵以辅佐太子。玄宗听了后说："我儿子在宫内，有什么途径能与外面人沟通？这是虚妄的。"但还是把王忠嗣降职为汉阳太守。天宝八载，咸宁太府赵奉章揭发李林甫罪状二十余条。状还没有奏上，李林甫知道了，便示意御史台逮捕赵奉章，定为妖言，用重杖打死。

天宝十载，李林甫兼领安西大都护、朔方节度使，不久又兼单于副大都护。天宝十一载，因为朔方节度副使李献忠叛变，李林甫辞让节度使，举荐安思顺代替自己。唐朝自武德（高祖年号）、贞观（太宗年号）以来，蕃人将领如阿史那社尔、契苾何力，忠孝而有才略，但也不专委以大将之任，大多以朝廷重臣遥领节度使以制驭他们。开元年间，张嘉贞、王唆、张说、萧嵩、杜暹都以节度使入朝知政事，李林甫为了稳固自己的位置，打主意要堵塞出将入相的源头，曾上奏说："文士为将帅，害怕身当矢石，不如用寒族和蕃人，蕃人善战勇敢,寒族则没有亲党做后援。"玄宗很以为然,便用安思顺代替李林甫领节度使。从此高仙芝、哥舒翰都专任大将,李林甫取利于他们不识文字,没有入朝为相的理由,然而安禄山终于为祸乱,就是因为他专有大将之任的缘故。

李林甫自恃其早年腾达,舆马衣服,都极其华丽。他自己不学无术,仅能执笔,所以对有才名于时的尤其忌妒。而郭慎微、苑咸这些文士中的下等人物,则用来代他题写书信。李林甫典掌吏部时,参加考选的严迥,在判语中用了"杕杜"二字(《诗经》中有《杕杜》篇),李林甫不认识"杕"字,对吏部侍郎韦陟说:"这里说'杖杜',是什么意思?"韦陟低头不敢回答。太常少卿姜度,是李林甫舅父的儿子,姜度的妻子生个儿子,李林甫亲手写信庆贺,说"闻有弄獐之庆"(按为"弄璋"之误),宾客看了,掩口而笑。

开初,杨国忠进入朝廷,李林甫认为他才能平庸而未加忌妒;及至杨国忠位至御史中丞,权倾朝列,李林甫才嫉恨他。当时杨国忠兼领剑南节度使,正值南诏国进犯边境,李林甫就请杨国忠赴任镇所。玄宗虽然同意了他的奏章,但对杨国忠正恩宠方渥,亲自写诗送行,句末透露出以后让他入朝为相的意思,还说:"你只须到蜀郡处置军事就行了,朕数着指头等你回来。"李林甫心中更加不痛快了。李林甫当时已经病重。这年十月,他扶病随从玄宗临幸华清宫,数日之后病情加剧。巫师说,如果能见一下圣人,病就会好转,玄宗想去探视他,左右劝谏不要去。于是敕命李林甫出来到庭院中,玄宗登上降圣阁从远处观望,举起红巾招手慰问,李林甫不能起身,让别人代拜于席。次日,杨国忠自蜀郡还朝,谒见李林甫,拜于床下,李林甫垂着眼泪,以身后事相托。很快他就死了,赠太尉、扬州大都督,赐给班剑、西园秘器(帝王用的葬具)。他的儿子们用吉礼的仪仗护送灵柩回到京城,发丧于平康坊的府第。

李林甫晚年沉溺于声妓,姬妾满房。自己觉得结怨于人,常担心暗中突然出现刺客,重门复壁,联板砌石,一夜间几次迁徙,就是家中人也不知他睡在何处。有子二十五人,女二十五人:李岫为将作监,李崿为司储郎中,李屿为太常少卿;女婿张博济为鸿胪少卿,郑平为户部员外郎,杜位为右补阙,杨齐宣为谏议大夫,元捴为京兆府户曹。

开初,李林甫曾梦见一个白皙多须、个子高大的男子逼近自己,贴到身上推不开。醒了之后,他言道:"那样子像裴宽,这是裴宽图谋取代我的缘故。"当时裴宽为户部尚书,兼御史大夫,所以李林甫借口他是李适之一党而斥逐出朝。当时杨国忠才刚当金吾胄曹参军,从此不到十年,李林甫死,杨国忠竟取代其位,他的形状也很像裴宽。杨国忠一向怀恨李林甫,既已得志,便诬奏李林甫与蕃将阿布思共同策划逆谋,并利诱李林甫亲戚中一向与他不合的人做证。于是诏命夺削李林甫官爵,废为庶人,李岫、李崿等诸子都谪斥于岭南。李林甫性格沉鸷缜密,城府很深,从来不以爱憎现于颜色。自己身处相位,举动遵循规定,衣冠士人,如不是正常调任,他从不开仕进之门,所以他掌朝政二十年,朝野之人,侧目而视,惧惮他的威严和权势。及至杨国忠诬陷构罪,天下皆以为冤枉。

杨国忠传

【题解】

　　杨国忠，本名钊，祖父与杨贵妃祖父是兄弟，因而与杨贵妃是从祖兄妹，但不在直系之列。杨国忠踏上仕途，无疑是"因缘椒房之亲"。天宝四载（745 年），为聚敛之臣王铁的判官。其后，短短的五年，便爬到仅次于宰相李林甫、御史大夫王铁的重臣地位，"专钱谷之任"，这主要是其善于迎合唐玄宗聚敛天下财富的需求，与杨贵妃已无多少直接关系了。天宝八载（749 年），玄宗赐名"国忠"，正表明其因聚敛而受到的荣宠。天宝十一载（752 年），先翦除王铁，接着取代李林甫为相，开始了他一人专断的独裁。史称其聚敛不顾"怒天下，"用人"无问贤不肖"。为争权宠，排斥安禄山，不惜采取激化矛盾的做法，终于导致"安史之乱"，自己身首分离，连累杨贵妃系颈而亡，朝廷陷没，兵满天下。

【原文】

　　杨国忠本名钊，蒲州永乐人也。父珣，以国忠贵，赠兵部尚书。则天朝幸臣张易之，即国忠之舅也。国忠无学术拘检，能饮酒，蒲博无行，为宗党所鄙。乃发愤从军，事蜀帅，以屯优当迁，益州长史张宽恶其为人，因事笞之，竟以屯优授新都尉。稍迁金吾卫兵曹参军。太真妃，即国忠从祖妹也。天宝初，太真有宠，剑南节度使章仇兼琼引国忠为宾佐，既而擢授监察御史。去就轻率，骤履清贯，朝士指目嗤之。

　　时李林甫将不利于皇太子，掎摭阴事以倾之。侍御史杨慎矜承望风旨，诬太子妃兄韦坚与皇甫惟明私谒太子，以国忠怙宠敢言，援之为党，以按其事。京兆府法曹吉温舞文巧诋，为国忠爪牙之用，因深竟坚狱，坚及太子良娣杜氏、亲属柳勣、杜昆吾等，痛绳其罪，以树威权。于京城别置推院，自是连岁大狱，追捕挤陷，诛夷者数百家，皆国忠发之。林甫方深阻保位，国忠凡所奏劾，涉疑似于太子者，林甫虽不明言以指导之，皆林甫所使，国忠乘而为邪，得以肆意。

杨国忠

上春秋高，意有所爱恶，国忠探知其情，动契所欲。骤迁检校度支员外郎，兼侍御史，监水陆运及司农、出纳钱物、内中市买、招募剑南健儿等使。以称职迁度支郎中，不期年，兼领十五余使，转给事中、兼御史中丞，专判度支事。是岁，贵妃姐虢国、韩国、秦国三夫人同日拜命，兄铦拜鸿胪卿。八载，玄宗召公卿百僚观左藏库，喜其货币山积，面赐国忠金紫，兼权太府卿事。国忠既专钱谷之任，出入禁中，日加亲幸。

初，杨慎矜希林甫旨，引王𫟹为御史中丞，同构大狱，以倾东宫。既帝意不回，慎矜稍避事防患，因与𫟹有隙。𫟹乃附国忠，奏诬慎矜，诛其昆仲，由是权倾内外，公卿惕息。吉温为国忠陈移夺执政之策，国忠用其谋，寻兼兵部侍郎。京兆尹萧炅、御史中丞宋浑皆林甫所亲善，国忠皆诬奏谴逐，林甫不能救。王𫟹为御史大夫，兼京兆尹，恩宠侔于国忠，而位望居其右。国忠忌其与己分权，会邢縡事泄，乃陷𫟹兄弟诛之，因代𫟹为御史大夫，权京兆尹，赐名国忠。乃穷竟邢縡狱，令引林甫交私𫟹、銲与阿布思事状，而陈希烈、哥舒翰附会国忠，证成其状，上由是疏薄林甫。

南蛮质子阁罗凤亡归不获，帝怒甚，欲讨之。国忠荐阆州人鲜于仲通为益州长史，令率精兵八万讨南蛮，与罗凤战于泸南，全军陷没。国忠掩其败状，仍叙其战功，仍令仲通上表请国忠兼领益部。十载，国忠权知蜀郡都督府长史，充剑南节度副大使，知节度事，仍荐仲通代己为京兆尹。国忠又使司马李宓率师七万再讨南蛮。宓渡泸水，为蛮所诱，至和城，不战而败，李宓死于阵。国忠又隐其败，以捷书上闻。自仲通、李宓再举讨蛮之军，其征发皆中国利兵，然于土风不便，沮洳之所陷，瘴疫之所伤，馈饷之所乏，物故者十八九。凡举二十万众，弃之死地，只轮不还，人衔冤毒，无敢言者。国忠寻兼山南西道采访使。十一载，南蛮侵蜀，蜀人请国忠赴镇，林甫亦奏遣之。将辞，雨泣恳陈必为林甫所排，帝怜之，不数月召还。会林甫卒，遂代为右相，兼吏部尚书、集贤殿大学士、太清太微宫使、判度支、剑南节度，山南西道采访、两京出纳租庸铸钱等使并如故。

国忠本性疏躁，强力有口辩，既以便佞得宰相，剖决机务，居之不疑。立朝之际，或攘袂扼腕，自公卿以下，皆颐指气使，无不詟惮。故事，宰相居台辅之地，以元功盛德居之，不务威权，出入骑从简易。自林甫承恩顾年深，每出车骑满街，节将、侍郎有所关白，皆趋走辟易，有同案吏。旧例，宰相午后六刻始出归第，林甫奏太平无事，以巳时还第，机务填委，皆决于私家。主书吴珣持籍就左相陈希烈之第，希烈引籍署名，都无可否。国忠代之，亦如前政。国忠自侍御史以至宰相，凡领四十余使，又专判度支、吏部三铨，事务鞅掌，但署一字，犹不能尽，皆责成胥吏，贿赂公行。

国忠既以宰臣典选，奏请铨日便定留放，不用长名。先天以前，诸司官知政事，午后归本司决事，兵部尚书、侍郎亦分铨注拟。开元以后，宰臣数少，始崇其任，不归本司。故事，吏部三铨，三注三唱，自春及夏，才终其事。国忠使胥吏于私第暗定官员，集百僚于尚书省对注唱，一日令毕，以夸神速，资格差谬，无复伦序。明年注拟，又于私第大集选人，令诸女弟垂帘观之，笑语之声，朗闻于外。故事，注官讫，过门下侍中、给事中。国忠注官时，呼左相陈希烈于座隅，给事中在列，曰："既对注拟，过门下了矣。"吏部侍郎韦见素、张倚皆衣紫，是日与本曹郎官同咨事，趋走于屏树之间。既退，国忠谓诸妹曰："两员紫袍主事何如人？"相对大噱。其所昵京兆尹鲜于仲通、中书舍人窦华、侍御史郑昂讽选人于省门立碑，以颂国忠铨综之能。

贵妃姐虢国夫人，国忠与之私，于宣义里构连甲第，土木被绨绣，栋宇之盛，两都莫比，昼会夜集，无复礼度。有时与虢国并辔入朝，挥鞭走马，以为谐谑，衢路观之，无不骇叹。玄宗每年冬十月幸华清宫，常经冬还宫。国忠山第在宫东门之南，与虢国相对，韩国、秦国甍栋相接，天子幸其第，必过五家，赏赐宴乐。每扈从骊山，五家合队，国忠以剑南幢节引于前，出有钱路，还有软脚，远近饷遗，珍玩狗马，阉侍歌儿，相望于道。进封卫国公，食实封三百户，俄拜司空。

时安禄山恩宠特深，总握兵柄。国忠知其跋扈，终不出其下，将图之，屡于上前言其悖逆之状，上不之信。是时，禄山已专制河北，聚幽、并劲骑，阴图逆节，动未有名，伺上千秋万岁之后，方图叛换。及见国忠用事，虑不利于己，禄山遥领内外闲厩使，遂以兵部侍郎吉温知留后，兼御史中丞、京畿采访使，内伺朝廷动静。国忠使门客蹇昂、何盈求禄山阴事，围捕其宅，得李超、安岱等，使侍御史郑昂缢杀于御史台。又奏贬吉温于合浦，以激怒禄山，幸其摇动，内以取信于上，上竟不之悟。由是禄山惶惧，遂举兵以诛国忠为名。玄宗闻河朔变起，欲以皇太子监国，自欲亲征，谋于国忠。国忠大惧，归谓姐妹曰："我等死在旦夕。今东宫监国，当与娘子等併命矣。"姐妹哭诉于贵妃，贵妃衔土请命，其事乃止。及哥舒翰守潼关，诸将以函关距京师三百里，利在守险，不利出攻。国忠以翰持兵未决，虑反图己，欲其速战，自中督促之。翰不获已出关，及接战桃林，王师奔败，哥舒受擒，败国丧师，皆国忠之误惑也。

自禄山兵起，国忠以身领剑南节制，乃布置腹心于梁、益间，以图自全之计。六月九日，潼关不守。十二日凌晨，上率龙武将军陈玄礼、左相韦见素、京兆尹魏方进，国忠与贵妃及亲属，拥上出延秋门，诸王妃主从之不及。虑贼奄至，令内侍曹大仙击鼓于春明门外，又焚刍藁之积，烟火烛天。既渡渭，即令断便桥。辰时，至咸阳望贤驿，官吏骇窜，无复贵贱，坐宫门大树下。亭午，上犹未食，有老父献麨，帝令具饭，始得食。翌日，至马嵬，军士饥而愤怒，龙武将军陈玄礼惧乱，先谓军士曰："今天下崩离，万乘震荡，岂不由杨国忠割剥甿庶，朝野怨咨，以至此耶？若不诛之以谢天下，何以塞四海之怨愤！"众曰："念之久矣。事行，身死固所愿也。"会吐蕃和好使在驿门遮国忠诉事，军士呼曰："杨国忠与蕃人谋叛。"诸军乃围驿擒国忠，斩首以徇。是日，贵妃既缢，韩国、虢国二夫人亦为乱兵所杀，御史大夫魏方进死，左相韦见素伤。良久兵解，陈玄礼等见上谢罪曰："国忠挠败国经，构兴祸乱，使黎元涂炭，乘舆播越，此而不诛，患难未已。臣等为社稷大计，请矫制之罪。"帝曰："朕识之不明，任寄失所。近亦觉悟，审其诈佞，意欲到蜀，肆诸市朝。今神明启卿，谐朕夙志，将畴爵赏，何至言焉。"

是时，禄山虽据河洛，其兵锋东止于梁、宋，南不过许、邓。李光弼、郭子仪统河朔劲卒，连收恒、定，若峤、函固守，兵不妄动，则凶逆之势，不讨自弊。及哥舒翰出师，凡不数日，乘舆迁幸，朝廷陷没，百僚系颈，妃主被戮，兵满天下，毒流四海，皆国忠之召祸也。

国忠子：暄、昢、晓、晞。暄为太常卿兼户部侍郎，尚延和郡主；昢为鸿胪卿，尚万春公主。兄弟各立第于亲仁里，穷极奢侈。国忠娶蜀倡裴氏女曰裴柔，国忠既死，柔与虢国夫人皆自刭死。暄死于马嵬；昢陷贼被杀；晓走汉中郡，汉中王瑀榜杀之；晞走至陈仓，为追兵所杀。

国忠之党翰林学士张渐窦华、中书舍人宋昱、吏部郎中郑昂等,凭国忠之势,招来赂遗,车马盈门,财货山积;及国忠败,皆坐诛灭,其斫丧王室,俱一时之沴气焉。

【译文】

杨国忠,本名杨钊,蒲州永乐人。父杨珣,由于杨国忠贵显,追赠为兵部尚书。武则天朝内的幸臣张易之,就是杨国忠的舅父。杨国忠不学无术,不识检点,能饮酒,赌博无赖,很为宗族的人所鄙视。于是他发愤从军,投到蜀帅帐下。因作屯官考核为优等而升迁,益州长史张宽讨厌他的为人,找个借口斥责了他一顿,但还是以屯优授他为新都县尉。稍迁为金吾卫兵曹参军。唐玄宗的妃子杨太真,是杨国忠的从祖妹。天宝初年,杨太真有宠,剑南节度使章仇兼琼便拉杨国忠为僚属,既而提拔为监察御史。他的去就轻率,骤然登上清显之位,朝士冷眼指划着,很是瞧不起他。

当时李林甫正想构陷太子,搜罗隐私之事企图把他废掉。侍御史杨慎矜顺承李林甫的意旨,诬陷太子妃的哥哥韦坚与皇甫惟明私自谒见太子,他因为看杨国忠仗恃宠信敢于说话,就引为党援,以按察此事。京兆府法曹吉温,善于舞文弄法以诬人成罪,成了杨国忠的爪牙。于是杨国忠深究韦坚一案,对韦坚以及太子的良娣杜氏、亲属柳勣、杜昆吾等,狠狠治罪,以树立自己的威权。在京城另外设置法院,从此连年兴起大狱,追捕挤陷,诛戮夷灭者数百家,都是杨国忠所发起。李林甫此时正要深藏不露以保全地位,凡是杨国忠所奏劾,与太子有涉嫌疑的,李林甫虽然没有明言指使,其实都是他操纵的,杨国忠乘此为奸,得以肆意。玄宗年纪已经大了,心里对人有所爱恶,杨国忠便探知他的内情,一举一动则与玄宗的意旨相合。骤升为检校度支员外郎,兼侍御史,监水陆运及司农、出纳钱物、宫内市买、招募剑南健儿等使。因为称职而迁为度支郎中,没过一年,兼领十五余使,转给事中、兼御史中丞,专判度支事。这一年,杨贵妃的姐姐虢国夫人、韩国夫人、秦国夫人同一天受封诰,她哥哥杨铦拜官鸿胪卿。天宝八载,玄宗召公卿百官参观左藏库,见其中货币如山,很是高兴,当面赐杨国忠金紫,兼权太府卿事。杨国忠专掌钱粮之任以后,出入宫禁,日益亲幸。

开初,杨慎矜迎合李林甫的意旨,牵引王鉷为御史中丞,一起制造大案,倾陷太子。后来看到玄宗的主意并未扭转,杨慎矜开始稍稍躲事以防后患,于是和王鉷有了裂痕。王鉷便依附杨国忠,诬奏杨慎矜,诛戮其兄弟。由此杨国忠权倾中外,公卿大臣都吓得不敢出气。吉温为杨国忠策划了个夺取执政的计谋,杨国忠采用其计,不久便兼任兵部侍郎。京兆尹萧炅、御史中丞宋浑,都是李林甫的亲信,杨国忠把他们全都诬奏贬谪流放,李林甫没有能力挽救。王鉷为御史大夫,兼京兆尹,恩宠与杨国忠相侔,而位望尚超过杨国忠。杨国忠嫉恨他分掉自己的一部分权力,正好邢缚的事泄漏(天宝十一载,邢缚密谋于十一月引龙武军造反,提前二日被揭发),他就构陷王鉷兄弟,诛戮了他们,于是自己取代王鉷为御史大夫,权领京兆尹,皇上赐名为国忠。于是他穷究邢缚一案,让他牵引出李林甫勾结王鉷、王锜与阿布思的情况,而陈希烈、哥舒翰附和杨国忠,证明其事。玄宗从此开始疏远李林甫。

南诏国的质子(国王的儿子作为人质留居于别国,称质子)阁罗凤逃回本国而没有捉获,玄宗非常恼怒,想出兵征讨。杨国忠推荐阆州人鲜于仲通为益州长史,命他率领精兵八万讨伐南诏,与阁罗凤战于泸南,全军覆没。杨国忠掩盖失败的情况,仍旧叙录其战功,并让鲜于仲通上表请求杨国忠兼领益州。天宝十载,杨国忠代理蜀郡都督府长史,充剑南节度副大使,知节度事,并推荐鲜于仲通代替自己为京兆尹。杨国忠又派司马李宓率军七万再次征讨南诏。李宓渡过泸水,为南诏军所诱,进至和城,不战而败,李宓死于战阵。杨国忠又隐瞒这次失败,以捷书上奏。鲜于仲通、李宓两次讨伐南诏的军队,征调的都是国中的精锐,但由于对当地的风土不习惯,为沼泽所陷,为瘴疫所伤,粮草供应不继,因此而死亡的十有八九。总计兴兵二十万之众,弃之于必死之地,连一只车轮都没有回来,人们满怀着怨恨,却没有敢于说话的。杨国忠不久又兼任山南西道采访使。天宝十一载,南诏国入侵蜀地,蜀人请求杨国忠赴往本镇,李林甫也奏请派他去。即将辞行,杨国忠泪下如雨地向玄宗恳切陈述,说此行必然是被李林甫所排挤的结果。玄宗很可怜他,没过几个月就把他召回朝廷。正好赶上李林甫死了,于是杨国忠便代替他做了右相,兼任吏部尚书、集贤殿大学士、太清太微宫使、判度支、剑南节度使、山南西道采访使、两京出纳租庸铸钱等使如故。

杨国忠本性狂躁,固执而有口辩,凭仗着巧言谄媚当了宰相以后,剖决机务,很自以为是。上朝的时候,他扬袖扼腕,对公卿以下的都颐指气使,众人无不惧惮。旧例,宰相居于台辅之位,由于功高德盛,所以不显示威权,出入的随从骑士很简易。自从李林甫多年承受恩宠,每次出门都是车骑满街,节度使、侍郎有所禀白,都像案前吏一般趋走退缩。旧例,宰相在午后六刻(约合现在的下午一时半)才出官府回家,李林甫奏言太平无事,在巳时(约合上午十时)就归第,机务公文堆积,全都在家中处理。主书吴珣带着文籍前往左相陈希烈的府第,陈希烈拿过文籍就署名,全都不置可否。杨国忠代替李林甫,也和前任一样。杨国忠自侍御史以至宰相,共领四十余使,又专判度支、吏部三铨,事务繁重,只签署一个字还处理不完,就都责成吏胥,于是贿赂公行。

杨国忠既然以宰相主掌铨选,奏请铨选那天就确定是留是放,不用长名榜(历叙选人之名于榜,循资铨补)。玄宗先天年以前,诸司长官参知政事的,午后回本司处理事务,兵部尚书、侍郎也参与武官的铨注。开元以后,宰相的数目少了,才开始提高宰相的地位,不回本司。旧例,吏部三次铨选,注拟三次,唱名三次,从春到夏,才结束铨选。杨国忠派自己的吏胥在私第中暗定官员,汇集百官到尚书省当面注拟唱名,一天就让它完事,以夸示神速,而资格差谬,毫无次序。第二年注拟,又在私第大集选人,让自己的几个妹妹隔帘观看,笑语之声,朗朗传闻于外。旧例,注官完毕,被注官的人要拜访门下侍中和给事中。杨国忠注官时,招呼左相陈希烈坐于一隅,给事中列座,说:"既然已经当面注拟,就算拜过门下省了。"吏部侍郎韦见素、张倚都穿着紫色的衣袍,这天与本曹的郎官一起来咨询事情,趋走于屏风之间,退下之后,杨国忠对妹妹们说:"这两员紫袍的主事官怎么样?"相对大笑。他所亲昵的京兆尹鲜于仲通、中书舍人窦华、侍御史郑昂,示意选人在中书省门立碑,以歌颂杨国忠主持铨选的才能。

杨贵妃的姐姐虢国夫人，杨国忠与她通奸，在宣义里建造相连的府第，土木都披上了锦绣，屋宇的豪华，两京无能与比，他们白天黑夜地会聚，毫无礼度可言。他有时与虢国夫人并排着乘马入朝，挥鞭跑马，以为调谑，沿路的人看见，无不骇叹。玄宗每年冬十月临幸骊山华清宫，经常过了冬天才回长安。杨国忠在骊山的府第位于华清宫东门的南面，与虢国夫人住处相对，韩国夫人、秦国夫人的屋宇与他们相接。天子临幸其第，必然过访杨氏五家（以上四家与杨铦），赏赐宴乐。他们每次扈从玄宗去骊山，必然是五家合成一队，杨国忠以剑南节度使的仪仗引路于前，出行时赐有"饯路"（饯行的酒宴），回来时赐以"软脚"（慰劳归来的酒宴），远近馈赠，珍玩狗马，阉人女侍，舞女歌儿，络绎于道。进封卫国公，享受实封三百户，不久又拜司空。

当时安禄山特别受玄宗恩宠，掌握着兵权。杨国忠知道他跋扈，终究不会在自己之下，便图谋搞掉他，屡次在玄宗面前说安禄山的悖逆之事，玄宗不肯相信。当时安禄山已经掌握了河北，会聚幽、并的精锐骑兵，暗地里图谋造反，只是出师无名，想等到玄宗去世之后，再图叛乱。及至他见杨国忠掌权，担心会不利于己。当时安禄山遥领着内外闲厩使，便用兵部侍郎吉温知留后，兼御史中丞、京畿采访使，窥伺着朝廷动静。杨国忠派门客蹇昂、何盈探求安禄山的阴私之事，包围搜捕安禄山在京城的住宅，捉到李超、安岱等人，又让侍御史郑昂把他们勒死在御史台。杨国忠又上奏把吉温贬谪到合浦，以激怒安禄山，希望他有些造反的举动，好向玄宗证明自己说得正确，但玄宗始终没有觉悟。由此安禄山开始惶惧，于是以诛杨国忠为名，兴兵造反。玄宗听说河北生变，想留下皇太子监国，自己御驾亲征，便与杨国忠商量。杨国忠吓坏了，回家对姐妹们说："我等死在旦夕了。如今要让太子监国，我们就要和娘子一起丧命了！"姐妹哭诉于贵妃，贵妃口含黄土，向玄宗请求饶命，这事便中止了。及至哥舒翰把守潼关，诸将认为函谷关距京师三百里，利于守险，不利出攻。杨国忠认为哥舒翰掌握着军队，迟疑不决，担心他会反过来图谋自己，便希望他尽速出战，自己从朝廷督促着。哥舒翰不得已，只好出关，及至在桃林接战，朝廷的军队大败，哥舒翰被擒，误国丧师，这都是杨国忠的谬误昏惑造成的。

自从安禄山起兵，杨国忠因为自己遥领剑南节度使，便在梁、益之间布置心腹，以图谋保全自己之计。六月九日，潼关失守。十二日凌晨，玄宗率领龙武将军陈玄礼、左相韦见素、京兆尹魏方进、杨国忠与贵妃及其亲属，相拥着出了延秋门，诸王子、妃嫔、公主都没来得及相从。玄宗担心贼兵突然追到，命令宦官曹大仙在春明门外击鼓，又焚烧储存的草料，烟火冲天。渡过渭河之后，便下令拆断便桥。辰时，行至咸阳望贤驿，官吏吓得乱窜，贵贱无复分别，乱坐在宫门的大树下。将近晌午，玄宗还没有吃饭，有位老人献上面粉，玄宗吩咐做饭，才得以进食。次日，行至马嵬坡，军士饥饿而愤怒，龙武将军陈玄礼担心兵乱，先对军士们说："如今天下崩乱，天子震荡，难道不是因为杨国忠宰割百姓，朝野怨愤，才至于此么！如果不诛之以谢天下，怎么能平息四海的怨愤！"众人道："我们早就想这样了。只要能办到，我们就是自己死了也情愿。"正好吐蕃的和好使在驿门拦住杨国忠诉说事，军士们高呼道："杨国忠与蕃人谋反！"诸军士便包围住驿站，捉住杨国忠，斩首示众。这一天，杨贵妃被勒死之后，韩国、虢国二夫人也被乱兵所杀，御史大夫魏方进被杀死,左相韦见素受伤。过了很久,兵乱才停止,陈玄礼等见玄宗请罪说:"杨国忠扰乱国法,构成祸乱,使黎民涂炭,皇上播迁,如此而不诛戮,患难是不能停止的。臣等为社稷大计,请治矫命之罪。"玄宗道:"朕没有知人之明,委任失当。近来也有所觉悟。了解他的奸诈谗佞,想到了蜀地之后,再诛戮于市朝。而今神明启发诸卿,完成了朕的夙愿。朕将要颁行爵赏,你们何必要说这种话呢!"

当时安禄山虽然据有河洛,但军队的前锋东止于梁、宋,南不过许、邓。李光弼、郭子仪统帅河北精兵,接连收复恒州、定州,假如崤山、函谷能够坚守,军队不胡乱出动,则叛军的兵势,可以不战自垮。及至哥舒翰出兵,总共没有几天,就搞得御驾播迁,朝廷陷没,百官被俘,妃主受戮,战乱满天下,遗毒流四海,这都是杨国忠召来的祸乱呀!

杨国忠的儿子有杨暄、杨昢、杨晓、杨晞。杨暄为太常卿兼户部侍郎,娶延和公主;杨昢为鸿胪卿,娶万春公主,兄弟各建府第于亲仁里,穷极奢侈。杨国忠娶蜀郡的娼妓裴氏的女儿裴柔,杨国忠死后,裴柔与虢国夫人都自刭而死。杨暄死于马嵬坡,杨昢陷没于贼,被杀;杨晓逃亡汉中郡,被汉中王李瑀杖死;杨晞逃到陈仓,被追兵所杀。

杨国忠的党羽翰林学士张渐、窦华,中书舍人宋昱,吏部郎中郑昂等,依仗杨国忠的势力,招纳贿赂,车马盈门,财货如山。及至杨国忠败亡,都坐罪诛灭,他们败坏国家,也算是一时的妖孽之气了。

李光弼传

【题解】

李光弼(708~764),唐营州柳城(今辽宁朝阳南)人。契丹族。善骑射。曾任河西节度副使、朔方节度副使。安史之乱爆发后,经郭子仪推荐,任河东节度副使,与郭子仪一起,大败史思明,收复河北十余郡。肃宗即位后,任户部尚书,兼太原尹,在太原以少数兵力,大破乱军。乾元二年(759),升为天下兵马副元帅,与九节度使在相州围攻安庆绪,诸军皆退,唯光弼所部不散。任太尉、兼中书令,代郭子仪为朔方节度、兵马副元帅,统关东诸军。史思明攻占洛阳后,从河阳掣其背,消耗其力量。后迫于肃宗命令,进攻洛阳,在邙山战败。宝应元年(762),进封临淮郡王。李光弼治军严肃,富有韬略,能出奇谋,以少胜多,是唐代与郭子仪齐名的良将。

【原文】

李光弼,营州柳城人。其先,契丹之酋长。父楷洛,开元初,左羽林将军同正、朔方节度副使,封蓟国公,以骁果闻。光弼幼持节行,善骑射,能读班氏《汉书》。少从戎,严毅有大略,起家左卫郎。丁父忧,终丧不入妻室。

天宝初,累迁左清道率兼安北都护府、朔方都虞候。五载,河西节度王忠嗣补为兵马使，充赤水军使。忠嗣遇之甚厚，常云："光弼必居我位。"边上称为名将。八载，充节度副使，封蓟郡公。十一载，拜单于副使都护。十三载，朔方节度安思顺奏为副使、知留后事。思顺爱其材，欲妻之，光弼称疾辞官。陇右节度哥舒翰闻而奏之，得还京师。禄山之乱，封常清、高仙芝战败，斩于潼关。又以哥舒翰率师拒贼。寻命郭子仪为朔方节度，收兵河西。玄宗眷求良将，委以河北、河东之事，以问子仪，子仪荐光弼堪当阃寄。

李光弼

十五载正月，以光弼为云中太守，摄御史大夫，充河东节度副使、知节度事。二月，转魏郡太守、河北道采访使，以朔方兵五千会郭子仪军，东下井陉，收常山郡。贼将史思明以卒数万来援常山，追击破之，进收藁城等十余县，南攻赵郡。三月八日，光弼兼范阳长史、河北节度使，拔赵郡。自禄山反，常山为战场，死人蔽野，光弼酹其尸而哭之，为贼幽闭者出之，誓平寇难，以慰其心。六月，与贼将蔡希德、史思明、尹子奇战于常山郡之嘉山，大破贼党，斩首万计，生擒四千。思明露发跣足，奔于博陵，河北归顺者十余郡。

光弼以范阳禄山之巢穴，将先断之，使绝根本。会哥舒翰潼关失守，玄宗幸蜀，人心惊骇。肃宗理兵于灵武，遣中使刘智达追光弼、子仪赴行在，授光弼户部尚书，兼太原尹、北京留守，同中书门下平章事，以景城、河间之卒五千赴太原。时节度王承业军政不修，诏御史崔众交兵于河东。众侮易承业，或裹甲持枪突入承业厅事玩谑之。光弼闻之素不平。至是，交众兵于光弼，众以麾下来，光弼出迎，旌旗相接而不避。光弼怒其无礼，又不即交兵，令收系之。顷中使至，除众御史中丞，怀其敕问众所在。光弼曰："众有罪，系之矣！"中使以敕示光弼，光弼曰："今只斩侍御史；若宣制命，即斩中丞；若拜宰相，亦斩宰相。"中使惧，遂寝之而还。翌日，以兵仗围众，至碑堂下斩之，威震三军。命其亲属吊之。

二年，贼将史思明、蔡希德、高秀岩、牛廷玠等四伪帅率众十余万来攻太原。光弼经河北苦战，精兵尽赴朔方，麾下皆乌合之众，不满万人。思明谓诸将曰："光弼之兵寡弱，可屈指而取太原，鼓行而西，图河陇、朔方，无后顾矣！"光弼所部将士闻之皆惧，议欲修城以俟之，光弼曰："城周四十里，贼垂至，今兴攻役，是未见敌而自疲矣。"乃躬率士卒百姓外城掘壕以自固。作堑数十万，众莫知所用。及贼攻城于外，光弼即令增垒于内，坏辄补之。贼城外诟詈戏侮者，光弼令穿地道，一夕而擒之，自此贼将行皆视地，不敢逼城。强弩发石以击之，贼骁将劲卒死者十二三。城中长幼咸伏其勤智，懦兵增气而皆欲出战。史思明揣知之，先归，留蔡希德等攻之。月余，我怒而寇怠，光弼率敢死之士出击，大破之，斩首七万余级，军资器械一皆委弃。贼始至及遁，五十余日，光弼设小幕，宿于城东南隅，有急即应，行过府门，未尝回顾。贼退三日，决军事毕，始归府第。转检校司徒，收清夷、横野等军，擒贼将李弘义以归。诏曰："银青光禄大夫、检校司徒、兼户部尚书、同中书门下平章事、兼御史大夫、鸿胪卿、太原尹、北京留守、河东节度副大使、蓟国公光弼，全德挺生，英才间出，干城御侮，坐甲安边。可守司空、兼兵部尚书、中书门下平章事，进封魏国公，食实封八百户。"

乾元元年，与关内节度使王思礼入朝，敕朝官四品已上出城迎谒。迁侍中，改封郑国公。二年七月，制曰："元帅之任，实属于师贞；左军之选，谅资于邦杰。自非道申启沃，学富韬钤，则何以翊分阃而专征，膺凿门而受律。求诸将相，允得其人。司空、兼侍中、郑国公光弼，器识弘远，志怀沉毅，蕴孙、吴之略，有文武之材。往属艰难，备彰忠勇，协风云而经始，保宗社于阽危。由是出备长城，入扶大厦，茂功悬于日月，嘉绩被于岩廊。属残寇犹虞，总戎有命，用择惟贤之佐，式弘建亲之典。必能缉宁邦国，协赞天人，誓于丹浦之师，剿彼绿林之盗。载明朝奖，爰籍旧勋。宜副出车之命，仍践分麾之宠。为天下兵马元帅赵王系之副，知节度行营事。"

八月，兼幽州大都督府长史、河北节度支度营田经略等使，余如故。与九节度兵围安庆绪于相州，拔有日矣，史思明自范阳来救，屡绝粮道，光弼身先士卒，苦战胜之。属大风晦冥，诸将引众而退，所在剽掠，唯光弼所部不散。东京留守崔圆、河南尹苏震南奔襄阳，郭子仪率众屯于谷水。史思明因杀安庆绪，即伪位，纵兵河南。加光弼太尉、兼中书令，代郭子仪为朔方节度、兵马副元帅，以东师委之。左厢兵马使张用济承子仪之宽，惧光弼之令，与诸将颇有异议，欲逗留其众。光弼以数千骑出次汜水县，用济单骑迎谒，即斩于辕门。诸将慑伏，都兵马使仆固怀恩先期而至。

初，光弼次汴州，闻思明悉众且至，谓许叔冀曰："大夫能守此城浃旬，我必将兵来救。"叔冀曰："诺。"光弼还东京，思明至汴，叔冀与战不利，遂与董秦、梁浦、刘从谏率众降思明。贼势甚炽，遣梁浦、刘从谏、田神功等将兵徇江淮，谓之曰："收得其地，每人贡两船玉帛。"思明乘胜而西。光弼整众徐行，至洛，谓留守韦陟曰："贼乘邺下之胜，再犯王畿，宜按甲以挫其锋，不利速战。洛城非御备之所，公计若何？"陟曰："加兵陕州，退守潼关，据险以待之，足挫其锐矣！"光弼曰："此盖兵家常势，非用奇之策也。夫两军相寇，贵进尺寸之间耳。今委五百里而不顾，是张贼势也。若移军河阳，北阻泽潞，三城以抗，胜则擒之，败则自守，表里相应，使贼不敢西侵，此则猿臂之势也。夫辨朝廷之礼，光弼不如公；论军旅之事，公不如光弼。"陟无以应。判官韦损曰："东京帝宅，侍中何不守之？"光弼曰："若守洛城，汜水、崿岭皆须人守，子为兵马判官，能守之乎？"遂移牒留守及河南尹并留司官、坊市居人，出城避寇，空其城，率军士运油铁诸物，以为战守之备。

时史思明已至偃师，光弼悉军赴河阳。贼已至洛城，光弼军方至石桥。日暮，令秉炬徐行，与贼相随，而不敢来犯。乙夜，入河阳三城。排阅守备，号令严明，与士卒同甘苦，咸誓力战。贼惮光弼威略，顿兵白马寺，南不出百里，西不敢犯宫阙，于河阳南筑月城，掘壕以拒光弼。十月，贼攻城。于中潬城西大破逆党五千余众，斩首千余级，生擒五百余人,溺死者大半。

初,光弼谓李抱玉曰:"将军能为我守南城二日乎?"抱玉曰:"过期若何?"光弼曰:"过期而救不至,任弃也。"抱玉禀命,勒兵守南城。将陷,抱玉绐贼曰:"吾粮尽,明日当降。"贼众大喜,敛军以俟。抱玉复得缮完设备,明日,坚壁请战。贼怒见欺,急攻之。抱玉出奇兵,表里夹击,杀伤甚众,贼帅周挚领军而退。光弼自将于中潬城,城外置栅,栅外大掘堑,阔二丈,深亦如之。周挚舍南城,并力中潬。光弼命荔非元礼出劲卒于羊马城以拒贼。光弼于城东北角树小红旗,下望贼军。贼恃众直逼其城,以车二乘载木鹅、蒙冲、斗楼、橦车随其后,督兵填城下堑,三面各八道过其兵,又当堑开栅,各置一门。光弼遥望贼逼城,使人语荔非元礼曰:"中丞看贼填堑开栅过兵,居然不顾,何也?"元礼报曰:"太尉拟守乎,拟战乎?"光弼曰:"战。"元礼曰:"若战,贼为我填堑,复何嫌也!"光弼曰:"吾智不及公,公其勉之!"元礼俟栅开,率其勇敢出战,一逼贼军,退走数百步。元礼料敌阵坚,虽出入驰突,不足破贼,收军稍退,以怠其寇而攻之。光弼望见收军,大怒,使人唤元礼,欲按军令。元礼曰:"战正忙,唤作何物?"良久,令军中鼓噪出栅门,徒搏齐进,贼大溃。

周挚复整军押北城而下,将攻之。光弼遽率众入北城,登城望曰:"彼虽众,乱而嚣,不足惧也。当为公等日午而破之。"命出将战。及期,不决,谓诸将曰:"向来战,何处最坚而难犯?"或曰:"西北角。"遽命郝玉曰:"尔往击之。"玉曰:"玉,步卒也;请骑军五百翼之。"光弼与之三百。又问:"何处最坚?"曰:"东南隅。"即命论惟贞以所部往击之。对曰:"贞,蕃将也,不知步战,请铁骑三百。"与之百。光弼又出赐马四十匹分给,且令之曰:"尔等望吾旗而战,若麾旗缓,任尔观望便宜;吾旗连麾三至地,则万众齐入,生死以之,少退者斩无捨。"玉策马赴贼,有一人将援枪刺贼,洞马腹,连刺数人;一人逢贼,不战而退。光弼召不战者斩,赏援枪者绢五百疋。须臾,郝玉奔归。光弼望之,惊曰:"郝玉退,吾事危矣。"命左右取玉头来。玉见使者曰:"马中箭,非敢败也。"使者驰报,光弼令换马遣之。玉换马复入,决死而前。光弼连麾,三军望旗俱进,声动天地,一鼓而贼大溃,斩万余级,生擒八千余人,军资器械粮储数万计,临阵擒其大将徐璜玉、李秦授、周挚。其大将安太清走保怀州。思明不知挚等败,尚攻南城。光弼悉驱俘囚临河以示之,杀数十人以威之,余众惧,投河赴南岸,光弼皆斩之。初,光弼将战,谓左右曰:"战,危事,胜负系之。光弼位为三公,不可死于贼手,苟事之不捷,继之以死。"及是击贼,常纳短刀于靴中,有决死之志,城上面西拜舞,三军感动。

贼既败走,光弼收怀州,思明来救,迎击于沁水之上,又败之。城将安太清极力拒守,月余不下。光弼令仆固怀恩、郝玉由地道而入,得其军号,乃登埤大呼,我师同登,城遂拔。生擒安太清、周挚、杨希文等,送于阙下,即日怀州平。以功晋爵临淮郡王,累加实封至一千五百户。

观军容使鱼朝恩屡言贼可灭之状,朝旨令光弼速收东都。光弼屡表:"贼锋尚锐,请候时而动,不可轻进。"仆固怀恩又害光弼之功,潜附朝恩,言贼可灭。由是中使督战,光弼不获已,进军列阵于北邙山下。贼悉精锐来战,光弼败绩,军资器械并为贼所有。时李抱玉亦弃河阳，光弼渡河保闻喜。朝旨以怀恩异同致败，优诏征之。光弼自河中入朝，抗表请罪，诏释之。光弼恳让太尉，遂加开府仪同三司、侍中、河南尹、行营节度使；俄复拜太尉，充河南、淮南、山南东道、荆南等副元帅，侍中如故，出镇临淮。史朝义乘邙山之胜，寇申、光等十三州，自领精骑围李岑于宋州。将士皆惧，请南保扬州，光弼径赴徐州以镇之，遣田神功击败之。浙东贼首袁晁攻剽郡县，浙东大乱，光弼分兵除讨，克定江左，人心乃安。

初，光弼将赴临淮，在道舁疾而行。监军使以袁晁方扰江淮，光弼兵少，请保润州以避其锋。光弼曰："朝廷寄安危于我，今贼虽强；未测吾众寡，若出其不意，当自退矣。"遂径往泗州。光弼未至河南也，田神功平刘展后，逗留于扬府，尚衡、殷仲卿相攻于兖、郓，来瑱旅拒于襄阳，朝廷患之。及光弼轻骑至徐州，史朝义退走，田神功遽归河南，尚衡、殷仲卿、来瑱皆惧其威名，相继赴阙。宝应元年，进封临淮王，赐铁券，图形凌烟阁。

广德初，吐蕃入寇京畿，代宗诏征天下兵。光弼与程元振不协，迁延不至。十月，西戎犯京师，代宗幸陕。朝廷方倚光弼为援，恐成嫌疑，数诏问其母。吐蕃退，乃除光弼东都留守，以察其去就。光弼伺知之，辞以久待敕不至，且归徐州，欲收江淮租赋以自给。代宗还京，二年正月，遣中使往宣慰。光弼母在河中，密诏子仪舁归京师。其弟光进，与李辅国同掌禁兵，委以心膂。至是，以光进为太子太保、兼御史大夫、凉国公、渭北节度使，上遇之益厚。

光弼御军严肃，天下服其威名，每申号令，诸将不敢仰视。及惧朝恩之害，不敢入朝，田神功等皆不禀命，因愧耻成疾，遣衙将孙珍奉遗表自陈。广德二年七月，薨于徐州，时年五十七。辍朝三日，赠太保，谥曰武穆。光弼既疾亟，将吏问以后事，曰："吾久在军中，不得就养，既为不孝子，夫复何言！"因取已封绢布各三千疋、钱三千贯文分给将士。部下护丧枢还京师。代宗遣中官开府鱼朝恩吊问其母于私第，又命京兆尹第五琦监护丧事。十一月，葬于三原，诏宰臣百官祖送于延平门外。母李氏，有须数十茎，长五六寸，以子贵，封韩国太夫人，二子皆节制一品。光弼十年间三入朝，与弟光进在京师，虽与光弼异母，性亦孝悌，双旌在门，鼎味就养，甲第并开，往来追欢，极一时之荣。

【译文】

李光弼，营州柳城人。他的祖先，曾是契丹的酋长。父亲李楷洛，开元年间初期，任左羽林将军同正、朔方节度副使，封蓟国公，以骁勇果敢而闻名。李光弼幼年修持操行，善于骑马射箭，能读班固的《汉书》。年轻时从军，刚毅有谋略，开始任左卫良。遭父死辞官，在服丧期间始终不入妻室。

天宝初年，不断加官到左清道率兼安北都护府、朔方节度都虞候。五年，河西节度使王忠嗣任他为兵马使，充任赤水军使。王忠嗣对他很优厚，常常说："光弼一定会做到我的职位。"边地上称他为名将。八年，充任节度副使，封蓟郡公。十一年，拜官单于大都护府副大都护。十三年，朔方节度使安思顺奏报朝廷，任他为朔方节度副使、知留后事。安思顺爱他的才能，想把女儿嫁给他，李光弼称自己有病而辞去官职。陇右节度使哥舒翰听说后上奏朝廷，使他得以回到京城。安史之乱后，封常清、高仙芝战败，在潼关被处斩。朝廷又任命哥舒翰率领军队抵御贼军。不久，任命郭子仪为朔方节度使，到河西地区征集士兵。唐玄宗思求良将，以便委任河北与河东的军务，就这件事询问郭子仪，郭子仪推荐李光弼，说他能当此重任。

十五年正月，朝廷任命李光弼为云中太守，代理御史大夫，充任河东节度副使、知节度事。二月，转任魏郡太守、河北道采访使，率领朔方的五千士兵与郭子仪的军队会合，东出井陉，收复常山郡。贼将史思明带领数万士兵来支援常山，李光弼追击这支军队，打败了它，进兵收复藁城等十余县，又南攻赵郡。三月八日，李光弼兼任范明长史、河北节度使，攻克赵郡。自从安禄山反叛，常山地区成为战场，死尸遍野，李光弼把酒洒地，哭祭死者，被贼军幽禁的人都放了出来，发誓要平定贼寇，以安慰受害者的心。六月，与贼将蔡希德、史思明、尹子奇战斗于常山郡的嘉山，大败贼军，杀死敌人以万计数，活捉四千人。史思明丢了帽子，光着脚，逃奔到博陵，河北地区归顺朝廷的有十余郡。

李光弼认为范阳是安禄山的老巢，一定要先攻破它，这样才能丧失他的根据地。刚好哥舒翰失守潼关，唐玄宗逃往蜀地，人心惊恐害怕。唐肃宗在灵武训练军队，派宫中的使者刘智达追李光弼、郭子仪到皇帝所在的地方，肃宗授官李光弼为户部尚书，兼太原尹、北京留守、同中书门下平章事，命他率领景城、河间的五千士兵奔赴太原。当时河东节度使王承业军政大事治理得不好，朝廷下诏命御史崔众去河东让王承业交出兵权，崔众欺负轻视王承业，有时穿着盔甲提着枪进入王承业的厅堂戏弄他。李光弼听说后心中很是不平。到这时，朝廷命崔众的军队交给李光弼。崔众作为部下来见，李光弼出来迎接，双方旌旗相接而崔众不躲避。李光弼对他的无礼很恼怒，崔众又不立即交出军队，于是下令把他逮捕。不久宫中使者来，任命崔众为御史中丞，使者怀藏敕文问崔众在哪里。李光弼说："崔众有罪，已经收捕了。"使者把敕文交给李光弼看，李光弼说："今天只斩侍御史；如果宣布诏命，就斩御史中丞；如果拜宰相，也要斩宰相。"使者害怕，于是不宣布敕文就回去了。次日，李光弼派兵包围了崔众，押到碑堂下把他斩首，此事震动了全军。李光弼命他的亲属对崔众吊唁。

至德二年，贼将史思明、蔡希德、高秀岩、牛廷玠等四个伪帅率领十多万军队来攻太原。李光弼经过河北苦战，精兵都到了朔方，部下都是些乌合之众，不满万人。史思明对将领们说："李光弼的兵少而弱，可以屈指计日而攻下太原，然后乘势向西，再攻取河西、陇右、朔方，就可以无后顾之忧了。"李光弼的将士们听说后都很惧怕，有人提议修筑城墙来抵御，李光弼说："城的周长四十里，贼军即将到来，现在再兴劳役来筑城，是还未见敌人而自己已疲劳不堪了。"于是亲自率领士兵和百姓在城外开掘壕坑，以作防守。又造土坯数十万，大家不知做什么用。等到贼军在外攻城，李光弼就命令在城内用土坯增加修筑营垒，坏了就立刻修补好。贼军在城外辱骂戏侮，李光弼就命令挖地道，由地道冲出，一个晚上的功夫就把敌人擒获了。从此贼军走路先要注视地下，不敢逼近。李光弼又用强弩发射石块打击敌人，贼军中骁勇的将领和强壮的士兵死了十分之二三。太原城中的老少都佩服他的勤劳智慧，连胆怯的士兵也增加了勇气而都要出击敌人，史思明揣测知道了城中情况,先撤去了,留下蔡希德等攻城。经过一个多月,李光弼军士气更旺盛而敌军则懈怠,于是李光弼率领敢死队出击,大破敌军,斩首七万余级,敌军的军用物资和武器等全部丢弃而逃。从敌人开始来到逃遁,共五十余天,李光弼搭一小帐篷,住宿在城的东南角上,有急事就能立即应付,走过自己府第的门,没有回头看过一眼。贼军退走后三日,军事上的事情都处理完毕,他开始回到自己的府第。转官任检校司徒。他又收复清夷、横野等军,擒获贼将李弘义而回。天子下诏书说:"银青光禄大夫、检校司徒、兼户部尚书、同中书门下平章事、兼御史大夫、鸿胪卿、太原尹、北京留守、河东节度副大使、蓟国公光弼,德行完美,才能杰出,是少有的英才,捍卫城池抵御外侮,披甲待敌安定边境,可任司空,兼兵部尚书、中书门下平章事,进封魏国公,赐给八百户封户。"

乾元元年,李光弼与关内节度使王思礼一同入朝,天子命令四品以上的朝官出城迎接和晋见。李光弼升任为侍中,改封郑国公。二年七月,天子下诏说:"元师这一职位,实在应属于军队中忠贞之人;东路军将领这一人选,确须依托于国内的英杰人才。假如不是道德方面能一再竭诚忠告君主,学识富有韬略,那么何以能辅助元帅而专掌某方军事,担当受命出征的重任。从将相中寻求,确实得到了那样的人选。司空、兼侍中、郑国公光弼,器量见识远大,深沉刚毅,有孙武、吴起的谋略,兼备文武的才干。以往遇到时世艰难,充分表现出忠贞和勇敢,君臣在风云中开始经营天下,在危险时刻保卫了宗庙社稷。从此出外充当保卫国家的长城,入内扶持着朝廷的大厦,丰功像日月一样高悬,伟绩惠及于朝廷。正遇到残寇甚堪忧虑,统帅有令,选用贤能的辅佐,打破用亲属的常典。必然能够使邦国安宁,天人之间协调,在丹水之滨誓师,去消灭绿林的盗贼。明白朝廷的勉励,凭借旧日的功勋,应该辅助完成出征使命,继续经历统兵做将的荣耀。任命光弼为天下兵马元帅赵王系的辅佐,执掌节度行营的事务。"

八月,李光弼兼任幽州大都督府长史、河北节度支度营田经略等使,其他官爵照旧。与九个节度使的军队在相州包围安庆绪,快要攻下的时候,史思明从范阳来救援,多次断绝唐军粮道,李光弼身先士卒,经过苦战打败了他们。刚好碰到狂风大起,天昏地暗,其他将领纷纷带领部队撤退。并在一路上到处掠夺,唯有李光弼的部队不散。东京留守崔圆、河南尹苏震南奔襄阳,郭子仪率部众屯驻于谷水。史思明于是杀了安庆绪,即位称皇帝,发兵到河南。朝廷加授李光弼太尉、兼中书令,代替郭子仪为朔方节度使、天下兵马副元帅,把关东的部队委任他统领。左厢兵马使张用济接受郭子仪的宽的作风,害怕李光弼的军令,对李光弼代替郭子仪,与其他将领颇有些议论,打算停止军队前去到指定地点。李光弼带数千骑兵东行停留在汜水县,张用济单骑来迎接谒见,李光弼在辕门外把他斩首了。其他将领畏惧慑服,都兵马使仆固怀恩在期限前到达了指定地点。

起初,李光弼停留在汴州,听说史思明的全军即将来到,对汴滑节度使许叔冀说:"大夫能守这座城十天,我一定带兵来救。"许叔冀答:"可以。"李光弼回到东京,史思明到汴州,许叔冀作战失利,就与董秦、梁浦、刘从谏率领部众投降了史思明。贼军势力很强大,史思明派遣梁浦、刘从谏、田神功等带兵进攻江淮地区,对他们说:"如果攻下这地区,每人给我进贡两船玉和帛。"史思明乘胜向西进攻。李光弼整顿部队慢慢退却,到了洛阳,对留守韦陟说："贼军乘邺下的胜利,再次进犯王畿所在地,应该按兵不动以挫折他们的锐气,不利于速战。洛阳不是可以防御守备的地方,您有何好的计谋?"韦陟说:"增兵陕州,退守潼关,依靠险要的地形以等待他们到来,这样就足以挫折他们的锐气了。"李光弼说:"这是兵家一般的战法,不是出奇制胜的计策。两军互相对垒,贵在争夺尺寸之土地。现在放弃五百里土地而不顾,是增长敌人的声势。如果把军队移到河阳,北面依恃泽潞、三城以抗击敌人,胜利就擒获他们,战败就退而自守,表里相呼应,使贼军不敢向西侵犯,这是如同猿臂可以随意伸缩的态势。分辨朝廷的礼仪,我光弼不如您;讨论军队作战之事,您不如我光弼。"韦陟无话可答。判官韦损说:"东京洛阳是帝王居住之处,侍中为什么不守住它?"李光弼说:"如果守洛阳,汜水、崿岭都须人防守,你作为兵马判官,能守得了吗?"于是李光弼发文书给东京留守及河南尹和在东京的中央官署的分部的官吏、东京坊市的居民,要他们出城躲避敌寇,使东京成为空城,李光弼率领士兵运送油、铁等物往河阳,做作战和防守的准备。

当时史思明已到偃师,李光弼全军开赴河阳。贼军已到洛城,李光弼军才到石桥。黄昏过后,他命士兵持火炬徐徐行进,与贼军前后相随,但贼军不敢来犯。二更时,进入河阳三城。李光弼安排和视察部队守备情况,号令严明,与士卒同甘苦,大家誓死尽力作战。贼军害怕李光弼的声威和谋略,把军队停顿在白马寺,南不敢出百里,西不敢进犯皇宫,在河阳南修筑了小城,挖掘战壕用来对付李光弼。十月,贼军攻河阳城。李光弼在河阳中潬城西大败叛党五千余人,斩首千余级,活捉五百余人,其余溺死了大半。

起初,李光弼对李抱玉说:"将军能为我防守河阳南城两天吗?"李抱玉问:"过期怎么办?"李光弼说:"过期如救兵不到,任你弃城。"李抱玉接受命令,统率士兵防守南城。城快陷落时,李抱玉欺骗贼军说:"我的粮食已完了,明天必定投降。"贼军大喜,收兵等待。李抱玉争取到了时间修缮防御工事,第二天,李抱玉加固壁垒请再战。贼军见受了骗,大怒,疯狂攻城。李抱玉出奇兵,内外夹击,杀伤了许多敌人,贼军统帅周挚领兵而退。李光弼自己领兵居中潬城,城外设置栅栏,栅外大挖壕沟,阔两丈,深也一样。周挚放弃攻南城,全力进攻中潬城。李光弼命令荔非元礼带出些精兵在城外的羊马城以御贼军。李光弼在城东北角树一面小红旗,下望贼军。贼军依仗人多直攻羊马城,在军队后用两辆大车装载着木鹅、蒙冲、斗楼、橦车等攻城器械,又督促士兵用土填城下壕沟,城三面各填了八条通道以让其军队通过,又对着通道攻开栅栏,各设一门。李光弼远远望见贼军逼近城前,派人对荔非元礼说:"中丞你看到贼军填壕沟开栅栏通过士兵,居然不顾,是何道理?"元礼回答说:"太尉您是打算守,还是打算战?"李光弼答:"战。"元礼说:"如果战,贼军为我填壤沟,又有什么可讨厌的呢?"李光弼说:"我的智慧不及您,您好好干吧!"元礼等栅栏打开,就率领他手下勇敢的士兵出击,一逼近贼军,就使贼军退走数百步。元礼预料敌阵坚固,虽然前后奔驰冲撞,也不能破贼,就收兵稍稍退却,等敌人疲劳后再进攻。李光弼望见他收兵,大怒,命人唤元礼来,要以军法从事。元礼说:"我作战正忙,唤我做什么?"过了较长一段时间,元礼命令军队击鼓呼喊冲出栅门,徒步搏斗一起奋进,贼军大败。

周挚重新整顿军队压向河阳北城,准备进攻,李光弼立即率领部队进入北城,登上城楼观望敌军,说:"他们虽然人多,但杂乱喧闹,不可怕,我替你们在中午击败他们。"命令派出将领作战,到时候,胜负未决。李光弼对各位将领说:"近来战斗,什么地方最坚固而难攻?"有人说:"西北角。"李光弼立即命令郝玉说:"你去攻击。"郝玉说:"我只有步兵,请给骑兵五百名作为协助。"李光弼给他三百名。又问:"还有何处最坚固?"有人回答:"东南角。"于是又命令论惟贞带他的部队去攻击。论惟贞说:"我是外族将领,不懂得步行作战,请给予铁骑三百名。"给予一百。李光弼又拿出天子赐给的马四十匹分给郝玉等人,并且命令说:"你们望着我的旗子而行动,如果旗子挥动缓慢,任凭你们观望自由行动,如果我的旗子连续挥动三次到地上,那时就要立即全军万众一心冲入敌阵,不顾生死,稍微后退的人就处斩,决不放过。"郝玉用鞭猛击战马,飞速冲入敌阵。在作战,有一人用枪刺敌人,刺穿了马肚子,又接连刺死数;另一个遇到贼军,不战而退。李光弼命令将后退的那人斩首,而用枪刺杀敌人者赏给五百匹绢。不久,郝玉奔回来,李光弼见到,大惊说:"郝玉退回,我们这次战斗危险了。"命左右去斩郝玉的头。郝玉见到使者,说:"我因为马中箭才退回,不是失败逃回。"使者马上回报李光弼,于是给他换了马让他出战。郝玉换马重新冲入敌阵,不顾死活向前。李光弼连挥三次旗子,全军望见旗子一起向前冲锋,喊杀声震天动地,战鼓敲过一遍敌军就溃败,斩首万余级,活捉八千余人,获得军用物资武器粮食有数万,临阵活捉贼军大将徐璜玉、李秦授、周挚。另一大将安太清逃到怀州。史思明不知道周挚等已失败,还在攻南城。李光弼把全部俘虏赶到黄河边让史思明看,又杀数十人来威慑敌人,其他战俘害怕,跳到河中向南岸游,李光弼把这些人全杀了。起初,李光弼在出战前,对左右部属说:"战争,是危险的事,关系到胜败。我光弼身为三公,不可死于贼手,如果不能胜利,我就自杀。"等后来出击贼军时,常把短刀藏在靴子中,有随时准备自杀的打算,又在城上向西方行跪拜礼,全军无不感动。

贼军败走后,李光弼准备收复怀州,史思明来救,李光弼在沁水上迎击,又打败了他。怀州城守将安太清极力抵抗,经过一个多月战斗城还未攻下。李光弼命令仆固怀恩、郝玉从地道进入城中,得知其口令,于是登上城上的女墙大声叫喊,我军由城外一起登城,怀州于是被攻克。活捉了安太清、周挚、杨希文等人,送到京师,当日怀州平定。李光弼因战斗有功晋爵为临淮郡王,累计增加的封户达到一千五百户。

观军容使鱼朝恩多次上奏讲贼军可以消灭的情状,朝廷下旨命李光弼迅速收复东都。李光弼多次上表说:"贼军士气尚锐,请等待时机而行动,不可以轻易进军。"仆固怀恩又妒忌李光弼的功劳,暗中附和鱼朝恩,称说贼军可灭。因此朝廷派宫中的使者督战,李光弼身不由己,进军在北邙山下摆开军阵,贼军派全部精锐部队来攻,李光弼战败,军用物资和武器都被贼军掠去。当时李抱玉也丢弃了河阳,李光弼渡黄河退保闻喜。朝廷下旨因仆固怀恩前曾称说贼军可灭而招致失败,用优诏征李光弼入朝。李光弼从河中府入朝,上表请罪,天子下诏宽恕了他。李光弼恳切请求辞去太尉,于是朝廷加授他开府仪同三司、侍中、河南尹、行营节度使;不久再拜太尉,充任河南、淮南、山南东道、荆南等副元帅,侍中官位不变,出镇临淮。史朝义乘在邙山获胜之势,进攻申州、光州等十三州,自己率领精锐骑兵在宋州包围李岑。唐将领士兵都害怕，请求李光弼南下保扬州，李光弼不从，直接开赴徐州镇守，派田神功击败了史朝义。浙东盗贼首领袁晁进攻劫掠郡县，浙东大乱，李光弼分派一部分兵去讨伐，平定了江南地区，人心才稍稍安定。

起初，李光弼将去临淮，在路上抱病而行。监军使认为袁晁正骚扰江淮地区，李光弼的兵少，请求往南守卫润州以避开其锋芒。李光弼说："朝廷把安危托付于我，现今贼军虽强，还没有推测出我军多少，如果出其不意，向他们攻击，就会使他们自己退走。"于是直往泗州。李光弼还未到河南的时候，田神功在平完刘展之后，逗留在扬州府，尚衡、殷仲卿在兖州、郓州互相攻伐，来瑱在襄阳聚众抗命，朝廷很忧患。等到李光弼带轻装而迅速地骑兵到徐州，史朝义退走，田神功便迅速回归河南，尚衡、殷仲卿、来瑱都害怕李光弼威名，也相继入朝。宝应元年，朝廷进封李光弼为临淮王，赐给他专给有功之臣的可以免罪的铁券，又在凌烟阁上画了他的像。

广德初年，吐蕃侵入到长安附近，代宗下诏令在全国征兵。李光弼与宰相程元振不和，拖延时间不至长安。十月，吐蕃进入长安，代宗逃到陕州。朝廷正想依靠李光弼来援，怕造成猜疑，多次派宫中使者到河中慰问他母亲。吐蕃退兵，朝廷任命李光弼为东都留守，以观察他的来去动向。李光弼心中知道朝廷用意，就借口久等待天子诏文不到，而且要回徐州，打算收江淮的租赋来供给部队等理由而推辞。代宗回京后，二年正月，派宫中使者前去安抚李光弼。李光弼母亲在河中府，朝廷秘密命郭子仪用车子把她送回京师。他的弟弟李光进，与李辅国共同掌握禁兵，被委以心腹重任。到这时，任命李光进为太子太保，兼御史大夫、凉国公、渭北节度使，皇帝对他更加优厚。

李光弼治军严厉，全国都佩服他，很有声威，他每次发布号令，将领们都不敢正眼看他。等到他因害怕鱼朝恩的陷害，不敢入朝，田神功等都不再听从他的命令。因此，李光弼由惭愧和感到耻辱而生病，他派节镇军官孙珍进呈遗表自述心迹。广德二年七月，李光弼死于徐州，年龄五十七岁。朝廷停止朝会三天，赠官太保，谥号"武穆"。光弼病重时，将吏们询问他对后事的意见，他说："我长久在军中，不能奉养老母，既然是个不孝儿子，还有什么可说。"接着取出已封存的绢和布各三千匹、钱三千贯分发给将士们。他部下护送灵枢回到京师。代宗派宦官开府仪同三司鱼朝恩到他母亲住处吊唁和慰问，又命令京兆尹第五琦监护丧事。十一月，葬于三原县，下诏由宰相百官在延平门外设奠送行。他母亲李氏，有胡须数十根，长五六寸，因儿子贵，封韩国太夫人，两个儿子都任节度使，一品官。光弼十年中三次入朝，与弟光进同在京师，光进虽与光弼异母，性也孝顺，兄弟两人都有双旌双节在门，用各种厚味奉养老母，头等宅第并立，老母往来寻求欢乐，极尽一时的荣耀。

高适传

【题解】

　　高适(702~765),字达夫,渤海蓨(今河北景县)人。人贫寒,好交游,有游侠之风。后客游河西,为哥舒翰书记。安史之乱后,曾任淮南、剑南节度使等职,官至左散骑常侍,封渤海县侯,世称"高常侍"。

　　高适诗题材广泛,以边塞诗成就最高,代表作《燕歌行》等篇歌颂了战士们奋勇报国、建功立业的豪情,表现了从军生活的艰苦,对当时的腐败与黑暗也有所揭露。高适与岑参并为盛唐边塞诗的代表诗人,世称"高岑"。此外他还创作一些反映民生疾苦及抒发理想抱负的诗作。他的诗感情深挚,意气俊爽,笔力浑厚,古体长于近体,尤擅七古。有《高常侍集》。

【原文】

　　高适者,渤海蓨人也。父从文,位终韶州长史。适少落落,不事生业,家贫,客于梁、宋,以求丐取给。天宝中,海内事干进者注意文词。适年过五十,始留意诗什,数年之间,体格渐变,以气质自高,每吟一篇,已为好事者称诵。宋州刺史张九皋深奇之,荐举有道科。时右相李林甫擅权,薄于文雅,唯以举子待之。解褐汴州封丘尉,非其好也,乃去位,客游河右。河西节度哥舒翰见而异之,表为左骁卫兵曹,充翰府掌书记,从翰入朝,盛称之于上前。

《燕歌行》图

　　禄山之乱,征翰讨贼,拜适左拾遗,转监察御史,乃佐翰守潼关。及翰兵败,适自骆谷西驰,奔赴行在,及河池郡,谒见玄宗。因陈潼关败亡之势曰:"仆射哥舒翰忠义感激,臣颇知之,然疾病况顿,智力将竭。监军李大宜与将士约为香火,使倡妇弹箜篌琵琶以相娱乐,樗蒲饮酒,不恤军务。蕃浑及秦、陇武士,盛夏五六月于赤日之中,食仓米饭且犹不足,欲其勇战,安可得乎?故有望敌散亡,临阵翻动,万全之地,一朝而失。南阳之军,鲁炅、何履光、赵国珍各皆持节,监军等数人更相用事,宁有是,战而能必胜哉?臣与杨国忠争,终不见纳。陛下因此履巴山、剑阁之险,西幸蜀中,避其蚤毒,未足为耻也。"玄宗嘉之,寻迁侍御史。至成都，八月，制曰："侍御史高适，立节贞峻，植躬高朗，感激怀经济之略，纷纶赡文雅之才。长策远图，可云大体；谠言义色，实谓忠臣。宜回纠逖之任，俾超讽谕之职。可谏议大夫，赐绯鱼袋。"适负气敢言，权幸惮之。

二年，永王璘超兵于江东，欲据扬州。初，上皇以诸王分镇，适切谏不可。及是永王叛，肃宗闻其论谏有素，召而谋之。适因陈江东利害，永王必败。上奇其对，以适兼御史大夫、扬州大都督府长史、淮南节度史。诏与江东节度来瑱率本部兵平江淮之乱，会于安州。师将渡而永王败，乃招季广琛于历阳。兵罢，李辅国恶适敢言，短于上前，乃左授太子少詹事。

未几，蜀中乱，出为蜀州刺史，迁彭州。剑南自玄宗还京后，于梓、益二州各置一节度，百姓劳敝，适因出西山三城置戍，论之曰：

剑南虽名东西两川，其实一道。自邛关、黎、雅、界于南蛮也；茂州而西，经羌中至乎戎数城，界于吐蕃也。临边小郡，各举军戎，并取给予剑南。其运粮戍，以全蜀之力，兼山南佐之，而犹不举。今梓、遂、果、阆等八州分为东川节度，岁月之计，西川不可得而参也。而嘉、陵比为夷獠所陷，今虽小定，疮痍未平。又一年以来，耕织都废，而衣食之业，皆贸易于成都，则其人不可得而役明矣。今可税赋者，成都、彭、蜀、汉州。又以四州残敝，当他十州之重役，其于终久，不亦至艰？又言利者穿凿万端，皆取之百姓；应差科者，自朝至暮，案牍千重。官吏相承，惧于罪谴，或责之于邻保，或威之以杖罚。督促不已，逋逃益滋，欲无流亡，理不可得。比日关中米贵，而衣冠士庶，颇亦出城，山南、剑南，道路相望，村坊市肆，与蜀人杂居，其升合斗储，皆求于蜀人矣。且田土疆界，盖亦有涯；赋税差科，乃无涯矣。为蜀人之计，不亦难哉！

今所界吐蕃城堡而疲于蜀人，不过平戎以西数城矣。邈在穷山之巅，垂于险绝之末，运粮于束马之路，坐甲于无人之乡。以戎狄言之，不足以利戎狄；以国家言之，不足以广土宇。奈何以险阻弹丸之地，而困于全蜀太平之人哉？巩非今日之急务也。国家若将已戍之地不可废，已镇之兵不可收，当宜却停东川，并力从事，犹恐狼狈，安可仰于成都、彭、汉、蜀四州哉！虑乖圣朝洗荡关东扫清逆乱之意也。倘蜀人复扰，岂不贻陛下之忧？昔公孙弘愿罢西南夷、临海，专事朔方，贾损之请弃珠崖以宁中土，谠言政本，匪一朝一夕。臣愚望罢东川节度，以一剑南，西山不急之城，稍以减削，则事无穷顿，庶免倒悬。陛下若以微臣所陈有裨万一，下宰相廷议，降公忠大臣定其损益，与剑南节度终始处置。

疏奏不纳。

后梓州副使段子璋反，以兵攻东川节度使李奂，适率州兵从西川节度使崔光远攻子璋，斩之。西川牙将花惊定者，恃勇，既诛子璋，大掠东蜀。天子怒光远不能戢军，乃罢之，以适代光远为成都尹、剑南西川节度使。代宗即位，吐蕃陷陇右，渐逼京畿。适练兵于蜀，临吐蕃南境以牵制之，师出无功，而松、维等州寻为蕃兵所陷。代宗以黄门侍郎严武代还，用为刑部侍郎，转散骑常侍，加银青光禄大夫，进封渤海县侯，食邑七百户。永泰元年正月卒，赠礼部尚书，谥曰忠。

适喜言王霸大略，务功名，尚节义。逢时多难，以安危为己任，然言过其术，为大臣所轻。累为藩牧,政存宽简,吏民便之。有文集二十卷。其《与贺兰进明书》,令疾救梁、宋,以亲诸军;《与许叔冀书》,绸缪继好,使释他憾,同援梁宋;《未过淮先与将校书》,使绝永王,各求自白。君子以为义而知变。而有唐以来,诗人之达者,唯适而已。

【译文】

高适,渤海蓚(今河北景县)人。他父亲高从文,官终韶州(今广东韶关)长史。高适少年时代失意无聊,没有正经的活计,家境贫寒,客游于梁(今河南开封)、宋(今河南商丘),以乞求来维持生活。

天宝(公元742~756年)年间,海内各地凡是干谒求进的人都很注重文辞。高适年纪已超过五十岁,才开始留心于诗歌;几年内,他的诗歌体格渐渐发生变化,以气质取胜,自己也以此自豪。他每吟成一篇,便为诗歌爱好者所传诵和赞美。宋州刺史张九皋深以为高适是一位奇才,举荐他以有道科。当时右丞相李林甫擅权专政,不重视文雅之士,只按一般的举子对待他。他脱去平民衣服开始当官,做的是汴州封丘县尉,这个官不是他所乐于做的,于是辞去职位,客游于河西地区。河西节度使哥舒翰见到他,知他有异才,便让他当左骁卫兵曹,在哥舒翰幕府中掌书记,曾跟随哥舒翰入朝,哥舒翰在皇帝面前把高适夸奖一通。

安禄山叛乱,朝廷召哥舒翰讨伐叛贼,高适被升为左拾遗,转监察御史,仍旧辅佐哥舒翰镇守潼关。及至哥舒翰打了败仗,高适从骆谷向西逃走,奔赴皇上所在的地方,到了河池郡(今陕西凤县),拜见唐玄宗,因而陈说潼关一战失败的情况:"仆射哥舒翰感激皇上大恩,能持忠义之节,这一点臣是很了解的,然而他患病沉重,神智和体力也都已经枯竭。监军李大宜和将士相约举香火,在神前盟誓,结为死党。他们让娼妓弹箜篌和琵琶,互相娱乐,又赌博纵酒,不理军务。吐谷浑兵士和关中、陇西的武士,盛夏五六月,在烈日下晒,仓米做的饭吃不饱,让他们英勇出战,哪里能做得到呢?所以有见到敌人就逃散奔亡的,有身临战阵而倒戈的,以致潼关这个万金之地,一日工夫就丢失了。南阳(今属河南)方面的军队,鲁炅、何履光、赵国珍各皆持节静观,监军数人也各行其是,像这个样子,哪有能战而必胜的道理呢?臣同杨国忠争说利害,总不被采纳。陛下因此落得跋涉巴山、剑阁的艰险道路,西入蜀中,避开叛军,这也说不上耻辱。"唐玄宗嘉奖他,不久便升为侍御史。车驾到了成都,八月,玄宗下诏说:"侍御史高适,忠贞立节,身正品高,胸怀经国济世的谋略,腹有雅丽富赡的文才。他善于谋长远之计,又合于国之大体;正直敢言,义形于色,实在是一位难得的忠臣。合当回转纠远的职务,而使他任讽谏的官职。任命他为谏议大夫,赐绯鱼袋。"高适正气凛然,敢于直言,权贵佞臣,都很害怕。

至德二年(757),永王李璘起兵向江东进发,想占领扬州(今属江苏)。起初,上皇李隆基以诸王分镇各道。高适极力进谏,认为此议不可行。及至永王反叛,肃宗听说高适曾经劝阻诸王分镇事,于是召他来谋平叛事。高适便陈述江东的利与弊,并判断永王起兵必败。肃宗感到他的对答不平常,于是以高适兼御史大夫、扬州大都督府长史、淮南节度使。下诏命高适和江东节度来瑱已率本部兵一起平定江淮的叛乱,会师于安州(今湖北安陆)。大军即将东渡,而永王已兵败如山倒,于是抬叛将季广琛投降于历阴(今安徽和县)。平叛战争结束,李辅国很忌恨高适的正直敢言,在皇上面前说他的坏话,于是降职授予太子少詹事职务。

没多久,蜀中兵乱,高适被出为蜀州刺史,转为彭州刺史。剑南地区自从玄宗回长安京都后,在梓州(治所在今四川三台)和益州(治所在今四川成都)二州各设置一节度,百姓负担太重,劳顿疲惫,高适于是出西山三城设置戍卫,并上疏论曰:

剑南地区虽然名曰东川西川,分为两处,其实一道。自邛关、黎、雅各州,与南蛮交界;茂州以西,经羌中至平戎几城,与吐蕃交界。靠近边境的各小郡,各有卫戍兵丁,都由剑南供给军费。其运粮赴戍,以全蜀之力,加以山南道相助,尚且无法胜任。而今梓、遂、果、阆等八州,另划为东川节度,岁月计费,西川不可干预取绘;而嘉州、陵州最近为獠夷所攻陷,今虽然已经小定,但战争的疮痍尚未平复。又近年来,西川耕织都废,而衣食取给,都从成都贸易得来,那么当地人不能从事耕织之役是很明显的。今天可以征收税赋的地方,只有成都、彭州、蜀州、汉州而已。又以这残破的四州,去承担其他十州的重役,要维持很久,不是十分艰难的吗?再就是那些谈利的人,钻营万端,都从百姓那里敲诈索取;应付征劳役赋税的人,从早到晚,案牍簿册积压很多。官吏相因相承,害怕得罪上司,遭到谴责,有的责怪邻乡,有的以杖打威胁百姓。督办催促不止,逃亡的人也就愈多,想要做到没有流民,照理是做不到的。近日关中米价很贵,而高贵人家,也颇有些到城外谋生的,所以山南道和剑南道,道路相望,往来不绝,在村坊或者市店,和蜀人杂居,他们升斗所储的米,都是向蜀人求取的。况且田地的疆界是有边有际的,而税赋徭役却是无穷无尽的。替蜀人打算打算,不是很艰难的吗!

今日使蜀人为之疲惫不堪的与吐蕃城堡,不过只平戎以西数城而已。这些边城远在穷山之上,临于险绝之境,运粮的道路狭小到要束马而行,守卫的兵士在无人之乡披甲以待。这样做,对于戎狄来说,并不利于戎狄之民;对于国家来说,也不能扩大国家之地。为什么要以这充满险阻的弹丸之地,去困扰全蜀的太平之民呢?因此边事恐怕不是今日紧急之务。国家如果以为已经戍守的土地不可废弃,已经镇边的士兵不可召回,那么似乎应当辞掉停止对东川的负担,与东川合力对付这种局面,尚且恐怕狼狈不堪,难以维持,哪里可以只仰仗于成都、彭州、汉州、蜀州这四个州呢?不是没考虑到有违圣朝荡涤关东扫清逆乱的旨意,但倘若蜀人也发生扰乱,岂不是又给陛下带来忧患吗?从前公孙弘请罢西南夷、临海之事,专力平定朔方,贾捐之请弄珠崖之事,以求得中原的安宁。正直的话是为政之本,不是一朝一夕短促的时间可以做到的。愚臣希望罢掉东川节度,以统一剑南,西山这不急之城,稍稍加以削减,那么事情就不至于穷顿,也可免处于倒悬的危境。陛下如果以为微臣所陈说的能有益于万一,下诏让宰相到朝廷商议,让秉公忠直的大臣来定其损益,与剑南节度一同处置。

高适奏疏献上皇帝,没被采纳。后来梓州(今四川三台)副使段子璋造反,发兵进攻东川节度使李奂,高适率兵跟从西川节度使崔光远攻打段子璋,把他杀掉。西川牙将花惊定,自恃骁勇,杀段子璋后,却在东蜀大肆掠夺。皇帝大怒,说崔光远不能安定军心,就罢掉他的官，以高适代替崔光远，为成都尹、剑南西川节度使。代宗即帝位后，吐蕃攻陷陇右，渐渐逼近京城长安郊外。高适就在蜀中练兵，军临吐蕃南境，以牵制其进逼京郊的兵力，但师出无功，而松州、维州等地反被吐蕃所攻陷。代宗便以黄门侍郎严武取代高适的职务，让高适返回朝廷，任刑部侍郎，转散骑常侍，加银青光禄大夫，进封渤海县侯，食邑七百户。永泰元年(公元765年)正月死，追赠礼部尚书之职，谥号曰"忠"。

高适喜欢谈王霸之道的大方略，以追求功名为务，又讲究节义。他生于当时，恰逢国家多难，常以国亡安危为己任，然而其所言谈，过于其实际本领，所以为大臣所轻视。历任地方州牧郡守，为政从宽从简，官吏和人民都感到方便。有文集二十卷。他的《与贺兰进明书》，命令他急救梁、宋两地之危，以救援诸军；《与许叔冀书》，情意殷勤，以续旧谊，让他消解其他积怨，共同援助梁、宋；《未过淮先与将校书》，让各将校与永王李璘决绝，自求生路，保持清白。这些文章，君子以为都能明其义而知其变。自唐以来，诗人在政治上发迹高升的，只有高适而已。

元载传

【题解】

元载(？~777)，字公辅，凤翔岐山(今陕西岐山)人，出身寒微。肃宗时累官至户部侍郎、度支使及诸道转运使，掌管国家财政。后勾结宦官李辅国，升任宰相。代宗即位后仍为宰相。用财物收买了宦官董秀，由此受到代宗的宠信。大历五年(770)，与代宗密谋杀掉自己的政敌宦官鱼朝恩。此后益骄奢，遂引起上下不满，终于在大历十二年(777)被代宗诛杀。元载为政贪纵，生活奢侈，听任手下官吏及家中妻儿收受贿赂。被杀后抄家，仅钟乳就抄出五百两，胡椒抄出八百石。元载是唐朝宰相中贪赃受贿比较突出的宰相之一。

【原文】

元载，凤翔岐山人也，家本寒微。父景升，任员外官，不理产业，常居岐州。载母携载适景升，冒姓元氏。载自幼嗜学，好属文，性敏惠，博览子史，尤学道书。家贫，徒步随乡赋，累上不升第。天宝初，玄宗崇奉道教，下诏求明庄、老、文、列四子之学者。载策入高科，授邠州新平尉。监察御史韦镒充使监选黔中，引载为判官。载名稍著，迁大理评事。东都留守苗晋卿又引为判官，迁大理司直。

肃宗即位，急于军务，诸道廉使随才擢用。时载避地江左。苏州刺史、江东采访使李希言表载为副，拜祠部员外郎，迁洪州刺史。两京平，入为度支郎中。载智性敏悟，善奏对。肃宗嘉之，委以国计，俾充使江、淮，都领漕挽之任。寻加御史中丞。数月征入，迁户部侍郎、度支使并诸道转运使。既至朝廷，会肃宗寝疾。载与倖臣李辅国善。辅国妻元氏，载之诸宗，因是相昵狎。时辅国权倾海内，举无违者。会选京尹，辅国乃以载兼京兆尹。载意属国柄，诣辅国恳辞京尹。辅国识其意，然之。翌日拜载同中书门下平章事，度支转运使如故。

旬日，肃宗晏驾，代宗即位。辅国势愈重，称载于上前。载能伺上意，颇承恩遇，迁中书侍郎、同中书门下平章事，加集贤殿大学士，修国史。又加银青光禄大夫，封许昌县子。载以度支转运使职务繁碎，负荷且重，虑伤名，阻大位，素与刘晏相友善，乃悉以钱谷之务委之，荐晏自代。载自加营田使。李辅国罢职，又加判天下元帅行军司马。广德元年，与宰臣刘晏、裴遵庆同扈从至陕。及舆驾还宫，遵庆皆罢所任，载恩宠弥盛。辅国死，载复结内侍董秀，多与之金帛，委主书卓英倩潜通密旨。以是上有所属，载必先知之。承意探微，言必玄合，上益信任之。妻王氏狠戾自专。载出朝谒，纵子伯和等游于外。上封人顾繇奏之，上方任载以政，反罪繇而已。

内侍鱼朝恩负恃权宠，不与载协，载常惮之。大历四年冬，乘间密奏朝恩专权不轨，请除之。朝恩骄横，天下咸怒，上亦知之，及闻载奏，适会于心。载遂结北军大将同谋，以防万虑。五年三月，朝恩伏法。度支使第五琦以朝恩党坐累，载兼判度支。志气自若，谓己有除恶之功；是非前贤，以为文武才略，莫己之若。外委胥吏，内听妇言。城中开南北二甲第，室宇宏丽，冠绝当时。又于近郊起亭榭，所至之处，帷帐什器，皆于宿设，储不改供。城南膏腴别墅，连疆接畛，凡数十所，婢仆曳罗绮一百余人。恣为不法，侈僭无度。江淮方面，京辇要司，皆排去忠良，引用贪猥。士有求进者，不结子弟，则谒主书。货贿公行，近年以来，未有其比。

与王缙同列。缙方务聚财，遂睦于载，二人相得甚欢，日益纵横。代宗尽察其迹，以载任寄多年，欲全君臣之分。载尝独见，上诫之，不悛。

初，扈驾自陕还，与缙上表，请以河中府为中都，秋杪行幸，春首还京，以避蕃戎侵轶之患。帝初纳之，遣条奏以闻。自鱼朝恩就诛，志颇盈满，遂抗表请建中都，文多不载。大略以关辅、河东等十州户税入奉京师，创置精兵五万，管在中都，以威四方，辞多开阔。自以为表入事行，潜遣所由吏于河中经营。

节度寄理于泾州。大历八年，蕃戎入邠宁之后，朝议以为三辅已西，无襟带之固，而泾州散地，不足为守。载尝为西州刺史，知河西、陇右之要害，指画于上前曰："今国家西境极于潘源，吐蕃防戍在摧沙堡，而原州界其间。原州当西塞之口，接陇山之固，草肥水甘，旧垒存焉。吐蕃比毁其垣墉，弃之不居。其西则监牧故地，皆有长濠巨堑，重复深固。原州虽早霜，黍稷不艺，而有平凉附其东，独耕一县，可以足食。请移京西军戍原州，乘间筑之，贮粟一年。戎人夏收多在青海，羽书覆至，已逾月矣。今运筑并作，不二旬可毕。移子仪大军居泾，以为根本，分兵守石门、木峡、陇山之关。北抵于河，皆连山峻岭，寇不可越。稍置鸣沙县、丰安军为之羽翼，北带灵武五城为之形势，然后举陇右之地以至安西。是谓断西戎之胫，朝廷可高枕矣。"兼图其地形以献。载密使人逾陇山，入原州，量井泉，计徒庸，车乘畚锸之器皆具。检校左仆射田神功沮之曰："夫兴师料敌，老将所难。陛下信一书生言，举国从之，听误矣。"上迟疑不决，会载得罪乃止。

初，六年，载条奏应缘别敕授文武六品以下，敕出后望令吏部、兵部便附甲团奏，不得检勘。从之。时功状奏拟，结衔多谬，载欲权归于己，虑有司驳正。会有上封人李少良密以载丑迹闻。载知之，奏于上前，少良等数人悉毙于公府。由是道路以目，不敢议载之短。门庭之内，非其党羽不接；平素交友，涉于道义者悉疏弃之。

代宗宽仁明思，审其所由，凡累年。载长恶不悛，众怒上闻。大历十二年三月庚辰，仗下后，上御延英殿，命左金吾大将军吴凑收载、缙于政事堂，各留系本所，并中书主事卓英倩、李待荣及载男仲武、季能并收禁，命吏部尚书刘晏讯鞫。晏以载受任树党，布于天下，不敢专断，请他官共事。敕御史大夫李涵、右散骑常侍萧昕、兵中侍郎袁傪、礼部侍郎常衮、谏议大夫杜亚同推究其状。辨罪问端，皆出自禁中，仍遣中使结以阴事，载、缙皆伏罪。是日，宦官左卫将军、知内侍省事董秀与载同恶，先载于禁中杖杀之。敕曰："任直去邪，悬于帝典，奖善惩恶，急于时政。和鼎之寄，匪易其人。中书侍郎、同中书门下平章事元载，性颇奸回，迹非正直。宠待逾分，早践钧衡。亮弼之功，未能经邦成务；挟邪之志，常以罔上面欺。阴托妖巫，夜行解祷，用图非望，庶渎典章。纳受赃私，贸鬻官秩。凶妻忍害，暴子侵牟，曾不提防，恣其凌虐。行僻辞矫，心狠貌恭，使沈抑之流，无因自达，赏罚差谬，罔不由兹。顷以君臣之间，重于去就，冀其迁善，掩而不言。曾无悔非，弥益凶戾，年序滋远，衅恶贯盈。将肃政于朝班，俾申明于宪网，宜赐自尽。朕涉道犹浅，知人不明，理绩未彰，遗阙斯众，致兹刑辟，悯愧良深。俛俛行之，务申沮劝，凡在中外，悉朕怀焉。"

又制曰："门下侍郎、同中书门下平章事王缙，附会奸邪，阿谀谄佞。据兹犯状，罪至难容。矜以耄及，未忍加刑。俾申屈法之恩，贷以岳牧之秩。可使持节括州诸军事、守括州刺史，宜即赴任。于戏！朕恭己南面，推诚股肱，敷求哲人，将弼予理。昧于任使，过在朕躬，无旷厥官，各慎厥职。"初，晏等承旨，缙亦处极法。晏谓涵曰："重刑再覆，国之常典，况诛大臣，岂得不覆奏！又法有首从，二人同刑，亦宜重取进止。"涵等咸听命。及晏等覆奏，上乃减缙罪从轻。

载长子伯和，先是，贬在扬州兵曹参军。载得罪，命中使驰传于扬州赐死。次子仲武，祠部员外郎，次子季能，秘书省校书郎，并载妻王氏并赐死。女资敬寺尼真一，收入掖庭。王氏，开元中河西节度使忠嗣之女也，素以凶戾闻，恣其子伯和等为虐。伯和恃父威势，唯以聚敛财货、征求音乐为事。

载在相位多年，权倾四海，外方珍异，皆集其门，资货不可胜计，故伯和、仲武等得肆其志。轻浮之士，奔其门者，如恐不及。名姝、异乐，禁中无者有之。兄弟各贮妓妾于室，倡优猥亵之戏，天伦同观，略无愧耻。及得罪，行路无嗟惜者。中使董秀、主书卓英倩、李待荣及阴阳人李季连，以载之故，皆处极法。遣中官于万年县界黄台乡毁载祖及父母坟墓，斫棺弃柩，及私庙木主；并载大宁里、安仁里二宅，充修百司廨宇。以载籍没钟乳五百两分赐中书门下御史台五品以上、尚书省四品以上。

【译文】

元载是凤翔岐山人，家境本来寒微。父亲元景升，任员外官，不治理产业，常常住在岐州。元载母亲带着元载嫁给元景升,改姓元氏。元载自幼嗜好学习,喜欢写文章,性情敏捷聪慧,博览子部、史部书籍,特别爱学道家书。家里贫穷,步行前往乡试,屡次不能中第。天宝初年,玄宗崇奉道教,下诏征求精通庄、老、文、列四子之学的举人。元载应策试高中科第,授官邠州新平县尉。监察御史韦镒充任使节在黔中监督选举,引用元载为判官。元载名声稍大,升任大理评事。东都留守苗晋卿又用元载为判官,升任大理司直。

肃宗即位后,急于处置军务,命诸道采访使量才提拔属官。当时元载在江东避难。苏州刺史、江东采访使李希言表奏元载为副使,拜官祠部员外郎,升任洪州刺史。两京收复,入朝任度支郎中。元载智慧聪明有悟性,善于奏事对答。肃宗嘉许他,委任他有关国计民生的事务,让他充任使节赴江淮,总领漕运职务,不久加官御史中丞。数月后征入朝廷,升迁户部侍郎、度支使并诸道转运使。已到朝廷,恰逢肃宗病重。元载与幸臣李辅国亲善。李辅国的妻子元氏,是元载的宗亲,因此,相互间十分亲近。当时李辅国权倾海内,行动无人敢违抗。适逢选举京兆尹,于是李辅国让元载兼京兆尹。元载意在宰相,面见李辅国恳切要辞去京兆尹。李辅国看出他的意愿,同意了。第二天,拜元载同中书门下平章事,度支转运使依旧。

十天后,肃宗病故,代宗即位。李辅国权势更重,在皇上面前称赞元载。元载能够探察皇上意图,因此很受恩宠,升任中书侍郎、同中书门下平章事,加集贤殿大学士,修国史。又加散官银青光禄大夫,封爵许昌县子。元载因为度支转运使职务繁杂琐碎,且负担重,担心伤害名声、阻碍升迁高位,一直与刘晏相友善,于是将钱谷的事务全部推卸掉,荐举刘晏代替自己,元载自己加任营田使。李辅国停职后,又加官判天下元帅行军司马。广德元年,元载与宰臣刘晏、裴遵庆一起扈从代宗到陕州。等到代宗回长安宫殿,裴遵庆等都罢任,元载受恩宠更盛。李辅国死,元载又交结内侍董秀,多给他金帛,让中书主书卓英倩暗自传达密旨。因此皇上有所关注,元载必先知道。顺承意愿、探究微义,言谈中必定暗合,代宗因此更信任他。妻子王氏凶狠暴戾,专权自恣。元载上朝谒见,王氏纵容儿子元伯和等在外游乐。上封章言事的顾繇奏告此事,代宗正以政事委任元载,反而将顾繇治了罪。

内侍鱼朝恩依仗权势、自负恩宠,不与元载合作,元载常常怕他。大历四年冬,元载趁机密奏鱼朝恩专权,行为不轨,请将他除掉。鱼朝恩骄横,天下皆怒,代宗也知道,等听到元载的奏事,与心正合。元载于是结交北军大将共同谋划,以防万一。五年三月,鱼朝恩伏法。度支使第五琦因是鱼朝恩党而受连累,于是元载兼判度支。神气自若,以为自己有清除恶人的功绩;褒贬前贤,认为文才武略没有比得上他的。外政委任胥吏,内事听从妇言。城中建成南北二所豪华宅第,室宇恢宏壮丽,为当时第一。又在近郊修起亭榭,所到之处,帷帐杂器都早已备好,不须另行供给。城南的肥沃土地与别墅、疆界相互连接,共数十处,穿绮罗的婢女奴仆有一百余人。恣意放纵,犯法妄为;奢侈僭越,没有限度。在江淮方面,或京师的重要官司,都排挤忠良,引用贪婪卑鄙的小人。有欲求进取的士人,不是结交元载的宗族子弟、就是谒见中书省主书。行贿公开进行,近年以来,没有比这更厉害的了。

元载与王缙同处朝列。王缙正努力聚敛财货，便和元载亲善，二人互相投合，十分欢欣，越来越放纵骄横。代宗详尽地察觉到他们的行迹，但因为元载被任用多年，想保全君臣的名分，于是在元载单独晋见时，代宗劝诫他，但他并不悔改。

当初元载扈从代宗自陕州还京城时，与王缙上表，请将河中府作为中都，秋末前往，春初还京，以躲避吐蕃侵扰的患害。代宗最初同意了，让元载逐条详列上奏给他看。自从鱼朝恩被诛死，元载志得意满，于是上表请建中都，表的文字史籍多不载。大略是说用关辅、河东等十州的户税贡入京师，创建五万精兵，交由中都管辖，以威慑四方。文辞颇多纵横捭阖。自以为表奏入内事就能实行，暗自派遣属下官吏在河中规划经营。

四镇北庭行营节度使治所暂借在泾州。大历八年吐蕃攻入邠州宁州以后，朝廷议论认为，关中以西，没有地势回互萦绕如同襟带相连那样的牢固，而且泾州是孤散之地，不值得去守。元载曾担任过西州刺史，知道河西、陇右的要害，在代宗面前谋划说："现在国家边境的西边在潘源，吐蕃的防守在摧沙堡，而原州介乎其间。原州地当西部要塞的入口，连接着险要坚固的陇山，草肥水美，旧时的堡垒仍然存在。吐蕃最近毁坏了那些垣墙，舍弃旧垒不居住。原州西边是过去设置监牧的旧地，都挖有长长的壕沟、宽宽的护城河，层层重复既深且固。原州虽然下霜早，不能种黍稷，但平凉县在它的东面，只要在这一个县耕种，就可以足食了。请将京西军队移到原州屯戍，乘间隙筑城堡，贮存一年的粟。吐蕃夏天多在青海放牧，征调军队的文书即使急速传递，来回已超过一个月。现在运粮与筑城同时进行，用不了二十天就可完毕。调移郭子仪的大军驻泾州，作为根本大计，再分兵把守石门、木峡、陇山三关。北到黄河，全是群山峻岭相连，敌寇不可逾越。又设置鸣沙县丰安军作为辅佐，北边与灵武五城连带形成阵势，然后收复陇右直至安西的失地，这就是所谓切断吐蕃的小腿，朝廷可以高枕无忧了。"并且同时献上地形图。元载秘密派人越过陇山进入原州，测量井泉水源、计算用工多少。车辆、畚箕、锹锸都已备好。检校左仆射田神功阻止说："这兴师打仗揣度敌情的事，老将都觉得困难。陛下相信一个书生的话，让全国上下都按照去做，恐怕是错了。"代宗听后迟疑不决，适逢元载有罪被诛，此事才停罢。

当初大历六年，元载列条上奏：应该用别敕授官的文武六品以下官，敕书颁下以后，希望命令吏部、兵部随即分甲造好名册奏上，不得进行检查勘合。代宗同意了。这是因为当时奏上的选人功状，拟写官衔多有错误，元载想将任官大权归于自己，担心有关部门批驳修正的缘故。适逢有上封章言事者李少良秘密将元载的丑恶行迹奏上朝廷，元载知道后，面奏代宗，将李少良等数人全都在朝廷打死。于是道路行人以目示意，无人敢议论元载的劣迹。元载家门之内，不是他的党羽概不结交。平素交友，凡涉及有道义的人都疏远或抛弃。

代宗宽恕仁慈，明察元载的所作所为，已经数年，但元载恶行长久不加悔改，致使众人的愤怒日有所闻。大历十二年三月庚辰（28日），朝仗退下后，代宗坐延英殿，命左金吾大将军吴凑在政事堂收押元载、王缙，各自囚禁在本地，同时收押了中书主书卓英倩、李待荣，以及元载的儿子元仲武、元季能，命吏部尚书刘晏来审讯。刘晏因为元载受任后树立的党羽遍布天下，因此不敢专断，请与其他官员一起审讯。于是敕书命令御史大夫杜李涵、右散骑常侍萧昕、兵部侍郎袁傪、礼部侍郎常衮、谏议大夫亚共同推究元载罪状。辨明罪行追问事端的条目都出自宫内，于是派遣中使宦官查问阴私，元载、王缙都伏罪。当天，宦官左卫将军、知内侍省事董秀因与元载同罪，先于元载在宫中被杖杀。敕书说："任用正直，除却邪佞，明明白白地记录在帝王的法令中；奖励善德，惩办罪恶，是现时政治的急务。宰相的职位，得人不易。中书侍郎、同中书门下平章事元载，性情颇为奸恶邪僻、形迹十分不正直。恩宠超越本分，早登执政职位。所谓辅佐之功，却未能治好国家；而怀有奸邪之志，常常欺诳君上。阴谋结托妖人巫师，夜间妄行解卦祷告，用以图谋非分之望，希冀逃避法典宪章。收纳赃物，买卖官品。凶狠的妻子残忍害人、暴虐的儿子扰民牟利，他从不劝阻，任其放纵欺凌。行为邪僻文辞矫饰，心地狠毒貌似恭敬，使受压抑有沉冤之辈，无路申诉。赏罚失误，无不由此。最近因为君臣之间，不轻易废人不用，因此希望他悔过向善，掩盖他的罪过没有公布。谁知他并不悔改，更加凶狠暴戾，岁月已久，恶贯满盈。现在要在朝廷中肃清政治，使法令严明，应该赐元载自尽。我学习道义还很显浅、知人用人十分不明，政绩不显、失误甚多，以致用此刑罚，心中深感惭愧。勉力实行，务必申明劝阻。凡中外官民，望体谅我的心情。"

又颁下制书说："门下侍郎、同中书门下平章事王缙，附会奸邪，阿谀佞人。根据他的罪状，罪行难容，但怜悯他将老，不忍加刑。用那种让法律委屈的恩泽，换给他地方长官的职位。可以让王缙任持节括州诸军事、守括州刺史，应该立即赴任。呜呼！我在位饬身克己，对臣下推诚相待，广求贤哲，助我治理。任人有误，错在我身，不要荒废你们的官职，各自慎行自己的职务。"当初，刘晏等人秉承圣旨，王缙也应处以极刑。刘晏对李涵说："重刑要再三复核上奏，是国家常行的法典，何况诛杀大臣，怎能不反复申奏呢？另外法律规定犯罪有首犯有从犯，二人被判同样刑罚，也应重新听取圣上的旨意。"李涵等人全都听从刘晏的意见。等到刘晏等人再次上奏，代宗便减轻王缙的罪过，从轻处罚。

元载的长子元伯和，先前就被贬在扬州任扬州兵曹参军。等到元载有罪，命令中使乘驿马驰赴扬州赐元伯和死。次子元仲武，是祠部员外郎，三子元季能，是秘书省校书郎，二人与元载妻子王氏一起被赐死。元载女儿资敬寺尼姑真一，被收入宫中嫔妃所居掖庭。王氏，是开元年间河西节度使王忠嗣的女儿，一向以凶狠暴戾闻名，放纵她的孩子元伯和等人虐害一方。元伯和依仗父亲的权势，只知聚敛财物，征求音乐。

元载处在宰相职位多年，权倾四海。域外珍宝异物，都汇集在他的门内，资财不可胜数，因此元伯和、元仲武等人得以任意妄为。奔向他门下的轻浮士人，唯恐奔走不及。名妓美女奇异音乐，宫中没有的他有。兄弟各自在家中蓄养妓妾；倡优表演的猥亵游戏，父子兄弟一同观看，一点不觉羞愧可耻。到元载获罪，路人没有嗟叹惋惜的。中使董秀、主书卓英倩、李待荣以及阴阳道人李季连，因为元载的缘故，皆被处以极刑。派遣宦官在万年县内黄台乡捣毁元载祖先及父母的坟墓，凿坏并丢弃棺柩以及私庙中供养的祖先木像；元载在大宁里、安仁里的二处宅院，充作各级官司的官廨屋宇。将元载家中没收的钟乳五百两分别赐给中书省门下省御史台五品以上、尚书省四品以上官员。

萧复传

【题解】

萧复，唐玄宗的外孙，少年时便秉守清苦，孜孜好学。安史之乱后，为生计打算卖掉昭应别墅。宰相王缙派人劝说其奉送，便可换取朝中要职。萧复表示，用别墅换取高官，使家族其他人饥寒，绝非本人心愿！结果，被王缙罢其官，"沉废数年"，他本人却"处处自苦"。代宗末年，先后为常州、潭州刺史，湖南观察使。在同州刺史任上，遇到饥荒，恰好京畿观察使有储备粮在同州，他便用来赈贷饥民，被弹劾降职，他怡然地说：如果有利于民，何必害怕小小的处罚。德宗初年，随御驾奔奉天，拜吏部尚书、平章事。因其"临事不苟，颇为同列所嫉"，居相位不久便受到排挤。

【原文】

萧复，字履初，太子太师嵩之孙，新昌公主之子。父衡，太仆卿、驸马都尉。少秉清操，其群从兄弟，竞饰舆马，以侈靡相尚，复衣浣濯之衣，独居一室，习学不倦，非词人儒士不与之游。伯华每欢异之。以主荫，初为宫门郎，累至太子仆。

广德中，连岁不稔，谷价翔贵，家贫，将鬻昭应别业。时宰相王缙闻其林泉之美，心欲之，乃使弟纮诱焉，曰："足下之才，固宜居右职，如以别业奉家兄，当以要地处矣。"复对曰："仆以家贫而鬻旧业，将以拯济孀幼耳，倘以易美职于身，令门内冻馁，非鄙夫之心也。"缙憾之，乃罢复官。沉废数年，复处之自若。后累至尚书郎。大历十四年，自常州刺史为潭州刺史、湖南观察使。及为同州刺史，州人阻饥，有京畿观察使储廪在境内，复辄以赈贷，为有司所劾削阶。朋友唁之，复怡然曰："苟利于人，敢惮薄罚。"寻为兵部侍郎。

建中末，普王为襄汉元帅，以复为户部尚书、统军长史，以复父名衡，特诏避之，未行。属驾奉天，拜吏部尚书、平章事。复尝奏曰："宦者自艰难以来，初为监军，自尔恩幸过重。此辈只合委宫掖之寄，不可参兵机政事之权。"上不悦，又请别对，奏云："陛下临御之初，圣德光被，自用杨炎、卢杞秉政，悟渎皇猷，以致今日。今虽危急，伏愿陛下深革睿思，微臣敢当此任。若令臣依阿偷免，臣不敢旷职。"卢杞奏对于上前，阿谀顺旨，复正色曰："卢杞之词不正。"德宗愕然，退谓左右曰："萧复颇轻朕。"遂令往江南宣抚。

先时，淮南节度陈少游首称臣于李希烈，凤翔将李楚琳杀节度使张镒以应朱泚，镒判官韦皋先知陇州留后，首杀幽叛卒数百人，不应楚琳。复江南使回，与宰相同对讫，复独留，奏曰："陛下自返宫阙，勋臣已蒙官爵，唯旌善惩恶，未有区分。陈少游将相之寄最崇，首败臣节；韦皋名宦最卑，特建忠义。请令韦皋代少游，则天下明然知逆顺之理。"上许之。复出，宰相李勉、卢翰、刘从一方同归中书，中使马钦绪至，揖从一，附耳语而退，诸相各归阁。从一诣复曰："适钦绪宣旨，令与公商量朝来所奏，便进，勿令李勉、卢翰知。"复曰："适来奏对,亦闻斯旨,然未谕圣心,已面陈述,上意尚尔,复未敢言其事。"复又曰："唐、虞有金曰之论,朝廷有事,尚合与公卿同议。令勉、翰不可在相位,即去之;既在相位,合同商量,何故独避此之一节?且与公行之无爽,但恐寝以成俗,此政之大弊也。"竟不言于从一。从一奏之,上寝不悦。复累表辞疾,请罢知政事,从之,守太子左庶子。三年,坐邠国公主亲累,检校左庶子,于饶州安置。四年,终于饶州,时年五十七。

复门望高华,志硈名节,与流俗不甚通狎。及登台辅,临事不苟,颇为同列所嫉,以故居位不久。性孝友,居家甚睦,为族子所累,晏然屏退,口未尝言。

邠国公主者,肃宗之女也,出降驸马萧升,升于复为从兄弟,升早卒。贞元中,蜀州别驾萧鼎、商州丰阳令韦恪、前彭州司马李万、太子詹事李升等出入主第,秽声流闻。德宗怒,幽主于别第,李万决杀,升贬岭南,萧鼎、韦恪决四十,长流岭表。又言公主行厌祷,其子位为祷文,位弟佩、儒、偲与异父兄驸马都尉裴液,并长流端州。公主女为皇太子妃,即顺宗也。太子惧,亦请与妃离婚。六年,邠国薨,位兄弟及液诏还京师。液父徽,初尚邠国;徽卒,降萧升。

【译文】

萧复,字履初,太子太师萧嵩的孙子,新昌公主的儿子。父亲萧衡,官太仆卿、驸马都尉。萧复少年时就有清高的操守,他的堂兄弟们,竞相装饰车马,以生活奢侈豪华放纵糜烂相比,萧复穿着多次洗过的衣服,自己居在一屋中,孜孜不倦的学习,不是文人学士不与往来交游。伯父萧华经常赞叹寄希望于他。因母亲新昌公主恩荫得官,起初任宫门郎,多次升迁到太子仆。

广德年间,因连年灾荒,庄稼不收,谷价飞涨,家庭贫困,要出卖昭应别墅。当时宰相王缙听说昭应别墅园林树木水泉秀美,想要占为己有,于是派遣弟弟王纮来引诱萧复,说:"依您的才华,理当居于重要的职位,如果把别墅奉献给我哥哥,就会处在重要的官职上了。"萧复回答:"我因家中贫穷才出卖祖宗的产业,要用来救济寡妇幼儿,如果用别墅为我自己换取美官,使家里的人们饥寒交迫,那不是我的心愿了。"王缙知道了很不高兴,于是就罢了萧复的官。埋没罢黜了几年,萧复的态度一如往常。后来多次迁转到尚书郎。大历十四年,由常州刺史调为潭州刺史、湖南观察使。到任同州刺史时,州人正处在饥饿的困境,有京畿观察使仓库就在辖区内,萧复立即打开用来赈济灾民,被有关官府弹劾削去了官阶。朋友们有的来慰问,萧复态度和悦地说:"如果有利于人们,怎么敢害怕小小的惩罚。"过了不久出任兵部侍郎。

唐德宗建中末年,普王李谊为襄汉元帅,用萧复为户部尚书、统军长史。统军长史原名行军长史,因萧复的父亲名叫萧衡,特地下诏避其名讳改官名。诏书下未行,因泾原兵乱而停止。萧复扈从唐德宗大驾到奉天,拜为吏部尚书、平章事。萧复曾向皇帝陈说:"宦官自国家艰难困苦以来,起初为监军,从那时恩宠逐重。这些人只适合委托给宫掖的事务,不能够参与兵机政事的权力。"皇帝听了不高兴,又请求说别的,他又陈奏说:"陛下刚一即位,天下蒙受皇帝的圣德,自从用杨炎、卢杞主持政务,他们混乱亵渎了皇帝的谋划,以致造成今天的局面。现在局势虽然危急,但愿陛下进行重大变革圣明通达,小臣敢担当起这个重任。如果使臣随声应和苟且怠慢,臣下也不敢荒废职守。"卢杞在唐德宗面前回答问题,阿谀顺从皇帝旨意,萧复态度严肃地说:"卢杞说得不正确。"唐德宗大吃一惊,退朝后告诉左右:"萧复很轻视朕。"因此,遂令萧复前往江南宣抚安民。

起初,淮南节度使陈少游首先称臣于起兵叛乱自称楚帝的李希烈,凤翔将领李楚琳杀节度使张镒以响应起兵自称大秦皇帝的朱泚,张镒判官韦皋先知陇州留后,首先杀幽城叛卒数百人,不响应李楚琳。萧复从江南宣抚归来,与宰相一块回答完毕,自己留下来,上奏说:"陛下自从返回宫阙以来,勋臣已都受到了官爵的赏赐,只有表彰善良和惩罚罪恶,还没有区别。陈少游在将相中受委托最尊崇,但他首先败坏了大臣的气节;韦皋的名字在官宦当中最低,特别建树了忠义。请使韦皋代替陈少游,则天下都清楚地知道叛逆和忠顺的道理。"皇帝允许了他的提议。萧复出来,宰相李勉、卢翰、刘从一正一块回中书省,宦官马钦绪到,施礼于刘从一,与刘从一耳语了一番就走了,诸相各自归阁。刘从一找到萧复说:"刚才马钦绪传达圣旨,令与您商量朝来所奏的事,即便奏进,不要让李勉、卢翰知道。"萧复说:"刚才在皇帝面前议论时,也听说了这个圣旨,然而不知圣意,我已当面陈述了,皇帝意愿还是如此,我不敢再言这事。"萧复又说:"唐尧、虞舜有金曰的说法,朝廷有事,还应当与公卿一块商议。今李勉、卢翰如不能在宰相位上,应马上去掉;既然在宰相位子上,就应当一块商量,为什么单独避开这一节?并且和公开进行也无违背,但恐怕逐渐成为习惯,这是政治的大弊端。"竟不告诉于刘从一。刘从一向皇帝报告,皇帝越来越不高兴。萧复多次上表说有病,请罢知政事,皇帝同意了他的请求,任太子左庶子之职。贞元三年,因受部国公主亲属的连累,被贬为检校左庶子,放至饶州安置。四年,死于饶州,终年五十七岁。

萧复家门族资望高贵,志在磨炼名节,和一般世俗的人交往不太亲密。到位至宰相,处事认真,特别为同僚所嫉恨,因此居位时间不长。萧复性情孝顺友好,家庭十分和睦,因受同族子侄所连累,安逸隐退,口中从未出过怨言。

部国公主,唐肃宗的女儿,下嫁给驸马萧升,萧升和萧复是堂兄弟,萧升很早就死了。唐德宗贞元年问中,蜀州别驾萧鼎、商州丰阳县令韦恪、前彭州司马李万、太子詹事李升等人经常出入部国公主府,淫乱的事在各处流传。唐德宗大怒,囚禁部国公主在别的地方,决杀了李万,贬谪李升到岭南,判决萧鼎、韦恪杖四十,长期流放岭表。又有人说公主进行厌胜祈祷,她的儿子萧位写祷文,萧位的弟弟萧佩、萧儒、萧偲及同母异父的哥哥驸马都尉裴液,都被长期流放到端州。公主的女儿是皇太子妃,皇太子即唐顺宗。皇太子恐怕受牵连,也请和妃离婚。贞元六年,部国公主死,萧位兄弟和裴液奉诏回到京城。裴液的父亲裴徽,开始娶部国公主;裴徽死,部国公主下嫁给萧升。

韩滉传

【题解】

韩滉(723~787),字太冲,长安(陕西西安市)人。他出生于官宦之家,父亲韩休,唐玄宗朝任宰相。韩滉在唐德宗朝历任吏部员外郎、吏部郎中、给事中、尚书右丞、户部侍郎,至检校左仆射、同中书门下平章事、江淮转运使,被封为晋国公。韩滉为官清廉,自奉甚俭,对下属约束亦严。精于吏治,但失之苛刻。他治理地方,能在短期内治理得井井有条。也能治军,在平定李希烈之乱中,显示了他的军事才能。韩滉还是唐代著名书画家,书法得草书大师张旭的笔法,绘画方面,长于写农村景物,画牛、羊、驴最为出色,与韩干齐名。传世画作有《五牛图》《文苑图》等。其子韩皋,字仲闻,历官尚书右丞、兵部侍郎、京兆尹,至尚书左仆射。韩皋也自奉俭约,精于吏治,饶有父风。但他求治太急,不免有浮夸之弊。韩皋性知音律,据说他听演奏晋代嵇康的琴曲《广陵散》,能悟出乐曲中所反映的政治局势、司马氏代魏以及司马氏的式微等内容。这当然有以既成史事去附会的成份,也说明他对音律的修养是相当高的。

【原文】

韩滉字太冲,太子少师休之子也。少贞介好学,以荫解褐左威卫骑曹参军,出为同官主簿。至德初,青齐节度邓景山辟为判官,授监察御史、兼北海郡司马,以道路阻绝,因避地山南。采访使李承昭奏充判官,授通州长史、彭王府谘议参军。邓景山移镇淮南,又表为宾佐,未行,除殿中侍御史,追赴京师。先是,滉兄法知制诰,草王玙拜官之词,不加虚美,玙颇衔之。及其秉政,诸使奏滉兄弟者,必以冗官授之。玙免相,群议称其屈,累迁至祠部、考功、吏部三员外郎。

滉公洁强直,明于吏道,判南曹凡五年,详究簿书,无遗纤隐。大历中,改吏部郎中、给事中。时盗杀富平令韦当,县吏捕获贼党,而名隶北军,监军鱼朝恩以有武材,请诏原其罪,滉密疏驳奏,贼遂伏辜。迁尚书左丞。五年,知兵部选。六年,改户部侍郎、判度支。自至德、乾元以后,所在军兴,赋税无度,帑藏给纳,多务因循。滉既掌司计,清勤检辖,不容奸妄,下吏及四方行纲过犯者,必痛绳之。又属大历五年以后,蕃戎罕侵,连岁丰稔,故滉能储积谷帛,帑藏稍实。然苛克颇甚,复治案牍,勾剥深文,人多咨怨。

大历十二年秋,霖雨害稼,京兆尹黎干奏畿县损田,滉执云干奏不实。乃命御史巡复,回奏诸县凡损三万一千一百九十五顷。时渭南令刘藻曲附滉,言所部无损,白于府及户部。分巡御史赵计复检行,奏与藻合。代宗览奏,以为水旱咸均,不宜渭南独免,申命御史朱敖再检,渭南损田三千余顷。上谓敖曰:"县令职在字人,不损犹宜称损,损而不问,岂有恤隐之意耶! 卿之此行,可谓称职。"下有司讯鞫,藻、计皆伏罪,藻贬万州南浦员

韩滉文苑图

外尉,计贬丰州员外司户。滉弄权树党,皆此类也。俄改太常卿,议未息,又出为晋州刺史。数月,拜苏州刺史、浙江东西都团练观察使。寻加检校礼部尚书、兼御史大夫、润州刺史、镇海军节度使。

滉既移镇,安辑百姓,均其租税,未及逾年,境内称理。及建中年冬,泾师之乱,德宗出幸,河、汴骚然,滉训练士卒,锻砺戈甲,称为精劲。李希烈既陷汴州,滉乃择其锐卒,令裨将李长荣、王栖曜与宣武军节度使刘玄佐犄角讨袭,解宁陵之围,复宋、汴之路,滉功居多。

然自关中多难,滉即于所部闭关梁,筑石头五城,自京口至玉山,禁马牛出境;造楼船战舰三十余艘,以舟师五千人由海门扬威武,至申浦而还;毁撤上元县佛寺道观四十余所,修坞壁,建业抵京岘,楼雉相属,以佛殿材于石头城缮置馆第数十。时滉以国家多难,恐有永嘉渡江之事,以为备预,以迎銮驾,亦申徼自守也。城中穿深井十丈近百所,下与江平,俾偏将丘涔督其役。涔酷虐士卒,日役千人,朝令夕办,去城数十里内先贤丘墓,多令毁废。明年正月,追李长荣等戍军还,以其所亲吏卢复为宣州刺史、采石军使,憎营垒,教习长兵。以佛寺铜钟铸弩牙兵器。陈少游时镇扬州,以甲士三千人临江大阅,滉亦以兵三千人临金山,与少游相应,楼船于江中,以金银缯彩互相聘赍。而自德宗出居,及归京师,军用既繁,道路又阻,关中饥饿,加之以灾蝗,江南、两浙转输粟帛,府无虚月,朝廷赖焉。

兴元元年,就加检校吏部尚书。数月,又加检校右仆射。贞元元年七月,拜检校左仆射、同平章事,使并如故。二年春,特封晋国公。其年十一月,来朝京师。时右丞元琇判度支,以关辅旱俭,请运江淮租米以给京师。上以滉浙江东西节度,素著威名,加江淮转运使,欲令专督运务。琇以滉性刚愎,难与集事,乃条奏滉督运江南米至扬子,凡一十八里,扬子以北,皆元琇主之。滉深怒于琇。琇以京师钱重货轻,切疾之,乃于江东监院收获见钱四十余万贯,令转送入关。滉不许,乃诬奏云:"运千钱至京师,费钱至万,于国有害。请罢之。"上以问琇,琇奏曰:"一千之重,约与一斗米均。自江南水路至京,一千之所运,费三百耳,岂至万乎?"上然之,遣中使齐手诏令运钱。滉坚执以为不可。其年十月，加浞度支诸道转运盐铁等使，遂逞宿怒，累诬奏琇，贬雷州司户。其责既重，举朝以为非罪，多窃议者。尚书左丞董晋谓宰臣刘滋、齐映曰："元左丞忽有贬责，未知罪名，用刑一滥，谁不危惧？假有权臣骋志，相公何不奏请三司详断之。去年关辅用兵，时方蝗旱，琇总国计，夙夜忧勤，以赡给师旅，不憎一赋，军国皆济，斯可谓之劳臣也。今见播逐，恐失人心，人心一摇，则有闻鸡起舞者矣。窃为相公痛惜之。"滋、映但引过而已。给事袁高又抗疏申理之，浞诬以朋党，寝而不行。

时两河罢兵，中土宁义，浞上言："吐蕃盗有河湟，为日已久。大历以前，中国多难，所以肆其侵轶。臣闻其近岁以来，兵众窃弱，西迫大食之强，北病回纥之众，东有南诏之防，计其分镇之外，战兵在河、陇五六万而已。国家第令三数良将，长驱十万众，于凉、鄯、洮、渭并修坚城，各置二万人，足当守御之要。臣请以当道所贮蓄财赋为馈运之资，以充三年之费。然后营田积粟，且耕且战，收复河、陇二十余州，可翘足而待也。"上甚纳其言。浞之入朝也，路由汴州，厚结刘玄佐，将荐其可任边事，玄佐纳其赂，因许之。及来觐，上访问焉，初颇禀命，及浞以疾归第，玄佐意怠，遂辞边任，盛陈犬戎未衰，不可轻进。浞贞元三年二月，以疾薨，遂寝其事，年六十五。上震悼久之，废朝三日，赠太傅，赠布帛米粟有差。

浞，宰相子，幼有美名，其所结交，皆时之俊彦，非公直者不与之亲密。性持节俭，志在奉公，衣裘茵衽，十年一易，居处陋薄，才蔽风雨。弟洄常于里宅增修廊宇，浞自江南至，即使命撤去之，曰："先公容焉，吾辈奉之，常恐失坠，所有摧圮，葺之而已，岂敢改作，以伤俭德。"自居重位，愈清俭嫉恶，弥缝阙漏，知无不为，家人资产，未尝在意。入仕之初，以至卿相，凡四十年，相继乘马五匹，皆及敝帷。尤工书，兼善丹青，以绘事非急务，自晦其能，未尝传之。好《易象》及《春秋》，著《春秋通例》及《天文事序议》各一卷。然以前辈早达，稍薄后进。晚岁至京师，丞郎卿佐，接之颇倨，众不能平。其在浙右也，政令明察，末年伤于严急，巡内婺州傍县有犯其令者，诛及邻伍，死者数十百人。又俾推复官分察境内，情涉疑似，必置极法，诛杀残忍，一判即剿数十人，且无虚日。虽令行禁止，而冤滥相寻。议者以浞统制一方，颇著勤绩，自幼立名贞廉，晚途政甚苛惨，身未达则饰情以进，得其志则木质遂彰。子群、臯。群官至考功员外郎。

臯字仲闻，夙负令名，而器质重厚，有大臣之度。由云阳尉擢贤良科，拜右拾遗，转左补阙，累迁起居郎、考功员外郎。俄丁父艰，德宗遣中人就第慰问，仍宣令论撰浞之事业，臯号泣承命，立草数千言，德宗嘉之。及免丧，执政者拟考功郎中，御笔加知制诰。迁中书舍人、御史中丞、尚书右丞、兵部侍郎，皆称职。改京兆尹，奏郑锋为仓曹，专掌钱谷。锋苛刻剥下为事，人皆咨怨。又劝臯搜索府中杂钱，折籴百姓粟麦等三十万石进奉，以图恩宠。臯纳其计，寻奏锋为兴平县令。及贞元十四年，春夏大旱，粟麦枯槁，畿内百姓，累经臯陈诉，以府中仓库虚竭，忧迫惶惑，不敢实奏。会唐安公主女出适右庶子李愬，内官中使于愬家往来，百姓遮道投状，内官继以事上闻。德宗下诏曰："京邑为四方之则，长吏受亲人之寄，实系邦本，以分朕忧，苟非其才，是紊于理。正议大夫、守京兆尹、赐紫金鱼袋韩臯，比践清贯，颇闻谨恪，委之尹正，冀效公忠。乃者邦畿之间，粟麦不稔，朕念兹黎庶，方仪蠲除，自宜悉心，以副勤恤。皋奏报失实，处理无方，致令闾井不安，嚣然上诉。及令复视，皆涉虚词，壅蔽颇深，罔惑斯甚。宜加惩诫，以劝守官。可抚州司马，员外置同正员，驰驿发遣。"锋亦寻出为汀州司马。皋无几移杭州刺史，复拜尚书右丞。

皋恃前辈，颇以简倨自处。顺宗时，王叔文党盛，皋嫉之，谓人曰："吾不能事新贵。"皋从弟晔，幸于叔文，以告之，因出为鄂州刺史、岳鄂蕲沔等州观察使。入为东都留守。元和八年六月，加检校吏部尚书，兼许州刺史，充忠武军节度使。以陈、许二州水潦之后，赐皋绫绢布葛十万端疋，以助军资宴赏。所理以简俭称。入为吏部尚书。兼太子少傅，判太常卿事。元和十一年三月，皇太后王氏崩，以皋充大明宫使。十五年闰正月，充宪宗山陵礼仪使。三月，穆宗以师保之旧，加检校右仆射。

十二月，以铨司考科目人失实，与刑部侍郎知选事李建罚一月俸料。长庆元年正月，正拜尚书右仆射。二年四月，转左仆射，赴尚书省上事，命中使宣赐酒馔，及宰臣百僚送上，皆如近式。其年，以本官东都留守，行及戏源驿暴卒，年七十九。赠太子太保。太和元年，谥曰贞。

皋生知音律，尝观弹琴，至《止息》，叹曰："妙哉！嵇生之为是曲也，其当晋、魏之际乎？其音主商，商为秋声。秋也者，天将摇落肃杀，其岁之晏乎？又晋乘金运，商，金声，此所以知魏之季而晋将代也。慢其商弦，与宫同音，是臣夺君之义也，所以知司马氏之将篡也。司马懿受魏明帝顾托后嗣，反有篡夺之心，自诛曹爽，逆节弥露。王陵都督扬州，谋立荆王彪；毋丘俭、文钦、诸葛诞前后相继为扬州都督，咸有匡复魏室之谋，皆为懿父子所杀。叔夜以扬州故广陵之地，彼四人者，皆魏室文武大臣，咸败散于广陵，散言魏氏散亡自广陵始也。止息者，晋虽暴兴，终止息于此也。其哀愤躁蹙，惨痛迫胁之旨，尽在于是矣。永嘉之乱，其应乎？叔夜撰此，将贻后代之知音者，且避晋、魏祸，所以托之神鬼也。"

【译文】

韩滉字太冲，他是太子少师韩休的儿子。他在少年时就性格耿直，好读书学习，因他父亲的恩荫，初入官场就任他为左威卫骑曹参军，又外任为同官县主簿。至德初年，青齐节度使邓景山征召他为判官，又授任他为监察御史兼北海郡司马，因北海郡道路隔绝，于是避战乱来到山南。采访使李承昭上奏，任他为判官，实授他为通州长史、彭王府谘议参军。邓景山转为淮南节度使，又上奏征他为幕僚，还未成行，朝廷任他为殿中侍御史，催他赶赴师京长安。在此之前，韩滉的哥哥韩法任知制诰，在起草任命王玙文件的时候，不肯虚加吹捧，王玙因此痛恨韩法。当王玙当政时，官员们推荐韩滉兄弟，必定只任命闲散职务，王玙被罢免宰相，官员们都替韩滉兄弟叫屈，韩滉历升至祠部、考功、吏部三个部的员外郎。

韩滉为官，公正廉洁，耿直倔强，对官务很熟悉。他任南曹判官五年，对各种文件都详加研究，没有丝毫的遗漏。大历年间，改任吏部郎中、给事中。当时发生了强盗杀害富下县令的案件，县里的官吏捕获了强盗党羽，但他们属于北军管辖，监军鱼朝恩因他们武艺好，上奏朝廷，请免去他们的罪过，韩滉写了秘密奏折，加以驳斥，强盗党羽才伏法。升任他为尚书右丞。大历五年，掌管兵部官员的升迁任免。大历六年，改任户部侍郎、掌管财政。从至德、乾元以后，各地用兵，赋税征收没有节制，国库的出入，仍因循旧法。韩滉掌管财政以后，认真清理检查，对于贪污官吏毫不容情，他的下属以及各地收缴财税的官员犯罪的，必痛加惩治。再者在大历五年以后，边境上外族极少侵扰，加上连年丰收，因此韩滉能够积蓄些粮食布匹，国库稍为充实。但是他搜刮过于苛刻，又重新审查各种账目文书，多方找借口加强搜刮，引起百姓的怨恨。

大历十二年秋天，连阴雨损害了庄稼，京兆尹黎干向朝廷汇报京城周围农田受灾的情况，韩滉坚持认为黎干的汇报夸大了灾情。于是派御史复查，御史汇报京城周围各县共有三万一千一百九十五顷农田受灾。当时任渭南县令的刘藻不顾事实曲意迎附韩滉，他汇报渭南县境内没有受灾，并上报知府和户部。分巡御史赵计重新进行检查，汇报和刘藻的说法一致。代宗看了奏章，认为水旱灾害在附近各地应该相同，不应渭南县独独不受灾，命令御史朱敖再去检查，查出渭南受灾面积三千多顷。代宗对朱敖说："县令的职责是抚育百姓，即使没有受灾也应汇报受了灾害，可是他却遭灾而不汇报，这哪有一点点体恤百姓的心意呢？你这次去检查，可以说是称职的。"于是把刘藻、赵计交司法部门审讯，刘藻、赵计都认罪服罪，刘藻贬降为万州南浦县员外尉，赵计贬为丰州员外司户。韩滉玩弄权术培植私人势力，都像这事情一样。不久，改任韩滉为太常卿，但是未能平息人们对他的议论，于是又外任为晋州刺史。过了几个月，又升任苏州刺史、浙江东西都团练观察使。不久又升任检校礼部尚书，兼御史大夫、润州刺史、镇海军节度使。

韩滉移任以后，安抚境内百姓，均摊赋税租役，没过一年时间，在他的管辖范围内，治理得井井有条。到德宗建中年间，泾州守兵发动叛乱，德宗从长安出逃，黄河下游、汴水流域的政治局势骚动不安，韩滉训练士卒，制造兵器盔甲，建立了一支精兵劲旅。叛将李希烈攻陷汴州，韩滉挑选精锐部队，令偏将李长荣、王栖曜率领，与宣武军节度使刘玄佐形成掎角之势，进攻李希烈，解除叛兵对宁陵的围困，收复宋州、汴州一带地方。韩滉的功劳最大。

但自从关中地区战乱加剧，韩滉即在他管辖的地区封锁关口桥梁，从京口至玉山，修筑石头城等五座城池，禁止牛马运出境外，又建造楼船战舰三十多艘，派水兵五千人由海门耀武扬威至申浦而回；又拆毁上元县佛寺道观四十多处，用拆下的物料修筑堡垒，从建业到京岘，一路上城堡相连，又用佛殿的材料修造馆第数十处。当时韩滉鉴于国家处于危难之中，担心发生西晋时永嘉之乱、朝廷渡江偏安的情况，预先做好准备，用来迎接皇帝的到来，也借此来表明自己戒备自守的决心。在城里挖掘十丈深的水井近百眼，水井的底部和江面成水平，派偏将丘涔总管此事。丘涔对待挖井兵士残酷暴虐，每天派千人左右，他要求早上派去，晚上必须完成。近城数十里内的古代名人的坟墓，大多都被挖毁。第二年正月，把在外担任守卫任务的李长荣守军召回，派他的亲信卢复为宣州刺史、采石军使，增筑营垒，教习士兵弓箭。用佛寺的铜钟铸造弩机兵器。陈少游当时任扬州刺史，在江边检阅三千全副武装的兵士，韩滉也派三千兵士登上金山，和陈少游遥相呼应,楼船在江中游弋,韩、陈互相赠送金银绸缎等物。从德宗出逃到返回京城,其间军事费用浩繁,道路又时时被阻,关中地区连年饥荒,加上蝗虫为灾,江南、两浙的粮食布匹源源不断地往关中运送,每一府每月都要按时运出,朝廷依赖这些物资来维持。

兴元元年,就地升任检校吏部尚书。过了几个月,又升任检校右仆射。贞元元年七月,升任检校左仆射、同平章政事,仍兼任节度使。贞元二年春天,封爵为晋国公。这年十一月,进京朝见皇帝。当时尚书右丞元琇主管财政,因关中地区发生旱灾收成不好,请求朝廷运江淮地区的税米供应京师。皇帝鉴于韩滉任浙江东西节度使,一向有威信,任他为江淮转运使,想让他专职督理运粮事务。元琇因韩滉性格刚愎自用,很难和他共事,于是元琇上书建议,韩滉只管把江南米运到扬子江,只有十八里路,扬子江以北,都由元琇来主管。韩滉对元琇此举,恨得咬牙切齿。元琇鉴于京师长安流通的铜钱少价值高,货物价钱低,为此他很伤脑筋,于是从江东监院收笼现钱四十余万贯,让韩滉转运入关,韩滉不答应,便谎言上奏说:“运一千钱至京师,运费要用万钱,这样做对国家有害,请停止这么干。”皇帝询问元琇,元琇上奏说:“一千钱的重量,大致和一斗米相同。从江南水路运输至京师,一千钱所花的运费,只不过三百钱罢了,怎么能花费一万钱呢?”皇帝认为元琇说得有道理,于是皇帝派太监带着圣旨去,命令韩滉运钱。韩滉仍坚持自己的意见,认为不可行。这年十二月,韩滉升任度支诸道转运盐铁等使,韩滉不忘旧怨,多次诬告元琇,最终把元琇贬降为雷州司户。因对元琇处分得太重,满朝官员都认为元琇没罪,很多人在私下议论。尚书左丞董晋对宰相刘滋、齐映说:“元琇忽然遭贬降,不知犯了什么罪,这样胡乱处分人,谁不担心害怕?这样会使得有权的大臣随心所欲,宰相大人何不上奏,让司法部门详细审理?去年关中地区用兵,当时又发生蝗灾旱灾,元琇主持国家财政,整日整夜操劳,使军队能得到供给,而且不增加税收,军队和国家的费用都得到满足,这样的人真可算是为国操劳的臣子了。现在却遭到流放,这样做恐怕会失去民心,民心一旦动摇,就会出现闻风而动的人。我真为宰相大人痛惜啊!”刘滋、齐映只是敷衍说自己有过失罢了。给事袁高又抗旨上疏,替元琇申冤,韩滉诬蔑他们是同党,袁高的奏疏被搁置不理。

当时两河地区战事停止,中原出现安宁的局面,韩滉上奏说:“吐蕃侵占河湟地区,已经很长时间了。大历以前,中原多灾多难,因此吐蕃肆意侵犯。我听说近年以来,它的军事力量削弱了,西边受强国大食的挤迫,北面有回纥的大兵压境,东面有南诏的坚强抵御,它的军队分守各地的不计,在河、陇地区的兵力只不过有五、六万人。国家只需派三四个强将,率领十万兵长驱直入,在凉、鄯、洮、滑等地修筑坚固的城防工事,各派守兵二万人,足以守卫各军事要地。我请求将我处的赋税收入作为军用物资,可以满足三年的费用。然后组织军队屯田,积蓄粮米,边耕边战,这样,河、陇地区二十余州,可以垂手而得。”皇帝采纳了他的建议。韩滉进京任职,路过汴州,和汴宋节度使刘玄佐深深结交,韩滉说让刘推荐他任守边将帅,刘玄佐收了韩滉的礼物,答应了。刘玄佐任边将后,进京朝见皇帝,皇帝不断向他询问边地的情况。起初刘玄佐对边事尚且受命尽职,当韩滉因病回家休养以后,刘玄佐也心灰意懒,于是辞去边任,并强调说明边境上的异族势力尚未衰弱,不可轻易进兵。韩滉在贞元三年二月,因病去世,边境上的事情也就搁了下来,他活了六十五岁。皇帝长时间为之悲悼,为了悼念他,三天不上朝,追赠他为太傅,按规定赠送他家布帛米粟等物。

韩滉是宰相的儿子,小时候就有好名声,他结交的朋友,都是一时的佼佼者,不是公正耿直的人,他不深交。他生性节俭,一意为公,他的衣服被褥,十年才一换,住房也很简陋,只是能避风雨而已。他的弟弟韩洄曾在老家的旧宅增修了穿廊,韩滉从江南回来,马上下令拆除,他说:"祖宗居住的房屋,我们保持原貌,常怕它倒塌,如有损坏的地方,修整一下就行了,哪里敢改造,有损节俭的美德。"他做了大官,更加清廉节俭,痛恨奢侈浪费,为国家财政,他严密计算,堵塞漏洞,只要他认识到了,马上去做,但对于自己的家产,从不放在心上。从他进入官场,以至位居卿相,前后共计四十年,共乘用过五匹马,每匹都是老死以后再换新马。他擅长书法,也长于绘画,但他认为绘画不是当务之急,因而不愿显露这方面的才能,也不把他韵技法传授给他人。他爱读《易象》和《春秋》,曾著《春秋通例》《天文事序议》各一卷。但他自恃在朝臣中为前辈,又早年做了大官,对后辈官员就有些轻视。他晚年调进京城,在和各衙门中的副职助手官员接触中,显得架子很大,众官员愤愤不平。他在浙东任职时,行政精明,但后期则有急躁严厉的毛病,在他的管辖范围里婺州属县有人冒犯了他的禁令,把犯人的左邻右舍都治罪处死,杀了百十来人。他又派官在境内进行复查,凡是嫌疑犯,必定处死,非常残忍,一次审判,往往处死数十人,几乎天天如此。虽然在他管辖的范围内令行禁止,但冤案接连发生。人们议论说,他治理一方,确实政绩突出。他从小立志为官清廉,但晚年行政过于残忍;在他还没有发达的时候,掩饰他的本性以图向上爬,一旦得志,则本性暴露无遗。他的儿子韩群、韩皋。韩群官至考功员外郎。

韩皋字仲闻,早年就很有名声,气质庄重敦厚,有大臣的风度。他由云阳县尉选拔为贤良人才,任官右拾遗,转左补阙,历升起居郎、考功员外郎。不久,父亲去世,在家守孝,德宗派太监去他家进行慰问,并传旨让他论述他父亲韩滉事功,韩皋在悲痛中接受了这一任务,立即写出几千字的文稿,受到德宗的嘉赏。守孝期满,执政大臣拟任他为考功郎中,德宗亲笔批示兼任知制诰,后升任中书舍人、御史中丞、尚书右丞、兵部侍郎,都胜任称职。后改任京兆尹,他奏请任郑锋为仓曹官,专门掌管钱粮的出入。郑锋以苛刻搜刮下民为能事,引起人们的不满。他又劝诱韩皋搜罗杂项收入,压价收购百姓的粟麦三十万石献给朝廷,以博得皇帝的恩宠。韩皋采纳了他的建议,不久奏请任郑锋为兴平县令。到贞元十四年,春夏大旱无雨,谷子和小麦都干旱而死,京城附近的百姓多次向韩皋陈诉,要求免去赋税,韩皋因国库空虚,忧愁恐惧,不敢如实向上汇报。这时唐安公主的女儿嫁给右庶子李愬,宫中的太监经常去李愬家,百姓们拦道苦诉,太监就把这种情况向皇帝汇报。德宗下旨说:"京城附近是首善之区,是各地的榜样,京城附近的地方长官,他接受的是治理百姓的重托,是治理国家的基础,指望他们分担我的忧虑,如果任人不当,就会把政事搞乱。正议大夫、守京兆尹、赐紫金鱼袋韩皋,近年官任清近,也颇有谨慎尽职的声誉,所以委任他为京兆尹,期望他效力尽忠。近来京城附近,米、麦不收,我关心百姓的疾苦,正在考虑免除赋税,韩皋本应尽心尽力,以体现我体恤百姓的本意。韩皋对上的汇报不实,措施不当,致使百姓不能安生,纷纷上诉。下令让他复查,他的汇报都是虚假情况,掩盖得越严,欺君之罪越重。应该加以惩处,使各地方官有所警戒。韩皋应贬为抚州司马,编外安置,待遇与编内官员相同,用驿马遣派。"不久,郑锋也外贬为汀州司马。韩皋不久又提升为杭州刺史,继而升任尚书右丞。

韩皋自恃是老臣前辈,待人接物,简傲无礼。唐顺宗年间,王叔文派势力强大,韩皋十分嫉恨,对人说:"我不能侍候这些新贵。"韩皋的堂弟韩晔,与王叔文关系密切,把韩皋的话告诉王叔文,于是韩皋又被外贬为鄂州刺史、岳鄂蕲沔等州观察使。又内调为东都留守。元和八年六月,升任检校吏部尚书,兼许州刺史,充任忠武军节度等使。因陈、许二州发生了水灾,皇帝赏赐给韩皋绫绢布葛等十万匹,以补贴军费和宴请赏功的费用。他为官行政,以节俭著称。又调他进京,任为吏部尚书,兼太子少傅,兼管太常卿事务。元和十一年三月,皇太后王氏逝世,让韩皋担任大明宫使。十五年闰正月,担任宪宗陵墓礼仪使。三月,穆宗念韩皋任保傅官时的旧情,给韩皋加衔为检校右仆射。十二月,因吏部考选人才失实,韩皋和主管考选的刑部侍郎李建被罚一个月的俸禄。长庆元年正月,实授尚书右仆射。二年四月,转为左仆射,在他去尚书省衙门奏事时,皇帝派内使太监赏赐酒食,后来宰相及百官送迎皇帝,赏赐都以此为准。这一年,复任东都留守,赴任路上,行至戏源驿,得急病去世,终年七十九岁。追赠太子太保。大和元年,赠谥号为"贞"。

韩皋有理解音律的天赋,他曾听人弹琴,当弹到嵇康的《止息》《广陵散》乐曲时,他感叹地说:"嵇康这首琴曲谱得真好啊!它反映的是魏、晋之际的史事吧!它的声调以商音为主,商代表秋天的声音。所谓秋,大自然将摇落树叶、草木将枯死,到了一年的尾声吧!又晋朝的国运属金,商音即是金声,从这里可以推知魏国已到晚年,而晋国将要代替它。演奏者慢挑商弦,它发出的音调与宫音相同,这是臣夺君位的象征,从这里可以推知司马氏将要篡权。司马懿受魏明帝的嘱托,辅保他的后继子孙,而司马懿反生篡权的野心,从诛杀曹爽以后,凶相毕露,王陵为扬州都督,谋划立荆王曹彪为帝;毋丘俭、文钦、诸葛诞前后相继任扬州都督,都有恢复曹魏的谋划,都被司马懿父子所杀。嵇康鉴于扬州即是旧广陵之地,以上四人都是曹魏的文武大臣,都在广陵散败,所谓'散',指的是曹魏散亡从广陵开始。所谓'止息',晋朝虽勃然兴起,最终也息败于广陵。乐曲中表现出的哀愤、狂促、悲痛、被胁迫的情绪,都是由此而发。永嘉之乱,不就是应验吗?嵇康谱写这首乐曲,是为了留给后代懂音乐的人来鉴赏品味,也是为了避免在当时招致祸害,所以才采用这样神秘莫测的表现手法。"

李勉传

【题解】

李勉(717~788),字玄卿,唐朝宗室。肃宗时任监察御史、河南少尹、山南西道观察使(治所在今陕西汉中)，入朝为太常少卿。受宦官李辅国排挤，又出任汾州刺史、河南尹、江西观察使。代宗时入朝为京兆尹，又受宦官鱼朝恩排挤，出任岭南节度使(治所在今广东广州)、滑亳节度使(治所在今河南滑县)、汴宋节度使(治所在今河南开封)。德宗时受李希烈叛军围攻弃汴州回朝，作了几年宰相后去世。李勉性情淡泊，为人大度，在官廉洁。任岭南节度使的六、七年内，对国外来贸易的商船从不利用权势侵夺财物。卸任回朝，他特意在石门(今湖南石门)停下舟船，将家人所带的各种南方珍宝搜出扔进江里，受到当时人的广泛赞扬。

【原文】

李勉，字玄卿，郑王元懿曾孙也。父择言，为汉、褒、相、岐四州刺史，安德郡公，所历皆以严干闻。在汉州，张嘉贞为益州长史、判都督事，性简贵。待管内刺史礼隔，而引择言同榻，坐谈政理，时人荣之。勉幼勤经史，长而沉雅清峻，宗于虚玄。以近属陪位，累授开封尉。时升平日久，且汴州水陆所凑，邑居庞杂，号为难理。勉与联尉卢成轨等，并有擒奸摘伏之名。

至德初，从至灵武，拜监察御史。属朝廷右武，勋臣恃宠，多不知礼。大将管崇嗣于行在朝堂背阙而坐，言笑自若。勉劾之，拘于有司。肃宗特原之，叹曰："吾有李勉，始知朝廷尊也。"迁司膳员外郎。时关东献俘百余，诏并处斩。因有仰天叹者，勉过问之，对曰："某被胁制守官，非逆者。"勉乃哀之，上言曰："元恶未殄，遭玷污者半天下，皆欲洗心归化。若尽杀之，是驱天下以资凶逆也。"肃宗遽令奔骑宥释，由是归化日至。

克复西京，累历清要，四迁至河南少尹。累为河东节度王思礼、朔方河东都统李国贞行军司马，寻迁梁州都督、山南西道观察使。勉以故吏前密县尉王晬勤干，俾摄南郑令。俄有诏处死。勉问其故，乃为权幸所诬。勉询将吏曰："上方藉牧宰为人父母，岂以谮言而杀不辜乎！"即停诏拘晬，飞表上闻。晬遂获宥，而勉竟为执政所非，追入为大理少卿。谒见，面陈王晬无罪，政事条举，尽力吏也。肃宗嘉其守正，乃除太常少卿。王晬后以推择拜大理评事、龙门令，终有能名。时称知人。

肃宗将大用勉。会李辅国宠任，意欲勉降礼于己。勉不为之屈，竟为所抑，出历汾州、虢州刺史，改京兆尹、检校右庶子、兼御史中丞、都畿观察使。寻兼河南尹。明年罢尹，以中丞归西台，又除江西观察使。贼帅陈庄连陷江西州县；偏将吕太一、武日升相继背叛。勉与诸道力战，悉攻平之。部人有父病，以蛊道为木偶人，署勉名位，瘞于其陇。或以告，曰："为父禳灾，亦可矜也。"舍之。

大历二年，来朝。拜京兆尹、兼御史大夫，政尚简肃。宦官鱼朝恩为观军容使，仍知国子监事，恃宠含威，天宪在舌。前尹黎干写心侯事，动必求媚，每朝恩入监，倾府人吏具数百人之馔以待之。及勉莅职旬月，朝恩入监。府吏先期有请，勉曰："军容使判国子监事，勉候太学，军容宜厚具主礼；勉忝京尹，军容倘惠顾府廷，岂敢不具蔬馔。"朝恩闻而衔之，因不复至太学，勉亦寻受代。

四年，除广州刺史、兼岭南节度观察使。番禺贼帅冯崇道、桂州叛将朱济时等阻洞为乱，前后累岁，陷没十余州。勉至，遣将李观与容州刺史王璩并力招讨，悉斩之，五岭平。前后西域舶泛海至者岁才四五，勉性廉洁，舶来都不检阅，故末年至者四十余。在官累年，器用、车服无增饰。及代归，至石门停舟，悉搜家人所贮南货犀象诸物，投之江中。耆老以为可继前朝宋璟、卢奂、李朝隐之徒。人吏诣阙请立碑，代宗许之。十年，拜工部尚书。及滑亳永平军节度令狐彰卒，遗表举勉自代，因除之。在镇八年，以旧德清重，不严而理。东诸侯虽暴骜者，亦宗敬之。

十一年，汴宋留后田神玉卒。诏加勉汴州刺史、汴宋节度使。未行，汴州将李灵曜阻兵，北结田承嗣。承嗣使侄悦将锐兵成之。诏勉与李忠臣、马燧等攻讨，大破之，悦仅以身免。灵曜北走，勉骑将杜如江擒之以献，代宗褒赏甚厚。既而李忠臣代镇汴州，而勉仍旧镇。忠臣遇下贪虐，明年为麾下所逐。诏复加勉汴宋节度使，移理汴州，余并如故。德宗嗣位，加检校吏部尚书，寻加平章事。建中元年，检校左仆射，充河南、汴宋、滑亳、河阳等道都统，余如故。四年，李希烈反，以他盗为名，悉众来寇汴州。勉城守累月，救援莫至，谓其将曰："希烈凶逆残酷。若与较力，必多杀无辜，吾不忍也。"遂潜师溃围，南奔宋州。诏以司徒、平章事征。即至朝廷，素服请罪。优诏复其位。勉引过备位而已。

无何，卢杞自新州员外司马除澧州刺史。给事中袁高以杞邪佞蠹政，贬未塞责，停诏执表。遂授澧州别驾。他日，上谓勉曰："众人皆言卢杞奸邪，朕何不知？卿知其状乎？"对曰："天下皆知其奸邪，独陛下不知，所以为奸邪也。"时人多其正直，然自是见疏。累表辞位，遂罢知政事，加太子太保。贞元四年卒，年七十二。上颇愍悼之，册赠太傅，赠物有差，丧葬官给。

勉坦率素淡，好古尚奇，清廉简易，为宗臣之表。善鼓琴，好属诗，妙知音律。能自制琴，又有巧思。及在相位，向二十年，禄俸皆遗亲党，身没而无私积。其在大官，礼贤下士，终始尽心。以名士李巡、张参为判官，卒于幕。三岁之内，每遇宴饮，必设虚位于筵次，陈膳执爵，辞色凄恻。论者美之。或曰："勉失守梁城，亦可贬也。"议者曰："不然。当贼烈之始乱，其慓悍阴祸，凶焰不可当，天方厚其毒而降之罚。况勉应变非长、援军莫至，又其时关辅已俶扰矣，人心已动摇矣。以文吏之才，当虎狼之队，其全师奔宋，非量力之耻也。与其坐受丧败，不犹愈乎！"

【译文】

李勉，字玄卿，是郑王李元懿的曾孙。父亲李择言，是汉、褒、相、岐四州刺史，封爵安德郡公，所到之处都以严厉干练闻名。在汉州时，张嘉贞是益州长史、判都督事，性情简慢崇贵，与辖境内的刺史礼节相隔，但引李择言同榻而坐，谈论政治，当时人觉得很荣耀。李勉幼年勤读经史，长大后沉静又雅、清正严峻，崇尚玄虚。因皇亲陪位典礼，历任至开封县尉。当时天下太平已久，况且汴州是水陆交通的汇合处，民居庞杂，号称难治。李勉与同任县尉的卢成轨等人，都有擒拿奸邪、揭发恶事的名声。

至德初年，随肃宗到灵武，拜官监察御史。适逢朝廷崇尚武功，勋臣依仗恩宠，多不知礼。大将管崇嗣在行宫的朝堂背朝宫阙而坐，谈笑自如。李勉弹劾他，将他拘禁在有关部门。肃宗特别予以宽恕，感叹地说："我有李勉，才知道朝廷的尊贵啊。"升任司膳员外郎。当时关东献上俘虏百余名，诏书命一并处以斩首。有一个囚犯仰天长叹。李勉过去问他，他回答说："我被威胁不得不在那里任官，不是反叛者。"李勉于是哀怜他，上言说："首恶尚未灭绝，受玷污为逆官的人居天下之半。他们都想洗心归化。如果将他们杀尽，就等于是驱赶天下人去资助凶人奸逆了。"肃宗急命驰马前往宽释，于是每天都有归化者前来。

收复西京长安后，历任清要职官，升迁四次后任河南少尹。先后为河东节度使王思礼、朔方河东都统李国贞的行军司马，不久升任梁州都督、山南西道观察使。李勉因为他的旧吏前密县县尉王晬勤勉干练，让他代任南郑县令。不久有诏书命将王晬处死。李勉询问原因，才知是被权贵们诬陷。李勉对众将吏说："圣上正依靠地方官作为民众的父母，怎能因为有人说坏话而杀无罪的人呢！"于是停止实行诏令，同时拘禁王晬，迅速递表奏给肃宗。王晬于是得到宽宥，然而李勉竟然受到执政者的非难，催促入朝担任大理少卿。谒见肃宗时，李勉当面陈述王晬无罪，说他处理政事很有条理，是个尽力的官吏。肃宗嘉许他的恪守正道，于是授官太常少卿。王晬后来因有推究演绎的才能，拜官大理评事、龙门县令，最终享有能吏的名声。当时人称赞李勉有知人之明。

肃宗将重用李勉。适逢李辅国受宠任，他想让李勉降低礼节面见自己。李勉不为他屈服，结果被李辅国排抑，出朝历任汾州、虢州刺史，改官京兆尹、检校右庶子、兼御史中丞、都畿观察使。不久兼任河南尹。明年，停罢河南尹，以御史中丞官回长安御史台，又授官江西观察使。盗贼首领陈庄接连攻陷江西州县；偏将吕太一、武日升又相继背叛。李勉与诸道军奋力出战，将盗贼全部攻灭平定。属民中有人因父亲有病，用毒虫邪道祈祷，做木偶人，写上李勉的姓名职位，埋在田陇中。有人以此事告诉李勉，李勉说："为父亲消灾，也值得同情。"不予追问。

大历二年，入朝，拜任京兆尹、兼御史大夫，为政崇尚简明严正。宦官鱼朝恩为观军容使，仍然知国子监事，依仗恩宠、内含威权，天命圣旨，皆在口舌间。前京兆尹黎干揣摩写心意伺候事务，动辄求媚。每次鱼朝恩入国子监，他都尽用一府人吏，准备数百人的饭菜接待。到李勉上任月余，鱼朝恩入国子监。京兆府吏提前请备饭，李勉说："军容使判国子监事，我如果前往太学迎侯，军容使应该准备优厚的主人礼。我辱为京兆尹，军容使如果惠顾我京兆府廷，我岂敢不准备饭菜呢？"鱼朝恩听说后衔恨在心，因此不再去太学，李勉不久也被替换了。

大历四年，授广州刺史，兼岭南节度观察使。广州盗贼首领冯崇道、桂州叛将朱济时等依据山洞为乱。前后数年，攻陷十余州。李勉到任，派遣大将李观与容州刺史王璩合力征讨，全都斩杀，五岭平定。在这前后西域泛海而来的船舶一年才四五艘，由于李勉性情廉洁，有船舶来全都不检查，因此到他在任的后几年，一年来船四十余艘。在任数年，没有增加车服与用具。到离任返京，在石门停船，将家人贮藏的南货犀角象牙等财物尽数搜出，投进江中。父老认为他可以继承前朝宋璟、卢奂、李朝隐之辈。官吏民众赴官府请为李勉立碑，代宗批准了。十年，拜官工部尚书。到滑亳永平军节度使令狐彰去世，遗表举荐李勉代替自己，因而授李勉永平军节度使。在藩镇八年，以有德望的老臣的身份，清正肃重，刑法不严而境内大治。东边诸侯中即使那些桀骜不驯的诸侯，也都尊敬他。

大历十一年，汴宋节度留后田神玉死。诏书加李勉官为汴州刺史、汴宋节度使。尚未赴任，汴州大将李灵曜起兵抗诏，北边连结田承嗣。田承嗣派侄子田悦领精锐兵卒前往戍守。诏书命李勉与李忠臣、马燧等征讨，大破敌寇，田悦只身逃脱，仅免于难。李灵曜北逃，被李勉骑将杜如江擒获献上。代宗褒奖赏赐十分优厚。不久，李忠臣代李勉镇守汴州，而李勉仍然回守旧镇。李忠臣对待部下贪婪残虐，第二年被部下赶走，诏书又加李勉官为汴宋节度使，移治汴州，其他一并依旧。德宗继位，加官检校吏部尚书，不久又加平章事。建中元年，任检校左仆射，充任河南汴宋滑亳河阳等道都统，其余依旧。四年，李希烈反，以征讨其他盗贼为名，倾其全军来攻汴州。李勉守城数月，援兵不至，对他的大将们说："李希烈凶恶反逆，十分残酷，如果与他较劲，必然有许多无辜者被杀害，这是我不忍心看到的。"于是悄悄率军突围，南奔宋州。诏书以司徒、平章事征李勉入朝。勉到朝廷后，穿白衣请罪。诏书宽恕，恢复他本来的职位，但李勉只是引咎自责、在位充数而已。

不久，卢杞自新州员外司马授澧州刺史。给事中袁高认为卢杞奸邪败政，贬官尚不足以抵塞罪责，停罢诏书持表不发。于是授卢杞为澧州别驾。一日，德宗对李勉说："众人都说卢杞奸邪，朕怎么不知道！你知道他的罪状吗？"李勉回答："天下都知道卢杞奸邪，唯独陛下不知道，这正是他的奸邪之处。"当时人称赞他的正直，然而从此被德宗疏远。屡次上表辞去职位，于是停罢知政事，加官太子太保。贞元四年去世，时年七十二岁。德宗很怜悯伤悼，册书追赠为太傅，赐各种财物多少不等，丧葬由官家办理。

李勉性情坦率素淡、喜好古风、崇尚奇异，为政清廉简易，是宗室大臣的表率。善于鼓琴、爱好写诗，精通音律，能自己制琴，又有巧思。等到地处相位，近二十年，俸禄都送与亲友，身死而没有私下积蓄。他在做大官时，以礼接待贤士，始终尽心不变。任用名士李巡、张参为判官，直到他们死于幕府。三年之内，每当宴饮时，一定在宴席上虚设二人座位，摆上膳食洒酒祭奠，言辞容色凄怆忧伤，舆论赞美此事。有人认为："李勉失守汴州，也应该批评。"议论的人说："不是这样。当贼李希烈开始作乱，剽悍阴险肆为祸害，凶焰不可抵挡，上天正要加重他的毒害而降罚于天下。何况李勉不擅于应变，援军也不到。又当时关中已开始受骚扰、人心已经动摇了。以文吏的才能，面对虎狼般军队，他能保全队伍南奔宋州，就算不上量力而逃的耻辱。与其守城遭受丧败，不是这样更好一些吗？！"

李皋传

【题解】

李皋(733~792)字子兰，752年嗣承王位，不久就外放温州长史。随即代理知州，不料遇上荒年,李皋表示愿杀一身而救活数千百姓的生命,立即开仓放粮,同时自请擅自开仓的处分。他在官时公正廉明,以良政闻名朝野。公元780年升湖南观察使,招降被逼上梁山的王国良将军,结义为兄弟,王将军立即开仓库、焚战备,恢复当地农业生产。李皋长于识拔和使用人才,他所选拔的将佐如伊慎、李伯潜、刘旻、王锷、马彝、许孟容等都成为他非常得力的臂助。他曾用计破蔡山,大败敌军,乘胜连克蕲州、黄州,复大破李希烈部饶将杜少诚;又攻下了平静、白雁等关,迫使李希烈不得不收兵作大规模的撤退。李皋其后任江陵尹、荆南节度等使,政府倚为江汉屏障。李思登降,他先后收复了四州十七县。又开废五千顷建设了十几个乡镇村落。

李皋曾创制两轮的轮桨战舰,速度快,造价低而又耐用。他创制轮桨船(车船)虽然是再创造,却起了承先启后的重大作用,使我国古代船舶人力推进的最高技术得以绵延不断。他又制造欹器,可见他对古代工艺制造的酷爱。他是历史上有名的政治家、军事家和造船专家。

【原文】

李皋字子兰,曹王明玄孙,嗣王戢之子。少补左司御率府兵曹参军。天宝十一载嗣封,授都水使者,三迁至秘书少监,皆同正。多智数,善因事以自便。奉太妃郑氏以孝闻。

上元初,京师旱,斗米直数千,死者甚多。皋度俸不足养,亟请外官,不允;乃故抵微法,贬温州长史。无几,摄行州事。岁俭,州有官粟数十万斛,皋欲行赈救,掾吏叩头乞候上旨,皋曰:"夫人日不再食,当死安暇禀命!若杀我一身,活数千人命,利莫大焉!"于是开仓尽散之。以擅贷之罪飞章自劾。天子闻而嘉之,答以优诏,就加少府监。皋行县,见一媪垂白而泣,哀而问之,对曰:"李氏之妇,有二子:钧、锷,宦游二十年不归,贫无以自给。"时钧为殿中侍御史,锷为京兆府法曹,俱以文艺登科,名重于时。皋曰:"'入则孝,出则悌;行有余力然后可以学文',若二子者岂可备于列位!"由是举奏,并除名勿齿。改处州别驾,行州事,以良政闻。征至京,未召见,因上书言理道,拜衡州刺史。坐小法,贬潮州刺史。时杨炎谪官道州,知皋事直;及为相,复拜衡州。初,皋为御史覆讯,惧贻太妃忧,竟出则素服,入则公服;言貌如平常,太妃竟不知。及为潮州,诡词谓迁,至是复位,方泣以白,且言非疾不敢有闻。

建中元年,迁湖南观察使。前使辛京杲贪残,有将王国良镇邵州武冈县,豪富,京杲以死罪加之。国良危惧,因人所苦,遂散财聚众,据县以叛;诸道同讨,联岁不能下。皋授命日,乃曰:"驱疲甿,诛反侧,非所以奉圣朝事。"遣使遗国良书曰:"观将军非敢大逆,盖遭谗嫉,救误死而已,将军遇我,何不速降?我与将军同为辛京杲所构,我已蒙圣朝昭刁,使我何心持刃杀将军耶?将军以为不然,我以阵术破将军阵,以攻法屠将军城,非将军所度也。"国良捧书,且忧且喜,遣使请降,亦未必决。皋即日赴县受降,中道有候骑驰告曰:"国良军中有变,言降是诈也。"皋曰:"非尔辈所知。"遂留麾下兵,单骑假称使者,径入国良垒中。国良召使者入,皋遂大叫军中曰:"有人识曹王否?只我是。国良何不速降?"一军愕眙不敢动。适有识者走至,传呼曰:"是"。国良匍匐叩头请罪。皋执手约为兄弟,尽焚攻守之备,散仓库,给兵士,令复农桑。有诏赦国良罪,赐名维新。

建中二年,丁母艰,奉丧至江陵。会梁崇义反,乃授起复左卫大将军,复还湖南,寻加散骑常侍。李希烈反,迁江西道节度使、洪州刺史,兼御史大夫。至州,集将吏而令曰:"尝有功未申者,别为行;有策谋及器能堪佐军者,别为行。"有裨将伊慎、李伯潜、刘旻皆自占,皋察其词气,验其有功,悉补大将。擢王锷委之中军,以马彝、许孟容为宾佐。缮甲兵,具战舰,将军二万余。初,伊慎将江西兵从李希烈平襄州,及反,惧皋任之,乃阴遣遗之锁甲,又诈为慎书往复,置遗于境。上闻,即遣中使斩慎,皋表请舍令自效。会与贼夹江为阵,中使又至,皋乃勉令以功自赎,赐之以所乘马及器甲,令将锋而先,皋率军继之,责其有功,果大破贼,斩首数百级,慎方得免罪。贼树堡栅于蔡山,皋度险峻不可攻,乃声言西取蕲州,理战舰,分兵傍南涯,与舟师沂江而上。贼以老弱守栅,引军循江随战舰,南北与皋相直,去蔡山三百余里。皋令步兵登舟,顺流东下,不日拔蔡山。贼还救,间一日方至,大破之。因进拔蕲州,降其将李良,又取黄州,斩首千余,兵益振。舒王为元帅,加皋前军兵马使。

德宗居奉天,淮南节度陈少游强取盐铁钱,其使包佶以财币沂江,次于蕲口。时希烈已屠汴州,又遣饶将杜少诚将步骑万余来寇蕲、黄,将绝江道。皋遣伊慎将七千众御之,遇于永安城,慎列三栅,相去才四里,列鼓角中栅。少诚至,分兵围之,部队未严,声鼓而三栅齐出奋击,不为行阵,贼乱,少诚败走,斩首万级,封尸为京观。以功加银青光禄大夫,进封五百户。上至梁州;进献继至。皋以上蒙尘于外,不敢居城府,乃于西塞山上游大洲屯军,从近县为军市,商货毕至。加工部尚书。驾还京师,又遣伊慎、王锷将兵围安州,州城阻涢水为固,攻之累日不下。希烈遣甥刘戒虚将步骑八千来援。皋命李伯潜分师迎击于应山,获戒虚及大将二,裨将二十,斩首千余。面缚戒虚等之城下,乃使人说之,贼曰:"得大将及宾佐一二人为信,当降。"皋乃使王锷、马彝绳城而入,城中大呼,乃出降。希烈又遣兵援随州,皋令伊慎击于厉乡,大破之,复平静、白雁等关。希烈惧,乃戢兵。

贞元初,拜江陵尹、荆南节度等使,江汉倚皋为固。未几,李思登以随州降。凡下州四、县十七。大小十余阵,未尝败衄。淮西既平,请护丧袝东都,上遣中使吊,赠父右仆射,母曹国太妃。葬毕来朝,诏还镇,出东都以拜墓,观者荣之。

先,江陵东北有废田傍汉古隄二处,每夏则溢,皋始命塞之,广田五千顷,亩得一锺。规江南废洲为庐舍,架江为二桥,流人自占二千余户。自荆至乐乡凡二百里,旅舍乡聚凡十数,大者皆数百家。楚俗佻薄,不穿井,饮陂泽,皋始命合钱开井以便人。

初平希烈,吴少诚杀陈仙奇,上以襄、邓要陕,三年,除襄州刺史、山南东道节度等使,割汝、随隶焉。练兵积粮,市回鹘马益骑兵,尝大蒐以教士,少诚惮之。性勤俭,知人疾苦,设监司能恭听于下,持将吏短长,赏罚必信。所至尝平物价,贵则出卖之,给将士廪俸,豪家不得擅其利。常运心巧思为战舰,挟二轮蹈之,翔风鼓浪,疾若挂帆席,所造省易而久固。又造欹器,进入内中。每遗人物,常自称量。署之官匹帛皆印之,绝吏之私。

初,扶风马彝未知名,皋始辟之,卒以正直称。汉阳王张柬之有林园在州西,公府多假之游宴,皋将买之,彝敛衽而言曰:"张汉阳有中兴功,今遗业当百代保之,王纵欲之,奈何令其子孙自鬻焉!"皋谢曰:"主吏失词,为足下羞;微足下,安得闻此言!"以改过迁善、知人任下为己任,故宾从将佐多至大官。贞元八年三月,暴卒于位,年六十,废朝三日,赠右仆射,赠吊有差,谥曰成。子象古、道古、复古。

【译文】

李皋(733~792),字子兰,曹王明的玄孙,嗣王戢的儿子。少年时就补官任左司御率府兵曹参军。天宝十一年(752)嗣承王位,授职都水使者,三次升迁到秘书少监,都与正职俸禄相同。他多智计,善于利用事机使得办事方便。侍奉太妃郑氏恭敬体贴,是有名的孝子。

上元初年,京师干旱,一斗米要值数千钱,人民死亡的很多。李皋筹计俸禄不足以养活全家,急忙申请调任外官,朝廷不允。李皋就故意触犯一点小罪,贬职温州长史。不久就代理知州。当年农业歉收。温州官仓存有官米几十万斛,李皋准备用来救济灾民,掾吏不敢奉行,叩头请求李皋等候皇上的旨意,李皋说道:"一个人一天不吃两顿饭就会死的,哪里有时间上禀,如果牺牲我一人,能救活数千人的性命,那就太好了!"于是打开州仓放粮赈济,并立刻派人飞马上奏章请罪,自请擅自开仓放粮的罪责。皇上知道以后不但不怪罪,反而优诏嘉许他这样做,并加少府监职衔。李皋到属县巡视时,看见一位头发花白的老妇在路旁哭泣,李皋十分同情地温言询问,老妇哭诉道:"妇人李氏有两个儿子,一名钧,一名锷,在外做官二十年不曾回家一次,老妇穷得活不下去了!"当时钧任职殿中侍御史,锷任职京兆府法曹,都是以文章考取高科,很有名望。李皋慨叹道:"'入则孝、出则悌、行有余力然后可以学文'。像他们两个这样为人岂能侧身于列卿之间?!"因此上奏章弹劾,两人一并被除名永不录用。李皋改调处州别驾,代理知州,在任上政绩斐然而闻名四方。不久就被征召到京师,一时之间尚未及召见,便上书论述为政之道,遂简放衡州刺史。又因小事违犯了法度,降调潮州刺史。当时杨炎正好贬谪到道州,他清楚地知道李皋的情况,等到杨炎当了宰相,就重新任命李皋为衡州刺史。起初,御史来查办李皋的案件,李皋唯恐太妃担忧,从府中出来时穿平民服色,回府以后仍穿官服,言谈笑貌一如平日,太妃竟一无所知,降调潮州则谎称升迁,到这时官复原职了,才哭泣着告诉太妃已往的经过,并且说道:"不是很头痛的事,孩儿不敢禀告,恐母亲悬念不安!"

建中元年(公元780年)李皋升任湖南观察使。前任观察使辛京杲贪狠残暴,有镇将王国良坐镇邵州武冈县,家中富有财产,京杲贪枉竟加以死罪于国良,良十分害怕,乘着民众都困苦不堪,就分散家财召聚众人,占据了武冈县造反了。几道的节度使会兵讨伐,两年都不能攻下武冈县。李皋奉到命令时叹道:"驱逐疲敝的老百姓,杀尽造反的人,这不是对圣明的朝廷尽责。"派使臣送信给国良,信中说道:"我看将军并不是敢于做大逆不道的事的人,大概是遭受了不白之冤,只是为了免得冤枉死了才这样做。将军遇到我还不快快投降吗?小王和将军都是被辛京杲冤枉的人,我已经蒙圣上昭旨了,我又何能忍心持刀杀将军?将军如果不以为然,我就以阵术破将军的军阵,以大举进攻来屠戮将军的城池,这恐怕就不是将军所估计的了!"国良捧着来信一忽儿担忧,一忽儿又欢喜,派了使者请求投降，这也未必就是最后的决定。当天李皋亲自到县受降，中途有侦察骑兵飞马来报告说："国良军中有变，明说投降，乃是诈降！"李皋道："这就不是你们所能晓得的了！"于是留下他率领的兵将，自称受降使者，单骑直入国良所居堡垒。国良下令让使者进堡，李皋来到军中高声呼唤道："有识得曹王的吗？我就是曹王。国良何不快降？"全军都惊骇得直瞪着眼，不敢动一动。恰巧有认识的人走来了，大声说："是曹王，是曹王。"互相传告，国良趴下叩头请罪，李皋拉着国良的手亲切地说要结拜为兄弟。因此，国良将攻防用具全部焚毁，打开仓库将物资钱粮都分给兵士，让他们恢复农业生产。有圣旨赦免国良的罪，恩赐新名，叫维新。

建中二年(781)，郑太妃去世，李皋护送母丧到江陵，适逢梁崇义反叛朝廷，李皋被重新起用为左卫大将军，再回湖南，不久又加散骑常侍。李希烈反叛唐朝，李皋升调江西道节度使、洪州刺史，兼御史大夫。到洪州以后，召集了全体将校官吏发布命令："曾经立功尚未申报的，再行申报核办；有计策谋略而才能足以充当军佐的，另行申明核办。"有裨将伊慎、李伯潜、刘旻都上前自报，李皋观察他们的语气，查验他们的功绩，一律补授大将。擢升王锷为中军，任马彝、许孟容为幕僚。于是修缮军械，制造战舰，统率着两万多兵马。当初，伊慎曾率领江西兵跟随李希烈平襄州，李希烈反叛朝廷以后，唯恐李皋任用伊慎，暗中派人赠送锁子甲，又伪造伊慎的来往信件，留放在洪州境地之内，皇上闻知以后就派中使(太监)来处斩伊慎，这时李皋拜表上闻，请留伊慎一命，令他有报效朝廷的机会。当时交战双方隔江布阵，太监又奉命到军中来，李皋将伊慎劝勉一番，令他立功自效；并将所乘的马和自用的兵器甲胄相赠，令他率领先锋军打头阵，李皋亲率大军继进，责令他只许成功不许失败，伊慎果然打败敌军，杀死敌兵数百人，这样伊慎才得以免罪不究。敌军在蔡山建立了碉堡寨栅，李皋观察以后，认为地势险峻难以强攻，就散布消息声称要西向攻取蕲州，一面准备战舰，又分兵沿着南岸与水师一同逆江西上。敌军以老弱兵守寨栅，率领着大部精锐兵马也沿江随着李皋的战舰西上，一南一北与李皋大军隔江遥遥相望。这时离开蔡山已有三百多里了。于是李皋命令岸上的步兵一律上船，顺流放舟浩浩东下，没有两天就攻破了蔡山大寨。敌军回兵来救，终于晚了一天。李皋轻取蔡山老营又大破救兵之后，乘胜进军攻破蕲州城，敌将李良投降。又攻取黄州，杀死敌军一千多名，李皋的大军军容更盛、兵威更壮了。元帅舒王加授李皋为前军兵马使。

这时德宗住在奉天府，淮南节度使陈少游强行截取专卖盐铁的专款，陈少游的使者包佶将夺取的盐铁专款从长江运送，已经到达蕲口。当其时李希烈已经屠戮汴州城，又派遣饶将杜少诚率领步兵骑兵一万多人来进犯蕲、黄，即将阻断江上航道。李皋派遣伊慎率领七千兵抵御，与敌军即将在永安城遭遇接战。伊慎建立了三座寨栅，相隔四里左右，鼓角列在中栅。少诚一到，立即分兵三队，各围一座寨栅。少诚的兵尚未合围，鼓声一起，三座寨栅寨门大开，众兵将一齐出击，也不布阵，只是一鼓作气往前冲击，敌军大乱，少诚败走，这一役杀死敌兵一万多人，埋葬尸体就堆成一座很高的大土丘。李皋论功加授银青光禄大夫官衔，又加封五百户。皇上到梁州时献俘、进呈敌首的人也陆续都来了。李皋认为皇上蒙尘在外，他不敢居住在城内，于是就在西塞山上游大洲地方屯驻兵马;并在邻近县分设立军市,商人们带了货物都陆续到军市来了。皇上加任李皋为工部尚书。皇上圣驾回到京师,李皋又派遣伊慎和王锷率领兵马围攻安州,州城由于涢水的阻隔易于固守,进攻了许多天不能攻下。希烈派遣他的外甥刘戒虚率领步兵和骑兵八千人来援,李皋命令分一部分兵力由李伯潜率领在应山迎击,这一仗俘获了戒虚和大将二名,裨将二十名,杀死敌兵一千多人。当面绑缚了戒虚等人来到城下,令人说降,敌军声称:"得大将和宾佐一二人来城中表示诚意,那就一准投降了。"李皋就命令王锷、马彝二人攀绳进城,城中的敌人欢然大叫着出城投降。希烈又派兵援救随州,李皋命令伊慎在厉乡近击,大败援兵。克复了平静、白雁等关。希烈十分害怕了,才退兵。

贞元初年,李皋简放江陵尹兼荆南节度使等职,江汉地区倚李皋为长城。不久,李思登以随州来降。李皋先后攻下了四州十七县。行军以来大小战役十几次,未曾打过一次败仗。淮西平定以后,李皋申请护送母枢回东都合葬,皇上派遣中使来吊丧,赠李皋的父亲右仆射官衔,封赠他的母亲为曹国太妃。葬礼完毕,李皋朝见皇上,皇上下诏命李皋回驻地,再出东都到墓地拜祭,观看的乡亲们都觉得他很是荣耀。

原先江陵的东北方傍着汉朝古堤,有荒废的田地二处,每逢夏季则江水泛滥,李皋命人堵塞旧决口,开拓了田地五千多顷,每亩地收获一锺(约合 640 升)的粮食。又规划开发长江南岸荒废的洲渚,建设房屋村舍,在夹江上驾设桥梁二座,流亡的百姓自愿来投奔的有二千多户。从荆州(江陵)到乐乡二百里之间,建设了十几座乡镇村落,大的村落都各有几百户。楚地风俗浮薄,当地人从来不愿打井,都是从陂塘河川中取水饮用,李皋开始命乡村百姓集资打井,使人们用水方便。

刚平定了李希烈,吴少诚就杀了陈仙奇,皇上认为襄州、邓州乃是军事要冲,贞元三年(公元 787 年),派李皋任襄州刺史、兼山南东道节度使等,又将汝州、随州改属山南东道管辖。李皋练兵储粮,买回鹘马扩充骑兵,又举行大规模演习和校阅来训练兵士,少诚对他很是惧怕。李皋生性勤俭,知道百姓的困苦,设立监司听取下面的意见和申诉。他深知军将和官员的优缺点,行赏行罚说了都必定做到。他巡视所到之处,十分注意平抑物价,昂贵的物资则开仓出售,用以供给军将和官员的工薪,又足以使豪势之家不能囤积居奇谋取暴利。平时常动脑筋发挥他的智巧制造战船,船傍安装桨轮二座,踏动起来乘风破浪,速度就像云帆风蓬齐张一般,他所设计制造的战船简易低廉而又耐用。又曾制造欹器送进宫中。每逢送人们物品,常亲自称量,署中公家的绸缎布匹,都加上印记,以杜绝官吏的谋私。

起初,扶风人马彝还没有一点名气,李皋就开始起用他,最后马彝终以正直有骨气而闻名朝野。汉阳王张柬之有私人园林在襄州的西郊,当地官府常借地公宴或招待来宾,李皋准备买下这座园林,马彝听了整一整衣襟上前说道:"张汉阳有使国家中兴的功绩,如今他遗留下来的产业,应当为他保存百代,王爷您即便想得到它,又怎能让他的子孙自行变卖呢?"李皋立刻改容谢过,说道:"失言了!主办这事的人也失言了!让您笑话!没有您,我怎能听到这样的话?"李皋始终认为改过迁善、知人善任是自己应当做的事,因此他的幕僚客卿以及军官将佐后来多成为大官。贞元八年(公元 792)三月在任上因暴病去世,享年六十岁。皇上停朝三天,赠李皋右仆射职衔,按级别吊唁致送丧仪,谥号为成,有子三人:象古、道古、复古。

卢杞传

【题解】

卢杞,唐德宗时的奸相。呼称其"既居相位,忌能妨贤,迎吠阴害,小不附者,必致之于死,将起势立厂,以久其权"。杨炎、颜真卿、严郢、张镒、李揆、杜佑等,都被卢杞用各种名目排挤出朝,以至于死。卢杞又任用赵赞等搜刮京师富商,税间架(收房屋税)、算除陌(贸易成交提成),致使"京师嚣然如被贼盗"。泾原兵卒乘机作乱,德宗被赶到奉天,都与卢杞所为不无关系。李怀光解救奉天之围后,认为卢杞、赵赞等是罪臣。卢杞又耍手腕逼反李怀光,德宗虽然觉悟,却已铸成新的祸乱,只得贬掉卢杞、赵赞等人。不久,卢杞再入朝的梦想也破灭,死于贬所。

【原文】

卢杞字子良,故相怀慎之孙。父奕,天宝末为东台御史中丞;洛城为安禄山所陷,奕守司而遇害。杞以门荫,解褐清道率府兵曹。朔方节度使仆固怀恩辟为掌书记、试大理评事、监察御史,以病免。入补鸿胪丞,迁殿中侍御史、膳部员外郎,出为忠州刺史。至荆南,谒节度使卫伯玉,伯玉不悦,杞移病归京师,历刑部员外郎,金部吏部二郎中。

杞貌陋而色如蓝,人皆鬼视之。不耻恶衣粝食,人以为能嗣怀慎之清节,亦未识其心。颇有口辩。出为虢州刺史。建中初,征为御史中丞。时尚父子仪病,百官造问,皆不屏姬侍;及闻杞至,子仪悉令屏会,独隐几以待之。杞去,家人问其故,子仪曰:"杞形陋而心险,左右见之必笑。若此人得权,即吾族无类矣。"

及居纠弹顾问之地,论奏称旨,仓御史大夫。旬日,为门下侍郎、同中书门下平章事。既居相位,忌能妒贤,迎吠阴害,小不附者,必致之于死,将起势立威,以久其权。杨炎以杞陋貌无识,同处台司,心甚不悦,为杞所潜,逐于崖州。德宗幸奉天,崔宁流涕论时事,杞闻恶之,潜十德宗,言宁与朱泚盟誓,故至迟回,宁遂见杀。恶颜真卿之直言,令奉使李稀褚,竟殁于贼。初,京兆尹严郢与杨炎有隙,杞乃擢郢为御史大夫以倾炎;炎既贬死,心又恶郢,图欲去之。宰相张镒忠正有才,上所委信,杞颇恶之。会朱滔、朱泚弟兄不睦,有泚判官蔡廷玉者离间滔,滔论奏,请杀之。廷玉既贬,殿中侍御史郑詹遣吏监送,廷玉投水而卒。杞因奏曰:"恐朱泚疑为诏旨,请三司按鞫詹,又御史所为,禀大夫命,并令按郢。"詹与张镒善,每伺杞昼眠,辄诣镒,杞知之。他日,杞假寝佯熟,伺詹果来,方与镒语,杞遽至镒阁中,詹趋避杞,杞遽言密事,镒曰:"殿中郑侍御在此。"杞佯愕曰:"向者所言,非他人所宜闻。"时三司使方按詹、郢,狱未具而奏杀詹,贬郢为欢州刺史。镒寻罢相,出

镇凤翔。其阴祸贼物如此。李揆旧德，虑德宗复用，乃遣使西蕃，天下无不扼腕痛愤，然无敢言者。户部侍郎、判度支杜佑，甚承恩顾，为杞媒蘖，贬饶州刺史。

初，上即位，擢崔祐甫为相，颇用道德宽大，以弘上意，故建中初政声蔼然，海内想望贞观之理；及杞为相，讽上以刑名整齐天下。初，李稀裰请讨梁崇义，崇义诛而希烈叛，尽据淮右、襄、郑之郡邑。恒州李宝臣死，其子惟岳邀节钺，遂与田悦缔结以抗王师，由是河北、河南连兵不息。度支使杜佑计诸道用军月费一百余万贯，京师帑廪不支数月；且得五百万贯，可支半岁，则用兵济矣。杞乃以户部侍郎赵赞判度支，赞亦计无所施，乃与其党太常博士韦都宾等谋行括率，以为泉货所聚，在于富商，钱出万贯者，留万贯为业，有余，官借以给军，冀得五百万贯。上许之，约以罢兵后以公钱还。敕既下，京兆少尹韦祯督责颇峻，长安尉薛萃荷校乘车，搜人财货，意其不实，即行榜捶，人不胜冤痛，或有自缢而死者，京师嚣然如被贼盗。都计富户田宅奴婢等估，才及八十八万贯。又以僦櫃纳质积钱货贮粟麦等，一切借四分之一，封其柜窖，长安为之罢市，百姓相率千万众邀宰相于道诉之。杞初虽慰谕，后无以遏，即疾驱而归。计僦质与借商，才二百万贯。德宗知下民流怨，诏皆罢之，然宿师在野，日须供馈。

明年六月，赵赞又请税间架、算除陌。凡屋两架为一间，分为三等：上等每间二千，中等一千，下等五百。所由吏秉笔执筹，入人第舍而计之。凡没一间，杖六十，告者赏钱五十贯文。除陌法，天下公私给与贸易，率一贯旧算二十，益加算为五十，给与物或两换者，约钱为率算之。市主人牙子各给印纸，人有买卖，随自署记，翌日合算之。有自贸易不用市牙子者，验其私簿，投状自其有私簿投状。其有隐钱百，没入，二千杖六十，告者赏钱十千，出于其家。法既行，主人市牙得专其柄，率多隐盗，公家所入，百不得半，怨黩之声，嚣然满于天下。及十月，泾师犯阙，乱兵呼于市曰："不夺汝商户僦质矣！不税汝间架除陌矣！"是时人心愁怨，泾师乘间谋乱，奉天之奔播，职杞之由。故天下无贤不肖，视杞如仇。

德宗在奉天，为朱泚攻围，李怀光自魏县赴难。或谓王翃、赵赞曰："怀光累叹愤，以为宰相谋议乖方，度支赋敛烦重，京尹刻薄军粮，乘舆播迁，三臣之罪也。今怀光勋业崇重，圣上必开襟布诚，询问得失，使其言入，岂不殆哉！"翃赞白于杞，杞大骇惧，从容奏曰："怀光勋业，宗社是赖。臣闻贼徒破胆，皆无守心。若因其兵威，可以一举破贼。今若许其朝觐，则必赐宴，赐宴则留连，使贼得京城，则从容完备，恐难图之。不如使怀光乘胜进收京城，破竹之势，不可失也。"帝然之，乃诏怀光率众屯便桥，克期齐进。怀光大怒，遂谋异志，德宗方悟为杞所构。物议喧腾，归咎于杞，乃贬为新州司马，白志贞恩州司马，赵赞为播州司马。

遇赦，移吉州长史。在贬所谓人曰："吾必再入用。"是日，上果用杞为饶州刺史。给事中袁高宿直，当草杞制，遂执以谒宰相卢翰，刘从一曰："杞作相三年，矫诬阴贼，排斥忠良，朋附者欨唾立至青云，睚杞者顾盼已挤沟壑。傲狠背德，反乱天常，播越銮舆，疮痍天下，皆杞之为也。幸免诛戮，唯示贬黜，寻以稍迁近地，更授大郡，恐失天下望，惟相公执奏之，事尚可救。"翰、从一不悦，遂改命舍人草制。明日诏下，袁高执奏曰："卢杞为政，极恣凶恶。三军将校，愿食其肉，百辟卿士，嫉之若仇。"谏官赵需、裴佶、宇文炫、卢景亮、张荐等上疏曰："伏以吉州长史卢杞，外矫俭简，内藏奸邪，三年擅权，百揆失序，恶直丑正，乱国殄人，天地神祇所知，蛮夷华夏同弃。伏惟故事，皆得上闻，自杞为相，要官大臣，动逾月不敢奏闻，百僚惴惴，常惧颠危。及京邑倾沦，皇与播越，陛下炳然觉悟，出弃遐荒，制曰：'忠言壅于上闻，朝野为之侧目。'由是忠良激劝，内外欢欣；今复用为饶州刺史，众情失望，皆谓非宜。臣闻君之所以临万姓者，政也；万姓之所以载君者，心也。倘加巨奸之宠，必失万姓之心，乞回圣慈，遽辍新命。"疏奏不答。谏官又论曰："卢杞蒙蔽天听，隳紊朝典，致乱危国，职杞之由，可谓公私臣蠹，中外弃物。自闻再加擢用，忠良痛骨，士庶寒心。臣昨者沥肝上闻，冒死不恐，冀回宸眷，用快群情；至今拳拳，未奉圣旨，物议腾沸，行路惊嗟。人之无良，一至于此。伏乞俯从众望，永弃奸臣。幸免诛夷，足明恩贷；特加荣宠，恐造祸皆。臣等忝列谏司，今陈狂瞽。"给事中袁高坚执不下，乃改授澧州别驾。翌日延英，上谓宰臣曰："朕欲授杞一小州刺史，可乎？"李勉对曰："陛下授杞大郡亦可，其如兆庶失望何？"上曰："众人论杞奸邪，朕何不知？"勉曰："卢杞奸邪，天下人皆知；唯陛下不知，此所以为奸邪也！"德宗默然良久。散骑常侍李泌复对，上曰："卢杞之事，朕已可袁高所奏，如何？"泌拜而言曰："累日外人窃议，以陛下同汉之桓、灵；臣今亲承圣旨，乃知尧、舜之不逮也！"德宗大悦，慰勉之。杞寻卒于澧州。

【译文】

卢杞，字子良，故宰相卢怀慎的孙子。父亲卢奕，天宝末年为东台御史中丞；洛阳被安禄山所陷，卢奕坚守衙司而遇害。卢杞凭借门荫，初任为清道率府兵曹参军。朔方节度使仆固怀恩聘为掌书记、试大理评事、监察御史，因病免职。入朝补官鸿胪丞，迁殿中侍御史、膳部员外郎，出为忠州刺史。至荆南，他谒见节度使卫伯玉，卫伯玉不喜欢他，他就告病而回到京师，历任刑部员外郎、金部郎中、吏部郎中。

卢杞面貌丑陋而脸色青得如同蓝草，人们看他都当成鬼一样。他不在乎穿破衣，吃粗食，人们以为他能继承祖父卢怀慎的清廉节操，并没有看透他的用心。他很有口辩之才。出为虢州刺史。唐德宗建中初年，征调为御史中丞。当时尚父郭子仪有病，百官登门问候，郭子仪都不让姬妾们回避，等到听说卢杞到了，郭子仪让她们全都离开，独自一人依靠着几案等他进来。卢杞走后，家中人问起缘故，郭子仪说："卢杞面容丑陋而居心阴险，我左右的人见了他必然要笑。如果此人得了大权，我们家族就要死无遗类了。"

及至卢杞居于纠弹顾问之位（指御史中丞），论奏很合皇帝的意旨，迁御史大夫。旬日之间，他又升为门下侍郎、同中书门下平章事。当了宰相之后，他嫉贤妒能，当面狂吠，暗地陷害，稍微不肯依附他的，必致之于死地，企图以此建势力，树威风，以稳固其权势。杨炎因为卢杞容貌丑陋又没有见识，同处于御史台，心里很不愉快，结果为卢杞所谮毁，流放于崖州。德宗因朱泚造反逃亡奉天，崔宁流着眼泪论说时事，卢杞听说很反感，便向德宗进谗，说崔宁与朱泚盟誓，所以迟迟而来，崔宁于是被冤杀。卢杞厌恶颜真卿的直言，命他出使李希烈那里，终于身死贼手。开初，京兆尹严郢与杨炎有矛盾，卢杞就提拔严郢为御史大夫以倾害杨炎；杨炎被贬死以后，他心里又讨厌严郢了，便图谋把严郢搞掉。宰相张镒忠正而有才干,为德宗所信赖,卢杞很憎恶他。正好朱滔、朱泚兄弟不和,朱泚有个叫蔡廷玉的判官离间朱滔,朱滔上奏朝廷,要求杀死蔡廷玉。蔡廷玉被贬官,殿中侍御史郑詹派吏员押送,蔡廷玉投水而死。卢杞便奏道:"蔡廷玉的死,恐怕朱滔会疑心是朝廷的意思,请三司审问郑詹;还有御史所为,都要秉承御史大夫的命令,请同时审查严郢。"郑詹与张镒要好,他每窥见卢杞午睡,就来找张镒说话,卢杞知道了。有一天,卢杞假装睡熟,窥伺郑詹果然又来了,正和张镒说话,卢杞突然进入张镒的阁屋,郑詹赶忙躲起来。卢杞上来就说起机密之事,张镒说:"殿中郑侍御在这里。"卢杞故意愕然道:"方才所说的,不是其他人所应听到的。"当时三司使正在审查郑詹、严郢,狱案未定,卢杞便奏杀郑詹,贬严郢为欢州刺史。张镒不久也被罢相,出镇凤翔。卢杞阴谋陷害人物就是这样。李揆是德高望重的旧老,卢杞担心德宗会重新起用,便派他出使吐蕃,天下无不扼腕痛愤,但没有一个敢说话的。户部侍郎、判度支杜佑,很受德宗宠信,也被卢杞陷害,贬为饶州刺史。

开初,德宗即位,提拔崔佑甫为宰相,崔佑甫极力用道德宽大之说来影响德宗,所以建中初年的政风和蔼,海内盼望着会出现贞观之治;及至卢杞为宰相,便鼓动德宗用刑名来整治天下。先是,淮西节度使李稀褚要求讨伐梁崇义,梁崇义被诛而李稀褚又反叛了,全部据有淮西、襄、邓的郡县。恒州的成德节度使李宝臣死,他儿子李惟岳强行索取节度使一职,于是和魏博节度使田悦结盟以对抗朝廷军队,由此河北、河南连兵不息。度支使杜佑计算诸道用兵每月消费一百多万贯,京师库存支用不了几个月;假如能得到五百万贯,就可以支用半年,那么用兵就宽裕。卢杞便以户部侍郎赵赞判度支,赵赞也无计可施,就和他的同党太常博士韦都宾图谋搜刮,认为钱币集中在商贾手中,凡是钱超出万贯的,可薄取万贯为家业,多余部分由官府借贷以供应军队,指望以此可以得到五百万贯。德宗答应了,约定在战争结束后用官府的钱偿还。敕令颁布以后,京兆少尹韦祯督责得极为严厉,长安尉薛萃乘车携带着枷栲,搜索商贾钱财,认为所报不实,就肆行拷打,人们不胜冤痛,往往有自缢而死者,京师纷嚣,如遭盗贼。总计富户的田地住宅奴婢等的估价,才达到八十八万贯。又把僦柜(收费代人保管财物的行业)、典当、钱铺、货栈等一律借四分之一。查封所有的柜窖,长安为之罢市,百姓相聚千万之众,在道路上拦截宰相申诉。卢杞开始虽然加以劝慰,后来无法遏止,就赶忙疾驱而归。总计从僦归典当中得到的钱加上借商贾的钱,才不过二百万贯。德宗知道百姓怨愤,下诏全部停止,但出征的军队在郊野中,每天还是需要供应。

明年六月,赵赞又建议征收间架税和除陌钱。凡房屋两架为一间,分为三等:上等每间出钱二千,中等一千,下等五百。主管官吏带着笔墨算筹,进入人家去统计。凡是隐没一间的,杖六十,告发者赏钱五十贯文。除陌法,天下公私给予和交易买卖,原来一贯钱一律征收算钱二十文,此时加算为五十,用物品抵钱或者以物换物的,都折合成钱征收算钱。管理市肆的主人和牙子各发给印纸,人们有了交易,随时记录,第二天统一结算。有私下贸易而不经过牙子的,就查他的账簿,没有账簿的自己投报。那些隐瞒交易的,只要超过一百文钱,就要没收交易物品;超过二千,就另外杖六十,告发者赏钱十千,由被告支付。此法行使之后，主人、牙子得专其权，大多自己从中隐没，公家的收入，百不得半，怨谤之声，嚣然满天下。等到十月，泾原军进犯都城，乱兵在街市上高呼着："不再夺你们商户僦柜当铺的钱了！不再征收间架税了！"当时人心愁怨，泾原军乘机谋乱，德宗的逃亡奉天，都是由卢杞造成的。所以天下的人无论好坏，都视卢杞如仇敌。

德宗在奉天，为朱泚所围攻，李怀光从魏县前来赴难。有人对王翃、赵赞说："李怀光屡次叹愤，认为宰相谋议乖张，度支使赋敛繁重，京兆尹克扣军粮，如今皇帝逃亡，都是这三个人的罪过。而今李怀光功勋卓著，圣上必然对他开诚布公，询问朝政得失，假如他的话被圣上接受，岂不要完了！"王翃、赵赞禀报给卢杞，卢杞吓坏了，便不露声色地上奏道："李怀光的勋业，为宗庙社稷所依赖。我听说贼军心惊胆破，都没有守志了，假如凭借李怀光的兵威，就可以一举破贼。倘若准许他朝觐圣上，则陛下一定要赐宴，赐宴则一定要流连数日，那么贼兵得到京城，就可以从容完善守备，恐怕难于图谋了。不如让李怀光乘胜收复京城，破竹之势，不可错过呀！"德宗很以为然，便命令李怀光率众屯驻于便桥，克期齐进。李怀光大怒，于是图谋异志（李怀光叛变，逼使德宗又逃奔梁州），德宗这才明白是被卢杞算计了。舆论喧腾，都归咎于卢杞，便贬谪卢杞为新州司马，白志贞为恩州司马，赵赞为播州司马。

遇到赦令，卢杞近移为吉州长史。他在贬所对人说："我一定会再次入朝被重用。"这一天，德宗果然要起用卢杞为饶州刺史。给事中袁高值班，正轮到他起草任命卢杞的制书，他就带着去见宰相卢翰、刘从一，说："卢杞当了三年宰相，诬陷阴贼，排斥忠良，依附者咳唾之间可立致青云，睚眦者顾盼之际已挤入深渊。傲狠背德，违背天常，圣上颠簸，天下疮痏，都是卢杞所为。他幸免于诛戮，仅示以贬黜，不久又稍迁于近地，还要授以大郡刺史，恐怕要失天下之望。唯有相公执奏，事情尚可挽救。"卢翰、刘从一听了，很不高兴，便改为命舍人起制书。第二天诏书颁下，袁高执奏道："卢杞为政，极肆凶恶。三军将校，愿食其肉，百官卿士，嫉之若仇。"谏官赵需、裴佶、宇文炫、卢景亮、张荐等人上疏道："伏以吉州长史卢杞，外矫饰以廉俭，内藏以奸邪，擅权三年，百务失序，他憎恶忠直，诋毁刚正，扰乱国家，残害黎民，此天地神祇所共知，为蛮夷华夏所同弃。按照朝廷旧例，百官都可以奏闻，但自从卢杞为相以来，要员大臣，动辄逾月不敢奏闻，百僚惴惴，常担心会受到迫害。及至京城沦陷，御驾颠簸，陛下恍然觉悟，弃逐卢杞于荒远，制书曾说过：'忠言被壅塞不能上闻，朝野为之侧目而视。'从此忠良劝励，内外欢欣。如今又用其为饶州刺史，群情失望，都认为不合宜。我们听说，君主所以能临御万姓，靠的是政治；万姓所以拥戴君主，靠的是忠心。倘若加宠于巨奸，必失万姓之心。请求圣上改变主意，停止这命令。"疏奏上，没有答复。谏官又论道："卢杞蒙蔽圣听，隳乱朝纲，导致战乱，倾危国家，都是由卢杞引起，可谓公私之巨蠹，中外之弃物。自从听说他将再被起用，忠良痛彻于骨，士庶为之寒心。臣等昨日披肝沥胆上闻，冒死不惧，指望能回转圣意，以快群情；但至今恳切，未见圣旨，舆论沸腾，行路之人震惊叹息。一个人的败坏，一至于此！伏请陛下俯从众望，永弃奸臣。他幸免于诛戮，足以表明宽大之恩；特加荣宠，恐怕会造成祸乱之阶。臣等忝列于谏官，所以陈述此狂瞽之言。"给事中袁高坚决拿住制书不肯颁下，于是改授卢杞为澧州别驾。次日在延英殿,德宗对宰相说:"朕想要授给卢杞一个小州的刺史,可以吗?"李勉答道:"陛下授给他大州也可以,只是万民失望又怎么办!"德宗说:"众人批评说卢杞是奸邪,朕如何不觉得?"李勉说:"卢杞的奸邪,天下人都知道,唯有陛下不知道,这就是他所以为奸邪的缘故!"德宗沉默了很久。散骑常侍李泌又面见德宗,德宗说:"卢杞之事,朕已经同意袁高的奏章,怎么样?"李泌拜言道:"连日外面人议论,把陛下与汉末的恒帝、灵帝相比;臣今日亲闻圣旨,才知道尧、舜都不如陛下呀!"德宗很是高兴,劝勉李泌。卢杞不久就死于澧州。

王伾传

【题解】

王伾,杭州人,生卒年不详,大约生活在八世纪末九世纪初。德宗末年,王伾在翰林院待诏,很受太子(即顺宗)信任。顺宗即位后,任左散骑常侍,仍然待诏翰林。王伾是"二王八司马"(指王叔文、王伾、韩泰、韩晔、柳宗元、刘禹锡、陈谏、凌准、程异、韦执谊)永贞(唐顺宗年号)革新的成员。他依仗自己受顺宗宠信、可以自由进出内宫的身份,在革新过程中主管传递内外消息。王在革新集团中人品较差。随着地位的提高,他收受贿赂也愈益贪婪。永贞革新失败后,王伾被贬为开州(今四川开县)司马。

【原文】

王伾,杭州人。始为翰林侍书待诏,累迁至正议大夫、殿中丞、皇太子侍书。顺宗即位,迁左散骑常侍,依前翰林待诏。

伾阘茸,不如叔文。唯招贿赂,无大志,貌寝陋,吴语,素为太子之所褒狎;而叔文颇任气自许,粗知书,好言事,顺宗稍敬之,不得如伾出入无间。叔文入止翰林,而伾入至柿林院,见李忠言、牛昭容等。然各有所主:伾主往来传授;王叔文主决断;韦执谊为文诰;刘禹锡、陈谏、韩晔、韩泰、柳宗元、房启、凌准等谋议唱和,采听外事。而伾与叔文及诸朋党之门,车马填凑,而伾门尤盛,珍玩赂遗,岁时不绝。室中为无门大柜,唯开一窍,足以受物,以藏金宝。其妻或寝卧于上。与叔文同贬开州司马。

【译文】

王伾是杭州人。最初任官翰林侍书待诏,历迁至正议大夫、殿中丞、皇太子侍书。顺宗即位后,升任左散骑常侍,仍然为翰林待诏。

王伾品格卑鄙,不如王叔文。他只知招收贿赂,没有大志,相貌丑陋,说吴语,一直被太子亲近,与太子狎玩;而王叔文十分自负、纵任意气,粗通书籍,好言政事,顺宗有些尊敬他,因此他不能像王伾那样出入随便、亲密无间。王叔文入宫内到翰林院为止,而王伾入内可到柿林院,面见李忠言、牛昭容等。然而各自有所掌管:王伾掌管来往传递;王叔文负责决断;韦执谊拟文诰;刘禹锡、陈谏、韩晔、韩泰、柳宗元、房启、凌准等人谋划计议,互相唱和、探听朝外事务。王伾与王叔文以及诸朋党门前,车马辐辏,而王伾门前尤其多,贿赂的珍宝奇玩,四时不绝。王伾屋内做有无门的大柜,只开一个足够放进财物的洞穴,用来收藏金宝,他的妻子有时就睡卧在柜上。王伾与王叔文一起被贬为开州司马。

贾耽传

【题解】

贾耽(730~805),沧州南皮(今河北省南皮县)人。以两经及第,历任临清县尉、太原少尹、鸿胪卿、梁州刺史、山南西道节度使、检校右仆射、滑州刺史,同中书门下平章事等职。贾耽好地理学,精研中国及四夷山川土地风俗。区分指画,备究源流。继承裴秀六体画法,复自创"古郡国题以墨,今州县题以朱,今左殊文"之法。作《海内华夷图》《关中陇右及山南九州等图》,又撰《古今郡国是道四夷述》四十卷及《贞元十道录》《皇华四达记》和《吐蕃黄河录》等。

【原文】

贾耽字敦诗,沧州南皮人。以两经登第,调授贝州临清县尉。上疏论时政,授绛州正平尉。从事河东,检校膳部员外郎、太原少尹、北都副留守。又检校礼部郎中、节度副使。改汾州刺史,在郡七年,政绩茂异。入为鸿胪卿,时左右威远营隶鸿胪,耽仍领其使。大历十四年十一月,校检左散骑常侍、兼梁州刺史、御史大夫、山南西道节度使。

建中三年十一月,检校工部尚书、兼御史大夫、山南东道节度使。德宗移幸梁州,兴元元年二月,耽使行军司马樊译奏事于行在,译既复命,方大宴诸将,有急牒至,言泽代耽为节度使,而召耽为工部尚书。耽得牒纳怀中,宴饮不改容,及散,召樊译,以诏授之曰:"诏以行军为节度使,耽今即上路。"因告将吏使谒译。牙将张献甫曰:"天子巡幸山南,尚书使行军奉表起居,而行军敢自图节钺,潜夺尚书土地,此事谓事人不忠。军中皆不服,请杀樊泽。"耽曰:"公是何言欤!天子有命,即为节度使矣。耽今赴行在,便与公偕行。"即日离镇,以献甫自随,军中乃安。寻以本官为东都留守、东畿汝南防御史。贞元二年,改检校后仆射、兼滑州刺史、义成军节度使。是时淄青节度使李纳虽去伪王号,外奉朝旨,而心常蓄并吞之谋。纳兵士数千人自行归营,路由滑州,大将军请城外馆之,耽曰:"与人邻道,奈何野处其兵?"命馆之城内,淄青将士皆心服之。耽善射好猎,每出畋不过百骑,往往猎于李纳之境。纳闻之,大喜,心畏其度量,不敢异图。九年,征为右仆射、同中书门下平章事。

耽好地理学,凡四夷之使及使四夷还者,必与之从容,讯其山川土地之始终,是以九州之夷险，百蛮之土俗，区分指画，备究源流。自吐蕃陷陇右积年，国家守于内地，旧时镇戍，不可复知。耽乃画陇右，山南图，兼黄河经界远近，聚其说为书十卷，表献曰：

臣闻楚左史倚相能读《九丘》，晋司空裴秀创为六体；《九丘》乃成贼之古经，六体则为图之新意，臣虽愚昧，夙尝师范，累蒙拔擢，遂忝台司。虽历践积任，诚多旷阙，而率土山川，不望瘝痹。其大图外薄四海，内别九州，必藉精详，乃可摹写，见更缵集，继续毕功。然而陇右一隅，久沦蕃寇，职方失其图记，境土难以区分。辄扣课虚微，采掇舆议，画《关中陇右及山南九州等图》一轴。伏以洮、湟旧虚，连接监牧；甘、凉右地，控带朔垂。岐路之侦侯交通，军镇之备御冲要，莫不匠意就实，依稀象真。如圣恩遣将护边。新书授律，则、灵、庆之设险在目，原、会之封软科学可知。诸州诸军，须论里数人额；诸山诸水，须言首尾源流。图上不可备书，凭据必资记注，谨撰《别录》六卷，又黄河为四渎之宗，西戎乃群羌之帅，臣并研寻史牒，翦弃浮词，罄所闻知，编为四卷，通录都成十卷。文义鄙朴，伏增惭悚。

德宗览之称善，赐厩马一匹，银绿百匹、银瓶盘各一。

至十七年，又撰成《海内华夷图》及《古今郡国县道四夷述》四十卷，表献之，曰：

臣闻地以博厚载物，万国棋布；海以委输环外，百蛮绣错，中复则五服、九州，殊俗则七戎、六狄，普天之下，莫非王臣。昔毌丘出师，东铭不耐；甘英奉使，西抵条支；奄蔡乃大泽无涯，严宾则悬度作险，或道里回远，或名号改易，古来通儒，罕遍详究。臣弱冠之岁，好闻方言，筮仕之辰，注间地理，究观研考，垂三十年。绝城之比邻、异藩之习俗，梯山献琛之路，乘舶来朝之人，咸究竟其源流，访求其居处，阛阓之行贾，戎貊之遗老，莫不听其言而掇其要；间阎之琐语，风谣之小说，亦收其是而芟其伪。

然殷、周以降，封略益明，承历数者八家，浑区宇者五姓，声教所及，唯唐为大。秦皇罢侯置守，长城起于临洮；孝武却地开边，障塞限于鸡鹿；东汉则哀牢请吏；西晋则神离结辙；隋室列四郡于卑和海西，创三州于扶南江北，辽阳失律，因而弃之。高祖神尧皇帝诞膺天命，奄有四方。太宗继明重熙，柔远能迩，逾大碛通道，北至仙娥，于骨利干置玄阙州。高宗嗣守还绩，克广前烈，遗单车赍诏，西越葱山，于波刺斯立疾陵府。中宗复配天之业，不失旧物。睿宗含先天之量，唯新永图。玄宗以大孝清内，以无为理外，大宛骥骤，岁充内厩，与贰师之穷兵黩武，岂同年哉！萧宗扫平氛浸，润泽生人。代宗划除残孽，彝伦攸叙。伏唯一皇帝陛下，以上圣之资，当太平之运，敦信明义，履信包元，惠养黎庶，怀柔遐裔。故泸南贡丽水之金，漠北献余吾之马，玄化洋溢，率土沾濡。

臣幼切磋于师友，长趋侍于轩墀，自揣孱愚，叨荣非据，鸿私莫答，夙夜竞惶。去兴元元年，伏奉进止，令臣修撰国图，旋即充使魏州、汴州、出镇东洛、东都，间以众务，不遂专门，绩用尚亏，忧愧弥切。近乃力竭衰病，思殚所闻见，丛于丹青。谨令工人画《海内华夷图》一轴，广三丈，从三丈三尺，率以一寸折成百里。别章甫左衽，奠高山大川；缩四极于纤缩，分百郡于作绘。宇宙虽广，拿之不盈庭；舟车所通，览之咸在目。并撰《古今郡国县道四夷述》四十卷，中国以《禹贡》为首，外夷以《班史》发源，郡县纪其增减，蕃落叙其衰盛。前地理书以黔州属酉阳，今则改入巴郡；前西戎志以安国为安息，今则改入康居。凡诸疏舛,悉从厘正。陇西、北地,播弃于永初之中;辽东、乐浪,陷屈于建安之际。曹色弃陉北,晋氏迁江南,缘边累经侵盗,故墟日致埋毁。旧史撰录,十得二三,今书搜补,所获太半。《周礼职方》,以淄、时为幽州之浸,以华山为荆河之镇,既有乖于《禹贡》,又不出于淹中,多闻阙疑,讵敢编次。其古郡国题以墨,今州县题以朱,今古殊文,执习简易。臣学谢小成,才非博物,伏波之聚米,开示众军;酂侯之图书,方知阨塞。企慕前哲,尝所寄心,辄罄庸陋,多惭纰缪。

优诏答之,赐锦綵二百匹,袍段六、锦帐二、银瓶盘各一、银榼二、马一匹,进封魏国公。

顺宗即位,检校司空,守左仆射,知政事如故。时王叔文用事,政出群小,耽恶其乱政,屡移病乞骸,不许。耽性长者,不喜藏否人物。自居相位,凡十三年,虽不能以安危大计咨沃于人主,而常以检身厉行以律人。每自朝归第,接对宾客,终日无倦,至于家人近习,未尝见其喜愠之色,古之淳德君子,何以加焉!永贞元年十月卒,时年七十六,废朝四日,册赠太傅,谥曰无靖。

【译文】

贾耽,字敦诗,沧州南皮(今河北省南皮县)人。以明习儒经中进士举,调授任贝州(今河北省南宫县东南)临清县(今山东省临清县)尉。向皇帝上书议论当时政治,改任绛州正平原(今山西省新绛县)尉。随皇帝巡事河东(今山西省南部地区),任检校膳部员外郎、太原(今山西省太原市)少尹、北都(即太原)副留守。又检校礼部郎中、节度副使、改任汾州(今山西省隰县)刺史。在郡中任职七年,取得了优异的政绩。入朝任鸿胪卿。当时,左、右威远营两支军队隶属鸿胪寺统率,贾耽便兼任了左、右威远营使。大历十四年(779)十一月,改检校左散骑常侍、兼梁州刺史(治今陕西省汉中市)、御史大夫、山南西道节度使。

唐德宗建三年(782)十一月,检校工部尚书、兼御史大夫、山南东道节度使。唐德宗车驾移驻梁州,兴元元年(784)二月,贾耽派他的行军司马樊泽到德宗的临时驻地奏事。樊泽奏完事回来后,贾耽正在大摆酒席宴请军中各个将领,朝中突然送来了紧急公文,公文中任行军司马樊泽为山南东道节度使以代贾耽之职,而召贾耽回朝任工部尚书。贾耽得到公文后,先放到了怀里,在酒席宴上也没有丝毫不安之意。等宴席散后,贾耽召来樊泽,把朝中送来的诏命给了樊泽,说:"陛下诏命您为节度使。我现在就离职上路回朝。"然后,贾耽将这个消息遍告军中各个将领,让他们以后服从樊泽的指挥。牙将张献甫不服,说:"天子巡幸山南道,尚书(指贾耽)派行军司马奉表问候天子起居,而行军司马却乘机图谋私利,要天子陛下把节度使之职授给自己,暗中夺去尚书所管辖的土地和职权,这可以说是服侍上级不忠诚。军中将士都不服气,请您杀掉樊泽。"贾耽听了说:"您讲的是哪里的话!天子下达了诏命,行军司马便是节度使了,我现在到天子陛下的临时驻地去,就带你和我一起走。"当天,贾耽便带着张献甫离开了职任,军中将士这才安定下来。不久,朝中任贾耽以本官为东都留守、东畿(指东都洛阳近郊)汝南(在河南省汝南县)防御史。贞元二年(786),改为检校右仆射、兼滑州(今河南省滑县)刺史、义成军节度使。当时,淄青节度使(统辖淄州、青州一带,即今山东省淄博市、益都县一带)李纳虽然在朝廷的压力下去掉了王号,外表上奏行朝廷的号令,暗中却常常怀着兼并别的节度使的野心。一次,李纳所属的军队数千人自己步行回淄青境,中途经过滑州,滑州诸将向贾耽请求在城外安置这些士兵,以免生不测。贾耽说:"与别人邻境接壤,怎么能让人家的士卒在野外露宿呢?"下令将这几千士兵安置在城中居住。这些淄青将士由此都非常服贾耽。贾耽善于射箭,喜欢打猎,每次出去打猎,不过率领一百多个骑兵,而且常常跑到李纳所管辖的地区去打猎。李纳得知后,非常高兴,心中却畏惧贾耽的度量,不敢再图谋兼并。贞元九年(793),朝中征贾耽回朝任右仆射、同中书门下平章事。

贾耽喜爱地理学,凡是从四周少数民族国家来唐朝的使者以及唐朝派去出使四夷回来的使者,贾耽必定和他们交往,向他们详细打听各地山川土地和风俗人情等情况。所以,当时人们所能知道的国内及国外各地山川平坦险要情况,各个蛮夷少数民族的土著风俗,贾耽都能够区分指画,讲清其渊源发展。从吐蕃(今藏族在唐代的称号)攻占了唐的陇右(今甘肃省和青海省部分地区)之后,到唐德宗贞元年间已有多年,唐朝因失掉陇右地区,被迫在内地(今陕西省西北和宁夏)沿线防守,唐朝原来在陇右地区设置的镇守据点的山川地理情况也因地图的丢失而弄不清楚了。贾耽便依靠自己的知识,画出了陇右、山南地区(今四川省西部、北部)的地形图,还有黄河流经地区的远近情况,加上说明文字,共为十卷,奉献给唐德宗。贾耽在上表中说:

臣听说春秋楚国时的左史倚相能读懂《九丘》这样的古地理书,晋朝的司空裴秀创造了画地图的六体之法;《九丘》是成卷的古代经典,六体却是绘制地图的新创意。臣虽然愚蠢暗昧,平素常师法学习前人。又多次蒙陛下提拔重用,如今忝居高位。臣虽然经历变换了不少职务,许多该办的事情没有办成,而对于山川地理的兴趣,却日思夜想,始终未能忘怀。要绘制国家天下的大地图,外带四夷之国、四海之阔,里面分别九州山川之远近,必须借助精审详细的资料,才可能绘制好。而且名川山种地名,缵集纷纭,一时也难以完成。然而陇右地区只是一小块地方,被吐蕃攻陷已经很久了,有关部门又失掉了有关的地图和载记,陇右的山川地理也因而难以区分。臣搜集了各种资料,画了一轴《关中陇右及山南九州等图》,敬献给陛下。因洮河、望水地区原为国家旧地,与现在的边境及关中紧密相连;而甘州(今甘肃省张掖市)、凉州(今甘肃省武威市)以东地区,又和北面的朔方(今陕西北部,内部古河套地区和宁夏)相连接。交叉路口的侦察交通、军事据点在要冲险要地区的防守保卫,臣无不认真地依据实际情况绘制,和这些地区的真实山川地理情况大致相符合。如果陛下派遣将领保卫边防,授予他们守边方略,查案此图,则灵州(今宁夏回族自治区灵武县西南)、庆州(今甘肃省庆阳县)一带的关隘险要历历在目,原州军镇,必须讲明其面积大小,地里远近和人户数量。各座山和各条河流,必须讲明它们从哪里起,到哪里止,流经何地。地图之上不可能全部标明,也必须依据资料加以注释、讲解。因此,臣又撰写了《别录》六卷。另外,黄河为四渎之宗,西戎(指吐蕃)是众多羌人中势力最强大者。臣一并研究了历史资料,去掉其中的不实之词,尽臣所听所知,编为四卷，一共录成成十卷。但臣才思钝拙，文义鄙朴，只能增加臣的惭愧之情。

唐德宗阅读了贾耽所献上的地图及说明文字后，称赞做得好，赐给贾耽一匹皇厩中的马、一百匹银采绸缎和一个银瓶、一个银盘。

到贞元十七年（801），贾耽又绘制成了《海内华夷图》，撰写成《古今国县道四夷述》四十卷，上表奉献给唐德宗。献表说：

臣听说，大地以其宽博浑厚载起万事万物，地面之上，成千上万个国家象棋盘上的棋子一样分布；大海流淌不息，环绕在大地之外，成百上千的蛮夷之族象织锦上的鲜花一样错落杂居。论中国，则有五服（指侯服、甸服、绥服、要服、荒服。服即服侍天子）、九州（指冀州、豫州、雍州、扬州、兖州、徐州、梁州、青州、荆州）之分；论特殊的风俗，则有七戎、六狄（泛指我国西部各少数民族）。普天之下，都是天子的臣民。过去，魏（三国之魏）代的毋丘俭率军东征朝鲜，在不耐（汉代县名，为汉朝乐浪郡东部都尉治所，在今朝鲜德源、永兴一带）刻石纪功；汉朝的甘英奉班超之命出使大秦（即古罗马），向西抵达了条支（在今伊拉克境内）；奄蔡国（在今中亚苏联境内威海至里海一带）中有茫茫无边的大泽（即咸海）；严宾国（在今阿富汗东北部一带）境内则有悬度之险（古山名，在今新疆塔什库尔干塔吉克自治县西南约四百里，为西域重要山道之一）。这些地方，或距离太远，或时间太久，名称改易，古来知识渊博的大儒，也很少有详细弄清其原委的。臣从少年时代起，就喜欢听方言土语，走上仕途后，便注意于地理学方面的知识，观察研究，快有三十年了。在万里之外互相比邻的国家，奇异的蛮夷民族的习俗，崇山峻岭中的献宝道路，坐着海船来我朝朝见天子的各地之人，都考察他们的部族发展源流，访求询问他们居处的山川地理情况。那睦载着货物周流天下的商贾之人，戎狄夷貊来中国而定居的老人，臣无不访求于他们，而采撷他们听讲的有关本族、本地山川风土的要领。此外，在闾巷之中流行的有关传说，甚至民谣小说，臣亦采用其中正确的东西，而删除其中错误假虚的东西。

然而，从殷代、周代以来，国家的四边封疆情况是越来越清楚明白。这期间，经历了周、秦、汉等八个朝代，一统天下的五个朝代，说到声威的远震、国土的广阔，还是以我唐朝为最大。秦始皇帝废诸侯而推行郡县制，所修长城的西端起于临洮（今甘肃省临洮县）；西汉的汉武帝用武力开拓边疆，而其边境亭障也只限在鸡鹿塞（今内蒙古磴口西北哈隆格乃峡谷口，古代贯通阴山南北的交通要冲）；东汉时只有哀牢（在今云南省和四川省南部）请求内附；西晋时，朝廷的军队到达神离（在今新疆境内，具体地点不详）；隋朝时，在卑和海（即今青海湖）以西设置了四个郡，在扶南江（今柬埔寨境内的澜沧江）以北设置了三个州，东北的辽阳地区因高丽人占据而无法控制，随即丢弃。我朝高祖神尧皇帝（指唐高祖李渊），应天命而起，奄有天下四方。太宗皇帝（指李世民）继承圣业，四方蛮夷，不远万里前来归附。通道穿越大戈壁，向北到达仙娥（即仙娥河，今蒙古人民共和国境内的色楞格河），在骨利干设置玄阙州（在今蒙古人民共和国境内，具体地址不详）。高宗皇帝继承了这个丰功伟绩，派单车携带诏书，向西越过葱岭，在波剌斯（即萨桑王朝统治下的波斯，在今伊朗境内）设立了疾陵府（故城在今伊朗高原的萨瓦兰湖东岸）。中宗皇帝兴复配天的伟业，守四境而不失。睿宗皇帝胸中包含先天之量，永图新功。玄宗皇帝以大孝清澄海内,而以无为抚御海外,大宛(在今中亚塔吉克共和国境内)所产的神骏马匹,每年都充实皇家的内厩,西汉时贰师将军李广利为夺取汗血马而远征大宛,穷兵黩武,岂能与此同日而语! 肃宗皇帝扫平安、史叛乱的妖焰鬼氛,泽及海内人民。代宗皇帝扫荡残寇,重新安定了国家秩序。陛下即位之后,以上圣的资质,正当太平的气运,敦从信睦,修行仁义,行信义之道,以恩惠养育天下群黎百姓,怀柔远近蛮夷。所以,泸南(即今金沙江以南的川南地区)进贡来的马匹,风化行于四海,普天之下皆受陛下恩德的沾濡浸润。

臣在幼年之时和老师、朋友相互切磋,长大后又在朝中为官,自思愚钝笨拙,难负陛下所赐予的荣耀。无以答谢陛下的鸿恩,只日夜为此而战兢惶恐。兴元元年(公元784),臣被诏入朝中,侍奉在陛下左右,陛下命臣修撰国家地图。不久,臣充使于魏州(今河北省大名县)、汴州(今河南省开封市),又出镇东洛(今河南省洛阳市)、东郡(即滑州),政务缠身,不能专心一志于此,又无政绩可言,臣为此更加忧心惭愧。近来,臣疾倦力竭,又老迈衰病,想尽臣之所知和所闻见,而付于丹青。故谨令工匠画《海内华夷图》一轴,宽三丈,纵长三丈三尺,以一寸代表一百里为比例,分别其种族部落,标明高山大川,将四极之远大缩小在纤缩之上、在图画上区分千百个郡县。宇宙虽然广大,画成地图展开来却不足一间房子大;车船所能通行的地方,观览尽在眼中。同时,臣又撰《古今郡国县道四夷述》四十卷,有关中国的部分以《尚书·禹贡》为首,有关外国蛮夷的部分以班固的《汉书·地理志》发端。郡县部分详记郡县的增减情况,蕃夷部落则记述其盛衰过程。以前的地理书籍以黔州(治今四川省彭水县)属酉阳(今四川酉阳县),现在则将其改入巴郡(今重庆市);以前有关西戎羌人的地理志书以安国(在今中亚乌兹别克共和国布哈拉一带)为安息(在今西亚伊朗高原及两河流域),现在则将安国改入康居(约在今中亚巴尔喀什湖和咸海之间)。凡是以前地理志书中的错误,现在都予订正。陇西(今甘肃省陇西县南)、北地(今甘肃省宁县)在东汉永初年间因羌人起义动荡不已;辽东和乐浪郡在建安年间的大乱中丢弃。曹操主动放弃了陉北(今山西北部句注山以北),西晋皇室被逼迁于江南,缘边境地区多次被异族侵扰盗掠,中原故墟反复被毁灭。过去史书的撰录,只得十分之二三。现在的著作进行搜辑,则能获得大半。《周礼·职方》一章,以淄水、时水(皆在今山东省淄博市境)为幽州地区的大水泽,以华山为荆州河朔之镇,即知《尚书·禹贡》不符,又未出淹中(不详)的范围,然本着多闻阙疑的原则,仍将它们编录起来。凡属古代郡或国名,都用黑墨标写;现在的州县,则用红色标写,这样今用不同的颜色,学习和使用起来都很简易。臣的学识只算得上是小成,而才能又非博物君子。当年,伏波将军马援聚米为山,为各军将领指示道路;鄪侯萧何收集秦朝之图书,得以尽知下下郑关阨险要。臣企羡前世的贤哲,此臣所曾经寄心留意。将臣之点微薄庸陋的知识奉献给陛下,其中必有许多纰漏,臣不胜惭愧。

德宗接到贾耽所献图、书之后,特地下诏褒奖,并赐给贾耽锦绛二百匹,袍段六个,锦帐两个,银瓶银盘各一个,银杯两个,马一匹,又进封贾耽为魏国公。

唐顺宗即位后,贾耽任检校司空,守左仆射,知政事如故。当时,王叔文执掌国家权柄,政务都由一群小人决断。贾耽厌恶他们成乱国家政治,屡次称病称乞骸骨请予病休,都未得到允许。贾耽天生是个长者,不喜欢评论别人的是非。居于宰相的职务前后十三年,虽然不能用有关国家安危的大计奇谋辅佐皇帝,但却严于律己律人,以身作则。每次罢朝回家,都接待宾客,终日不减疲倦,以至于家里的人和左右近习之人,从未见到过贾耽狂喜或愤怒的脸色,即使是古代的有淳正德行的君子,也不过如此!永贞元年(805)十一月,贾耽去世。时年七十六岁。唐顺宗为此罢朝四天,又册赠贾耽为太傅,谥号为无靖。

陆贽传

【题解】

陆贽(754~805),字敬舆,苏州嘉兴(今浙江嘉兴南)人。唐朝后期著名宰相。大历六年进士及第,授官华州郑县尉,迁改任渭南县主簿,监察御史。

德宗即位,召为翰林学士。朱泚谋反时陆贽随德宗出奔奉天(今陕西乾县),当时诏令大多出自陆贽之手。他通晓兵机,才思敏捷,决策果断,曲折周到,深得信任,时号"内相"。他随事进谏,规劝皇上约己克俭,怜爱百姓,以国事为重。因屡屡指陈卢杞罪状,举止有失,言辞激烈,引起皇上不满,加上同僚嫉妒,多次诋毁,故长期不得为相。后又任兵部侍郎,至贞元八年窦参贬职才以中书侍郎同平章事。他曾作奏议数十篇,指陈时政,论辩明确。如罢省轮番更替的防兵,奖励屯田,建议台省长官自荐属僚,废除将帅过多、兵力分散及君主遥控指挥等弊政,又上均节赋税六疏,条陈两税之失等。

陆贽

后因遭宠臣裴延龄讦毁,免除相职,贬为忠州(今四川忠县)别驾。在忠州十年,为避谤不著书,仅辑录医方成《陆氏集验方》五十卷,已亡佚。生平论奏由后人编辑为《翰苑集》,又名《陆宣公奏议》。新旧唐书均有传。

【原文】

陆贽,字敬舆,苏州嘉兴人。父侃,溧阳令,以贽贵,赠礼部尚书。贽少孤,特立不群,颇勤儒学。年十八登进士第,以博学宏词登科,授华州郑县尉。罢秩,东归省母,路由寿州,刺史张镒有时名,贽往谒之。镒初不甚知,留三日,再见与语,遂大称赏,请结忘年之契。及辞，遗贽钱百万，曰："愿备太夫人一日之膳。"贽不纳，唯受新茶一串而已，曰："敢不承君厚意。"又以书判拔萃，选授渭南县主簿，迁监察御史。德宗在东宫时，素知贽名，乃召为翰林学士，转祠部员外郎。贽性忠荩，既居近密，感人主重知，思有以效报，故政或有缺，巨细必陈，由是顾待益厚。

建中四年，朱泚谋逆，从驾幸奉天。时天下叛乱，机务填委，征发指踪，千端万绪，一日之内，诏书数百。贽挥翰起草，思如泉注。初若不经思虑，既成之后，莫不曲尽事情，中于机会。胥吏简札不暇，同舍皆伏其能。转考功郎中，依前充职。尝启德宗曰："今盗遍天下，舆驾播迁，陛下宜痛自引过，以感动人心。昔成汤以罪己勃兴，楚昭以善言复国。陛下诚能不吝改过，以言谢天下，使书诏无忌，臣虽愚陋，可以仰副圣情，庶令反侧之徒，革心向化。"德宗然之。故奉天所下书诏，虽武夫悍卒，无不挥涕感激，多贽所为也。

其年冬，议欲以新岁改元，而卜祝之流，皆以国家数钟百六，凡事宜有变革，以应时数。上谓贽曰："往年群臣请上尊号'圣神文武'四字，今缘寇难，诸事并宜改更，众欲朕旧号之中更加一两字，其事何如？"贽奏曰："尊号之兴，本非古制。行于安泰之日，已累谦冲，袭乎丧乱之时，尤伤事体。今者銮舆播越，未复宫闱，宗社震惊，尚愆禋祀，中区多梗，大憝犹存。此乃人情向背之秋，天意去就之际，陛下宜深自惩励，收揽群心，痛自贬损，以谢灵谴，不可近从末议，重益美名。"帝曰："卿所奏陈，虽理体甚切，然时运必须小有改变，亦不可执滞，卿更思量。"贽曰："古之人君称号，或称皇、称帝，或称王，但一字而已。至暴秦，乃兼皇帝二字，后代因之，及昏僻之君，乃有圣刘、天元之号。是知人主轻重，不在自称，崇其号无补于徽猷，损其名不伤于德美。然而损之有谦光稽古之善，崇之获矜能纳诲之讥，得失不侔，居然可辨。况今时遭迍否，事属倾危，尤宜惧思，以自贬抑。必也俯稽术数，须有变更，与其增美称而失人心，不若黜旧号以祗天戒。天时人事，理必相符，人既好谦，天亦助顺。陛下诚能断自宸鉴，焕发德音，引咎降名，深示刻责，惟谦与顺，一举而二美从之。"德宗从之，但改兴元年号而已。

初，德宗仓皇出幸，府藏委弃，凝冽之际，士众多寒，服御之外，无尺缣丈帛。及贼泚解围，诸藩贡奉继至，乃于奉天行在贮贡物于廊下，仍题曰琼林、大盈二库名。贽谏曰：

琼林、大盈，自古悉无其制，传诸耆旧之说，皆云创自开元。贵臣贪权，饰巧求媚，乃言："郡邑贡赋所用，盍各区分：赋税当委于有司，以给经用；贡献宜归于天子，以奉私求。"玄宗悦之，新是二库，荡心侈欲，萌柢于兹，迨乎失邦，终以饵寇。《记》曰："货悖而入，必悖而出。"岂其效欤！

陛下嗣位之初，务遵理道，敦行俭约，斥远贪饕。虽内库旧藏，未归太府，而诸方曲献，不入禁闱，清风肃然，海内丕变。近以寇逆乱常，銮舆外幸，既属忧危之运，宜增儆励之诚。臣昨奉使军营，出经行殿，忽睹右廊之下，牓列二库之名，惧然若惊，不识所以。何者？天衢尚梗，师旅方殷，痛心呻吟之声，噢咻未息，忠勤战守之效，赏赍未行。诸道贡珍，遽私别库，万目所视，孰能忍情？窃揣军情，或生觖望，或忿形谤讟，或丑肆讴谣，颇含思乱之情，亦有悔忠之意。是知氓俗昏鄙，识昧高卑，不可以尊极临，而可以诚义感。

顷者六师初降，百物无储，外扞凶徒，内防危堞。昼夜不息，殆将五旬，冻饿交侵，死伤相枕。毕命同力，竟夷大艰。良以陛下不厚其身，不私其欲，绝甘以同卒伍，辍食以啗功劳。无猛制人而不携，怀所感也；无厚赏士而不怨，悉所无也。今者攻围已解，衣食已丰，而谤讟方兴，军情稍沮，岂不以勇夫常性，嗜货矜功，其患难既与之同忧，而好乐不与之同利，苟异恬默，能无怨咨！此理之常，故不足怪。《记》曰："财散则民聚。"岂其效欤！陛下天资英圣，见善必迁，是将化蓄怨为衔恩，反过差为至当，促殄遗寇，永垂鸿名。大圣应机，固当不俟终日。

上嘉纳之，令去其题署。

兴元元年，李怀光异志已萌，欲激怒诸军，上表论诸军衣粮薄，神策衣粮厚，厚薄不均，难以驱战，意在挠阻进军。李晟密奏，恐其有变，上忧之，遣贽使怀光军宣谕。使还，贽奏事曰：

贼泚稽诛，保聚宫苑，势穷援绝，引日偷生。怀光总仗顺之军，乘制胜之气，鼓行芟翦，易若摧枯。而乃寇奔不追，师老不用，诸帅每欲进取，怀光辄阻其谋。据兹事情，殊不可解。陛下意在全获，委曲听从，观其所为，亦未知感。若不别为规略，渐相制持，唯以姑息求安，终恐变故难测。此诚事机危迫之秋也，故不可以寻常容易处之。

今李晟奏请移军，适遇臣衔命宣慰，怀光偶论此事，臣遂泛问所宜，怀光乃云："李晟既欲别行，某亦都不要藉。"臣犹虑有翻覆，因美其军强盛，怀光大自矜夸，转有轻晟之意。臣又从容问云："昨发离行在之日，未知有此商量，今日从此却回，或恐圣旨顾问，事之可否，决定何如？"怀光已肆轻言，不可中变，遂云："恩命许去，事亦无妨。"要约再三，非不详审，虽欲追悔，固难为词。伏望即以李晟表出付中书，敕下依奏，别赐怀光手诏，示以移军事由。其手诏大意云："昨得李晟奏，请移军城东以分贼势。朕缘未知利害，本欲委卿商量，适会陆贽从彼宣慰回，云见卿论叙军情，语及于此，仍言许去，事亦无妨，遂敕本军允其所请。卿宜授以谋略，分路夹攻，务使叶齐，克平寇孽。"如此词婉而直，理当而明，虽蓄异端，何由起怨？

臣初奉使谕旨，本缘粮料不均，偶属移军，事相谐会。又幸怀光诡对，且无阻绝之言，机宜合并，若有幽赞，一失其便，后何可追。幸垂裁察。

德宗初望怀光回遏破贼，故晟屡奏移军不许。及贽缕陈怀光反状，乃可晟之奏，遂移军东渭桥。而鄜坊节度李建徽、神策行营阳惠元犹在咸阳，贽虑怀光并建徽等军，又奏曰：

怀光当管师徒，足以独制凶寇，逗留未进，抑有他由。所患太强，不资傍助。比者又遣李晟、李建徽、阳惠元三节度之众附丽其营，无益成功，祇忧生事。何则？四军悬垒，群帅异心，论势力则悬绝高卑，据职名则不相统属。怀光轻晟等兵微位下，而忿其制不从心，晟等疑怀光养寇蓄奸，而怨其事多陵己。端居则互防飞谤，欲战则递恐分功，龃龉不和，嫌衅遂构，俾之同处，必不两全。强者恶积而后亡，弱者势危而先覆，覆亡之祸，翘足可期。旧寇未平，新患方起，忧叹所切，实堪疢心。太上消愍于未萌，其次救失于始兆，况乎事情已露，祸难垂成，委而不谋，何以制乱？李晟见机虑变，先请移军就东，建徽、惠元，势转孤弱，为其吞噬，理在必然。他日虽有良图，亦恐不能自拔。拯其危急，唯在此时。

今因李晟愿行，便遣合军同往，托言晟兵素少，虑为贼泚所邀，藉此两军迭为犄角，仍先谕旨，密使促装，诏书至营，即日进路，怀光意虽不夫制军驭将，所贵见情，离合疾徐，各有宜适。当离者合之则召乱，当合者离之则寡功，当疾而徐则失机，当徐而疾则漏策。得其要，契其时，然后举无败谋，措无危势。而今者屯兵而不肯为用，聚将而罔能叶心，自为鲸鲵，变在朝夕。留之不足以相制，徒长厉阶，析之各竞于擅能，或成勋绩。事有必位，断无可疑。

德宗曰："卿之所料极善。然李晟移军，怀光心已惆怅，若更遣建徽、惠元就东，则使得为词。且俟旬时。"晟至东渭桥，不旬日，怀光果夺两节度兵，建徽单骑遁而获免，惠元中路被执，害之。报至行在，人情大恐。翌日，移幸山南。赞练达兵机，率如此类。

二月，从幸梁州，转谏议大夫，依前充学士。先是，凤翔衙将李楚琳乘泾师之乱，杀节度使张镒，归款朱泚。及奉天解围，楚琳遣使贡奉。时方艰阻，不获已，命为凤翔节度使。然德宗忿其弑逆，心不能容，才至汉中，欲令浑瑊代为节度。赞谏曰："楚琳之罪，固不容诛，但以乘舆未复，大憝犹存，勤王之师，悉在畿内，急宣速告，晷刻是争。商岭则道迂且遥，骆谷复为贼所扼，仅通王命，唯在褒斜，此路若又阻艰，南北便成隔绝。以诸镇危疑之势，居二逆诱胁之中，恼恼群情，各怀向背。贼胜则往，我胜则来，其间事机，不容差跌。倘楚琳发憾，公肆猖狂，南塞要冲，东延巨猾，则我咽喉梗而心膂分矣，其势岂不病哉！"上释然开悟，乃善待楚琳使，优诏安慰其心。德宗至梁，欲以谷口以北从臣赐号曰"奉天定难功臣"，谷口以南随扈者曰"元从功臣"，不选朝官内官，一例俱赐。赞奏曰："破贼扦难，武臣之效。至如宫闱近侍，班列员僚，但驰走从行而已，忽与介胄奋命之士，俱号功臣，伏恐武臣愤惋。"乃止。

李晟既收京城，遣中使宣付翰林院具录先散失宫人名字，令草诏赐浑瑊，遣于奉天寻访，以得为限，仍量与资粮送赴行在。赞不时奉诏，进状论之曰：

顷以理道乖错，祸乱荐钟，陛下思咎惧灾，裕人罪己，屡降大号，誓将更新。天下之人，垂涕相贺，惩忿释怨，煦仁戴明，毕力同心，共平多难。止土崩于绝岸，收版荡于横流，殄寇清都，不失旧物。实由陛下至诚动于天地，深悔感于神人，故得百灵降康，兆庶归德。苟不如此，自古何尝有捐弃宫阙，失守宗桃，继逆于赴难之师，再迁于蒙尘之日，不逾半岁，而复兴大业者乎！

今渠魁始平，法驾将返，近自郊甸，远周寰瀛，百役疲瘵之氓，重战伤残之卒，皆忍死扶痛，倾耳耸肩，想闻德声，翘望圣泽。陛下固当感上天悔祸之眷，荷列祖垂裕之休，念将士锋刃之殃，愍黎元涂炭之酷。以致寇为戒，以居上为危，以务理为忧，以复宫为急。损之又损，尚惧沃侈之易滋；艰之惟艰，犹患戒慎之难久。谋始尽善，克终已稀，始而不谋，终则何有！夫以内人为号，盖是中壶末流，天子之尊，富有宫掖，如此等辈，固繁有徒，但恐伤多，岂忧乏使。翦除元恶，曾未浃辰，奔贺往来，道途如织，何必自亏君德，首访妇人，又令资装速赴行在。万目阅视，众口流传，恐非所以答庆赖之心，副惟新之望也。

夫事有先后，义有重轻，重者宜先，轻者宜后。武王克殷，有未及下车而为之者，有下车而为之者，盖美其不失先后之宜也。自翠华播越，万姓靡依，清庙震惊，三时乏祀，当今所务，莫大于斯。诚宜速遣大臣，驰传先往，迎复神主，修整郊坛，展禋享之仪，申告谢之意。然后吊恤死义，慰犒有功，绥辑黎蒸，优问耆耋，安定反侧，宽宥胁从，宣畅郁堙，褒奖忠直，官失职之士，复废业之人，是皆宜先，不可后也。至如崇饰服器，缮缉殿台，备耳目之娱，选巾栉之侍，是皆宜后，不可先也。

散失内人，已经累月，既当离乱之际，必为将士所私。其人若稍有知，不求当自陈献；其人若甚无识，求之适使忧虞。自因寇乱丧亡，颇有大于此者，一闻搜索，怀惧必多，余孽尚繁，群情未一，因而善抚，犹恐危疑，若又惧之，于何不有。昔人所以掩绝缨而饮盗马者，岂必忘其情爱，盖知为君之体然也。以小妨大，明者不为，天下固多裹人，何必独在于此。所令撰赐浑瑊诏书，未敢顺旨。帝遂不降诏，但遣使而已。

德宗还京，转中书舍人，学士如故。初，贽受张镒知，得居内职。及镒为卢杞所排，贽常忧惴。及杞贬黜，始敢上书言事，德宗好文，益深顾遇。奉天解围后，德宗言及违离宗庙，呜咽流涕曰："致寇之由，实朕之过。"贽亦流涕而对曰："臣思致今日之患者，群臣之罪也。"贽意盖为卢杞、赵赞等也。上欲掩杞之失，则曰："虽朕德薄，致兹祸乱，亦运数前定，事不由人。"贽又极言杞等罪状，上虽貌从，心颇不悦。吴通微兄弟俱在翰林，亦承德宗宠遇，文章才器不迨贽，而能交结权倖，共短贽于上前。故刘从一、姜公辅自卑品苍黄之中，皆登辅相，而贽为朋党所挤，同职害其能，加以言事激切，动失上之欢心，故久之不为辅相。其于议论应对，明练理体，敷陈剖判，下笔如神，当时名流，无不推挹。贞元初，李抱真入朝，从容奏曰："陛下幸奉天、山南时，赦书至山东，宣谕之时，士卒无不感泣，臣即时见人情如此，知贼不足平也。"

时贽母韦氏在江东，上遣中使迎至京师，搢绅荣之。俄丁母忧，东归洛阳，寓居嵩山丰乐寺。藩镇赗赠及别陈饷遗，一无所取，与韦皋布衣时相善，唯西川致遗，奏而受之。贽父初葬苏州，至是欲合葬，上遣中使护其枢车至洛，其礼遇如此。免丧，权知兵部侍郎，依前充学士。中谢日，贽伏地而泣，德宗为之改容叙慰，恩遇既隆，中外属意为辅弼，而宰相窦参素忌贽，贽亦短参之所为，言参黩货，由是与参不平。七年，罢学士，正拜兵部侍郎，知贡举。时崔元翰、梁肃文艺冠时，贽输心于肃，肃与元翰推荐艺实之士，升第之日，虽众望不惬，然一岁选士，才十四五，数年之内，居台省清近者十余人。

八年四月，窦参得罪，以贽为中书侍郎、门下同平章事。贽久为邪党所挤，困而得位，意在不负恩奖，悉心报国，以天下事为己任。上即位之初，用杨炎、卢杞秉政，树立朋党，排摈良善，卒致大卜沸腾，銮舆奔播。惩是之失，贞元以后，虽立辅臣，至于小官除拟，上必再三详问，久之方下。及贽知政事，请许台省长官自荐属官，仍保任之，事有旷败，兼坐举主。上许之，俄又宣旨曰："外议云：'诸司所举，多引用亲党，兼通赂遗，不得实才。'此法行之非便，今后卿等宜自选择，勿用诸司延荐。"贽论奏曰：

臣实顽鄙，一无所堪，猥蒙任使，待罪宰相。虽怀窃位之惧，且乏知人之明，自揣庸虚，终难上报。唯知广求才之路，使贤者各以汇征；启至公之门，令职司皆得自达。既蒙允许，即宜宣行。南宫举人，才至十数，或非台省旧吏，则是使府佐僚，累经荐延，多历事任。论其资望，既不愧于班行，考其行能，又未闻于阙败。遽以腾口，上烦圣聪。道之难行,亦可知矣。

陛下勤求理道,务徇物情,因谓举荐非宜,复委宰臣拣择。其为崇任辅弼,博采舆词,可谓圣德之盛者。然于委任责成之道,听言考实之方,闲邪存诚,犹恐有阙。陛下既纳臣言而用之,旋闻横议而止之,于臣谋不责成,于横议不考实,此乃谋失者得以辞其罪,议曲者得以肆其诬。率是而行,触类而长,固无必定之计,亦无必实之言。计不定则理道难成,言不实则小人得志,国家之病,常必由之。昔齐桓公问管仲害霸之事,对曰:"得贤不能任,害霸也;用而不能终,害霸也;与贤人谋事而与小人议之,害霸也。"为小人者,不必悉怀险诐,故覆邦家。盖以其意性回邪,趣向狭促,以沮议为出众,以自异为不群,趋近利而昧远图,效小信而伤大道,况又言行难保,恣其非心者乎!

伏以宰辅,常制不过数人,人之所知,固有限极,不能遍谙诸士,备阅群才。若令悉命群官,理须展转询访,是则变公举为私荐,易明扬为暗投。倘如议者之言,所举多有情故,举于君上,且未绝私,荐于宰臣,安肯无诈,失人之弊,必又甚焉。所以承前命官,罕有不涉私谤,虽则秉钧不一,或自行情,亦由私访所亲,转为所卖。其弊非远,圣鉴明知。今又将徇浮言,专任宰臣除吏,宰臣不遍谙识,踵前须访于人。若访亲朋,则是悔其覆车,不易故辙;若访于朝列,则是求其私荐,不如公举之愈也。二者利害,惟陛下更详择焉。恐不如委任长官,慎拣僚属,所拣既少,所求亦精,得贤有鉴识之名,失实当暗谬之责。人之常性,莫不爱身,况于台省长官,皆是当朝华选,孰肯徇私妄举,以伤名取责者耶!所谓台省长官,即仆射、尚书、左右丞、侍郎及御史大夫,中丞是也。陛下比择辅相,多亦出于其中。今之宰臣,则往日台省长官也,今之台省长官,乃将来之宰臣也,但是职名暂异,固非行业顿殊。岂有为长官之时不能举一二属吏,居宰臣之位则可择千百具僚,物议悠悠,其惑斯甚。

夫求才贵广,考课贵精。求广在于各举所知,长史之荐择是也;贵精在于按名责实,宰臣之序进是也。往者则天太后践祚临朝,欲收人心,尤务拔擢,弘委任之意,开汲引之门,进用不疑,求访无倦,非但人得荐士,亦许自举其才。所荐必行,所举辄试,其于选士之道,岂不伤于容易哉!而课责既严,进退皆速,不肖者旋黜,才能者骤升,是以当代谓知人之明,累朝赖多士之用。此乃近于求才贵广,考课贵精之效也。

陛下诞膺宝历,思致理平,虽好贤之心,有逾于前哲,而得人之盛,未追于往时。盖由赏鉴独任于圣聪,搜择颇难于公举,仍启登延之路,罕施练核之方。遂使先进者渐益凋讹,后来者不相接续,施一令则谤沮互起,用一人则疵疹立成。此乃失于选才太精,制法不一之患也。则天举用之法,伤易而得人;陛下慎拣之规,太精而失士,陛下选任宰相,必异于庶官;精择长官,必愈于末品。及至宰相献规,长吏荐士,陛下即但纳横议,不稽始谋。是乃任以重者轻其言,待以轻者重其事,且又不辨所毁之虚实,不较所试之短长。人之多言,何所不至,是将使人无所措其手足,岂独选任之道失其端而已乎!

上虽嘉其所陈,长官荐士之诏,竟追寝之。

国朝旧制,吏部选人,每年调集。自乾元以后,属宿兵于野,岁或凶荒,遂三年一置选。由是选人停拥,其数猥多,文书不接,真伪难辨,吏缘为奸,注授乖滥,而有十年不得调者。赞奏吏部分内外官员为三分，计阙集人，每年置选，故选司之弊，十去七八，天下称之。

赞与贾耽、卢迈、赵憬同知政事，百司有所申覆，皆更让不言可否。旧例，宰臣当旬秉笔决事，每十日一易。赞请准故事，令秉笔者以应之。又以河陇陷蕃已来，西北边常以重兵守备，谓之防秋，皆河南、江淮诸镇之军也，更番往来，疲于戍役。赞以中原之兵，不习边事，及扞虏战贼，多有败衄，又苦边将名目太多，诸军统制不一，缓急无以应敌，乃上疏论其事曰：

臣历观前代书史，皆谓镇抚四夷。宰相之任，不揆阘劣，屡敢上言。诚以备边御戎，国家之重事，理兵足食，备御之大经。兵不治则无可用之师，食不足则无可固之地，理兵在制置得所，足食在敛导有方。陛下幸听愚言，先务积谷，人无加赋，官不费财，坐致边储，数逾百万。诸镇收籴，今已向终，分贮军城，用防艰急，纵有寇戎之患，必无乏绝之忧。守此成规，以为永制，常收冗费，益赡边农，则更经二年，可积十万人三万之粮矣。足食之原粗立，理兵之术未精，敢议筹量，庶备采择。

伏以戎狄为患，自古有之，其于制御之方，得失之论，备存史籍，可得而言。大抵尊即序者，则曰非德无以化要荒，曾莫知威不立，则德不能驯也；乐武威者，则曰非兵无以服凶犷，曾莫知德不修，则兵不可恃也；务和亲者，则曰要结可以睦邻好，曾莫知我结之而彼复解也；美长城者，则曰设险可以固邦国而扞寇雠，曾莫知力不足，兵不堪，则险之不能有也；尚薄伐者，则曰驱遏可以禁侵暴而省征徭，曾莫知兵不锐，垒不完，则遏之不能胜，驱之不能去也。议边之要，略尽于斯，虽互相讥评，然各有偏驳。听一家之说，则例理可征，考历代所行，则成败异效。是由执常理以御其不常之势，徇所见而昧于所遇之时。

夫中夏有盛衰，夷狄有强弱，事机有利害，措置有安危，故无必定之规，亦无长胜之法。夏后以序戎而圣化茂，古公以避狄而王业兴；周城朔方而猃狁攘，秦筑临洮而宗社覆；汉武讨匈奴而贻悔，太宗征突厥而致安；文、景约和亲而不能弭患于当年，宣、元弘抚纳而足以保宁于累叶。盖以中夏之盛衰异势，夷狄之强弱异时，事机之利害异情，措置之安危异便。知其事而不度其时则败，附其时而不失其称则成，形变不同，胡可专一。

夫以中国强盛，夷狄衰微，而能屈膝称臣，归心受制，拒之则阻其向化，威之则类于杀降，安得不存而抚之，即而序之也？又如中国强盛，夷狄衰微，而尚弃信奸盟，蔑恩肆毒，谕之不变，责之不惩，安得不取乱推亡，息人固境也？其有遇中国丧亡之弊，当夷狄强盛之时，图之则彼衅未萌，御之则我力不足，安得不卑词降礼，约好通和，啗之以亲，纾其交祸？纵不必信，且无大侵，虽非御戎之善经，盖时事亦有不得已也。倘或夷夏之势，强弱适同，抚之不宁，威之不靖，力足以自保，不足以出攻，得不设险以固军，训师以待寇，来则薄伐以遏其深入，去则攘斥而戒于远追？虽非安边之令图，盖势力亦有不得不然也。故夏之即序，周之于攘，太宗之夷乱，皆乘其时而善用其势也；古公之避狄，文、景之和亲，神尧之降礼，皆顺其时而不失其称也；秦皇之长城，汉武之穷讨，皆知其事而不度其时者也。向若遇孔炽之势，行即序之方，则见侮而不从矣；乘可取之资，怀畏避之志，则失机而养寇矣；有攘却之力，用和亲之谋，则示弱而劳费矣；当降屈之时，务霸伐之略，则召祸而危殆矣。故曰：知其事而不度其时则败，附其时而不失其称则成。是无必定之规，亦无长胜之法，得失著效，不其然欤！至于察安危之大情，计成败之大数，百代之不变易者，盖有之矣。其要在于失人肆欲则必蹶，任人从众则必全，此乃古今所同，而物理之所一也。

国家自禄山构乱、河陇用兵以来，肃宗中兴，撤边备以靖中邦，借外威以宁内难，于是吐蕃乘衅，吞噬无厌，回纥矜功，凭陵亦甚。中国不遑振旅，四十余年。使伤耗遗氓，竭力蚕织，西输贿币，北偿马资，尚不足塞其烦言，满其骄志。复乃远征士马，列戍疆陲，犹不能遏其奔冲，止其侵侮。小入则驱略黎庶，深入则震惊邦畿。时有议安边策者，多务于所难而忽于所易，勉于所短而略于所长。遂使所易所长者，行之而其要不精；所难所短者，图之而其功靡就。忧患未弭，职斯之由。

夫制故行师，必量事势，势有难易，事有先后。力大而敌脆，则先其所难，是谓夺人之心，暂劳而永逸者也；力寡而敌坚，则先其所易，是谓固国之本，观衅而后动者也。顷属多故，人劳未疗，而欲广发师徒，深践寇境，复其侵地，攻其坚城，前有胜负未必之虞，后有馈运不继之患。倘或挠败，适所以启戎心而挫国威，以此为安边之谋，可谓不量事势而务于所难矣！

天之授者，有分事，无全功；地之产者，有物宜，无兼利。是以五方之俗，长短各殊。长者不可逾，短者不可企，勉所短而敌其所长必殆，用所长而乘其所短必安。强者乃以水草为邑居，以射猎供饮茹，多马而尤便驰突，轻生而不耻败亡，此戎狄之所长也。戎狄之所长，乃中国之所短；而欲益兵搜乘，角力争驱，交锋原野之间，决命寻常之内，以此为御寇之术，可谓勉所短而较其所长矣！务所难，勉所短，劳费百倍，终于无成。虽果成之，不挫则废，岂不以越天授而违地产，亏时势以反物宜者哉！

将欲去危就安，息费从省，在慎守所易，精用所长而已。若乃择将吏以抚宁众庶，修纪律以训齐师徒，耀德以佐威，能迩以柔远，禁侵抄之暴以彰吾信，抑攻取之议以安戎心，彼求和则善待而勿与结盟，彼为寇则严备而不务报复，此当今之所易也。残力而贵智，恶杀而好生，轻利而重人，忍小以全大，安其居而后动，俟其时而后行。是以修封疆，守要害，堑蹊隧，垒军营，谨禁防，明斥候，务农以足食，练卒以蓄威，非万全不谋，非百克不斗。寇小至则张声势以遏其入，寇大至则谋其人以邀其归，据险以乘之，多方以误之。使其勇无所加，众无所用，掠则靡获，攻则不能，进有腹背受敌之虞，退有首尾难救之患。所谓乘其弊，不战而屈人之兵，此中国之所长也。我之所长，乃戎狄之所短；我之所易，乃戎狄之所难。以长制短，则用力寡而见功多；以易敌难，则财不匮而事速就。舍此不务，而反为所乘，斯谓倒持戈矛，以镈授寇者也！今则皆务之矣，犹且守封未固，寇戎未惩者，其病在于谋无定用，众无适从。所任不必才，才者不必任；所闻不必实，实者不必闻；所信不必诚，诚者不必信；所行不必当，当者未必行。故令措置乖方，课责亏度，财匮于兵众，力分于将多，怨生于不均，机失于遥制。臣请为陛下粗陈六者之失，惟明主慎听而熟察之：

臣闻工欲善其事，必先利其器；武欲胜其敌，必先练其兵。练兵之中，所用复异。用之于救急，则权以纾难；用之于暂敌，则缓以应机。故事有便宜，而不拘常制；谋有奇诡，而不徇众情。进退死生，唯将所命，此所谓攻讨之兵也。用之于屯戍，则事资可久，势异从权，非物理所惬不宁，非人情所欲不固。夫人情者，利焉则劝，习焉则安，保亲戚则乐生，顾家业则忘死。故可以理术驭，不可以法制驭，此所谓镇守之兵也。夫欲备封疆，御戎狄，非一朝一夕之事，固当选镇守之兵以置焉。古之善选置者，必量其性习，辨其土宜，察其伎能，知其欲恶。用其力而不违其性，齐其俗而不易其宜，引其善而不责其所不能，禁其非而不处其所不欲。而又类其部伍，安其室家，然后能使之乐其居，定其志，奋其气势，结其恩情。抚之以惠，则感而不骄；临之以威，则肃而不怨。靡督课而人自为用，弛禁防而众自不携。故出则足兵，居则足食，守则固，战则强，其术无他，便于人情而已矣。今者散征士卒，分戍边陲，更代往来，以为守备。是则不量性习，不辨土宜，邀其所不能，强其所不欲。求广其数而不考其用，将致其力而不察其情，斯可以为羽卫之仪，而无益于备御之实也。何者？穷边之地，千里萧条，寒风裂肤，惊沙惨目。与豺狼为邻伍，以战斗为嬉游，昼则荷戈而耕，夜则倚烽而觇。日有剽害之虑，永无休暇之娱，地恶人勤，于斯为甚。自非生于其域，习于其风，幼而睹焉，长而安焉，不见乐土而迁焉，则罕能宁其居而狎其敌也。关东之地，百物阜殷，从军之徒，尤被优养。惯于温饱，狃于欢康，比诸边隅，若异天地。闻绝塞荒陬之苦，则辛酸动容；聆强蕃劲虏之名，则慑骇夺气。而乃使之去亲族，舍园庐，甘其所辛酸，抗其所慑骇，将冀为用，不亦疏乎！矧又有休代之期，无统帅之驭，资奉若骄子，姑息如倩人，进不邀之以成功，退不处之以严宪。其来也咸负得色，其止也莫有固心，屈指计归，张颐待饲。徼幸者犹患还期之赊缓，常念戎丑之充斥，王师挫伤，则将乘其乱离，布路东溃，情志且尔，得之奚为？平居则殚耗资储以奉浮冗之众，临难则拔弃城镇以摇远近之心，其弊岂惟无益哉！固亦将有所挠也。复有抵犯刑禁，谪徙军城，意欲增户实边，兼令展效自赎。既是无良之类，且加怀土之情，思乱幸灾，又甚戍卒。适足烦于防卫，谅无望于功庸，虽前代时或行之，固非良算之可遵者也。复有拥旄之帅，身不临边，但分偏师，俾守疆场。大抵军中壮锐，元戎例选自随，委其疲羸，乃配诸镇。节将既居内地，精兵祇备纪纲，遂令守要御冲，常在寡弱之辈。寇戎每至，乃势不支，入垒者才足闭关，在野者悉遭劫执，恣其芟蹂，尽其搜驱。比及都府闻知，虏已克获旋返。且安边之本，所切在兵，理兵若斯，可谓措置乖方矣。

夫赏以存劝，罚以示惩，劝以懋有庸，惩以威不恪。故赏罚之于驭众也，犹绳墨之于曲直，权衡之揣重轻，辕轾之所以行车，衔勒之所以服马也。驭众而不用赏罚则善恶相混而能否莫殊，用之而不当功过，则奸妄宠荣而忠实摈抑。夫如是，若聪明可炫，律度无章，则用与不用，其弊一也。自顷权移于下，柄失于朝，将之号令既鲜克行之于军，国之典章又不能施之于将，务相遵养，苟度岁时。欲赏一有功，翻虑无功者反侧；欲罚一有罪，复虑同恶者忧虞。罪以隐忍而不彰，功以嫌疑而不赏，姑息之道，乃至于斯。故使忘身效节者获诮于等夷，率众先登者取怨于士卒，债军蠹国者不怀于愧畏，缓救失期者自以为智能。褒贬既阙而不行，称毁复纷然相乱，人虽欲善，谁为言之？况又公忠者直己而不求于人，反罹困厄；败挠者行私而苟媚于众，例获优崇。此义士所以痛心，勇夫所以解体也。又有遇敌而所守不固，陈谋而其效靡成，将帅则以资粮不足为词，有司复以供给无阙为解。既相执证，理合辨明，朝廷每为含糊，未尝穷究曲直。措理者吞声而靡诉，诬善者罔上而不惭,驭众若斯,可谓课责亏度矣。

课责亏度,措置乖方,将不得竭其材,卒不得尽其力,屯集虽众,战阵莫前。虏每越境横行,若涉无人之地,递相推倚,无敢谁何,虚张贼势上闻,则曰兵少不敌。朝廷莫之省察,惟务征发益师,无裨备御之功,重增供亿之弊。闾井日耗,征求日繁,以编户倾家破产之资,兼有司榷盐税酒之利,总其所入,半以事边,制用若斯,可谓财匮于兵众矣。

今四夷之最强盛为中国甚患者,莫大于吐蕃,举国胜兵之徒,才当中国十数大郡而已。其于内虞外备,亦与中国不殊,所能寇边,数则盖寡。且又器非犀利,甲不坚完,识迷韬钤,艺乏跷敏。动则中国畏其众而不敢抗,静则中国惮其强而不敢侵,厥理何哉?良以中国之节制多门,蕃丑之统帅专一故也。夫统帅专则人心不分,人心不分则号令不贰,号令不贰则进退可齐,进退可齐则疾徐如意,疾徐如意则机会靡愆,机会靡愆则气势自壮。斯乃以少为众,以弱为强,变化翕辟,在于反掌之内。是犹臂之使指,心之制形,若所任得人,则何敌之有!夫节制多门则人心不一,人心不一则号令不行,号令不行则进退难必,进退难必则疾徐失宜,疾徐失宜则机会不及,机会不及则气势自衰。斯乃勇废为怯,众散为弱,逗挠离析,兆乎战阵之前。是犹一国三公,十羊九牧,欲令齐肃,其可得乎?开元、天宝之间,控御西北两蕃,唯朔万、河西、陇右三节度而已,犹虑权分势散,或使兼而领之。中兴以来,未遑外讨,侨隶四镇于安定,权附陇右于扶风,所当西北两蕃,亦朔方、泾原、陇右、河东节度而已,关东戍卒,至则属焉。虽委任未尽得人,而措置尚存典制。自顷逆泚诱泾、陇之众叛,怀光污朔方之军,割裂诛锄,所余无几;而又分朔方之地,建牙拥节者,凡三使焉。其余镇军,数且四十,皆承特诏委寄,各降中贵监临,人得抗衡,莫相禀属。每俟边书告急,方令计会用兵,既无军法下临,唯以客礼相待。是乃从容拯溺,揖让救焚,冀无阽危,固亦难矣!夫兵,以气势为用者也,气聚则盛,散则消;势合则威,析则弱。今之边备,势弱气消,建军若斯,可谓力分于将多矣。

理戎之要,最在均齐,故军法无贵贱之差,军实无多少之异,是将所以同其志而尽其力也。如或诱其志意,勉其艺能,则当阅其材,程其勇,较其劳逸,度其安危,明申练核优劣之科,以为衣食等级之制。使能者企及,否者息心,虽有薄厚之殊,而无觖望之衅。盖所谓日省月试,饩廪均事,如权量之无情于物,万人莫不安其分而服其平也。今者穷边之地,长镇之兵,皆百战伤夷之余,终年勤苦之剧,角其所能则练习,度其所处则孤危,考其服役则劳,察其临敌则勇。然衣粮所给,唯止当身,例为妻子所分,常有冻馁之色。而关东戍卒,岁月践更,不安危城,不习戎备,怯于应敌,懒于服劳。然衣粮所颁,厚逾数等,继以茶药之馈,益以蔬酱之资,丰约相形,悬绝斯甚。又有素非禁旅,本是边军,将校诡为媚词,因请遥隶神策,不离旧所,唯改虚名,其于禀赐之饶,遂有三倍之益。此俦类所以忿恨,忠良所以忧嗟,疲人所以流亡,经费所以褊匮。夫事业未异,而给养有殊,人情之所不能甘也,况乎矫佞行而禀赐厚,绩艺劣而衣食优,苟未忘怀,能无愠怒。不为戎首,则已可嘉,而欲使其叶力同心,以攘寇难,虽有韩、白、孙、吴之将,臣知其必不能焉。养士若斯,可谓怨生于不均矣。

凡欲选任将帅,必先考察行能,然后指以所授之方,语以所委之事,令其自揣可否,自陈规模。须某色甲兵，藉某人参佐，要若干士马，用若干资粮，某处置军，某时成绩，始终要领，悉俾经纶。于是观其计谋，较其声实。若谓材无足取，言不可行，则当退之于初，不宜贻虑于其后也；若谓志气足任，方略可施，则当要之于终，不宜掣肘于其间也。夫如是，则疑者不使，使者不疑，劳神于选才，端拱于委任。既委其事，既足其求，然后可以核其否臧，行其赏罚。受赏者不以为滥，当罚者无得而辞，付授之柄既专，苟且之心自息。是以古之遣将帅者，君亲推毂而命之曰："自阃以外，将军裁之。"又赐铁钺，示令专断。故军容不入国，国容不入军，将在军，君命有所不受。诚谓机宜不可以远决，号令不可以两从，未有委任不专，而望其克敌成功者也。自顷边军去就，裁断多出宸衷，选置戎臣，先求易制，多其部以分其力，轻其任以弱其心，虽有所惩，亦有所失。遂令分阃责成之义废，死绥任咎之志衰，一则听命，二亦听命，爽于军情亦听命，乖于事宜亦听命。若所置将帅，必取于承顺无违，则如斯可矣；若有意平凶靖难，则不可。夫两境相接，两军相持，事机之来，间不容息，蓄谋而俟，犹恐失之，临时始谋，固已疏矣。况乎千里之远，九重之深，陈述之难明，听览之不一，欲其事无遗策，虽圣者亦有所不能焉。设使谋虑能周，其如权变无及！戎虏驰突，迅如风飙，驿书上闻，旬月方报。守土者以兵寡不敢抗敌，分镇者以无诏不肯出师，逗留之间，寇已奔逼，托于救援未至，各且闭垒自全。牧马屯牛，鞠为椎剽；稚夫樵妇，馨作俘囚。虽诏诸镇发兵，唯以虚声应援，互相瞻顾，莫敢遮邀，贼既纵掠退归，此乃陈功告捷。其败丧则减百而为一，其掳获则张百而成千。将帅既幸于总制在朝，不忧于罪累；陛下又以为大权由己，不究事情。用师若斯，可谓机失于遥制矣。

理兵而措置乖方，驭将而赏罚亏度，制用而财匮，建兵而力分，养士而怨生，用师而机失，此六者，疆场之蟊贼，军旅之膏肓也。蟊贼不除，而但滋之以粪溉，膏肓不疗，而唯啗之以滑甘，适足以养其害，速其灾，欲求稼穑丰登，肤革充美，固不可得也。

臣愚谓宜罢诸道将士番替防秋之制，率因旧数而三分之：其一分委本道节度使募少壮愿住边城者以徙焉；其一分则本道但供衣粮，委关内、河东诸军州募蕃、汉子弟愿傅边军者以给焉；又一分亦令本道但出衣粮，加给应募之人，以资新徙之业。又令度支散于诸道和市耕牛，兼雇召工人，就诸军城缮造器具。募人至者，每家给耕牛一头，又给田农水火之器，皆令充备。初到之岁，与家口二人粮，并赐种子，劝之播植，待经一稔，俾自给家。若有余粮，官为收籴，各酬倍价，务奖营田。既息践更征发之烦，且无幸灾苟免之弊。寇至则人自为战，时至则家自力农。是乃兵不得不强，食不得不足，与夫倏来忽往，岂可同等而论哉！

臣又谓宜择文武能臣一人为陇右元帅，应泾、陇、凤翔、长武城、山南西道等节度管内兵马，悉以属焉；又择一人为朔方元帅，应鄜坊、邠宁、灵夏等节度管内兵马，悉以属焉；又择一个为河东元帅，河东、振武等节度管内兵马，悉以属焉。三帅各选临边要会之州以为理所，见置节度有非要者，随所便近而并之。唯元帅得置统军，余并停罢。其三帅部内太原、凤翔等府及诸郡户口稍多者，慎拣良吏以为尹守，外奉师律，内课农桑，俾为军粮，以壮戎府。理兵之宜既得，选帅之授既明，然后减奸滥虚浮之费以丰财，定衣粮等级之制以和众，弘委任之道以宣其用，悬赏罚之典以考其成。而又慎守中国之所长，谨行当今之所易,则八制可致,六失可除,如是而戎狄不威怀,疆埸不宁谧者,未之有也;诸侯轨道,庶类服从,如是而教令不行,天下不理者,亦未之有也。以陛下之英鉴,民心之思安,四方之小休,两寇之方静,加以频年丰稔,所在积粮,此皆天赞国家,可以立制垂统之时也。时不久居,事不常兼,已过而追,虽悔无及。明主者,不以言为罪,不以人废言,罄陈狂愚,惟所省择。

德宗极深嘉纳,优诏褒奖之。

贽在中书,政不便于时者,多所条奏,德宗虽不能皆可,而心颇重之。初,窦参既贬郴州,节度使刘士宁饷参绢数千匹,湖南观察使李巽与参有隙,具事奏闻,德宗不悦。会右庶子姜公辅于上前闻奏,称"窦参尝语臣云'陛下怒臣未已'",德宗怒,再贬参,竟杀之。时议云公辅奏窦参语得之于贽,云参之死,贽有力焉。又素恶于公异、于邵,既辅政而逐之,谈者亦以为陋。

户部侍郎、判度支裴延龄,奸宄用事,天下嫉之如雠,以得幸于天子,无敢言者。贽独以身当之,屡于延英面陈其不可,累上疏极言其弊。延龄日加谮毁。十年十二月,除太子宾客,罢知政事。贽性畏慎,及策免私居,朝谒之外,不通宾客,无所过从。十一年春,旱,边军刍粟不给,具事论诉;延龄言贽与张滂、李充等摇动军情,语在《延龄传》。德宗怒,将诛贽等四人,会谏议大夫阳城等极言论奏,乃贬贽为忠州别驾。

贽初入翰林,特承德宗异顾,歌诗戏狎,朝夕陪游。及出居艰阻之中,虽有宰臣,而谋猷参决,多出于贽,故当时目为"内相"。从幸山南,道途艰险,扈从不及,与帝相失,一夕不至,上谕军士曰:"得贽者赏千金。"翌日贽谒见,上喜形颜色,其宠待如此。既与二吴不协,渐加浸润,恩礼稍薄;及通玄败,上知诬枉,遂复见用。贽以受人主殊遇,不敢爱身,事有不可,极言无隐。朋友规之,以为太峻,贽曰:"吾上不负天子,下不负吾所学,不恤其他。"精于吏事,斟酌决断,不失锱铢。尝以"词诏所出,中书舍人之职,军兴之际,促迫应务,权令学士代之;朝野宁义,合归职分,其命将相制诏,却付中书行遣"。又言"学士私臣,玄宗初令待诏,止于唱和文章而已"。物议是之。德宗以贽指斥通微、通玄,故不可其奏。

贽在忠州十年,常闭关静处,人不识其面,复避谤不著书。家居瘴乡,人多疠疫,乃抄撮方书,为《陆氏集验方》五十卷行于代。初,贽秉政,贬驾部员外郎李吉甫为明州长史,量移忠州刺史。贽在忠州,与吉甫相遇,昆弟、门人咸为贽忧,而吉甫忻然厚礼,都不衔前事,以宰相礼事之,犹恐其未信不安,日与贽相狎,苦平生交契者。贽初犹惭惧,后乃深交。时论以吉甫为长者。后有薛延者,代吉甫为刺史,延朝辞日,德宗令宣旨慰安。而韦皋累上表请以贽代己。顺宗即位,与阳城、郑余庆同诏征还。诏未至而贽卒,时年五十二,赠兵部尚书,谥曰宣。

【译文】

陆贽,字敬舆,苏州嘉兴人。父亲陆侃,任溧阳县令,因为陆贽而显贵,赠官礼部尚书。陆贽幼年丧父,卓然超群,勤奋研习儒学。十八岁考中进士,应博学宏词科,授官华州郑县尉。罢官以后，回家探母，路经寿州时，州刺史张镒享有美名，陆贽前去拜见。张镒起初对他不甚了解，留宿三日后，再见面交谈时，便对陆贽大为欣赏，请求和他结为忘年之交。辞行时，送给他百万铜钱，说："希望能为您母亲置备一天的膳食。"陆贽不肯，只接受了一串新茶，说："怎敢不领受您的一番厚意。"后又因书判拔萃授官渭南县主簿，以后升任监察御史。德宗在东宫时，一向知道陆贽的名声，即位后便征召他为翰林学士，后改官为祠部员外郎。陆贽秉性忠诚，位居近臣以后，感激皇上的器重，一心图报，所以政事一旦出现缺失，不论巨细一并指出，由此皇上更加厚爱他。

建中四年，朱泚谋反，陆贽跟从皇上到了奉天。当时天下叛乱，机要政事堆积，陆贽指挥谋划，千头万绪，一日之中，诏书数百。陆贽挥笔起草，才思敏捷，有如泉涌。初似不加思考，草就之后，无不曲折周到，合于时机。小吏经办的文书应接不暇，同僚都佩服他的才能。后转任考功郎中，仍兼使职，曾启奏德宗说："现在盗遍天下，令陛下流离迁徙，陛下应该痛切自责，以感动民心。昔日成汤因罪己而勃兴，楚昭王因善言而复国。陛下如能真诚地不惜改过，谢罪于天下，罪己诏书无所掩饰，我虽然无知浅陋，却能以敬慕照您的要求去做，希望能使反复无常的人改过归附朝廷。"德宗同意他的建议。所以在奉天所下的诏书，即便是武勇强悍之人，也无不挥泪感激，称赞陆贽的所作所为。

这年冬季，人们议论，打算就新年改元，占卜祝告之徒以为国家已积一百六十年的基业，凡事都该有所变革，以顺应时运。皇上对陆贽说："往年群臣请求上尊号为'圣神文武'四字，现在因为盗匪造成的灾难，各项事业都需有所改变，大家想让我在旧号之中再加一两字，这件事你看怎么样？"陆贽上奏说："尊号的兴起，本非古制。即便行于太平之时，也已有害于谦虚的品德，若行于丧乱之时，则更伤体统。现在皇上流离迁徙，尚未回朝，国家震惊，祭祀尚有差失，中原阻塞，大乱犹存。在这人心向背之年、天意去就之际，陛下应该深深自责、勉励，收揽人心，抑制自我，向神灵的责备谢罪，不能听从身边浅薄人的议论，增添什么美名。"皇上说："卿所上奏陈述的道理虽然非常贴切，然而时运必须稍有改变，不能固执停滞，望你再加考虑。"陆贽说："古代人君称号，有人称皇、称帝，有人称王，仅一字而已。至秦始皇时期，才兼用皇、帝二字，后代沿袭，至昏庸不正之君才有了圣刘、天元的称号。由此可见，人主的轻重不在于自称，单单尊崇他的称号也无益于圣明的谋略，相反，损害其名望，也不会因此伤害他的美德。然而损之能使他因谦逊更有光彩，又可获稽考古道的好处，但崇之则获自负纳谄的非难，二者之间得失不等，确实可辨。何况现在时运艰难，事属衰危，陛卜更应担忧而自我抑制。必须俯首考察治国策略，如果必须变更的话，与其靠增加美称而失去人心，不如罢黜旧号以敬上天的诚责。天时、人事在道理上应该相符，人既然喜爱谦逊，上天也会帮助顺理者。如果陛下真能以己为鉴，焕发德音，引咎自贬，深自责备，此一举可得谦逊、顺理二重美名。"德宗听从了他的意见，只改变了兴元年号。

当初，德宗仓皇离京时，府库所藏全部舍弃，时值严冬冰封之际，士人寒冷，衣服车马之外，便无尺缣丈帛之余。等到朱泚叛乱结束后，各道贡奉接连运来，便存放在皇上奉天住处的廊下，题名为"琼林""大盈"二库。陆贽规谏说：

琼林、大盈二库，自古本无此制，据故老相传，此制创于开元年间。显贵之臣因贪求权势，弄巧求媚，便说："郡邑进奉和赋税的支用，何不各自区分：赋税应交付主管部门，以支常用；贡献则应归于天子，以供私用。"玄宗对此很高兴，遂兴此二库，放纵奢侈之心从此萌生。等到丧国之后，最终供养了盗匪。《礼记》说："不从正道而来的财物，必定为人巧夺或浪费而尽。"难道不是证明吗！

陛下即位之初，遵守理道，注重节约，远离贪得无厌的人。虽然内库旧藏尚未归入太府，但各方所献，却不入宫内，清风肃然，海内风气为之大变。近来因盗匪叛逆，扰乱常道，致使皇上外迁，既然处于忧虑戒惧之时，就该增加警戒和勤勉的诚心。我昨天奉命前往军营，途经经殿时，忽见右廊之下，牌额上写着两库的名字，惶遽若惊，不知其中原因。为什么要这样呢？京师尚阻，用兵正勤，百姓痛心呻吟之声，喔咻未息；战士忠心勤劳战守，赏赐未行。各道贡献的珍宝，竟然私下置库收藏，万人瞩目，谁能忍心？我私下揣度军情，有人心生怨望，有人愤怒毁谤，有人恶意传谣，颇有思乱之情，又有后悔为国尽忠之心。由此可见，百姓愚昧，不辨高下，不能靠位尊达到统治，却能以诚义感化他们。

近来军队初降，一切都没有储备，外捍凶险之徒，内防非常之变。昼夜不止，将近五旬，冻饿交侵，死伤相枕。因上下全力以赴，摆脱了困境，这都是因为陛下不惜爱自身，不图私欲，与士兵同分甘苦。虽没有严厉的命令而人们并不分离，因为他们心怀感恩之情；虽没有厚赏而士卒不怨，只因上下待遇相同，一律没有。现在已经解围，衣食丰足，而毁谤兴起，使军情稍有颓丧，岂不是以勇夫常性，嗜好财物，夸耀功劳，患难与共却不能同享欢乐，一旦改变恬静的环境，百姓岂能无怨！这是常理，不足为怪。《礼记》说："财散则民聚。"这不是证明吗！陛下天资超群，唯善是从，此将化积怨为怀恩，反过错为得当，促使人们消灭余寇，永垂鸿名。顺应时机，本当刻不容缓。

德宗欣然采纳，便命令去除"琼林""大盈"二库题名。

兴元元年，李怀光已有谋反之意，为激怒各军将士，上表论述各军军服粮饷供应少于神策军，因厚薄不均，难以调遣赴战，目的在于阻挠进军。李晟密奏，怕他有变，皇上为此忧虑，派陆贽出使宣慰怀光军中将士。出使回来后，陆贽上奏说：

朱泚拖延唐军诛讨进程，聚守宫苑，势穷无援，延日偷生。怀光统领正义之军，凭借制胜之气，平定叛军本该易如摧枯。然而，他却宁让寇匪逃亡而不去追击，军队疲惫，仍不肯调用，每当各位将帅要出兵攻取时，怀光往往加以阻止。这些做法都令人不可理解。陛下目的在于全获，委曲听从他的安排，但观察他的表现，却不知感恩。如不另作谋划，逐渐被他制约，只以姑息求安，最终恐有难以预料的变故。这是局势危急的时刻，所以不能以平常的办法轻易对待。

现在李晟上奏请求转移军队，正遇我受命出使宣慰，怀光偶然论及此事，我便泛泛问他该怎么做，怀光便说："李晟既然打算去别处，我也全不需要凭借他的力量。"我还担心他有反复，便称赞他的军队强盛，怀光大自夸耀，转而有轻视李晟之意。我又从容地问他："昨天从皇上那儿离开时，不知有移军之事，今天从这返回，恐怕皇上要问，此事应该怎样决定呢？"怀光已极尽轻言，不能改变，便说："如果皇上同意，事也无妨。"再三盟约，并非不够详审，他虽想追悔，却没有说辞。希望陛下马上将李晟的表奏交付中书，命令依照奏文行事，另赐怀光手诏，说明移军事由。手诏大意是："昨天得到李晟的奏章，请求把军队迁往城东，以分散敌人的势力。朕因不知利弊，本想托付于你，共同商量，正巧陆贽出使宣慰返回，说见你论述军情时谈到此事，你说如果皇上允许移军，事也无妨，所以就批准了李晟的请求。卿应该出谋划策，分路夹攻，务必齐心合力，平定寇孽。"这样言词婉转而直率，道理得当而明确，他虽心存异念，可从何生怨呢？

我当初奉命出使宣示圣旨，本因粮料不均，偶遇移军之事，事属凑巧。又幸有怀光诡诈的对答，且无阻绝之言，正是合并的时机，机不可失，否则将追悔莫及。希望陛下裁决审察。

德宗起初还期望怀光能回心转意，破敌制胜，所以李晟多次奏请移军都没有批准。等到陆贽详述怀光谋反情况后，才同意了李晟的奏请，李晟于是将军队驻扎在东渭桥。然而鄜坊节度使李建徽、神策行营节度使阳惠元的兵马还在咸阳，陆贽担心被怀光兼并，又上奏说：

怀光统领兵士，足以单独制敌，但他逗留不进，或有其他理由。所担忧的是他势力太强，不倚外援。以前又派李晟、李建徽、阳惠元三节度之兵依附于他，这样做不仅无益于成功，还常怕出事。为什么这样说呢？四军悬垒扎营，将帅异心，论势力高下则相差悬殊，论职位名望又不相统属。怀光轻视李晟等人兵微位卑，而恨控制他们力不从心，李晟等人怀疑怀光养寇蓄奸，而恨他经常侵犯自己。平居则互防毁谤，想战又怕被人分功，器量狭隘，彼此不和，因互相猜疑而形成仇怨，如果让他们同处，必不能两全。势必造成强者积恶而后败亡，弱者势危而先覆没，覆亡之祸，翘足可待。现在旧寇未平，新患又起，忧叹深切，确实令人痛心。上策是除患于未然，其次是救失于开始，况且事情已然显露，即将构成祸难，若弃而不谋，怎能制止祸乱？李晟见机思变，首先请求向东移军，建徽、惠元势弱孤单，被怀光吞并，理在必然。日后虽有良策，也恐不能自拔。所以拯救危急，就在此时。现在可借李晟自愿移军，派他们合军同往，以晟兵少为由，怕他半路被朱泚拦截，需借助建徽、惠元二军兵力为犄角之势。另外事先让他们赶快整装，待诏书一到军营，即日出发，怀光虽然心中不快，却也计无所出。这就叫先声夺人，迅雷不及掩耳。

制军驭将，贵在审时度势，离合快慢，各有所宜。当离而合则召乱，当合而离则少功，当快而慢则丧失时机，当缓而急则考虑不周。掌握关键，契合时机，然后可举措不败，没有危险。而现在屯兵不肯调用，聚将不能齐心，自相残杀，早晚会出事。与其让他们彼此不能控制，空生祸端，不如将他们分开，使之竞相尽力，或许能成就功绩。事当如此，毋庸置疑。

德宗说："卿的料想极佳。然而李晟移军，怀光已心中失意，若再派建徽、惠元二军东迁，则使他有了口实。姑且再等些时候再说。"李晟到达东渭桥后不出十天，怀光果然吞并了建徽二人的兵马，建徽单身骑马逃走，免于一死，惠元中途被捕，遭到杀害。情况报到皇上所在后，人心大骇。第二天，德宗迁往山南。由此可见陆贽通晓兵机，料事如神。

二月，陆贽跟随皇上到达梁州，改任谏议大夫，仍旧充任学士。从前，凤翔衙将李楚琳趁着泾原兵乱,杀害节度使张镒,投靠朱泚。奉天解围后,楚琳又派使向朝廷纳贡。正值时世艰难,皇上不得已,便任命他为凤翔节度使。但德宗恨他杀害主帅、背叛朝廷,不能容他,刚到汉中,就想让浑瑊取代他作节度使。陆贽劝皇上说:"楚琳罪不容诛,只因皇上尚未返京,罪魁犹存,勤王之师,全在畿内,急宜速告,分秒必争。商岭道路崎岖遥远,骆谷道又被盗匪控制,只能通过褒斜道传达诏命,此路如再阻断,南北便被隔绝。各镇身受叛逆诱惑、胁迫,处境危险,态度迟疑,人心不安,各有向背之心。叛匪胜则依叛匪,朝廷胜则投朝廷,事关紧要,不容出差。倘若楚琳发泄心中怨恨,公然大肆为虐,南断要路,东引叛贼,使朝命受阻,力量分隔,造成这种局面,岂不令人担忧!"皇上疑虑消除,恍然醒悟,便善待楚琳使臣,并以优诏安慰。德宗到梁州后,想赐给谷口以北的随从大臣们以"奉天定难功臣"的名号,赐谷口以南的随从为"元从功臣",不论朝官、内官,一律赐号。陆贽上奏说:"破敌御难,是武臣的功劳。至于宫中近侍以及班列朝臣,只是奔走随行而已,忽然间他们和披甲拼命地将士一律号称功臣,恐怕武臣愤恨惋惜。"皇上这才废止。

李晟收复京城以后,皇上派宦官命翰林院记录散失宫人的名字,并赐诏书给浑瑊,让他在奉天不限期限,随时寻找,又命供给资粮,送他们到皇上身边。陆贽没有及时受诏,进状论道:

不久前因治理不当,祸乱接连发生,陛下思过,恐灾祸降临,便宽民罪己,屡降号召,誓将更新。天下百姓无不垂泪相贺,惩忿释怨,施以仁爱,尊奉圣明,齐心协力,共平祸难。使国家免遭败亡,歼灭了寇匪,廓清了都城,都是因为陛下的真诚之情,震撼天地,悔过之心感动神人,所以使百福安降,百姓归附,如不这样,自古哪有舍弃皇宫、宗庙失守、赴难之师反叛、皇上再度蒙尘,却能不出半年,光复中兴的!

现在祸首刚刚消除,皇上将返京城,全国各地不论是驱使疲惫的百姓,还是身受创伤的士卒,都忍受疾病死亡的痛苦,侧耳聆听皇上的恩诏,翘首企盼皇上的恩惠。陛下本应感激上天对你悔过后的宠念,肩负列祖宽容的美德,感念将士征战所受的伤痛,怜惜百姓的灾难困苦。应当以此为鉴,居安思危,以忧国为己任,以重返皇宫为当务之急。尽量减损,唯恐滋长奢靡之心;尽量艰苦,尚且担心不能持久地谨戒。凡事即便开始筹划得尽善尽美,还很少有能善终的,何况开始就筹措不妥,怎能会有结果呢!因为宫人的事发布诏令,这些人原本属于皇宫末流,以天子之尊,富有宫掖,本来就有很多这类人,只有担心过多,难道还怕缺人使唤吗,现在距剿除罪魁尚不满二十天,人们忙于奔走相告,往来串梭,何必自损君德,最先寻访妇人,又命令供给资装,速奔行在。众目观望,众口流传,恐无以回报百姓归附之心,以符一心图新之愿。

事有先后,义有轻重,重者当先,轻者当后。武王平殷,拜官封爵,以即位和未即位的先后来区分,人们称赞他不失先后之宜。自皇上流离迁徙以来,百姓无所依托,宗庙震惊,春、夏、秋三季缺乏祭祀,此为当务之急,没有再比这更重要了。应速派大臣驱车前往,迎回神主,修整郊坛,祭祀供奉,以表告谢之意。然后再凭吊亡者,抚恤义士,慰劳有功,安抚百姓。优问老人,安服反侧之人,宽免胁从作乱者,令一切畅通无阻,褒奖忠直,恢复丢官者的官位,让田产荒废者重返家园,这些都是当务之急,不能拖后。至于崇尚服饰器用,修缮殿台,置备乐人女侍,都应延缓,不能先办。

那些散失的宫女,已经过了几个月,离乱之际,必为将士私占。如果她们稍有见识,不待皇上寻求,理当自己归来;如若无知,寻找反而使她们忧虑。自盗匪叛乱以来,人间流离失所的数量更多,一旦听说朝廷搜寻流散之人,必然心怀忧惧。此时余孽尚多,群情不一,善加安抚尚恐其忧虑,如再惊吓他们,什么情况不会发生!古人之所以度量宽大,并非其忘记情爱,而是深知君主的原则。因小害大,为明智者所不为。天下本多宫人,何必单找这些人。陛下让我撰写的赐给浑瑊的诏书,恕我不敢从命。

皇上于是不下诏书,只派使暗中搜寻而已。

德宗还京后,陆贽改任中书舍人,仍旧充任翰林学士。当初,陆贽受到张镒的器重,得以位居内职。等到张镒被卢杞排挤后,陆贽常常忧虑不安。直到卢杞贬官以后,才敢上书论事。德宗爱好文学,对他更加厚爱。奉天解围以后,德宗每次谈到抛弃宗庙时,便鸣咽流泪说:"招致盗寇的过错全在我。"陆贽也落泪回答:"我反思导致患祸都是群臣的罪过。"陆贽是针对卢杞、赵赞等人说的。德宗想掩饰卢杞的过失,便说:"我虽少德,但导致祸乱,也是运数注定了的,不能由人。"陆贽又极力陈述声杞等人的罪状,皇上貌似依从,心中却非常不快。当时,吴通微兄弟二人都在翰林院供职,也蒙受德宗的宠任,但二人的文章才气都不及陆贽,却能交结权倖,在皇上面前说陆贽的坏话。所以,刘从一、姜公辅经历了动荡都从低官越居相位,陆贽却因朋党的排斥、同僚的嫉妒,加上他本人议论偏激,举止动作也失去皇上的欢心,所以长期不能为相。他的议论应对能明悉事理,掌握本质,他对问题的阐述剖析,以及下笔如神等方面,都令当时的名流,无不推重尊敬。贞元初年,李抱真入朝,从容上奏说:"陛下流徙奉天、山南时,赦书传达到山东,在宣读时,士卒无不感激流涕,我当时见人情如此,便知叛乱很快就会平定。"

当时陆贽的母亲韦氏在江东,皇上派宦官将她迎到京师长安,士大夫都以此为荣。不久,陆贽因母丧东归洛阳,寄居在嵩山丰乐寺。他对藩镇赠送的助丧品和其他馈赠一无所取,因为在他未做官之前就和韦皋是好朋友,所以,对待韦皋送来的礼物,他奏请以后便收下了。陆贽的父亲当年葬在苏州,陆贽现在想让父母合葬,皇上就派宦官护送灵柩到达洛阳,如此以礼相待。服丧期满后,陆贽权知兵部侍郎,依旧充任翰林学士。受官后入朝谢恩时,陆贽伏地而泣,德宗为之改变仪容加以安慰。恩宠显赫以后,中外百官众心所归,都想任他为宰相,而宰相窦参平时就忌恨他,陆贽也常指责窦参的所作所为,说他贪污纳贿,从此两人不和。贞元七年,陆贽免去学士之衔,正拜兵部侍部,知贡举。当时,崔元翰、梁肃文章盖世,陆贽真心对待梁肃,梁肃和崔元翰推荐有真才实学的人,待登第之日,虽令众人不满,但每年选士只有四五成,数年之内,位居台省的清廉亲近之臣就有十几人。

贞元八年四月,窦参获罪,朝廷任命陆贽为中书侍郎、门下同平章事。陆贽长期遭受邪恶之徒的排挤,困境中得到相位,抱定不负恩宠的念头,全心报国,以天下事为己任。德宗即位之初,任命杨炎、卢杞执掌朝政,他们树立党羽,排挤好人,导致天下大乱,皇上流徙。为了吸取教训,所以,从贞元以后,即使是选任小官,虽然有宰相,皇上仍不放心,必经亲自过问、一再详察后才肯定夺。到陆贽执掌朝政时，他请求允许台省长官自荐属僚，由荐举人担保，一旦政事延误或出错，连同荐举人一道问罪。皇上同意了，不久又宣旨说："外面议论说'各官署荐举人多援引亲信党羽，兼受贿赂，所以不得真才'。这种举荐办法不便于实行，今后各位宰臣应自己选择，不用各部门推荐。"为此，陆贽上奏论道：

为臣确实愚顽鄙陋，一无所能，愧受任用，难以胜任宰相。虽然担心徒居相位，又缺乏明智，自度平庸，终难回报皇恩。但我却懂得应拓宽求才之路，进用贤才，敞开公正大门，让各类人才各有其职。我的建议得到圣上恩准后，立即付诸实行。礼部举人，才十几人，不是台省旧官，就是使府佐僚，几经荐举，多历职任。论资历名望，他们无愧于官位，考察其品行、才能，也未听说有缺失。但却有人马上上奏，以扰乱圣上明察。道之难行，由此可知。

陛下勤于治道，以顺民情，所以才说举荐不妥，仍由宰相选择。这是为了崇任宰臣，博采众议，可称得上是圣德之盛。然而，在用人、纳言和防邪存诚方面恐还有不足。陛下既然采纳我的建议，付诸实行，可不久又听信某些人肆意歪曲的议论，半途而废，使我的计策不能贯彻，对那些非议也不予查实，这样就使失策者得以推脱罪责，非议者得以大放厥词。如果凡事如此，长此以往，肯定不会再有必定之计、必实之言了。计策不定则难以成事，言论不实则小人得志，国家的忧患往往就是这样产生的。过去齐桓公向管仲询问妨害霸业的原因时，管仲回答说："得贤而不任用，有害霸业；用人而不能善终，有害霸业；和贤人谋事而与小人议论，也有害霸业。"作小人的，不一定都要心怀险恶，有意颠覆国家，而是由于他们秉性邪僻，心胸狭隘，把毁言当成出众，视标新立异为卓然超群，追求近利而不辨远谋，因小信而有碍大道，更何况他们言行难保，肆意放纵其非难之心呢！

按照通常的制度，宰相不过才几个人，一个所知，必定有限，不能遍知士人，掌握所有的人才。如果全让他们任命百官，就必须辗转询访，势必变公举为私荐，改明扬为暗投。假使正如非议者所说，举荐的多有私情、故旧，既然向皇上举荐都不能杜绝徇私情，那么向宰臣举荐，又怎会没有欺诈，丧失人才的弊害势必更加严重。所以照上述办法任官，很少能不涉嫌营利，虽然宰职不一，有人私下用情，也是通过私访亲信，转为卖官。这种弊病前鉴不远，陛下深知。现在又要听信不实之言，由宰相专掌任官，宰相不能遍知，势必向前人那样去询访。如访于亲朋，则又重蹈覆辙；若访于在朝百官，则是求于私荐，不如公举。二者之间的利害，希望陛下再做审慎选择。恐怕不如委任各部门长官，谨慎选择僚佐，挑选人数不多，也好精选，选任贤人，可获明识之名，一旦失实，自当承担不辨真伪的罪名。人之常性，无不自爱，何况台省长官都是当朝显贵，谁肯徇私乱举，败坏声誉而招致罪责呢！所谓台省长官，是指仆射、尚书、左右丞、侍郎和御史大夫、中丞等人。陛下往常选任宰相，也多从这些人中挑选。现在的宰臣，就是往日的台省长官，现在的台省长官，就是将来的宰臣，只是职名暂时不同，并非行业悬殊。岂有身为长官时不能举荐一两位属官，而位居相职后却能选择成千上万的官吏。世间众多的议论，把人们蒙蔽得如此厉害。

求才贵广，考课贵精。广泛求才的关键在于各举所知，这是指长官的荐择；贵于精细则在于以名责实，这是指宰臣的依序进官。过去，则天太后统治时，为了赢得人心，尤其注重选拔人才，以扩大委任的意图。她广开入仕门路，任人不疑，求访不倦，不仅人人允许举荐，也可以毛遂自荐。所荐必行，有举则试，其结果岂不有伤选士原则，变取士为易事！然而要求严格，进退从速，不贤者立即罢免，有才者马上升迁，所以当代都称她有知人之明，又为以后几朝提供了大量可用之士。这才能接近求才贵广、考课贵精的效果呢。

陛下继承国祚，思考如何治理安定国家，是爱贤之心超过先代圣主，但得人之盛却未达到以往的程度。这都是由于鉴赏、搜选人才时只相信您自己的明察，很难做到让百官共同举荐人才。加上开启引进之路，却很少行施精细务实的措施。于是造成先进身的逐渐衰败，后来者又接续不上，每实施一道法令便非议群起，每任用一人马上就有新的创伤。错就错在选才过于精细和法规不能统一上。武则天举贤用人之法，虽然过于轻率却能获得人才，陛下谨慎选人之法，虽然过于精细却失去人才。陛下选择宰臣，一定要不同于百官，精选各部门长官，就必定要超过一般属官。等到宰相出谋献计，长官举荐人才时，陛下遂只听信朝野肆意的议论，而不稽查首谋。这就形成陛下不重视被委以重任者的意见，反倒相信那些地位轻贱的人，而且对诋毁诽谤之言不辨虚实，不分是非曲直。人们的议论，涉及哪方面的没有？使人因非议混淆视听无所措手足，以至丧其正直之道的又何止选用人才一个方面！

皇上对他的论述虽然表示赞许，但关于长官荐举士人的诏令，最后还是随之而止。

按照国家原来的制度，吏部铨选每年一次将选人集中，举行考试。自从乾元年间以后，或是赶上战争，或是因为灾年，遂改为三年一次。由此造成候选者拥塞停滞，人数杂乱众多，文书不接，真伪难辨，官吏因此图谋不轨，注拟官职时违反法规，多有伪滥，以致有人十年不得调任。陆贽奏请由吏部把中外官员分为三部分，按照官阙结集选人，每年举行铨选，使以往吏部铨造中的弊端纠正了七八成，为天下所称道。

陆贽和贾耽、卢迈、赵憬共同执掌政事，各部门申报和复命的文书，三人互相推让而不置可否。原来的制度是宰相每旬轮番担任秉笔宰相，总管政事决断执笔，十天一换。陆贽请求依照旧制，让秉笔宰相答复。又因为河陇地区自从被吐蕃占领以后，西北边境经常用重兵守备，称为防秋，防秋兵都是河南、江淮各镇的，轮番往来，苦于戍役。陆贽认为中原的兵卒，不熟悉边境的事，等到抵御敌人时，多受挫失败，又苦于边将名目太多，各军管理上不统一，遇有缓急之事无法应敌，便上疏论及此事：

臣逐一观览前代史籍，都谈到镇抚四夷的问题。我身为宰相，遂不揣愚陋，多次敢于上言。真心以为备边御戎是国家的重要事情，练兵足食是守御的重要原则。不训练兵士就没有可以征用的军队，粮食不足就没有可以坚守的地盘，训练兵卒在于确立合适的制度，军粮充实在于赋敛支用有方。陛下幸而采纳了我的建议，先致力于积蓄粮谷，百姓不必增加赋税，官府无须耗费资财，就能毫不费力地让边境的粮食储备超过百万石。各镇收买粮食的工作目前已接近尾声，分别贮存在各军城中，以防备急用，这样即使有外族进犯边境，我们也不愁缺粮。按照这种既定的办法，使之成为长久定制，常收取冗费，以充实边农，这样再过两年，就可积蓄十万人马和供三年支用的粮食了。现在，足食之源已大致确立,而精兵之术尚欠精当,所以敢于上奏筹划,以备陛下选择参考。

因为外族入侵边境造成祸患的事,自古以来各朝均有,抵制防御的措施,以及成败得失的议论,都完备地保存在史籍中,可拿来一论。大抵上说,尊崇就绪者则说非德无以教化远方,却不知不立兵威,有德也不能服人;喜好武威者则说非兵无以制服凶猛之敌,却不知德行不美,兵威则无以依托;致力和亲者则说邀约可使邻国和睦,却不知我方结约敌方解盟;赞美长城者则说设置险阻可以固守国家,抵御外寇,却不知兵力不足,兵不堪用,则险阻也不能为我所有;崇尚征伐者则说驱逐阻遏可以制止侵暴而节省赋税徭役,却不知若兵卒不精锐,堡垒不完善,则阻遏敌人不能获胜,驱逐来犯不能奏效。讨论边事的观点大体要点就是这些,虽然互相攻击,但都各有偏驳,听从其中一家之说,则类似的道理可以作证,考察各代的实行情况,则有成败不同的结果。这是由于用固定的道理以应付不固定的事势,遵循成例而不明所处的实际。

中原政权和夷狄部族都有盛衰强弱的不同,时机和处理办法也有利害安危之分,所以,既无一定之规,也无长胜之法。夏后氏使各边族就绪而教化兴盛,古公亶父因躲狄人而王业兴旺;周代修筑朔方城而被猃狁侵夺,秦建造临洮而国家覆亡;汉武帝讨伐匈奴留下遗恨,唐太宗征伐突厥获得平安;文、景二帝与匈奴盟约和亲却不能消除当年的祸患,宣、元二人扩大安抚接纳而足以保证几代的安宁。这是因为中原朝廷有盛衰不同的形势,夷狄政权也有强弱不同的时候,再加上时机的利弊与处理的安危不同。所以,明白所发生的事情而不度时势者就会失败,符合时势而能采取相应的对策的就能获胜,形势不同,怎么能拘泥于一种办法呢?

因为中原强盛,夷狄衰微,所以他们能屈膝称臣,归心受制,如果拒绝就会阻碍他们依顺归化,威胁则类似于杀降,怎么能不加以安抚安排就绪呢?此外,如果中原强盛,夷狄衰微,他们还是背弃信义违背盟约,蔑视恩德、肆意害人,晓以道理而不知悔改,谴责指斥又不能吸取教训,怎么能不自取混乱、灭亡,使民户和国土都无法发展呢?岂有乘中原丧乱衰亡之际,当夷狄强盛兴旺之时,想谋取而其罪行又未萌生,想抵御而又力量不足,怎么能不以卑贱之词贬抑礼节,与夷狄约好通和,用和亲来做利诱,以期延缓祸患的到来呢?纵然没有一定的信义,暂且没有大的进犯,虽然不是御敌的好办法,但也是因时事不得已决定的。倘若双方势均力敌,安抚和威胁都不能奏效,兵力足以自保,但不足以出攻,能不设险固守,严阵以待,对方来犯则征伐以阻其深入,退去则驱逐追击而避免远追吗?虽不是安边的良策,但势力决定不得不如此。所以夷狄在夏则有序,在周则侵夺,在太宗朝则翦灭,都是因时善用其势的结果;古公亶父的避敌,文景帝的和亲、神尧帝的降礼,也都是顺应时势采取相称的对策;秦始皇修筑长城,汉武帝穷兵征讨,都是明白事实而不度时势的缘故。假若正值对方强盛而实行即序之策,就会遭到侮辱,对方不会顺从;若是凭借实力可以攻取却心怀畏惧避敌不战,就会错失良机而养成寇患;有铲除的实力却要采用和亲的谋略,就是表示软弱,既辛劳又费财;在不得不屈服的时候却要征伐,就会招致祸患而陷入险境。所以说:明白事实却不度时势则失败,附和时势而能施以相应对策则成功。所以没有一定之规,也没有长胜之法。从上述明显的得失例证中不是能体现出来了吗！至于考察安危的大局，谋划成败的规律，作为百世不易的规律还是有的，关键在于用人不当肆意纵欲则必败，合于众议来用人则必能保全，这是古今相同的，事物的常理是一致的。

我国从安禄山叛乱、河陇用兵以来，肃宗中兴，撤除边境守备以安定中原，借助外族兵威以平定国内灾难，从此吐蕃乘虚而入，侵占土地，贪得无厌。回纥自夸其功，侵凌疆土的情况同样严重。我国来不及整顿军队加以讨伐，至今已有四十多年。让亡国之民遭受剥削，竭力织造绢帛，作为礼物贿赂吐蕃，或作为马价偿还回纥，尽管如此，还是不能阻塞他们的繁琐之言，满足他们的傲慢之志。又远征兵马，列阵戍守边陲，还是不能阻止他们的进犯和侵侮。他们小规模地入侵是驱逐掠夺黎民百姓，重兵深入则震惊京畿。当时有人议论安定边疆的措施，大多是追求难于做到的方面，却忽视了容易的办法，在自己欠缺的方面努力而忽略发挥自己的长处。这就造成在易处和长处上做起来不得要领，而在难处和短处方面竭尽心力而不能奏效。不能消除忧患的主要原因就在于此。

大凡为遏制敌人而出动军队，必须先估量事情的形势，有难易先后之分。势力强大而对方软弱时，则先从难处着手，这叫作夺人之心，能一劳永逸；若力量单薄而对方又坚不可摧，就要先从易处下手，这叫作稳固根本，观察可乘之机而后行动。前一时期变故很多，百姓劳顿尚未恢复，却要广泛征发军队，深入敌境，收复被占领的疆土，攻其坚城。瞻前则有胜负难定的忧虑，顾后又有粮运不继的忧患。倘若屈服于对方，正可以启发其心，挫败我们的国威，以此作为安边的谋略，可称得上是不量事势而勉为其难！

射猎图

上天授予人们的各有事势，没有完备的功能；地上的物产都因事务所宜，也没有一举几得的好处。所以各地的民俗，是非得失各有不同，长者不可超越，短者不可企望，努力于短处而与对方长处相抗衡的必然失败，利用所长以压其所短者必然安稳。强者就是以水源草地之处为城镇村落居处，以射猎捕获动物供给食物，盛产马匹，尤其便于驰骋，轻弃性命而不以失败为耻，这些都是戎狄的长处。戎狄的长处正是我们中原王朝的短处；想要增兵追逐，以决雌雄，交锋于原野之间，决命于尺寸之地，以此作为抵御敌寇的办法，可称得上是竭力以自己的短处与对方的长处较量！勉为其难，从不利处着手，劳费百倍而最终一事无成。即使成功也会不折而败，难道不是超越上天所授而违背地产，损害时势而违反常规吗？

想要转危为安，节省耗费，就应该谨慎固守所易，精心发挥所长。倘若选择将官安抚众人，修饬纲纪法规以训导整顿军队，显耀德政来辅助军威，能以近柔远，禁止侵掠的暴行以显明我们的信义，抑止主张攻取的言论以稳定戎狄之心，对方来求和要妥善对待却不要与之结盟，对方来犯则严加警备不图报复，这是目前容易办到的事。轻视武力征伐而崇尚以智谋取胜，厌恶杀戮而爱惜生灵，轻视利益而重视人力，小处忍耐以顾全大局，安居乐业、等待时机而后行动。所以应该修整封疆，驻守要害，挖掘壕沟，修筑营垒，谨慎防守，严明侦察，务农以足食，练兵而蓄威，不是万全之策就不谋划，不能百战百胜的仗就不打。敌寇小规模地入侵就大张声势地加以阻止，若大举入侵则想法让人将其半路拦回，据守险阻加以应付，并从多方入手拖延耽误对方。让他有勇无所施，有众无所用，掠夺攻取都不能奏效，进有腹背受敌之忧，退有首尾难救之患，这就是所说的乘其弊不战而使其兵士屈服，这是我们的优势。我们的长处正是戎狄的短处，我们的易处就是戎狄的难处。以长制短，事半而功倍，以易敌难，资财不乏而事情速成。舍此不用，却反被敌人所乘，这就是倒持戈矛，以授敌寇！可现在却都这样去做，封疆守备尚不够坚固，对戎寇还没有惩罚，弊病就在于谋无定用，众人无所适从。现在任用的人未必有才干，有才干的人未必被任用；听到的事情未必属实，真实的又未必听到了；相信的人未必是真心，真心的人又未必肯相信；实行的政策未必允当，允当的又未必实行。所以在处理上违背原则，考核上缺乏法度，因兵多而资财匮乏，将多而力量分散，不均而产生怨言，遥控而丧失时机。为臣我请求替陛下粗略地阐述六点治政上的失误，希望明主在慎重听取后周详考察：

我听说工匠要想搞好他的工作，一定先要搞好他的工具；武力上要想战胜对手，就必须先训练兵卒。练兵当中又各有不同。用于救急时，则权且解难，用于暂时的抵挡，则缓以应机。所以，在处理上应因事制宜，而不必拘泥于常规，谋略中应有奇异非凡之处，而不必顺从众意。是进是退，是生是死，只有听从将帅的命令，这是所说的攻讨之兵。用于驻屯戍守时，则积蓄适合长久，而根据不同形势采取灵活的对策，不符合事物常理的就不能安宁，不满足人们愿望就不能稳固。所谓人的愿望，是有好处就能勉励，熟习了就能安心，能保护亲戚的就乐于生活，能顾念家业的就会舍生忘死。所以能够用道理思想加以控制，却不能用法制来进行驱逐，这是所说的镇守之兵。要想守备封疆，抵御戎狄，不是一朝一夕的事，本来就应该挑选镇守兵妥为安置。古代善于选置的人，必定揣摩兵士的习性，辨别当地的特点，考察他们的技能，了解他们的好恶。利用他们的人力而不违背他们的习性，同化他们却不改变他们应有的习俗，发挥他们的优势而不强求他们不能办到的，禁止不合理的事务而不保留他们所不愿意的。又整顿军队，安置兵士家室，然后能使他们安居乐业，心情稳定，发扬气势，沟通感情。用仁爱加以安抚，则士卒感恩而不骄纵，用威严加以统治，则军队肃整而不怨恨。无须督促而人人自觉，放松禁戒而无人分离。所以，出战有足够的兵力，居家有足够的食粮，坚守则固，交战则强。要想做到这些没有其他办法，只是顺应民心而已。目前在各地征集兵卒，分别戍守边陲，轮番往来，作为守备力量，就是不能揣测他们的习性，不了解其特点，强求他们做不能做到和不愿做到的事。一味要求人多却不考虑如何使用，想调用人们的力量却不考虑人们的愿望，只能是摆摆仪仗的样子,对守备和御敌没有实际意义。为什么这样说呢？贫瘠边远地区,千里萧条,寒风凛冽,肌肤干裂,风沙之大令人触目惊心。平常要和豺狼为邻,视战斗为嬉戏,白天携带兵器耕作,夜间倚在烽火台上侦察敌情。每天都担心遭遇抢劫和杀害,永远没有休整闲暇的快乐,论条件的恶劣、人的辛苦程度是相当严重的。他们都不是土生土长的当地人,不习惯当地的气候,并非从小到大目睹这里的一切而安心生活在这里,所以,很少有人能安定地生活而不畏敌人。关东地区,物产丰富,应征入伍的兵卒,尤其享受优厚的待遇,习惯于温饱生活,喜欢欢乐和平安。和边塞相比,简直是天壤之别。当他们听到边隅荒塞的艰苦时,脸上就出现痛苦悲伤的表情,一听说强悍番兵的名字,就吓得丧失勇气。然而朝廷却要让他们远离亲人,舍弃家园,甘愿去吃苦,与畏惧相抗衡,指望他们发挥作用,不是考虑不周吗！况且他们又有休整轮番的期限,没有统帅的控制,平日像对待骄子那样供给生活费用,像对待亲近的人那样姑息纵容,兵进不要求其成功,兵退不绳之以严法,他们来的时候都带有得意之色,驻扎下来又不安心。其中存有侥幸心理的人还担心归期延缓,时常想着边寇充斥,官军挫败,便打算乘着混乱,向东方分散溃逃,其主意已定,要他们有什么用！让他们留守以耗费储粮奉养浮躁冗滥之徒,面临危难时则攻取或抛弃城镇动摇远近民心,其害处难道只是没有益处吗！本来就该有所阻挠。此外那些触犯法律、贬谪迁徙到军城的人,朝廷是想增加民户以充实边境,同时又能让他们效力以赎罪。这些既然不是好人,又加上他们思念故土的情怀,所以想伺机谋乱,幸灾乐祸,他们的害处比起戍卒来还要厉害。恰恰是烦扰边防,不会指望立功,这种办法虽然前代已曾实行过,但原本就不是良策可以遵行。又有掌握指挥大权的统帅,不亲临边境,只分派偏师,让他们驻守疆场。大体上说军中强壮精锐之兵都被挑选出来跟随元帅左右,而把病惫、羸弱的人调配到各军镇去戍守。既然统帅留居内地,精兵又只充仆人,所以,守备要冲的都是些老弱兵卒。边寇每次入侵时,我方就力量不支,在堡垒中的只能闭门自守,在野外的则均遭劫持。边寇得以肆意蹂躏、搜刮驱略。等到节度使得到情报时,寇匪已经大获后凯旋。所以安定边境的根本在于如何用兵,像这样治理军队,可称是违背了应有的原则。

　　奖赏为了劝勉,惩罚为了警戒。劝勉努力有功的人,惩罚威慑不恭谨的人。所以赏罚对于统治民众来说,犹如匠人用绳濡墨作尺以量裁木料,犹如用度量衡等工具来量度物体的轻重,又好比用来固着车辖与衡的销子以及制服马匹的嚼子对于行车和驯马的关键作用。统治民众若不用赏罚的手段,势必会善恶相混、有才与无能不分;用赏罚而不论功过,则使邪恶者得宠,忠实者遭排斥。这样的话,若明智可以炫耀,法度无章,则用与不用的害处是一样的。自从大权下移、朝廷失权以后,将领的号令既然已很少能在军中执行,国家的典章又不能向将领颁行,不求进取,苟且虚度时光。如果想奖赏一位有功的人,反而担心无功的人反复,想惩罚一名罪人时,又怕一同作恶的人忧虑。有罪的人因遮掩忍耐而不能显露,有功的人又因嫌疑而不得赏赐,姑息的办法竟到了如此的程度。所以让舍身尽节的人在同辈人中遭受责难,率众先登的人受到士卒的怨恨,败军蠹国的人不觉愧惧,救援失期的人自以为聪明能干。褒贬之道既然衰败不行,毁誉又杂乱难辨,人们虽想做善事,可有谁替他说话呢?何况又是公正忠直者约束自己而不求于人,反倒受陷于困境;阻挠破坏者偏私而诌媚于众人,反倒得到优崇。这就是造成义士痛心、勇夫离散的原因。又有遇敌而守备不固,献策而不奏效,将帅则以资装粮草不足为借口,有关部门又以供给不缺做解释。既然互相论证,理应追究是非曲直。而现在有理的只有忍气吞声无法诉说,诬陷者欺骗圣上却不惭愧。用这种方法统治民众,可称是考核缺乏法度。

考核上缺乏法度,处理上违背原则,使将领士卒都不能竭尽才能和勇力,虽有众人屯防,待两军交战时却不能奋勇向前。敌人每次跨越边境横行骚扰时,如涉足无人之地。我方却互相推诿倚赖,不敢稽查诘问,向上虚报敌方兵势,就说是寡不敌众。朝廷也不审察,只注意于征发兵卒,增加兵力,非但对防御起不了作用,反而增加了供应给养上的负担。致使村落日渐消耗,征求日趋频繁,拿百姓倾家荡产换来的赋税加上有关部门靠专卖盐酒获得的收入,加在一起,收入的一半被用来支付边防的开销。像这样的制度,可称是因兵多造成的财政匮乏。

现在四夷之中最为强盛、构成中国最大边患的非吐蕃莫属。吐蕃以全国皆兵来算,也只能和中国几十个大郡相当。对内对外的防御措施和中国也相差无几,所能寇边,数则盖少。而且论武器并非锋利,铠甲并不坚固,论谋略则迷乱不清,战术上缺乏敏捷的灵活性,但却无论是动是静都令中国畏惧,不敢轻举妄动。原因究竟在哪里呢?就是因为中国调遣上限制太多、蕃戎统帅专一的缘故。统帅专一则人心不分,人心不分则号令一致,号令一致则进退齐整,进退齐整则快慢如意,快慢如意则机会不失,机会不失则气势自强。如果任人得当,则可天下无敌!相反,调遣上限制太多则人心不统一,人心不统一则号令不能施行,号令不能施行则进退难定,进退难定则快慢失宜,快慢失宜则机会不遇,机会不遇则气势自衰。勇气丧失、兵士溃散,兵力就会转为衰弱,曲行观望、分崩离析的现象已显现于战阵之前。这就好比一国中有三主,十只羊却有九人放牧一样,想要整齐划一,怎么可能做到?开元、天宝之间,控制和抵御西北两个外族政权的只有朔方、河西、陇右三个节度使的兵力,还担心权力分散造成势力不集中,所以有的还由人兼领。肃宗中兴以来,一直未顾上向外征讨,安西四镇侨属于安定郡,陇右暂附于扶风郡,负责抵挡西北两外族的也有朔方、泾原、陇右、河东节度使兵,关东的戍卒来到了也就隶属其中。虽然用人不一定都很妥帖,但在安置处理上还是按典章制度办事的。自从朱泚诱导泾原、陇右兵叛乱,李怀光玷污朔方军以后,被割裂诛除后所剩无几;又在朔方军的地盘内分建节帅牙帐统治,共设三方节帅。其余各镇军数量将近四十个,都秉承皇上特殊的命令和委任,各派宦官监军,彼此抗衡,不相统辖。每到边书告急时,才让各军商议用兵对策,没有军法监统,只用客礼对待。所以,在救难中都不慌不忙、互相推让,希望依靠他们摆脱险境,固然是太难了!兵卒是靠气概和声势来调用的,气聚则盛,散则消;势合则威,析则弱。现在边境上守备是势弱而气消,像这样建立军队,可称是因将帅过多使兵力分散。

治理军队的关键在于公平一律,所以治军的法律没有贵贱的差别,军事物资没有多少的差异,就是要人人齐心尽力。如有时为了激发士气,勉励技艺,则应当视其才能、勇气,比较衡量劳逸、安危的不同,申明考核优劣的条文,以作为衣装军粮等级的制度。使有能力的人盼望达到,否则就不做奢望,这样虽然有薄厚的不同,却没有失望的争端。这就是所说的每天考察,每月检试,以求生活物资供应的平均,好比称量物体轻重那样无情,百姓没有不安分的,对这样的公平非常信服,现在在贫瘠穷困的边境上,长期镇守的兵卒,都是久经战阵伤亡后的幸存者,终年辛苦劳顿,较量他们的能力都是熟悉谙习,推测他们的处境则属于孤立危殆,考察所服的兵役确实辛劳,观察临阵的表现也非常勇猛;但对他们衣服粮食的供给,却只限于他们个人,按照惯例被妻、子所分占,他们自己常常面有冻馁之色。相反,关东的戍卒,纳资代役,由人代为充军,不安心于危险的边城,不熟悉如何抵御敌人,害怕和敌人应战,对服役表现得懒散、懈怠;然而供给他们的衣装粮饷的丰厚程度却是一般人的几倍,还有茶叶、药物、蔬果、酱菜等供给。可见,丰俭的对照是如此的悬殊。此外,某些军队平时不是禁军,原本是边防军,将校讨好谄媚以骗取宠幸,遂请求隶属神策军,不必离开驻扎营地,只需改以虚名,丰厚的军饷供给就相当于从前的三倍。这就是造成同类军人愤恨、忠良之臣忧叹、疲惫百姓流亡和国家经费短缺的原因。他们所从事的事业没有差别,而给养却有不同,所以人心不甘,何况是巧言谄媚者给养丰厚,功绩本领拙劣者衣食充足,人们如果没忘的话,怎能没有怨恨,他们不去做挑起战争的主谋就已经值得嘉奖了,还想让他们齐心协力,消除寇难,我知道即使有韩信、白起、孙武、吴起这样擅于用兵的名将也一定不会成功。像这样的养兵办法,可称是因不均而产生怨恨。

　　大凡选择任用将帅,必须先考察他们的品行和才能,然后再指示具体的方向,告知交办的事情,让他们自己揣测是否可行,报告规制格局。需要什么样的甲兵,依靠谁参谋辅佐,需用多少兵马、资粮,在什么地方安置军队,何时成功,自始至终的关键问题都由他来筹划。于是观察他的计谋,考核他的名与实。如果认为他才不足取,言不可行,在一开始就能撤销他的职务,不应给以后留下忧患;如果认为他志气足以任命,策略可以实施,就应该始终倚重他,不应从中牵制。如果这样的话,就是疑者不用,用者不疑,在选才时费心,在委任上放手。既然委任妥当,又满足了他的要求,就可以核查他政绩的优劣,以行赏罚。受赏的人不认为不真,被罚的人无话可说,赏罚专一,草率马虎之心自然平息。所以古代派遣将帅时,君主亲自推荐并命令他:"自城门以外,一切军务都由将军裁决。"又赐给他斧钺,以表示让他专断。所以,军队的礼节、风俗等仪容不入国家,国家的仪容不入军队,将帅在军中,可以不接受君主的命令。的确是针对不能在远处依据时机采取适宜的决策而说的,号令只能统一,不能同时遵从两种不同的指令。委任不专而能指望他克敌制胜是不可能的。自从近来对边军的去留,裁决大多出自君主的意思,选择设置将领时,先求改变制度,多重指挥以分散力量,轻视任命以削弱他的斗志,虽对为恶者有所惩罚,却也有失策的地方。于是废除将帅在外不受君命的古制,削弱了因退兵将帅承担罪责遂誓不退兵的斗志,一来听受命令,二来还是听受命令,违背军情或不合时宜的都要听从。如果所安置的将帅,一定要取顺旨听命的,像这样就可以了;若打算平定祸难就不行。双方边境相接,两军在阵前相持,时机的到来是刻不容缓的,既然事先想好对策等待敌人还担心有失误,如果临时不做谋划,固然已有疏漏。况且有上千里的路途,皇宫深远,不容易表述清楚,如果皇上了解的有出入,想使事情得到尽善尽美的解决,即使是圣人也还有不能办到的时候。假使让计策考虑得周全,怎么能随机应变呢!敌人跃马急奔,速度之快犹如暴风,驿站传递的上报文书要一个月才能送到。守卫疆土的兵士寡不敌众,分派镇守的兵士没有皇上的命令不肯出兵,在逗留不进的时候,敌人已奔驰来逼,官军借口救援未到,各自闭垒保全自己。结果是导致放养的马匹牛群拱手相送,尽遭劫杀,农夫柴妇全部沦为俘虏。朝廷虽然命令各镇发兵,救援者不过是虚张声势,互相观望,不敢拦击,待敌人肆意劫掠后退走,他们遂随后表功告捷。在奏报败亡的数目时,成百倍地减少,而获敌的数目却十倍地增加。将帅庆幸由朝廷总管,不担心治军不当牵累自己;陛下又因大权在握,也不追究。如此用兵,可称是因遥控而丧失时机。

治理兵卒在安置上违背原则,控制将领而赏罚缺乏法度,节制开支却财政匮乏,建置军队而力量分散,供给士卒引来怨恨,动用军队又丧失良机,这六条,是边境和军队的最大危害,就像吞噬庄稼的害虫和难以治愈的膏肓之疾一样,不除掉害虫,一味地施肥浇灌,不治疗疾病而一味给病人吃好的,恰恰是足以培养害虫、加速病灾的到来,想使庄稼丰收,皮肤表里丰美,固然是办不到的。

我认为应该罢省各道将士轮番更替防秋的制度,将原来的数目分为三部分:其中一部分委托本道节度使招募年轻体壮并愿意长住边城的人,把他们迁到边境上;一部分由本道只供衣装食物,委派关内、河东各军州招募蕃、汉子弟中情愿投入边军的人,供给他们必需的衣粮;又一部分也让本道只供衣粮,加给应募的人,作为帮助他们迁居建立家业的费用。再让度支司分配给各道用和市买来的耕牛,并雇佣招募工匠,让他们到军城修造器具。募人抵达后,每家分给一头耕牛,再分给种田人生活必需器物,一切都做得充足完备。刚到的当年,由官府供给家人两人的口粮,并赐给种子,勉励他们播种,等到收获以后,再由他们自给。如果手中有余粮,官府就用收买的手段,加倍付给价钱,以奖励营田。这样既能免去贫人代役轮番征发的烦琐,又没有幸灾乐祸、苟求免役的害处。敌人来犯则人人各自为战,农时一到各家又分别务农。所以兵力不能不强盛,食粮不能不充裕,和忽来忽去的兵卒相比怎么可以相提并论呢!

我又认为应该从文武官员挑选一名有才能的人作陇右元帅,把泾原、凤翔、长武城、山南西道等节度使统辖的兵马全部交给他;再选择一人作朔方元帅,将鄜坊、邠宁、灵夏等节度使统领的兵马全部归他指挥;再选一人作河东元帅,河东、振武等节度使兵马全隶属他。三方元帅各自挑选临近边疆地势险要、交通方便的州作为治所,目前设置的节度使中有不适宜的可以根据需要予以合并。只有元帅能设置统军,其余的都一律停罢。在三元帅统辖内的太原、凤翔等府和户口稍多的郡中,谨慎地选择政绩好的官吏作府尹、郡守,对外遵奉军纪,对内督课农桑,作为军粮,以充实军府,弘扬委任的办法以发挥他们的作用,公开赏罚的制度以考察他们的成功。再谨慎地坚持中国的优势,小心地实施目前容易办到的措施,就会有八种益处,避免上述的六种失误,如果这样戎狄还不畏惧,边境还不安宁是不可能的;各藩镇都遵循法制,民众都服从统治,如果这样还不能大行教化、天下还不能安定也是不可能的。以陛下的明识，和百姓期待安定的心情，境内的祥和气氛，两寇的安静，再加上连年的丰收，有了储备的粮食，这些都是上天对国家的帮助，正是确立制度传给后世子孙的时候。时机不能久留，好事不能经常同时出现，如果错过，则追悔莫及。身为圣明的君主，不因议论而怪罪，也不因人而败坏议论，所以我才极尽放纵愚陋，只是希望陛下能明察选择。

德宗非常赞许并采纳了他的意见，以优诏予以褒奖。

陆贽身在中书，政策中出现不合时宜的地方，经常逐条上奏，德宗虽然不能一一同意，但心中颇为器重他。当初窦参贬到郴州以后，节度使刘士宁送他几千匹绢作为饷钱，湖南观察使李巽和窦参有矛盾，把这件事如实上奏给皇上，德宗大为不快。适逢右庶子姜公辅在皇上跟前听奏，说："窦参曾对我说：'陛下还没恨够我。'"德宗大怒，再次将窦参贬职，最终杀了他。当时人们议论说姜公附上奏窦参的话是从陆贽那里得到的，都说窦参之死是陆贽从中出的力。加上陆贽一向恨于公异和于邵，做宰相后马上就驱逐了他们，所以议论者也认为他心胸狭隘。

户部侍郎、判度支裴延龄，因奸邪违法而当权，天下人疾恶如仇，却因他得到皇上的宠爱，没人敢说话。只有陆贽不顾性命，屡次在延英殿当面阐明，多次上疏论证其弊害。所以裴延龄对他大加诋毁。贞元十年十二月，任命陆贽为太子宾客，罢知政事。陆贽生性胆小谨慎，等到策免私居时，除了朝见皇帝以外，不结交宾客，不与人互相交往。十一年春季，天旱，边军粮草不足，陆贽将情况报告给皇上，延龄说他和张滂、李充等人动摇军心，此事记载在《裴延龄传》中。德宗大怒，想杀陆贽等四人，正好有谏议大夫阳城等人极力进言论奏，才将他贬为忠州别驾。

陆贽刚入翰林院时，受到德宗的特别器重，吟诗嬉戏，朝夕陪同游览。在艰难时世中，虽然有宰相，但参谋决断之事大多出于陆贽之手，所以当时人把他视为"内相"。跟随德宗出幸山南时，因道路艰难，来不及扈从，和德宗走散了，一个晚上没到，皇上便告诉军士们说："有找到陆贽的人奖赏千两黄金。"第二天陆贽前来拜见，德宗喜形于色，由此可见对他的宠幸。在和二吴不和之后，德宗逐渐听信谗言，对他的恩宠稍稍减少；等到吴通玄失败之后，皇上知道他被冤枉了，陆贽才又被起用。陆贽因受到君主特殊的礼遇，不敢爱惜自身，每遇不合理的事，就极力上奏，没有丝毫隐瞒。朋友们规劝他，认为他太严厉，陆贽说："我上不负天子，下不负我的学识，其他的都不担忧。"他精通为官之事，斟酌决断，丝毫不差。他曾说："草拟诏书，是中书舍人的职责，兴兵之际，因应付紧迫的局势，才暂时由翰林学士代笔；现在朝廷内外安宁，应该归并职责，命将相制诏，退交中书发遣。"又说："学士私臣，玄宗当初让翰林待诏只限于唱和文章而已。"人们议论都表示赞同。德宗以为他的意思是责备吴道微、吴道玄，所从没有批准他的奏请。

陆贽在忠州十年中，常常闭门静处，人们都不认识他，又为了躲避诽谤而不著书，他的家是瘴气严重的地方，很多人染病，陆贽就抄录药方，撰成《陆氏集验方》五十卷，在当时行用。当初在陆贽当权时，贬驾部员外郎李吉甫为明州长史，改为忠州刺史。陆贽在忠州，和李吉甫相遇，他的兄弟、门人都替他担忧，而吉甫却愉快地厚待他，都不忌恨以前的事,用对宰相的礼节对待他,但还担心他不相信,心中不安,每天和陆贽非常亲近,像是平生友好投合的朋友。陆贽开始还很惭愧和害怕,后来便与吉甫结下深厚的交情。当时人都称赞李吉甫。后来由薛延代替吉甫为刺史,薛延辞别之日,德宗让他传达对陆贽的安慰。韦皋多次上表请求让陆贽代替他。顺宗即位后,将陆贽和阳城、郑余庆一同召回朝廷。诏书未到而陆贽去世,当时为五十二岁,追赠兵部尚书,谥号为宣。

李吉甫传

【题解】

李吉甫(757~814年),字弘宪,赵郡(今河北境内)人。他的刻意之作是《元和郡县图志》。该志是我国现存最早又较完整的地方总志。原有图和志共四十卷,目录二卷,图在北宋时就已亡佚,现存仅有三十四卷。此书虽冠以元和的年号,但不是元和时实际控制的疆域地志,它以贞观十三年规划的十道为纲领,配合当时的四十七镇,每镇一图一志,而实际上是以府或州为叙述单位,先列府、州的名称以及等级,户和乡的数目,次叙沿革形势,府、州四至八到的方里,开元、元和的贡赋,然后记叙属县的数目、名称,各县的沿革,主要山川、城邑、军事设施以及历代发生重大事迹等等。李吉甫"审户口之丰耗,辨州域之疆",重视"兵镶山川,攻守利害",体现他撰述为现实服务的目的。《元和郡县图志》仿李泰《括地志》体例,搜集汉、魏、六朝各家地记,兼采《水经注》及《括地志》,材料丰富,然而也有一些袭旧说而失考核的地方。

【原文】

李吉甫,字弘宪,赵郡人。父栖筠,代宗朝为御史大夫,名重于时,国史有传。吉甫少好学,能属文。年二十七,为太常博士,该洽多闻,尤精国朝故实,沿革折衷,时多称之。迁屯田员外郎,博士如故,改驾部员外。宰臣李泌、窦参推重其才,接遇颇厚。及陆贽为相,出为明州员外长史,久之遇赦,起为忠州刺史。时贽已谪在忠州,议者谓吉甫必逞憾于贽,重构其罪;及吉甫到部,与贽甚欢,未尝以宿嫌介意。六年不徙官,以疾罢免。寻授郴州刺史,迁饶州。先是,州城以频丧四牧,废而不居,物怪变异,郡人信验;吉甫至,发城门管钥,剪荆榛而居之,后人乃安。

宪宗嗣位,征拜考功郎中、知制诰,既至阙下,旋召入翰林为学士,转中书舍人,赐紫。宪宗初即位,中书小吏滑涣与知枢密中使刘光琦暱善,颇窃朝权,吉甫请去之。刘辟反,帝命诛讨之,计未决,吉甫密赞其谋,兼请广征江淮之师,由三峡路入,以分蜀寇之力。事皆允从,由是甚见亲信。二年春,杜黄裳出镇,擢吉甫为中书侍郎、平章事。吉甫性聪敏,详练物务,自员外郎出官,留滞江淮十五余年,备详闾里疾苦。及是为相,患万镇贪恣,乃上言使属郡刺史得自为政。叙进群材,甚有美称。

三年秋，裴均为仆射、判度支，交结权倖，欲求宰相。先是，制策试直言极谏科，其中有讥刺时政，忤犯权倖者，因此均党扬言皆执政教指，冀以摇动吉甫，赖谏官李约、独孤郁、李正辞、萧俛密疏陈奏，帝意乃解。吉甫早岁知奖羊士谔，擢为监察御史；又司封员外郎吕温有词艺，吉甫亦眷接之。窦群亦与羊、吕善，群初拜御史中丞，奏请士谔为侍御史，温为郎中、知杂事。吉甫怒其不先关白，而所请又有超资者，持之数日不行，因而有隙。群遂伺得日者陈克明出入吉甫家，密捕以闻，宪宗诘之，无奸状。吉甫以裴垍久在翰林，宪宗亲信，必当大用，遂密荐垍代己，因自图出镇。其年九月，拜检校兵部尚书，兼中书侍郎、平章事，充淮南节度使，上御通化门楼钱之。在扬州，每有朝廷得失，军国利害，皆密疏论列。又于高邮县筑堤为塘，溉田数千顷，人受其惠。

五年冬，裴垍病免。明年正月，授吉甫金紫光禄大夫、中书侍郎、平章事、集贤殿大学士、监修国史、上柱国、赵国公。及再入相，请减省职员并诸色出身胥吏等，及量定中外官俸料，时以为当。京城诸僧有以庄砧免税者，吉甫奏曰：“钱米所征，素有定额，宽缁徒有余之力，配贫下无告之民，必不可许。”宪宗乃止。又请归普润军于泾原。

七年，京兆尹元义方奏：“永昌公主准礼令起祠堂，请其制度。”初贞元中，义阳、义章二公主咸于墓所造祠堂一百二十间，费钱数万；及永昌之制，上令义方减旧制之半。吉甫奏曰：“伏以永昌公主，稚年夭枉，举代同悲，况于圣情，固所钟念。然陛下犹减制造之半，示折衷之规，昭俭训人，实越今古。臣以祠堂之设，礼典无文，德宗皇帝恩出一时，事因习俗，当时人间不无窃议。昔汉章帝时，欲为光武原陵、明帝显节陵各起邑屋，东平王苍上疏言其不可。东平王即光武之爱子，明帝之爱弟。贤王之心，岂惜费于父兄哉！诚以非礼之事，人君所当慎也。今者，依义阳公主起祠堂，臣恐不如量置墓户，以充守奉。”翌日，上谓吉甫曰：“卿昨所奏罢祠堂事，深惬朕心。朕初疑其冗费，缘未知故实，是以量减。览卿所陈，方知无据。然朕不欲破二十户百姓，当拣官户委之。”吉甫拜贺。上曰：“卿，此岂是难事。有关朕身，不便于时者，苟闻之则改，此岂足多耶！卿但勤匡正，无谓朕不能行也。”

七年七月，上御延英，顾谓吉甫曰：“朕近日畋游悉废，唯喜读书。昨于《代宗实录》中，见其时纲纪未振，朝廷多事，亦有所鉴戒。向后见卿先人事迹，深可嘉叹。”吉甫降阶跪奏曰：“臣先父伏事代宗，尽心尽节，迫于流运，不待圣时，臣之血诚，常所追恨。陛下耽悦文史，听览日新，见臣先父忠于前朝，著在实录，今日特赐褒扬，先父虽在九泉，如睹白日。”因俯伏流涕，上慰谕之。

八年十月，上御延英殿，问时政记记何事。时吉甫监修国史，先对曰：“是宰相记天子事以授史官之实录也。古者左史记言，今起居舍人是；右史记事，今起居郎是。永徽中，宰相姚璹监修国史，虑造膝之言，或不可闻，因请随奏对而记于仗下，以授于史官，今时政记是也。”上曰：“间或不修，何也？”曰：“面奉德音，未及施行，总谓机密，故不可书以送史官；其间有谋议出于臣下者，又不可自书以付史官；及已行者，制令昭然，天下皆得闻知，即史官之记，不待书以授也。且臣观时政记者，姚璹修之于长寿，及璹罢而事寝；贾耽、齐抗修之于贞元，及耽、抗罢而事废。然则关时政化者，不虚美，不隐恶，谓之良史也。”

是月，回纥部落南过碛，取西城柳谷路讨吐蕃，西城防御使周怀义表至，朝廷大恐，以为回纥声言讨吐蕃，意是入寇。吉甫奏曰："回纥入寇，且当渐绝和事，不应便来犯边，但须设备，不足为虑。"因请自夏州至天德，复置废馆一十一所，以通缓急。又请发夏州骑士五百人，营于经略故城，应援驿使，兼护党项。九年，请于经略故城置宥州。六胡州以在灵盐界，开元中废六州。曰："国家旧置宥州，以宽宥为名，领诸降户。天宝末，宥州寄理于经略军，盖以地居其中，可以总统蕃部，北以应接天德，南援夏州。今经略遥隶灵武，又不置军镇，非旧制也。"宪宗从其奏，复置宥州，诏曰："天宝中宥州寄理于经略军，宝应已来，因循遂废。由是昆夷屡扰，党项靡依，蕃部之人，抚怀莫及。朕方弘远略，思复旧规，宜于经略军置宥州，仍为上州，于郭下置延恩县，为上县，属夏绥银观察使。"淮西节度使吴少阳卒，其子元济请袭父位。吉甫以为淮西内地，不同河朔，且四境无党援，国家常宿数十万兵以为守御，宜因时而取之。颇叶上旨，始为经度淮西之谋。

元和九年冬，暴病卒，年五十七。宪宗伤悼久之，遣中使临吊，常赠之外，内出绢五百匹以恤其家，再赠司空。吉甫初为相，颇洽时情，及淮南再征，中外延望风采。秉政之后，视听时有所蔽，人心疑惮之。时负公望者虑为吉甫所忌，多避畏。宪宗潜知其事，未周岁，遂擢用李绛，大与绛不协；而绛性刚讦，于上前互有争论，人多直绛。然性畏慎，虽其不悦者，亦无所伤。服物食味，必极珍美，而不殖财产，京师一宅之外，无他第墅，公论以此重之。有司谥曰"敬宪"，及会议，度支郎中张仲方驳之，以为太优。宪宗怒，贬仲方，赐吉甫谥曰"忠懿"。

吉甫尝讨论《易象》异义，附于一行集注之下；及缀录东汉、魏、晋、周、隋故事，讫其成败损益大端，目为《六代略》，凡三十卷；分天下诸镇，纪其山川险易故事，各写其图于篇首，为五十四卷，号《元和郡国图》；又与史官等录当时户赋兵籍，号为《国计簿》，凡十卷；纂《六典》诸职为《百司举要》一卷。皆奏上之，行于代。子德脩、德裕。

【译文】

李吉甫，字弘宪，赵郡人。父亲李棲筠，在代宗朝为御史大夫，在当时名望显重，国史有传。李吉甫年幼好学，能连词缀句写文章。二十七岁，为太常博士，知识广博多见闻，尤其精通本朝历史，对事件的沿革能取中正无所偏倚，时论大多称赞他。调任屯田员外郎，仍为博士，改任驾部员外郎。宰相李泌、窦参推重李吉甫的才能，对待他非常优厚。到陆贽为宰相，出京城为明州员外长史，很久以后才遇赦，起用为忠州刺史。这时陆贽已被贬谪到忠州，议论的人说李吉甫一定要对陆贽发泄久积的怨恨，加重他的罪行；到李吉甫抵达忠州，和陆贽相处非常欢悦，不曾把原来的嫌隙放在心上。李吉甫六年不调任，因病免官。不久，授官郴州刺史，迁往饶州。先前，饶州城因连续死了四位刺史，废置无人居住，又有物怪变异之事，郡中人士相信其灵验；李吉甫到饶州，打开饶州城的大锁，剪除荆棘荒草而住下，以后人们就也安居了。

宪宗即位，征辟李吉甫拜为考功郎中，知制诰，已到朝廷，不久又召入翰林为学士，转为中书舍人，赐紫袍。宪宗刚即位，中书小吏滑涣与知枢密中使刘光琦亲昵友善，盗用朝廷权力的情况严重，李吉甫请求罢免他们。刘辟造反，宪宗下令诛讨刘辟，计谋还未确定，李吉甫秘密帮助谋划，还请求广泛征调江淮的军队，由三峡路进入，以此分散蜀盗贼的兵力。这些建议都得到朝廷的允许和采纳，由此更被皇帝所亲信。元和二年春季，杜黄裳出京师兼河中尹、河中晋绛等州节度使，提升李吉甫为中书侍郎、平章事。李吉甫生性聪敏，详审熟习各类事物，从员外郎起为官，滞留江淮十五年多，完全了解百姓的疾苦。到这时为宰相，忧患方镇贪婪肆虐，于是奏言使属下州郡的刺史能自主地治理州事。李吉甫按顺序举进众人才，颇有好名声。

元和三年秋季，裴均为仆射、判度支，结交权臣、宠臣，想当宰相。以前，诏令策试直言极谏科，应试中有讥评朝政、触犯权臣宠臣的人，因此裴均的党羽就扬言这些人都是执政教唆指使的，企图以此动摇李吉甫的地位，幸亏依靠谏官李约、独孤郁、李正辞、萧俛上密疏陈述原委，宪宗的愠意才得以化解。李吉甫早年了解勉励羊士谔，提拔他为监察御史，还有，司封员外郎吕温有作辞章的才能，李吉甫也爱重而接待他。窦群也和羊士谔、吕温友善，窦群开始拜为御史中丞，就上奏请求令羊士谔为侍御史，吕温为郎中、掌管杂事。李吉甫生气窦群不事先禀报，而所请又有超越官资顺序的，扣着公文几天也不实行，因而与窦群有了怨隙。窦群就伺机了解到从事占候卜筮的陈克明经常出入李吉甫家，秘密地抓住他闻于朝廷，宪宗审问陈克明，没有奸猾行为。李吉甫认为裴垍长期在翰林，又得宪宗亲信，一定担当大任，于是秘密推举他取代自己，因而自己谋求出京师为节度使。这年九月，李吉甫拜检校兵部尚书、兼中书侍郎、平章事，立任淮南节度使，宪宗在通化门楼为他饯行。在扬州，每当朝廷有得失，关系军国利害，李吉甫都以密疏论列。又在高邮筑堤为池塘，灌溉土地数千顷，百姓受到筑堤的好处。

元和五年冬季，裴垍因病免官。第二年正月，授予李吉甫金紫光禄大夫、中书侍郎、平章事、集贤殿大学士、监修国史、上柱国、赵国公。到再入朝为宰相，请求减省官职数额和各种出身办事文吏等，以及裁定朝廷内外官俸钱，当时认为这样做是合适的。京城众僧有因庄田水磨而免税的，李吉甫上奏说："征收钱米，一向有定额，众僧有余力而宽免，却摊配给贫穷而无处求助的百姓，一定不能允许。"宪宗才停止免僧众的税，又请求让普润军回到泾原。

七年，京兆尹元义方奏说："永昌公主按礼令建造祠堂，请定其法规。"当初，贞元年间，义阳、义章二公主都在墓所建造一百二十间祠堂，耗费钱币数万；到永昌公主用遵守的法规，宪宗命令义方按旧法规减半。李吉甫上奏说："因永昌公主幼年夭折，举世同悲，何况陛下的圣情，当然极其眷念。然而，陛下如果减旧法规建造一半，表示出折中的法规，昭显节俭以训诫他人，的确超越古今。臣以为祠堂的设置，礼典中无记载，德宗皇帝一时施恩，此事沿袭习俗，当时民间私下有议论。从前汉章帝的时候，想在光武帝原陵、明帝显节陵分别建造村舍，东平王刘苍上疏说这样做不行。东平王就是光武帝的爱子，明帝的爱弟。贤王的心意，难道吝惜用于父兄的费用吗！实在是因为这是人合乎礼的事，人君所应当慎重的事。现在，按义阳公主例建起祠堂，臣以为恐怕不如按数设置墓户，以此充任守护奉祀。"第二天，宪宗对李吉甫说："爱卿昨天所奏有关罢祠堂事，深切地符合朕意。朕开始担心起祠堂花费多，因为不知道过去规定，所以量情减少。看了爱卿所陈述的内容，才知道这样做没有根据。然而朕不想析出二十户百姓，应当挑官户托付他们为墓户。"李吉甫拜贺。宪宗说："爱卿，这难道是难事。有关朕身的不利于时政的，假如听到就改，这难道足以能够受到赞扬吗！爱卿只勤于匡正时政，不要说朕不能施行。"

七年七月，宪宗亲临延英殿，看着李吉甫对他说："朕近来全废止了游猎，只喜欢读书，昨天在《代宗实录》中，看到当时法度尚未振作，朝廷多事，也有所鉴戒。向后又看到爱卿先人的事迹，实在可以嘉奖称叹。"李吉甫降阶跪在地上奏说："臣先父伏事代宗，尽心尽节，迫于不定的命运，未赶上圣时，臣出于内心深处的赤诚，经常有所追恨。陛下特别喜好文史，闻见天天更新，看到先父忠于前朝的事迹，记载在实录上，今天特别赐予褒奖宣扬，先父虽然在九泉之下，也如同看到了太阳。"因此俯伏在地泪流不止，宪宗安慰劝谕他。

八年十月，宪宗亲临延英殿，问时政记记什么事。当时李吉甫监修国史，先回答说："时政记是宰相记录天子的事以此授予史官的实录。古代左史记言，现在是起居舍人之职；右史记事，现在是起居郎之职。永徽年间，宰相姚璹监修国史，忧虑亲近的话，有的不能听到，因此请求在场仪卫随时随地将奏对记下，以此授予史官，就是现在的时政记。"宪宗说："有的时候不修时政记，为什么呢？"李吉甫说："当面奉受德音，没来得及施行，都可谓是机密，所以不能记录送给史官；在这中间还有的谋议是臣下提出的，也不能自己写了以此交付史官；至于已经施行的，诏令已明示天下，天下都能闻见，史官就能记，不必等写好交付。况且臣看时政记的情况，姚璹修时政记在长寿年间，到姚璹免官修时政记也停了；贾耽、齐抗修时政记在贞元年间，到贾耽、齐抗罢官，修时政记的事就搁置一旁了。然则涉及时政的发展变化，不虚美、不隐恶，可称之为良史。"

这个月，回纥部落南过沙漠，夺取西城柳谷路征讨吐蕃，西城防御使周怀义奏表到朝廷，朝廷非常惊恐，认为回纥声称讨伐吐蕃，其用意是进犯唐朝。李吉甫上奏说："回纥进犯，抑或当是慢慢拒绝议和之事，不应立即就来进犯边境，朝廷只需防备，不必忧虑。"因此请求从夏州到天德，恢复已废弃的馆驿十一所，以此通报紧急情况，又请求调发夏州骑士五百人，驻扎在经略故城，响应援助驿使，兼有防党项的任务。

九年，李吉甫请求朝廷在经略故城设置宥州。六胡州因在灵盐界内，开元中废六州。李吉甫说："国家以前设宥州，以宽宥为州名，统领众投降户。天宝末年，宥州寄治在经略军，大概因其地居中，可以总领蕃部，于北可以接应天德，于南可以支援夏州。现在经略军遥属灵武，又不设置军镇，不是旧的法规。"宪宗采纳李吉甫的奏议，又设宥州，下诏说："天宝年间宥州寄治在经略军，宝应以来，因循之制于是废除。因此昆夷屡来骚扰，党项无依靠，对蕃部的人，抚慰怀化不及。朕正弘扬远略，想恢复旧的法规，应在经略军设宥州，仍为上州，在宥州城下设延恩县，为上县，隶属夏绥银观察使。"淮西节度使吴少阳去世，他的儿子吴元济请求承袭父亲的职位，李吉甫认为淮西在内地，不同于河朔，况且四境没有同伙支援，国家有几十万军队常驻淮西以为守御，应当按时将淮西取回。这非常符合宪宗的旨意,开始策划经营规划淮西的计谋。

元和九年冬季,李吉甫因得暴病去世,终年五十七。宪宗长久伤心哀悼他的去世,从宫廷派使者前往凭吊,除通常的赠予之外,宫廷出绢五百疋用以抚恤其家属,又赠司空。李吉甫开始做宰相,颇能协调时势民情,到从淮南再度征为宰相,朝廷内外殷切地希望他再展风采。执政之后,视听经常有所闭塞,人心怀疑忌惮他。当时以公众愿望为己任的人顾虑被李吉甫猜忌,大多数人躲避、畏惧他。宪宗暗地里知道这事,不到一周年,就提升任用李绛,李吉甫和李绛非常不和;而且李绛性情刚直,揭发人的过失不徇情,在宪宗面前李绛与李吉甫互有争论,人们多以为李绛正直。然而,李吉甫性情胆小谨慎,虽然是他不高兴的人,也无所伤害。李吉甫穿衣吃饭,一定要极其珍美,然而不增置财产,除京城有一处宅第外,没有其他的宅第、别墅,公众舆论以此敬重他。有关部门给李吉甫谥号为"敬宪",到汇集议论时,度支郎中张仲方驳此谥号,认为过于优奖。宪宗发怒,贬斥张仲方,赐李吉甫谥号为"忠懿"。

李吉甫曾研讨《易象》异议,附在一行集注之下,以及连缀纪录东汉、魏、晋、周、隋故事,终成各朝成败损益的大事,名为《六代略》,共三十卷;分天下各镇,记录它的山川险要平易及沿革等,分别画地图列于每篇之首,是五十四卷,题为《元和郡国图》,又和史官等记录当时的户口赋税及兵籍,号为《国计簿》,共十卷;还纂《唐六典》诸官职为《百司举要》一卷。这些著作都奏上朝廷,流行于当代。李吉甫的儿子名叫李德脩、李德裕。

王锷传

【题解】

王锷(740~815),字昆吾,号称太原人。德宗时任职李皋幕府,后出任容管经略使(治所在今广西北流)、岭南节度使(治所在今广东广州)、淮南节度使(治所在今江苏扬州)。宪宗时任河中节度使(治所在今山西永济),又任河东节度使(治所在今山西太原)。先后居节度使二十余年。王锷因"太原王氏"是当时的名门,于是自称太原人。他在担任节度使特别是任岭南节度使期间贪财敛物,靠剥夺国外来华贸易的商船致富。然后,用这些财宝贿赂朝廷中权贵,以巩固自己的地位。王锷的儿子王稷在用财物贿赂权贵方面不比他父亲逊色,后来死于横海军节度使(治所在今河北沧州东南)李全略手中。

【原文】

王锷,字昆吾,自言太原人,本湖南团练营将。初,杨炎贬道州司马,锷候炎于路。炎与言异之。后嗣曹王皋为团练使,擢任锷,颇便之。使招邵州武冈叛将王国良,有功,表为邵州刺史。及皋改江西节度使,李希烈南侵,皋请锷以劲兵三千镇寻阳。后皋自以全军临九江,既袭得蕲州,尽以众渡。乃表锷为江州刺史、兼中丞,充都虞侯,因以锷从。小心习事,善探得军府情状,至于言语动静,巨细毕以白皋。皋亦推心委之,虽家宴妻女之会,锷或在焉。锷感皋之知,事无所避。

后皋攻安州,使伊慎盛兵围之。贼惧,请皋使至城中以约降,皋使锷悬而入。既成约,杀不从者以出。明日城开,皋以其众入。伊慎以贼悃惧,由其围也,不下锷。锷称疾避之。及皋为荆南节度使,表锷为江陵少尹、兼中丞,欲列于宾倅。马彝、裴泰鄙锷请去,乃复以为都虞侯。

明年,从皋至京师。皋称锷于德宗曰:"锷虽文用小不足,他皆可以试验。"遂拜鸿胪少卿。寻除容管经略使,凡八年,黠洞安之。迁广州刺史、御史大夫、岭南节度使。广人与夷人杂处,地征薄而丛求于川市。锷能计居人之业而权其利,所得与两税相埒。锷以两税钱上供时进及供奉外,余皆自入。西南大海中诸国舶至,则尽没其利,由是锷家财富于公藏。日发十余艇,重以犀象珠贝,称商货而出诸境。周以岁时,循环不绝,凡八年。京师权门多富锷之财。拜刑部尚书。时淮南节度使杜佑屡请代,乃以锷检校兵部尚书,充淮南副节度使。锷始见佑,以趋拜悦佑,退坐司马厅事。数日,诏杜佑以锷代之。

锷明习簿领,善小数以持下。吏或有奸,锷毕究之。尝听理,有遗匿名书于前者,左右取以授锷。锷内之靴中,靴中先有他书以杂之。及吏退,锷探取他书焚之,人信其以所匿名者焚也。既归,省所告者,异日乃以他微事连其所告,固穷按验之以谲众,下吏以为神明。锷长于部领,程作有法。军州所用竹木,其余碎屑无所弃,皆复为用。掾曹帘坏,吏以新帘易之。锷察知,以故者付舡坊以替箬。其他率如此。每有飨宴,辄录其余,以备后用;或云卖之,收利皆自归。故锷钱流衍天下。在镇四年,累至司空。

元和二年来朝,真拜左仆射,未几除检校司徒、河中节度。居三年,兼太子太傅,移镇太原。时方讨镇州,锷缉绥训练,军府称理。锷受符节、居方面凡二十余年。九年,加同平章事。十年卒,年七十六,赠太尉。锷将卒,约束后事甚明,如知其死日。

锷附太原王翃为从子,以婚阀自炫,翃子弟多附锷以致名宦。又尝读《春秋左氏传》,自称儒者,人皆笑之。

子稷,历官鸿胪少卿。锷在藩镇,稷尝留京师,以家财奉权要,视官高下以进赂,不待白其父而行之。广治第宅,尝奏请藉坊以益之。作复垣洞穴,实金钱于其中。贵官清品,溺其赏宴而游,不惮清议。及父卒,为奴所告稷换锷遗表,隐没所进钱物。上令鞫其奴于内仗,又发中使就东都验责其家财。宰臣裴度苦谏,于是罢其使而杀奴。稷长庆二年为德州刺史,广赍金宝仆妾以行。节度使李全略利其货而图之,故致本州军乱,杀稷,其室女为全略所虏,以妓媵处之。

【译文】

王锷,字昆吾,自称是太原人,原来是湖南团练营将。起初,宰相杨炎贬官道州司马,王锷在路旁迎候扬炎。杨炎与他交谈,很感惊异。后来嗣曹王李皋为湖南团练使,提拔王锷,用起来十分得心应手。让他去招安邵州武冈叛将王国良。有功,表奏为邵州刺史。到李皋改任江西节度使时,李希烈南侵,李皋请王锷以劲兵三千镇守寻阳。后来,李皋亲自率领全军进临九江，袭取蕲州后，尽率众人渡江。于是表奏王锷为江州刺史、兼御史中丞，充任都虞侯，因而以王锷随从前往。王锷小心做事，善于探得军府情况，以至于言谈动静，不论大小都告诉李皋。李皋也推心置腹地任用他，即使是有妻女的家宴，王锷有时也在座。王锷感激李皋的知遇，办事从不推让。

后来，李皋攻打安州，让伊慎领大军围城。敌人害怕，请李皋派使节到城中商量投降事宜。李皋让王锷拽绳索入城。订成降约后，王锷杀掉不同意投降的人然后出城。明日开城门，李皋领部众入城。伊慎认为敌人惊恐害怕，是因为他的围城，因此他的功不比王锷差。王锷自称有病避开。到李皋为荆南节度使，表奏王锷为江陵少尹、兼御史中丞，想将王锷列为副使。马彝、裴泰鄙视王锷，请求辞去，李皋才仍让王锷为都虞侯。

明年，跟随李皋到京师。李皋在德宗面前举荐王锷说："王锷虽然在文学方面稍有不足，其他则都可以试用。"于是拜官鸿胪少卿。不久任命为容管经略使，共八年，谿洞蛮族十分安定。升为广州刺史、御史大夫、岭南节度使。广州人与夷人杂处，地税征收不多因而都聚众求利于河市。王锷能算计居民产业从而征收税利，所得收入与两税相差无几。王锷将两税钱除上供、四时进献，以及供奉外，剩余的都归入自己。西南大海中各国船舶驶至，利钱全被没收。于是王锷的家财比公府收藏还富。王锷每天发遣十余艘小艇，多载犀角、象牙、珍珠、海贝，自称是商货而出境，以数月为周期，循环不绝，共八年，京师的权贵多因王锷的财货而富。拜任刑部尚书。当时淮南节度使杜佑屡次请求朝廷派人替代他，于是让王锷检校兵部尚书，充任淮南副节度使。王锷初见杜佑，用趋走礼拜来取悦杜佑，晋见后退坐在司马的办事厅内。过了几天，诏书命以王锷代替杜佑。

王锷精通账簿，善于运用小权术对待部下。官吏若有奸诈，王锷全要追究。曾听政理事，有人将匿名书信送到案前，左右侍从取信递给王锷，王锷将信纳入靴中，靴中先已杂有其他文书。等到送书信的官吏退下，王锷从靴中探取其他文书焚毁，别人相信烧的是匿名书信。回家后，察看匿名信告发的人，过几天就以其他小事连坐被告者，并穷加审查，以此欺诈部众，小吏以为他判案神明。王锷擅长安排布置，计量作工皆有一定之规。军州使用竹木原料，剩余的碎屑不丢弃，全都继续使用。属下官厅的帘子损坏，小吏用新帘子替换，王锷知道后，将旧帘子交与船坊，用来代替箬竹。其他事情大致都是这样。每次设宴会，都将剩余物收藏起来预备以后再用；也有人说他将剩余物卖掉，收利都归自己。因此王锷的钱财流遍天下。在淮南镇共四年，任官直至司空。

元和二年来朝廷，真授尚书左仆射，不久拜官检校司徒、河中节度。在河中三年，兼太子太傅，移官镇守太原。当时朝廷将要讨伐镇州，王锷安辑民众，训练士伍，军府大治。王锷接受符节、位居地方藩镇达二十余年。九年，加官同平章事。十年，死，时年七十六岁，追赠太尉。王锷将死时，安排后事十分明白，就像知道他的死期一样。

王锷归附太原王翃，成为他的侄子，以婚姻门第炫耀；王翃的子侄也多依附王锷，以致官位显赫。王锷又常读《春秋左氏传》，自称是儒者，人们都嘲笑他。

儿子王稷，历任至鸿胪少卿。王锷在藩镇时，王稷常留在京师。他用家财侍奉权贵，视他们官位的高低来进行贿赂，不等禀告他的父亲就去施行。他广建宅第，曾奏请借坊

地来增加面积;又造夹墙挖洞穴,将金钱填在其中。高品清官贪图他的赏宴,与他一起游乐,而不怕舆论非议。到父亲死后,奴仆告状朝廷,说王稹偷换王锷遗表,隐藏了本应进献的钱物。皇上命令在宫内审讯那个奴仆,又派遣宦官到东都洛阳去验查他的家财。宰相裴度苦苦劝谏,于是停罢出使的宦官并杀死奴仆。长庆二年,王稹任德州刺史,多带金宝、仆妾赴任。节度使李全略贪他的财货从而图谋夺取,导致本州军队反乱,杀王稹。王稹未出阁的女儿被李全略俘虏,用作女妓、婢女。

马摠传

【题解】

马摠(? ~823),唐代京兆扶风县人。曾任岭南、蔡州、桂州、许州、华州等地地方官。担任判史、都护、观察处置使等职。还曾任刑部尚书、检校尚书左仆射、户部尚书等。马摠对儒学有精深的研究,擅长于行政管理,平时喜读书,常常手不释卷,著有《奏议集》《年历》《通历》《子钞》等一百多卷钉传于世。

【原文】

马摠,字会元,扶风人。少孤贫,好学,性刚直,不妄交游。贞元中,姚南仲镇滑台,辟为从事。南仲与监军使不叶,监军诬奏南仲不法。及罢免,摠坐贬泉州别驾,监军入掌枢密。福建观察使柳冕希旨欲杀摠,从事穆赞鞫摠,赞称无罪,摠方免死。后量移恩王傅。元和初,迁虔州刺史。四年,兼御史中丞,充岭南都护、本管经略使。摠敦儒学,长于政术,在南海累年,清廉不挠,夷獠便之。于汉所立铜柱之处,以铜一千五百斤特铸二柱,刻书唐德以继伏波之迹。以绥蛮功,就加金紫。八年,转桂州刺史、桂管经略观察使,入为刑部侍郎。裴度宣慰淮西,奏为制置副使。吴元济诛,度留摠蔡州,知彰义军留后。寻检校工部尚书、蔡州刺史、兼御史大夫,充淮西节度使。摠以申、光、蔡等州久陷贼寇,人不知法,威刑劝导,咸令率化。奏改彰义军曰淮西,贼之伪迹,一皆削荡。

十三年,转许州刺史、忠武军节度、陈、许、溵等州观察处置等使。明年,改华州刺史、潼关防御、镇国军等使。十四年,迁检校刑部尚书、郓州刺史、天平军节度、郓曹濮等州观察等使,就加检校尚书左仆射。入为户部尚书。长庆三年卒,赠右仆射。

摠理道素优,军政多暇,公务之余,手不释卷。所著《奏议集》《年历》《通历》《子钞》等书百余卷,行于世。

【译文】

马摠,字会元,唐扶风县人。少年时为孤儿,比较贫穷,爱学习,秉性耿直,不随便交游朋友。贞元年间,姚南仲镇守滑台,马摠被聘为从事。南仲与监军使不合,监军诬陷南仲有不法行为。等到罢免南仲时,马摁也受恰瘰而被贬为泉州别驾,监军则升掌枢密院。福建观察使柳冕求令要杀马摁,命从事穆赞拘捕审讯马摁。穆赞说马摁无罪,他才得以幸免于死。后依其才能而转任恩王的教师。元和初年,迁为虔州刺史。元和四年,兼御史中丞,充任岭南都护、本管略使。马摁的儒学功力深厚,尤擅长于政事,在南海多年,清廉正直,不挠民众,使当地少数民族大为便利。他还在汉代所竖立铜柱处,用一千五百斤铜特铸了二铜柱,刻写唐的德义,以继承汉代伏波将军的遗迹。他因安抚绥靖少数民族的功劳,而被授予金紫光禄大夫。元和八年,转任桂州刺史、桂管经略观察使,进京为刑部侍郎。裴度任淮西宣慰使,奏请马摁担任制置副使,吴元济被诛杀后,裴度留马摁于蔡州,为彰义军留后。不久任检校工部尚书、蔡州刺史、兼御史大夫,充任淮西节度使。马摁认为申、光、蔡等州长久陷于叛贼之手,人们不懂法规,便刑罚教育并重,予以教导改化。上奏建议改彰义军为淮西,使叛贼留下的一切痕迹都去掉不存。

元和十三年(818),马摁转任许州刺史、忠武军节度、陈、许、溵等州观察处置等使。次年,改任华州刺史、潼关防御、镇国军等使。元和十四年,迁任检校刑部尚书、郓州刺史、天平军节度、郓、曹、濮等州观察等使,又授予检校尚书左仆射之职。入京为户部尚书。长庆三年(823)去世,追赠右仆射。

马摁善于理政办事,军政事务后常有空闲,公务之余,经常手不释卷的读书。著有《奏议集》《年历》《通历》《子钞》等书百多卷,流传于世。

韩愈传

【题解】

韩愈(768~824),唐代文学家,哲学家。字退之,河南河阳(今河南孟县)人,祖籍昌黎,世称"韩昌黎"。少孤,由嫂抚养,贞元年间中进士,历任监察御史,国子博士,刑部侍郎等职,因直言进谏,多次被贬。官终吏部侍郎,卒谥文,世称"韩吏部""韩文公"。

韩愈在政治、文学方面都有所建树,主要成就是文学。他力反六朝以来的骈偶文风,主张"文以载道",提倡散体,与柳宗元同为唐代古文运动的倡导者。其散文气势雄健,纵横捭阖,奇偶交错,巧譬善喻,继承了先秦、两汉散文的优秀传统,又加以新变和发展,被列为"唐宋八大家"之首。韩愈的诗也有很高成就,力求新奇,以文入诗,有纵恣雄奇的艺术特色,但也有累赘堆砌、流于险怪的缺点。他的诗对宋诗的发展有极大影响。

韩愈政治上反对藩镇割据,思想上崇儒排佛。所作《原道》《原性》诸篇,强调尧舜至孔孟一脉相承的道统,维护儒家的传统思想。

韩愈的作品流传广泛,有《昌黎先生集》。

【原文】

韩愈字退之,昌黎人。父仲卿,无名位。愈生三岁而孤,养于从父兄。愈自以孤子,幼刻苦学儒，不俟奖励。大历、贞元之间，文字多尚古学，效杨雄、董仲舒之述作，而独孤及、梁肃最称渊奥，儒林推重。愈从其徒游，锐意钻仰，欲自振于一代。洎举进士，投文于公卿间，故相郑余庆颇为之延誉，由是知名于时。

韩愈

寻登进士第。宰相董晋出镇大梁，辟为巡官。府除，徐州张建封又请为其宾佐。愈发言真率，无所畏避，操行坚正，拙于世务。调授四门博士，转监察御史。德宗晚年，政出多门，宰相不专机务，宫市之弊，谏官论之不听。愈尝上章数千言极论之，不听，怒贬为连州山阳令，量移江陵府掾曹。元和初，召为国子博士，迁都官员外郎。时华州刺史阎济美以公事停华阴令柳涧县务，俾摄掾曹。居数月，济美罢郡，出居公馆，涧遂讽百姓遮道索前年军顿役直。后刺史赵昌按，得涧罪以闻，贬房州司马。愈因使过华，知其事，以为刺史相党，上疏理涧，留中不下。诏监察御史李宗奭按验，得涧赃状，再贬涧封溪尉。以愈妄论，复为国子博士。愈自以才高，累被摈黜，作《进学解》以自喻曰：

国子先生晨入太学，召诸生立馆下，诲之曰："业精于勤荒于嬉，行成于思毁于随。方今圣贤相逢，治具毕张，拔去凶邪，登崇俊良。占小善者率以录，名一艺者无不庸。爬罗剔抉，刮垢磨光。盖有幸而获选，孰云多而不扬？诸生业患不能精，无患有司之不明；行患不能成，无患有司之不公。"

言未既，有笑于列者曰："先生欺予哉！弟子事先生，于兹有年矣。先生口不绝吟于六艺之文，手不停披于百家之编。记事者必提其要，纂言者必钩其玄。贪多务得，细大不捐。烧膏油以继晷，常矻矻以穷年。先生之业，可谓勤矣。觝排异端，攘斥佛、老，补苴罅漏，张皇幽眇。寻坠绪之茫茫，独旁搜而远绍；障百川而东之，回狂澜于既倒。先生之于儒，可谓有劳矣。沉浸醲郁，含英咀华，作为文章，其书满家。上规姚、姒，浑浑无涯。《周诰》《殷盘》，佶屈聱牙。《春秋》谨严，《左氏》浮夸。《易》奇而法，《诗》正而葩。下迨《庄》《骚》，太史所录，子云、相如，同工异曲。先生之于文，可谓闳其中而肆其外矣。少始知学，勇于敢为；长通于方，左右具宜。先生之于为人，可谓成矣。然而公不见信于人，私不见助于友，跋前踬后，动辄得咎。暂为御史，遂窜南夷。三为博士，冗不见治。命与仇谋，取败几时。冬暖而儿号寒，年丰而妻啼饥。头童齿豁，竟死何裨？不知虑此，而反教人为！"

先生曰："吁，子来前。夫大木为栋，细木为桷，欂栌侏儒，椳闑扂楔，各得其宜，施以成室者，匠氏之工也。玉札丹砂，赤箭青芝、牛溲马勃、败鼓之皮；俱收并蓄，待用无遗者，医师之良也。登明选公，杂进巧拙，纡余为妍，卓荦为杰，较短量长，唯器是适者，宰相之方也。昔者，孟轲好辩，孔道以明，辙环天下，卒老于行。荀卿守正，大论是弘，逃谗于楚，废死兰陵。是二儒者，吐辞为经，举足为法，绝类离伦，优入圣城，其遇于世何如也？今先生学虽勤，不由其统；言虽多，不要其中；文虽奇，不济于用；行虽修，不显于众。犹且月费俸钱，岁靡廪粟，子不知耕，妇不知织，乘马从徒，安坐而食，踵常涂之促促，窥陈编以盗窃。然而圣主不加诛，宰臣不见斥，此非其幸欤！动而得谤，名亦随之。投闲置散，乃分之宜。若夫商财贿之有无，计班资之崇庳，忘己量之所称，指前人之瑕疵，是所谓诘匠氏之不以杙为楹，而訾医师以昌阳引年，欲进其稀苓也。"

执政览其文而怜之，以其有史才，改比部郎中，史馆修撰。逾岁，转考功郎中、知制诰，拜中书舍人。

俄有不悦愈者，摭其旧事，言愈前左降为江陵掾曹，荆南节度使裴均馆之颇厚，均子锷凡鄙，近者锷还省父，愈为序饯锷，仍呼其字。此论喧于朝列，坐是改太子右庶子。元和十二年八月，宰臣裴度为淮西宣慰处置使，兼彰义军节度使，请愈为行军司马，仍赐金紫。淮、蔡平，十二月随度还朝，以功授刑部侍郎，仍诏愈撰《平淮西碑》，其辞多叙裴度事。时先入蔡州擒吴元济，李愬功第一，愬不平之。愬妻出入禁中，因诉碑辞不实，诏令磨愈文。宪宗命翰林学士段文昌重撰文勒石。

凤翔法门寺有护国真身塔，塔内有释迦文佛指骨一节，其书本传法，三十年一开，开则岁丰人泰。十四年正月，上令中使杜英奇押宫人三十人，持香花，赴临皋驿迎佛骨。自光顺门入大内，留禁中三日，乃送诸寺。王公士庶，奔走舍施，唯恐在后。百姓有废业破产。烧顶灼臂而求供养者。愈素不喜佛，上疏谏曰：

伏以佛者，夷狄之一法耳。自后汉时始流入中国，上古未尝有也。昔黄帝在位百年，年百一十岁；少昊在位八十年，年百岁；颛顼在位七十九年，年九十八岁；帝喾在位七十年，年百五岁；帝尧在位九十八年，年百一十八岁；帝舜及禹年皆百岁。此时天下太平，百姓安乐寿考，然而中国未有佛也。其后殷汤亦年百岁，汤孙太戊在位七十五年，武丁在位五十年，书史不言其寿，推其年数，盖亦俱不减百岁。周文王年九十七岁，武王年九十三岁，穆王在位百年。此时佛法亦未至中国，非因事佛而致此也。

汉明帝时始有佛法，明帝在位才十八年耳。其后乱亡相继，运祚不长，宋、齐、梁、陈、元魏已下，事佛渐谨，年代尤促。唯梁武帝在位四十八年，前后三度舍身施佛，宗庙之祭，不用牲牢，昼日一食，止于菜果；其后竟为侯景所逼，饿死台城，国亦寻灭，事佛求福，乃更得祸。由此观之，佛不足信，亦可知矣。

高祖始受隋禅，则议除之。当时群臣识见不远，不能深究先王之道、古今之宜，推阐圣明，以救斯弊，其事遂止。臣常恨焉！伏惟皇帝陛下，神圣英武，数千百年以来未有伦比。即位之初，即不许度人为僧尼、道士，又不许别立寺观。臣当时以为高祖之志，必行于陛下之手。今纵未能即行，岂可恣之转令盛也！

今闻陛下令群僧迎佛骨于凤翔，御楼以观，舁入大内，令诸寺递迎供养。臣虽至愚，必知陛下不惑于佛，作此崇奉以祈福祥也。直以年丰人乐，徇人之心，为京都士庶设诡异之观、戏玩之具耳。安有圣明若此而肯信此等事哉？然百姓愚冥，易惑难晓，苟见陛下如此，将谓真心信佛。皆云天子大圣，犹一心敬信，百姓微贱，于佛岂合惜身命。所以灼顶燔指，百十为群，解衣散钱，自朝至暮，转相仿效，唯恐后时，老幼奔波，弃其生业。若不即加禁遏，更历诸寺，必有断臂脔身以为供养者。伤风败俗，传笑四方，非细事也。

佛本夷狄之人，与中国言语不通，衣服殊制。口不道先王之法言，身不服先王之法服，不知君臣之义、父子之情。假如其身尚在，奉其国命，来朝京师，陛下容而接之，不过宣政一见，礼宾一设，赐衣一袭，卫而出之于境，不令惑于众也。况其身死已久，枯朽之骨，凶秽之余，岂宜以入宫禁！孔子曰："敬鬼神而远之。"古之诸侯，行吊于国，尚令巫先以桃茢，祓除不祥，然后进吊。今无故取朽秽之物，亲临观之，巫祝不先，桃茢不用，群臣不言其非，御史不举其失，臣实耻之。乞以此骨付之水火，永绝根本，断天下之疑，绝后代之惑。使天下之人，知大圣人之所作为出于寻常万万也，岂不盛哉！岂不快哉！佛如有灵，能作祸祟，凡有殃咎，宜加臣身。上天鉴临，臣不怨悔。

疏奏，宪宗怒甚。间一日，出疏以示宰臣，将加极法。裴度、崔群奏曰："韩愈上忤尊听，诚宜得罪，然而非内怀忠恳，不避黜责，岂能至此？伏启稍赐宽容，以来谏者。"上曰："愈言我奉佛太过，我犹为容之。至谓东汉奉佛之后，帝王咸致夭促，何言之乖刺也？愈为人臣，敢尔狂妄，固不可赦。"于是人情惊惋，乃至国戚诸贵亦以罪愈太重，因事言之，乃贬为潮州刺史。

愈于潮阳，上表曰：

臣今年正月十四日，蒙恩授潮州刺史，即日驰驿就路。经涉岭海，水陆万里。臣所领州，在广府极东，去广府虽云二千里，然来往动皆逾月。过海口，下恶水，涛泷壮猛，难计期程，飓风鳄鱼，患祸不测。州南近界，涨海连天，毒雾瘴氛，日夕发作。臣少多病，年才五十，发白齿落，理不久长。加以罪犯至重，所处又极远恶，忧惶渐悸，死亡无日。单立一身，朝无亲党，居蛮夷之地，与魑魅同群。苟非陛下哀而念之，谁肯为臣言者。

臣受性愚陋，人事多所不通，唯酷好学问文章，未尝一日暂废，实为时辈推许。臣于当时之文，亦未有过人者，至于论述陛下功德，与《诗》《书》相表里，作为歌诗，荐之郊庙，纪太山之封，镂白玉之牒，铺张对天之宏休，扬厉无前之伟迹，编于《诗》《书》之策而无愧，措于天地之间而无亏，虽使古人复生，臣未肯多让。伏以大唐受命有天下，四海之内，莫不臣妾，南北东西，地各万里。自天宝之后，政治少懈，文致未优，武克不纲。孽臣奸隶，外顿内悖，父死子代，以祖以孙，如古诸侯，自擅其地，不朝不贡，六七十年。四圣传序，以至陛下，躬亲听断，干戈所麾，无不从顺。宜定乐章，以告神明，东巡泰山，奏功皇天，使永永万年，服我成烈。当此之际，所谓千载一时不可逢之嘉会，而臣负罪婴衅，自拘海岛，戚戚嗟嗟，日与死迫，曾不得奏薄伎于从官之内、隶御之间，穷思毕精，以赎前过。怀痛穷天，死不闭目！瞻望宸极，魂神飞去。伏惟陛下，天地父母，哀而怜之。

宪宗谓宰臣曰："昨得韩愈到潮州表，因思其所谏佛骨事，大是爱我，我岂不知？然愈为人臣，不当言人主事佛乃年促也。我以是恶其容易。"上欲复用愈，故先语及，观宰臣之奏对。而皇甫镈恶愈狷直，恐其复用，率先对曰："愈终太狂疏，且可量移一郡。"乃授袁州刺史。

初，愈至潮阳，既视事，询吏民疾苦，皆曰："郡西湫水有鳄鱼，卵而化，长数丈，食民畜产将尽，以是民贫。"居数日，愈往视之，令判官秦济炮一豚一羊，投之湫水，祝之曰：

前代德薄之君，弃楚、越之地，则鳄鱼涵泳于此可也。今天子神圣，四海之外，抚而有之。况扬州之境，刺史县令之所治，出贡赋以共天地宗庙之祀，鳄鱼岂可与刺史杂处此土哉？刺史受天子命，令守此土，而鳄鱼悍然不安谿潭，食民畜熊鹿獐豕，以肥其身，以繁其卵，与刺史争为长。刺史虽驽弱，安肯为鳄鱼低首而下哉？今潮州大海在其南，鲸鹏之大，虾蟹之细，无不容，鳄鱼朝发而夕至。今与鳄鱼约，三日乃至七日，如顽而不徙，须为物害，则刺史选材伎壮夫，操劲弓毒矢，与鳄鱼从事矣！

呪之夕，有暴风雷起于湫中。数日，湫水尽涸，徙于旧湫西六十里。自是潮人无鳄患。

袁州之俗，男女隶于人者，逾约则没入出钱之家。愈至，设法赎其所没男女，归其父母。仍削其俗法，不许隶人。

十五年，征为国子祭酒，转兵部侍郎。会镇州杀田弘正，立王廷凑，令愈往镇州宣谕。愈既至，集军民，谕以逆顺，辞情切至，廷凑畏重之。改吏部侍郎。转京兆尹，兼御史大夫。以不台参，为御史中丞李绅所劾。愈不伏，言准敕仍不台参。绅、愈性皆褊僻，移刺往来，纷然不止，仍出绅为浙西观察使，愈亦罢尹，为兵部侍郎。及绅面辞赴镇，泣涕陈叙，穆宗怜之，乃追制以绅为兵部侍郎，愈复为吏部侍郎。

长庆四年十二月卒，时年五十七，赠礼部尚书，谥曰文。

愈性弘通，与人交，荣悴不易。少时与洛阳人孟郊、东郡人张籍友善。二人名位未振，愈不避寒暑，称荐于公卿间，而籍终成科第，荣于禄仕。后虽通贵，每退公之隙，则相与谈宴，论文赋诗，如平昔者焉。而观诸权门豪士，如仆隶焉，瞪然不顾。而颇能诱厉后进，馆之者十六七，虽晨炊不给，怡然不介意。大抵以兴起名教弘奖仁义为事。凡嫁内外及友朋孤女仅十人。

常以为自魏、晋已还，为文者多拘偶对，而经诰之指归，迁、雄之气格，不复振起矣。故愈所为文，务反近体，抒意立言，自成一家新语。后学之士，取为师法。当时作者甚众，无以过之，故世称"韩文"焉。然时有恃才肆意，亦有矫孔、孟之旨。若南人妄以柳宗元为罗池神，而愈撰碑以实之；李贺父名晋，不应进士，而愈为贺作讳辨，令举进士；又为《毛颖传》，讥戏不近人情；此文章之甚纰缪者。时谓愈有史笔，及撰《顺宗实录》，繁简不当，叙事拙于取舍，颇为当代所非。穆宗、文宗尝诏史臣添改，时愈壻李汉；蒋係在显位，诸公难之。而韦处厚竟别撰《顺宗实录》三卷。有文集四十卷。李汉为之序。

子昶，亦登进士第。

【译文】

韩愈，字退之，昌黎（今属河北）人。父亲韩仲卿，没有名望地位。韩愈才三岁，便成为孤儿，寄养在堂兄家中。韩愈自知是孤儿，所以从小就刻苦学习儒家经典，不待奖励，便自觉学习。大历（766～779）、贞元（785～805）之间，为文多数崇尚古学，仿效杨雄、董仲舒的著作,而独孤及和梁肃学得最深奥,文人们多推崇他们。韩愈跟他们这一帮人交游,积极钻研,想自己振作奋斗,对当代有所影响。及至参加进士考试,在公卿中间投文干谒,原宰相郑余庆积极为他宣传表扬,从此名振于当世。

不久,韩愈考上进士第,宰相董晋出为大梁(今河南开封)长官,招韩愈为巡官。解大梁巡官后,徐州(今属江苏)张建封又请他为宾佐。韩愈说话真率,无所畏惧,也无所回避,品行正直,不巧于世务。后调入京,授四门博士,转监察御史。唐德宗晚年,政出多门,宰相也不专于政务机要,宫廷贱买民物的"宫市"之祸害十分严重,谏官提出意见,皇上都不听。韩愈曾写了数千言的奏章严厉批评,皇上也不听,并大怒,贬韩愈为山阳(今河南修武)县令,不久移为江陵府(今属湖北)掾曹。元和(806~820)初年,召为国子博士,升都官员外郎。其时华州(今陕西华县)刺史闫济美因为公事停华阴(今属陕西)令柳涧县务,让杜甫代理掾曹之职。任职数月,闫济美罢华州刺史之职,出住公家馆舍,柳涧便乘机劝百姓拦路索取前年军役的劳务费。后任刺史赵昌检查此案,得知柳涧之罪状,上报朝廷,贬为房州(今湖北行山)司马。韩愈因公务出差,路过华州,得知柳涧的事,认为是刺史结党相包庇,上疏治柳涧,被朝廷搁置一边。命监察御史李宗奭下去复核,得知柳涧贪赃罪状,再贬他为封溪(今越南北境)县尉。朝廷认为韩愈上疏论柳涧是"妄论",所以复任国子博士。韩愈自负才高,而屡遭排斥,于是作《进学解》以自况,文曰:

国子监先生早晨入太学,召集众儒生在学馆下面站立着,教导他们说:"学业要精,在于勤奋;学业之荒废,在于玩乐。行为之成在于思考;行为之坏在于轻率。当今之世,圣主贤臣相逢,治国之法律纲纪普遍确立,除去凶险邪恶之人,提拔重视优秀人才。具有小的好处一般都加以录取,以一技之长著称的人无不被任用。对于人才,要搜罗选拔,要训练造就。其有幸者而被录选,谁说太多而不加以表彰呢?众儒生只担忧学业不能精进,而不担心主管的官吏之不能明察;行为只担忧不端正,而不担心主管官吏之不能公平。"

国子监先生话没说完,有在儒生行列中窃笑的,说:"先生欺骗我呀!学生我奉事先生,至今已有些年了。先生您嘴里不停地朗诵'六经'之文,手里不停地批翻百家之书。记事之类的书,必定提取其纲要;辑言之类的书,必定探求其玄妙。贪多务得,无论小的大的都不舍弃。晚上点上油灯,接续日光,日夜刻苦读书,常终年地勤勉不懈地用功。先生之对于学业,真可以说够勤的了。抵制排斥不合儒道的异端邪说,排挤斥责佛教和道教,填补空缺,发扬儒家学说的深奥玄理。寻求将要断绝的茫茫然的儒学道统,独自从各方面搜求并远继孔孟事业;阻拦百川之横流,使之东流入海,扭转处于压倒优势的汹涌狂澜。先生之对于儒学,真可以说很有劳绩了。沉醉于古人的妙文之中,品味其精华,撰写文章,著书立说,家里堆满了书。上可以说取法于虞舜夏禹的典籍之风格之浑厚深广,周之文诰、殷王盘庚之布告之曲折拗口,《春秋》经文文理之周密严谨,《春秋左氏传》传文文辞之铺张夸大,《周易》阐说事理之奇妙而有法则,《诗经》内容之正大和文辞之华美,下至《庄子》《离骚》,太史公司马迁所录之《史记》,杨雄、司马相如二人所做的赋之异曲同工。先生之作文,其可以说文旨宏大而文辞恣肆。少时开始学习,勇而敢作敢为;长大通达道理,左右皆适宜。先生之修身为人,真可以说是成熟完美了。然而你却于公不被人家所信任，于私不为朋友所帮助，进退两难，到处碰壁，一有举动便获罪。当了短暂的监察御史，很快就被贬斥到南方少数民族地区。三次当国子博士，所任闲职，表现不出治绩。命运有意与之为仇，不知要倒霉到什么时候。冬天温暖，而儿女还叫冷，年景丰收，而妻室还啼饥。头发掉了，牙齿脱落，直到老死，又有什么裨益？不知道考虑这些情况，反倒教训起别人来了！"

国子监先生说："喂，您到前面来。大的木头作屋梁，小的木头作椽子，斗拱短柱，枢臼门橛门闩楔木，都适当地利用各种木材，用以盖成房子，这是工匠们的工巧。玉屑、朱砂、天麻、龙芝、车前草、马屁菌、破烂的鼓皮，都一并收藏起来，等待派用场，这是医师的良术。光明正大公平合理地选拔人才，巧的拙的掺和着予以录用，深思稳重的含有内美，超群出众的表现杰出，比较其优劣，按其材器加以适当安排，这是宰相治国的妙法。从前孟轲喜好辩论，孔子的学说因而更加彰明，车轮之迹遍天下，以奔波而终于老死。荀况恪守孔子的正道，儒家宏论才得到发扬，逃避谗毁，跑到楚国，为兰陵令，后被废官，死于兰陵。这两位儒家继承人，说出来的言论就是经典，他们的行动成了行为的准则，超越同辈，以儒学之优进入圣人之门，然而他们在世俗中的遭遇如何呢？今天国子监先生虽然学习勤奋，但却未能遵循儒家的道统；言论虽然颇多，但却不能归结到儒家的中庸之道；文章虽然新奇，但却无益于实用；品行虽然有修养，但却未能显扬于众人之中。尚且月月花费薪金，年年耗损禄米，儿子不知耕种，老婆不会织布，骑着马还有仆从跟随，安稳地坐着吃饭，小心谨慎地跟随世俗之道，偷看古人著作并加以剽窃抄袭。然而圣明的君主并不加以责罚，宰相也不予以罢职，这哪里不是他的幸运呢！一有举动就被毁谤，而狂名却也随之显扬。安置在闲散的职位上，当然是分内应得的。至于计较财物的有或无，论其地位的高或低，忘记自己分量是否符合标准，却指摘前人的缺点，这就是质问工匠不用小木桩代替柱子，责怪医师用菖蒲之药去延年益寿，要他进用泻药猪苓。"

掌权的大官读了韩愈这篇文章而怜惜他，认为他具有治史之才，改任他为比部郎中之职、史馆修撰之任。超过一年，又转为考功郎中，知制法，拜中书舍人。

不久，有不喜欢韩愈的，收集他过去的材料，说他以前贬为江陵（今属湖北）掾曹时，荆南节度使裴均给他很优厚的待遇。裴均的儿子裴锷凡庸鄙俗，最近裴锷回来探望父亲，韩愈作序文饯送裴锷，仍称其字。这事议论纷纷，闹到朝臣当中，因为这件事，韩愈被改官太子右庶子。元和十二年（817）八月，宰相裴度为淮西宣慰处置使，兼彰义军节度使，请韩愈为行军司马，仍旧赐金鱼袋和紫衣。淮西、蔡州之乱平定以后，韩愈于十二月随裴度回朝，因有功授官刑部侍郎，下诏让他撰写《平淮西碑》，碑文多叙写裴度的事迹。其时先入蔡州擒捉吴元济的，李愬的功劳应推第一，所以李愬对韩愈所撰碑文深感不满。李愬的妻子出入宫中，四处诉说碑文失实，于是朝廷下诏磨去韩愈所撰碑文。唐宪宗命翰林学士段文昌重新撰写碑文并刻于石碑上。

凤翔（今属陕西）法门寺有护国真身塔，塔内有释迦文佛手指骨一节，按佛书所传之法，三十年开示一次，开示则岁得丰收人氏平安康泰。元和十四年（819）正月，皇上令宦官杜英奇率领宫人三十人，手拿香花，到临皋驿迎接佛骨。迎佛骨的队伍迎来的佛骨，自光顺门迎入皇宫，留在宫中三日，才送到各寺院。王公贵族，乃至士人百姓，奔走迎送，竞相施舍，唯恐落后。百姓有废掉产业的，有烧灼头颅和臂膀的，都想求供养佛骨。韩愈平素不喜欢事佛，上疏进谏说：

臣以为所谓佛，是夷狄的一法而已。自后汉时才传入中国，在上古从未有过。从前黄帝在位一百年，岁数一百一十岁；少昊帝在位八十年，岁数一百岁；颛顼在位七十九年，岁数九十八岁；帝喾在位七十年，岁数一百零五岁；帝尧在位九十八年，岁数一百一十八岁；舜帝和夏禹岁数都上百岁。那时天下太平，百姓安乐，而且长寿，然而那时中国还没有所谓佛呢。后来商汤岁数也有百岁，汤的孙子太戊在位七十五年，武丁在位五十年，历史书籍不说他们的寿命，大概也都不在百岁之内。周文王九十七岁，武王九十三岁，穆王在位一百年。那时佛法也未传至中国，并不是因为侍奉佛节才有这样的长寿啊。

汉明帝时才有佛法，明帝在位才十八年。后来不是动乱就是亡国，相继而至，国祚并不长久。南朝宋代、齐代、梁代、陈代、元魏以下，侍奉佛法渐渐谨诚，然而国运愈是短促。唯有梁武帝在位四十八年，前后三次舍身施佛，祭祀宗庙，不用三牲，白天每天只吃一顿，只吃蔬菜和水果；后来竟然为侯景所逼迫，饿死在台城，国家不久也就灭亡了。事佛以求福，加反而得祸。从这些史实看来，所谓佛，实在不能相信，也就可以明白了。

大唐高祖皇帝刚受隋朝之禅让，就商议废除佛法。当时群臣见识短浅，不能深深追溯古圣先王之道，推究阐发圣明之德，以补救佛法之弊端，废佛之事遂搁置一边。臣对此曾感遗憾呀！皇帝陛下，您神圣英武，几千百年来无与伦比。陛下即位初时，就不许剃度人为僧人尼姑和道士，又不允许另立寺院道观。臣当时以为高祖的宏愿，必定实行于陛下的手中。今日纵然尚未能立即实行，岂可以恣意奉佛使之变得更加盛行啊。

今听说陛下命令众僧人迎佛骨于凤翔，登楼观看，将佛骨抬入宫廷，还传令各寺院递相迎接供养佛骨。臣虽然非常愚蠢，也知道陛下不至为佛所迷惑，做出这样推崇奉事佛法以求得福祥的傻事来。只是因为丰收年景人民安乐，顺着民心，为京都的士人百姓设些怪异的观赏和玩耍游戏的名堂而已。哪有如此圣明而肯相信这等荒诞之事呢？但是百姓们很愚蠢又顽固，容易受迷惑却难以晓以道理，如果看到陛下这样的举动，将会以为陛下真心相信佛法。都说天子大圣人，尚且一心敬佛信佛，百姓既微且贱，对佛哪能爱惜身躯和性命。所以灼炙头顶焚烧手指，或百或十，成群结队，解衣服散钱财，从早到晚，互相仿效，唯恐落在他人之后，老人和小孩也到处奔走，都丢弃各自的活计。如果不立即加以禁止，再经历几座寺院，必定有砍断臂膀切割身躯去供养佛骨的。伤风败俗，传笑四方，这不是小事情啊。

佛本来是夷狄之人，和中国语言并不相通，衣服也不一样。佛口不说先王的法言，身不穿先王的法服，也不知君君臣臣之义和父父子子之情。假如佛身尚存，奉其国君之命，来到京师朝见陛下，陛下容纳并加以接待，也不过在宣政殿接见一次，设迎宾礼一次，赐衣服一件，护卫并送他出于国境，不会让他来迷惑众百姓的。何况其身死去已经很久了，枯朽的骨头，是凶事秽物的剩余，岂宜于引入宫廷之中啊！孔子说："敬鬼神而远之。"古代诸侯，到卫国行吊丧之礼，尚且要让巫祝先用桃枝编的箒帚，扫除不祥，然后再进去行吊。今天无故取这腐朽污秽之物，亲自登楼观看，巫祝不先行，桃枝筶帚也不用，群臣不说那是不对的，御史也不举报这样做的过失，臣实在感到耻辱。乞请将这佛骨丢到水里或用火烧掉，永远绝掉它的根本，断掉天下人的迷信，消除后代的疑惑。使天下之民，知道大圣人的所作所为超出于平常人不是万万所能计算的，那岂不是一大盛举！那岂不快哉！佛如果真的有灵，能致祸作祟，所有灾殃大祸，宜加在臣身上。上天鉴察作证，臣不怨恨也不翻悔。

奏疏交上去，宪宗非常愤怒。隔一天，宪宗拿出韩愈的奏疏让宰相看，打算加以极刑。裴度、崔群上奏说："韩愈上疏忤逆皇上尊听，确实宜加罪，然而不是内心怀有忠恳之情，不回避被斥责或贬逐，哪能做到这个样子？尚乞稍赐宽容，以便招后来之进谏者。"宪宗说："韩愈说我奉佛太过分，我还可以宽容他。至于说东汉奉佛以后，帝王都招致夭死，这话多么乖逆刺激啊？韩愈作为臣子，竟敢如此狂妄，所以不能赦免。"于是民情惊恐惋叹，乃至国戚权贵也以为对韩愈的判罪太重，借故劝说宪宗，于是贬韩愈为潮州（今属广东）刺史。

韩愈到了潮阳，上表说：

臣今年正月十四日，蒙恩授潮州刺史之职，即日启程，奔驰驿路。经过跋涉，来到岭南，计水陆之程，约有万里。臣所管辖的潮州，在广府最东边，距广府虽说两千里，然而一个来回，动即超过一个月。经过海口，下恶水，急流涛波壮阔猛烈，难以计算日期和路程，飓风和鳄鱼，有不测之祸患。州南近处边界，南海之水连接蓝天，毒雾瘴气，日夜发作。臣从小多病，年纪才五十，头发已花白，牙齿也开始脱落，理应不能活得长久。加以所犯之罪极重，所处之地又极远极险恶，忧惊愧怕，不日死亡。孤独一身，朝中无亲无党，谪居这蛮夷之地，和鬼怪为群。假如不是陛下哀怜顾念，有谁为臣说句好话。

臣禀性愚蠢丑陋，人事关系多不通达，只酷爱学问和文章，不曾一日废弃停辍，实是为同时一辈人所称许。臣对于当世之文，也没有超人之处，至于论述陛下的功德，和《诗经》《尚书》相呼应，写作诗歌，荐送于郊庙，纪封泰山，镂刻白玉牒，铺陈张扬齐天的大美德，表扬激励空前的大功绩，编入《诗经》《尚书》这类典籍而无愧色，措置于天地之间而无亏损。即使古人再生，臣也不肯谦让。大唐受天命而拥有天下，四海之内，莫不是臣民与侍妾，东南西北，其疆域各有万里之遥。自从天宝以后，政治稍为松懈，文臣不能优化，武官也难以约束。孽臣奸佞，表面顺从而内怀叛逆，父亲死了，儿子袭承其职权，或以祖传之于孙，类似古代诸侯，自擅其权，自辖其地，不入朝，不进贡，已经六七十年。四位圣君传位，以至于陛下，亲自临朝听政决断，干戈所指，无不听从。宜当制定乐章，以昭告神明，东行巡视封于泰山，向皇天奏功，使长久万年，顺从我大唐功业。当此之际，是所谓千载难逢的大好机会，而臣戴罪之人，自拘宁于海岛，唉声叹气，日日接近死亡，而不曾献上薄劣的技艺于官隶之间，用尽精力，费尽心思，以赎取以前的罪过。内心怀痛，忧思极天，死不瞑目。瞻望京中皇宫，神魂已随着飞去。希望陛下，如同天地父母，哀而怜我。

宪宗对宰相说："昨天我收到韩愈到潮州上的表，因而想起他谏迎佛骨的事，确实是很爱我的，我哪里不知？但是韩愈作为人臣，不应当说皇帝奉佛才短命。我所以讨厌他的轻率。"皇上想再起用韩愈，所以先说及韩愈，看看宰相对这事有什么看法。而皇甫镈讨厌韩愈的狂直，恐怕宪宗再起用韩愈，就带头说："韩愈实在太疏放狂妄，可以移近京畿一郡任职。"于是授予袁州(今江西宜春)刺史。

初时，韩愈到潮阳，开始办公，问及官吏百姓的疾苦，都说："郡西潭水里有鳄鱼，下蛋孵化出来的，约有几丈长，吃老百姓的牲畜，快被吃完了，所以百姓贫穷。"住了几天，韩愈去视察一番，让判官秦济烤一猪一羊，投到潭水里，为文咒鳄鱼说：

前代薄德的君主，放弃楚、越之地，那样，鳄鱼游泳生存于这里是可以的。但如今天子神明圣贤，四海之外，也安抚而拥有。何况扬州(潮州古属扬州)之境，刺史和县令所治理的范围，缴纳赋税贡品以供皇帝祭祀宗庙鬼神，鳄鱼岂可以和刺史混居这里呢？刺史受皇上之命，镇守此地，而鳄鱼悍然不安居于溪潭，而吃百姓所养熊、鹿、獐、猪等牲畜，以肥其身，以产卵繁殖，和刺史争长称雄。刺史虽然笨而且弱，但哪里肯向鳄鱼低头而甘拜下风呢？今潮州大海在它的南边，鲸鱼鹏鸟这样的大物，虾和螃蟹这样的小物，无不能容纳，鳄鱼早上离开这里，晚上就到大海中去了。今天和鳄鱼约定，三日至七日，如顽固不愿迁徙，等待害物，那么刺史就选强壮又有技艺的勇士，拿着强弓毒箭，和鳄鱼决一胜负。

咒鳄鱼的那天晚上，有狂风惊雷从潭中发出来。几天工夫，潭水尽干枯，鳄鱼即迁徙到离郡西六十里的旧潭里，自此潮州之民再没有鳄鱼的祸患了。

袁州的风俗，男的女的如果卖身做奴隶，超过预约期限无钱赎身的，就归于出钱的人家。韩愈来了，设法赎回被藉没的男女，还给他们的父母。仍旧废去其俗之法，不许卖身做奴隶。

元和十五年(820)，韩愈被召为国子祭酒，转为兵部侍郎。正遇镇州(今河北正定)杀了田弘正，立王廷凑，命令韩愈到镇州宣布解说。韩愈到了镇州，召集军民，晓以顺逆的道理，说话言辞和情感都很真切，王廷凑敬畏而且重视他。又改任吏部侍郎，转为京兆尹，兼御史大夫。韩愈因为不参谒台臣，被御史中丞李绅所弹劾。韩愈不服气，说有敕令准予御史大夫不必参谒台臣。李绅和韩愈为人性情都偏僻，名刺送来送去，纷纷然没完没了，于是让李绅出为浙西观察使，韩愈也罢去京兆尹之职，为兵部侍郎。及至李绅临行赴镇，向唐穆宗当面辞行，哭泣着叙说情况的经过，穆宗可怜他，于是追下诏令，以李绅为兵部侍郎，韩愈仍旧任吏部侍郎。

长庆四年(824)十二月，韩愈死，享年五十七岁，赠礼部尚书，谥号曰"文"。

韩愈性情宏大通达，和人交往，不管是显荣还是倒霉，交情都不改变。少年时和洛阳人孟郊、东郡人张籍友好。这二位朋友声名地位还没显露时，韩愈不避寒冷酷热，在公卿中间活动，竭力加以举荐。而张籍终于科举及第，当官显贵。后来虽然荣贵一时，但每当公余空闲之时，就相聚饮宴谈天，论文赋诗，和以前一个样。而看待那些权贵豪门，却如同走仆奴隶，睁着眼睛也不看一下。同时颇能诱导勉励后进之士，收入馆中的有十六七人，即使早饭吃不上，也怡然自得，从不介意。他一生大抵以振兴名教发扬仁义为己任。共嫁内外亲戚和朋友中的孤女只十人。

韩愈常认为自魏、晋以来，作文的人多拘泥于对仗，而在文经、诰的要旨，司马迁、扬雄文章的风格,却不复加以继承和发扬了。所以韩愈所写的文章,务求反对近体,抒意立言,都自成一家。后学士人,都师其文,取为法则。当时写文章的人很多,没有人能超过他,所以世称"韩文"。然而他有时恃才自傲,肆意而行,也有背离孔子、孟子之旨的地方。譬如南方人妄传柳宗元为罗池神,而韩愈写碑文却加以证实;李贺父亲名晋,不应参加进士考试,而韩愈却为李贺写《讳辨》,要他参加进士考试;又作《毛颖传》,讥刺戏谑也不近人情:这些都是文章中很谬误的。时人说韩愈有史笔,及至撰写《顺宗实录》,繁简失当,叙事也不善于取舍,颇为当时所非议。唐穆宗、文宗曾下诏让史臣加以添改,那时韩愈的女婿李汉、蒋系正处于显荣的地位,诸公颇为难。而韦处厚竟另外撰写《顺宗实录》三卷。韩愈有文集四十卷,李汉为之作序。

韩愈的儿子韩昶,参加进士考试及第。

刘禹锡传

【题解】

刘禹锡(772~842),唐代文学家、哲学家。字梦得,洛阳(今属河南)人,祖籍中山(今河北定县)。贞元进士,登博学宏词科。授监察御史,参加王叔文集团,反对宦官和藩镇割据。失败后贬为郎州司马、牵连州刺史。后官至太子宾客,加检校礼部尚书,世称"刘宾客"。

刘禹锡诗与柳宗元、白居易齐名,时称"刘柳""刘白"。其诗造语流丽,取境优美、凝练含蓄,善用比兴手法寄托政治内容。所作《竹技词》等颇具民歌风格,流传甚广。参加韩柳倡导的古文运动,大力写作古文。其论文涉及哲学、政治、医学、书法等许多方面。《天论》三篇,论述了天的物质性,反映出朴素的唯物主义思想。有《刘梦得文集》。

刘禹锡

【原文】

刘禹锡字梦得,彭城人。祖云,父溆,仕历州县令佐,世以儒学称。禹锡贞元九年擢进士第,又登宏词科。禹锡精于古文,善五言诗,今体文章复多才丽。从事淮南节度使杜佑幕,典记室,尤加礼异。从佑入朝,为监察御史。与吏部郎中韦执谊相善。

贞元末，王叔文于东宫用事，后辈务进，多附丽之，禹锡尤为叔文知奖，以宰相器待之。顺宗即位，久疾不任政事，禁中文诰，皆出于叔文，引禹锡及柳宗元入禁中，与之图议，言无不从。转屯田员外郎、判度支盐铁案，兼崇陵使判官。颇怙威权，中伤端事。宗元素不悦武元衡，时武元衡为御史中丞，乃左授右庶子。侍御史窦群奏禹锡挟邪乱政，不宜在朝，群即日罢官。韩皋凭借贵门，不附叔文党，出为湖南观察使。既任喜怒凌人，京师人士不敢指名，道路以目，时号二王、刘、柳。

叔文败，坐贬连州刺史，在道，贬朗州司马。地居西南夷，土风僻陋，举目殊俗，无可与言者。禹锡在朗州十年，唯以文章吟咏，陶冶情性。蛮俗好巫，每淫祠鼓舞，必歌俚辞。禹锡或从事于其间，乃依骚人之作，为新辞以教巫祝。故武陵谿洞间夷歌，率多禹锡之辞也。

初禹锡、宗元等八人犯众怒，宪宗亦怒，故再贬。制有"逢恩不原"之令。然执政惜其才，欲洗涤痕累，渐序用之。会程异复掌转运，有诏以韩皋及禹锡等为远郡刺史。属武元衡在中书，谏官十余人论列，言不可复用而止。

禹锡积岁在湘、沣间，郁悒不怡，因读《张九龄文集》，乃叙其意曰："世称曲江为相，建言放臣不宜于善地，多徙五磎不毛之乡。今读其文章，自内职牧始安，有瘴疠之叹，自退相守荆州，有拘囚之思。托讽禽鸟，寄辞草树，郁然与骚人同风。嗟夫，身出于遐陬，一失意而不能堪，矧华人士族，而必致丑地，然后快意哉！议者以曲江为良臣，识胡雏有反相，羞与凡器同列，密启廷诤，虽古哲人不及，而燕翼无似，终为馁魂。岂忮心失恕，阴谪最大，虽二美莫赎耶？不然，何袁公一言明楚狱而锺祉四叶。以是相较，神可诬乎？"

元和十年，自武陵召还，宰相复欲置之郎署。时禹锡作《游玄都观咏看花君子》诗，语涉讥刺，执政不悦，复出为播州刺史。诏下，御史中丞裴度奏曰："刘禹锡有母，年八十余。今播州西南极远，猿狄所居，人迹罕至。禹锡诚合得罪，然其老母必去不得，则与此子为死别，臣恐伤陛下孝理之风。伏请屈法，稍移近处。"宪宗曰："夫为人子，每事尤须谨慎，常恐贻亲之忧。今禹锡所坐，更合重于他人，卿岂可以此论之？"度无以对。良久，帝改容而言曰："朕所言，是责人子之事，然终不欲伤其所亲之心。"乃改授连州刺史。去京师又十余年，连刺数郡。

大和二年，自和州刺史征还，拜主客郎中。禹锡衔前事未已，复作《游玄都观诗序》曰："予贞元二十一年为尚书屯田员外郎，时此观中未有花木，是岁出牧连州，寻贬朗州司马。居十年，召还京师，人人皆言有道士手植红桃满观，如烁晨霞，遂有诗以志一时之事。旋又出牧，于今十有四年，得为主客郎中。重游兹观，荡然无复一树，唯兔葵燕麦，动摇于春风，因再题二十八字，以俟后游。"其前篇有"玄都观里桃千树，总是刘郎去后栽"之句，后篇有"种桃道士今何在，前度刘郎又列来"之句，人嘉其才而薄其行。禹锡甚怒武元衡、李逢吉，而裴度稍知之。大和中，度在中书，欲令知制诰，执政又闻《诗序》，滋不悦，累转礼部郎中、集贤院学士。度罢知政事，禹锡求分司东都。终以恃才褊心，不得久处朝列。六月，授苏州刺史，就赐金紫。秩满入朝，授汝州刺史，迁太子宾客，分司东都。

禹锡晚年与少傅白居易友善，诗笔文章，时无在其右者。常与禹锡唱和往来，因集其诗而序之曰："彭城刘梦得，诗豪者也。其锋森然，少敢当者。予不量力，往往犯之。夫合应者声同，交争者力敌。一往一复，欲罢不能。由是每制一篇，先于视草，视竟则兴作，兴作则文成。一二年来，日寻笔砚，同和赠答，不觉滋多。大和三年春以前，纸墨所存者，凡一百三十八首。其余乘兴仗醉，率然口号者不在此数。因命小侄龟儿编录，勒成两轴。仍写二本，一付龟儿，一授梦得小男仑郎，各令收藏，附两家文集。予顷与元微之唱和颇多，或在人口。尝戏微之云：'仆与足下二十年来为文友诗敌，幸也，亦不幸也。吟咏情性，播扬名声，其适遗形，其乐忘老，幸也。然江南士女语才子者，多云元、白，以子之故，使仆不得独步于吴、越间，此亦不幸也。今垂老复遇梦得，非重不幸耶？'梦得梦得，文之神妙，莫先于诗。若妙与神，则吾岂敢？如梦得'雪里高山头白早，海中仙果子生迟'，'沉舟侧畔千帆过，病树前头万木春'之句之类，真谓神妙矣。在在处处，应有灵物护持，岂止两家于弟秘藏而已！"其为名流许与如此。梦得尝为《西塞怀古》《金陵五题》等诗，江南文士称为佳作，虽名位不达，公卿大僚多与之交。

开成初，复为太子宾客分司，俄授同州刺史。秩满，检校礼部尚书、太子宾客分司。会昌二年七月卒，时年七十一，赠户部尚书。

【译文】

刘禹锡，字梦得，彭城（今江苏徐州）人。祖父刘云，父亲刘溆，历官州县令佐吏，于时以儒学著称。

刘禹锡贞元九年（793）中进士第，又登宏辞科。他精于写古文，又善作五言诗，今体文章也表现多才而华丽。在淮南节度使杜佑幕中干事，掌管记室，尤受礼遇。跟随杜佑入朝，为监察御史。他和吏部郎中韦执谊相友好。

贞元（785～805）末年，王叔文在东宫任职，晚辈求进取的，多依附他。刘禹锡尤其为王叔文所了解和奖掖，把他看作宰相之才。唐顺宗登帝位，病了很久，不能胜任政事，宫禁中的文诰，都是由王叔文发出的。王叔文引刘禹锡和柳宗元入宫中，和他们商议大事，他们所说的，无不听从。刘禹锡转官屯田员外郎，判度支盐铁案，兼崇陵（唐德宗墓）使判官。颇自恃威权，伤害朝士。柳宗元平时不喜欢武元衡，那时武元衡任御史中丞，把他降为右庶子。侍御史窦群上奏说刘禹锡挟邪乱政，不适宜留在朝中，窦群当日就被罢官。韩皋凭借他是贵门出身，不依附王叔文之党，被出为湖南观察使。刘禹锡任性以喜怒欺凌于人，京师人士不敢提他的名，道路以目，敢怒而不敢言，当时号称"二王刘柳"。

王叔文革新失败，刘禹锡受累被贬为连州（今四川筠连）刺史，在途中，又贬为朗州（今湖南常德）司马。朗州地处西南夷之境，风俗鄙陋，举目异样，没有可以对话的。刘禹锡在朗州十年，平时只是写文章吟诗歌，借以陶冶情性。蛮夷风俗喜好巫术，每逢神祀设祭，击鼓跳舞，一定要唱些俚俗的歌词。刘禹锡在这中间干事，有时参与这类活动，于是按骚人写歌词那样，为巫歌写新词，教巫祝传唱。所以武陵谿洞之间的夷歌，大多是刘禹锡的歌词。

初时，刘禹锡、柳宗元等八人，触犯众怒，宪宗也发怒，所以再贬朗州。在朝廷的制令中有"逢恩不赦"的话。然而掌朝政的大臣爱惜他们的才华,想洗掉身上的政治痕累,渐渐地再起用他们。正逢程异又掌转运大权,下诏命以韩皋和刘禹锡等人为远郡刺史。当武元衡任中书,谏官十多人上书议论此事,说这些人不可再用,因而作罢。

刘禹锡多年在湘江澧水之间,郁郁寡欢,因读了《张九龄文集》,乃叙写其意说:"世称曲江张九龄当宰相,建议放逐罪臣不宜放于好地方,多半徙居五磝不毛之地,今读他的文章,自内庭任职出守始安(在今贵州境),有叹息瘴疠之气的意思;自罢相出任荆州(今湖北江陵),有感叹被拘禁的意思。托讽于禽鸟,寄辞于草木,郁郁然和骚人同一风韵。哎呀,身被放逐于边远之地,一旦失意便难以忍受,何况华人士族,而被处于丑陋之地,然后还能感到快意!议论的人认为张九龄是良臣,识破胡雏安禄山有反骨之相,以与庸才凡器同列为羞耻,私下上奏,廷上谏诤,就是古时的贤哲之人也比不上,辅佐君王之忠勤,没人比得上,然而却终于成为饿鬼。岂不是猜忌之心失于恕道,暗罚最大,虽有二美也不能赎罪啊?不是那样,袁公哪能一句话明断楚之冤狱而招福四世呢?以此相比较,神明哪能欺瞒呢?"

元和十年(815),刘禹锡从武陵被召回京师,宰相又想把他安排在朝内官署任职。那时刘禹锡作《游玄都观咏看花君子》诗,诗语中含有讥刺之意,令掌政的朝臣不高兴,又被出为播州(今贵州遵义)刺史。诏书颁发下去,御史中丞裴度上奏说:"刘禹锡有老母,年纪已经八十多岁。今播州在西南极远之地,是猿猴所居的地方,人迹很少到达。刘禹锡确实有罪,但他的老母实在不能去播州,那么只能和儿子作死别,臣深恐这有伤于陛下孝治之风。希望屈折一下法律,稍移于近处。"宪宗说:"作为人子,每件事都要特别谨慎,应常考虑到会不会给双亲带来忧患。今日刘禹锡所应得的罪,理应更重于其他人,你哪里能以孝来议论从宽处理呢?"裴度无语以对。过了很久,皇帝改变面色说:"我所说的,是指责作为人子的事,然而总不想伤他老母的心。"于是改授刘禹锡连州(今广东连县)刺史。他离开京师又经历十多年,接连做了几郡的刺史。

大和二年(828),刘禹锡被从和州(今安徽和县)刺史召入朝,官拜主客郎中。刘禹锡对以前的事衔恨不已,又作《游玄都观诗序》说:"我于贞元二十一年(805)任尚书屯田员外郎,那时这个道观还没有花木,这一年我出任连州刺史,不久又贬为朗州司马。在朗州居住十年,被召入京师,那时人人都说有道士手种红桃,栽满道观,开花时烁烁如同早霞,遂有前诗,以记一时之事。不多时,又外出任州郡刺史,至如今又经历十四年,才得以入朝任主客郎中。重游这座道观,已经荡然一树无存,桃花尽净,只有兔葵和燕麦在春风中摇动,因此再题二十八字,以待后游君子。"他的前一首诗,有这样的句子:"玄都观里有千树桃花,都是刘郎我离京去后才栽种的。"后一首则有这样的句子:"种桃的道士今天不知都到哪里去了,前次来游的刘郎我又到这玄都观里来。"人们赞赏他的才气,却鄙薄他的品行。刘禹锡最为愤怒的是武元衡和李逢吉,而裴度则比较理解他。大和(827~835)中,裴度在中书省,想让刘禹锡任知制诰之职,掌权的朝臣又听说他写了那篇诗序,更加不高兴,因而转为礼部郎中、集贤院学士。裴度罢掉知政事之职,刘禹锡请求分司东都洛阳。他始终因为自恃其才,处世偏激,所以不能长期在朝中任职。(大和五年)六月,授苏州刺史，赐金鱼袋紫衣。任职期满入朝，又授汝州（今河南临汝）刺史，升为太子宾客，分司东都。

刘禹锡晚年和太子少傅白居易相友善，诗歌文笔，当时没有在他们之前的，冠绝一时。白居易常和刘禹锡往来唱和，因而收集他的诗，并写了序言，说："彭城刘禹锡，是诗中之豪者。他的笔锋森森然，很少有敌手。我不自量力，往往触犯其锋。和应者必是同声，相争必是敌手。一往一来，想罢不能。因此每写一篇，先看草稿，看完就兴发，兴发就写成文章，一二年来，每日都找笔墨纸砚，互相赠答，不觉愈来愈多。大和三年（829）春以前，纸墨所存吟稿，共计一百三十八首。其他因醉酒乘兴而作的，或者率然而成口号的，都不在此数之内。于是叫小侄龟儿编录在一起，辑成两轴。仍旧抄写两本，一轴给龟儿，一轴给刘禹锡的小男孩仑郎，要他们好好收藏，附在两家的文集。我近与元稹唱和也颇多，有的传播在人们的口头之中。我曾和元稹开玩笑说：'我和你二十年来作为文友诗敌，是幸，也是不幸。吟咏性情，扬声显名，其适可以忘形，其乐可以忘老，这是幸；然而江南的士人女子议论才子的，多称"元、白"，因为你的原因，使我不能在吴、越之间独冠一时，这是所谓不幸。今年纪已老，又遇到刘禹锡，不是更加不幸吗？'禹锡禹锡，其文章之妙，首推其诗。其神妙之处，我哪敢同他比较？譬如禹锡的'雪里高山头白得很早，海中仙果结实就迟了'、'沉没的船其侧有千帆驶过，病老的树其前有万木争春'之类的句子，真可谓神妙啊。禹锡的诗所在之处，都应有神灵来保护，岂能止于两家的子弟加以秘藏而已！"刘禹锡被名流所推许达到这样的地步。刘禹锡曾写《西塞怀古》《金陵五题》等诗，江南的文士称为佳作，虽然他的名位不显达，但公卿大僚多争相和他交往。

开成（836~840）初年，刘禹锡又任太子宾客，分司东都，不久又授同州（今陕西大荔）刺史。任期已满，又入朝任检校礼部尚书、太子宾客分司。会昌二年（842）七月死，享年七十一，追赠户部尚书。

刘禹锡儿子刘承雍，登进士第，也有文才辞藻。

柳宗元传

【题解】

柳宗元（773~819），唐代文学家、哲学家。字子厚，河东（今西永济）人，世称柳河东。因官终柳州刺史，又称柳柳州。曾参加永贞元年王叔文等领导的革新运动，失败后长期被贬永州、柳州蛮荒之地，死于柳州任上。

柳宗元与韩愈共同倡导了古文运动，同被列入"唐宋八大家"，并称"韩柳"。他重视文章的内容，强调"道"与"文"的主次关系，大力提倡古文。他创作了大量论说文、传记文、山水游记、寓言，有着丰富的现实内容和精湛的艺术技巧。又工诗，风格多样，造语精妙。部分诗作思想内容与陶渊明相近，后人将他与王维、孟浩然、韦应物等山水诗人并称

"王、孟、韦、柳"。

柳宗元还是位杰出的思想家,他创作了《天说》《天对》《断刑论》《非国语》等重要论著,认为"元气"是物质的客观存在,不存在更高的主宰,具有朴素的唯物论成分。柳宗元自幼好佛,有儒、释、道"三教调和"的主张。有《河东先生集》。

柳宗元

【原文】

柳宗元,字子厚,河东人。后魏侍中济阴公之系孙。曾伯祖奭,高宗朝宰相。父镇,太常博士,终侍御史。宗元少聪警绝众,尤精西汉、诗、骚。下笔构思,与古为侔。精裁密致,璨若珠贝。当时流辈咸推之。登进士第,应举宏辞,授校书郎、蓝田尉。贞元十九年,为监察御史。

顺宗即位,王叔文、韦执谊用事,尤奇待宗元。与监察吕温密引禁中,与之图事。转尚书礼部员外郎。叔文欲大用之,会居位不久,叔文败,与同辈七人俱贬。宗元为邵州刺史,在道,再贬永州司马。既罹窜逐,涉履蛮瘴,崎岖堙厄,蕴骚人之郁悼,写情叙事,动必以文。为骚文十数篇,览之者为之凄恻。

元和十年,例移为柳州刺史。时朗州司马刘禹锡得播州刺史,制书下,宗元谓所亲曰:"禹锡有母年高,今为郡蛮方,西南绝域,往复万里,如何与母偕行。如母子异方,便为永诀。吾与禹锡为执友,胡忍见其若是?"即草章奏,请以柳州授禹锡,自往播州。会裴度亦奏其事,禹锡终易连州。

柳州土俗,以男女质钱,过期则没入钱主,宗元革其乡法。其已没者,仍出私钱赎之,归其父母。江岭间为进士者,不远数千里皆随宗元师法;凡经其门,必为名士。著述之盛,名动于时,时号"柳州"云。有文集四十卷。元和十四年十月五日卒,时年四十七。子周六、周七,才三四岁。观察使裴行立为营护其丧及妻子还于京师,时人义之。

【译文】

柳宗元,字子厚,河东(今山西永济)人。后魏侍中济阴公之系孙。曾伯祖柳奭,在高宗朝任宰相。父亲柳镇,官太常博士,终侍御史。

柳宗元少年时代,聪明机警,超群出众,尤其精通西汉文章和《诗经》《离骚》。构思落笔为文,可与古人相比并。精心制裁,缜密连缀,璨璨如同编织珍珠和贝壳。当时文林同辈都推崇他。参加科举考试中进士第,又应考中宏辞科,授给校书郎、蓝田(今司陕西)县尉之职。贞元十九年(803),柳宗元任监察御史。

唐顺宗即帝位,王叔文、韦执谊掌权用事,尤其看重并任用柳宗元,将他和监察吕温秘密引入富禁之中,和他们商议大事。柳宗元又转为尚书礼部员外郎。王叔文想让他当大官,恰遇任职不久,王叔文就失败了,他便和七名同辈都被贬谪了。柳宗元被贬为邵州(今湖南宝庆)刺史,赴任途中,再贬为永州(今湖南零陵)司马。柳宗元既遭贬逐,涉足南蛮瘴疠之地,处身崎岖阻塞之境,内怀骚人抑郁之情,所以抒情叙事,一动就写文章。作骚体文章十多篇,阅览的人无不为之感到凄恻哀婉。

元和十年(815),柳宗元按旧例被移为柳州(今属广西)刺史。那时朗州司马刘禹锡任播州(今贵州遵义)刺史,诏书下达,柳宗元同所亲近的人说:"刘禹锡有老母,年事已高,今到蛮方远郡为刺史,在西南绝域之地,来回上万里,哪能让他和老母一起去。如果母亲不去,母子异方,便成为永别。我和禹锡是志同道合的朋友,哪能忍心看他母子这样为难呢?"遂起草奏章,请求将柳州授给刘禹锡,自己赴播州上任。正遇裴度也奏请照顾刘禹锡母子,所以刘禹锡终于改授连州(今广东连州市)刺史。

柳州风俗,用男或女为质去借钱,如果过期没还钱,人质便为钱主所没收。柳宗元到了柳州,便革掉这种土法。那些已经被钱主没收的男女,柳宗元自己出私钱赎取,并归还给他们的父母。长江至岭南之间,凡是想考进士的,不远千里,都来跟随柳宗元,拜他为师。凡是经柳宗元指点过的,必成为名士。柳宗元著述之多,文名震动当代,时人号称"柳州"。有文集四十卷。元和十四年(819)十月五日死,享年四十七。那时他的儿子周六和周七,才三四岁。观察使裴行立为柳宗元办理丧事,并护送他的妻室和儿子返回京师,当时的人赞扬他很有义气。

柳公权传

【题解】

柳公权字诚悬(778~865),京兆华原(今陕西耀州区)人。元和年间中进士。柳氏一门,系世宦人家,他的叔父柳子华曾任池州刺史,他的哥哥柳公绰,任河东节度使,堂弟柳公度,仕至光禄少卿。他的侄儿柳仲郢仕至天平刺史。柳公权亦仕至工部尚书、太子少师。

柳公权是我国唐代著名书法家,以书法得到皇帝的宠幸。唐代的皇帝以李世民为代表,最喜爱书法艺术,在最高统治者的提倡下,书法艺术在唐代形成我国书法艺术的高峰,虞世南、颜真卿、欧阳询、褚遂良、柳公权等杰出书法家灿若群星。柳公权的书法,兼收各家之长,形成自己刚劲清丽的书风,世称"颜筋柳骨",对后世习书者有很大影响。旧时蒙童学书,不少是从柳书入手。传世的书法作品有《送梨帖跋》《玄秘塔》《金刚经》《神策军碑》等帖。

【原文】

公权字诚悬。幼嗜学,十二能为辞赋。元和初,进士擢第,释褐秘书省校书郎。李听镇夏州，辟为掌书记。穆宗即位，入奏事，帝召见，谓公权曰："我于佛寺见卿笔迹，思之久矣。"即日拜右拾遗，充翰林侍书学士，迁右补阙、司封员外郎。穆宗政僻，尝问公权笔何尽善，对曰："用笔在心，心正则笔正。"上改容，知其笔谏也。历穆、敬、文三朝，侍书中禁。公绰在太原，致书于宰相李宗闵云："家弟苦心辞艺，先朝以侍书见用，颇偕工祝，心实耻之，乞换一散秩。"乃迁右司郎中，累换司封、兵部二郎中、弘文馆学士。

文宗思之，复召侍书，迁谏议大夫。俄改中书舍人，充翰林书诏学士。每浴堂召对，继烛见跋，语犹未尽，不欲取烛，宫人以蜡泪揉纸继之。从幸未央宫苑中，驻辇谓公权曰："我有一喜事，边上衣赐，久不及时，今年二月给春衣讫。"公权前奉贺，上曰："单贺未了，卿可贺我以诗。"宫人迫其口进，公权应声曰："去岁虽无战，今年未得归。皇恩何以报，春日得春衣。"上悦，激赏久之。便殿对六学士，上语及汉文恭俭，帝举袂曰："此澣濯者三矣。"学士皆赞咏帝之俭德，唯公权无言，帝留而问之，对曰："人主当进贤良，退不肖，纳谏

柳公权

诤，明赏罚。服澣濯之衣，乃小节耳。"时周墀同对，为之股慄，公权辞气不可夺。帝谓之曰："极知舍人不合作谏议，以卿言事有诤臣风采，却授卿谏议大夫。"翌日降制，以谏议知制诰，学士如故。

开成三年，转工部侍郎，充职。尝入对，上谓曰："近日外议如何？"公权对曰："自郭旼除授邠宁，物仪颇有臧否。"帝曰："旼是尚父之从子，太皇太后之季父，在官无过。自金吾大将授邠宁小镇，何事议论耶？"公权曰："以旼勋德，除镇攸宜。人情论议者，言旼进二女入宫，致此除拜，此信乎？"帝："二女入宫参太后，非献也。"公权曰："瓜李之嫌，何以户晓？"因引王珪谏太宗出庐江王妃故事，帝即令南内使张日华送二女还旼。公权忠言匡益，皆此类也。

累迁学士承旨。武宗即位，罢内职，授右散骑常侍。宰相崔珙用为集贤学士、判院事。李德裕素待公权厚，及为珙奏荐，颇不悦，左授太子詹事，改宾客。累迁金紫光禄大夫、上柱国、河东郡开国公，食邑二千户。复为左常侍、国子祭酒。历工部尚书。咸通初，改太子少傅，改少师，居三品、二品班三十年。六年卒，赠太子太师，时年八十八。

公权初学王书，遍阅近代笔法，体势劲媚，自成一家。当时公卿大臣家碑板，不得公权手笔者，人以为不孝。外夷入贡，皆别署货贝，曰此购柳书。上都西明寺《金刚经碑》备有钟、王、欧、虞、褚、陆之体，尤为得意。文宗夏日与学士联句，帝曰："人皆苦炎热，我爱夏日长。"公权续曰："薰风自南来，殿阁生微凉。"时丁、袁五学士皆属继，帝独讽公权两句，曰："辞清意足，不可多得。"乃令公权题于殿壁，字方圆五寸，帝视之叹曰："钟、王复

生,无以加焉!"

大中初,转少师,中谢,宣宗召升殿,御前书三纸,军容使西门季玄捧砚,枢密使崔巨源过笔。一纸真书十字,曰"卫夫人传笔法于王右军";一纸行书十一字,曰"永禅师真草《千字文》得家法":一纸草书八字,曰"谓语助者焉哉乎也"。赐锦彩、瓶盘等银器,仍令自书谢状,勿拘真行,帝尤奇惜之。

公权志耽书学,不能治生,为勋戚家碑板,问遗岁时巨万,多为主藏竖海鸥、龙安所窃。别贮酒器杯盂一笥,缄縢如故,其器皆亡。讯海鸥,乃曰:"不测其亡。"公权哂曰:"银杯羽化耳。"不复更言。所宝唯笔砚图画,自扃鐍之。常评砚,以青州石末为第一,言墨易冷,绛州黑砚次之。尤精《左氏传》《国语》《尚书》《毛诗》《庄子》。每说一义,必诵数纸。性晓音律,不好奏乐,常云:"闻乐令人骄怠故也。"

【译文】

柳公权字诚悬。从小就喜欢学习,十二岁就能作辞作赋。元和初年中进士,初仕为秘书省校书郎。李听镇守夏州,任他为掌书记之官。唐穆宗即位,柳公权进京回奏政事,穆宗召见,对他说:"我在佛寺中看到你的笔迹,很久就想见你。"当天就升任他为右拾遗,补翰林学士之职,后又升为右补阙、司封员外郎。唐穆宗荒淫,行政乖僻,他曾向柳公权问怎样用笔才能尽善尽美,柳公权回答说:"用笔的方法,全在于用心,心正则笔法自然尽善尽美。"皇帝面带愧色,知道他这是借用笔法来进行劝诫。御公权历事穆宗、敬宗、文宗三朝,都在宫中担任侍书之职。他的哥哥柳公绰在太原任职,写信给宰相李宗闵说:"我的弟弟苦心钻研文章书法,先朝只任他为侍书,这种职务,和占卜小吏没有什么区别,我也以此为耻,请给他调换一个闲散职位。"于是升任右司郎中,又转为司封郎中、兵部郎中、弘文馆学士。

文宗思念他,又召他为侍书,升任谏议大夫。不久又改为中书舍人,充任翰林书诏学士。每次在浴堂回答文宗的提问,常常是蜡烛烧完了,而谈兴正浓,不肯花工夫去取蜡烛,宫中婢女便用蜡油湛纸来照明。他曾随从文宗去未央宫花园中游玩,文宗停下车子对柳公权说:"有一件使我高兴的事。过去赐给边兵的服装,常常不能及时发下,现在二月里就把春衣发放完毕。"柳公权上前祝贺,文宗说:"只是祝贺一下,还不能把你的心意表达清楚,你应作首诗向我祝贺。"宫人催他亲口念给皇帝听,柳公权应声念道:"去岁虽无战,今年未得归。皇恩何以报,春日得春衣。"文宗听了很高兴,赞赏了好大一会儿。

有一次文宗在便殿召见六位学士,文宗说起汉文帝的节俭,便举起自己的衣袖说:"这件衣服已经洗过三次了。"学士们都纷纷颂扬文宗的节俭品德,只有柳公权闭口不说话,文宗留下他,问他为什么不说话,柳公权回答说:"君主的大节,应该注意起用贤良的人才,黜退那些不正派的佞臣,听取忠言劝诫,分明赏罚。至于穿洗过的衣服,那只不过是小节,无足轻重。"当时周墀也在场,听了他的言论,吓得浑身发抖,但柳公权却理直气壮。文宗对他说:"我深知你这个舍人之官不应降为谏议,但因你有谏臣风度,那就任你为谏议大夫吧。"第二天下旨,任他为谏议大夫兼知制诰,学士衔仍旧。

开成三年，调转为工部侍郎，只不过是备员而已。文宗曾召他问事，对他说："近来外边有什么议论？"柳公权回答说："自从郭旼被任为邠宁节度使，人们议论纷纷，有的说好，有的说不好。"文宗说："郭旼是尚父郭子仪的侄子，太皇太后的叔父，在职也没有过错。从金吾大将升任小小的邠宁节度使，还议论什么呢？"柳公权说："凭郭旼的功绩和品德，任命为节度使是合适的。人们议论的原因，据说是郭旼把两个女儿献入宫中，因此才升官，这是真的吗？"文宗说："他的两个女儿进宫，是来看望太后的，并不是他进献女儿。"柳公权说；"常言说，瓜田不拾履，李下不整冠，如没有嫌疑，为什么这事嚷得家喻户晓？"他因而举出王珪劝太宗送卢江王妃出宫的事例来说明利害，文宗当即派内使张日华把二女送还郭旼家。柳公权忠正直言匡求失误，大都和这事一样。

柳公权屡次升迁，在文宗朝升为学士承旨。唐武宗即位，罢去内府学士官职，任命他为右散骑常侍。宰相崔珙举荐他为集贤殿学士、判院事。李德裕本来对柳公权不错，当柳公权被崔珙举荐时，很不高兴，降他为太子詹事，改为太子宾客。再历升为金紫光禄大夫、上柱国、河东郡开国公，封邑二千户。又任为左常侍、国子祭酒。历升工部尚书。咸通初年，改任太子少傅，又改任太子少师，在三品、二品的官位上达三十年之久。咸通六年去世，赠衔太子太师，时年八十八岁。

柳公权最初学习王羲之的书法，广泛浏览近世各家笔迹，形成自己遒劲、妩媚的书风，自成一家。当时公卿大臣家为先人立碑，如果得不到柳公权亲笔所书的碑文，人们会认为是不孝行为。外国使者来进贡，都专门封上货币，上面注明这是购买柳公权书作的专款。长安西明寺的《金刚经碑》为柳公权所书，兼收钟繇、王羲之、欧阳询、虞世南、褚遂良、陆东之等人的笔法，更是他得意之作。文宗在夏天和学士们联句作诗，文宗的首联是："人皆苦炎热，我爱夏日长。"柳公权续作："薰风自南来，殿阁生微凉。"当时丁、袁等五学士都相继联句，文宗只吟诵柳公权两句诗，论道："词句清丽，诗意表达充分，不可多得。"于是命柳公权题写在宫殿的墙壁上，每字方圆五寸，文宗看了以后，赞叹说："钟繇、王羲之再生，也超不过啊！"

宣宗大中初年，升为少师，柳公权进宫答谢，宣宗召他上殿，让他当面书写三幅字。军容使西门季玄替他捧砚台，枢密使崔臣源替他伸纸。一幅写的是正楷十个字，"卫夫人传笔法于王右军"；一幅是行书十一个字，"永禅师真草《千字文》得家法"；一幅是草书八个字，"谓语助者焉哉乎也"。赏赐给他锦缎、瓶盘等银器，并命令他亲自书写答谢表，不拘楷书、行书，宣宗对他的谢表，特别珍惜。

柳公权专心于书法艺术，没有精力管理家务，他替勋臣贵戚家书写碑文，每年得到大量的金钱馈赠，这些钱大都被主管财物的奴仆海鸥、龙安等人偷去。他存放着一筐酒具杯盘等银器，他发现筐上的封条原封未动，但器皿却不翼而飞。他审问海鸥，海鸥说："我也不知道怎么丢的。"柳公权微微一笑，说道："大概银杯长出翅膀飞去了。"就不再说什么。他珍视的只有笔砚和书画，都亲自锁起来。他曾品评砚石的高下，他认为青州的石末砚为第一，轻磨即可发墨；绛州黑石砚次之。他特精于《左传》《国语》《尚书》《毛诗》《庄子》，每讲说一词一义，常写满好几篇纸。他通晓音律，却不喜欢听演奏，他常说："这是由于听音乐容易使人产生骄慢情绪的缘故。"

卢钧传

【题解】

卢钧(778~864),字子和,京兆蓝田(今陕西蓝田)人。文宗时任左补阙、给事中、华州刺史(治所在今陕西华县)、岭南节度使(治所在今山西长治);宣宗时任宣武节度使(治所在今广东广州);武宗时任山南东道节度使(治所在今湖北襄樊)、昭义节度使(治所在今河南开封)、河东节度使(治所在今山西太原),入朝为尚书左仆射。受宰相令狐绹排挤,又出任山南西道节度使(治所在今陕西汉中),懿宗初年去世。卢钧历任数道节度使,多有政绩,尤其在任岭南节度使期间,没有像前任节度那样贪财致富。他为政廉洁,将"市舶使"这一直接管辖外国商船的职务交由监军使担任,自己从不干预。卢钧是唐朝后期治理广州比较清廉的一位节度使。

【原文】

卢钧字子和,本范阳人。祖旻、父继。钧,元和四年进士擢第。又书判拔萃,调补校书郎,累佐诸侯府。大和五年,迁左补阙。与同职理宋申锡之枉,由是知名。历尚书郎,出为常州刺史。九年,拜给事中。开成元年,出为华州刺史,潼关防御、镇国军等使。

其年冬,代李从易为广州刺史、御史大夫、岭南节度使。南海有蛮舶之利,珍货辐凑。旧帅做法兴利以致富,凡为南海者,靡不捆载而还。钧性仁恕,为政廉洁,请监军领市舶使,己一不干预。自贞元以来,衣冠得罪流放岭表者,因而物故,子孙贫悴,虽遇赦不能自还。凡在封境者,钧减俸钱为营槥椟,其家疾病死丧,则为之医药殡殓;孤儿稚女,为之婚嫁,凡数百家。由是山越之俗,服其德义,令不严而人化。三年将代,华蛮数千人诣阙请立生祠,铭功颂德。先是,土人与蛮獠杂居,婚娶相通。吏或挠之,相诱为乱。钧至立法,俾华蛮异处,婚娶不通,蛮人不得立田宅。由是徼外肃清,而不相犯。

会昌初,迁襄州刺史、山南东道节度使。四年,诛刘稹,以钧检校兵部尚书、兼潞州大都督府长史,昭义节度、泽潞邢洺磁观察等使。是冬,诏钧出潞军五千戍代北。钧升城门饯送,其家设帷观之。潞卒素骄,因与家人诀别,乘醉倒戈攻城门。监军以州兵拒之,至晚抚劳方定。诏钧入朝,拜户部侍郎、判度支,迁户部尚书。

大中初,检校尚书右仆射、汴州刺史、御史大夫,宣武军节度、宋亳汴颍观察等使,就加检校司空。四年,入为太子少师,进位上柱国、范阳郡开国公、食邑二千户。六年,复检校司空、太原尹、北都留守、河东节度使。九年,诏曰:"河东军节度使卢钧,长才博达,敏识宏深。蔼山河之灵,抱瑚琏之器。多能不耀,用晦而彰。由岭表而至太原,五换节钺。仁声载路,公论弥高。藩垣之和气不衰,台阁之清风常在。宜升揆路,以表群僚。可尚书左仆射。"

钧践历中外，事功益茂。后辈子弟，多至台司。至是急征，谓当辅弼，虽居端揆，心殊失望。常移病不视事，与亲旧游城南别墅，或累日一归。宰臣令狐绹恶之，乃罢仆射，仍加检校司空，守太子太师。物议以钧长者，罪绹弄权。绹惧，十一年九月，以钧检校司徒、同中书门下平章事、兴元尹，充山南西道节度使。入为太子太师，卒。

【译文】

卢钧，字子和，本是范阳人。祖父是卢炅，父亲是卢继。卢钧在元和四年进士及第，又应试"书判拔萃"科，调授校书郎，历任诸侯幕府僚佐。文宗大和五年，升任左补阙。与同事申诉宋申锡的冤枉，因此出名。经尚书郎，出任常州刺史。九年，拜官给事中。开成元年，又出任华州刺史、潼关防御、镇国军等使。

这年冬天，代替李从易任广州刺史、御史大夫、岭南节度使。南海有外国船只贩运之利，珍奇货物云集。旧节度使设法兴利以致富，凡镇守南海的，无不捆装船载财物还京。卢钧性情仁慈宽恕，为政廉洁，请监军使担任市舶使，自己一点也不干预。自从贞元年间以来，有罪流放到岭南的大臣，因其去世、子孙贫困憔悴，虽然遇到大赦也不能自己还京。凡是在岭南境内的，卢钧减省俸钱为他们营办小棺材；家中有疾病死丧，则为他们出医药办殡殓；有孤儿幼女，为他们办婚嫁，共数百家。因此山越的俗民，叹服他的德义，令虽不严而众人向化。三年任满将替换，华人蛮族数千人赴衙门请为卢钧立生祠，刻功颂德。先前土人与蛮人、僚人杂居，互通婚姻，官吏有时阻挠，就互相煽诱反乱。卢钧到任后立法度，使华人与蛮人分居、不通婚姻，蛮人不许拥有田地宅院，于是境外清肃，而互不相犯。

会昌初年，迁任襄州刺史、山南东道节度使。四年诛杀刘稹，命卢钧任检校兵部尚书、兼潞州大都督府长史、昭义节度、泽潞邢洺磁观察等使。这年冬天，诏书命卢钧派五千泽潞镇军去代北防戍。卢钧登上城门钱送戍卒，他们的家属搭帏幄旁观。泽潞军一向骄横，因为与家人告别，乘醉倒戈返攻城门，监军使让州兵拒战，直到晚上，经安抚慰劳才将乱卒平定。诏书命卢钧入朝，拜官户部侍郎、判度支、升任户部尚书。

大中初年，卢钧任检校尚书右仆射、汴州刺史、御史大夫、宣武军节度、宋亳汴颍观察等使，在任时又加官检校司空。四年，入朝任太子少师，进勋位上柱国、封爵范阳郡开国公、食封邑二千户。六年，再任检校司空、太原尹、北都留守、河东节度使。九年，颁下诏书说："河东军节度使卢钧，年长才高、博闻练达、见识聪敏、胸襟宏大。蕴藏着山河的灵气、怀抱有执政的才能。多才多能而从不炫耀，行为韬晦反而更显扬。从岭南直到太原，五次更换节钺，仁爱之声满路，舆论越加赞颂。希望你任藩镇时和气不要衰退，让台阁中的清风时常存在，应该升任宰职，用作群僚表率。可授官尚书左仆射。"

卢钧历任中央、地方，功绩众多。后辈子弟，多官至高位。到这次紧急征他入朝，以为应做宰相，虽任尚书仆射，心中特别失望。于是常常称病不办公，与亲戚旧友在城南别墅游玩，有时几天才回来一趟。宰相令狐绹厌恶他，于是他被停罢仆射官，仍然加授检校司空,守太子太师。舆论认为卢钧是长者,都谴责令狐綯滥弄权力。令狐綯惧怕,十一年九月,任卢钧为检校司徒、同中书门下平章事、兴元尹,充任山南西道节度使。入朝任太子太师,去世。

杨思勖传

【题解】

　　杨思勖,本姓苏,罗州石城人。供职内侍省,因参与讨伐李多祚,诛灭韦氏集团,成为亲信。开元年间,相继率军平定安南梅玄成、五谿覃行璋、邕州梁大海、泷州陈行范、何游鲁、冯璘对唐朝的反抗。残忍好杀,所至屠灭,尸体积为京观。对俘虏多处以剥脸皮、撕头皮的酷刑。

【原文】

　　杨思勖,本姓苏,罗州石城人。为内官杨氏所养,以阉,从事内侍省。预讨李多祚功,超拜银青光禄大夫、行内常侍。思勖有膂力,残忍好杀,从临淄王诛韦氏,遂从王为爪士,累迁右监门卫将军。

　　开元初,安南首领梅玄成叛,自称"黑帝",与林邑、真腊国通谋,陷安南府,诏思勖将兵讨之。思勖至岭表,鸠募首领子弟兵马十余万,取伏波故道以进,出其不意。玄成遽闻兵至,惶惑计无所出,竟为官军所擒。临阵斩之,尽诛其党与,积尸为京观而还。

　　十二年,五谿璘首领覃行璋作乱,思勖复受诏率兵讨之,生擒行璋,斩其党三万余级。以军功累加辅国大将军。后从东封,又加骠骑大将军,封虢国公。

　　十四年,邕州贼帅梁大海拥宾、横等数州反叛,思勖又统兵讨之,生擒梁大海等三千余人,斩余党二万余级,复积尸为京观。

　　十六年,泷州首领陈行范、何游鲁、冯璘等聚徒作乱,陷四十余城。行范自称帝,游鲁称定国大将军,璘称南越王,割据岭表。诏思勖率永、连、道等兵及淮南弩手十万人进讨。兵至泷州,临阵擒游鲁、冯璘,斩之。行范潜窜深州,投云际、盘辽二洞,思勖悉众攻之,生擒行范,斩之,斩其党六万级,获口马金玉巨万计。

　　思勖性刚决,所得俘囚,多生剥其面,或鬄发际,掣去头皮。将士已下,望风忷惮,莫敢仰视,故所至立功。内给事牛仙童使幽州,受张守珪厚赂,玄宗怒,命思勖杀之。思勖缚架之数日,乃探取其心,截去手足,割肉而啖之,其残酷如此。

　　二十八年,卒,时年八十余。

【译文】

　　杨思勖,本姓苏,罗州石城人。被宦官杨氏收养,把他阉了,在侍省供职。参与讨伐李多祚有功，越级受任银青光禄大夫、行内常侍。杨思勖膂力过人，残忍好杀，跟随临淄王诛灭韦氏，于是成为护卫临淄王的爪牙之士，历经升迁，担任右监门卫将军。

开元初年，安南首领梅玄成反叛，自称"黑帝"，与林邑、真腊国通谋，攻破安南府，玄宗下诏命杨思勖率军讨伐。杨思勖来到岭南，纠集当地首领子弟，组成十多万兵马，由伏波故道进军，出其不意。梅玄成骤然听说大军已到，张皇无主，无计可施，竟被官军捉获。杨思勖在阵前杀死梅玄成，将他的党羽一律诛灭，把尸体堆成高丘，率军而归。

开元十二年，五谿首领覃行璋作乱，杨思勖又接受诏命，率军讨伐，活捉覃行璋，将他的党羽斩首三万余级。杨思勖因军功历经升迁，加任辅国大将军。后来，杨思勖跟随玄宗东行封禅典礼，又加任骠骑大将军，封为虢国公。开元十四年，邕州贼寇首领梁大海占据宾、横等几个州反叛，杨思勖又统辖军队讨伐，活捉梁大海等三千余人，将他的余党斩首两万余级，又将尸体堆成高丘。

开元十六年，泷州首领陈行范、何游鲁、冯璘等人聚众作乱，攻陷四十余城。陈行范自称皇帝，何游鲁称定国大将军，冯璘称南越王，割据岭南。玄宗下诏命杨思勖率领永州、连州、道州等地军队以及淮南弩手十万人进军讨伐。军队抵达泷州，临阵捉住何游鲁、冯璘，将二人杀死。陈行范偷偷逃窜到深州，投奔云际、盘辽二洞。杨思勖率领所有的兵力攻打二洞，活捉陈行范，杀死了他，将他的党羽斩首六万级，俘获人口、马匹、金玉以万万计。

杨思勖性格刚强果决，捉到俘虏，往往活活剥下脸皮，或者从发际剌开，撕去头皮。部下将士远远望见他就为之慑服，不敢抬头望他，所以他所到之处总是立功。内给事牛仙童出使幽州，接受张守珪的重贿，玄宗大怒，命杨思勖杀他。杨思勖把他在架子上绑了几天，才伸手抓出他的心，砍去手和脚，割他的肉吃。他就是这么残酷。

开元二十八年，杨思勖去世，当时八十多岁。

窦文场、霍仙鸣传

【题解】

窦文场、霍仙鸣，德宗朝掌兵宦官。鱼朝恩伏诛后，宦官不再掌兵权。泾原之变，德宗出走，禁军无人赴命，仅窦文场、霍仙鸣率众宦官等人护驾随行。加之德宗猜忌宿将，乃于贞元十二年六月特设左右神策军护军中尉两员，由窦、霍二人担任。自此禁军掌握在宦官手里，窦、霍权倾天下。

【原文】

窦文场、霍仙鸣者，始在东宫事德宗。初鱼朝恩诛后，内官不复典兵，德宗以亲军委白志贞。志贞多纳豪民赂，补为军士，取其佣直，身无在军者，但以名籍请给而已。泾师之乱,帝召禁军御贼,志贞召集无素,是时并无至者,唯文场、仙鸣率诸宦官及亲王左右从行。志贞贬官,左右禁旅,悉委文场主之。从幸山南,两军渐集。

德宗还京,颇忌宿将,凡握兵多者,悉罢之,禁旅文场、仙鸣分统焉。贞元十二年六月,特立护军中尉两员、中护军两员,以帅禁军,乃以文场为左神策护军中尉,仙鸣为右神策护军中尉,右神威军使张尚进为右神策中护军,内谒者监焦希望为左神策军中护军,自文场等始也。时窦、霍之权,振于天下,藩镇节将,多出禁军,台省清要,时出其门。文场累加骠骑大将军。是岁仙鸣病,帝赐马十匹,令于诸寺为僧斋以祈福,久病不愈。十四年,仓卒而卒。上疑左右小使正将食中加毒,配流者数十人。仙鸣死后,以开府内常侍第五守亮为右军中尉。文场连表请致仕,许之。

十五年以后,杨志廉、孙荣义为左右军中尉,亦踵窦、霍之事,怙宠骄恣。贪利冒宠之徒利其纳贿,多附丽之。至贞元末,宦官复盛。顺宗即位,王叔文用事,与韦执谊谋夺神策军权,乃用宿将范希朝为京西北禁军都将。事未行,为内官俱文珍等所排,叔文贬而止。

【译文】

窦文场、霍仙鸣二人,开始在东宫侍奉德宗。起初,鱼朝恩伏诛后,宦官不再掌管军事,德宗把禁卫亲军交给白志贞指挥。白志贞大量收受豪民的贿赂,用这些人补充军士的缺额,自己占有雇佣其人的费用,这些人都不到军队中来,只是根据军籍领取给养而已。泾原军队哗变时,德宗召禁军抵御叛军。白志贞向来不召集禁军,这时没有人前来赴命,只有窦文场、霍仙鸣率领众宦官以及亲王侍从随德宗出走。因此,白志贞被贬官,德宗把侍卫亲军全部交给窦文场执掌。窦、霍二人跟随德宗出走山南,神策左右两军逐渐聚集起来。

德宗返回京城,对宿将颇为猜忌,凡是拥有军队多的,一律罢除军职,禁军由窦文场、霍仙鸣分别统辖。贞元十二年六月,德宗特意设立护军中尉两员、中护军两员,以便统率禁军,便任命窦文场为左神策护军中尉,霍仙鸣为右策护军中尉,右神威军使张尚进为右神策中护军,内谒者监焦希望为左神策中护军,这些建置就是从窦文场开始的。当时,窦、霍权倾天下,藩镇的节帅和将领多出自禁军,尚书、门下、中书三省的职位清贵、执掌枢要的官员时常与他们往来。窦文场历经升迁,加任骠骑大将军。

本年内,霍仙鸣病了,德宗赐马十匹,吩咐在各寺院备办供佛食品,为他祈求福缘。但霍仙鸣仍久病不愈。到贞元十四年,仓促死去。德宗怀疑身边的小使正将在食物中投毒,流配了几十人。霍仙鸣死后,德宗任命开府内常侍第五守亮为右军中尉。窦文场接连上表请求辞官归居,德宗应允。

贞元十五年以后,杨志廉、孙荣义担任左右神策军中尉,他们也继续重演窦、霍旧事,恃宠骄横妄为。贪图财利、厚颜争宠的人认为他收受贿赂对自己有利,所以大多依附他。及至贞元末年,宦官再度兴盛。顺宗即位,王叔文当权,与韦执谊策划夺取神策军的权力,便任用宿将范希朝为京西北禁军都将。事情尚未实行,被宦官俱文珍推翻,以王叔文被贬告终。

吐突承璀传

中华传世藏书

二十五史

旧唐书

二四三九

【题解】

吐突承璀自幼在太子东宫当宦官,宪宗即位后旋授左神策军护军中尉,备受宠信。讨伐王承宗时,宪宗欲授以兵马统帅,虽然朝臣反对,仍使充招抚处置等使。吐突承璀出师经年,毫无建树,乃以停止用兵和代求节度使职务为条件,使王承宗上疏待罪,同时派乌重胤将昭义节度使卢从吏抓送朝廷,借以塞责。后因事外放为淮南监军,而宪宗对他意犹未已,不惜罢免李绛的相位,召回吐突承璀,担任中尉。穆宗即位后,恨他立太子时不帮助自己,将他杀死。

【原文】

吐突承璀,幼以小黄门直东宫,性敏慧,有才干。宪宗即位,授内常侍、知内省事、左监门将军。俄授左军中尉、功德使。

四年,王承宗叛,诏以承璀为河中、河南、浙西、宣歙等道赴镇州行营兵马招讨等使,内侍省常侍宋惟澄为河南、陕州、河阳以来馆驿使,内官曹进玉、刘国珍、马江朝等分为河北行营粮料、馆驿等使。谏官、御史上疏相属,皆言自古无中贵人为兵马统帅者,补缺独孤郁、段平仲尤激切。宪宗不获已,改为充镇州以来招抚处置等使。及承璀率禁军上路,帝御通化门楼,慰谕遣之。出师经年无功,乃遣密人告王承宗,令上疏待罪,许以罢兵为解。仍奏昭义节度使卢从史素与贼通,许为承宗求节钺。乃诱潞州牙将乌重胤谋执从史送京师。及承宗表至,朝廷议罢兵,承璀班师,仍为禁军中尉。段平仲抗疏极论承璀轻谋弊赋,请斩之以谢天下,宪宗不获已,降为军器使。俄复为左卫上将军、知内侍省事。

时弓箭库使刘希先取羽林大将军孙璹钱二十万以求方镇,事发赐死。辞相告讦,事连承璀,乃出为淮南节度监军使。太子通事舍人李涉,性狂险,投匦上书,论希先、承璀无罪,不宜贬戮。谏议大夫、知匦事孔戣,见涉疏之副本,不受其章。涉持疏于光顺门,欲进之,戣上疏论其奸邪,贬涉硖州司仓。上待承璀之意未已,而宰相李绛在翰林,时数论承璀之过,故出之。八年,欲召承璀还,乃罢绛相位。承璀还,复为神策中尉。惠昭太子薨,承璀建议请立澧王宽为太子,宪宗不纳,立遂王宥。穆宗即位,衔承璀不佑己,诛之。敬宗时,中尉马存亮论承璀之冤,诏雪之,仍令假子士晔以礼收葬。

【译文】

吐突承璀小时候当了小黄门,在东宫供职,生性聪敏,很有才干。宪宗即位,任命他为内常侍、知内侍省事、左监门将军,不久又任命他为左神策军中尉、功德使。

元和四年,王承宗反叛,宪宗下诏任命吐突承璀为河中、河南、浙西、宣歙等道赴镇州行营兵马招讨等使,内侍省常侍宋惟澄为河南、陕州、河阳以来馆驿使,内官曹进玉、刘国珍、马江朝等人分别担任河北行营粮料、馆驿等使。谏官、御史接连上疏,都说自古没有由宦官担任马兵统帅的,补缺独孤郁、段平仲言词尤其激切。宪宗不得已,改任吐突承璀为充镇州以来招抚处置等使。及至吐突承璀率领禁军上路时,宪宗亲临通化门楼,劝慰一番,为他送行。

出兵一年,吐突承璀毫无建树,便派密使告诉王承宗,让他上疏听候治罪,答应停止用兵,为他调解。吐突承璀还奏称节度使卢从史一向与贼寇往来,答应为王承宗请求节度使的职务,于是诱使潞州牙将乌重胤定计捉住卢从史,押送京城。及至王承宗的奏表送到后,朝廷计议停止用兵,吐突承璀撤军,仍然担任禁军中尉。段平仲上疏直言,极力论述吐突承璀轻率定策、耗费赋税的罪过,请求杀死他,向天下谢罪。宪宗不得已,将吐突承璀降为军器使。不久,吐突承璀又当了左卫上将军、知内侍省事。

当时,弓箭库使刘希先占用大将军孙璹的二十万钱来谋求节度使的职务,事情暴露后,宪宗命令刘希先自杀。经过互相告发,事情牵连到吐突承璀,宪宗便外放他为淮南节度监军使。太子通事舍人李涉生性狂妄,居心险恶。他投匦上书,论述刘希先、吐突承璀无罪,不应一个遭贬,一个受戮。谏议大夫、知匦事孔戣见到李涉奏疏的副本,不肯受理他的申诉。李涉在光化门手拿奏疏,打算进呈,孔戣上疏说他是品行恶劣奸邪的小人,宪宗将李涉贬为硖州司仓。

宪宗对吐突承璀仍然依依不舍,而宰相李绛在翰林院时常指责吐突承璀的过失,所以宪宗才把他贬出朝廷。元和八年,宪宗打算召回吐突承璀,便免去了李绛的宰相职务。吐突承璀回京后,再次担任神策军中尉。

惠昭太子去世,吐突承璀建议立澧王李宽为太子,宪宗没有同意,结果立遂王李宥为太子。穆宗即位,怀恨吐突承璀当初不帮助自己,便将他杀死。敬宗时,中尉马存亮申述吐突承璀的冤屈,敬宗下诏昭雪,并让养子吐突士晔按礼法收葬他。

姜师度传

【题解】

姜师度(653~723),唐魏州人,为明经举人,曾任大理卿、光禄大夫、将作大匠,以及扬州、陕州、河中府、同州等地方官。师度为政勤恳,敏于技巧。对沟渠水利有深刻的见解,擅于开挖沟渠为民服秀。曾主持开挖过防止契丹的水沟、用于漕运的平房渠、运输粮食的地下通道,以及灌溉盐池及农田的水渠等工程,皆取得了巨大的经济效益。

【原文】

姜师度,魏人也。明经举。神龙初,累迁易州刺史、兼御史中丞,为河北道监察兼支

度营田使。师度勤于为政，又有巧思，颇知沟洫之利。始于蓟门之北，涨水为沟，以备奚、契丹之寇。又约魏武旧渠，傍海穿漕，号为平虏渠，以避海艰，粮运者至今利焉。寻加银青光禄大夫，累迁大理卿。景云二年，转司农卿。

开元初，迁陕州刺史。州西太原仓控两京水陆二运，常自仓车载米至河际，然后登舟。师度遂凿地道，自上注之，便至水次，所省万计。六年，以蒲州为河中府，拜师度为河中尹，令其缮缉府寺。先是，安邑盐池渐涸，师度发卒开拓，疏决水道，置为盐屯，公私大收其利。再迁同州刺史，又于朝邑、河西二县界，就古通灵陂，择地引洛水及堰黄河灌之，以种稻田，凡二千余顷，内置屯十余所，收获万计。特加金紫光禄大夫，寻迁将作大匠。

明年，左拾遗刘彤上言："请置盐铁之官，收利以供国用，则免重赋贫人，使穷困者获济。"疏奏，令宰相议其可否，咸以为盐铁之利，甚裨国用。遂令师度与户部侍郎强循并摄御史中丞，与诸道按察使计会，以收海内盐铁。其后颇多沮议者，事竟不行。

师度以十一年病卒，年七十余。师度既好沟洫，所在必发众穿凿，虽时有不利，而成功亦多。先是，太史令傅孝忠善占星纬，时人为之语曰："傅孝忠两眼看天，姜师度一心穿地。"传之以为口实。

【译文】

姜师度，唐魏州人，为明经举人。唐神龙初年，渐升为扬州刺史、兼御史中丞，任河北道监察兼支度营田使。师度为政勤恳，人又才思聪敏，深知沟洫的利害。最初，在蓟门北开沟灌水，以防备奚、契丹族的侵入。又按照魏武旧渠，依海开挖漕渠，名为平虏渠，以躲避海上行船的艰难，使漕运的人至今获益。不久升银青光禄大夫，又迁升为大理卿。景云二年，转为司农卿。

开元初年，任陕州刺史。陕州西太原仓据于水陆二运之便，经常从太原仓用车运米到河边，然后装船。师度便开挖了一条地道，从上倒入粮食，使粮食很方便的流到河边，节省运输费用数以万计。开元六年，改蒲州为河中府，师度被任命为河中尹，令他修缮府邸。原先，安邑盐池逐渐干涸，师度便让人开拓盐湖，疏通水道，作为盐屯，使公家私人皆获其利。师度改任同州刺史，他又在朝邑、河西二县界，依古通灵陂，挑选田地引洛水和堵堰黄河水进行灌溉，用以种稻，达二千多顷地，分为十几处屯田所，所获利益数以万计。皇帝特授予他金紫光禄大夫，不久改任将作大匠。

第二年，左拾遗刘彤上书建议："建议设置盐铁官，收取盐铁利润以供国家开支，可免贫人负担重赋，使贫困的人获得一些救济。"此疏上奏后，皇帝让宰相讨论是否合适，大家都认为盐铁的收入，对国家非常有用。于是令师度和户部侍郎强循同管御史中丞，与各道按察使计划商定，以收取国内的盐铁之利。以后有很多不好的议论，使这件事最后未能实行。

师度在开元十一年因病去世，终年七十余岁。师度爱好开挖沟洫，他所任职之处必定要发动群众修凿沟洫。虽然时常有不得获利的工程，但成功的很多。过去，太史令傅孝忠善于观察占卜星象，因此，当时人称他们说"傅孝忠两眼看天，姜师度一心穿地"，作为俗语而流传。

傅游艺传

【题解】

唐代的酷吏以武则天时代为最多,这是因为她要铲除异己,独专朝政之故。她所任用的酷吏如周兴、来俊臣辈已为大家所熟知。傅游艺也是其中之一,他生性残忍,好谄媚,专事诬陷和罗织他人的罪名。凭着这些卑劣行为,他居然获得了武则天的宠任,一年之中,由青袍、绿袍、红袍一直升到了紫袍。

【原文】

傅游艺,卫州汲人也。载初元年,为合宫主簿、左肃政台御史,除左补阙。上书称武氏符瑞,合革姓受命,则天甚悦,擢为给事中。数月,加同凤阁鸾台平章事,同月,又加朝散大夫,守鸾台侍郎,依旧同平章事。其年九月革命,改天授元年,赐姓武氏。二年五月,加银青光禄大夫。兄神童为冬官尚书,兄弟并承荣宠。逾月,除司礼少卿,停知政事。梦登湛露殿,旦而陈于所亲,为其所发,伏诛。时人号为四时仕宦,言一年自青而绿,及于朱紫也。希则天旨,诬族皇枝。神龙初,禁锢其子孙。初,游艺请则天发六道使,虽身死之后,竟从其谋,于是万国俊辈恣斩戮矣。

【译文】

傅游艺,卫州汲人。武后载初元年,任合宫主簿、左肃政台御史,升任左补阙。他上书称说武姓的符瑞,理应取代李姓受上天的新命,武则天很高兴,提拔他为给事中。几个月后,又加官同凤阁鸾台平章事。同月,又加官朝散大夫,任鸾台侍郎,仍任同平章事。这一年九月改唐为周,改年号为天授元年,赐傅游艺姓武。天授二年五月,加授他为银青光禄大夫,他哥哥傅神童任冬官尚书,兄弟都蒙受荣宠。过一个月,傅游艺又任司礼少卿,不再参与政事。傅游艺夜间梦见自己登上了湛露殿,天明后对他亲近的人讲了,却被那人所告发,因此被杀。当时人称傅游艺是四季做官,意谓一年之中自青袍而绿袍,以至穿起红袍、紫袍。他附和武则天的意旨,诬害李唐皇族使陷于族诛。中宗神龙初年,禁止傅游艺子孙做官。当初,傅游艺要求武则天发六道使臣查问罪人,傅游艺虽死,他的主意还是被采用,于是万国俊之辈就恣意杀戮人了。

丘神勣传

【题解】

丘神勣是武则天自立为帝,篡夺李唐江山的得力帮凶。残忍而好杀戮。甚至一次就使一千多户家破人亡。当然,这种凶残暴虐的人,也只不过是武则天的鹰犬而已,当他因暴虐而引起民愤时,武则天毫不犹豫地杀了他。

【原文】

丘神勣,左卫大将军行恭子也。永淳元年,为左金吾卫将军。弘道元年,高宗崩,则天使于巴州害章怀太子,既而归罪于神勣,左迁叠州刺史。寻复人为左金吾卫将军,深见亲委。受诏与周兴、来俊臣鞫制狱,俱号为酷吏。垂拱四年,博州刺史、琅邪王冲起兵,以神勣为清平道大总管。寻而冲为百姓孟青棒、吴希智所杀。神勣至州,官吏素服来迎,神勣挥刃尽杀之,破千余家,因加左金吾卫大将军。天授二年十月,下诏狱伏诛。

【译文】

丘神勣,是左卫大将军丘行恭的儿子。唐高宗永淳元年,任左金吾卫将军。弘道元年,唐高宗死去,武则天派丘神勣到巴州杀害章怀太子,后来又归罪于丘神勣,贬他为叠州刺史。不久又入京为左金吾卫将军,深受武则天亲近和委任。他受诏命跟周兴、来俊臣审讯御旨决定的案件,都号称为“酷吏”。武后垂拱四年,博州刺史、琅邪王李冲起兵,武则天以丘神勣为清平道大总管征讨。不久李冲被百姓孟青棒、吴希智所杀。丘神勣到达博州,官吏穿着素色衣服前来迎接,丘神勣挥刀把他们全杀了,破灭一千多家人家,因而加任左金吾卫大将军。天授二年,被武则天下诏收捕入狱杀死。

索元礼传

【题解】

索元礼是酷吏中比较少见的胡族人,性情残忍凶暴,以诬告陷害他人为能事,并因此而得到武则天的重用。他为官时间不长,却一共杀了几千人。可见其草菅人命的程度,因为他过于残忍,引起民愤,武则天为了笼络人心,也就只能杀了他。

【原文】

索元礼,胡人也。光宅初,徐敬业起兵扬州,以匡复为名,则天震怒,又恐人心动摇,欲以威制天下。元礼探其旨告事,召见,擢为游击将军,令于洛州牧院推案制狱。元礼性残忍,推一人,广令引数十百人,衣冠震惧,甚于虎狼。则天数召见赏赐,张其权势,凡为杀戮者数千。于是周兴、来俊臣之徒,效之而起矣。时有诸州告密人,皆给公乘,州县护送至阙下,于宾馆以廪之,稍称旨,必授以爵赏以诱之,贵以威于远近。元礼寻以酷毒转甚,则天收人望而杀之。天下之人谓之"来、索",言酷毒之极,又首按制狱也。

载初元年十月,左方御史周矩上疏谏曰:"顷者小人告讦,习以为常,内外诸司,人怀苟免,姑息台吏,承接强梁,非故欲,规避诬构耳。又推劾之吏,皆以深刻为功,凿空争能,相矜以虐。泥耳笼头,枷研楔毂,扪胁签爪,悬发薰耳,卧邻秽溺,曾不聊生,号为'狱持'。或累日节食,连宵缓问,昼夜摇撼,使不得眠,号曰'宿囚'。此等既非木石,且救目前,苟求赊死。臣窃听舆议,皆称天下太平,何苦须反。岂被告者尽是英雄,以求帝王耶?只是不胜楚毒自诬耳。何以核之?陛下试取所告状酌其虚实者,付令推,微讯动以探其情,所推者必上下其手,希圣旨也。愿陛下察之。今满朝侧息不安,皆以为陛下朝与之密,夕与之仇,不可保也。闻有追摄,与妻子即为死诀。故为国者以仁为宗,以刑为助,周用仁而昌,秦用刑而亡,此之谓也。愿陛下缓刑用仁,天下幸甚。"则天从之,由是制狱稍息。

【译文】

索元礼,胡族人。武则天光宅初年,徐敬业在扬州起兵,以恢复唐朝为号召,武则天大怒,又怕人心动摇,想用威势来控制天下。索元礼猜测到武则天的心思就去告发别人,武则天召见他,升任他为游击将军,命令他在洛州牧官署审讯案犯。索元礼性情残忍,审问一人,就叫犯人牵引几十几百人,士大夫们十分害怕他,比虎狼还厉害。武则天多次召见并赏赐索元礼,扩大他的权势,他一共杀了几千人。于是周兴、来俊臣之辈,纷纷起而效法他。当时各州告密的人,都坐公家车辆,由州县护送到朝廷,在宾馆中供养他们,他们告密的话稍稍符合武则天的意见,一定用官爵赏赐来诱导,使他们高贵以取威于远近地方。索元礼不久因为残酷毒害更厉害,武则天因为要笼络人心而杀了他。天下的人称之为"来、索",说他们残酷毒虐,又首先去审问诏书决定的狱案之故。

武后载初元年十月,左台御史周矩上疏谏武则天说:"近来小人告发别人,习以为常,内外各官吏,人人都想幸免,因此姑息属吏,接待强横的人,这不是他们本想如此,只是想避免被诬构罪名。又讯案的官吏,都以深追刻削为能事,想尽办法逞能,以残虐相夸耀。他们用铁笼紧束着囚犯的头,在铁笼中又打入楔子,打断犯人的胁部,用签扎进指甲,把头发吊在梁上,用火炙烤耳朵,让犯人睡在污秽之地旁边,使他们活不下去,称作'狱持'。有的几天减少犯人的食物,连着逼问犯人,白天黑夜摇撼犯人的身体,使他们不得睡眠,称作'宿囚'。这些犯人既非木石,只图救目前的灾难,苟求不要马上处死。臣下听到舆论,都说如今天下太平,何苦要造反。难道被告发的人都是英雄,想当帝王吗?人是受不了杖打之苦自诬招供而已。怎样来复核呢?陛下试着所告的状子斟酌其真假,交给审讯者审问,稍如讯问他们的用意,他们一下使用种种手段作假,以此来趋附皇上的意愿。愿陛下明察。现在满朝官员都侧目屏息心中不安,都认为陛下早上对他亲密,晚上就和他成为仇敌，不可长保安宁。他们听到有追究之事，就和老婆孩子作临死的诀别。所以治国的人要以仁爱为本，以刑罚为辅助，周朝实行仁道而兴盛，秦朝倚仗刑法而灭亡，就是这道理。愿陛下宽和刑罚使用仁道，天下百姓就幸运了。”武则天听了他的意见，以此下制书审办的案件稍稍减少。

侯思止传

【题解】

侯思止不同于其他出身于官宦家庭的酷吏，他出身卑贱，衣食不饱，是别人的奴才。但由于诬陷他人，罗织别人的罪名，居然得到了武则天的重用，由于一个大字不识，不学无术，在官场上丑态百出。这一点，从他审讯魏元忠的事例中就可以看出来。

【原文】

侯思止，雍州醴泉人也。贫穷不能理生业，乃乐事渤海高元礼家。性无赖诡谲。时恒州刺史裴贞杖一判司。则天将不利王室，罗反之徒已兴矣，判司教思止说游击将军高元礼，因请状乃告舒王元名及裴贞反，周兴按之，并族灭。授思止游击将军。元礼惧而曲媚，引与同坐，呼为“侯大”，曰：“国家用人以不次，若言侯大不识字，即奏云‘獬豸兽并不识字，而能触邪’。”则天果如其言，思止以獬豸时之，则天大悦。天授三年，乃拜朝散大夫、左台侍御史。元礼复教曰：“在上知侯大无宅，倘以诸役官宅见借，可辞谢而不受。在上必问所由，即奏云：‘诸反逆人，臣恶其名，不愿坐其宅。’”则天多大悦，恩泽甚优。

思止即按制狱，苛酷日甚。尝按中丞魏元忠，曰：“急认‘白司马’，不然，即吃‘孟青’。”白司马者，洛阳有坂号白司马坂。孟青者，将军姓孟名青棒，即杀琅邪王冲者也。思止闾巷庸奴，常以此谓诸囚也。元忠辞气不屈，思止怒而倒曳元忠。元忠徐起曰：“我薄命，如乘恶驴坠，脚为镫所挂，被拖曳。”思止大怒，又曳之曰：“汝拒捍制使，奏斩之。”元忠曰：“侯思止，汝今为国家御史，须识礼数轻重。如必须魏元忠头，何不以锯截将，无为抑我承反。奈何尔佩服朱紫，亲衔天命，不行正直之事，乃言白司马、孟青，是何言也！非魏元忠，无人抑教。”思止惊起悚怍，曰：“思止死罪，幸蒙中丞教。”引上床坐而问之，元忠徐就坐自若，思止言竟不正。时人效之，以为谈谑之资。侍御史霍献可笑之，思止以闻，则天怒，谓献可曰：“我已用之，卿笑何也？”献可具以其言奏，则天亦大笑。

时来俊臣弃故妻，逼娶太原王庆诜女，思止亦奏请娶赵郡李自挹女，敕政事商量。凤阁侍郎李昭德抚掌谓诸宰相曰：“大可笑。”诸宰相问故，昭德曰：“往年来俊臣贼劫王庆诜女，已大辱国。今日此奴又请索李自挹女，无乃复辱国乎！”竟为李昭德榜杀之。

【译文】

侯思止，雍州醴泉人。因为贫穷不能自己维持生计，就自愿伺候渤海人高元礼家当奴仆。他性情无赖诡诈多奸计。当时恒州刺史裴贞处罚一个属员加以棒责。武则天将要取代唐朝，罗织造反罪名的人已经兴起，这个属员就教唆侯思止说服游击将军高元礼，因此控告舒王李元名和裴贞谋反，周兴审问他们，把李元名和裴贞族诛，因此授侯思止官为游击将军。高元礼怕侯思止因此委曲献媚，让侯思止与他同坐，称他侯大，并且对他说："朝廷用人不论资历，如果说你侯大不识字，你就奏称：'古代的獬豸兽也不识字，但能用角去抵撞邪恶的人。'"武则天果然说侯思止不识字，侯思止就用獬豸来回答。武则天大为高兴。天授三年，任命侯思止为朝散大夫、左台侍御史。高元礼又教侯思止说："上边知道你侯大没有住宅，倘若把犯罪官员的住宅借给你，你可以推辞不受。上边一定问你原因，你就奏称'那些反逆的人，臣痛恨他们的名字，不愿住他们的宅子'。"武则天又大为高兴，恩宠极其优厚。

侯思止既审问皇帝下令办理的案子，苛刻残酷更加厉害。他曾审问中丞魏元忠，侯思止说："赶紧承认'白司马'，不然，就要挨'孟青'。"所谓白司马，是因为洛阳有山坡叫"白司马坂"（谐音反），"孟青"，指当时一位将军姓孟名青棒，（暗指棒）就是杀害琅邪王李冲的人。侯思止是街巷中的平庸奴才，常常用这句话威吓因犯。魏元忠说话毫不屈服，侯思止生气了，把魏元忠推倒在地上拖。魏元忠慢慢地爬起来说："我命不好，好比骑了一匹坏驴栽下来，脚被驴镫所挂住，被驴拖着走。"侯思止大怒，又拖他说："你抗拒皇帝任命的使者，我要上奏杀了你。"魏元忠说："侯思止，你现在当了御史，应该知道礼数的轻重，你如果要我魏元忠的头，何不用锯截去，不要强迫我承认造反。怎么你穿了红的官服佩带紫色印绶，亲自接受天子的命令，而不做正直的事，却说什么'白司马'、'孟青'，这算什么话？不是我魏元忠，没有人来教训你！"侯思止又惭愧又害怕，说："侯思止有死罪，幸蒙中丞的教诲。"就请魏元忠上床坐了审问，魏元忠从容地慢慢就座，侯思止讲话竟没有正经。当时人学他的言语，作为滑稽笑料。侍御史霍献可取笑侯思止，侯思止告诉武则天，武则天生气了，对霍献可说："我既已用他，你为什么笑他？"霍献可把原话上奏武则天，武则天也大笑。

当时来俊臣遗弃前妻，强逼娶了太原人王庆诜的女儿，侯思止也上奏请求娶赵郡人李自挹之女，武则天下令执政者讨论。凤阁侍郎李昭德拍着手对各位宰相说："大大地可笑"。各位宰相问他缘故，李昭德说："往年来俊臣抢劫王庆诜的女儿，已使国家大受耻辱，今天这奴才又请求娶李自挹的女儿，岂不再次有辱国体！"侯思止竟被李昭德用棒打死。

万国俊传

【题解】

万国俊和其他武则天时代的酷吏一样，也是靠告发别人、罗织别人的罪名而发迹的，其凶残暴虐，从他在广州一次斩杀三百多人一事便可看出来。

【原文】

万国俊，洛阳人。少诡异险诈。垂拱后，与来俊臣同为《罗织经》，屠覆宗枝朝贵，以作威势，自司刑评事，俊臣同引为判官。天授二年，摄右台监察御史，常与俊臣同按制狱，长寿二年，有上封事言岭南流人有阴谋逆者，乃遣国俊就按之，若得反状，便斩决。国俊至广州，遍召流人，置于别所，矫制赐自尽，并号哭称冤不服。国俊乃引出，拥之水曲，以次加戮，三百余人，一时并命。然后锻炼曲成反状，仍诬奏云："诸流人咸有怨望，若不推究，为变不遥。"则天深然其奏，乃命右卫翊二府兵曹参军刘光业、司刑评事王德寿、苑南面监丞鲍思恭、尚辇直长王大贞、右武卫兵曹参军屈贞筠等，并摄监察御史，分往剑南、黔中、安南等六道鞠流人。寻擢授国俊朝散大夫、肃政台侍御史。光业等见国俊盛行残杀，得加荣贵，乃共肆其凶忍，唯恐后之。光业杀九百人，德寿杀七百人，其余少者咸五百人。亦有远年流人，非革命时犯罪，亦同杀之。则天后知其冤滥，下制："被六道使所杀之家口未归者，并递还本管。"国俊等俄亦相次而死，皆见鬼物为祟，或有流窜而终。

【译文】

万国俊，洛阳人。年少时诡谲乖僻而险诈。武后垂拱年间以后，他和来俊臣同作《罗织经》，屠杀陷害皇族及朝廷贵臣，作威作福，来俊臣把他从司刑评事一起提拔为判官。天授二年，万国俊代理右台监察御史，常常和来俊臣一同审问特设的案狱。长寿二年，有人上封事说岭南地方被流放的人有阴谋叛逆的，武则天就派万国俊去查问，如果得到谋反的事实，就可以立刻杀掉。万国俊到广州，把全部流放的人召集来，放在别的地方，假称武则天命令赐他们自杀，这些人都痛哭叫冤不服。万国俊便把他们拉出来，赶到河边，挨个斩杀，三百多人一下子死于非命。然后万国俊罗织罪名假造成反逆的事实，还诬奏说："这些流放的人都怀有怨气，如不加推究，不久就有事变。"武则天深深以为他所奏的话有理，于是命令右卫翊二府兵曹参军刘光业、司刑评事王德寿、苑南面监丞鲍思恭、当辇直长王大贞、右武卫兵曹屈贞筠等。都给以代理监察御史之职，分别到剑南、黔中、安南等六道审讯被流放的人。不久升万国俊为朝散大夫，肃政台侍御史刘光业等人见到万国俊大肆残杀，得到荣华富贵，于是就一起逞其凶残，唯恐落在万国俊之后，刘光业杀了九百人，王德寿杀了七百人，其余较少的都杀了五百人。也有些久被流放的人，并非武则天改唐称周时犯的罪，也同样被杀死。武则天后来知道有冤枉和滥杀，下制书说："被六道使者所杀的人家口未解回乡者，都送还本籍。"万国俊等人不久也相继死去，死前都见到有鬼作祟，也有的人被流放而死。

来子珣传

【题解】

武则天因为猜忌群臣,所以任用一批爪牙,对百官进行监视,常常罗织罪名,大肆杀戮。他所任用的这批爪牙中,除了周兴、来俊臣外,还有一些无耻小人,只要能按照武则天的意志行事,即使是目不识丁或不通文墨的人,也能升官。这里所记的来子珣,不知从何处听到了《论语》中说过公西华"束带立于朝"一语,却误以官服的腰带为靴带,用来弹劾别人,这当然会引起朝臣们的大笑,无独有偶,前面译文中的侯思止,也是个不识字的人,却因附会武则天意志照样升了官。这些人的酷虐固然可恨,其无知则极可笑。阅读这些人物的传记,可以知道武则天时政治中腐败的一面,绝不是像有人所说的那么太平无事。

【原文】

来子珣,雍州长安人。永昌元年四月以上书陈事,徐左台监察御史。时朝士有不带靴而朝者,子珣弹之曰:"臣闻束带立于朝。"举朝大噱,则天委之按制狱,多希旨,赐姓姓武氏,字家臣。天授中,丁父忧,起复朝散大夫、侍御史。时雅州刺史刘行实及弟渠州刺史行瑜、尚衣奉御行威、并兄子鹰扬郎将虔通等,为子珣诬告谋反诛,又于盱眙毁其父左监门大将军伯英棺枢。俄又转为游击将军、左羽林中郎将。常衣锦半臂,言笑自若,朝士诮之。长寿元年,配流爱州卒。

【译文】

来子珣,雍州长安(今陕西西安)人。武则天永昌元年四月,因为上书陈奏政事,被任为左台监察御史。当时朝廷上有个官员没有结好靴带上朝,来子珣弹劾他说:"臣下听说束好衣带站在朝廷上"。满朝官员都大笑。武则天派他按问刑狱,他常常体会武则天的意旨,因此被赐姓为武氏,字家臣。天授年间,他父亲死去,服丧以后,武则天让他任朝散大夫、侍御史。当时雅州刺史刘行实及其弟渠州刺史刘行瑜、尚衣奉御刘行威及哥哥的儿子鹰扬郎将刘虔通等,被来子珣诬告谋反被杀,来子珣又在盱眙毁坏刘行瑜的父亲左监门大将军刘伯英的棺材。不久,来子珣又转为游击将军、右羽林中郎将。他常常穿着锦制的短袖衣服,谈笑自如,被朝廷官员所讥笑。长寿元年,被流放到爱州后死去。

王弘义传

【题解】

王弘义,靠告发别人发迹,凶残狠毒,自称"我的文牒,好比狼毒、野葛等物。"为了乡间邻居拒绝给他瓜,竟挖空心思毁人全部瓜园。他最终被胡元礼用杖击毙,大约也是天道昭昭。

【原文】

王弘义,冀州衡水人也。告变,授游击将军。天授中,拜右台殿中侍御史。长寿中,拜左台侍御史,与来俊臣罗告衣冠。延载元年,俊臣贬,弘义亦流放琼州,妄称敕追。时胡元礼为侍御史,使岭南道,次于襄、邓,会而按之。弘义词穷,乃谓曰:"与公气类。"元礼曰:"足下任御史,元礼任洛阳尉;元礼今为御史,公乃流囚,复何气类?"乃榜杀之。弘义每暑月系囚,必于小房中积蒿而施毡褥,遭之者斯须气绝矣。苟自诬引,则易于他房。与俊臣常行移牒,州县闵惧,自矜曰:"我之文牒,有如狼毒野葛也。"弘义常于乡里傍舍求瓜,主吝之,弘义乃状言瓜园中有白兔,县官命人捕逐,斯须园苗尽矣,内史李昭德曰:"昔闻苍鹰狱吏,今见白兔御史。"

【译文】

王弘义,冀州衡水(今属河北)人。因告发别人,被任命为游击将军。武后天授年间,任右台殿中侍御史。长寿年间,任左台侍御史,跟来俊臣一起罗织诬告士大夫。延载元年,来俊臣被贬,王弘义也被流放琼州,他造谣说武则天有敕书追回。当时胡元礼任侍御史,出使岭南道,汀盯在襄阳、邓县,参加查问王弘义。王弘义无话可说,就对胡元礼说:"和您是同类。"胡元礼说:"您当御史,我胡元礼当洛阳尉;我现在当御史,您是流放的囚犯,还是什么同类?"于是把他用杖击毙。王弘义每当夏天监禁囚犯,必定在小屋子中堆积草料而上铺毡褥,被关进去的只要一会就中暑而气绝,要是自己屈招,就换进别的房间去。他和来俊臣常常发布文牒,州县官见到了都害怕,他自夸说:"我的文牒,好比狼毒、野葛等物。"王弘义曾在乡间邻居处索要瓜,主人舍不得给,王弘义就发公文说瓜园中有白兔,县官派人捕捉,一会儿园中的瓜苗都被践踏完了。内史李昭德说:"从前听说有苍鹰狱吏,现在见到了白兔御史。"

郭霸传

【题解】

郭霸不仅不学无术,而且突出体现了武则天时代酷吏的两大特征,谄媚和凶残,他的问候魏元忠,尽显其狗奴才的谄媚,他对李思征的重刑拷打致死,体现了他的暴虐,难怪他死之后,老百姓相互庆幸,至于传说中他被李思征索命而死,虽然牵强附会,倒也符合百姓心理。

【原文】

郭霸,庐江人也。天授二年,自宋州宁陵丞应革命举,拜左台监察御史。如意元年,除左台殿中侍御史。长寿二年,右台侍御史。初举集,召见,于则天前自陈忠鲠云:"往年征徐敬业,臣愿抽其筋,食其肉,饮其血,绝其髓。"则天悦,故拜焉,时人号为"四其御史"。时大夫魏元忠卧疾,诸御史尽往省之,霸独居后,比见元忠,忧惧,请示元忠便液,以验疾之轻重。元忠警悚,霸悦曰:"大夫粪味甘,或不瘳。今味苦,当即愈矣。"元忠刚直,殊恶之。以其事露朝士。尝推芳州刺史李思征,旁捶考禁,不胜而死。圣历中,屡见思征,甚恶。尝因退朝遽归,命家人曰:"速请僧转经设斋。"须臾见思征从数十骑上其廷,曰:"汝枉陷我,我今取汝。"霸周章惶怖,援刀自夸其腹,斯须蛆烂矣。是日,闾里亦见兵马数十骑驻于门,少倾不复见矣。时洛阳桥坏,行李弊之,至是功毕。则天尝问群臣:"比在外有何好事?"舍人张元一素滑稽,对曰:"百姓喜洛桥成,幸郭霸死,此即好事。"

【译文】

郭霸,庐江人。天授二年,从宋州宁陵丞应武则天改唐为周时的特举,任为左台监察御史。如意元年,任左台殿中侍御史。长寿二年,任右台侍御史。他初应举时集合朝见,武则天召见他,他在武则天前自己表忠诚说:"往年征讨徐敬业,臣下愿意抽其筋,吃其肉,饮其血,割断其骨髓。"武则天大喜,所以授给他官职,当时人称为"四其御史"。当时御史大夫魏元忠卧病,各御史都去探问,郭霸独自后去,等见到魏元忠时,装出忧虑的神色,请求魏元忠把大便给他看,来测度病的轻重。魏元忠大为惊讶,郭霸却高兴地说:"您的粪如果是甜的,也许不能好,现在味苦,应当很快就好了。"魏元忠为人刚强正直,很讨厌他,把这事告诉朝廷中官员。郭霸曾经审问芳州刺史李思征,重加拷打,李思征受不了而死去。圣历年间,他几次见到李思征的鬼魂,很以为疑虑。有一次退朝匆忙回家,对家里人说:"快请和尚念经设斋供。"一会儿他看见李思征带着几十人骑着马到他家大厅上,说:"你冤枉诬陷我,我现在来抓你偿命。"郭霸惊惶失措,拔刀自己割开腹部,一下子就腐烂生蛆。这一天,闾巷中亦有人见到兵马几十骑停在郭霸门口,稍有些时候就不见了。

当时洛阳桥坏了，来往过客深以为苦，到此时修复完毕。武则天曾问群臣："近来外面有什么好事?"舍人张元一生性滑稽，回答说："百姓高兴的是洛阳桥完工，庆幸郭霸死去，这就是好事。"

吉顼传

【题解】

吉顼，洛州河南人，阴狠毒辣，办案诬陷诱供，严酷暴虐，同时，此人还善于纵观时势，见风使舵，传中说到他建议张易之，要求重立中宗，即可说明这一点。

【原文】

吉顼，洛州河南人也。身长七尺，阴毒敢言事。进士举，累转明堂尉。万岁通天二年，有箕州刺史刘思礼，自云学于张景藏，善相，云洛州录事参军綦连耀应图谶，有"两角麒麟儿"之符命。顼告之，则天付武懿宗与顼对讯。懿宗与顼诱思礼，令广引朝士，必全其命。思礼乃引凤阁侍郎李元素、夏官侍郎孙远通、天官侍郎刘奇、石抱忠、凤阁舍人王处、来庭、主簿柳璆、给事中周潘、泾州刺史王勔、监察御史王助、司议郎路敬淳、司门员外郎刘慎之、右司员外郎宇文全志等三十六家，微有忤意者，必构之，楚毒百端，以成其狱。皆海内贤士名家，天下冤之，亲故连累窜逐者千余人。顼由是擢拜右肃政台中丞，日见恩遇。

明年，突厥寇陷赵、定等州，则天招顼检校相州刺史，以断贼南侵之路。顼以素不习武为辞，则天曰："贼势将退，藉卿威名镇遏耳。"初，太原有术士温彬茂，高宗时老，临死，封一状谓其妻曰"吾死后，年名垂拱，即诣阙献之，慎勿开也。"垂拱初，其妻献之。状中预陈则天革命及突厥至赵、定之事，故则天知贼至赵州而退。顼初至州募人，略无应者。俄而诏以皇太子为元帅，应募者不可胜数。及贼退，顼入朝奏之，则天甚悦。

圣历二年腊月，迁天官侍郎，同凤阁鸾台平章事。时易之、昌宗讽则天置控鹤监官员，则天以易之为控鹤监。顼素与易之兄弟亲善，遂引顼，以殿中少监田归道、凤阁舍人薛稷、正谏大夫员半千、夏官侍郎李迥秀，俱为控鹤内供奉，时议甚不悦。初，则天以顼干辩有口才，伟仪质，堪委以心腹，故擢任之。及与武懿宗争赵州功于殿中，懿宗短小俯偻，顼声气凌厉，下视懿宗，尝不相假。则天以为"卑我诸武于我前，其可倚与!"其年十月，以弟作伪官，贬顼琰川尉，后改安固尉。寻卒。

初，中宗未立为皇太子时，易之、昌宗尝密问顼自安之策，顼云："公兄弟承恩既深，非有大功于天下，则不全矣。今天下士庶，咸思李家，庐陵既在房州，相王又在幽闭，主上春秋既高，须有付托。武氏诸王，殊非属意。明公若能从容请建立庐陵及相王，以副生人之望，岂止转祸为福，必长享茅土之重矣。"易之然其言，遂承间奏请。则天知顼首谋，召而问之,项曰:"庐陵王及相王,皆陛下之子,先帝顾托于陛下,当有主意,唯陛下裁之。"则天意乃定。项既得罪,时无知者。睿宗即位,左右发明其事,乃下制曰:"故吏部侍郎、同中书门下平章事吉项,体识宏远,凤规久大。尝以经纬之才,允膺匡佐之委。时王命中否,人谋未辑,首陈返政之议,克副祈天之基。永怀遗烈,宁忘厥效。可赠左御史台大夫。"

【译文】

　　吉项,洛州河南人。身长七尺,阴狠毒辣敢于向朝廷进言。他应进士举,逐渐升到明堂尉。武后万岁通天二年,有个箕州刺史刘思礼,自称曾向张憬藏学习,善于看相,他说洛州录事参军綦连耀符合图谶的话,受有"两角麒麟儿"的符命。吉项告发他,武则天命令武懿宗和吉项一起加以审问。武懿宗和吉项对刘思礼诱供,让他多牵引朝中官员,就一定让他活命。刘思礼就供称凤阁侍郎李元素、夏官侍郎孙远通、天官侍郎刘奇、石抱忠,凤阁舍人王处、来庭,主簿柳璆、给事中周潘、泾州刺史王勔、监察御史王助、司议郎路敬淳、司门员外郎刘慎之、右司员外员宇文全志等三十六家都与此案有关联,稍有不合吉项意思的人,必定诬陷他,用百般酷刑,屈打成招定案。被害的都是海内贤士和有名望的家族,天下人都认为冤枉。这些人的亲戚故旧被连累而流放的有一千多人。吉项因此升任右肃政台中丞,日益受恩宠。

　　第二年,突厥进犯攻陷赵、定等州,武则天召吉项让他代理相州刺史,以阻断突厥南侵之路。吉项以自己素来不懂军事推辞,武则天说:"从贼人的势头来看就要撤退,只是借你威名来镇压遏止而已。"起初,太原有个方术之士叫温彬茂,高宗时告老,临死,封一个状子对他妻子说:"我死后,朝廷改年号为垂拱,你就到朝廷献上状子,切不可开看。"垂拱初年,他的妻子把状子献上。状子中预先陈说到武则天改唐为周以及突厥到达赵、定二州的事,所以武则天知道突厥到赵州就退兵。吉项刚到相州募兵,几乎无人应募。不久诏书决定皇太子做元帅,应募的人就不可胜数,突厥退走后,吉项入朝把此事奏闻,武则天大喜。

　　圣历二年十二月,吉项升为天官侍郎、同凤阁鸾台平章事。当时张易之、张昌宗建议武则天设置控鹤监官员,武则天任命张易之为控鹤监。吉项素来和张易之兄弟友好,于是就引进吉项,让殿中少监田归道、凤阁舍人薛稷、正谏大夫员半千、夏官侍郎李迥秀,都做控鹤内供奉,当时舆论对此很不满。起初,武则天因为吉项有能力有口才,身体魁梧,可以引为心腹,所以提拔他。等到吉项在殿中与武懿宗争论赵州之功时,武懿宗矮小又俯着身子,吉项高声厉色,轻视武懿宗,毫不留情。武则天以"当我面看不起我们姓武的,还可倚仗吗?"这年十月,因为吉项之弟当过伪官,贬吉项为琰川尉,后改为安固尉。不久死去。

　　当初,中宗还没有立为太子时,张易之、张昌宗曾秘密地问吉项自安的办法。吉项说:"您兄弟受恩很深,但并无大功于天下,就不能保全自己。现在天下的士民,都想念李家,庐陵王(中宗)即在房州,相王(睿宗)又被禁闭,皇上年事已高,为须对大业有所托付。武氏诸王,并非皇上意中的继承人。您若能乘机请求立庐陵王及相王,以符合百姓的愿望,岂止可以转祸为福,一定能长久享受封邑了。"张易之赞成他的话,乘机奏请武则天。武则天知道是吉顼出的主意,召吉顼来问他,吉顼说:"庐陵王和相王,都是陛下的儿子,先帝托付给陛下,应有其主意,请陛下决定。"武则天的意见就此决定。吉顼得罪后,没有人知道这件事。睿宗即位后,左右的人把这件事讲出来,就下诏书说:"前吏部侍郎、同中书门下平章事吉顼,识见广远,风范长久而宏大。他曾经以经纬天下的才能,受命辅佐君主。当时国家命运中衰,朝廷中人的谋略并未使天下和洽,他首先陈奏了返政中宗的建议,能符合天意,怀念他遗下的功绩,哪能忘记? 可以追赠他为左御史台大夫。"

姚绍之传

【题解】

姚绍之是唐中宗时候的酷吏,倚仗着韦后和武三思的势力,草菅人命,以求升官。姚绍之在中宗时已经败露,但后来还是得到善终。从他陷害张仲之的事看来,其实是秉丞李峤、李承嘉的意旨干的。所以玄宗即位以后,对他也未深究。

【原文】

姚绍之,湖州武康人也。解褐典仪,累拜监察御史。中宗朝,武三思恃庶人势,驸马都尉王同皎谋诛之,事泄,令绍之按问而诛同皎,张仲之、祖延庆谋衣袖中发调弩射三思,伺其便未果。宋之逊以其外妹妻延庆,曰:"今日将行何事,而以妻为?"之逊因抑与延庆,且洽其心矣。之逊子昙密发之,乃敕右台大夫李承嘉与绍之按于新开门内。初,绍之将直尽其事。诏宰相李峤等对问,诸相惧三思威权,但偃偃,佯不问。仲之、延庆言曰:"宰相中有附会三思者。"峤与承嘉耳言,复说诱之,其事乃变。遂密置人力十余,命引仲之对问,至,即为绍之所擒,塞口反接,送狱中。绍之还,谓仲之曰:"张三,事不谐矣!"仲之固言三思反状,绍之命棒之而臂折,大呼天者六七,谓绍之曰:"反贼,臂且折矣,命已输汝,当诉尔于天帝!"因裂衫以束之,乃自诬反而遇诛。绍之自此神气自若,朝廷侧目。

累迁左台侍御史。奉使江左,经汴州,辱录事参军魏传弓。寻拜监察御史。绍之后坐赃污,诏传弓按之,获赃五千余贯以闻,当坐死。韦庶人妹保持之,逐黜放为岭南琼山尉。传弓初按绍之,绍之在扬州,色动,谓长吏卢万石曰:"顷辱传弓,今为所按,绍之死矣。"逃入西京,为万年尉擒之,击折其足,因授南陵令员外置。开元十三年,累转括州长史同正员,不预知州事,死。

【译文】

姚绍之,湖州武康(今浙江德清)人。入仕之初任典仪,积阅资历被任为监察御史。中宗时,武三思依仗韦后的势力,驸马都尉王同皎密谋杀掉武三思,事泄,中宗命令姚绍之审问而诛杀王同皎。姚绍之刚审问王同皎时,张仲之和祖延庆合计在衣袖中藏弩发射杀死武三思,窥伺未得方便的机会。宋之逊把他的表妹嫁给祖延庆,祖延庆说:"今天将做什么样的事,还要结婚干什么?"宋之逊硬是要表妹嫁祖延庆,且将祖延庆说服。但宋之逊的儿子宋昙暗中告发此事,中宗敕命右台大夫李承嘉和姚绍之在新开门内审问此事。起初要直接查清此事。中宗下诏叫宰相李峤等参加查问,各宰相怕武三思的威势,只是应付着,假装不问。张仲之、祖延庆说:"宰相中有人附会武三思。"李峤跟李承嘉耳语,又诱说姚绍之,事情就发生了变化。姚绍之暗中布置十余人,叫领张仲之回答问题,张仲之一到,即为姚绍之所擒捉,塞住嘴又反绑双手,送往监狱。姚绍之回来向张仲之说:"张三,事情不行了!"张仲之坚持说武三思谋反的情况,姚绍之命令人用棒打折他的手臂,张仲之六七次大呼叫天,对姚绍之说:"反贼,臂已打折,命也交给你了,我要到天帝那里控诉你!"说着撕开衣衫束缚手臂,就自己诬称谋反而被杀。姚绍之从此意气洋洋,朝廷中百官见他都侧目而视。

姚绍之升迁为左台侍御史。出使江南,路经汴州,侮辱了累事参军魏传弓。不久,魏传弓任监察御史。姚绍之后因贪污,中宗下诏让魏传弓审问他,查出赃款五千余贯钱上奏中宗,依法当判死罪。韦后的妹妹保护他,就被流放为岭南琼山尉。魏传弓刚审问姚绍之,姚绍之在扬州,脸色恐慌,对主管吏员卢万石说:"我刚侮辱魏传弓,现在被他查问,我要死了。"就逃到西京,被万年尉抓住,打断了他的脚,因此就叫他作南陵令,员外安置。开元十三年,任括州长史同正员,不参与州内政事,死去。

王旭传

【题解】

在唐代的酷吏中,王旭可以说是一个善于投机的人物,他以斩杀张易之兄昌仪起家。等到玄宗诛韦氏时,他又以杀并州长史周仁轨得到重用。像张昌仪、周仁轨等人,自有其该杀的原因,但处理卢崇道一案,连累几十人,就未免是滥杀了,所以当时的舆论对他很不满。

至于王旭陷害纪希虬的哥哥,只是为了想霸占其妻子。从这件事看来,就可以知道他的为人,最后被纪希虬揭发脏污,贬官而死,可谓罪有应得。

【原文】

王旭,太原祁人也。曾祖王珪,贞观初为侍中,尚永宁公主。旭解褐鸿州参军,转兖州兵曹。神龙元年正月,张柬之、桓彦范等诛张易之、昌宗兄弟,尊立孝和皇帝。其兄昌仪,先贬乾封尉,旭斩之,赍其首赴于东都,迁并州录事参军。唐隆元年,玄宗诛韦庶人等,并州长史周仁轨,韦氏之党,有诏诛之,旭不复敕,又斩其首,驰赴西京。开元二年,累迁左台侍御史。时光禄少卿卢崇道以崔湜妻父，贬于岭外。逃归，匿于东都，为仇家所发，诏旭究其狱。旭欲擅其威权，因捕崇道亲党数十人，皆极其楚毒，然后结成其罪，崇道及三子并杖死于都亭驿，门生亲友皆决杖流贬。时得罪多是知名之士，四海冤之。旭又与御史大夫李杰不叶，递相纠评，杰竟左迁徐州刺史。旭既得志，擅行威福，由是朝廷畏而鄙之。

五年，迁左司郎中，常带侍御史。旭为吏严苛，左右无敢支梧，每衔令推劾，一见无不输款者。时宋王宪府掾纪希虬兄任剑南县令，被告有赃私，旭使至蜀鞫之。其妻美，旭威逼之。因奏决杀县令，纳赃数千万。至六年，希虬遣奴作为祗承人，受顾在台，事旭数月，旭赏之，召入宅中，委以腹心。其奴密记旭受馈遗嘱托事，乃成数千贯，归谒希虬。希虬衔泣见宪，叙以家冤。宪悯之，执其状以奏，诏付台司劾之，赃私累巨万，贬龙平尉，愤恚而死，甚为时人之所庆快。

【译文】

王旭，太原祁（今属山西）人。曾祖王珪，唐太宗贞观初年为侍中，封永宁郡公。王旭刚出仕任鸿州参军，转为兖州兵曹。中宗神龙元年正月，张柬之、桓彦范等诛杀了张易之、张昌宗兄弟，尊立孝和皇帝（中宗）。张易之等的哥哥张昌仪，先贬谪为乾封尉，王旭把他斩首，封藏他的首级送往东都洛阳，因功被升迁为并州录事参军。唐温王唐隆元年，玄宗诛讨韦庶人（韦后）等，并州长史周仁轨是韦氏的党羽，有诏书叫诛杀他，王旭并不覆劾敕书，又把周仁轨斩首，奔赴西京。开元二年，升迁为左台侍御史。当时光禄少卿卢崇道因为是崔湜的岳父，被贬到岭外。他逃了回来，藏在东都，被仇人所告发，玄宗下诏让王旭来审查这案子。王旭想擅弄威权，因此逮捕了卢崇道的亲友党羽几十人，都施以酷刑，然后给他们定了罪，卢崇道和他三个儿子都被打死在都亭驿，门生亲友都被棒打后流放。当时获罪的大多是知名的人，天下人为之称冤。王旭又和御史大夫李杰不和，互相弹劾告发，李杰竟被贬为衢州刺史。王旭既然得志，就擅自作威作福，因此朝廷中的官员既怕他又鄙视他。

开元五年，王旭任左司郎中，常兼侍御史之职。王旭做官严厉而苛刻，左右的属员没有人敢说不同的话，他每次奉命审讯犯人，一见面就没有不认罪的。当时宋王李宪府的掾属纪希虬的哥哥做剑南县令，被人告发有脏污私，王旭出使蜀地审讯他。这县令的妻子长得漂亮，王旭威逼她，就此上奏判决县令死刑，上缴没收的赃款几千万。至开元六年，纪希虬派他的家奴假装伺候官员的人，在台省受雇佣，服侍王旭几个月，王旭很欣赏他，把他召进私宅里，当成心腹。纪希虬的家奴暗中记下王旭受贿给人办事，赃款有几千贯，就回去告诉纪希虬，纪希虬哭着去见李宪，讲了家中的冤枉。李宪怜悯他，把这事实奏闻皇帝，玄宗下诏让台省有关部门弹劾王旭，查出赃款近万万，贬他为龙平尉，忧愤羞愧而死，为当时人所拍手称快。

吉温传

【题解】

唐玄宗的统治到天宝年间已显得十分腐朽,官场中的互相结党营私,排斥异己以至互相残害已到了十分严重的程度。像吉温这样的人物,是很有代表性的。对这个人物,玄宗开始时曾说他是不良汉。但这个"不良汉"后来竟依仗他的手段,取得了高官。吉温为了向上爬,和当时一些著名的权贵如李林甫、高力士、安禄山、杨国忠都有不同程度的勾结。他的升官,多半就是由于他投合了李林甫排除异己的心思,用酷刑和诱供,制造种种大狱。但在他升官以后,对已经取得的地位还不满足,又勾结安禄山,想夺取相位。从传中看来,他和安禄山的关系,实在非同一般。朝廷中的事情,他都向安禄山通报,使安禄山对长安的情况了如指掌。朝廷对此则一无所知。他的败露,只是由于杨国忠和安禄山的矛盾。但是,当他贬官以后,还得到了他的同党罗希奭等人的庇护。

【原文】

吉温,天官侍郎顼弟琚之孽子也。诡谲能陷事人,游于中贵门,爱若亲戚。性禁害,果于推劾。天宝初,为新丰丞。时太子文学薛嶷承恩幸,引温入对,玄宗目之而谓嶷曰:"是一不良汉,朕不要也。"时萧炅为河南尹,河南府有事,京台差温推诘,事连炅,坚执不舍,赖炅与右相李林甫善,抑而免之。及温选,炅已为京兆尹,一唱万年尉,即就其官,人为危之。时骠骑高力士常止宿宫禁,或时出外第,炅必谒焉。温先驰与力士言谑甚洽,握手呼行第,炅觑之叹伏。及他日,温谒炅于府庭,遽布心腹曰:"他日不敢黩国家法,今日以后,洗心事公。"炅复与尽欢。

会林甫与左相李适之、驸马张垍不叶,适之兼兵部尚书,垍兄均为兵部侍郎,林甫遣人讦出兵部铨曹簿事令史六十余人伪滥事,图覆其官长。诏出付京兆府与宪司对问。数日,竟不究其由。炅使温劾之。温于院中分囚于两处,温于后厅佯取两重囚讯之,或杖或压,痛苦之声,所不忍闻,即云:"若存性命,乞纸尽答。"令史辈素谙温,各自诬伏罪,及温引问,无敢违者。晷刻间事辑,险囚无栲讯决罚处。常云:"若遇知己,南山白额兽不足缚也。"会李林甫将起刑狱,除不附者,乃引之于门,与罗希奭同锻炼诏狱。

五载,因中官纳其外甥武敬一女为盛王琦妃,擢京兆府士曹。时林甫专谋不利于东储,以左骁卫兵曹柳勣杜良娣妹婿,令温推之。温追著作郎王曾、前右司御率府仓曹王修己、左武卫司戈卢宁、左威卫骑曹徐征同就台鞫,数日而狱成。勣等杖死,积尸于大理寺。

六载,林甫又以户部侍郎、兼御史中丞杨慎矜违忤其旨,御史中丞王鉷与慎矜亲而嫉之,同构其事,云:"蓄图谶,以己是隋炀帝子孙,阙于兴复。"林甫又奏付温鞫焉,慎矜下狱系之。使温于东京收捕其兄少府少监慎余、弟洛阳令慎名,于汝州捕其门客史敬忠。敬忠颇有学,尝与朝贵游,蹉跎不进。与温父琚情契甚密,温孩孺时,敬忠尝抱抚之。温令河南丞姚开就擒之,锁其颈,布袂蒙面以见温。温驱之于前,不交一言。欲及京,使典诱之云:"杨慎矜今款招已成,须子一辨。若能人意,必活;忤之,必死。"敬忠回首曰:"七郎,乞一纸。"温佯不与,见词恳,乃于桑下令答三纸,辩皆符温旨,喜曰:"丈人莫相怪!"遂徐下拜。及至温汤,始鞫慎矜,以敬忠词为证。及再搜其家,不得图谶林甫恐事泄,危之,乃使御史卢铉入搜。铉乃袖谶书而入,于隐僻中诟而出曰:"逆贼牢藏秘记,今得之矣。"指于慎矜小妻韩珠团婢见。举家惶惧,且行捶击,谁敢忤焉。狱乃成,慎矜兄弟赐死。温自是威振,衣冠不敢偶言。

温早以严毒闻,频知诏狱,忍行枉滥,推事未讯问,已作奏状,计赃数。及被引问,便摄惧,即随意而书,无敢惜其生者,因不加拷击,狱成矣。林甫深以温为能,擢户部郎中,常带御史。林甫虽倚以爪牙,温又见安禄山受主恩,骠骑高力士居中用事,皆附会其间,结为兄弟。常谓禄山曰:"李右相虽观察仕事,亲于三兄,必不以兄为宰相。温虽被驱使,必不超擢。若三兄奏温为相,即奏兄堪大任,挤出林甫,是两人必为相矣。"禄山悦之。时禄山承恩无敌,骤言温能,玄宗亦忘曩岁之语。十载,禄山加河东节度,因奏温为河东节度副使,并知节度营田及管内采访监察留后事。其载,又加兼雁门太守,仍知安边郡铸钱事,赐紫金鱼袋。乃丁所生忧,禄山又奏起复为本官。寻复奏为魏郡太守、兼侍御史。

杨国忠入相,素与温交通,追入为御史中丞,仍充京畿,关内采访处置使。温于范阳辞,禄山令累路馆驿作白绁帐以候之,又令男庆绪出界送,扰马出驿数十步。及至西京,朝廷动静,辄报禄山,信宿而达。十三载正月,禄山入朝,拜左仆射,充闲厩使,因奏加温武部侍郎、兼御史中丞,充闲厩、苑内、营田、五坊等副使。时杨国忠与禄山嫌隙已成,温转厚于禄山,国忠已忌之。其冬,河东太守韦陟入奏于华清宫。陟自谓失职,托于温结欢于禄山,广载河东土物馈于温,又及权贵。国忠讽评事吴豸之使乡人告之,召付中书门下,对法官鞫之,陟伏其状,贬桂岭尉,温澧阳长史,温判官员锡新兴尉。明年,温又坐赃七千匹及夺人口马奸秽事发,贬端州高要尉。温至岭外,迁延不进,依于张博济,止于始安郡。八月,遣大理司直蒋沇鞫之,温死于狱中,博济及始安太守罗希奭死于州门。

初,温之贬斥,玄宗在华清宫,谓朝臣曰:"吉温是酷吏子侄,朕被人诳惑,用之至此。屡劝朕起刑狱以作威福,朕不受其言。今去矣,卿等皆可安枕也。"初,开元九年,有王钧为洛阳尉,十八年,有严安之为河南丞,皆性毒虐,笞罚人畏其不死,皆杖讫不放起,须其肿愤,徐乃重杖之,懊血流地,苦楚欲死,钧与安之始眉目喜畅,故人吏慑惧。温则售身权贵,噬螫衣冠,来颇异耳。温九月死始兴,十一月,禄山起兵作乱,人谓与温报仇耳。禄山入洛阳城,即伪位。玄宗幸蜀后,禄山求得温一子,才六、七岁,授河南府参军,给与财帛。

初,温之按杨慎矜,侍御史卢铉同其事。铉初为御史,作韦坚判官,及坚为李林甫所嫉,铉以坚款曲发于林甫,冀售其身。及按慎矜,铉先与张瑄同台,情旨素厚,贵取媚于权臣,诬瑄与杨慎矜共解图谶,持之,为驴驹拔橛以成其狱。又为王鉷闲厩判官,鉷缘邢绰事朝堂被推,铉证云:"大夫将白帖索厩马五百匹以助逆,我不与之。"鉷死在晷刻,铉忍诬之,众咸怒恨焉。及被贬为庐江长史,在郡忽见瑄为崇,乃云:"端公何得来乞命?不自由。"铉须臾而卒。

【译文】

　　吉温,天官侍郎吉顼之弟吉琚的庶出儿子。阴险狡诈善于谄媚人,来往于宦官们家中,相爱如同亲戚。性情阴险狡诈,勇于审问案狱。玄宗天宝初年,任新丰丞。当时太子文学薛嶷受恩宠,领吉温去见唐玄宗,玄宗看了他一眼就对薛嶷说"这是一个不良的汉子,我不要他。"当时萧炅任河南尹,河南府官署有事端,京中御史台派吉温去追查,案件牵涉到萧炅,吉温紧紧追问毫不放松,幸亏萧炅和右相李林甫关系好,搁置此事而使萧炅免予追究。到吉温候选,萧炅已任京兆尹,一宣布吉温当万年尉。他就到官,人们颇为吉温感到危险。当时骠骑大将军高力士常常住在宫禁中,有时出外到自己府第,萧炅一定去拜见。吉温先驰马到高力士府中,和高力士谈话嬉笑颇为融洽,握着手互以行第相称,萧炅看见了惊叹佩服。过几天,吉温在府署拜访萧炅,忽然推心置腹地说:"上次我不敢废弃国家的法令,从今以后,洗心革面伺候您。"萧炅又与他和好。

　　正好李林甫和左相李适之、驸马都尉张垍不和睦,李适之兼任兵部尚书,张垍的哥哥张均任兵部侍郎,李林甫派人告发兵部铨曹主簿事令史受贿滥用吏人六十余人的事,想以此来颠覆其长官。玄宗下诏交付京兆府和掌管法律的官府一起审问。审了几天,竟查不出因由。萧炅就叫吉温去审问。吉温在官署院落中把囚犯分开囚在两个地方,吉温自己在后厅假装提取两个重犯加以讯问,有的打,有的用重物压,囚犯叫痛之声,惨不忍闻,就说:"若能保全性命,请给纸来全部招供。"令史们素来知道吉温的厉害,各自屈打成招,等吉温提取审问,没有敢翻案的。一会儿案子就审完了,查验囚犯身上没有拷打的痕迹。吉温常常说:"如果遇到知己,南山中的白额虎是不难缚住的。"遇上李林甫将要大兴刑狱,除去不依附自己的人,就把吉温引到自己门下,和罗希奭一起对奉诏审问的罪犯罗织罪状。

　　天宝五载,因为宦官们做主让吉温的外甥武敬一的女儿当盛王李琦的妃子,因此提拔吉温为京兆府士曹。当时李林甫专门谋划不利于太子的事,因为左骁卫兵曹柳勣是太子杜良娣的妹夫,就叫吉温去审问他。吉温追捕著作郎王曾、前右司御率府仓曹王修己、左武韦司兵卢宁、左威韦骑曹徐征等一同到御史台审问,不过几天就定案了柳勣等被用棒打死,尸首堆在大理寺。

　　天宝六载,李林甫又因为户部侍郎、兼御史中丞杨慎矜违反他的意旨,御史中丞王铁跟杨慎矜假装友好而却嫉恨杨慎矜,于是和李林甫一同构造谣言说:"杨慎矜家藏图谶,说自己是隋炀帝子孙,想恢复隋朝。"李林甫又上奏唐玄宗交付吉温来审讯,杨慎矜被下狱系禁。李林甫叫吉温在洛阳收捕杨慎矜的哥哥少府少监杨慎余、弟弟洛阳令杨慎名,在汝州逮捕杨慎矜的门客史敬忠。史敬忠很有学问,曾经和朝中的显贵大臣来往,但官位停滞不进。他和吉温的父亲吉琚交谊很深,吉温小时候,史敬忠曾抱着抚弄他。吉温命令河南丞姚开逮捕他,用铁锁锁住头颈,用布袋蒙着面去见吉温。吉温驱赶他在前面走,不和他说一句话。快到长安,吉温派属员引诱他说:"杨慎矜现已招供,就等你旁证。

你如果懂得人的意思，一定能活；触犯了，必然是死。"史敬忠转过头来说："七郎，请给我一张纸。"吉温假装不给，看他说话诚恳，于是就在桑树之下叫他答复写了三张纸，所招供的全符合吉温的意思，吉温高兴地说："丈人不要怪我"！就慢慢地向史敬忠下拜。到了温汤，开始审讯杨慎矜，用史敬忠的供词做证据。等到两次查抄杨慎矜的家，查不出图谶。李林甫恐怕事情泄露，深以为危惧，就叫御史卢铉去搜，卢铉就把谶书藏在袖中，在隐蔽偏僻的地方骂着走出来说："逆贼把谶书藏得很牢固，现在搜到了。"拿出来给杨慎矜的小老婆韩球团的婢女看，杨家全家都很害怕，吉温还叫用棒打杨家的人，没人敢冒犯他。案子就这样定下，杨慎矜兄弟们被赐自杀。吉温从此威震朝廷，士大夫们不敢两人私语。

吉温早就以严酷毒辣闻名，屡次审理皇帝决定的狱案，残忍地冤枉犯人，查出事情还没有审问，已做好了奏状，计算受赃的数目。等到犯人被押上来讯问，心中便先惧怕，便随意写供状，没有人敢爱惜自己的生命，因此不必拷打，案就定了。李林甫深深以吉温为有才能，升任他为户部郎中，常带御史。李林甫虽然依仗吉温为爪牙，吉温又见到安禄山深受皇帝的恩宠，骠骑大将军高力士在宫中被信任，他对他们都巴结依附，结成兄弟。吉温常常对安禄山说："右相李林甫虽然相计行事，和你三兄（安禄山）相亲，但一定不让老兄当宰相。我吉温虽然被他使用，也一定不提拔我。如果三兄上奏皇上让我吉温做宰相，我就上奏老兄能担当重大任务，把李林甫排挤出去，这样我们两人就一定都当上宰相了。"安禄山听了很高兴。当时安禄山受到无比的恩宠，屡次附奏吉温的才能，唐玄宗也忘记了过去说吉温是不良汉的话。天宝十载，安禄山加授河东节度使，因此上奏让占温做河东节度副使，并且掌管节度使境内营田及采访、监察、留后等事宜。这一年，又加授兼雁门太守，仍掌管安边郡铸钱事务，赐紫金鱼袋。等吉温遭到亲生母亲的丧事，安禄山又给上奏起复他仍居本职。不久又奏请让他做魏郡太守，兼侍御史。

杨国忠做宰相，素来和吉温有来往，调吉温入京任御史中丞，仍充当京畿、关内采访处置使。吉温在范阳告别，安禄山下令路上的各客馆驿站作白绸帐来迎候他，又命令儿子安庆绪出界相送，勒马出驿站几十步而返。等吉温到长安后，朝廷中的各种动向，他都报告安禄山，一两天就到，天宝十三载正月，安禄山入朝，被任命为左仆射，充闲厩使，他就奏请加任吉温武部侍郎、兼御史中丞，充当闲厩、苑内、营田、五坊等副使。当时杨国忠和安禄山之间的仇隙已经形成，吉温更加依附拉拢安禄山，杨国忠又忌恨他。这年冬天，河东太宗韦陟入关奏事于华清宫。韦陟自己感到失职，结交吉温以便依附安禄山，他带了许多河东的土产送给吉温，又分送各权贵。杨国忠示意评事吴豸之叫乡人告发此事，把吉温、韦陟叫来交付中书门下和执法官吏审问他们。韦陟招供了事实，被贬为桂岭尉，吉温被贬为澧阳长史，吉温的判官员锡贬新兴尉。第二年，吉温又因贪赃七千匹及强夺百姓马匹等奸恶污秽之事被揭发，又贬为端州高要尉。吉温到了岭外，停滞不向前走，依附张博济，留在始安郡。这年八月，朝廷派大理司直蒋沇去审问他。吉温死在监狱中，张博济和始安太宗罗希奭在州门杖死。

起初，吉温被贬斥时，玄宗在华清宫，对朝中群臣说："吉温是酷吏的侄子，我受人欺骗,这样任用了他。他多次劝我兴起大案狱来做威福,我没有听他的话。现在他离开朝廷了,你们可以安心了。"当初,开元九年有王钧做洛阳尉,开元十八年,有严安之做河南丞,都是性情恶毒暴虐,使用笞打刑罚唯恐犯人不死,都是打完不放犯人起来,要等杖创肿起来,再慢慢地重打,流血满地,犯人苦楚到愿意死去,王钧和严安之才开始脸色高兴,所以百姓和吏员都很怕他们。吉温则托身于权贵,专门谋害士大夫,这一点颇不一样。吉温是天宝十四载九月死于始兴的,十一月,安禄山起兵作乱,有人说是给吉温报仇。安禄山进入洛阳城,伪称为皇帝。玄宗到蜀地之后,安禄山找到了吉温的一个儿子,刚六七岁,就任命为河南府参军,并给予他财帛。

当初,吉温在审问杨慎矜时,侍御史卢铉参与其事。卢铉刚当御史时,任韦坚的判官,等韦坚被李林甫所嫉恨,卢铉把韦坚的内情委曲告发于李林甫,想以此进身。等到审问杨慎矜时,卢铉先前曾和张宣同在御史台,交情素来很厚,为了取得权臣的好感,他诬称张宣和杨慎矜一起解释图谶,抓住张宣,使用了驴驹拔橛的酷刑来定案。卢铉又曾任王锇闲厩判官,王锇因邢𬘓事在朝堂被推问,卢铉作证说:"王锇用白帖子要厩中马五百匹以帮助邢𬘓叛逆,我不给他。"王锇已经马上就要死去,卢铉还忍心诬害他,众人都愤怒痛恨卢铉。等卢铉被贬为庐江长史,在郡署忽见张宣作祟,就说:"端公为什么来讨命?我当时是身不由己。"一下子就死了。

罗希奭传

【题解】

罗希奭是和吉温同时代并且齐名的酷吏,在许多事件中,他们俩都同流合污,一起罗织罪名,陷害他人,因此当时就有"罗钳吉网"之说,在吉温等人被贬之后,罗希奭还利用自己手中的权力,百般庇护他们,使得这批贪官酷吏能继续作恶为害。

【原文】

罗希奭,本杭州人也,迁家洛阳,鸿胪少卿张博济堂外甥。为吏持法深刻。天宝初,右相李林甫引与吉温持狱,又与希奭姻娅,自御史台主簿再迁殿中侍御史。自韦坚、皇甫惟明、李适之、柳勣、裴敦复、李邕、邬元昌、杨慎矜、赵奉璋下狱事,皆与温锻炼,故时称"罗钳吉网",恶其深刻也。八载,除刑部员外,转郎中。十一载,李林甫卒,出为中部、始安二太守,仍充当管经略使。

十四载,以张博济、吉温、韦陟、韦诚奢、李从一、员锡等流贬,皆于始安,希奭或公假摄。右相杨国忠奏遣司直蒋沇往按之,复令张光奇替为始安太守,仍降敕曰:"前始安郡太守、充当管经略使罗希奭,幸此资序,叨居牧守。地列要荒,人多窜殛,尤加委任,冀绝奸讹。翻乃啸结逋逃,群聚不逞,应是流贬,公然安置。或差摄郡县,割剥黎氓;或辍借馆宇,侵扰人吏。不唯轻侮典宪,实亦隳坏纪纲。擢发数愆,岂多其罪,可贬海东郡海康尉员外置。张博济往托回邪,迹惟凭恃,尝自抵犯,又坐亲姻,前后贬官,岁月颇久,逗留不赴,情状难容。及命按举,仍更潜匿,亡命逃刑。莫斯为甚。并当切害,合峻常刑,宜于所在各决重杖六十。使夫为政之士,克守章程,负罪之人,期于悛革。凡厥在位,宜各悉心。"时员锡、李从一、韦诫奢、吉承恩并决杖,遣司直宇文审往监之。

【译文】

　　罗希奭本是杭州人,后来迁居洛阳,他是鸿胪少卿张博济的堂外甥。他做官判案深细而苛刻。天宝初年,右丞相李林甫提拔他和吉温一同审理刑狱,李林甫又和罗希奭有亲戚关系,因此罗希奭从御史台主簿一再升迁为殿中侍御史。自从韦坚、皇甫惟明、李适之、柳勣、裴敦复、李邕、邬元昌、杨慎矜、赵奉璋等人下狱的事件,罗希奭都和吉温一起给人制造罪名定案,所以当时称之为"罗钳吉网",就是讨厌他的苛刻。八载,升官刑部员外,转郎中。十一载,李林甫死了,罗希奭出任中部、始安二太守,仍充当管经略使。

　　天宝十四载,因张博济、吉温、韦陟、韦诫奢、李从一、员锡等流放贬谪,都在始安,罗希奭让其中一些人代理职务。右相杨国忠上奏派司直蒋沇去查办,又叫张光奇代替罗希奭任始安太守,还降下敕书说:"前始安太守、充当管经略使罗希奭领先自己的资历,不合格地被任为太守。这始安地方荒僻,有许多被流放的人来到这里,所以特加委任,希望罗希奭能够禁绝奸谋。他反而和逃亡的人相结交,聚集了许多不法之徒,应该流放贬谪的,他公然加以安置。有的被流放者竟受差遣去代理郡县长官,使他们能残害百姓;有的把公家的房屋借给他们住,侵犯和扰乱了百姓和吏员。这不但是轻视国法,也是破坏国家的纪律。用他头发来数他的罪恶,还不算多,可以将他贬为海东郡海康尉,员外处置。张博济以前依附奸邪之人,倚仗其势,也曾自己犯法,却又和罗希奭是亲戚,前后贬官,经过了很久时间,却不去被贬之地,事实情况难于容忍。等到朝廷下命查察,他更藏了起来,逃命避开刑法,没有比这更严重的了。这些人都应彻查,处以应有的刑罚。应该在所在地重重地杖打六十下。使那些办政事的人,能遵守国家的章程,犯罪的人,能够自己悔改。各在位官吏,应该各自用心。"当时员锡、李从一、韦诫奢、吉承恩等都受杖责,朝廷派司直宇文审前往监督行刑。

毛若虚传

【题解】

　　唐朝的酷吏大都是乘统治阶级内部矛盾尖锐到互相屠杀之时,利用酷刑杀戮以求升官的。武则天时代的周兴、来俊臣,中宗时代的吉温等人都是这样。毛若虚则是安史之乱平定后出现的酷吏。他的手法和别人不同的,就是拼命横征暴敛,以上献朝廷,求得皇帝的欢心。

至于他审理谢夷甫一案，是非其实是很清楚的。"七坊押官"的抢劫，对人民危害甚大，谢夷甫的行动本是为民除害，所以孙蓥、谢伯阳的态度比较公允。但毛若虚则一味讨好弄权的宦官李辅国，把崔伯阳等人尽加贬斥。唐肃宗却一味支持毛若虚，这不但说明他的昏庸，也证明他确实需要这样的爪牙来搜刮民财。

【原文】

毛若虚，绛州太平人也。眉毛覆于眼，其性残忍。初为蜀川县尉，使司以推勾见任。天宝末，为武功丞，年已六十余矣。肃宗收两京，除监察御史，审国用不足，上策征剥财货，有润于公者，日有进奉，渐见任用称旨。每推一人，未鞫，即先收其家资，以定赃数，不满望，即摊征乡里近亲，峻其威权，人皆惧死，输纳不差晷刻。

乾元二年，凤翔府七坊押官先行剽劫，州县不能制，因有劫杀事，县尉谢夷甫因众怒，遂榜杀之。其妻诉于李辅国，辅国奏请御史孙蓥鞫之，蓥不能正其事。又令中丞崔伯阳三司使杂讯之，又不证成其罪。因令若虚推之。遂归罪于夷甫。伯阳与之言，若虚颇不逊。伯阳数让之，若虚驰谒告急，肃宗曰："卿且出。"对曰："臣出即死矣。"肃宗潜留若虚帘内，召伯阳至，伯阳颇短若虚，上怒，叱出之。因流贬伯阳同推官十余人，皆于岭外远恶处。宰相李岘以左右于蓥等，亦被贬斥。于是若虚威震朝列，公卿慑惧矣。寻擢为御史中丞。上元元年，贬宾化尉而死。

【译文】

毛若虚，绛州太平人。生相眉毛盖着眼睛，性情残忍。他起初任蜀州县尉，上级把推问捕等事交托给他。天宝末年，他做武功丞，年纪已六十多岁了。唐肃宗收复长安、洛阳两京后，任毛若虚为监察御史，毛若虚知道国家的收入不敷支出，就献上搜刮财货的办法，对公家有利益的事，常有附奉，渐渐地被任用并且使上级称心。毛若虚审案，每审问一个人，还没有开审，就先没收他的家财，来确定赃款的数目，如家财不能满足他的希望，就摊派到犯人的邻居和近亲，他威风严厉，人们都怕死，都按时交纳财物，不差一刻。

肃宗乾元二年，凤翔府七坊的押官开始抢劫，州县官不能禁制。因为有抢劫杀人的事件，县尉谢夷甫由于民众愤怒，就把押官用棒打死。押官的妻子到李辅国处控诉，李辅国奏请御史孙蓥来审问，孙蓥不能处理好这件事。李辅国又叫御史中丞崔伯阳与三司使一起审问，又不能证明谢夷甫的罪名。因此命令毛若虚来处理，毛若虚就归罪于谢夷甫。崔伯阳和他争论，毛若虚对他很没有礼貌。崔伯阳屡次责备他，毛若虚就奔驰到肃宗面前告急，肃宗说："你先出去。"毛若虚说："臣出去就会死掉。"肃宗暗下把毛若虚留在帘内，把崔伯阳叫来，崔伯阳说了毛若虚的毛病，肃宗大怒，大声叱责崔伯阳让他出去。因此流放贬斥崔伯阳跟一同推官的官吏十余人，都被放逐到岭外远恶的地方。宰相李岘因为给孙蓥说好话，也被贬斥。于是毛若虚的威风震动了朝廷众官，公卿都怕他。不久被升任为御史中丞。上元元年，毛若虚被贬为宾化尉而死。

敬羽传

【题解】

敬羽这个酷吏的名声虽不如武则天时的周兴等人著名，但他用刑之残酷，却并不亚于他们。从他审讯李遵、罗于廷的手段看来，全是用刑讯逼供，其实并无什么明察的智慧。由于他的滥用刑罚，使外戚如薛履谦等人都被置于死地，连名臣张镐也遭贬斥。至于他按问康谦，也只是出于别人的诬告，而敬羽对他就施尽了酷刑，不到两个晚上就把人折腾得像鬼一样，其目的无非是为了没收康谦的资财。尽管酷吏大抵不得善终，而历史上的酷吏仍不断出现。这说明草菅人命，以求升官的行为，是封建社会向上爬的捷径。敬羽之流的得意于一时，即由于此。

【原文】

敬羽，宝鼎人也。父昭道，开元初为监察御史。羽貌寝而性便僻，善候人意旨。天宝九载，为康成县尉，安思顺为朔方节度使，引在幕下。及肃宗于灵武即大位，羽寻擢为监察御史，以苛刻征剥求进。及收两京后，转见委任。作大枷，有勔尾榆，著即闷绝。又卧囚于地，以门关碾其腹，呼为："肉馎饦。"掘地为坑，实以棘刺，以败席覆上，领囚临坑讯之，必附其中，万刺攒之。又捕逐钱货，不减毛若虚。

上元中，擢为御史中丞。太子少傅、宗正卿、郑国公李遵，为宗子通事舍人李若冰告其赃私，诏羽按之。羽延遵，各危坐于小床，羽小瘦，遵丰硕，倾间问即倒。请垂足，羽曰："尚书下狱是囚，羽礼延坐，何得慢耶！"遵跪倒者数次，请问，羽徐应之，授纸笔，书脏数千贯，奏之。肃宗以勋旧舍之，但停宗正卿。及嗣薛王珍潜谋不轨，诏羽鞫之。羽召支党罗于廷，索玢尾榆枷之，布拷讯之具以绕之，信宿成狱。珍坐死，右卫将军窦如玢、试都水使者崔昌等九人并斩，太子洗马赵非熊、陈王府长史陈阆、楚州司马张昻、左武卫兵曹参军焦自荣、前凤翔府郿县主簿李岊、广文馆进士张夐等六人决杀，驸马都尉薛履谦赐自尽，左散骑常侍张镐贬辰州司户。

胡人康谦善贾，资产亿万计。杨国忠为相，授安南都护。至德中，为试鸿胪卿，专知山南东路驿。人嫉之，告其阴通史朝义。谦髭须长三尺过带，按之两宿，鬓发皆秃，膝踝亦拷碎，视之者以为鬼物，非人类也。乞舍其生，以后送状奏杀之，没其资产。

羽与毛若虚在台五、六年间，台中囚系不绝。又有裴升、毕曜同为御史，皆酷毒，人之陷刑，当时有"毛、敬、裴、毕"之称。裴、毕寻又流黔中。羽，宝应元年贬为道州刺史。寻有诏杀之，羽闻之，衣凶服南奔溪洞，为吏所擒，临刑，袖中执州县官吏犯赃私状数纸，曰："有人通此状，恨不得推究其事，主州政者，无宜寝也。"

【译文】

敬羽,宝鼎(今山西万荣西南)人。父亲叫敬昭道,唐玄宗开元初任监察御史。敬羽容貌丑陋而谄媚,善于窥测别人的心思。天宝九载,敬羽任康成县尉。安思顺任朔方节度使,引用敬羽到他幕下。等到肃宗在灵武登上皇帝位,敬羽不久就被提拔为监察御史,他用苛刻地收抚钱财的办法来求升官。在长安、洛阳两京收复后,敬羽日益受到任用。他作了一副大枷,号为"勤勤尾榆",犯人戴上这枷就昏死过去。又让囚犯躺在地上,用门闩压辗他的肚子,号为"肉馎饦"。又掘地作坑,里面放置荆棘,上面盖上破帘,把囚犯领在沟边上审问,必然会掉进沟中,许多刺就刺着他。他又追逐钱财,和毛若虚一样。

上元年间,升任御史中丞。太子少傅、宗正卿、郑国公李遵,被宗子通事舍人李若冰控告他贪赃,肃宗下诏叫敬羽查问他。敬羽请李遵来,各人跪坐在一张小凳上,敬羽身体瘦小,李遵却肥大,在小凳上一会就跌倒。李遵请求垂下脚来,敬羽说:"尚书你被下狱就是囚犯,我敬羽以礼请你坐,你那里可以傲慢垂脚!"李遵跌倒了好几次。李遵就请求敬羽审问,敬羽慢慢地问他,授给纸书,供认了赃物数千贯,敬羽就上奏肃宗。肃宗因为李遵是功勋旧臣赦免了他,只免去宗正卿的职务。等到嗣薛王李珍阴谋作乱,肃宗下诏叫敬羽审问他。敬羽把李珍的党羽都抓来放在法庭中,用"勤尾榆"给他们戴上,四周罗列各种刑具,只一二天就定了案。李珍被赐自尽,右卫将军窦如玢,试都水使者崔昌等九人被斩首,太子洗马赵非熊、陈王府长史陈闼、楚州司马张昂、左武卫兵曹参军焦自荣、前凤翔府郿县主簿李岊、广文馆进士张复等六人被大杖打死,驸马都尉薛履谦被赐自尽,左散骑常侍张镐被贬为辰州司户。

胡人康谦善于经商,家产有亿万数。杨国忠当宰相,授康谦为安南都护。肃宗至德年间,康谦试任鸿胪卿,专门掌管山南东路的驿站事务。有人嫉妒他,告他私通史朝义。康谦的胡发长三尺垂过腰带,被敬羽审问了两夜,鬓发都秃了、膝盖踝骨也被拷打粉碎,见了他的人都以为他是鬼,不像人样。康谦要求饶他的命,敬羽送了状子奏请杀了康谦,没收了他的财产。

敬羽和毛若虚在御史台五六年间,御史台中囚犯没有断绝过。又有裴异、毕曜也一同任御史,都残酷恶毒,人们一陷于刑狱,当时有"毛敬裴毕"的说法。裴异和毕曜不久又被流放到黔中。敬羽于宝应元年被贬为道州刺史。不久有诏书要杀他,敬羽听说了,穿着丧服向南逃向少数民族地区,被官吏捕获,他临受刑时,袖子中拿出州县官吏所犯贪污的事情记在几张纸上,说:"有人能上奏这状子,遗憾我不能再审问这些事,主管州中政务的人,不应掩盖这些事。"

安金藏传

【题解】

安金藏，武则天至唐玄宗时人，祖籍京兆府长安县，初为太常寺的工匠。武则天称帝，以其子李旦为皇嗣。作为工匠，安金藏经常侍奉皇嗣。有人诬告皇嗣想阴谋恢复李家天下，武则天命酷吏来俊臣严刑审讯，安金藏解佩刀剖腹表明心志，证明皇嗣没有谋反的意图。武则天知道后，立即命人将其接入宫进行抢救。安金藏苏醒后，武则天亲自看望他，并说："我的儿子不能自己申辩明白，不如你的一片忠诚。"同时，命令来俊臣停止审讯，皇嗣因而幸免于危难。玄宗即位后，追思他的忠诚尽节，下制书褒扬赞美，提升为右骁卫将军，使史官将其事载入史册。

【原文】

安金藏，京兆长安人，初为太常工人。载初年，则天称制，睿宗号为皇嗣。少府监裴匪躬、内侍范云仙并以私谒皇嗣腰斩，自此公卿已下，并不得见之，唯金藏等工人得在左右。或有诬告皇嗣潜有异谋者，则天令来俊臣穷鞫其状，左右不胜楚毒，皆欲自诬，唯金藏确然无辞，大呼谓俊臣曰："公不信金藏之言，请剖心以明皇嗣不反。"即引佩刀自剖其胸，五藏并出，流血被地，因气绝而仆。则天闻之，令舆入宫中，遣医人却纳五藏，以桑白皮为线缝合，敷之药，经宿，金藏始苏。则天亲临视之，叹曰："吾子不能自明，不如尔之忠也。"即令俊臣停推，睿宗由是免难。

金藏，神龙初丧母，寓葬于都南阙口之北，庐于墓侧，躬造石坟石塔，尽夜不息。原上旧无水，忽有涌泉自出。又有李树盛冬开花，犬鹿相狎。本道使卢怀慎上闻，敕旌表其门。景云中，累迁右武卫中郎将。玄宗即位，追思金藏忠节，下制褒美，擢拜右骁卫将军，乃令史官编次其事。开元二十年，又特封代国公，仍于东岳等诸碑镂勒其名。竟以寿终，赠兵部尚书。

【译文】

安金藏，京兆长安县人，起初是太常工人。载初元年，唐高宗皇后武则天，改国号唐为周，武后称圣神皇帝，唐睿宗李旦改称皇嗣，实际上被软禁于宫中。少府监裴匪躬、内侍范云仙都因私谒皇嗣，被腰斩于市。从此后公卿以下，都不能见到皇嗣了，只有安金藏等工人得侍奉在左右。又有人诬告皇嗣秘密地准备谋反，武则天命令来俊臣追根求源严厉审讯搞清其情况，左右都忍受不了严酷的苦刑，都想屈打成招而自认谋反，只有安金藏坚强不怕严刑拷打，对来俊臣大喊说："您既然不信我金藏的话，那我剖心来证明皇嗣不反。"说着便用佩刀自己切开肚子，五脏都出来，流血遍地，因为气绝而倒在地上。武则天听说此事,命令用轿子把安金藏抬入宫中,派医生把流出的五脏送放回原处,用桑白皮作线缝合好,并敷上药,过了一宿,安金藏才开始苏醒过来。武则天亲自来探视,赞叹地说:"我的儿子不能自己申明原因,不如你的一片忠心。"马上命令来俊臣停止追查审理此案,唐睿宗因此得免于被废除的厄难。

安金藏的母亲在唐中宗神龙初年去世,寓葬于都南阙口以北的地方,在墓旁边建庐守丧,自己亲自造石坟石塔,昼夜不休息。原上本来没有水,忽然有泉水奔流而出。又有李树在严冬开花,狗和鹿也相亲昵。本道使卢怀慎上告朝廷,朝廷下诏表彰其门。唐睿宗景云年间,多次升迁到武卫中郎将,唐睿宗的儿子李隆基即帝位是唐玄宗,怀念安金藏忠心耿耿的气节,特下制书褒扬赞美,提拔为右骁卫将军,又命令史官编写其事迹。开元二十年,又特封代国公,多次在东岳等诸碑上镌刻上安金藏的姓名,后来竟能以高寿而死,死后追赠兵部尚书。

苏冕传

【题解】

苏冕,京兆武功(今陕西武功西)人,著有《古今国典》一百卷,《会要》四十卷。这部《会要》开创了典制断代史的前河,它记载了从唐高祖到唐代宗九朝的典章制度,而且流行于当时。苏冕这部《会要》的原书已不存在,但是在《会要》撰成的五十年后,即唐宣宗大中七年,由崔铉监修,杨绍复、崔琢、薛逢、郑言等撰成《续会要》四十卷,起唐德宗,续到唐宣宗大中六年,增加了七朝事迹。又过百年,宋代的王溥对苏冕、崔铉等人的《会要》重加整理,又增补了唐宣宗以后至唐末的史事,完成《新编唐会要》一百卷。《唐会要》基本保留下来,虽然不知王溥怎样整理的苏冕的《会要》但苏冕对会要这种史书撰述体裁的创造之功则是显而易见的。

【原文】

冕缵国朝政事,撰《会要》四十卷,行于时。弁聚书至二万卷,皆手自刊校,至今言苏氏书,次于集贤秘阁焉。贞元二十一年,卒于家。衮自赞善大夫贬永州司户参军,敕:"苏衮贬官,本缘弟连坐。矜其年暮,加以疾患,宜令所在勒回,任归私第。"衮年且七十,两目无见已逾年,以弁之故,竟未停官。及贬,上闻之哀悯,故许还家。寻卒。初,冕既坐弁贬官,或有人言冕才学,上悔不早知,业已贬出,又复还衮,难以再追冕,乃止。

【译文】

苏冕聚集国朝政事,撰述《会要》四十卷,流行于当时。其弟苏弁藏书达到两万卷,都是亲自刊校的,至今还说苏氏的书,仅次于集贤秘阁的藏书。贞元二十一年,在家去世。

苏衮从赞善大夫贬为永州司户参军,朝廷敕命:"苏衮贬官,本来缘于受其弟株连。哀怜他年已迟暮,加上患有疾病,应该命令永州强行将他送回,听任他回到自己家里。"苏衮年纪已过七十,两眼看不见已经一年了,因为苏弁的缘故,竟然没有停职。到被贬官,德宗听说他的事怜悯他,所以允许他回家。不久去世。当初,苏冕已因苏弁而获罪贬官,间或有人说苏冕有才学,德宗后悔早不知道此事,但已经被贬出京城,又恢复了苏衮原来的官职,难以再追还苏冕的官职,于是就作罢。

杨炯传

【题解】

杨炯(650~692),初唐诗人。华阴(今属陕西)人。十一岁时举神童,恃才傲物,为人所忌。武后时为婺州盈川令,卒于官,世称杨盈川。

杨炯与王勃、卢照邻、骆宾王并称"初唐四杰",以文辞闻名于世。现存诗三十三首,以边塞征战诗最为著名,表现了为国立功的战斗精神,风格豪放。其余诗作缺乏独创性。其《王勃集序》一文批判了当时诗坛上浮靡的诗风,反映了"四杰"有意识地改革当时文风的要求。有《杨盈川集》。

【原文】

杨炯,华阴人。伯祖虔威,武德中官至右卫将军。炯幼聪敏博学,善属文。神童举,拜校书郎,为崇文馆学士。仪凤中,太常博士苏知几上表,以公卿已下冕服,请别立节文。敕下有司详议,炯献议曰:

古者太昊庖羲氏,仰以观象,俯以察法,造书契而文籍生。次有黄帝轩辕氏,长而敦敏,成而聪明,垂衣裳而天下理。其后数迁五德,君非一姓。体国经野,建邦设都,文质所以再而复,正朔所以三而改。夫改正朔者,谓夏后氏之建寅,殷人建丑,周人建子。至于以日系月,以月系时,以时系年,此三王相袭之道也。夫易服色者,谓夏后氏尚黑,殷人尚白,周人尚赤。至于山、龙、华虫、宗彝、藻、火、粉米、黼、黻,此又百代可知之道。

谨按《虞书》曰:"予欲观古人之象,日、月、星辰、山、龙、华虫作会,宗彝、藻、火、粉米、黼、黻、绨绣。"由此言之,则其所从来者尚矣。日月星辰者,明光照下土也。山者,布散云雨,象圣王大泽沾下也。龙者,变化无方,象圣王应时布教也。华虫者,雉也,身被五彩,象圣王俸兼文明也。宗彝者,武蜼也,以刚猛制物,象圣王神武定乱也。藻者,逐水上下,象圣王随代而应也。火者,陶冶烹饪,象圣王至德日新也。粉米者,人恃以生,象圣王为物之所赖也。黼能断割,象圣王临事能决也。黻者,两己相背,象君臣可否相济也。

迨有周氏,乃以日月星辰为旌旗之饰,又登龙于山,登火于宗彝,于是乎制衮冕以祀先王也。九章者,法阳数也,以龙为首章。衮者,卷也,龙德神异,应变潜见,表圣王深识远智,卷舒神化也。又制鹫冕以祭先公也。鹫者,雉也,有耿介之志,表公有贤才,能守耿介之节也。又制毳冕以祭四望也。四望者,岳渎之神也。武蜼者,山林所生,明其象也。制绨冕以祭社稷也。社稷者,土谷之神也。粉米由之而成,象其功也。又制玄冕以祭群小祀也。百神异形,难可遍拟,但取黻之相背,昭异名也。夫以周公之多才也,故治定制礼,功成作乐。夫以孔宣之将圣也,故行夏之时,服周之冕。先王之法服,乃此之自出矣;天下之能事,又于是乎毕矣。

杨炯

今知几表状请制大明冕十三章,乘舆服之者。谨按,日月星辰者,已施于旌旗矣。龙武山火者,又不踰于古矣。而云麟凤有四灵之名,玄龟有负图之应,云有纪官之号,水有盛德之祥,此盖别表休征,终是无踰比象。然则皇王受命,天地兴符,仰观则璧合珠连,俯察则银黄玉紫。殚南宫之粉壁,不足写其形状;罄东观之铅黄,未可纪其名实。固不可毕陈于法服也。云者,龙之气也。水者,藻之自生也。又不假别为章目,此盖不经之甚也。

又鸾冕八章,三公服之者。鸾者,太平之瑞也,非三公之德也。鹰鹯者,鸷鸟也,适可以辨祥刑之职也。熊罴者,猛兽也,适可以旌武臣之力也。又称藻为水草,无所法象。引张衡赋"带倒茄于藻井,披红葩之狎猎",请为莲华,取其文彩者。夫茄者,莲也。若以莲代藻,变古从今,既不知草木之名,亦未达文章之意,此又不经之甚也。

又毳冕六章,三品服之者。按此王者祀四望服之名也。今三品乃得同王之毳冕,而三公不得同王之衮名,岂唯颠倒衣裳,抑亦自相矛盾,此又不经之甚也。

又黻冕四章,五品服之者。考之于古,则无其名,验之于今,则非章首,此又不经之甚也。

若夫礼唯从俗,则命为制,令为诏,乃秦皇之故事,犹可以适于今矣。若夫义取随时,则出称警,入称跸,乃汉国之旧仪,犹可以行于代矣。亦何取变周公之轨物,改宣尼之法度者哉!

由是竟寝知几所请。

炯俄迁詹事司直。则天初,坐从祖弟神让犯逆,左转梓州司法参军。秩满,选授盈川令。如意元年七月望日,宫中出盂兰盆,分送佛寺,则天御洛南门,与百官视之。炯献《盂兰盆赋》,词甚雅丽。炯至官,为政残酷,人吏动不如意,辄榜杀之。又所居府舍,多进士亭台,皆书榜额,为之美名,大为远近所笑。无何卒官。中宗即位,以旧僚追赠著作郎。文集三十卷。

炯与王勃、卢照邻、骆宾王以文词齐名,海内称为"王杨卢骆",亦号为"四杰"。炯闻之,谓人曰:"吾愧在卢前,耻居王后。"当时议者,亦以为然。其后崔融、李峤、张说俱重四杰之文。崔融曰:"王勃文章宏逸,有绝尘之迹,固非常流所及。炯与照邻可以企之,盈川之言信矣。"说曰:"杨盈川文思如悬河注水,酌之不竭,既优于卢,亦不减王。'耻居王后',信然;'愧在卢前',谦也。"

【译文】

杨炯,华阴(今属陕西)人。伯祖父杨虔威,唐武德(618～625)中,官做到右卫将军。杨炯自幼聪明敏捷,博学多闻,很会做诗文。被推举为"神童",后来官至校书郎,为崇文馆学士。

仪凤(676～678)中,太常博士苏知几上表,建议公卿以下官员的衣帽服饰,别立节制修饰的规矩。高宗批示有关部门详加评议。杨炯献议说:

上右之时,太昊伏羲氏,仰观天象,俯察地法,创造文字,因而有所谓文籍。接着有黄帝轩辕氏,长大后敦厚敏锐,成人时耳聪目明,穿着宽大的衣裳,无为而天下大治。其后金木水火土五德几经变迁,而君主也不是限于一姓,治理国家,建邦设都,文质彬彬,相继复兴,正朔历法,再三改易。说起改易正朔,有夏后氏之"建寅",殷商之"建丑",周人之"建子"。至于以积日而成月,以积月而成四时,以积四时而成年,这是三王递相沿袭的办法。说起改易服色来,夏后氏崇尚黑色,段商崇尚白色,周人崇尚赤色。至于山、龙、华虫、宗彝、藻、火、粉米、黼、黻,这都是百代以来所知道的。

谨按《虞书》说:"我想观察古人之象,日、月、星辰、山、龙、华虫相会、宗彝、藻、火、粉米、黼、黻,绣绣。"由此说来,这些礼俗历代相传已经很久了。日月星辰,其光明照于下土;山岳,可以布散云雨,就像圣明的君王向下民灌溉恩泽;龙呢,变化不定,象征圣明的君王应时设教,以化万民;华虫,就是雉鸡,它身披五彩,象征圣明的君王体兼文明;宗彝,就是武蜼,能以刚猛制服他物,象征圣明的君王威武雄强,平定叛乱;藻呢,生于水面,逐水上下,象征圣明的君王随着潮流,顺时应变;火呢,可用以烧陶冶炼烹煮食物,象征圣明的君王至德日新又日新;粉米,是人们赖以生存的食物,象征圣明的君王是万民万物之所依赖的;黼能刀割而断,象征圣明的君王临事果决善断;黻呢,两个相背向,象征君臣是非可否之相济。

及至有周氏,才以日月星辰为旌旗的装饰物;又进龙于山,进火于宗彝,于是乎制衮衣的礼服,制冠冕为礼帽,供帝王穿戴,以祭礼先王衮衣上绘画龙、山、华虫、火、宗彝、藻、粉米、黼、黻的所谓"九章",是取法阳数的,以龙为首章。所谓衮,就是卷,龙之德,极神异,善于应变,或潜藏,或现形,表示圣明的君王具有深知卓识,卷舒自如,犹如神化。又制七旒衮冕,用以祭祀先公。所谓鷩,就是雉鸡,这种鸟有耿介忠直之志,表明王公有贤才,能守耿介的节操。又制定氅衣冠冕,用以祭祀四望。所谓四望,就是四方岳渎之神。武蜼为山林所生刚猛之物,用以明其象。制定衮服冠冕,用以祭祀社稷。所谓社稷,就是土谷之神。粉米是由土谷生长而成的,用以象征社稷之功。又制定玄冕,用以祭祀众多的小祀。百神其形不同,难以一一模拟,只能取黻之相背向,以表明异名。周公是多才的辅臣,所以能于社会安定之时制定礼仪,于作战立功之后制作音乐。孔宣因将成为圣人,所以行夏之时,服周之冕。先王的礼仪洁服,就是从这里出来的;天下所能做到的事,至此也就算完毕了。

现在苏知几上表请制定大明冕十三种花纹图案,骑马坐轿时穿戴。谨按,日、月、星辰,已画于旌旗上了。龙、武蜼、山、火呢,又没有超越古制;而云、麒麟、凤凰,有"四灵"之称,玄龟有所谓负图的应验,云有"纪官"之号,水有盛德之祥,这些因另外表明美好征兆,都没有超越比喻象征之形象。那么,皇王之受天命,天地之记符图,仰而观之,则合璧连珠,俯而察之,则黄银紫玉。竭尽南宫的粉壁,不足以尽写其形状;用完东观的铅黄,也不能全纪其名实。自然不可以全部描绘陈列于洁事礼服之上呀。云呢,是龙的气息;水呢,是藻之所寄生。既有龙、藻,云、水也就不必分别列为图案的名目了。提出增设云、水图纹,实在是无稽之谈。

又鸾衣而冕用八种图案,定为三公所服。鸾呢,是太平的瑞兆,不是三公之德的象征啊。老鹰呢,是一种猛禽,正可以辨别详审谨慎刑罪之职。熊罴呢,是一种猛兽,也正可以借以表旌武将的武功。又据"藻"为水草,没有象征的意义,引张衡的赋说:"在天花板上倒画着茄蒂,披着层层叠叠的红花。"请改为莲花,以取其文采之意。其实,所谓"茄",就是"荷",也就是莲花啊。如果用莲花取代藻,变古制以顺合时,既不懂得草木之名,又不明白古人文章之意,这更是无稽之谈。

又毳衣而冕用六种图案,三品官穿戴。按,毳冕在古制中,是王者祭祀四望山川时所穿戴的。现在三品官可与王者同用"毳冕",而三公却不可与王者同用"衮衣"之名,岂但颠倒衣裳,而且自相矛盾,这又是无稽之谈。

又黻冕用四种图案,五品官穿戴。稽考古制,实无其名;检验今制,也不是在图案中列在头里的。这同样是无稽之谈。

如果礼制要遵从习俗,那么帝王之命称为"制",令称为"诏"。这是秦始皇的老规矩,今天还可以适用。至于依时代的变迁取其义,那么皇帝出行称为"警",入行称为"跸",这却是汉朝的旧礼仪,也可以运用于当代。又何必变更周公所定的规则,改换孔子所定的法度呢!

由于杨炯的献议,太常博士苏知几的建议就被搁置在一边。

杨炯很快就升任詹事司直的职务,掌管东宫太子的事务。武则天当皇帝的初期,因为伯叔祖父的弟弟杨神让犯叛逆罪,杨炯被贬谪到梓州(今四川三台)任司法参军。任期正满,经选拔,授予盈川(今四川筠连)县令。如意元年(692)七月十五日,皇宫中出盂兰盆,盛百味五果,分送各座佛寺,则天皇帝亲自登洛阳南门楼,和朝中百官一起观看。杨炯献上《盂兰盆赋》,文辞十分优雅华丽。

杨炯当官,执政很残酷,老百姓和下层官吏,稍不合己意,就鞭打或者杀掉。他所居住的府第房舍,建了许多进士亭台,都用各种名目书写匾额,取其美名,甚为远近所取笑。没多久,死于任上,中宗继帝位后,以其旧官职,追赠"著作郎"之衔。他有文集三十卷。

杨炯和王勃、卢照邻、骆宾王都以文章齐名,海内称为王、杨、卢、骆,又号为"四杰"。

杨炯听到这说法,对人说:"我排在卢照邻之前,感到有愧;而排在王勃之后,却很感耻辱。"当时评论他们的人,也认为杨炯说的有道理。后来崔融、李峤、张说都很重视四杰的文章。崔融说:"王勃的文章宏远飘逸,有脱离尘俗的形迹,自非寻常流辈所可企及的;杨炯和卢照邻可以向他看齐,杨炯说的话是可信的。"张说指出:"杨炯的文思,犹如瀑布泄水,取之不尽,既胜于卢照邻,又不比王勃差。说'耻居王后',确实是这样的;说'愧在卢前',是自谦之词啊。"

陈子昂传

【题解】

陈子昂(659~700),盛唐文学家。字伯玉,梓州射洪(今属四川)人。少任侠,武后时上书论政,先后任麟台正字、右拾遗等职,曾随军抗击契丹。后辞官回乡,受县令段简诬陷,下狱死。

陈子昂的文学创作和主张在唐代很有影响,是唐朝诗文革新的先驱。他论诗标举汉魏风骨,强调兴寄,反对柔靡文风。所作《感遇》等诗,指斥时弊,风骨高昂清峻。在文章的创作上强调散体,反对浮艳。他的文章质朴疏朗,受到唐代古文家的称赞。有《陈伯玉集》。

【原文】

陈子昂,梓州射洪人。家世富豪,子昂独苦节读书,尤善属文。初为《感遇诗》三十首,京兆司功王适见而惊曰:"此子必为天下文宗矣!"由是知名。举进士。会高宗崩,灵驾将还长安,子昂诣立上书,盛陈东都形势胜,可以安置山陵,关中旱俭,灵驾西行不便。曰:

梓州射洪县草莽愚臣子昂,谨顿首冒死献书阙下。臣闻明王不恶切直之言以纳忠,烈士不惮死亡之诛以极谏。故有非常之策者,必待非常之时;得非常之时者,必待非常之主。然后危言正色,抗义直辞,赴汤镬而不回,至诛夷而无悔。岂徒欲诡世夸俗,厌生乐死者哉!实以为杀身之害小,存国之利大,故审计定议而甘心焉。况乎得非常之实,遇非常之主,言必获用,死亦何惊,千载之

陈子昂读书台

迹,将不朽于今日矣。

伏惟大行皇帝遗天下,弃群臣,万国震惊,百姓屠裂。陛下以徇齐之圣,承宗庙之重,天下之望,喁喁如也,莫不冀蒙圣化,以保余年,太平之主,将复在于兹矣。况皇太后又以

文母之贤,协轩宫之耀,军国大事,遗诏决之,唐、虞之际,于斯盛矣。臣伏见诏书,梓宫将迁西京,鸾舆亦欲陪幸,计非上策,智者失图,庙堂未闻有骨鲠之谟,朝廷多见有顺从之议,臣窃惑以为过矣。伏自思之,生圣日,沐皇风,摩顶至踵,莫非亭育,不能历丹凤,抵濯龙,北面玉阶,东望金屋,抗音而正谏者,圣王之罪人也。所以不顾万死,乞见一言,愿蒙听览,甘就鼎镬,伏惟陛下察之。

臣闻秦都咸阳之时,汉都长安之日,山河为固,天下服矣。然犹北取胡、宛之利,南资巴蜀之饶。自渭入河,转关东之粟;逾沙绝漠,致山西之储。然后能削平天下,惮压诸侯,长辔利策,横制宇宙。

今则不然。燕、代迫匈奴之侵,巴、陇婴吐蕃之患,西蜀疲老,千里羸粮,北国丁男,十五乘塞,岁月奔命,其弊不堪。秦之首尾,今为阙矣,即所余者,独三辅之间耳。顷遭荒馑,人被荐饥。自河以西,莫非赤地;循陇以北,罕逢青草。莫不父兄转徙,妻子流离,委家丧业,膏原润莽,此朝廷之所备知也。赖以宗庙神灵,皇天悔祸,去岁薄稔,前秋稍登,使羸饿之余,得保性命,天下幸甚,可谓厚矣。然而流人未返,田野尚芜,白骨纵横,阡陌无主。至于蓄积,尤可哀伤。陛下不料其难,贵从先意,遂欲长驱大驾,按节秦京,千乘万骑,何方取给?况山陵初制,穿复未央,土木工匠,必资徒役。今欲率疲弊之众,兴数万之军,征发近畿,鞭扑羸老,凿山采石,驱以就功。春作无时,秋成绝望,凋瘵遗噍,再罗艰苦。倘不堪弊,必有逋逃,"子来"之颂,将何以述之?此亦宗庙之大机,不可不审图也。况国无兼岁之储,家鲜匝时之蓄,一旬不雨,犹可深忧,忽加水旱,人何以济?陛下不深察始终,独违群议,臣恐三辅之弊,不止如前日矣!

且天子以四海为家,圣人包六合为宇。历观邃古,以至于今,何尝不以三王为仁,五帝为圣。虽周公制作,夫子著明,莫不祖述尧、舜,宪章文、武,为百王之鸿烈,作千载之雄图。然而舜死陟方,葬苍梧而不返;禹会群后,殁稽山而永终。岂其爱蛮夷之乡而鄙中国哉?实将欲示圣人无外也。故能使坟藉以为美谈,帝王以为高范。况我巍巍大圣,轶帝登皇,日月所照,莫不率俾。何独秦、丰之地,可置山陵,河、洛之都,不堪园寝?陛下岂不察之,愚臣窃为陛下惜也。且景山崇丽,秀冠群峰,北对嵩、邙,西望汝海,居祝融之故地,连太昊之遗墟,帝王图迹,纵横左右,园陵之美,复何加焉。陛下曾未察之,谓其不可,愚臣鄙见,良足尚矣。况瀍、涧之中,天地交会,北有太行之险,南有宛、叶之饶,东压江、淮,食湖海之利,西驰崤、渑,据关河之宝。以聪明之主,养纯粹之人,天下和平,恭己正南而已。陛下不思瀍、洛之壮观,关、陇之荒芜,乃欲弃太山之安,履焦原之险,忘神器之大宝,徇曾、闵之小节,愚臣暗昧,以为甚矣。陛下何不览争臣之策,采行路之谣,谘谟太后,平章宰辅,使苍生之望,知有所安,天下岂不幸甚。

昔者平王迁都,先武都洛,山陵寝庙,不在东京,宗社坟茔,并居西土,然而春秋美为始王,汉书载为代祖,岂其不愿孝哉?何圣贤褒贬于斯滥矣?实以时有不可,事有必然。盖欲遗小存大,去祸归福,圣人所以贵也。夫小不忍乱大谋,仲尼之至诚,愿陛下察之,若以臣愚不用,朝议遂行,臣恐关、陇之忧,未时休也。

臣又闻太原蓄钜万之仓,洛口积天下之粟,国家之资,斯为大矣。今欲舍而不顾,背以长驱,使有识惊嗟,天下失望。倘鼠窃狗盗,万一不图,西入陕州之郊,东犯武牢之镇,盗敖仓一杯之粟,陛下何以遏之? 此天下之至机,不可不深料也。虽则盗未旋踵,诛刑已及,灭其九族,焚其妻子,泣辜虽恨,将何及焉! 故曰:"先谋后事者逸,先事后谋者失。""国之利器,不可以示人。"斯言岂徒设也,固愿陛下念之。

则天召见,奇其对,拜麟台正字。

则天将事雅州讨生羌,子昂上书曰:

麟台正字臣子昂昧死上言。臣闻道路云:国家欲开蜀山,自雅州道入讨生羌,因以袭击吐蕃。执事者不审图其利害,遂发梁、凤、巴蜒兵以徇之。臣愚以为西蜀之祸,自此结矣。

臣闻乱生必由于怨。雅州边羌,自国初以来,未尝一日为盗。今一旦无罪受戮,其怨必甚;怨甚惧诛,必蜂骇西山;西山盗起,则蜀之边邑,不得不连兵备守;兵久不解,则蜀之祸构矣。昔后汉末西京丧败,盖由此诸羌。此一事也。

且臣闻吐蕃桀黠之虏,君长相信,而多奸谋。自敢抗天诛,迩来向二十余载,大战则大胜,小战则小胜,未尝败一队,亡一夫。国家往以薛仁贵、郭待封为虓武之将,屠十一万众于大非之川,一甲不返。又以李敬玄、刘审礼为廊庙之器,辱十八万乘于青海之泽,身囚虏廷。是时精甲勇士,势如云雷,然竟不能擒一戎,馘一丑,至今而关、陇为空。今乃欲以李处一为将,驱憔悴之兵,将袭吐蕃,臣窃忧之,而为此虏所笑。此二事也。

且夫事有求利而得害者。则蜀昔时不通中国,秦惠王欲帝天下而并诸侯,以为不兼寳,不取蜀,势未可举,乃用张仪计,饰美女,谲金牛,因间以啖蜀侯。蜀侯果贪其利,使五丁力士凿通谷,栈褒斜,置道于秦。自是险阻不关,山谷不闭,张仪蹑踵乘便,纵兵大破之,蜀侯诛,寳邑灭。至今蜀为中州,是贪利而亡。此三事也。

且臣闻吐蕃羯虏,爱蜀之珍富,欲盗之久有日矣。然其势不能举者,徒以山川阻绝,障隘不通,此其所以顿饿狼之喙而不得侵食也。今国家乃乱边羌,开隘道,使其收奔亡之种,为向导以攻边。是乃借寇兵而为贼除道,举全蜀以遗之。此四事也。

臣窃观蜀之西南一都会,国家之宝库,天下珍货聚出其中。又人富粟多,顺江而下,可以兼济中国。今执事者乃图侥幸之利,悉以委事西羌。地不足以富国,徒杀无辜之众,以伤陛下之仁,靡费随之,无益圣德,又况侥幸之利,未可图哉! 此五事也。

夫蜀之所宝,恃险者也;人之所安,无绪也。今国家乃开其险,役其人,险开则便寇,人役则伤财。臣恐未见羌戎,已有奸盗在其中矣。往年益州长史李崇真图此奸利,传檄称吐蕃欲寇松州,遂使国家盛军师、大转饷以背之。末二三年,巴蜀二十余州,骚然大弊,竟不见吐蕃之面,而崇真赃钱已计钜万矣。蜀人残破,几不堪命。此之近事,犹在人口,陛下所亲知。臣愚意者不有奸臣欲图此利,复以生羌为计者哉! 此六事也。

且蜀人尪劣,不习兵战,一虏持矛,百人莫敢当。又山川阻旷,去中夏精兵处远。今国家若击西羌,掩吐蕃,遂能破灭其国,奴虏其人,使其君长系首北阙,计亦可矣。若不到如此,臣方见蜀之边陲不守,而为羌夷所横暴。昔辛有见被发而祭伊川者,以为不出百年,此其为戎。臣恐不及百年而蜀为戎。此七事也。

　　且国家近者有废安北,拔单于,弃龟兹,放疏勒,天下翕然,谓之盛德。所以者何?盖以陛下务在仁,不在广;务在养,不在杀,将以此息边鄙,休甲兵,行三皇、五帝之事者也。今又徇贪夫之义,谋动兵戈,将诛无罪之戎,而遗全蜀之患,将何以令天下乎?此愚臣所以不甚悟者也。况当今山东饥,关、陇弊,历岁枯旱,人有流亡。诚是圣人宁静思和天人之时,不可动甲兵,兴大役,以自生乱。臣又流闻西军失守,北军不利,边人忙动,情有不安。今者复驱此兵,投之不测。臣闻自古亡国破家,未尝不由黩兵。今小人议夷狄之利,非帝王之至德也,又况弊中夏哉!

　　臣闻古之善为天下者,计大而不计小,务德而不务刑,图其安则思其危,谋其利则虑其害,然后能长享福禄,伏愿陛下熟计之。

　　再转右拾遗,数上书陈事,词皆典美。时有同州下邽人徐元庆,父为县尉赵师韫所杀,后师韫为御史,元庆变姓名于驿家佣力,候师韫,手刃杀之。议者以元庆孝烈,欲舍其罪。子昂建议以为“国法专杀者死,元庆宜正国法,然后旌其闾墓,以褒其孝义可也。”当时议者咸以子昂为是。俄授麟台正字。武攸宜统军北讨契丹,以子昂为管记,军中文翰皆委之。子昂父在乡,为县令段简所辱,子昂闻之,遽还乡里。简乃因事收系狱中,忧愤而卒,时年四十余。

　　子昂褊躁无威仪,然文词宏丽,甚为当时所重。有集十卷,友人黄门侍郎卢藏用为之序,盛行于代。

　　子昂卒后,益州成都人间丘均,亦以文章著称。景龙中,为安乐公主所荐,起家拜太常博士。而公主被诛,均坐贬为循州司仓,卒。有集十卷。

【译文】

　　陈子昂,梓州射洪(今属四川)人。他家世代都是富豪,只有陈子昂能立志苦读书籍,并且特别善于作文。早期作《感遇诗》三十首,京兆司功王适读了他的这组诗,惊奇地说:“这个人将来必定成为天下文章的宗师!”由于王适的激赏,陈子昂因而名声大振。他参加科举考试,中了进士。当时高宗死在洛阳,灵柩要运回长安(今陕西西安),陈子昂给朝廷上书,大讲东都洛阳的地理形势,说可以在那里建造皇帝的陵墓,安置高宗灵柩;关中因旱灾而歉收,并不丰足,灵柩西运不太合适。上书说:

　　梓州射洪县寄在草野之愚臣陈子昂,恭敬地叩头冒死上书于朝廷。臣听说圣明的君主并不厌恶切直的言辞,以接纳忠臣的进谏,壮烈之士不怕死亡杀戮,而极力规劝。所以有不同寻常的计策的,一定要等待不同寻常的时机;得到不同寻常的时机,也一定要等待不同寻常的君主。然后不避危难,端正严肃地仗义执言,就是赴汤蹈火也在所不顾,乃至株连九族也在所不悔。哪里是只想欺瞒世俗之人而夸耀自己,或者是厌恶生而乐于死呢!实在是认为杀身,其害应当说是小的,而保国,其利应当说是大的,所以必认真地审定大计议案,才感到痛快。况且得到不同寻常的时机,遇到不同寻常的君主,说的建议,倘若被采纳,即使处死,又有什么可怕的呢,死了也一定不朽于今世的。

　　臣俯伏思考,一去不返的皇帝丢下天下,舍弃群臣,万国都为之震惊,百姓为之悲伤欲绝。今陛下以敏慧聪明,继承宗庙社稷,天下人的属望,犹如群鱼之口向于水面,十分向慕陛下,莫不希望受到皇上圣德恩惠,以保其余生。致太平的圣明君主,将再现于今日之世了。况且皇太后又能以文母的贤淑之质,和轩宫星一样明亮,军事国事之大计,都降诏书加以裁决,唐尧虞舜之时的承平气象,于今又隆盛了。

臣俯伏见陛下诏书,知道高宗梓棺将迁回西京长安,皇上的车驾也要陪同来回,此议实在不是上等计策,而是聪明的人一时失算,但朝廷里却没听说有正直的谋划,大臣里大都是随声附和的议论,臣疑惑这是一种过失。臣私下自思,生于圣明之世的今日,沐浴着皇恩浩荡的春风,从头至脚,无不是皇上抚养培育的,而不能经丹凤之阙,到濯龙之池,北向白玉砌的台阶,东向黄金盖的殿屋,向皇上高声进谏,提出自己的意见,确是圣明之主的负罪之人啊。所以今天不顾万死,乞求献上一言,希望能得皇上听到或者看到,能这样,就是下油锅烹,死也甘心,请陛下明察为感。

臣听说秦朝建都咸阳(故址在今陕西西安东北)的时候,汉朝建都长安(今陕西西安)的时候,山与河都固若金汤,天下之人都驯服了。然而还要向北取匈奴沙漠地区之利,向南取巴蜀西南地区之资。从渭河入黄河,转运幽关东边的米粟;越过沙漠塞北,去罗致华山之西的储藏。然后才能削平天下,征服诸侯,骑上战马,扬起长鞭,横行四海,制服宇宙。今天却不是这样,北方的燕国代郡之地,匈奴南侵已逼到那里,巴、陇之地,也有吐蕃入侵之患,西蜀疲乏衰弱的老人,要到千里外去挑粮食,北国的丁壮男子,十五岁就要从征出塞,成年累月在外面疲于奔命,疲惫不堪。秦朝版图的头和尾,今均已缺而不存,所剩下的只有关中三辅之地而已。不久前,又遭饥荒,百姓遭灾,死亡甚多。自黄河以西,因久旱缺水致使赤地千里,颗粒无收;向陇山以北看去,几乎看不到青草。到处莫不是父母兄弟辗转迁徙,妻子儿女流离失所,失去家园,丢弃产业,肥润了荒原野莽,这种情况是朝内众所周知的。

有赖祖宗神灵保佑,皇天也后悔降祸于人间,所以去年的庄稼小获丰收,使那些还没因饥饿致死的灾民,有口饭吃,因而得以保全性命,真是天下有幸,可称厚福。然而流亡他乡的灾民至今尚未返回家园,田野耕地仍然一片荒芜,到处是白骨纵横,田地阡陌没有主人。至于说到积荒,更是可怜,令人哀伤。陛下没想到这些困难,而重视先皇的主意,因而要长驱大驾,举着旌节旗帜,将灵柩运入西京长安,千辆车,万匹马,向哪里去征取粮草来喂养呢?何况高宗陵墓,其初定体制,要穿凿覆盖,工程浩大,土工木匠,都需要征集徭役人工。今天要率领疲惫不堪之众,发数千万兵之军,征调京畿民众,鞭打老弱百姓,凿山采石,运输建陵,春耕播种误了农时,秋天的收成也就绝望了,经过凋敝的残余之民,再受艰辛苦楚。如有不堪其苦者,定会逃亡,那么《诗经·大雅·灵台》所说的"庶民子来",像子女急于父母之事,不召自来,效忠王室,这将怎么解释呢?这也是宗庙社稷兴衰成败的大关键,不可不慎重思考呀。况且,如果国家没有两年的钱粮储备,家庭没有三月的粮食储备,十日不下雨,尚且值得深深忧虑,倘若忽然加上水灾或旱灾,有谁能加以接济呢?陛下不深刻地考察前因后果,独自与众人持相反意见,臣生怕关中三辅之地的凋敝景象,将不止像前些时候那样,或许还要严重啊!

况且天子总以四海为家庭，圣人总包上下四方六合为屋宇。历观远古，及至如今，历代圣明的君王，何尝不以三皇五帝为仁圣，虽如周公之制礼作乐，孔子之诚信显明，也都莫不远述唐尧虞舜，效法文王武王，为百王留下大功业，作千秋不朽的雄图。然而舜帝在巡视途中死去，就葬在苍梧之野而没运回来；夏禹约会列国诸侯，死于稽山而永终其地。舜和禹哪里是因爱南方蛮人夷人所居之乡而鄙弃中原之地呢？实在是要显示圣人无所谓内外之别啊。所以他们能使史书典籍传为美谈，并且在让历代帝王引以为楷模。何况我们高宗皇帝是道德高尚完备的大圣，自登上帝位，便如同日月之高照，无不率从。何止限于秦京、汉丰之地可建寝陵，而黄河、洛河交汇之地都反不能建陵园呀？陛下岂不明白，愚臣私下为陛下痛惜啊。而且景山高峻壮丽，秀出群山，北面对着嵩山和北邙山，西面遥望汝河一带，位在祝融的旧地，连接伏羲的遗墟，帝王的宏图轨迹，左右纵横，陵寝墓园之美，实在无以复加了。陛下还不曾亲自去观察一下，就说那里不可建陵，愚臣的鄙陋见解，确实可以参考参考。况且滹水、洍水中间，乃天地交会之处，北有太行山之险峻，南有南阳、世县之富饶，东接长江、淮河，可以收湖海之利，西连崤山、渑池，可以拥关河之宝。但凡聪明仁圣的君主，都是修养纯朴之德的人，但求天下和平安定，端正严肃地约束自己，朝着南方称王而已。陛下不想想滹水、洛水的壮观，关中、陇西的荒芜，而想放弃像泰山那样的安稳，而去踩中间狭小旁临深渊的青泥弄那种危险之地，忘了社稷神器这大宝，而去效法曾参、闵子骞尽心侍奉双亲的小节，愚臣愚昧不明，也以为甚不该如此啊。陛下为什么不阅读谏净之臣的献议，采纳行路之人的歌谣，征求皇太后的谋略，让宰相评议评议，以求得妙计良策，使天下百姓的希望，能有所落实，天下岂不是真正大幸啊！

从前周平王迁都洛邑（今河南洛阳），汉光武帝建都洛阳，帝陵寝庙，都不在东京洛阳，宗社陵墓，都在西方之地，然而《春秋》这部史书却赞美平王为"始王"，《后汉书》也记载光武帝为"代祖"，哪里是因为这二人不愿意保存孝道呢？为什么对于圣贤的褒贬如此之滥呢？实在是因为时势有不可为事，而事或有必当为的。大要说来，必当丢弃小节而保存大体，除去祸根而回归福地，这是圣人之所贵重的啊。小事不能忍，必然乱了大谋，这是先师孔子至诚的遗训，希望陛下明察。如果臣之愚见不被采纳，而朝中所议灵驾西行事竟付诸实现，臣恐怕关中、陇西的忧患，就没有休止的时候了。

臣还听说太原（今属山西）有贮藏巨万的仓库，洛口（今属河南）也有积蓄天下之粟的仓库，国家的资财，这两处就够大的了。而今却想舍弃而不顾，长驱转运，让天下有识之士惊叹，乃至失望。倘若鼠窃狗偷之辈，万一发生意想不到的叛乱，西入陕州（今河南三门峡）的郊野，东犯武牢关的重镇，抢劫像敖仓那样的粮仓之粟，陛下又如何遏制得住他们？这是天下至关重要的危险，不能不令人生畏啊。虽然在盗贼没有接踵而起的时候，就加以刑戮诛伐，灭他们的九族，烧死他们的妻室儿女，那时，虽哀泣罪人而生悔恨，也是来不及的了！所以说："先谋划好，再办事，这样便可以安闲；先干起来，再筹划的，往往造成失误。""国家的大权，不可以轻易地向人出示。"这些话哪里是白说的啊，所以希望陛下好好地加以回味。

皇太后武则天召见陈子昂，对他的对答，感到惊奇，于是授给他秘书省麟台正字的官职。

武则天打算发兵雅州(今四川雅安)去讨伐生羌,陈子昂上书说:

麟台正字臣陈子昂冒死上书直言:臣听道路之人说过:"国家想开凿蜀中之山,打通道路,从雅州去讨伐生羌少数民族,并借以袭击吐蕃,那些把握权柄的人,不仔细考虑此举的利害得失,遂发梁州、凤州、巴蜒之兵以从其役。臣之愚见,认为西蜀从此种下祸根了。"

臣听说,祸乱之生,必由于结怨。雅州边境的生羌,自从大唐建国初期以来,未曾有过一日为强盗对抗朝廷。今天无罪而受到诛戮,他们的怨恨一定很深;怨得很厉害又害怕被诛杀,那一定会像蜂一样因惧怕而拥集西山;西山寇盗乱起,那么巴蜀的边境,就不得不集兵连防守备;兵集既久而不能解,那么蜀中就兵连祸结了。以前东汉末年,西京长安之所以丧乱失败,就是由于诸羌的反叛。这是第一件事。

臣又听说,吐蕃是凶暴狡猾的强虏,君长互相信任,而奸谋特多。自从他们敢于对抗朝廷的讨伐诛戮,到最近,已经将近二十多年了,大战就大胜,小战就小胜,不曾有一队失败,一夫死亡。国家以前曾以薛仁贵、郭待封为虓武猛将,十一万人之众被屠杀于大非之川,没有一个生还的。又曾以李敬玄、刘审礼为朝廷大臣,带十八万人,受辱于青海之泽,他们自己也被囚禁在房府。那个时候,有精良盔甲武装的勇士,其气势如云屯雷鸣,然而却不能生擒一个人,斩杀一个头,至于今日,关陇之间为之一空。今日想以李处一为将,驱赶那些形容憔悴的兵卒,去袭击吐蕃,臣私下甚为担忧,而为此房所取笑。这是第二件事。

而且事情有时想求利,反而受害。蜀地从前与中国不相通,秦惠王想兼并诸侯各国,若不先取巴与蜀,则很难得势,于是用张仪的计谋,打扮美女,诈献金牛,乘机诱惑蜀侯。蜀侯果然贪秦之利,派五丁力士开凿通谷,架设褒斜(在今陕西终南山),开路通秦。自此以后,险阻山谷都不关闭,张仪于是借便紧追其后,派大军破蜀,蜀侯被杀戮,巴国也灭亡。至今蜀之成为中州之地,就是贪利而亡的。这是第三件事。

臣听说吐蕃强虏,最爱蜀中富饶的珍宝,想盗取它已经很久了。然而其形势不能使之成事,只是因为山川阻绝,道路阻塞难通,才使得虎狼停住嘴而不能侵夺吞食啊。今天国家却赶走边羌,开凿狭路。使吐蕃收纳奔亡的羌民,作为向导,引导他们进攻边境。这实在是借伐寇之兵为盗贼清除道路,拿金蜀奉送给吐蕃。这是第四件事。

臣看到,蜀国是西南的一个都会,是国家的宝库,天下的珍宝货物大都出于其中。又人口甚众,米粟出多。顺长江而下,可以接济中国各地。今日把握权柄的人,却想谋取侥幸之利,全都压在讨伐西羌这件事上。殊不知西羌其地不足以扩大中国的版图,徒然杀死众多的无辜之民,以伤害陛下的仁政;大量财物之费也随着征战花掉了,这也无益于圣上之德,何况侥幸之利,也不是那么容易谋取的啊!这是第五件事。

蜀国之所倚靠的,是因为有险关;人民之所以安居乐业,是因为没有徭役。今天国家却开其险关,劳役其人民;险关一开,则有利于寇盗,人民受劳役就会损费财物。臣恐怕大军还没见到羌人,奸人盗贼已经混在其中了。前时益州(今四川成都)长吏李崇真曾想谋此奸人之利,传檄声称吐蕃要侵掠松州(今四川松潘),立即让国家派大军,大量转运粮草,加以防备。不到二三年,巴蜀二十多个州郡,骚动不安,社会凋敝,而竟没有见到吐蕃露面,而李崇真贪赃的钱财却计有巨万之数了。蜀中人之残破,几乎弄到人人活不了命。这种近时发生的事,还在人们的嘴里议论,也是陛下所亲自知道的。臣愚意以为如果没有奸臣想图取这种私利。哪里会再在生羌身上打主意呢!这是第六件事。

而且,蜀人瘦弱,不习惯于征战,一个敌人拿着长矛,一百蜀人也不敢去抵挡。又山川旷远阻隔,离中原精兵甚远。今国家如果出击西羌,掩杀吐蕃,立即能破其军,灭其国,俘虏其人,使其君长首领擒到阙下,这计策也可以行。但如果做不到这一点,臣却似乎看到边境守不住,而羌人在边境凶暴横行。古时辛有见有人披头散发,便在伊川设祭,因为他以前不用百年的时间,伊川便会成为戎人之地。臣担心不出百年,西蜀也会成为戎人之帮。这是第七件事。

况且国家近来废掉安北,拔取单于,废弃龟兹之主,流放疏勒之君,天下安然太平,可谓盛德昭著。为什么这样做呢?因为陛下以施仁政为务,不在扩充版图,而在于修行养德;不在于杀戮,而在于平息边庭,停止用兵,实行三皇五帝的善政啊。今日又顺从贪婪之臣的计议,谋划兴兵动戈,要诛杀无罪的羌戎,而给金蜀留下祸患,这怎么能使天下听命呢?这是愚臣为什么不很明白的啊。何况今天崤山以东地区饥荒,关中、陇西地区凋敝,历年旱灾使禾苗枯槁,人民流亡。确实是圣人冷静思虑,以和天人的时候,不可以轻易发动战争,大兴徭役,以致自生祸乱。臣又传闻西军失守,北军不利,边境之民慌忙骚动,群情不安。今日又要再驱赶这些兵,去投向那不测之地。臣听说自古以来,破家亡国,未尝不是由于穷兵黩武,发动战争。今天朝中小人议论征伐夷狄之利,实在不是帝王之至德,何况这又必定使中原凋敝呢!

臣听说古来之善于治理天下的,谋划大的,而不计较小的,务在修德,而不务于用刑,谋求平安而思虑危局,谋取其利,而思避其害,然后才能长期享受福禄,希望陛下深思熟虑而后决定大计。

陈子昂转官右拾遗,职在谏臣,几次上书议论政事,文辞都很典雅华丽。当时有同州下邽(今陕西渭南)人徐元庆,他父亲被县尉赵师韫所杀。后来赵师韫官至御史,徐元庆变易姓名,在一个驿站当苦力,等候赵师韫过驿站时,手拿匕首,将他杀死。议论的人认为徐元庆是个孝子,应赦免他的死罪。陈子昂建议说:"国法规定,擅自杀人的,罪当死。所以徐元庆应按国法处以死刑,然后表旌他的坟墓和里门,赞美他的孝义之德。"当时议论的人都以为陈子昂的意见正确。不久,陈子昂又被授予麟台正字之职。

武攸宜统领大军讨伐北方的契丹,以陈子昂为管记之职,军中的一应公文,都由他起草。陈子昂的父亲在家乡,为县令段简所侮辱。陈子昂得知消息后,急忙赶回家,段简便借故把他投进狱中。他忧愤而死,死时四十余岁。

陈子昂器量狭小而急躁,仪表也不威严,但是文辞宏伟华丽,很为当时人们所重视,有文集十卷,他的朋友黄门侍郎卢藏用给他的文集写了一篇序文,都盛行于当时。

陈子昂死后,益州成都(今属四川)人间丘均,也以文章著称。景龙中,为安乐公主所推荐,起于家而出仕,官拜太常博士。及至安乐公主被诛戮,间丘均因受牵累被贬为循州(故治在今广东惠阳)司仓,死于住所。有文集十卷。

贺知章传

【题解】

贺知章(659~744),字季真,自号"四明狂客",越州永兴(今浙江萧山)人。曾任国子四门博士、太子宾客、秘书监等职。天宝初,上书请为道士,归乡里。

贺知章少以文辞知名,性旷达,好饮酒,与李白友善。工书法,尤善草隶。存诗二十首,多祭神乐章和应制之作,其七言绝句清新婉曲,饶有韵致。

贺知章

【原文】

贺知章,会稽永兴人,太子洗马德仁之族孙也。少以文词知名,举进士。初授国子四门博士,又迁太常博士,皆陆象先在中书引荐也。开元十年,兵部尚书张说为丽正殿修书使,奏请知章及秘书员外监徐坚、监察御史赵冬曦皆入书院,同撰《六典》及《文纂》等,累年,书竟不就。后转太常少卿。

十三年,迁礼部侍郎,加集贤院学士,又充皇太子侍读。是岁,玄宗封东岳,有诏应行从群臣,并留于谷口,上独与宰臣及外坛行事官登于岳上斋宫之所。初,上以灵山清洁,不欲喧繁,召知章讲定仪注,因奏曰:"昊天上帝君位,五方诸帝臣位,帝号虽同,而君臣异位。陛下享君位于山上,群臣祀臣位于山下,诚足垂范来叶,为变礼之大者也。然礼成于三献,亚终合于一处。"上曰:"联正欲如是,故问卿耳。"于是救:"三献于山上行事,五方帝及诸神座于下坛行事。"俄属惠文太子薨,有诏礼部选挽郎,知章取舍非允,为门阴子弟喧诉盈庭。知章于是以梯登墙,首出决事,时咸嗤之,由是改授工部侍郎,兼秘书监同正员,依旧充集贤院学士。俄迁太子宾客、银青光禄大夫兼正授秘书监。

知章性放旷,善谈笑,当时贤达皆倾慕之。工部尚书陆象先,即知章之族姑子也,与知章甚相亲善。象先常谓人曰:"贺兄言论倜傥,真可谓风流之士。吾与子弟离阔,都不思之,一日不见贺兄,则鄙吝生矣。"知章晚年尤加纵诞,无复规检,自号"四明狂客",又称"秘书外监",遨游里巷。醉后属词,动成卷轴,文不加点,咸有可观。又善草隶书,好事者供其戕翰,每纸不过数十字,共传宝之。

时有吴郡张旭,亦与知章相善。旭善草书,而好酒,每醉后号呼狂走,索笔挥洒,变化无穷,若有神助,时人号为"张颠"。

天宝三载,知章因病恍惚,乃上疏请度为道士,求还乡里,仍含本乡宅为观。上许之,仍拜其子典设郎曾为会稽郡司马,仍令侍养。御制诗以赠行,皇太子以下咸就执别,至乡,无几寿终,年八十六。

肃宗以侍读之旧,乾元元年十一月诏曰:"故越州千秋观道士贺知章,器识夷淡,襟怀和雅,神清志逸,学富才雄,挺会稽之美箭,蕴昆冈之良玉。故飞名仙省,侍讲龙楼,常静默以养闲,因谈谐而讽谏。以暮齿辞禄,再见款诚,愿追二老之踪,克遂四明之客。允叶初志,脱落朝衣,驾青牛而不还,狎白衣而长往。丹壑非昔,人琴两亡,惟旧之怀,有深追悼,宜加缛礼,式展哀荣。可赠礼部尚书。"

先是神龙中,知章与越州贺朝、万齐融,扬州张若虚、邢巨,湖州包融,俱以吴、越之士,文词俊秀,名扬于上京。朝万止山阴尉,齐融昆山令,若虚兖州兵曹,巨监察御史。融遇张九龄,引为怀州司户、集贤直学士。数子人间往往传其文,独知章最贵。

【译文】

贺知章,会稽永兴(会浙江萧山)人,是太子洗马贺德仁的族孙,少年时代,他就以善于写文章出了名,参加科举考试中进士第。最初授予国子监四门博士之职,又升任太常博士。这两个职务,都是陆象先在中书省当官时所推荐的。

开元十年(722),兵部尚书张说为丽正殿修撰使,向皇上奏请让贺知章以及秘书员外监徐坚、监察御史赵冬曦三人都进入丽正书院,共同修撰《六典》和《文纂》等书,这些书最后没有完成。贺知章后来转官太常少卿。

开元十三年(725),贺知章被提升为礼部侍郎,加集贤殿学士,又充皇太子侍读。这一年,唐玄宗进封东岳泰山,下诏叫所有随从官员都停留在泰山的谷口,只有皇帝和宰相以及祭坛行事的官员登上泰山顶上的斋宫。初时,玄宗认为灵山圣境,乃清洁之地,不让喧哗繁乱,就召贺知章讲解礼仪;贺知章便上奏说:"九天上帝居君位,五方诸帝居臣位,帝号虽然相同,而实际上却是君臣异位。陛下在山上祭奠居君位的上帝,群臣在山下祀居于臣位的五方诸帝,这确实足以为后世留下典范,这是变通礼制的大事啊。但是祭礼三献而成,亚献和终献宜合于一处。"玄宗说:"朕正想这样做,所以问你呀。"玄宗于是命令:"祭典三献在山上进行,五方帝以及诸神座的祭礼在山下祭坛进行。"

不久,遇上惠文太子死,朝廷下诏让礼部选出牵引灵柩唱挽歌的少年,贺知章选挽郎时取舍欠当,挽郎按旧例应在公卿至六品官员的子弟中挑选,所以有门荫的官宦子弟到贺知章公署去喧哗诉说。贺知章没有开门对话,而是爬上梯子,露出墙头,处决这件事。当时的人都笑话他。他也因此改任工部侍郎,兼秘书监同正员,依旧充集贤院学士;不久又官升太子宾客、银青光禄大夫兼正授秘书监。

贺知章性情奔放旷达,善于谈笑,当时贤达之士都很倾心羡慕他。工部尚书陆象先,也就是贺知章族姑的儿子,和贺知章关系十分亲密。陆象先常对人说:"贺兄言论卓越豪迈,真可以说是风流之士啊。我和兄弟子女们离别已久,都不怎么思念他们,唯独一日不见贺兄,就觉得自己又变得浅俗不堪了。"贺知章晚年更加放纵怪诞,更是不加以检点,自己取号叫"四明狂客",又自称"秘书外监",经常在里巷中遨游饮酒,他喝醉酒后写文章诗歌,一写就是成卷成轴,并且文不加点,都甚为可观。他又善于书法,最擅长草书和隶书,好事者为他提供笺纸,让他写,每纸不过写几十个字,但都把它看成宝贝,争相流传。

当时有吴郡张旭,也和贺知章相友善。张旭善写草书,并且喜欢喝酒,每一次醉酒以后就狂走呼叫,索取笔墨挥洒作字。他的书法变化无穷,如有神助,当时的人称他为"张颠"。

天宝三载(744),贺知章患病,神情恍惚,于是上疏请度为道士,请求返回老家,仍旧舍本乡旧宅作为道观。唐玄宗批准他,任命他的儿子原典设郎贺曾为会稽郡司马,让他侍养老父亲,玄宗亲自写诗为他送行,自皇太子以下,都去同他握手告别。他回到乡里没多久,就告别人世了,终年八十六岁。

唐肃宗因旧时曾以贺知章为侍读,所以于乾元元年(758)十一月下诏说:"已故越州千秋观道士贺知章,很有度量见识,为人平淡,襟怀平和,精神澄清,志气飘逸,学富五车,才雄百代,如会稽之东箭美竹挺拔而出,如昆岗之温润良玉蕴藏于胸。前曾驰名于东宫,侍讲于龙楼,常常沉默无言,静以养悠闲之志,又常常谈些滑稽幽默的笑话,并寄托着讽谏规劝之意。他以年老辞去官职,再次表现出他的忠诚恳挚。他情愿追踪老子和老莱子这"二老",真的成了四明狂客,隐于四明山中。实现了他的遂初之志,脱去了朝中的官服,像老子那样骑着青牛,一去不还,和那些白衣布衫的平民百姓相聚在一起,永远不回来。山水已非昔日景致,人琴都已亡去,唯念故旧之情怀,因追悼而加深。应加以繁文缛礼,用以展示哀伤和荣耀。可以追赠贺知章为礼部尚书。"

此前,神龙年间,贺知章和越州贺朝、万齐融,扬州张若虚、邢巨,湖州包融,都以吴、越之文士,词采俊秀,名扬于京都长安。朝万官止于山阴县尉,齐融官止于昆山县令,若虚官止于兖州兵曹,邢巨官止于监察御史。包融遇上张九龄,被他引荐为怀州司户、集贤直学士。这几个人的文章往往在民间流传,唯独贺知章名最贵。

孟浩然传

【题解】

孟浩然(689~740),襄州襄阳(今湖北襄樊)人,世称孟襄阳。早年隐居鹿门山,四十岁时,游长安,应进士举不第,遂终生不仕。曾遍游东南胜景。

孟浩然的诗多为五言短篇,以写山水田园,隐居的逸兴以及羁旅行役的心情为主。与王维齐名,时称"王孟",同为盛唐山水田园诗派的代表作家。他的诗以清旷冲澹为基调,不事雕饰,比兴造思,富有超妙自得之趣,杜甫说他"清诗句句尽堪传"(《解闷》)。但是,由于孟浩然一生经历单纯,他的诗题材狭窄,境界不如王维的诗开阔。有《孟浩然集》。

【原文】

孟浩然字浩然,襄州襄阳人。少好节义,喜振人患难,隐鹿门山。年四十,乃游京师。尝于太学赋诗,一座嗟伏,无敢抗。张九龄、王维雅称道之。维私邀入内署,俄而玄宗至,浩然匿于床下,维以实对,帝喜曰:"朕闻其人而未见也,何惧而匿?"诏浩然出。帝问其诗,浩然再拜,自诵所为,至"不才明主弃"之句,帝曰:"卿不求仕,而朕未尝弃卿,奈何诬我?"因放还。采访使韩朝宗约浩然偕至京师,欲荐诸朝。会故人至,剧饮欢甚,或曰:"君与韩公有期。"浩然叱曰:"业已饮,遑恤他!"卒不赴。朝宗怒,辞行,浩然不悔也。张九龄为荆州,辟置于府,府罢。开元末,病疽背卒。

孟浩然

后樊泽为节度使,时浩然墓库坏,符载以牋叩泽曰:"故处士孟浩然,文质杰美,殂落岁久,门裔陵迟,丘陇颓没,永怀若人,行路慨然。前公欲更筑大墓,阖州乡绅,闻风竦动。而今外迫军旅,内劳宾客,牵耗岁时,或有未遑。诚令好事者乘而有之,负公夙志矣。"泽乃更为刻碑凤林山南,封宠其墓。

初,王维过郢州,画浩然像于刺史亭,因曰浩然亭。咸通中,刺史郑诚谓贤者名不可斥,更署曰孟亭。

开元、天宝间,同知名者王昌龄、崔颢,皆位不显。

【译文】

孟浩然,字浩然,襄州襄阳(今湖北襄樊)人。少年时代就崇尚气节,讲究仁义,喜欢急人之难,乐于助人,隐居在鹿门山中。

他四十岁那一年,才旅游京师长安,曾经在太学中吟诗作赋,在座的人无不感叹佩服,没有人敢于同他相抗衡。张九龄、王维平常都称赞他。王维以私人名义邀请他进入内署官舍,一会儿唐玄宗也来了,孟浩然猝不及防,急忙躲到床底下;王维见了唐玄宗,只好说实话,玄宗皇帝高兴地说:"朕只听说其人,却不曾亲见其面,为什么害怕竟至于躲藏起来呢?"下诏命孟浩然从床下出来。玄宗皇帝问起他的诗,孟浩然叩头再拜,然后朗诵自己所作的诗,念到"因为没有才能而为圣明的君主所抛弃"这句,玄宗皇帝说:"你自己不求仕进当官,朕也不曾抛弃你,为什么厚诬于我呢?"于是玄宗把他放回老家。

采访使韩朝宗曾约孟浩然一起到京师,想向朝廷推荐他。正巧有老朋友来拜访他,他就陪着友人痛饮甚欢,有人提醒他说:"您和采访使韩公相约赴京,可别忘了。"孟浩然呵斥他说:"既然已经喝开了,哪里还管什么别的事情!"终于不曾赴约。韩朝宗因他的失约而非常生气,相辞而去,但他并不因失去这个机会而后悔。张九龄出任荆州(今湖北江陵)刺史时,提调他到荆州府中,在府中未曾任职而作罢。开元末年,孟浩然背上生毒疮而死。

后来樊泽任节度使,那时孟浩然的墓已经毁坏,符载写信告诉樊泽说:"已故处士孟浩然,文质杰出俊美,死亡已久,他家后裔衰败,致使坟墓荒废。怀念他的人,经过他的墓地,无不感慨万端。以前您曾想别筑大墓,全州乡绅,听到这消息,大为震动。而今您外有军事要务的牵累,内有应酬宾客的劳顿,拖延耗费时日,现在还是顾不上。假如这事被好事者乘机而为之,岂不有负您原先的志愿!"樊泽于是另为孟浩然刻碑于凤林山南边,荣封他的坟墓。

初时,王维经过郢州(今湖北钟祥),画孟浩然像,挂于刺史亭中;这个刺史亭因而称为"浩然亭"。咸通中,刺史郑诚说贤者的名不可随便提,于是改题为"孟亭"。

开元、天宝间,和孟浩然同样知名的王昌龄、崔颢,其政治地位都不显耀。

王维传

【题解】

王维(? ~761),唐朝诗人兼画家。字摩诘,祖籍太原祁(今山西祁县),其父迁居蒲州(今山西永济市),遂为蒲人。开元年间中进士,累官至给事中,安史之乱后,因受伪官而被贬,过亦官亦隐的居士生活。官终尚书右丞,世称王右丞。

王维

王维精通音律,工于丹青,精湛的艺术修养,对于自然的爱好和丰富的生活经历,使王维的诗歌取得了很高的成就。无论边塞、山水诗,无论律诗、绝句等都有佳篇传世。他的边塞诗以慷慨激昂的情调,抒发将士保家卫国的英雄气概,笔墨酣畅、形象鲜明。他的山水诗继承了谢灵运的传统,对陶渊明田园诗的清新自然也有所吸取,使山水田园诗的艺术达到一个高峰。他的山水田园诗使形式与内容完美地结合,略事渲染,便能传达出细致入微的感受,创造出悠远的意境。他善于表现自然界的光和色以及音响的变化,取景状物,极其画意。王维的五律和五、七言绝句成就最高,为人所称道。有《王右丞集》。

【原文】

王维字摩诘，太原祁人，父处廉，终汾州司马，徙家于蒲，遂为河东人。维开元九年进士擢第。事母崔氏以孝闻。与弟缙具有俊才，博学多艺亦齐名，闺门友悌，多士推之。历右拾遗、监察御史、左补阙、库部郎中。居母丧，柴毁骨立，殆不胜表。服阕，拜吏部郎中末，宝末，为给事中。

禄山陷两都，玄宗出幸，维扈从不及，为贼所得。维服药取痢，伪称瘖病。禄山素怜之，遣人迎置洛阳，拘于普施寺，迫以伪署。禄山宴其徒于凝碧官，其乐工皆梨园弟子、教坊工人。维闻之悲恻，潜为诗曰："万户伤心生野烟，百官何日再朝天？秋槐花落空宫里，凝碧池头奏管弦。"贼平，陷贼官三等定罪。维以《凝碧诗》闻于行在，萧宗嘉之，会缙请削己刑部侍郎以赎兄罪，特宥之，责授太子中允。乾元中，迁太子中庶子、中书舍人，复拜给事中，转尚书右丞。

维以诗名盛于开元、天宝间，昆仲宦游两都，凡诸王附马豪右贵势之门，无不拂席迎之，宁王、薛王待之如师友。维尤长五言诗。书画特臻其妙，书臥措思，恭于造化，而创意经图，即有所缺，如山水平远，云峰石色，绝迹天机，非绘者之所及也。人有得《奏乐图》，不知其名，维视之曰："《霓裳》第三叠第一拍也。"好事者集乐工按之，一无差，咸服其精思。

维弟兄俱奉佛，居常蔬食，不茹荤血，晚年长斋，不衣文采。得宋之问蓝田别墅，在辋口，辋水周于舍下，别涨竹洲花坞，与道友裴迪浮舟往来，弹琴赋诗，啸咏终日。尝聚其田园所为诗，号《辋川集》。在京日饭十数名僧，以玄谈为乐。斋中无所有，唯茶铛、药臼、经案、绳床而已。退朝之后，焚香独坐，以禅诵为事。妻亡不再娶，三十年孤居一室，屏绝尘累。乾元二年七月卒。临终之际，以缙在凤翔，忽索笔作别缙书，又与平生亲故作别书数幅，多敦厉朋友奉佛修心之旨，舍笔而绝。

代宗时，缙为宰相，代宗好文，常谓缙曰："卿之伯氏，天宝中诗名冠代，朕尝于诸王座问其乐章。今有多少文集，卿可进来。"缙曰："臣兄开元中诗百千余篇，天宝事后，十不存一。比于中外亲故间相与编缀，都得四百余篇。"翌日上之，帝优诏褒赏。缙自有传。

【译文】

王维，字摩诘，太原祁(今山西祁县)人。他父亲王处谦，死于汾州司马任上，于是迁居于蒲永济，王维也就成了河东人了。

王维于开元九年(公元721年)进士考试及第。他侍奉母亲崔氏，很守孝道，远近闻名。和弟弟王缙二人，都具有峻拔之才，而且博学多艺，并有声名，闺门的妇女，友悌的兄弟，以及众多的士子，都很推崇他们。历官右拾遗、监察御史、左补阙、库部郎中。母亲死了，王维守丧，哀毁骨立，瘦得像干柴，不胜悲哀。守丧期满，他又被任命为吏部郎中。天宝末年，官任给事中。

安禄山叛唐起兵，攻陷东都洛阳和西都长安，唐玄宗出奔成都，王维没来得及跟去，结果为叛军所擒。王维自己偷吃药，弄出个痢疾来，并且假装成哑巴。安禄山平素颇爱他，于是派人把他从长安迎接到洛阳安置，软禁在普施寺中，胁迫他在安禄山伪政权当中任职。安禄山大宴他的手下部将于凝碧宫，在那里演奏音乐的，都是从长安调来的唐朝梨园子弟和教坊中的乐工。王维听到这种音乐，不胜悲哀，偷偷写了一首诗，诗是这样说的：

　　千门万户的人们啊都十分伤心，因为见到荒野战尘和烽烟，大唐朝廷的群僚百官啊，不知何时才能再拜皇上而朝天？秋风无情地吹着那宫中的槐树，槐花纷纷落下满地堆积，可就在这令人肝肠寸断的时候，叛贼们却在凝碧池奏管弦！

　　安史之乱平定以后，凡是为叛军所俘并且在伪政权当中做过官的，分三个等级定罪。王维因为这首《凝碧诗》传到肃宗所住的地方，很为肃宗所赞美和嘉奖，又有他弟弟王缙申请削去自己刑部侍郎的官职，来赎哥哥王维的罪责，所以特别赦免他的陷贼之罪，经批评后授予太子中允之职。乾元（公元758~760年）中，王维又被升为太子中庶子、中书舍人，再拜官给事中，升为尚书右丞。

　　王维的诗名盛传在开元天宝年间，他和王缙兄弟二人在洛阳、长安东西两都游宦做官，凡皇室诸王、驸马以及豪强权贵之门，无不扫径拂席欢迎他们，特别是宁王和薛王，更是待之如同老师和朋友。王维尤其擅长五言诗。书法和绘画，他也能极尽其妙，运笔构思，都能师法造化，而富于创造性的构图，即便有所欠缺，但如山水平远之境界，云峰石色之独到，可谓天然绝妙，非一般画师所能企及的。有人藏得一幅《奏乐图》，不知演奏的是什么曲名，王维看了看，说："画的是演奏《霓裳羽衣曲》第三叠第一拍。"好事之徒召集乐工演奏这支曲子，按之三叠一拍，无一差错，都佩服王维对于音乐和绘画的精思。

　　王维、王缙兄弟都尊奉佛教，平素居家常吃素食，不吃荤腥，晚年更是长斋，不穿带文采的衣服。买得宋之问蓝田别墅，别墅就在辋川口，辋水环绕屋舍之下，另在辋水中浮出竹洲和花坞，经常和道友裴迪乘船往来于洲渚之间，弹琴咏诗，或终日长啸，曾经把他咏田园山水所作的诗集中起来编成诗集，名曰："辋川集。"

　　王维在京师长安居住的时候，每日要请十几位和尚吃饭，而后谈玄说佛，以此为乐。他的斋中几乎没什么东西，只有煮茶的茶铛，捣药的药臼，诵经的经案，坐卧的绳床而已。他退朝下班之后，回到斋中，经常焚香独自一人坐着，以诵禅念经为日常活动。他妻子死了，也不再娶，三十年孤身一人独居一室，隔绝世俗器尘的拖累。乾元二年（公元759年）七月死。他临死的时候，因弟弟王缙在凤翔（今属陕西），忽然索取毛笔，给王缙写诀别的书信，又写了几封和亲朋故旧诀别的书信。这些信大都劝勉朋友奉佛衷心。写完信，放下笔，他就告别人世了。

　　唐代宗时，他弟弟王缙当了宰相。代宗喜爱文章，常常对王缙说："你哥哥王维，在天宝年间，诗名冠于当代，朕曾经在诸王座中，听到他的歌词。今乃兄有多少文集，你可进献来。"王缙说："臣之哥哥，在开元中有诗百千余篇，天宝安史之乱以后，十篇没留下一篇。最近在内外亲戚朋友中间，共同搜集编辑，共计收得四百多篇。"第二天，王缙将王维的诗献给代宗，代宗下诏书加以表扬。王缙自己有传记。

杜甫传

【题解】

杜甫（712~770）唐代著名诗人。字子美，今河南巩义市人，年轻时，曾漫游天下，举进士不第，献《三大礼赋》，唐玄宗奇之，进集贤院。安史之乱爆发，身陷贼中，后脱身赴行在，官拜右拾遗，因上书救房琯，遭贬。后或仕或隐，最终入川，居成都草堂寺，严武镇蜀，为工部员外郎。武卒，杜甫亦辞职出川，病卒于湘水扁舟之中。

杜甫是伟大的现实主义诗人，人称诗史，他的作品，忧天下之忧，写天下之苦，震撼人心，流传历史，脍炙人口，多为典范之作，对中国文学史影响极大。

【原文】

杜甫字子美，本襄阳人，后徙河南巩县。曾祖依艺，位终巩令。祖审言，位终膳部员外郎，自传。父闲，终奉天令。

甫天宝初应进士不第。天宝末，献《三大礼赋》，玄宗奇之，召试文章，授京兆府兵曹参军。十五载，禄山陷京师，肃宗征兵灵武，甫自京师宵遁赴河西，谒肃宗于彭原

杜甫

郡，拜右拾遗。房琯布衣时与甫善，时琯为宰相，请自帅师讨贼，帝许之。其年十月，琯兵败于陈涛斜。明年春，琯罢相。甫上疏言琯有才，不宜罢免。肃宗怒，贬琯为刺史，出甫为华州司功参军。时关畿乱离，谷食踊贵，甫寓居成州同谷县，自负薪采梠，儿女饿殍者数人。久之，召补京兆府功曹。

上元二年冬，黄门侍郎、郑国公严武镇成都，奏为节度参谋、检校尚书工部员外即，赐绯鱼袋。武与甫世旧，待遇甚隆。甫性褊躁，无气度，恃恩放恣，尝凭醉登武之床，瞪视武曰："严挺之乃有此儿！"武虽急暴，不以为忤。甫于成都浣花里种竹植树，结庐枕江，纵酒啸咏，与田畯野老相狎荡，无拘检。严武过之，有时不冠，其傲诞如此。永泰元年夏，武卒，甫无所依。及郭英乂代武镇成都，英乂武人粗暴，无能刺谒，乃游东蜀依高适。既至而适卒。是岁，崔宁杀英乂，杨子琳攻西川，蜀中大乱。甫以其家避乱荆、楚，扁舟下峡，未维舟而江陵乱，乃溯沿湘流，游衡山，寓居耒阳。甫尝游岳庙，为暴水所阻，旬日不得食。耒阳聂令知之，自棹舟迎甫而还。永泰二年，啖牛肉白酒，一夕而卒于耒阳，时年五

十九。

子宗武,流落湖、湘而卒。元和中,宗武子嗣业,自来阳迁甫之枢,归葬于偃师县西北首阳山之前。

天宝末诗人,甫与李白齐名,而白自负文格放达,讥甫龌龊,而有饭颗山之嘲诮。元和中,词人元稹论李、杜优劣曰:

予读诗至杜子美而知小大之有所总萃焉。始尧、舜之时,君臣以赓歌相和。是后诗人继作,历夏、殷、周千余年,仲尼缉拾选拣,取其千预教化之尤者三百,余无所闻。骚人作而怨愤之态繁,然犹去《风》《雅》日近,尚相比拟。秦、汉已还,采诗之官既废,天下妖谣民讴、歌颂讽赋、曲度嬉戏之辞,亦随时间作。至汉武赋《柏梁》而七言之体具。苏子卿、李少卿之徒,尤工为五言。虽句读文律各异,雅郑之音亦杂,而辞意简远,指事言情,自非有为而为,则文不妄作。建安之后,天下之士遭罹兵战,曹氏父子鞍马间为文,往往横槊赋诗,故其遒壮抑扬、冤哀悲离之作,尤极于古。晋世风概稍存。宋、齐之间,教失根本,士以简慢歙习舒徐相尚,文章以风容色泽,放旷精清为高,盖吟写性灵、留连光景之文也,意义格力无取焉。陵迟至于梁、陈,淫艳刻饰、佻巧小碎之词剧,又宋、齐之所不取也。

唐兴,官学大振,历世之文,能者互出。而又沈、宋之流,研练精切,稳顺声势,谓之为律诗。由是之后,文体之变极焉。然而莫不好古者遗近,务华者去实,效齐、梁则不迨于魏、晋,工乐府则力屈于五言,律切则骨格不存,闲暇则纤秾莫备。至于子美,盖所谓上薄《风》《骚》,下该沈、宋,言夺苏、李,气吞曹、刘,掩颜、谢之孤高,杂徐、庾之流丽,尽得古今之体势,而兼人人之所独专矣。使仲尼考锻其旨要,尚不知贵其多乎哉!苟以为能所不能,无可无不可,则诗人以来未有如子美者。

是时山东人李白,亦以文奇取称,时人谓之李、杜。予观其壮浪纵恣,摆去拘束,模写物象,及乐府诗歌,诚亦差肩于子美矣。至若铺陈终始,排比声韵,大或千言,次犹数百,词气豪迈,而风调清深,属对律切,而脱弃凡近,则李尚不能历其藩翰,况堂奥乎!

予尝欲条析其文,体别相附,与来者为之准,特病懒未就尔。

自后属文者,以稹论为是。甫有文集六十卷。

【译文】

杜甫,字子美,祖籍襄阳(今湖北襄樊),后来迁徙河南巩县(今属河南)。曾祖父杜依艺,官位最终为巩县令。祖父杜审言,官终膳部员外郎。他在本书中自立传。父亲杜闲,官终奉天(今陕西乾县)县令。

杜甫天宝初年参加进士第考试,没考上。天宝末年,杜甫向朝廷献上《三大礼赋》,玄宗皇帝觉得这篇赋很新奇,便召他入朝考作文,授给他京兆府兵曹参军。

天宝十五年,安禄山叛军攻陷京师,肃宗在灵武征集兵力抗击叛军。杜甫夜里逃出京师长安,奔赴河西,在彭原郡拜谒肃宗,任右拾遗之职。房琯没当官以前和杜甫交朋友,这时房琯已官至宰相,请亲自为帅,率军讨伐叛军,肃宗皇帝准许他。当年十月,房琯的军队在陈涛斜战败;第二年春天,房琯被免去宰相职务。杜甫上疏说房琯有才华,不宜罢官。肃宗大怒,贬房琯为刺史,让杜甫离开京城到华州(今陕西华县)任司功参军。那时关中京畿遭到战乱,人民流离,粮食奇贵,杜甫西行,寓居成州同谷县(今甘肃成县),亲自到山中去背柴火,采板栗,儿女被饿死的好几个。过了很久,朝廷召杜甫补京兆府功曹。

上元二年(761)冬天,黄门侍郎、郑国公严武出镇成都,上奏举荐杜甫为节度参谋、检校尚书工部员外郎,赐绯鱼袋。严武和杜甫其父辈就有交谊,是世交。所以给杜甫的待遇很优厚。杜甫的个性褊促躁急,器量狭小,依恃严武之恩,放浪恣肆,曾乘醉登上严武所坐的床,盯住严武看,说:"严挺之竟有这样的儿子!"严武虽然也褊急暴躁,但并不认为杜甫这样做是忤逆的举动。杜甫在成都浣花里种竹植树,在江边结庐而居,成天饮酒,长啸吟诗,和乡下野老农父相戏谑,毫无拘检。严武去看望他,他有时不戴冠就和严武相见,他就是这样倨傲怪诞。

永泰元年(765)夏天,严武死了,杜甫没有什么人可以依靠的。直到郭英义取代严武来镇成都,英义是位粗暴的武人,不受杜甫的干谒,杜甫只好游东蜀去依靠高适。待他到了东蜀,而高适也已经死了。这一年,崔宁杀死郭英义,杨子琳攻打西川,蜀中军阀混战,乱成一团。杜甫携家出川,避乱到荆楚之地。所乘的船还没在三峡外的江陵靠牢,江陵也已动乱,于是溯流湘江,往游衡山,寓居末阳。杜甫曾游南岳庙,被暴涨的江水所阻,十天吃不到食物。末阳聂县令得知这个消息,便亲自驾船将杜甫迎接回来。永泰二年(公元766年),吃牛肉喝白酒,有一个晚上,死在末阳,死时五十九岁。

杜甫的儿子杜宗武,流落湖湘之间,死在那里。元和(公元806~820年)中,宗武之子嗣业,将杜甫的灵柩自末阳迁葬于偃师县(今属河南)西北首阳山之前。

天宝末年的诗人,杜甫与李白齐名,而李白自负其文风狂放旷达,讥诮杜甫诗局促,因而有《饭颗山》诗的嘲讽。元和中,诗人元稹论李白、杜甫的优劣,说:

我读诗读了杜子美的诗,才知道诗之小者大者都能集其精华。早先唐尧虞舜之时,君主和臣下以古歌互相唱和,此后诗人继起,历夏、商、周经过千余年,孔子辑集选取,录其有关教化的好诗三百篇,余者无所见闻。骚人作《离骚》而抒写怨恨愤怒的形态也就多了,然而离《国风》《小雅》《大雅》的旨意还比较近,尚可以相比并。自秦朝和汉朝以来,采诗的官署既已废掉,天下的妖谣民歌、赞美之颂讽喻之赋,以及配曲娱乐的词,也随时偶有所作。至汉武帝作《柏梁》体的诗,七言诗体才具备。苏武、李陵之辈,尤其善于作五言诗。虽然断句格律各不相同,雅歌和淫词之音也相互间杂,而词意简练深远,叙事抒情,假如不是有所为而为之,则诗文不妄作。建安以后,天下的士人遭遇兵燹之祸,曹氏父子在战争鞍马间作文,常常横槊作诗。所以其诗风格劲健抑扬、哀冤伤离的作品,尤其近于古人所作。晋代诗文的风概,还稍存于世。南朝宋代、齐代之间,教化失其根本,士人以怠慢亲近舒缓相推崇,文章则以风貌色泽放旷清新为高等,吟咏抒写性灵、流连光景的诗文,意义骨力却无足取。衰落至梁朝、陈朝,淫靡艳丽雕刻藻饰小巧琐碎之词更厉害,比起宋代、齐代,更不可取。

唐朝兴起,官设之学大振,历代各种文体,能写的人不断涌现。而沈佺期、宋之问之流,研讨练习,既精又切,稳帖地顺着四声体势,所作诗称为"律诗"。从此以后,诗体的演变已到了极限了。然而时尚莫不是好尚古的而遗弃近的,务于华丽的丢掉质实的,仿效齐代、梁代的,不及于魏代、晋代,工于作乐府的,就极力压低五言诗,诗律切当则骨骼难于保存,诗意闲暇则纤繁不能备举。至于杜甫,可以说上逼近《国风》《离骚》,下包括沈佺期、宋之问,其词语可胜苏武、李陵,其气概可压倒曹植、刘桢,超颜延之、谢灵运之孤高,杂徐陵、庾信之流丽,括尽古今诗歌的体势,而兼取历代诗人们所擅长,倘若让孔子来考核推敲其诗的要旨,恐怕也不知贵其多呀。如果以为能其所不能,无可无不可,那么自有诗人以来,还没有像杜甫能做到这一点的。

其时有山东人李白,也以诗文奇巧著称,世人称为"李杜"。我看李白的诗,其壮浪纵恣,摆去拘束,描写物象,以及乐府歌诗,的确可与杜甫比肩并列。至于铺陈排比,讲究声韵,长篇达千言,稍次也有数百言,词气豪迈,而风调清深,对仗工整,而脱弃凡俗,则李白尚且不能到达其藩篱,何况登堂入室!

我曾想分析杜甫的诗,按诗体分别归类,留给后人作为标准范式,只因有偷懒的毛病,所以没有完成。

自此以后,撰写诗文的人,都认定元稹所论是正确的。杜甫有文集六十卷。

李商隐传

【题解】

李商隐(813~858),唐代诗人。字义山,号玉谷山,又号樊南生,怀州河内(今河南沁阳)人。开成年间进士,曾任县尉、秘书郎等职,因受牛李党争影响,受人排挤,潦倒终生。

李商隐是晚唐诗坛的重要作家,他能多方面学习前人的成功经验,所作诗篇富于文采,构思精密,情致婉曲,风格独具。由于用典过多,也有意旨隐晦的缺点。他的《无题》诗,历代解说不一。

诗歌之外,李商隐的骈文也相当出名,属对工整,用事精切,气韵自然,有别于晚唐骈文以饾饤华赡为能事的风气。有《李义山诗集》,后人辑有《樊南文集》《樊南文集补编》。

【原文】

李商隐字义山,怀州河内人。曾祖叔恒,年十九登进士第,位终安阳令。祖俌,位终邢州录事参军。父嗣。

商隐幼能为文。令狐楚镇河阳,以所业文干之,年才及弱冠,楚以其少俊,深礼之,令与诸子游。楚镇天平、汴州,从为巡官,岁给资装,令随计上都。开成二年,方登进士第,释褐秘书省校书郎,调补弘农尉。会昌二年,又以书判拔萃。王茂元镇河阳。辟为掌书记,得侍御史。茂元爱其才,以子妻之。茂元虽读书为儒,然本将家子,李德裕素遇之,时

李商隐《夜雨寄北》配图

德裕秉政，用为河阳帅。德裕与李宗闵、杨嗣复、令狐楚大相雠怨。商隐既为茂元从事，宗闵党大薄之。时令狐楚已卒，子绹为员外郎，以商隐背恩，尤恶其无行。俄而茂元卒，来游京师，久之不调。会给事中郑亚廉察桂州，请为观察判官、检校水部员外郎。大中初，白敏中执政，令狐绹在内署，共排李德裕逐之。亚坐德裕党，亦贬循州刺史。商隐随亚在岭表累载。三年八朝，京兆尹卢弘正奏署掾曹，令典笺奏。第二年，令狐绹作相，商隐屡启陈情，绹不之省。弘政镇徐州，又从为掌书记。府罢入朝，复以文章干，乃补太学博士。会河南尹柳仲郢镇东蜀，辟为节度判官，检校工部郎中。大中末，仲郢坐专杀左迁，商隐废罢，还郑州，未几病卒。

商隐能为古文，不喜偶对。从事令狐楚幕，楚能章奏，遂以其道授商隐，自是始为今体章奏。博学强记，下笔不能自休，尤善为诔奠之辞。与太原温庭筠、南郡段成式齐名，时号"三十六"。文思清丽，庭筠过之。而俱无持操，恃才诡激，为当涂者所薄，名宦不进，坎壈终身。弟羲叟，亦以进士擢第，累为宾佐。商隐有表状集四十卷。

【译文】

李商隐，字义山，怀州河内（今河南沁阳）人。曾祖李叔恒，十九岁中进士第，官位终于安阳（今属河南）县令。祖父李俌，官位终于邢州（今河北邢台）事参军。父亲李嗣。

李商隐自幼便能写文章。令狐楚出镇河阳（今河南孟县），李商隐以所作文章投献他，当时十二岁还不到。令狐楚因为他少年英俊，深加礼敬，让他和读书的诸生交游。令狐楚镇守天平（今山东东平）、汴州（今河南开封），李商隐跟随为巡官，每年给他衣食，让他随考核官吏到上都（今陕西西安）。开成二年（837），才中进士第，脱去布衣担任秘书省校书郎，补任弘农（今河南灵宝）县尉。会昌二年（842），他又以书判中拔萃科。王茂元镇守河阳，起用他掌书记，得侍御史。王茂元爱他的才华，把女儿嫁给他为妻。王茂元虽然读书为儒者，但本来是武将的后代，李德裕平时待他很好，那时李德裕掌权，起用他为河阳主帅。李德裕和李宗闵、杨嗣复、令狐楚相互间仇怨很深。李商隐既为王茂元干事，李宗闵之党很鄙薄他。当时令狐楚已经死了，他儿子令狐绹为员外郎，因为李商隐背恩负义，尤其嫌恶他无品行。不久，王茂元死了，李商隐来游京师，但朝廷久久不给安排职务。正碰上给事中郑亚任桂州（今广西桂林）廉察使，聘请他为观察判官、检校水部员外郎。大中（847～860）初年，白敏中掌执朝政，令狐绹在内署，共同排挤李德裕，并逐出京师。

郑亚因为属李德裕之党,也被贬为循州(今广东惠阳)刺史。李商隐随郑亚在岭南多年。三年(849)入朝,京兆尹卢弘正奏请李商隐为掾曹,让他管草写钱奏,明年,令狐绹做宰相,李商隐几次上启陈说内心苦衷,令狐绹不予理睬。卢弘正出镇徐州(今属江苏),李商隐又跟随去任掌书记。后罢徐州府职又入朝,他以文章干谒令狐绹,于是补他为太学博士。正遇河南(今河南洛阳)府尹柳仲郢镇守东蜀,用他为节度判官、检验工部郎中。大中(847~860)末年,柳仲郢因为擅自杀人,被贬官,李商隐也随之罢废,回郑州(今属河南),没多久也就病死了。

李商隐能写古文,不喜欢讲究对仗。在令狐楚幕中任职时,令狐楚能写奏章,遂即将他的写作经验传授给李商隐,从这时始他才写今体带对偶的奏章。李商隐博学强记,写文章时下笔不休,尤其擅长撰写诔和祭奠之辞。他和太原(今属山西)温庭筠、南郡段成式同时齐名,当时号为"三十六"。文思清丽,温庭筠超过他。但他们都不持操行,恃才怪异偏激,为当时宦途中人所鄙薄,所以不能进而为名宦,坎坷终身。他弟弟李义叟,也进士及第,累任宾佐。李商隐有表状集四十卷。

温庭筠传

【题解】

温庭筠(812~866),唐代诗人、词人。本名岐,字飞卿。太原祁(今山西祁县)人。仕途失意,官止国子助教。

温庭筠文思精敏,精于音律,每入试,八叉手而成八韵,时号"温八叉"。诗与李商隐齐名,其诗设色浓丽,辞藻繁密,内容较贫乏。他是文人中第一个大量写词的作家。是"花间派"词的先导。其词多写妇女生活,风格绵密,多用比兴,情韵悠远。有《温庭筠诗集》。《花间集》收温词六十多首。

【原文】

温庭筠者,太原人,本名岐,字飞卿。大中初,应进士。苦心砚席,尤长于诗赋。初至京师,人士翕然推重。然士行尘杂,不修边幅,能逐弦吹之音,为侧艳之词,公卿家无赖子弟裴诚、令狐绹之徒,相与蒲饮,酣醉终日,由是累年不第。徐商镇襄阳,往依之,署为巡官。咸通中,失意归江东,路由广陵,心怨令狐绹在位时不为成名。既至,与新进少年狂游狭邪,久不刺谒。又乞索于扬子院,醉而犯夜,为虞候所击,败

温庭筠

面折齿，方还扬州诉之。令狐绹捕虞候治之，极言庭筠狭邪丑迹，乃两释之。自是汙行闻于京师。庭筠自至长安，致书公卿间雪冤。属徐商知政事，颇为言之。无何，商罢相出镇，杨收怒之，贬为方城尉。再迁隋县尉，卒。

子宪，以进士擢第。弟庭皓，咸通中为徐州从事，节度使崔彦鲁为庞勋所杀，庭皓亦被害。庭筠著述颇多，而诗赋韵格清拔，文士称之。

【译文】

温庭筠，太原（今属山西）人。他原名岐，字飞卿。大中（847～860）初年，参加进士考试。苦心经营于笔砚之间，尤其擅长诗赋。他初到京师，京师人士纷纷然推崇他。然而他在士人品行方面杂染尘俗，不修边幅，不很检点，能按管弦之间，填写艳丽的歌词，公卿之家无赖子弟裴诚、令狐绹之徒，和他一起赌博饮酒，终日酣醉，因此多年考试却不能中第。徐商镇守襄阳（今湖北襄樊），温庭筠去投奔他，被录用为巡官。

咸通中，温庭筠失意到江东，路过广陵（今江苏扬州），内心怨恨令狐绹在担任要职时不让他成名。来到江东，他和新进少年狂游小街曲巷，很久不去投判干谒达官贵人。又乞求于杨子院，因醉酒而触犯夜禁，被禁卫官所击打，伤面又折了牙齿，才回扬州告状。令狐绹捉拿禁卫官问罪，禁卫官就硬说温庭筠在小街曲巷中的丑行之迹，于是把两边都放了。从此温庭筠污迹丑行便在京师传闻。温庭筠自己到长安（今陕西西安），写信给公卿们申雪冤情。正当徐商任参知政事，颇为温庭筠辩说。不久，徐商罢免宰相之职，到地方当官，杨收对温庭筠很恼怒，把他贬为方城（今河北固安）县尉。又迁隋县县尉，死在那里。

温庭筠的儿子温宪，中进士。他弟弟温庭皓，咸通中任徐州从事，节度使崔彦鲁为庞勋所杀，庭皓也被杀害。温庭筠著述颇多，其诗赋格调风韵清新劲拔，文士都称赞他的诗赋。

司空图传

【题解】

司空图（837～908），唐代诗论家、诗人。字表圣，自号耐辱居士、知非子，河中（今山西永济）人。咸通年间进士，官至知制诰，中书舍人，后归隐。

司空图论诗发展殷璠、皎然之说，注重含蓄蕴藉的韵味、清远的意境，提倡"味外之旨""韵外大致"。《二十四诗品》是其论诗专著，将诗歌的艺术风格和意境分为二十四品类，每品用十二句韵语来概括，也涉及作者的思想修养和写作手法。对后代严羽、王士祯等人的诗论有很大影响。其本人诗作多表现消极思想。有《司空表圣文集》行于世。后人辑有《司空表圣诗集》。

【原文】

司空图字表圣,本临淮人。曾祖遂,密令。祖象,水部郎中。父舆,精吏术。大中初,户部侍郎卢弘正领盐铁,奏舆为安邑两池榷盐使、检校司封郎中。先是,盐法条例疏阔,吏多犯禁;舆乃特定新法十条奏之,至今以为便。入朝为司门员外郎,迁户部郎中,卒。

图咸通十年登进士第,主司王凝于进士中尤奇之。凝左授商州刺史,图请从之,凝加器重,洎谦问宣歙,辟为上客。召拜殿中侍御史,以赴阙迟留,责授光禄寺主簿,分司东都。乾符六年,宰相卢携罢免,以宾客公司,图与之游,携嘉其高节,厚礼之。尝过图舍,手题于壁曰:“姓氏司空贵,官班御史卑。老夫如且在,不用念屯奇。”明年,携复入朝,路由陕虢,谓陕帅卢渥曰:“司空御史,高士也,公其厚之。”渥即日奏为宾佐。其年,携复知政事,召图为礼部员外郎,赐绯鱼袋,迁本司郎中。其年冬,巢贼犯京师,天子出幸,图从之不及,乃退还河中。时故相王徽亦在蒲,待图颇厚。数年,徽受诏镇潞,乃表图为副使,徽不赴镇而止。僖宗自蜀还,次凤翔,召图知制诰,寻正拜中书舍人。其年僖宗出幸宝鸡,复从之不及,退还河中。

龙纪初,复召拜舍人,未几又以疾辞。河北乱,乃寓居华阴。景福中,又以谏议大夫征。时朝廷微弱,纪纲大坏,图自深惟出不如处,移疾不起。乾宁中,又以户部侍郎征,一至阙廷致谢,数日乞还山,许之。昭宗在华,征拜兵部侍郎,称足疾不任趋拜,致章谢之而已。昭宗迁洛,鼎欲归梁,柳璨希贼旨,陷害旧族,诏图入朝。图惧见诛,力疾至洛阳,谒见之日,坠笏失仪,旨趣极野。璨知不可屈,诏曰:“司空图俊造登科,朱紫升籍,既养高以傲代,类移山以钓名,心惟乐于漱流,仕非专于禄食。匪夷匪惠,难居公正之朝;载省载思,当徇栖衡之志。可放还山。”

图有先人别墅在中条山之王官谷,泉石林亭,颇称幽栖之趣。自考盘高卧,日与名僧高士游咏其中。晚年为文,尤事放达,尝拟白居易《醉吟传》为《休休亭记》曰:

司空氏祯贻溪之休休亭,本名濯缨亭,为陕军所焚。天复癸亥岁,复葺于坏垣之中,乃更名曰休休。休,休也,美也,既休而具美存焉。盖量其才一宜休,揣其分二宜休,耄且聩三宜休。又少而惰,长而率,老而迂,是三者皆非济时之用,又宜休也。尚虑多难不能自信,既而昼寝,遇二僧谓予曰:“吾尝为汝师。汝昔矫于道,锐而不固,为利欲之所拘,幸悟而悔,将复从我于是溪耳。且汝虽退,亦尝为匪人之所嫉,宜耐辱自警,庶保其终始,与靖节、醉吟第其品级于千载之下,复何求哉!”因为《耐辱居士歌》,题于东北楹曰:“咄咄,休休休,莫莫莫,伎俩虽多性灵恶,赖是长教闲处着。休休休,莫莫莫,一局棋,一炉药,天意时情可料度。白日偏催快活人,黄金难买堪骑鹤。若曰:‘尔何能?’答云:‘耐辱莫。’”

其诡激啸傲,多此类也。

图既脱柳璨之祸还山,乃欲为寿藏终制。故人来者,引之圹中,赋诗对酌,人或难色,图规之曰:“达人大观,幽显一致,非止暂游此中,公何不广哉!”图布衣鸠杖,出则以女家人鸾台自随。岁时村社雩祭祠祷,鼓舞汇集,图必造之,与野老同席,曾无傲色。王重荣父子兄弟尤重之,伏腊馈遗,不绝于途。唐祚亡之明年,闻辉王遇弑于济阴,不怿而疾,数日卒,时年七十二。有文集三十卷。

图无子,以其甥荷为嗣。荷官至永州刺史。以甥为嗣,尝为御史所弹,昭宗不之责。

【译文】

司空图,字表圣,原是临淮(今安徽泗县)人。曾祖司空遂,任密县(今属河南)县令。祖父司空象,任水部郎中。父亲司空舆,精吏术。大中初年,户部侍郎卢弘正管理盐铁,奏请司空舆为安邑(今山西运城)两盐池榷盐使、检校司封郎中。此前,盐法条例不精密,官吏多违犯禁令;司空舆于是特定新法十条上奏朝廷,至今新法仍很适宜。司空舆入朝为司门员外郎,迁户部郎中,死于任上。

司空图于咸通十年(870)中进士第,主考官王凝在进士中特别看中他的奇才。王凝降任商州(今陕西商县)刺史,司空图申请跟着到商州,王凝更加器重他,及至王凝查问宣歙(今安征歙县)时,请他为上客。召入朝官拜殿中侍御史,因为司空图赴京迁延时日,受斥责,改授光禄寺主簿,公司东都(今河南洛阳)。乾符六年(879),宰相卢携罢免,以宾客分司东都,司空图和他交游,卢携赞美司空图的高风亮节,厚加礼遇。卢携曾访问他的住宅,亲手题其壁:"姓氏司空贵气,官作御史卑下。老夫我如在位,不用怪命运坏。"明年,卢携又入朝,路经陕虢(今河南陕县),对陕虢节度使卢渥说:"司空御史是一位高士,您要厚待他。"卢渥当日便奏请司空图为宾佐。那一年,卢携又任参知政事,召司空图为礼部员外郎,赐绯鱼袋,升本司郎中。这年冬天,黄巢进攻京师长安,皇帝离京出走,司空图来不及跟从,于是退回河中(今山西永济)。那时前宰相王徽也在蒲(今山西永济),也厚待司空图。过了几年,王徽受诏镇守潞(今山西长治),便表请司空图为副使,王徽没有赴镇就任因而作罢。唐僖宗从蜀中回到长安,路中停留凤翔(今属陕西),召司空图任知制诰,不久拜为中书舍人。那年僖宗出幸宝鸡(今属陕西),又没来得及随从,退回河中。

龙纪(公元889年)初时,又召授司空图为中书舍人,不久又因病辞官。河北动乱,于是客居华阴(今属陕西)。景福中,司空图又以谏议大夫被征召入朝。那时朝廷衰微,纪纲大坏,司空图深思出去做官不如退居林下,所以称病不赴京当官。乾宁中,又以户部侍郎之职征召司空图,他到朝廷致谢,过几天便申请回山,皇帝允许他回去。唐昭宗在华州(今陕西华县),征召司空图,官拜兵部侍郎,推托脚有病,不能胜任趋拜,上奏章辞谢了。昭宗回洛阳,国家大权想归梁,柳璨假称叛贼之旨,陷害旧族,有诏命司空图入朝。司空图害怕被杀,带病来到洛阳,谒见皇帝那天,掉笏失去仪态,意思极粗野。柳璨知道司空图不会屈服,下诏说:"司空图学识造诣很深,登科及第,朱紫高官,既养其高风亮节以傲世,又像移居山林以钓名,他心里只想乐于漱清流,出仕并不专为俸禄。不是伯夷,也不是柳下惠,难以任职公正之朝;反复审思,当顺从他栖居衡门的志愿。可以放他回山林。"

司空图有祖先的别墅在中条山之王官谷,那里清泉白石,树林亭榭,颇有幽栖之趣。他自从隐居山林,高卧云泉,成日与名僧高士优游吟咏于王官谷中。晚年作文,尤其放达,曾模拟白居易的《醉吟先生传》,作《休休亭记》,说:

司空氏在祯贻溪的休休亭,原名濯缨亭,被陕军所焚毁。天复癸亥年(903),又从颓垣断壁中修葺起来,于是改名曰"休休"。休,是休息的意思,也是美好的意思,既休息而又美好,兼存其意。自量己才宜休,这是一;自思本分,也宜休,这是二;年老昏花,又宜休,这是三。又少年时懒惰,长大了而粗率,年老又迂腐,这三个缺点,都不是可以用于济世的,又是宜休。而且虑及时世多难不能自信,于是白天睡觉,碰上两个和尚,对我说:"我常为你之师。你以前高举于道,锐意而行却不坚决,为利欲所牵累,幸而悔悟,将再跟从我隐居在这条溪。而且,你虽然已经退隐,也曾被匪人所嫉恨,自宜耐辱而自戒,大概才能保持终始,和陶渊明、白居易列于同一品级而垂名千秋以后,还有什么可求的呢!"因而作《耐辱居士歌》,题在东北亭柱上,歌云:"咄咄,休休休,莫莫莫,伎俩虽然很多而灵魂性情却险恶,因而长期教你闲居养。休休休,莫莫莫,一局棋,一炉药,皇天之意时世之情难揣度。白日偏偏催促着快活的人,黄金难买时光只堪骑白鹤。你说:'你有什么能耐?'答道:'耐辱莫。'"他的诡异愤激长啸倨傲,多半像这样子。

司空图既摆脱了柳璨之祸回到山林,于是预先制好寿衣。有老朋友来了,他就带到预选的墓穴中,对酒吟诗,朋友有为难之色。他就规劝说:"旷达的人有洞达透彻的观察,阴间和阳间是一致的,不只是暂时来游此中呀。你的见识为何这样不广呢!"司空图穿着布衣,拿着杖头刻有鸠形的老人拐棍,出门就叫那个名叫鸾台的女家人相随。逢年过节,村中的春社秋社,祭祀祈祷,击鼓歌舞的集会,司空图一定去参加,和田夫野老同席而坐,从无倨傲之色。王重荣父子兄弟都很尊重他,夏伏冬腊馈赠物品,不绝于途中。唐朝的国运终结的第二年,听说辉王在济阴(今山东菏泽)被杀,司空图心情不好,因而得病,过几天便死了,享年七十二。有文集三十卷。

司空图无子嗣,以他的外甥司空荷为嗣。司空荷官做到永州(今湖南零陵)刺史。司空图以外甥继嗣,曾经被御史所弹劾,唐昭宗却没有责备他。

崔善为传

【题解】

崔善为,贝州武城人(今河北南宫县)。在隋朝任楼烦郡司户书佐时为唐高祖李渊属下,建议并参与李渊起义,任大将军府司户参军,封清河县公,官至尚书左丞。贞观初,任陕州刺史,后任大理、司农二卿,秦州刺史。崔善为精通天文历法。武德初年始用傅仁均《戊寅元历》,一时议论纷纷。当时任大理卿的崔善为奉命考校,改动其中数十八条。贞观初年李淳风指出该历错误十八条,崔善为又奉命考校,多有驳正。

【原文】

崔善为,贝州武城人也。祖颐,后魏员外散骑侍郎。父权会,齐丞相府参军事。善为好学,兼善天文算历,明达时务,弱冠州举,授文林郎。属隋文帝营仁寿宫,善为领丁匠五百人。右仆射杨素为总监，巡至善为之所，索簿点人，善为手持簿暗唱之，五百人一无差失，素大惊。自是有四方疑狱，多使善为推按，无不妙尽其理。

仁寿中，稍迁楼烦郡司户书佐。高祖时为太守，甚礼遇之。善为以隋政倾颓，乃密劝进，高祖深纳之。义旗建，引为大将军府司户参军，封清河县公。武德中，历内史舍人、尚书左丞，甚得誉。诸曹令史恶其聪察，因其身短而伛，嘲之曰："崔子曲如勾，随例得封侯。膊上全无项，胸前别有头。"高祖闻之，劳勉之曰："浅薄之人，丑正恶直。昔齐末奸吏歌斛律明月，而高纬愚暗，遂灭其实。朕虽不德，幸免斯事。"因购流言者，使加其罪。时傅仁均所撰《戊寅元历》，议者纷然，多有同异，李淳风又驳其短十有八条。高祖令善为考校二家得失，多有驳正。

贞观初，拜陕州刺史。时朝廷立议，户殷之处，得徙宽乡。善为上表称"畿内之地，是谓户殷，丁壮之人，悉入军府。若听移转，便出关外。此则虚近实远，非经通之议"。其事乃止。后历大理、司农二卿，名为称职。坐与少卿不协，出为秦州刺史，卒，赠刑部尚书。

【译文】

崔善为，贝州武城人。祖父崔颐是北魏的员外散骑侍郎。父亲崔权会，任北齐的丞相府参军事。崔善为好学，擅长天文历法计算，又通晓政治经济。二十来岁时由州里举荐，任文林郎。隋文帝营造仁寿宫时，崔善为带领工匠五百人。右仆射杨素是工程总监，巡视到崔善为的住地，要来花名册点名。崔善为手拿名册背诵人名，五百人竟没有一个差错，杨素大为吃惊。从此各地有疑难案件，常派崔善为去审理，都能巧妙地解决。

隋文帝仁寿年间，崔善为任楼烦郡司户书佐。唐高祖李渊当时任太守，对他十分礼遇。崔善为看到隋朝腐败，私下劝李渊取而代之，很受赞许。李渊起事后，崔善为任大将军府司户参军，封清河县公爵位。唐高祖武德年间（公元618～626年），历任内史舍人、尚书左丞，名声很好。下级官吏厌恶他严厉廉明，因为他背驼身矮，就编了顺口溜嘲骂他："崔先生弯得像只钩，熬年头得到封侯，肩膀上没有脖颈，胸前多长一个头。"高祖李渊听到后安慰说："浅薄的小人，仇恨正直。从前北齐末年奸吏编歌骂斛律明月，而高纬昏庸，杀了他一家。我虽然不算高明，但也绝不会干这样的事。"于是悬赏追查惩处编造流言的人。当时傅仁均发表了《戊寅元历》，一时间议论纷纷，有褒有贬。李淳风也指出其中十八条错误缺点。奉高祖命令，崔善为考校了傅、李二家的优缺点，有许多议论。

唐太宗贞观初年，崔善为任陕州刺史。当时朝廷议论，让人口稠密地区的人民迁移到人口稀少地区。崔善为上表说："京城附近人口稠密，青壮年男子都编入军府。若让他们随意迁移，流出关外，则京城附近空虚，实在不是好办法。"于是移民的事情没有进行。崔善为后来历任大理寺卿、司农卿，工作称职。但由于与少卿关系不好，离京任秦州刺史，死在任上。追赠刑部尚书。

甄权传

【题解】

甄权(公元541~643年),隋唐年间医学家,许州扶沟(今河南扶沟)人。他因母亲体弱多病,与弟立言潜心医学,精究方书,行医济世,活人甚众,于针术、脉理造诣颇深。隋开皇初(581)任秘书省正字,后因病辞职。隋武将库狄嵚因患风痹,手不能拉弓,经多方诊治无效,甄权针其肩隅穴,一针而愈。深州刺史成君绰患颈肿,喉闭水米不下已三日,他以三棱针刺其手指端,微出血,应手气息即通;次日,饮食如故。

甄权医术朝野闻名,他不仅针术娴熟,还精通颐养摄生之术,深知吐故纳新是健身延年的有效方法,并主张饮食清素,可使胃气调和增长精气。贞观中奉敕修《明堂》、校定《图经》。贞观十七年(634)唐太宗李世民亲临其家,访询药性及养生之道。他将所著《药性论》上报,太宗授其朝散大夫,并赐寿杖衣物。当年寿至一百零三岁而终。他一生著述很多,绘有《明堂人形图》,撰有《针经钞》《脉经》《针方》《脉诀赋》《药性论》等,惜均已亡佚。其中部分内容可见于《备急千金要方》《千金

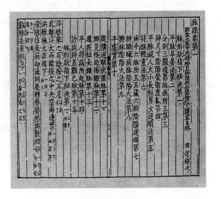

《脉经》书影

翼方》《外台秘要》等著作,对后世有一定影响。尤其是甄氏的《明堂人形图》在当时流传广泛,唐代名医孙思邈即根据其所绘图形重新绘制修订为"人体经络俞穴彩图"(已佚)。甄权在古代针灸专家中可称为巨擘,对针灸学术的发展有重要贡献。

【原文】

甄权,许州扶沟人也。尝以母病,与弟立言专医方,得其旨趣。隋开皇初,为秘书省正字,后称疾免。隋鲁州刺史库狄嵚苦风患,手不得引弓,诸医莫能疗。权谓曰:"但将弓箭向垛,一针可以射矣。"针其肩隅一穴,应时即射。权之疗疾,多此类也。贞观十七年,权年一百三岁,太宗幸其家,视其饮食,访以药性,因授朝散大夫,赐几杖衣服。其年卒。撰《脉经》《针方》《明堂人形图》各一卷。

【译文】

甄权,许州扶沟人。曾因母亲患病,与其弟立言精究医方,深得医学真谛。隋开皇初年,任秘书省正字,后称病辞官。隋鲁州刺史库狄嵚苦于患风痹,手不能拉弓,诸医不能

治愈,甄权说:"若将弓箭瞄准箭靶,一针可以使其射。"针刺其肩隅一穴,当时即能射箭。甄权治病,大多与此相同。贞观十七年(643),甄权已一百零三岁,唐太宗李世民亲临其家,探视其饮食起居,访询用药之道,并授予甄权朝散大夫,赐寿杖衣物。是年逝世。著述有《脉经》《针方》《明堂人形图》各一卷。

甄立言传

【题解】

甄立言(545~?),隋唐间医学家,与兄甄权同以医术名于一时。立言精通本草,诊治寄生虫病尤有神效。当时有一名叫明律的尼姑,六十余岁,心腹鼓胀,身体羸瘦二年多。立言为其诊脉,指出是误食而致的寄生虫病。他令患者服药一剂后,很快吐出一虫,病痊愈。唐武德年间他曾任太常丞,主管礼仪和选试博士。贞观中奉诏修订《明堂》,并与甄权、承务郎司马德逸、太医令射季卿等校定《图经》,不久去世。生前著有《本草音义》七卷,《本草药性》三卷,《本草集录》二卷,《古今录验方》五十卷。这些著作均已散佚,但尚可在《千金要方》和《外台秘要》中见其佚文。其中《古今录验方》在诊治疾病和鉴别诊断方面有独特贡献。书中所载"消渴小便至甜"是我国有关糖尿的最早记录。

【原文】

弟立言,武德中累迁太常丞。御史大夫杜淹患风毒发肿,太宗令立言视之,即而奏曰:"从今更十一日午时必死。"果如其言。时有尼明律,年六十余,患心腹鼓胀,身体羸瘦,已经二年。立言诊脉曰:"其腹内有虫,当是误食发为之耳。"因令服雄黄,须臾吐一蛇,如人手小指,唯无眼,烧之,犹有发气,其疾乃愈。立言寻卒。撰《本草音义》七卷,《古今录验方》五十卷。

【译文】

甄权之弟甄立言,唐武德年间升任太常丞。御史大夫杜淹患风毒发肿,唐太宗令立言为其诊治,诊毕上奏道:"从今日起过十一日,午时必死。"果然如其预言。当时有一尼姑名叫明律,六十余岁,患病心腹鼓胀,身体消瘦,已经二年。立言诊其脉说:"其腹中有寄生虫,是误食头发而致。"因此令患者服雄黄,不一会吐出一条蛔虫,如人小手指粗细,唯独无眼,以火烧之,尚有发味,病乃痊愈。立言不久逝世。生前撰有《本草音义》七卷,《古今录验方》五十卷。

许胤宗传

【题解】

许胤宗（536~626）隋唐间著名医家。常州义兴（今江苏宜兴）人，曾为南朝陈国新蔡王外兵参军、义兴太守。陈国灭亡后入仕隋，任尚药奉御，唐武德元年（618）授散骑侍郎。

胤宗以医术著名，精于脉诊，用药灵活变通，不拘一法。公元六世纪初，陈国柳太后中风口噤不能服药。他曾用药物熏蒸法治疗，使药气入病人腠理而取效。胤宗因此被授以义兴太守。他临症不仅用药灵活，而且疗效显著，尤善于治疗骨蒸病。武德年间关中（今陕西中部）一带结核病流行，患者大批死亡，诸医束手无策。然经许氏诊治者，多获痊愈。他治病用药强调切脉诊断的重要性，曾批评"不能识脉，莫识病源，以情臆意，多安药味"的医生，主张治病要病药相当，不宜杂药乱投。他一生医术精湛，诊脉用药，独具特色，可惜生前未曾著述。

【原文】

许胤宗，常州义兴人也。初事陈，为新蔡王外兵参军。时柳太后病风不言，名医治皆不愈，脉益沉而噤。胤宗曰："口不可下药，宜以汤气薰之。令药入腠理，周理即差。"乃造黄耆防风汤数十斛，置于床下，气如烟雾，其夜便得语。由是超拜义兴太守。陈亡入隋，历尚药奉御。武德初，累授散骑侍郎。时关中多骨蒸病，得之必死，递相连染，诸医无能疗者。胤宗每疗，无不愈。或谓曰："公医术若神，何不著书以贻将来"？胤宗曰："医者，意也，在人思虑。又脉候幽微，苦其难别，意之所解，口莫能宣。且古之名手，唯是别脉，脉既精别，然后识病。夫病之于药，有正相当者，唯须单用一味，直攻彼病，药力既纯，病即立愈。今人不能别脉，莫识病源，以情臆度，多安药味。譬之于猎，未知兔所，多发人马，空地遮围，或冀一人偶然逢也。如此疗疾，不亦疏乎！假令一药偶然当病，复共他味相和，君臣相制，气势不行，所以难差，谅由于此。脉之深趣，既不可言，虚设经方，岂加于旧。吾思之久矣，故不能著述耳。"年九十余卒。

【译文】

许胤宗是常州义兴人氏。早年效力于南朝陈国。新蔡王叔齐为政时，任外兵参军。当时柳太后患病中风不能讲话，许多名医为她治疗皆无效，太后脉象更加沉而口噤不能开。胤宗道："口不能服药，宜用药汤蒸气薰治，可以使药物之力自皮肤肌肉和脏腑的纹理而入。皮肉腑脏通达，病可以痊愈。"于是制备黄芪防风汤几十斛，放置于太后床下，药汤蒸气如烟雾升腾。当天晚上太后就能开口说话了。胤宗因治疗有效被越级授以义兴太守的职务。陈国灭亡以后，胤宗入仕隋朝，任尚药奉御。至唐朝武德元年（618）升任散骑侍郎。当时陕西关中一带肺结核病流行，得之必死，互相传染，众医生束手无策，没人能治这种病。而胤宗每次治疗，必痊愈。有人对胤宗说："您的医术如此神效，为什么不著书立说传给后人呢？"胤宗答道："医学，道理深奥，在于人的思考和理解。脉象变化微妙，脉理意义深邃，最难于区别，虽然心中有所体会，但很难用语言来说清楚。而且古代治疗疾病的著名医家，最重视诊脉。精确分别脉象，然后认识疾病。病对于药来说，有正对症的，只需单用一味药，直攻病之所在，药力纯正强大，病可以很快痊愈。现在许多医家不能辨脉，不知得病原因，仅凭主观猜测，处方药味繁多。就像围猎，不知兔子在哪儿，多发人马，旷野围剿，希望有人偶然相逢。像这样治病，不也太粗疏了吗！假如有一味药偶然对症，然而与其他药物相混合，君药、臣药互相制约，药的力度就受影响，难以治愈疾病，大概就是由于这个原因。脉理的深刻道理，既然不能用语言讲清楚，虚设一些经验医方，难道不是徒劳无功吗？我已考虑很久，所以不能著述。"许胤宗寿至九十余岁逝世。

孙思邈传

【题解】

孙思邈(581~682)，京兆华原(今陕西耀县)人，世称孙真人，后人尊之为药王，是唐代杰出的医学家。

孙氏自幼聪颖洞达，敏慧强记，七岁能够日诵千言，人称圣童。他博学多闻，涉猎群书，二十岁就精通经史百家之说，善谈庄老，兼好佛学。他从青年时代就立志以医为业，成年之后，隐居在太白山，专事医学活动。唐太宗、高宗均曾征召，亦皆推辞不受。永徽三年(652)他以自己丰富的医疗经验和广博的知识，著成《千金要方》三十卷。永淳元年(682)他集晚年30年经验，撰成《千金翼方》三十卷，以补《要方》之遗，同年逝世。

孙思邈医术精湛、知识渊博，治病不拘泥于古人的方法，兼采众家之长；用药不受《本草经》的限制，广收民间单方、验方。他不仅精通内科，而且擅长外科、妇产科、小儿科、五官科、眼科，并对养性、食疗、炼丹、卫生等均有深入研究，同时还具有广博的药物学知识和精湛的针灸技术。这使他成为唐代医学大师，而且一变羸弱之体而至百岁，且视听不衰，神采丰茂。

孙思邈的医学理论和丰富的医学经验，集中反映在他的医学著作《千金要方》和《千金翼方》中。两部《千金》系统全面地总结了自上古至唐代的丰富医学经验，不仅收载了唐以前的古方，而且记录了民间单方，总结了药学知识，发展了伤寒学说。在诊断学上把疾病认识提高到一个新水平，在治疗学上丰富了医疗技术，为儿科、妇产科成为专科创造了条件，发展了养生长寿学说，并在制药化学方面记录了硫黄伏火法。

【原文】

孙思邈，京兆华原人也。七岁就学，日诵千余言。弱冠，善谈庄、老及百家之说，兼好释典。洛州总管独孤信见而叹曰："此圣童也，但恨其器大，难为用也。"周宣帝时，思邈以王室多故，乃隐居太白山。隋文帝辅政，征为国子博士，称疾不起。尝谓所亲曰："过五十年，当有圣人出，吾方助之以济人。"及太宗即位，召诣京师，嗟其容色甚少，谓曰："故知有道者诚可尊重，羡门、广成，岂虚言哉！"将授以爵位，固辞不受。显庆四年，高宗召见，拜谏议大夫，又固辞不受。

上元元年，辞疾请归，特赐良马及鄱阳公主邑司以居焉。当时知名之士宋令文、孟诜、卢照邻等，执师资之礼以事焉。思邈曾从幸九成宫，照邻留在其宅。时庭前有病梨树，照邻为之赋，其序曰："癸酉之岁，余卧疾长安光德坊之官舍。父老云：'是鄱阳公主邑司。昔公主未嫁而卒，故其邑废。'时有孙思邈处士居之。邈道合古今，学殚数术，高谈正一，则古之蒙庄子，深入不二，则今之维摩诘耳。其推步甲乙，度量乾坤，则洛下闳、安期先生之俦也。"照邻有恶疾，医所不能愈，乃问思邈："名医愈疾，其道何

孙思邈

如？"思邈曰："吾闻善言天者，必质之于人；善言人者，亦本之于天。天有四时五行，寒暑迭代，其转运也。和而为雨，怒而为风，凝而为霜雪，张而为虹蜺，此天地之常数也。人有四支五藏，一觉一寐，呼吸吐纳，精气往来，流而为荣卫，彰而为气色，发而为音声，此人之常数也。阳用其形，阴用其精'，天人之所同也。及其失也，蒸则生热，否则生寒，结而为瘤赘，陷而为痈疽，奔而为喘乏，竭而为憔枯，诊发乎面，变动乎形，推此以及天地亦如之。故五纬盈缩，星辰错行，日月薄蚀，孛慧飞流，此天地之危诊也。寒暑不时，天地之蒸否也；石立土踊，天地之瘤赘也；山崩土陷，天地之痈疽也；奔风暴雨，天地之喘乏也；川渎竭涸，天地之憔枯也。良医导之以药石，救之以针剂，圣人和之以至德，辅之以人事。故形体有可愈之疾，天地有可消之灾。"又曰："胆欲大而心欲小，智欲圆而行欲方。诗曰'如临深渊，如履薄冰'，谓小心也；'赳赳武夫，公侯干城'，谓大胆也。'不为利回，不为义疚'，行之方也，'见机而作，不俟终日'，智之圆也。"

思邈自云开皇辛酉岁生，至今年九十三矣。询之乡里，咸云数百岁人，话周、齐间事，历历如眼见，以此参之，不啻百岁人矣。然犹视听不衰，神采甚茂，可谓古之聪明博达不死者也。

初，魏征等受诏修齐、梁、陈、周、隋五代史，恐有遗漏，屡访之。思邈口以传授，有如目睹。东台侍郎孙处约将其五子俊、儆、俊、佑、佺以谒思邈，思邈曰："俊当先贵；佑当晚达；佺最名重，祸在执兵。"后皆如其言。太子詹事卢齐卿童幼时，请问人伦之事，思邈曰："汝后五十年位登方伯，吾孙当为属吏，可自保也。"后齐卿为徐州刺史，思邈孙溥果为徐州萧县丞。思邈初谓齐卿之时，溥犹未生，而预知其事。凡诸异迹，多此类也。

永淳元年卒。遗令薄葬，不藏冥器，祭祀无牲牢。经月余，颜容不改，举尸就木，犹若

空衣,时人异之。自注《老子》《庄子》,撰《千金方》三十卷,行于代。又撰《福禄论》三卷,《摄生真录》及《枕中素书》《会三教论》各一卷。

【译文】

孙思邈是京兆府华原人。七岁开始读书,一日能诵读千余字。二十岁左右,善谈庄子、老子及百家学说,同时喜欢佛学的经典。洛州总管独孤信见到他感叹地说:"这是神童,只可惜他器量宏大,很难为一般人所任用。"周宣帝时,由于王室纷争,更迭频繁;思邈隐居于太白山中。隋文帝杨坚辅佐北周时,征聘思邈为国子博士,他以有病为由没有就任。思邈曾对亲属讲:"过五十年后,会有圣人出现,我将助之以济人。"至唐太宗李世民即位,召思邈到京城长安,见他容颜面貌十分年轻,太宗感慨地说:"由此可知有德性的人诚信可以尊重,羡门、广成子,怎会是传说之言呢?"太宗要授予他官位,他恳切推辞,不肯接受。显庆四年(659),唐高宗召见他,任命他为谏议大夫,又坚持不肯接受。

上元元年(675)思邈称病请求回归故乡。高宗特赐良马和鄱阳公主故居令其居住。当时名人宋令文、孟诜、卢照邻等人都以师礼问学于他。他曾随皇帝避暑于九成宫,卢照邻留住他家。当时宅院庭前有一棵病梨树,照邻以病梨树为题作赋。赋的序中言:"癸酉年,我因病住在长安城光德坊的官舍。老年人都说:'这是鄱阳公主的故居。过去公主尚未出嫁即去世,所以其府邑被废弃。'现在有孙思邈处士住居。思邈学问广博,通古博今,学尽星相医卜、调生养性之术,善谈道家正一学术,如古代道家庄子,精通佛学之理,恰如今之大居士维摩诘。他推算演绎天文、地理、历数等学问,有如洛下闳、安期先生一样。"照邻患有难以治愈的疾病,于是问思邈:"名医能够治愈疾病,是什么道理呢?"思邈回答:"我听说善于讲解天地四时变化的人,必须参照人体的理论;善于谈论人身生理病理的,也须依据天地运行的规律。天地有春夏秋冬四时和木火土金水五行变化,寒暑交替,循环运行。天地之气调和则降而为雨,怒则鼓荡为风,凝结则为霜雪,弥漫散布则为彩虹,这是大自然的一般规律。人体有四肢五脏,觉醒和睡眠,呼吸吐故纳新,水谷精华往来,循环流动而成为营卫之气,显露于外为神采和气色,发扬而为声音,这是人体的一般规律。阳气有形可察,阴气为精所化,自然界和人体的规律是相同的。如果阴阳失调,阳气蒸腾则生热症,阴气凝滞则生寒症,精气郁结则生瘿瘤赘肉,气虚下陷则生痈疽,气逆妄行则见短气喘息,气血衰竭则憔悴枯槁。症候表现于面部,变化显露于形体,推而广之,用这个规律解释自然界也是相同的。因此木火土金水五星盈亏,日月星辰错行,日蚀月蚀,彗星流逝,都是自然界的危险征象。寒暑不能适应季节,是天地万物变化反常;石立土踊,是大自然的赘瘤;山崩地陷,是大自然的痈疽;狂风暴雨,是大自然的短气喘息;河川干涸断流,是大自然的憔悴枯槁。当人们患病时,高明的医师用药物、砭石、针刺予以疏导和治疗。当自然界出现反常时,圣人以高尚的道德和解,并辅以人事。因此形体有病可以治愈,天地有灾可以消除。"又说:"治病用药要胆大,看症辨病要心细谨慎,知识要丰富,行为要端正。就如《诗经》说,'如同面临深渊,如同脚履薄冰'比喻小心;用'英勇无畏,出生入死保卫城池的勇士'比喻大胆;'不因利欲而违礼,不因见义勇为而内疚'说的是行为端正;'见机而作,不俟终日',发现了事物的端倪,应立即起来行动,不得待终其日,说的是知识经验皆丰富。"

思邈自称生于隋文帝开皇辛丑年(601年)仁寿元年,今年已九十三岁了。询问乡邻故里,都说他是数百岁的人了。他谈论起周、齐朝的事情,栩栩如生,就像亲眼所见,据此考虑他已不止百岁了。然而他依然耳聪目明,神色面貌很精神,可以称他为古代聪明博学有识的长生不老之人。

唐代初期,魏征等奉命编修齐、梁、陈、周、隋五代历史,恐怕有遗漏,曾多次拜访孙思邈。他口授介绍,有如亲眼目睹。东台侍郎孙处约带领他的五个儿子侹、儆、俊、佑、佺去拜见思邈,思邈说:"俊将最先显贵;佑要到晚年发迹;佺的名气最大,但他会因掌握兵权而祸及自身。"此后果然像他所预言的一样。太子詹事卢齐卿小时候向他请教人伦的事,思邈说:"你五十年后将做官,我的孙子将为你的下属。你要自己保重。"后来齐卿成为徐州刺史,思邈的孙子孙溥果然是徐州萧县县丞。思邈对齐卿说这些的时候,孙溥还没有出生,却预先知道他的事。凡是他的种种特殊的事迹,多数与此相同。

永淳元年(682年)思邈逝世。他留下遗言令薄葬,墓中不要放随葬的器物,祭祀不用牛、羊、猪等。思邈死后一个多月,仍容貌颜色不变,举尸入棺,就像没有分量一般,当时人们都感到很奇怪。他生前曾自注《老子》《庄子》,编撰《千金方》三十卷流行于世。另撰有《福禄论》三卷,《摄生真录》及《枕中素书》《会三教论》各一卷。

张文仲传

【题解】

张文仲(620~700),唐代著名医家,为洛州洛阳(今河南洛阳)人。武则天光宅元年(684)为侍御医,后升至尚药奉御。他与李虔纵、韦慈藏医术齐名,尤善疗风症。他曾奉诏汇集当时名医共同编撰治风医书,由麟台监王方庆监修,撰成四时常服及轻重大小诸方一十八首,上奏朝廷。另撰有《随身备急方》三卷、《法象论》一卷,均已佚,《外台秘要方》中可见其部分内容。

【原文】

张文仲,洛州洛阳人也。少与乡人李虔纵、京兆人韦慈藏并以医术知名。文仲,则天初为侍御医。时特进苏良嗣于殿庭因拜跪便绝倒,则天令文仲、慈藏随至宅候之。文仲曰:"此因忧愤邪气激也,若痛冲胁,则剧难救。"自朝候之,未及食时,即苦冲胁绞痛。文仲曰:"若入心,即不可疗。"俄顷心痛,不复下药,日昳而卒。文仲尤善疗风疾。其后则天令文仲集当时名医共撰疗风气诸方,仍令麟台监王方庆监其修撰。文仲奏曰:"风有一百二十四种,气有八十种。大抵医药虽同,人性各异,庸医不达药之行使,冬夏失节,因此杀人。唯脚气头风上气,常须服药不绝,自余则随其发动,临时消息之。但有风气之人,春末夏初及秋暮,要得通泄,即不困剧。"于是撰四时常服及轻重大小诸方十八首表上之。文仲久视年终于尚药奉御。撰《随身备急方》三卷,行于代。

虔纵,官至侍御医。慈藏,景龙中光禄卿。自则天、中宗以后,诸医咸推文仲等三人为首。

【译文】

张文仲,是洛州洛阳人。年轻时与同乡李虔纵、京兆人韦慈藏同以医术闻名于时。武则天初年,张文仲任侍御医。当时特进苏良嗣在殿庭谢恩跪拜时晕倒,武则天令张文仲、韦慈藏随至住所为其诊治。文仲说:"这是因为忧郁愤怒,邪气激越,如果两胁疼痛,则病重难治。"从早晨始伺候,不到吃一顿饭的时间,即两胁疼痛。文仲又说:"若痛至心,即不能救治了。"不一会儿,心中绞痛,即不再下药。傍晚苏良嗣去世。文仲特别善于治疗风疾。此后武则天令文仲汇集当时名医,共同编撰治疗风气的医方,并令麟台监王方庆监修。文仲奏道:"风有一百二十四种,气有八十种。一般医药虽同,人的性情各有差异。庸医不懂药的性味功用,冬夏失其节气,因此害人。只有脚气、头风、上气三种病症,须要经常不断服药,其他则可以在发病时临时治疗。但有风气症的患者,春末、夏初和晚秋,需要通泄,则病不加剧。"于是文仲编撰四时常服及轻重大小诸方共十八首,报皇上。唐久视年(700)文仲任尚药奉御时逝世。生前撰有《随身备急方》三卷,流行于世。

李虔纵,官至侍御医。韦慈藏景龙年中任光禄卿职。自武则天、唐中宗以后,医界均推张文仲等三人为首。

孟诜传

【题解】

孟诜(621~713),唐代著名医家,汝州梁县(今河南临汝)人。他自幼喜欢医学,通晓医药养生,曾从师于名医孙思邈。他曾应举参加进士科考试,唐垂拱初年(685)升任凤麟阁舍人,后因得罪武则天,被贬为台州司马,又转升春官侍郎,后被相王李旦召为侍读,长安年间任同州刺史,加银青光禄大夫,故又被称为孟同州。

孟诜居官敛洁,于政事之暇,好集医方,致力于饮食养生。神龙初年(705年)孟氏八十余岁时退居伊阳山养老。虽年事高暮,但由于他通晓养生之道,长于饮食疗法,精力体力十分充沛。景云元年(710)唐睿召其至京师,孟诜以年事已高固辞。孟诜知医精药,主张养性者善言不离口,良药不离手。生前著有《补养方》三卷、《必效方》三卷、《食疗本草》三卷。原书均已亡佚,现存仅有《食疗本草》辑佚本。该书内容丰富,收载了不少唐代初期本草书中未载的食用药物,是我国现存最早的饮食疗法专著。此外孟氏还撰有《家礼》《祭礼》各一卷,《丧服要》二卷。

【原文】

孟诜,汝州梁人也。举进士。垂拱初,累迁凤阁舍人。诜少好方术,尝于凤阁侍郎刘祎之家,见其敕赐金,谓祎之曰:"此药金也。若烧火其上,当有五色气。"试之果然。则天闻而不悦,因事出为台州司马。后累迁春官侍郎。睿宗在藩,召充侍读。长安中,为同州刺史,加银青光禄大夫。神龙初致仕,归伊阳之山第,以药饵为事。诜年虽晚暮,志力如壮,尝谓所亲曰:"若能保身养性者,常须善言莫离口,良药莫离手。"睿宗即位,召赴京师,将加任用,固辞衰老。景云二年,优诏赐物一百段,又令每岁春秋二时特给羊酒糜粥。开元初,河南尹毕构以诜有古人之风,改其所居为子平里。寻卒,年九十三。

诜所居官,好勾剥为政,虽繁而理。撰《家》《祭礼》各一卷,《丧服要》二卷,《补养方》《必效方》各三卷。

【译文】

孟诜是汝州梁县人。曾应举参加进士科的考试。垂拱初年晋升为凤阁舍人。孟诜青年时代爱好医药方术,曾在凤阁侍郎刘祎之家,见到皇家赐给刘祎之的黄金,他对祎之说:"这是药金,如果用火烧金,必有五种颜色的烟气。"依法试验,果然如此。武则天听说此事后心中不悦,因借此事将孟诜贬出京城至台州任司马。后升任春官侍郎。唐睿宗李旦为相王时,召孟诜做侍读,讲经读史。长安年间他任同州刺史,加官为银青光禄大夫。神龙初年辞官,回归伊阳山故居,专心致力于研究药物的调养补益。孟诜虽然年事很高,但雄心和体力与壮年时一样。他曾对亲友说:"保养身体、修养性情的人,经常要善言不离口,良药不离手。"睿宗李旦即位后,召他去京城长安,准备加以重用。孟诜以年老体衰为由,坚持没有接受。景云二年(公元711年),睿宗诏令赐给他衣物百段,又令有关部门于每年春秋二季为孟诜特别提供羊酒和糜粥。开元元年(713年)河南尹毕构认为孟诜有古代圣人的风度,下令将孟诜的住处改名为子平里。不久孟诜逝世,享年九十三岁。

孟诜为官,喜欢深入考察,清正廉明,公务虽然繁杂而治理得井然有序。撰有《家》《祭礼》各一卷,《丧服要》二卷,《补养方》《必效方》各三卷。

玄奘传

【题解】

玄奘(602~664),唐代高僧。通称他"三藏法师",俗称"唐僧"。本姓陈,名祎,洛州缑氏(今河南偃师缑氏镇)人。他和鸠摩罗什、真谛并称为中国佛教经典三大翻译家,唯识宗的创始人之一。十三岁就出家于洛阳净土寺,曾游历国内各处寺院讲学、问难,颇有心得。与此同时,接触到佛教各派理论,又深感其中疑难问题甚多,怀疑原有译经有讹谬。于是下决心要亲自到印度去求法。贞观元年(627,也有贞观二年和三年说的),他从长安出发,经凉州(今甘肃武威),历尽千辛万苦,到达高昌之后又经过今乌兹别克、阿富汗、巴基斯坦等国国境而进入印度。贞观四年,到达了那烂陀寺,拜戒贤为师。玄奘在印度各地游历,遍访古印度,并到过尼泊尔南部。贞观十五年,他携带所取到的佛经657部,以及佛像、花果种子等返国。贞观十九年正月回到长安。

玄奘不仅是中国古代著名的佛教学者,还是著名的旅行家。他到印度去取经,历时十九年,行程五万里,是中国历史上一次艰险而伟大的旅行。回长安后,他把旅行中的所见所闻,进行口授,由弟子辩机笔录,写成《大唐西域记》一书。本书采取以行程为经、地理为纬的体例,把所经过的许多城邦和国家的面积、都城、气候、地形、水利、物产、交通以及民俗民风都做了简要记述。书中对地理情况的描述非常生动,如谈到凌山说:"山谷积雪,春夏合冻,虽时消拌,寻复结冰。经途险阻,寒风惨烈。"对唐代大诗人李白的故乡——素叶水城的描述是:"城周六、七里,诸国商胡杂居也。土宜糜、麦、蒲陶,林树稀疏。气序风寒,人衣毡褐。"关于葱岭(帕米尔)则写道:"崖岭数百重,幽谷险峻,恒积冰雪,寒风劲烈,地多出葱,故谓葱岭。"《大唐西域记》是研究印度、尼泊尔、巴基斯坦、孟加拉国以及中亚等地古代历史地理和从事考古的重要资料。因此,在中国和世界地理学史上占有重要的地位。

【原文】

僧玄奘,姓陈氏,洛州偃师人。大业末出家,博涉经论。当谓翻译者多有讹谬,故就西域,广求异本以参验之。贞观初,随商人往游西域。玄奘既辩博出群,所在必为讲释论难,蕃人远近咸尊伏之。在西域十七年,经百余国,悉解其国之语,仍采其山川谣俗,土地所有,撰《西域记》十二卷。贞观十九年,归至京师。太宗见之,大悦,与之谈论。于是诏将梵本六百五十七部于弘福寺翻译,仍敕右仆射房玄龄、太子左庶子许敬宗,广召硕学沙门五十余人,相助整比。

高宗在东宫,为文德太后追福,造慈恩寺及翻经院,内出大幡,敕九部乐及京城诸寺幡盖众伎,送玄奘及所翻经像、诸高僧等入住慈恩寺。显庆元年,高宗又令左仆射于志宁,侍中许敬宗,中书令来济、李义府、杜正伦,黄门侍郎薛元超等,共润色玄奘所定之经,国子博士范义硕、太子洗马郭瑜、弘文馆学士高若思等,助加翻译。凡成七十五部,奏上之。后以京城人众竞来礼谒,玄奘乃奏请逐静翻译,敕乃移居于宜君山故玉华宫。六年卒。时年五十六,归葬于白鹿原,士女送葬者数万人。

【译文】

玄奘和尚,原姓陈,洛州偃师人。隋炀帝大业末年出家。他广阅博览,接触了各派佛教经典和理论著作。曾说翻译的佛经有许多错误,所以许下心愿要去西域,广求不同的经本,以为参考验证。唐贞观初年,他随一批商人去西域游历。玄奘深通佛学,擅长辩讲,所到的地方都被邀请去宣讲佛经,或参加佛学辩证会。远近的外域人都很尊敬钦佩他。玄奘在西域十七年,游历了一百多个国家,并通晓当地的语言。因而收集这些国家的山脉、河流、民间传说、民风习俗和当地特产等资料,写成《西域记》十二卷。贞观十九年,回到京师长安。唐太宗对玄奘完成取经任务归来,非常高兴,亲自接见,并和他讨论了西行情况与收获。随后下诏让玄奘留住在弘福寺内,把六百五十七部梵文佛经翻译出来。又命右仆射房玄龄、太子左庶子许敬宗,选调了五十多个博学的僧人协助做整理比较工作。

唐高宗在东宫做太子时,给文德太后诵经礼忏和祈祷祝福,修建了慈恩寺和译经院。并出动了皇家旗幡仪仗,命九部乐班和京师各寺庙的旗幡仪仗,簇拥着女乐,迎送玄奘和所翻译的佛经佛像和其他高僧等入住慈恩寺。显庆元年,高宗又命左仆射于志宁,侍中许敬宗,中书令来济、李义府、杜正伦、黄门侍郎薛元超等,共同给玄奘定稿的佛经润色加工。国子博士范义硕、太子洗马郭瑜、弘文馆学士高若思等协助增译工作。总计完成七十五部,上送给朝廷。后来,因京师的居民纷纷争着前来礼敬求晋见,玄奘于是奏请希望找寻一幽静地方继续佛经翻译工作。高宗批准迁移到宜君山旧有玉华宫。显庆六年,玄奘去世,年五十六岁。归葬在白鹿原,送葬的善男信女有几万人。

历史上的唐玄奘取经造型

一行传

【题解】

一行(673~727年)唐代僧人,天文学家。俗姓张,名遂。幼年博览经史,尤精历象阴阳五行之学,二十一岁从荆州景禅师出家,不久从嵩山普寂学禅,后又从善无畏、金刚智学密法。参与善无畏译场,协助译述《大日经》,并撰《大日经疏》二十卷。他在天文历法方面尤多贡献,先是与梁会瓒共同研究黄道游仪,用来重新测定一百五十多颗恒星位置,还测试出了子午线的长度,并著有《大衍历》二十卷,《开元大衍历》五十二卷,《七政长

历》三卷,等等,卒谥"大慧禅师"。

【原文】

　　僧一行,姓张氏,先名遂,魏州昌乐人,襄州都督、郯国公公谨之孙也。父擅,武功令。一行少聪敏,博览经史,尤精历象、阴阳、五行之学。时道士尹崇博学先达,素多坟籍。一行诣崇,借扬雄《太玄经》,将归读之。数日,复诣崇,还其书。崇曰:"此书意指稍深,吾寻之积年,尚不能晓,吾子试更研求,何遽见还也?"一行曰:"究其义矣。"因出所撰《大衍玄图》及《义决》一卷以示崇。崇大惊,因与一行谈其奥赜,甚嗟伏之,谓人曰:"此后生颜子也。"一行由是大知名。武三思慕其学行,就请与结交,一行逃匿以避之。寻出家为僧,隐于嵩山,师事沙门普寂。睿宗即位,敕东都留守韦字石以礼征,一行固辞以疾,不应命。后步往荆州当阳山,依沙门悟真以习梵律。

　　开元五年,玄宗令其族叔礼部郎中洽赍敕书就荆州强起之。一行至京,置于光太殿,数就之,访以安国抚人之道,言皆切直,无有所隐。开元十年,永穆公主出降,敕有司优厚发遣,依太平公主故事。一行以为高宗末年,唯有一女,所以特加其礼。又太平骄僭,竟以得罪,不应引以为例。上纳其言,遽追敕不行,但依常礼。其谏净皆此类也。

　　一行尤明著述,撰《大行论》三卷,《摄调伏藏》十卷,《天一太一经》及《太一局遁甲经》《释氏系录》各一卷。时《麟德历经》推步渐疏,敕一行考前代诸家历法,改撰新历,又令率府长史梁令瓒等与工人创造黄道游仪,以考七曜行度,互相证明。于是一行推《周易》大衍之数,立衍以应之,改撰《开元大衍历经》。至十五年卒,年四十五,赐谥曰大慧禅师。

　　初,一行从祖东台舍人太素,撰《后魏书》一百卷,其《天文志》未成,一行续而成之。上为一行制碑文,亲书于石,出内库钱五十万,为起塔于铜人之原。明年,幸温汤,过其塔前,又驻骑徘徊,令品官就塔以告其出豫之意,更赐绢五十匹,以莳塔前松柏焉。

　　初,一行求访师资,以穷大衍,至天台山国清寺,见一院,古松十数,门有流水,一行立于门屏间,闻院僧于庭布算声,而谓其徒曰:"今日当有弟子自远求吾算法,已合到门,岂无人寻达也?"即除一算。又谓曰:"门前水当却西流,弟子亦至。"一行承其言而趋入,稽首请法,尽受其术焉,而门前水果却西流。道士邢和璞尝谓尹愔曰:"一行其圣人乎?汉之洛下闳造历,云:'后八百岁当差一日,必有圣人正之。'今年期毕矣,而一行造《大衍》正其差谬,则洛下闳之言信矣,非圣人而何?"

　　时又有黄州僧泓者,善葬法。每行视山原,即为之图,张说深信重之。

【译文】

　　僧人一行,姓张,原来的名字叫遂,魏州昌乐人,襄州都督、郯国公公谨的孙子。父亲张擅,武功县的县令。一行小时候聪明敏捷,博览经史,特别精于历象、阴阳、五行之学。当时道士尹崇学识广博聪明,有很多藏书。一行到他那儿借了扬雄的《太玄经》,拿回去阅读。过了几天,又到尹崇那儿还他的书。尹崇说:"这本书意旨较深,我探寻了好多年,还懂不了。你试着再作研究，为什么那么快就还来了呢？"一行回答："已经弄明白它的意旨了。"便拿出自己写的《大衍玄图》和《义决》一卷给尹崇看。尹崇很吃惊，于是与一行共同商讨其深奥的义理，很佩服它。对人说："这是后来出世的颜回啊。"一行因此名声大振。武三思仰慕他的学识品行，去与他结交，他逃到别处藏起来避开他。不久就出家当了和尚，隐居在嵩山，拜僧人普寂为师。睿宗当皇帝，命令东都留守韦安石用礼节征召他，他坚决地称病辞绝，不遵从命令。后来步行至荆州当阳山，跟着和尚悟真学习梵律。

开元五年，玄宗让他同族的叔叔礼部郎中李洽带着敕令到荆州强迫他出山。一行到了京城，安置在光太殿。玄宗几次去他那儿，向他请教治国安民的办法，他的话都很直切，没有什么隐藏不说的。开元十年，永穆公主降伏，命令有关机构加以优待发配，以太平公主为例。一行认为高宗晚年，只有一个女儿，所以特别优待她。然太平公主骄傲越份，竟因此得罪了她，认为不应该把她当作例子。皇上采纳了他的话，立刻追回命令，只按照通常的礼节办理。他劝诫皇帝的事情就像这一类。

一行特别善于著述，写了《大衍论》三卷，《摄调伏藏》十卷，《天一太一经》和《太一局遁甲经》《释氏系录》各一卷。当时《麟德历经》使用逐渐减少，皇上让一行研究前代各家的历法，改写新的历书。又命令率府长史梁令瓒等与工人造黄道游仪，用来考察七曜行度，互相证明。于是一行推算《周易》大衍的数目，设立衍来对应它，另写成《开元大衍历经》。到开元十五年去世，活了四十五岁。赐号叫大慧禅师。

当初，一行的曾祖父东台舍人太素，写了《后魏书》一百卷，其中的《天文志》没有写成，一行接着写完。皇上为一行写碑文，亲手写在碑石上。拿出国库的五十万钱，为他在铜人之原上建造了一个塔。第二年，巡视到温汤，经过塔前，又停住车马徘徊，命令臣僚们到塔跟前去告诉他出巡的情况，另外又赏赐了五十匹绢，用来整修塔前的松柏。

当初，一行寻求访问师傅，来穷究大衍的义理。到了天台山国清寺，看到一个院子，有十几棵古松，门口有流淌的水。一行站在大门与墙屏之间，听见院里的僧人在庭中讲历算的声音，对他的徒弟说："今天会有弟子从远处来学习我的历算方法，应该已到了门口，怕不是没有人引他进来吧？"便进行一次运算。又对弟子说："门前的流水应该往西流淌，徒弟也就来了。"一行应着他的话赶快进来，叩头请他传法，把他的秘诀全学到了手。而门前的水果然往西流淌。道士邢和璞曾对尹愔说："一行恐怕是圣人吧？汉代的洛下闳造历算，说：'八百年以后会差一天，一定会有圣人纠正它。'今年正到了八百年，而一行造的《大衍》正好纠正它的错误，可见洛下闳的话是可信的。一行不是圣人是什么？"

当时还有黄州的僧人泓，长于葬的方法。每次出去观看山地平原，就画成图。张说很信赖看重他。

神秀传

【题解】

神秀(606～706)唐代僧人,禅宗北宗创始人。俗姓李,汴州尉氏(今属河南)人,少览经史,博学多闻,后奋志出家,在蕲州双峰山东山寺拜弘忍为师,深得弘忍器重,弘忍死后,在荆州当阳山玉泉寺传法,九十岁时被武则天召至洛阳,后又召至长安内道场,亲加礼拜,卒后,唐中宗谥为"大通禅师"。因在北方传"惭悟"禅学,其法系即称为"北宗"。

【原文】

僧神秀,姓李氏,汴州尉氏人。少遍览经史,隋末出家为僧。后遇蕲州双峰山东山寺僧弘忍,以坐禅为业,乃叹伏曰:"此真吾师也。"便往事弘忍,专以樵汲自役,以求其道。

昔后魏末,有僧达摩者,本天竺王子,以护国出家,入南海,得禅宗妙法,云自释迦相传,有衣钵为记,世相付授。达摩赍衣钵航海而来,至梁,诣武帝,帝问以有为之事,达摩不悦。乃之魏,隐于嵩山少林寺,遇毒而卒。其年,魏使宋云于葱岭回,见之,门徒发其墓,但有衣履而已。达摩传慧可,慧可尝断其左臂,以求其法;慧可传璨;璨传道信;道信传弘忍。

弘忍姓周氏,黄梅人。初,弘忍与道信并住东山寺,故谓其法为东山法门。神秀既师事弘忍,弘忍深器异之,谓曰:"吾度人多矣,至于悬解圆照,无先汝者。"弘忍以咸亨五年卒,神秀乃往荆州,居于当阳山。则天闻其名,追赴都,肩舆上殿,亲加跪礼,敕当阳山置度门寺以旌其德。时王公已下及京都士庶,闻风争来谒见,望尘拜伏,日以万数。中宗即位,尤加敬异。中书舍人张说尝问道,执弟子之礼,退谓人曰:"禅师身长八尺,庞眉秀耳,威德巍巍,王霸之器也。"

初,神秀同学僧慧能者,新州人也,与神秀行业相埒。弘忍卒后,慧能住韶州广果寺。韶州山中,旧多虎豹,一朝尽去,远近惊叹,咸归伏焉。神秀尝奏则天,请追慧能赴都,慧能固辞。神秀又自作书重邀之,慧能谓使者曰:"吾形貌矬陋,北土见之,恐不敬吾法。又先师以吾南中有缘,亦不可违也。"竟不度岭而死。天下乃散传其道,谓神秀为北宗,慧能为南宗。

神秀以神龙二年卒,士庶皆来送葬。有诏赐谥曰大通禅师。又于相王旧宅置报恩寺,岐王范、张说及征士卢鸿一皆为其碑文。神秀卒后,弟子普寂、义福,并为时人所重。

普寂姓冯氏,蒲州河东人也。年少时遍寻高僧,以学经律。时神秀在荆州玉泉寺,普寂乃往师事,凡六年,神秀奇之,尽以其道授焉。久视中,则天召神秀至东都,神秀因荐普寂,乃度为僧。及神秀卒,天下好释氏者咸师事之。中宗闻其高年,特下制令普寂代神秀统其法众。开元十三年,敕普寂于都城居止。时王公士庶,竞来礼谒,普寂严重少言,来

者难见其和悦之容,远近尤以此重之。二十七年,终于都城兴唐寺,年八十九。时都城士庶曾谒者,皆制弟子之服。有制赐号为大照禅师。及葬,河南尹裴宽及其妻子,并衰麻列于门徒之次,士庶倾城哭送,闾里为之空焉。

义福姓姜氏,潞州铜鞮人。初止蓝田化感寺,处方丈之室,凡二十余年,未尝出宇之外,后隶京城慈恩寺。开元十一年,从驾往东都,途经蒲、虢二州,刺史及官吏士女,皆赍幡花迎之,所在途路充塞。以二十年卒,有制赐号大智禅师。葬于伊阙之北,送葬者数万人。中书侍郎严挺之为制碑文。

神秀,禅门之杰,虽有禅行,得帝王重之,而未尝聚徒开堂传法。至弟子普寂,始于都城传教,二十余年,人皆仰之。

【译文】

僧人神秀,姓李,汴州尉氏人。小时候读遍了经史,隋朝末年出家当了和尚。后来遇到蕲州双峰山东山寺僧人弘忍,以在一地讲禅为事业,于是赞叹佩服地说:"这真是我的老师啊。"便前去侍奉弘忍,专门干些打柴提水的杂事,以求取他的佛道。

这之前,在后魏末年,有僧人达摩,本是天竺王的儿子,为了护卫国家而出家,进入南海,得到禅宗的妙法,说是从释迦传来的,有衣钵为证,世世代代相传授。达摩带着衣钵航海而来,到了梁,拜访武帝,武帝问他有作为的事,达摩不高兴。又去魏,隐居在嵩山少林寺,中毒而死去。那一年,魏的使者宋云从葱岭回来,看到这件事,门徒挖开坟墓,只有衣服、鞋子而已。达摩传法给慧可,慧可曾经砍断他的左臂,来求取佛法;慧可传璨,璨传道信,道信传弘忍。

弘忍姓周,黄梅人,当初,弘忍与道信都住在东山寺,所以称他们的佛法为东山法门。神秀既把弘忍当成老师,弘忍很看得起他。对他说:"我教导的人多了,至于理解透彻聪明的人,没有超过你的。"弘忍在咸亨五年死,神秀于是去荆州,住在当阳山。武则天听说他的名声,把他追请回都城,抬着上殿,亲自加以跪拜的礼遇,命令当阳山建度门寺来表彰他的品德。当时,五公贵族及京都庶士,闻风而来,遥望伏拜,日以万计。及中宗即位,对他更加尊崇。中书舍人张说曾经向他请教佛道,以弟子的礼节对待他,回来后对别人说:"师傅身高八尺,眉阔耳秀,威望品德很高,是统治天下的材料啊。"

当初,神秀的同学僧人慧能,是新州人,与神秀品行和学业差不多。弘忍死后,慧能住在韶州广果寺。韶州山中,以前很多虎豹,一下全部离开后,远近的人都惊奇赞叹,全都听从他的。神秀曾经上奏武则天,请让慧能来京城。慧能坚决辞绝。神秀又自己写信重新邀请他,慧能对来的人说:"我形象丑陋,北方的人看到我,怕他们不崇敬我们的佛法。另外我的老师也认为我与南方有缘,这也是不可违背的。"最终没有度过大庾岭就死了。天下的人继承他的佛道,把神秀称为北宗,慧能称为南宗。

神秀在神龙二年去世。士大夫和老百姓都来送葬。有诏书赐给他谥号叫大通禅师。又在相王旧址上建报恩寺,岐王李范、张说以及居士卢鸿一都为他撰写了碑文。神秀死后,弟子普寂、义福,都被当时人所推重。

普寂姓冯,蒲州河东人。年纪轻时广泛寻求高僧,来学习经律。当时神秀在荆州玉泉寺,普寂便前去拜师,共六年。神秀感到他不一般,把他的道全部教授给他。久视年中,武则天召神秀到东都,神秀趁机推荐普寂,于是剃度当了僧人。等到神秀死后,天下喜爱佛教的人都以他为师。中宗听说他年纪很大,专门下令让普寂代替神秀当佛法界的领袖。开元十三年,命普寂在都城居住。一时王公贵族和士大夫老百姓,都争相拜望谒见。普寂严肃不爱说话,来的人很难看到他和悦的脸色。远近的人都特别为这而敬重他。开元二十七年,逝于都城兴唐寺,时年八十九岁。当时都城中曾经拜谒过他的士大夫和百姓,都用弟子身份吊唁。皇帝下制书赐他为大照禅师。等到安葬的时候,河南尹裴宽和他的妻子都穿麻戴孝排列在门徒的行列之中,满城的士大夫和老百姓都哭着送行,大街小巷都空了。

义福姓姜,潞州铜鞮人。原先住在蓝田化感寺,居于一丈大小的房间内,共二十多年,没有出过门。后来居住在京城慈恩寺。开元十一年,跟皇上去到东都,途经蒲、虢二州,刺史和官吏、士大夫、老百姓,都带着幡花迎接,所经过的路途都拥挤塞满了。他在开元二十年去世,有命令赐他为大智禅师。葬在伊阙的北面,送葬的有几万人。中书侍郎严挺之为他撰写了碑文。

神秀,是禅门的杰出人物,虽然有佛禅的行为,又得到帝王的看重,却没有聚集徒弟开堂传授佛法。到了弟子普寂,才开始在都城传授佛教,达二十多年之久,人们都很敬仰他。

【二十五史】

新唐书

〔宋〕欧阳修 宋祁 等·原著

导　读

　　《新唐书》是一部记载唐朝历史的纪传体断代史书,全书共二百二十五卷,包括本纪十卷,志五十卷,表十五卷,列传一百五十卷。

　　宋仁宗(1023～1063年在位)认为刘昫的《唐书》浅陋,命宋祁、欧阳修重修唐书,参与其事的人有范镇、王畴、宋敏求、吕夏卿、刘羲叟等人。宋祁擅长文学,他在天圣(1023～1032年)末年至庆历(1041～1048年)年间的十七年中,完成了列传。后来欧阳修主持修史工作,写定了本纪、志、表。这已是至和元年(1054年)至嘉祐五年(1060年)的事情。宋祁和欧阳修两次修史,中间隔了好多年,列传与本纪、志、表合在一起时,也没有经过严格的整齐划一。

　　《旧唐书》本纪大约有三十万字左右,《新唐书》压缩到不足十万。个别的帝纪,删减的更为厉害,如《哀宗纪》,《旧唐书》有一万多字,《新唐书》只有千字上下。经过大量删削,失去了许多可贵的史料。从这一意义上说,《新唐书》本纪的简倒不如《旧唐书》的繁。

　　《新唐书》作者对志下了一番功夫,质量多在《旧唐书》之上。《食货志》有关授田情况和租庸调的记载,比旧志丰富得多。《地理志》各道疆域以唐全盛时期的开元年间十五道为依据,户口以天宝年间为标准,州郡建制沿革以天祐年间为主,处理得较为得体。《艺文志》在《旧唐书·经籍志》之外,增收了很多图书,仅唐人文集就由一百余家增加到六百多家。《旧唐书》没有《选举志》,《新唐书》效法在它之前成书的《旧五代史》,写了《选举志》,记载了唐代的科举制度。

　　不仅如此,《新唐书》的志还有新的创见。它增加了以前史没有的《仪卫志》和《兵志》。《兵志》没有能够详述制度的演变,但毕竟记载了唐代军制的废置得失和治乱兴亡,提供了一些新的材料。更重要的是,继《新唐书》创立《兵志》之后,许多史编写了《兵志》,为“二十四史”增添了新的内容,它的开创之功是不能泯灭的。

　　《三国志》以后各史没有编写表,到了《新唐书》,才又承袭了《史记》《汉书》的传统,编制了《宰相表》《方镇表》《宗室世系表》等。《方镇表》给人们学习历史提供了很大的方便。本来唐代方镇的建置没有定制,分割移徙,混乱不堪。《方镇表》却眉目清楚,开卷了然。

　　从修史技巧来看,《新唐书》比《旧唐书》严谨简洁,前人往往根据这一点来全面肯定《新唐书》,把《旧唐书》说得一无是处,显然是片面的。我们认为,两书各有优劣,是不能偏废的。

则天武皇后、杨贵妃传

【题解】

武则天(624~705年),姓武,名曌,并州文水(今山西文水县)人。十四岁被太宗选为才人,太宗去世,出宫为尼。后又被召入宫,得到高宗的宠爱,晋封为昭仪。永徽六年(655),立为皇后。高宗庸懦无能,武后参与朝政,不久即掌握了国家的大权。高宗死,中宗继位,她以皇太后的身份临朝称制。不久她废黜中宗,立睿宗为帝,自己依旧临朝称制。天授元年(690),她罢黜睿宗,自称圣神皇帝,改国号为周,成为中国历史上唯一的女皇帝。神龙元年(705),武后病重,宰相张柬之等率兵入宫,逼武后把帝位传给中宗。中宗即位后,尊武后为则天大圣皇帝。同年去世,遗诏命去帝号,称则天大圣皇后。

武则天前后执政达四十余年,为了夺取帝位,巩固自己的统治,她施用权术,对唐宗室、大臣实行残酷的镇压。但她明察善断,具有驾驭群臣的才干,特别善于选拔贤才,委以重任,所以朝廷上有一批愿意为她效力的能臣;而那些贵戚、内宠,在她的控制下,也不敢过分作恶。因此,在她的统治期间,国家得以继承贞观时期的成就。形成一种统一、强盛和长期安定的局面。武则天不愧是中国历史是上一位杰出的女政治家。

杨贵妃(719~576年),号太真,蒲州永乐(今山西永济东南)人。她能歌善舞,姿色冠世。初为寿王妃,后入宫,深得玄宗宠爱,天宝四年(745),被封为贵妃。姊姊兄弟都由此而贵显,堂兄杨国忠官至宰相。天宝十五年(756),安禄山攻陷潼关,玄宗仓皇出逃,走到马嵬驿,随行的军士杀杨国忠,又迫玄宗杀杨贵妃。杨贵妃及其一家骄奢淫逸,杨国忠败坏朝政,加速了天宝祸乱的爆发;但如果视杨贵妃为祸水,把杨贵妃的受宠,看成是酿成安禄山之乱的主要原因,则又是不公允的。开元、天宝时期,唐王朝由治安转向危亡的原因,主要应在唐玄宗身上寻找。

武则天

【原文】

高宗则天顺圣皇后武氏,并州文水人。父士彟。文德皇后崩,久之,太宗闻士彟女美,召为才人,方十四。母杨,恸泣与诀,后独自如,曰:"见天子庸知非福,何儿女悲乎?"

母韪其意,止泣。既见帝,赐号武媚。及帝崩,与嫔御皆为比丘尼。高宗为太子时,入侍,悦之。王皇后久无子,萧淑妃方幸,后阴不悦。它日,帝过佛庐,才人见且泣,帝感动。后廉知状,引内后宫,以挠妃宠。

才人有权数,诡变不穷。始,下辞降体事后,后喜,数誉于帝,故进为昭仪。一旦顾幸在萧右,浸与后不协。后性简重,不曲事上下,而母柳见内人尚宫无浮礼,故昭仪伺后所薄,必款结之,得赐予,尽以分遗。由是后及妃所为必得,得辄以闻,然未有以中也。昭仪生女,后就顾弄,去,昭仪潜毙儿衾下,伺帝至,阳为欢言,发衾视儿,死矣。又惊问左右,皆曰:“后适来。”昭仪即悲涕,帝不能察,怒曰:“后杀吾女,往与妃相谗媚,今又尔邪!”由是昭仪得入其訾,后无以自解,而帝愈信爱,始有废后意。久之,欲进号“宸妃”,侍中韩瑗、中书令来济言:“妃嫔有数,今别立号,不可。”昭仪乃诬后与母厌胜,帝挟前憾,实其言。将遂废之。长孙无忌、褚遂良、韩瑗及济濒死固争,帝犹豫;而中书舍人李义府、卫尉卿许敬宗素险侧,狙势即表请昭仪为后,帝意决,下诏废后。诏李勣、于志宁奉玺绶进昭仪为皇后,命群臣及四夷酋长朝后肃义门,内外命妇入谒。朝皇后自此始。

后见宗庙,再赠士彟至司徒,爵周国公,谥忠孝,配食高祖庙。母杨,再封代国夫人。家食魏千户。后乃制《外戚诫》献诸朝,解释讥噪。于是逐无忌、遂良,踵死徙,宠煽赫然。后城宇深,痛柔屈不耻,以就大事,帝谓能奉己,故扳公议立之。已得志,即盗威福,施施无惮避,帝亦儒昏,举能钳勒,使不得专,久稍不平。麟德初,后召方士郭行真入禁中为蛊祝,宦人王伏胜发之,帝怒,因是召西台侍郎上官仪,仪指言后专恣,失海内望,不可承宗庙,与帝意合,乃趣使草诏废之。左右驰告,后遽从帝自诉,帝羞缩,待之如初,犹意其忿,且曰:“是皆上官仪教我!”后讽许敬宗构仪,杀之。

初,元舅大臣佛旨,不阅岁屠覆,道路目语,及仪见诛,则政归房帷,天子拱手矣。群臣朝、四方奏章,皆曰“二圣”。每视朝,殿中垂帘,帝与后偶坐,生杀赏罚惟所命。当其忍断,虽甚爱,不少隐也。帝晚益病风不支,天下事一付后。后乃更为太平文治事,大集诸儒内禁殿,撰定《列女传》《臣轨》《百僚新诫》《乐书》等,大抵千余篇。因令学士密裁可奏议,分宰相权。

始,士彟娶相里氏,生子元庆、元爽。又娶杨氏,生三女:伯嫁贺兰越石,蚤寡,封韩国夫人;仲即后;季嫁郭孝慎,前死。杨以后故,宠日盛,徙封荣国。始,兄子惟良、怀运与元庆等遇杨及后礼薄,后衔不置。及是,元庆为宗正少卿,元爽少府少监,惟良司卫少卿,怀运淄州刺史。它日,夫人置酒,酣,谓惟良曰:“若等记畴日事乎?今谓何?”对曰:“幸以功臣子位朝廷,晚缘戚属进,忧而不荣也。”夫人怒,讽后伪为退让,请惟良等外迁,无示天下私。由是,惟良为始州刺史;元庆,龙州;元爽,濠州,俄坐事死振州。元庆至州,忧死。韩国出入禁中,一女国姝,帝皆宠之。韩国卒,女封魏国夫人,欲以备嫔职。难于后,未决。后内忌甚,会封泰山,惟良、怀运以岳牧来集,从还京师,后毒杀魏国,归罪惟良等,尽杀之,氏曰“蝮”,以韩国子敏之奉士彟祀。初,魏国卒,敏之入吊,帝为恸,敏之哭不对。后曰:“儿疑我!”恶之。俄贬死。杨氏徙鄁、卫二国,咸亨元年卒,追封鲁国,谥忠烈,诏文武九品以上及五等亲与外命妇赴吊,以王礼葬咸阳,给班剑、葆仗、鼓吹。时天下旱,后伪表求避位，不许。俄又赠士彟太尉兼太子太师、太原郡王，鲁国忠烈夫人为妃。

上元元年，进号天后，建言十二事：一、劝农桑，薄赋徭；二、给复三辅地；三、息兵，以道德化天下；四、南北中尚禁浮巧；五、省功费力役；六、广言路；七、杜谗口；八、王公以降皆习《老子》；九、父在为母服齐衰三年；十、上元前勋官已给告身者无追核；十一、京官八品以上益禀入；十二、百官任事久，材高位下者得进阶申滞。帝皆下诏略施行之。

萧妃女义阳、宣城公主幽掖廷，几四十不嫁，太子弘言于帝，后怒，鸩杀弘。帝将下诏逊位于后，宰相郝处俊固谏，乃止。后欲外示宽裕，劫人心使归己，即奏言："今群臣纳半俸、百姓计口钱以赡边兵，恐四方妄商虚实，请一罢之。"诏可。

仪凤三年，群臣、蕃夷长朝后于光顺门。即并州建太原郡王庙。帝头眩不能视，侍医张文仲、秦鸣鹤曰："风上逆，砭头血可愈。"后内幸帝殆，得自专，怒曰："是可斩，帝体宁刺血处邪？"医顿首请命。帝曰："医议疾，乌可罪？且吾眩不可堪，听为之！"医一再刺，帝曰："吾目明矣！"言未毕，后帘中再拜谢，曰："天赐我师！"身负缯宝以赐。

帝崩，中宗即位，天后称皇太后，遗诏军国大务听参决。嗣圣元年，太后废帝为庐陵王，自临朝，以睿宗即帝位。后坐武成殿，帝率群臣上号册。越三日，太后临轩，命礼部尚书摄太尉武承嗣、太常卿摄司空王德真册嗣皇帝。自是太后常御紫宸殿，施惨紫帐临朝。追赠五世祖后魏散骑常侍克己为鲁国公，妣裴即其国为夫人；高祖齐殷州司马居常为太尉、北平郡王，妣刘为王妃；曾祖永昌王咨议参军、赠齐州刺史俭为太尉、金城郡王，妣宋为王妃；祖隋东郡丞、赠并州刺史、大都督华为太尉、太原郡王，妣赵为王妃。皆置园邑，户五十。考为太师、魏王，加实户满五千，妣为王妃，王园邑守户百。时睿宗虽立，实囚之，而诸武擅命。又谥鲁国公曰靖，裴为靖夫人；北平郡王曰恭肃，金城郡王曰义康，太原郡王曰安成，妃从夫谥。太后遣册武成殿使者告五世庙室。

于是柳州司马李敬业、括苍令唐之奇、临海丞骆宾王疾太后胁逐天子，不胜愤，乃募兵杀扬州大都督府长史陈敬之，据州欲迎庐陵王，众至十万。楚州司马李崇福连和。盱眙人刘行举婴城不肯从，敬业攻之，不克。太后拜行举游击将军，擢其弟行实楚州刺史。敬业南度江取润州，杀刺史李思文，曲阿令尹元贞拒战死。太后诏左玉钤卫大将军李孝逸为扬州道行军大总管，率兵三十万讨之，战于高邮，前锋左豹韬果毅成三朗为唐之奇所杀。又以左鹰扬卫大将军黑齿常之为江南道行军大总管，并力。敬业兴三月败，传首东都，三州平。

始，武承嗣请太后立七庙，中书令裴炎沮止，及敬业之兴，下炎狱，杀之，并杀左威卫大将军程务挺。太后方怫恚，一日，召群臣廷让曰："朕于天下无负，若等知之乎？"群臣唯唯。太后曰："朕辅先帝逾三十年，忧劳天下。爵位富贵，朕所与也；天下安佚，朕所养也。先帝弃群臣，以社稷为托，朕不敢爱身，而知爱人。今为戎首者皆将相，何见负之遽？且受遗老臣伉扈难制有若裴炎乎？世将种能合亡命若徐敬业乎？宿将善战若程务挺乎？彼皆人豪，不利于朕，朕能戮之。公等才有过彼，蚤为之。不然，谨以事朕，无诒天下笑。"群臣顿首，不敢仰视，曰："惟陛下命。"

久之，下诏阳若复辟者。睿宗揣非情，固请临朝，制可。乃冶铜匦为一室，署东曰"延恩"，受干赏自言；南曰"招谏"，受时政失得；西曰"申冤"，受抑枉所欲言；北曰"通玄"，受谶步秘策。诏中书门下一官典领。

太后不惜爵位，以笼四方豪桀自为助，虽妄男子，言有所合，辄不次官之，至不称职，寻亦废诛不少纵，务取实材真贤。又畏天下有谋反逆者，诏许上变，在所给轻传，供五品食，送京师，即日召见，厚饵爵赏歆动之。凡言变，吏不得何诘，虽耘夫荛子必亲延见，禀之客馆。敢稽若不送者，以所告罪之。故上变者遍天下，人人屏息，无敢议。

新丰有山因震突出，太后以为美祥，赦其县，更名庆山。荆人俞文俊上言："人不和，疣赘生；地不和，堆阜出。今陛下以女主处阳位，山变为灾，非庆也。"太后怒，投岭外。

诏毁乾元殿为明堂，以浮屠薛怀义为使督作。怀义，鄠人，本冯氏，名小宝，伟岸淫毒，佯狂洛阳市，千金公主嬖之。主上言："小宝可入侍。"后召与私，悦之。欲掩迹，得通籍出入，使祝发为浮屠，拜白马寺主。诏与太平公主婿薛绍通昭穆，绍父事之。给厩马，中官为驺侍，虽承嗣、三思皆尊事惟谨。至是护作，士数万，巨木率一章千人乃能引。又度明堂后为天堂。鸿丽严奥次之。堂成，拜左威卫大将军、梁国公。

始作崇先庙于西京，享武氏。承嗣伪款洛水石，导使为帝，遣雍人唐同泰献之，后号为"宝图"。擢同泰游击将军。于汜人又上瑞石，太后乃郊上帝谢况，自号圣母神皇，作神皇玺，改宝图曰"天授圣图"，号洛水曰永昌水，图所曰圣图泉，勒石洛坛左曰"天授圣图之表"，改汜水曰广武。时柄去王室，大臣重将皆挠不得逞，宗室孤外无寄足地。于是，韩王元嘉等谋举兵唱天下，迎还中宗。琅邪王冲、越王贞先发，诸王仓卒无应者，遂败。元嘉与鲁王灵夔等皆自杀，余悉坐诛，诸王牵连死灭殆尽，子孙虽婴褓亦投领南。太后身拜洛受图，天子率太子、群臣、蛮夷以次列，大陈珍禽、奇兽、贡物、卤簿坛下，礼成去。

永昌元年，享万象神宫，改服衮冕，搢大圭，执镇圭，睿宗亚献，太子终献。合祭天地，五方帝、百神从，以高祖、太宗、高宗配，引魏王士護从配。班九条，训百官。遂大飨群臣。号士護周忠孝太皇，杨忠孝太后。以文水墓为章德陵，咸阳墓为明义陵。太原安成王为周安成王，金城郡王为魏义康王，北平郡王为赵肃恭王，鲁国公为太原靖王。

载初中，又享万象神宫，以太穆、文德二皇后配皇地祇，引周忠孝太后从配。作曌、囝、埊、〇、瓾、囝、〇、𡈼十有二文。太后自名曌。改诏书为制书。以周、汉为二王后，虞、夏、殷后为三恪，除唐属籍。拜薛怀义辅国大将军，封鄂国公，令与群浮屠作《大云经》，言神皇受命事。春官尚书李思文诡言："《周书·武成》为篇，辞有'垂拱天下治'，为受命之符。"后喜，皆班示天下，稍图革命。然畏人心不肯附，乃阴忍鸷害，肆斩杀怖天下。内纵酷吏周兴、来俊臣等数十人为爪吻，有不慊若素疑惮者，必危法中之。宗姓侯王及它骨鲠臣将相骈颈就铁，血丹狴户，家不能自保。太后操奁具坐重帷，而国命移矣。

御史傅游艺率关内父老请革命，改帝氏为武。又胁群臣固请，妄言凤集上阳宫，赤雀见朝堂。天子不自安，亦请氏武，示一尊。太后知威柄在己，因大赦天下，改国号周，自称圣神皇帝，旗帜尚赤，以皇帝为皇嗣。立武氏七庙于神都。尊周文王为文皇帝，号始祖，妣姒曰文定皇后；武王为康皇帝，号睿祖，妣姜曰康惠皇后；太原靖王为成皇帝，号严祖，妣曰成庄皇后；赵肃恭王为章敬皇帝，号肃祖，妣曰章敬皇后；魏义康王为昭安皇帝，号烈祖,妣曰昭安皇后;祖周安成王为文穆皇帝,号显祖,妣曰文穆皇后;考忠孝太皇为孝明高皇帝,号太祖,妣曰孝明高皇后。罢唐庙为享德庙,四时祠高祖以下三室,余废不享。至日,祀上帝万象神宫,以始祖及考妣配,以百神从祀。尽王诸武。诏并州文水县为武兴,比汉丰、沛,百姓世给复。以始祖冢为德陵,睿祖为乔陵,严祖为节陵,肃祖为简陵,烈祖为靖陵,显祖为永陵,章德陵为昊陵,明义陵为顺陵。

太后虽春秋高,善自涂泽,虽左右不悟其衰。俄而二齿生,下诏改元为长寿。明年,享神宫,自制大乐,舞工用九百人。以武承嗣为亚献,三思为终献。帝之为皇嗣,公卿往往见之,会尚方监裴匪躬、左卫大将军阿史那元庆、白润府果毅薛大信、监门卫大将军范云仙潜谒帝,皆腰斩都市,自是公卿不复上谒。

有上封事言岭南流人谋反者,太后遣摄右台监察御史万国俊就按,得实即论决。国俊至广州,尽召流人,矫诏赐自尽,皆号哭不服,国俊驱之水曲,使不得逃,一日戮三百余人。乃诬奏流人怨望,请悉除之。于是太后遣右卫翊府兵曹参军刘光业、司刑评事王德寿、苑南面监丞鲍思恭、尚辇直长王大贞、右武卫兵曹参军屈贞筠,皆摄监察御史,分往剑南、黔中、安南等六道讯鞫,而擢国俊左台侍御史。光业等亦希功于上,唯恐杀人之少。光业杀者九百人,德寿杀七百人,其余亦不减五百人。太后久乃知其冤,诏六道使所杀者还其家。国俊等亦相踵而死,皆见有物为厉云。

太后又自加号金轮圣神皇帝,置七宝于廷:曰金轮宝,曰白象宝,曰女宝,曰马宝,曰珠宝,曰主兵臣宝,曰主藏臣宝,率大朝会则陈之。又尊其显祖为立极文穆皇帝,太祖为无上孝明皇帝。延载二年,武三思率蕃夷诸酋及耆老请作天枢,纪太后功德,以黜唐兴周,制可。使纳言姚璹护作。乃大裒铜铁合冶之,署曰"大周万国颂德天枢",置端门外。其制若柱,度高一百五尺,八面,面别五尺,冶铁象山为之趾,负以铜龙,石镵怪兽环之。柱颠为云盖,出大珠,高丈,围三之。作四蛟,度丈二尺,以承珠。其趾山周百七十尺,度二丈。无虑用铜铁二百万斤。乃悉镂群臣、蕃酋名氏其上。

薛义怀稍宠衰,而御医沈南璆进,怀义大望,因火明堂,太后羞之,掩不发。怀义愈恨恚快快。乃密诏太平公主择健妇缚之殿中,命建昌王武攸宁、将作大匠宗晋卿率壮士击杀之,以畚车载尸还白马寺。怀义负幸昵,气盖一时,出百官上,其徒多犯法。御史冯思勖劾其奸,怀义怒,遇诸道,命左右欧之,几死,弗敢言。默啜犯塞,拜新平、伐逆、朔方道大总管,提十八将军兵击胡,宰相李昭德、苏味道至为之长史、司马。后厌入禁中,阴募力少年千人为浮屠,有逆谋。侍御史周矩劾状请治验,太后曰:"第出,朕将使诣狱。"矩坐台,少选,怀义怒马造廷,直往坐大榻上,矩召吏受辞,怀义即乘马去。矩以闻,太后曰:"是道人素狂,不足治,力少年听穷劾。"矩悉投放丑裔。怀义构矩,俄免官。

太后祀天南郊,以文王、武王、土爢与唐高祖并配。太后加号天册金轮圣神皇帝。遂封嵩山,禅少室,册山之神为帝,配为后。封坛南有大槲,赦日置鸡其杪,赐号"金鸡树"。自制《升中述志》,刻石示后。改明堂为通天宫,铸九州鼎,各位其方,列廷中。又敛天下黄金作大仪钟,不克。久之,以崇先庙为崇尊庙,礼视太庙,旋复崇尊庙为太庙。

自怀义死,张易之、昌宗得幸,乃置控鹤府,有监,有丞及主簿、录事等,监三品,以易之为之。太后自见诸武王非天下意，前此中宗自房州还，复为皇太子，恐百岁后为唐宗室蹂藉无死所，即引诸武及相王、太平公主誓明堂，告天地，为铁券使藏史馆。'改昊陵署为攀龙台。久视初，以控鹤监为天骥府，又改奉宸府，罢监为令，以左右控鹤为奉宸大夫，易之复为令。

神龙元年，太后有疾，久不平，居迎仙院。宰相张柬之与崔玄暐等建策，请中宗以兵入诛易之、昌宗，于是羽林将军李多祚等帅兵自玄武门入，斩二张于院左。太后闻变而起，桓彦范进请传位，太后返卧，不复语。中宗于是复即位。徙太后上阳宫，帝率百官诣观风殿问起居，后率十日一诣宫，俄朝朔、望。废奉宸府官，迁东都武氏庙于崇尊庙，更号崇恩，复唐宗庙。诸武王者咸降爵。是岁，后崩，年八十一。遗制称则天大圣皇太后，去帝号。谥曰则天大圣后，祔乾陵。

会武三思燕韦庶人，复用事。于是大旱，祈陵辄雨。三思讽帝诏崇恩庙祠如太庙，斋郎用五品子。博士杨孚言："太庙诸郎取七品子，今崇恩取五品，不可。"和曰："太庙如崇恩可乎？"孚曰："崇恩太庙之私，以臣准君则僭，以君准臣则惑。"乃止。及韦、武党诛，诏则天大圣皇后复号天后，废崇恩庙及陵。景云元年，号大圣天后。太平公主奸政，请复二陵官，又尊后曰天后圣帝，俄号圣后。太平诛，诏黜周孝明皇帝号，复为太原郡王，后为妃，罢昊、顺等陵。开元四年，追号则天皇后。太常卿姜晈建言："则天皇后配高宗庙，主题天后圣帝，非是，请易题为则天皇后武氏。"制可。

玄宗贵妃杨氏，隋梁郡通守汪四世孙。徙籍蒲州，遂为永乐人。幼孤，养叔父家。始为寿王妃。开元二十四年，武惠妃薨，后廷无当帝意者，或言妃姿质天挺，宜充掖廷，遂召内禁中，异之，即为自出妃意者，丐籍女官，号"太真"，更为寿王聘韦诏训女，而太真得幸。善歌舞，邃晓音律，且智算警颖，迎意辄悟。帝大悦，遂专房宴，宫中号"娘子"，仪体与皇后等。

天宝初，进册贵妃。追赠父玄琰太尉、齐国公。擢叔玄珪光禄卿，宗兄铦鸿胪卿，锜侍御史，尚太华公主。主，惠妃所生，最见宠遇。而钊亦浸显。钊，国忠也。三姊皆美劭，帝呼为姨，封韩、虢、秦三国，为夫人，出入宫掖，恩宠声焰震天下。每命妇入班，持盈公主等皆让不敢就位。台省、州县奉请托，奔走期会过诏敕。四方献饷结纳，门若市然。建平、信成二公主以与妃家忤，至追内封物，驸马都尉独孤明失官。

它日，妃以谴还铦第，比中仄，帝尚不御食，笞怒左右。高力士欲验帝意，乃白以殿中供帐、司农酒饩百余车送妃所，帝即以御膳分赐。力士知帝旨，是夕，请召妃还，下钥安兴坊门驰入。妃见帝，伏地谢，帝释然，抚尉良渥。明日，诸姨上食，乐作，帝骤赐左右不可赀。由是愈见宠，赐诸姨钱岁百万为脂粉费。铦以上柱国门列戟，与锜、国忠、诸姨五家第舍联亘，拟宪宫禁，率一堂费缗千万。见它第有胜者，辄坏复造，务以瑰侈相夸诩，土木工不息。帝所得奇珍及贡献分赐之，使者相衔于道，五家如一。

妃每从游幸，乘马则力士授辔策。凡充锦绣官及冶瑑金玉者，大抵千人，奉须索，奇服秘玩，变化若神。四方争为怪珍入贡，动骇耳目。于是岭南节度使张九章、广陵长史王翼以所献最，进九章银青阶，擢翼户部侍郎，天下风靡。妃嗜荔枝，必欲生致之，乃置骑传送,走数千里,味未变已至京师。

天宝九载,妃复得遣还外第,国忠谋于吉温,温因见帝曰:"妇人过忤当死,然何惜宫中一席广为铁锧地,更使外辱乎?"帝感动,辍食、诏中人张韬光赐之。妃因韬光谢帝曰:"妾有罪当万诛,然肤发外皆上所赐,今且死,无以报。"引刀断一缭发奏之,曰:"以此留诀。"帝见骇惋,遂召入,礼遇如初。因又幸秦国及国忠第,赐两家巨万。

国忠既遥领剑南,每十月,帝幸华清宫,五宅车骑皆从,家别为队,队一色,俄五家队合,烂若万花,川谷成锦绣,国忠导以剑南旗旌。遗钿堕舄,瑟瑟玑琲,狼藉于道,香闻数十里。十载正月望夜,妃家与广宁主僮骑争西市门。鞭挺欢竞,主堕马。仅得去。主见帝泣,乃诏杀杨氏奴,贬驸马都尉程昌裔官。国忠之辅政,其息昢尚万春公主,暄尚延和郡主;弟鉴尚承荣郡主。又诏为玄琰立家庙,帝自书其碑。铦、秦国早死,故韩、虢与国忠贵最久。而虢国素与国忠乱,颇为人知,不耻也。每入谒,并驱道中,从监、侍姆百余骑,炬蜜如昼,靓妆盈里,不施帏障,时人谓为"雄狐"。诸王子孙凡婚聘,必先因韩、虢以请,辄皆遂,至数百千金以谢。

虢国夫人游春图(局部)

初,安禄山有边功,帝宠之,诏与诸姨约为兄弟,而禄山母事妃,来朝,必宴饯结欢。禄山反,以诛国忠为名,且指言妃及诸姨罪。帝欲以皇太子抚军,因禅位,诸杨大惧,哭于廷。国忠入白妃,妃衔块请死,帝意沮,乃止。及西幸至马嵬,陈玄礼等以天下计诛国忠,已死,军不解。帝遣力士问故,曰:"祸本尚在!"帝不得已,与妃诀,引而去,缢路祠下,裹尸以紫茵,瘗道侧,年三十八。

帝至自蜀,道过其所,使祭之,且诏改葬。礼部侍郎李揆曰:"龙武将士以国忠负上速乱,为天下杀之。今葬妃,恐反仄自疑。"帝乃止。密遣中使者具棺椁它葬焉。启瘗,故香囊犹在,中人以献,帝视之,凄感流涕,命工貌妃于别殿,朝夕往,必为鲠欷。

马嵬之难,虢国与国忠妻裴柔等奔陈仓,县令率吏追之,意以为贼,弃马走林。虢国先杀其二子,柔曰:"乞我死!"即并其女刺杀之,乃自刭,不殊,吏载置于狱,问曰:"国家乎? 贼乎?"吏曰:"互有之。"乃死,瘗陈仓东郭外。

【译文】

高宗则天顺圣皇后武氏,并州文水人。父亲武士彟,太宗文德皇后去世后,过了许久,太宗听说士彟的女儿长得美,召她入宫为才人,当时她才十四岁。才人的母亲杨氏,和女儿告别,失声痛哭,只有才人还像平时的样子,她说:"能见到天子,怎知不是福分,为什么要像女孩子那样悲伤呢!"母亲认为她的想法对,不再啼哭。才人见到太宗后,太宗赐给她武媚的称号。等到太宗去世,才人与太宗的侍妾、宫女都当了比丘尼。高宗当太子的时候,入宫侍奉太宗,见到才人后很喜欢。高宗王皇后长期没有儿子,萧淑妃正受到高宗的宠幸,王皇后暗地里很不高兴。有一天,高宗经过佛寺,才人见到他后直流眼泪,高宗的感情受到触动。王皇后查知这一情况,将才人领进后宫,希望借此使萧淑妃的得宠受到削弱。

才人有权术,诡诈多变,没有穷尽的时候。起初,她低声下气、卑躬屈节地侍奉皇后,皇后高兴,多次在皇帝面前称赞她,所以她被晋封为昭仪。一旦她受天子的眷顾、宠幸超过萧淑妃,便逐渐与皇后不和。皇后性情高傲庄重,不会曲意奉承上下左右的人,而她的母亲柳氏见到宫女和女官时不讲外表的礼节,所以昭仪有机可乘,她侦察到皇后薄待的人,必定勤交结,得到天子的赏赐,全都分送给她们。因此皇后和淑妃的所作所为,昭仪必定知道,知道了就报告天子,但还没有找到足以攻击陷害她们的材料。昭仪生了一个女儿。皇后前来看望、逗弄孩子,皇后离开后,昭仪偷偷在被里把女儿掐死,等到皇帝到来,昭仪佯装高兴地和皇帝交谈,一会儿掀开被子看女儿,已经死了。她又吃惊地询问左右的人,都说:"皇后刚才来过。"昭仪立即放声痛哭,皇帝不能察知实情,发怒道:"皇后杀死我的女儿! 过去她与淑妃互相说坏话、嫉妒,现在又如此可恶!"从此昭仪得以在天子那里不断地诋毁皇后,皇后无法自己解释清楚,因而皇帝对昭仪更加相信和宠爱,开始有废掉王皇后的意思。过了许久,天子想进封昭仪为"宸妃",侍中韩瑗、中书令来济说:"天子的妃嫔有一定的数目和称号,现在另立封号,是不合适的。"昭仪于是诬告皇后与她的母亲请巫师施厌胜术,诅咒昭仪,皇帝对皇后心怀旧恨,因此认为昭仪的话符合实情,准备废掉皇后。长孙无忌、褚遂良、韩瑗及来济坚持冒死争辩,皇帝犹豫不决;而中书舍人李义府、卫尉卿许敬宗一向邪佞不正,窥测形势即上表请求立昭仪为皇后,皇帝不再犹豫,下诏废掉王皇后。命令李勣、于志宁手捧玺印进封昭仪为皇后,又命令群臣及四方少数民族酋长到肃义门朝见皇后,宫廷内外受有封号的妇女入宫谒见皇后。群臣朝见皇后是从这个时候开始的。

皇后到宗庙见祖先。天子又追赠皇后的父亲武士彟官至司徒,爵位周国公,谥号忠孝,在高祖庙陪从受祭;母亲杨氏,又进封代国夫人,赐给她家在魏州的封户一千。皇后于是作《外戚戒》献给朝廷,以消释人们的非议。于是她贬逐长孙无忌、褚遂良,至于处死、流放，可谓荣宠炽盛，威势显赫。皇后心机深隐难测，极尽柔媚驯服，不感到羞耻，借以成就大事，皇帝以为她能侍奉自己，所以违背公议立她为皇后。等到她一得志，就窃取权力，洋洋自得，无所畏避。皇帝也懦弱、糊涂，皇后全能加以钳制、约束，使他不得自作主张，时间一久，皇帝渐觉不平。麟德初年，皇后召术士郭行真入宫施行用诅咒害人的邪术，宦官王伏胜向天子告发这事，皇帝发怒，因此召见西台侍郎上官仪，上官仪指出皇后独断专行，任意而为，使天下人失望，不宜奉祀宗庙，正和皇帝的心意相合，皇帝于是催促他草拟诏书废掉皇后。皇帝左右的人跑去报告皇后，皇后急忙到皇帝那儿为自己申诉，皇帝羞涩畏缩，又像原先那样对待皇后，还猜测皇后会怨恨，对她说："这都是上官仪教我的！"皇后示意许敬宗诬陷上官仪，将他杀掉。

　　起初，天子的长舅、大臣违旨，没过多久就被杀灭，人们在路上相遇都不敢说话，只以目示意，等到上官仪被杀，政权就都归于皇后，天子不过拱手无为而已。群臣朝见、四方奏章，都称呼"二圣"。每次临朝处理政事，殿中放下帘子，皇帝与皇后相对而坐，生杀赏罚都听皇后吩咐。当她狠心决断的时候，虽是她很宠爱的人，也不稍加怜悯。皇帝晚年患风邪病更加厉害，身体不能支持，天下的事情全交付给皇后。皇后于是接连做一些太平年代的以文教治民的事情，聚集诸儒于皇宫的殿堂内，撰成《列女传》《臣轨》《百僚新戒》《乐书》等书，大致有一千余篇。皇后又让学士们秘密裁决群臣的奏议，借此分宰相的权。

　　起初，武士彟娶相里氏，生儿子元庆、元爽。又娶杨氏，生三个女儿：大女儿嫁给贺兰越石，很早就守寡，被封为韩国夫人；二女儿就是皇后；三女儿嫁给郭孝慎，早死。杨氏因为皇后的缘故，蒙受的恩宠日盛一日，改封为荣国夫人。起初，士彟哥哥的儿子惟良、怀运与元庆等待杨氏和皇后礼薄，皇后一直怀恨在心。到这时候，元庆任宗正少卿，元爽任少府少监，惟良任司卫少卿，怀运任淄州刺史。有一天，荣国夫人设宴，酒正喝得高兴，对惟良说："你们还记得从前的事吗？现在有什么话好说？"惟良回答说："惟良等有幸以功臣子弟的身份列居于朝廷，最近因为是外戚而进身，只感到忧虑而不觉得荣耀。"荣国夫人发怒，示意皇后假意退让，请求天子让惟良等出任地方官，以免向天下人显示天子有私心。因此，惟良出任始州刺史；元庆任龙州刺史；元爽任濠州刺史，不久因事犯罪死于振州。元庆到了龙州，因忧虑而去世。韩国夫人出入宫中，有一个女儿姿容极美，都受到皇帝的宠爱。韩国夫人去世，她的女儿被封为魏国夫人，皇帝想让她担任宫廷女官，因害怕皇后，没有决定下来，皇后心里很嫉妒，正好天子到泰山祭天，惟良、怀运以地方长官的身份汇集于泰山，又随从天子回师，皇后毒死魏国夫人，归罪于惟良、怀运，将他们杀死，改他们的姓为"蝮"，让韩国夫人的儿子贺兰敏之承继士彟的血脉。起初，魏国夫人去世，敏之入宫吊唁，皇帝极其悲痛，敏之只哭不说话。皇后说："这孩子怀疑我！"皇后厌恶他。不久敏之被贬逐而死。杨氏又改封酂、卫二国夫人，咸亨元年去世，追封鲁国夫人，赐谥号"忠烈"，命令文武官员九品以上及杨氏的五服以内亲属与宫廷外有封号的妇女都往杨氏的宅第吊唁，用亲王的礼仪葬杨氏于咸阳，官府供给手持班剑、羽葆的仪仗队和鼓吹乐。当时天下大旱，皇后假意上表请求离开皇后的位置，天子不允许。不久天子又加赠武士彟为太尉兼太子太师、太原郡王,鲁国忠烈夫人杨氏为太原郡王妃。

上元元年,皇后进尊号为天后,提出十二条建议:一、鼓励种田养蚕,减轻赋税徭役;二、免除三辅地区的徭役;三、停止战争,用道德教化天下之人;四、南、北、中尚署都禁止制作没有实际用处的奇巧之物;五、减省各种工程费用和百姓的劳役负担;六、广开言路;七、堵塞谗言;八、王公以下都必须学习《老子》;九、父亲仍在世,为死去的母亲服丧,着齐衰三年;十、上元以前的勋官,朝廷已给凭证的,不复追查核实;十一、京官八品以上的增加薪俸;十二、官吏长期任职,才能高地位低的可以进阶升级。皇帝下令施行这些建议。

萧淑妃的女儿义阳、宣城公主被幽禁在宫中旁舍,年近四十还没有出嫁,太子李弘把这事告诉皇帝,皇后大怒,用毒酒毒死李弘。皇帝准备下诏把皇位让给皇后,宰相郝处俊坚持劝谏,皇帝于是没有这样做。皇后想要向外显示自己的宽大,夺取人心,使天下人归附自己,就向天子进言说:"现今群臣交纳一半薪俸、百姓交纳人口税以供给边防军队,恐怕四方异族会因此而胡乱揣度国家的虚实,请求把这些负担一律免除。"皇帝同意。

仪凤三年,群臣、四方少数民族酋长在光顺门朝见皇后。同年,又在并州建太原郡王庙。皇帝头晕不能看东西,皇帝的医官张文仲、秦鸣鹤说:"这是风邪上升,用针刺头使它出血可以治好。"皇后心里正庆幸皇帝病危,自己可以独断专行,所以听到这话后生气地说:"这应该斩首,皇帝的贵体哪里是可以用针刺的地方?"医师跪下磕头,请求保全生命。皇帝说:"医师议论疾病,怎么可以定罪?而且我的头晕得受不了,就听任他们治吧!"医师用针刺了两次,皇帝说:"我的眼睛能看清东西了!"话还没有说完,皇后就在帘子里拜谢了两次,说道:"这是上天赐给我们的医师啊!"她亲自拿来珍贵的丝织物赐给医师。

皇帝去世,中宗即帝位,天后改称皇太后。高宗皇帝的遗诏说,军政大事听凭太后参与决定。嗣圣元年,太后废中宗为庐陵王,亲自临朝听政,让睿宗即帝位。太后坐在武成殿,睿宗率领群臣进上尊号、册书。过了三天,太后临殿前平台,命礼部尚书代理太尉武承嗣、太常卿代理司空王德真册立继位的皇帝。从此太后常到紫宸殿,挂上浅紫色的帷账处理政事。太后追赠武氏五代祖父后魏散骑常侍克己为鲁国公,五代祖母裴氏为鲁国夫人;高祖父齐殷州司马居常为太尉、北平郡王,高祖母刘氏为郡王妃;曾祖父永昌王谘议参军、赠齐州刺史武俭为太尉、金城郡王,曾祖母宋氏为郡王妃;祖父隋东郡丞、赠并州刺史、并州太都督武华为太尉、太原郡王,祖母赵氏为郡王妃。都为他们设立守护陵园的居民区,每个陵园五十户人家。追赠父亲为太师、魏王,加赐封户满五千,母亲为王妃,魏王的护陵居民区有一百户人家。当时睿宗虽立为皇帝,实际上等于被囚禁,而武氏家族诸人得以擅自发号施令。太后又赠给鲁国公谥号为"靖",裴氏为"靖夫人";北平郡王谥号为"恭肃",金城郡王为"义康",太原郡王为"安成",郡王妃的谥号都随从丈夫。太后派遣在武成殿册封其祖先官爵的使臣到她的五代祖先的祠堂报告册封之事。

柳州司马李敬业、括苍县令唐之奇、临海县丞骆宾王憎恶太后威迫、放逐天子,愤恨到极点,于是招募兵士,杀死扬州大都督府长史陈敬之,占据扬州想迎立庐陵王,聚众达到十万人。楚州司马李崇福同李敬业等联合。盱眙人刘行举据城固守不肯跟从李敬业。李敬业进攻盱眙,没有攻下。太后任命刘行举为游击将军,提拔他的弟弟刘行实为楚州刺史。李敬业南渡长江夺取润州,杀润州刺史李思文,曲阿县令尹元贞率兵抵抗,战败而死。太后命令左玉钤卫大将军李孝逸为扬州道行军大总管,率兵三十万讨伐李敬业,在高邮与李敬业作战,前锋左豹韬卫果毅成三朗被唐之奇杀死。太后又任命左鹰扬卫大将军黑齿常之为江南道行军大总管,与李孝逸合力讨伐李敬业。李敬业起兵三个月便失败了,他的首级传送到东都,扬、润、楚三州于是平定。

起初,武承嗣请求太后设立七庙供奉武氏七代祖先,中书令裴炎阻止,等到李敬业起兵,太后将裴炎下狱,杀了他,又杀死左威卫大将军程务挺。太后感到愤怒,有一天,召集群臣在朝廷上当面责问他们道:"朕没有什么对不起天下人的地方,你们知道吗?"群臣连声称是。太后说:"朕辅佐先帝超过三十年,为天下人而担忧操劳。你们的爵位富贵,是朕给予的;天下人的安闲逸乐,是朕培育的。先帝丢下群臣而去,以国家相托,朕不敢爱惜自己,而知道爱民,现在成为叛乱主谋的人都是将相,为什么这样快就辜负朕呢?而且接受先帝遗命辅政的老臣中,傲慢跋扈难于控制有像裴炎的吗?当代的将门子孙中能收聚逃亡者的,有像李敬业的吗?老将中英勇善战,有像程务挺的吗?他们都是人中豪杰,不利于朕,朕能将他们杀掉。你们中有才能超过他们想造反的,请早点动手。如果不想这样,那就恭恭敬敬地侍奉朕,不要让天下人讥笑你们。"群臣跪下磕头,不敢仰视,都说:"一切听陛下吩咐。"

过了许久,太后下诏,假装像要把政权归还给睿宗似的。睿宗估计这不是太后的真意,坚持请求太后临朝听政,太后下诏同意。于是太后下令铸造一个大铜匦,(中间隔成四室,)东边一室题名"延恩",接受求赏赐者的自述;南边一室叫"招谏",接受议论时政得失的奏疏;西边一室叫"申冤",接受有冤屈者的申诉;北边一室叫"通玄",接受观测天象灾异预言未来的文字和有关军事机要的秘密计策,太后命令中书、门下省选一名官员掌管铜匦。

太后不吝惜爵位,用它笼络四方豪杰辅助自己,虽是狂妄男子,言谈有符合自己心意的地方,就不按寻常的次序任以官职,至于不称职,接着或罢免或诛杀,从不稍加宽纵,致力于选拔真正的贤才。太后又害怕天下有图谋反叛的人,下诏允许直接向朝廷密告谋反事件,有告密的人,所在地方供给轻便驿车和五品官的饮食,送他们到京师,太后即时召见,用厚利的诱惑、官爵的赏赐打动告密者。凡报告谋反之事,官吏不得究问,即使是农人樵夫,太后也必定亲自接见,命鸿胪寺的客馆供给食宿。对告密者,有敢于拖延不送的,按被告发人的罪名论处。因此向朝廷密告谋反事件的人遍布全国,人人都屏住呼吸,没有敢说话的。

新丰县因地震而涌出一座山,太后认为是祥瑞,下令赦免该县的囚犯,改新丰县为庆山县。荆州人俞文俊上书说:"人气不和,身上就会长出肉瘤;地气不和,地上才会生出土山。现在陛下以太后而居于帝位,所以山变化形成灾害,臣以为并不是喜庆之事。"太后发怒,把他流放到岭南。

太后命令毁掉乾元殿建造明堂,让僧人薛怀义当使臣监督这项工程。薛怀义,鄠县人,本姓冯,名小宝,身躯魁梧,色欲极强,在洛阳市场上装疯,受到千金公主的宠爱。公主报告太后说："小宝可入宫侍奉太后。"太后召见小宝，与他私通，很喜欢他。太后想掩盖与小宝私通的痕迹，使小宝得以出入皇宫，于是就让他剃发为僧，担任白马寺寺主。又命他改姓名，与太平公主的丈夫薛绍互认为同族，叫薛绍将他当父辈来侍奉。又供给他御厩的马匹，出入有宦官充任侍从，即使是武承嗣、武三思，对他也都十分恭谨。到这时候薛怀义监造明堂，动用民工数万名，大木头一般一根要一千人才能拉得动。他又测量明堂后面的土地建造天堂，建筑的宏大、华丽、庄严、幽深仅次于明堂。明堂、天堂建成，太后封薛怀义为左威卫大将军、梁国公。

太后开始在西京建造崇先庙，供奉武氏祖先。武承嗣在洛水的石头上伪造刻辞，以此诱导太后称帝，派雍州人唐同泰献上石头，太后为它命名，称为"宝图"，并提拔同泰为游击将军。汜水人又进献吉祥的石头，太后于是在南郊祭祀天帝，感谢上苍的赐予。太后自称圣母神皇，制作圣母神皇玺印，又改称"宝图"为"天授圣图"，改称洛水为永昌水，给得到圣图的地方命名，称"圣图泉"，在洛水坛左刻石，文字是"天授圣图之表"，又将汜水县改名为广武县。当时，皇室失去权力，朝廷的重臣大将都屈从太后，不能有所作为，宗室和失去依靠的皇室异姓亲属没有立足之地。于是，韩王李元嘉等图谋起兵，给全国起带头作用，以迎回中宗。琅邪王李冲、越王李贞首先行动，因时间匆促诸王没有能响应，于是失败。李元嘉与鲁王李灵夔等都自杀，其余全由于犯罪被杀，诸王受牵连几乎死尽，他们的子孙虽仍在襁褓之中也被放逐到岭南。太后亲自拜洛水，接受"天授圣图"，睿宗率领太子、群臣、少数民族酋长依次排列，大量珍禽、奇兽、贡品、仪仗陈列于洛水坛下，一起到受图典礼结束后太后才离开。

永昌元年，在万象神宫祭祀。太后改穿衮冕，腰带上插着大圭，手里拿着镇圭，（祭祀时由她第一个献盛了酒的爵，）睿宗第二个献，太子第三个献。第一次是合祭天地，五方帝、众神随从受祭，以唐高祖，太宗、高宗配享，又拉上魏王武士彟随从配享。太后在万象神宫颁布九条政令，用它教导百官。于是大宴群臣。太后又追赠士彟为周忠孝太皇，杨氏为周忠孝太后。称武氏在文水的陵墓为章德陵，在咸阳的陵墓为明义陵。追赠太原安成王为周安成王，金城郡王为魏义康王，北平郡王为赵肃恭王，鲁国公为太原靖王。

载初年间，太后又在万象神宫祭祀。祭皇地祇时，以唐高祖太穆、唐太宗文德二皇后配享，又拉上周忠孝太后随从配享。造曌、囝、埊、〇、瞾、圀、〇、埊等十二个字。太后自己用"曌"作名字。改称诏书为制书。确定以周、汉两朝的王族后裔为"二王"，虞、夏、殷三朝的王族后裔为"三恪"，废除唐皇族名册。太后拜怀义为辅国大将军，又封他为鄂国公，命令他同和尚们一起撰写《大云经》，谈圣母神皇受命于天的事。春官尚书李思文诡称："《周书·武成》篇中，有'垂拱天下治'的话，是太后受命于天的凭证。"太后高兴，把这些都颁布于天下，逐渐图谋改朝换代。但害怕人心不肯归附，于是她阴毒残忍，像鸷鸟一样凶暴，大肆杀戮，借以恐吓天下之人。她暗中怂恿酷吏周兴、来俊臣等数十人为爪牙，有不满意或一向疑忌的人，必定用酷法陷害。唐皇族侯王及其他正直大臣、将相大批被杀，鲜血染红监狱，家家不能自保。太后不过手拿梳妆用具坐在皇宫的层层帷幕之中，而国家的权力却已经转移了。

御史傅游艺率领关内父老请求太后顺应天命,实施变革,改皇帝的姓氏为武。又胁迫群臣坚持请求,胡说凤凰停留于上阳宫,赤雀出现在朝堂上。天子心中不安,也请求赐姓武氏,表示天下以武一姓为尊。太后知道权柄掌握在自己手中,于是大赦天下,改国号为周,自称圣神皇帝、旗帜尊尚赤色,以睿宗皇帝为皇位继承人。在神都洛阳建立武氏七庙。追尊周文王为文皇帝,称始祖,先妣姒氏称文定皇后;周武王为康皇帝,称睿祖,先妣姜氏称康惠皇后;五代祖父太原靖王为成皇帝,称严祖,五代祖母称成庄皇后;高祖父赵肃恭王为章敬皇帝,称肃祖,高祖母称章敬皇后;曾祖父魏义康王为昭安皇帝,称烈祖,曾祖母称昭安皇后;祖父周安成王为文穆皇帝,称显祖,祖母称文穆皇后;父亲忠孝太皇为孝明高皇帝,称太祖,母亲称孝明高皇后。改唐太庙为享德庙,春夏秋冬四季祭唐高祖以下三庙,其余废弃不复祭祀。冬至这一天,太后在万象神宫祭祀天帝,以始祖和她的父母亲配享,以众神随从受祭。太后全部封武氏家族诸人为王。下令改并州文水县为武兴县,与汉代的丰、沛县一样,县中百姓世代免除徭役。太后下令尊称始祖墓为德陵,睿祖墓为乔陵,严祖墓为节陵,肃祖墓为简陵,烈祖墓为靖陵,显祖墓为永陵,又改章德陵为昊陵,明义陵为顺陵。

太后虽然年高,却擅长修饰自己的容貌,即使她左右的人,也没有感觉到她的衰老。不久她长出两颗新牙,下诏改年号为长寿。第二年,在万象神宫祭祀,太后自编大型乐舞,所用舞蹈者达到九百人。祭祀时太后让武承嗣第二个献盛了酒的爵,让武三思第三个献。睿宗作为皇位继承人,公卿大臣往往能见到他,正好尚方监裴匪躬、左卫大将军阿史那元庆、白润府果毅薛大信、监门卫大将军范云仙暗中晋见睿宗,都被押赴闹市腰斩,所以从此公卿大臣不再晋见睿宗。

有人上密封的奏章,说被流放到岭南的人图谋造反,太后派代理右台监察御史万国俊前去查验,告诉他符合实情就定罪判决。万国俊到广州,召集所有被流放的人,诈称皇帝的命令,赐他们自尽,被流放的人都大声哭叫,心中不服,万国俊将他们赶到水边,让他们无法逃跑,一天就杀掉三百多人。然后捏造事实向太后报告,说被流放的人都心怀不满,请求将他们全部除掉。于是太后派右卫翊府兵曹参军刘光业、司刑评事王德寿、苑南面监丞鲍思恭、尚辇直长王大贞、右武卫兵曹参军屈贞筠,都任代理监察御史,分别到剑南、黔中、安南等六道审讯被流放的人,而提拔万国俊为左台侍御史。刘光业等人也想从朝廷求功名,杀人唯恐不多。刘光业杀死的人有九百,王德寿杀七百人,其余也不少于五百人。太后很久后才知道这些人是冤枉的,下令把六道使者所杀害的人的灵柩送回他们的家中。万国俊等人也相继死去,死时都见到有异物作祟。

太后又自加尊号,称金轮圣神皇帝,在朝廷上设置七种宝物:叫金轮宝,叫白象宝,叫女宝,叫马宝,叫珠宝,叫掌兵臣宝,叫掌府库臣宝,一般有大朝会的时候就把它们陈列出来。太后又尊武氏显祖为立极文穆皇帝,太祖为无上孝明皇帝。延载二年,武三思率领少数民族酋长和一些受人敬重的老人请求建造天枢,记载太后的功德,借此贬唐兴周,太后下诏同意,派纳言姚璹负责监造。于是大量收聚铜铁放在一块熔炼,铸造成天枢,题名为"大周万国颂德天枢",设置于端门外。它的形状像柱子,高一百零五尺,八面,每面单宽五尺,将铁铸成山形作它的基础部分,铁山上载有铜龙,铁山四周还有用石头雕琢成的怪兽环绕。柱顶铸一个云形的盖,盖上铸一颗大珠,高一丈,圆周长度是高的三倍。又铸造四条蛟龙捧着大珠,每条蛟龙长一丈二尺。天枢的山形基础圈围一百七十尺,高两丈。大概用铜铁二百万斤。于是把群臣、少数民族酋长的姓名全刻在天枢上。

太后对薛怀义的宠幸渐衰,而御医沈南璆却得到太后的宠幸,薛怀义大为不满,于是放火烧明堂,太后感到羞愧,掩盖真相不予揭露。薛怀义更加凶暴放肆,怏怏寡欢。于是太后密令太平公主挑选若干健壮妇女,在殿中把薛怀义捆绑起来,命令建昌王武攸宁,将作大匠宗晋卿率领壮士将薛怀义击毙,用运泥车把他的尸体送回白马寺。薛怀义依仗太后的宠爱,气焰压倒当世之人,超出于百官之上,他的门徒大多犯法,御史冯思勖揭发他的恶行,薛怀义发怒,有一次在路上与冯思勖相遇,薛怀义命令自己的随从殴打冯思勖,几乎将他打死,而冯思勖不敢言语。突厥默啜侵犯边地,太后拜薛怀义为新平、伐逆、朔方道大总管,带领十八个将军的部队攻打胡兵,宰相李昭德、苏味道甚至充当他的行军长史、司马。后来薛怀义讨厌进入宫中,暗中招募有力气的少年一千人当和尚,有叛乱的计划。侍御史周矩揭发他的罪状请求太后查治,太后说:“你姑且出去,朕将让薛怀义到法庭去。”周矩坐在御史台办公,一会儿,薛怀义驱马驰入御史台的庭院,径直到大床上坐下,周矩召来官吏准备接受口供,薛怀义立即骑马离开。周矩将这事报告太后,太后说:“这个和尚一向狂妄,不值得惩治,那些有力气的少年听任你彻底查问、处理。”周矩将他们全流放到贫困的边远地区。看来薛怀义陷害周矩,不久周矩就被免官。

太后在南郊祭天,以文王、武王、武士彠和唐高祖一起配享。太后加天册金轮圣神皇帝的尊号。于是在嵩山祭天,在少室山祭地,册封山神为帝,他的妻子为后。嵩山的祭坛南边有一棵大槲树,当在山上祭天发布大赦令的时候,把鸡放到槲树枝头,太后于是赐名“金鸡树”。太后自撰《升中述志》,刻在石上留示后人。新明堂建成,改名为通天宫,铸造九州鼎,按各州的方向安放,列于通天宫廷中。又收聚全国的黄金铸造大仪钟,未能铸成。过了许久,改西京崇先庙为崇尊庙。祭祀礼仪都比照太庙,接着又改崇尊庙为太庙。

自从薛怀义死后,张易之、张昌宗兄弟就得到太后的宠幸,于是设立控鹤府,置监、丞和主簿、录事等职,控鹤监是三品官,让张易之担任。太后自己觉察到封武氏家族诸人为王不符合天下人的意愿,在这之前,中宗自房州回神都,又立为皇太子,太后害怕自己去世后武氏被唐皇族欺压伤害,死无葬身之地,就领着武氏诸人和相王、太平公主在明堂立誓,并祭告天地,把誓文铸刻在铁券上,藏于史馆。太后下令改昊陵署为攀龙台。久视初年,改控鹤府为天骥府,又改为奉宸府,监改为令,左右控鹤改为奉宸大夫,张易之又任奉宸令。

神龙元年,太后有病,长时间不能平复,居住于迎仙院。宰相张柬之与崔玄暐等定计,请求中宗率兵入宫杀张易之、张昌宗,于是羽林将军李多祚等带兵自玄武门入宫,杀二张于迎仙院旁。太后知道发生事变,从床上起来,桓彦范上前请求太后传位给太子,太后回身躺下,不再说话。中宗于是又即帝位。将太后迁移到上阳宫居住,中宗率领百官到上阳宫观风殿向太后问安,以后中宗大概每十天一次到上阳宫问候太后,不久改成每月初一、十五朝见太后。中宗下令废除奉宸府的官职,将东都武氏七庙的神主迁移到西京崇尊庙,改崇尊庙为崇恩庙,又下令恢复唐朝的宗庙。凡武氏诸人封王的全部降爵。这一年,太后去世,年八十一岁。遗诏说去掉帝号,改称则天大圣皇太后。太后去世后定谥号为则天大圣皇后,合葬于高宗乾陵。

遇上武三思与中宗韦庶人淫乱,武三思再次当政,于是出现大旱,中宗派人到乾陵祷求则天皇后,竟立即下雨。武三思引诱皇帝下诏规定武氏崇恩庙照旧祭祀,礼仪像太庙一样,斋郎用五品官的儿子充任。太常博士杨孚说:"太庙斋郎选取七品官的儿子充任,现在崇恩庙斋郎选取五品官的儿子,不合适。"皇帝说:"太庙也像崇恩庙一样,可以吗?"杨孚说:"崇恩庙是太庙的家臣,臣以君为标准是逾越本分,而君以臣为标准就是迷乱了。"皇帝于是停止用五品官的儿子充任崇恩庙斋郎。等到韦氏、武氏的党派被诛灭,天子下令则天大圣皇后又改称为天后,废除崇恩庙及武氏诸陵。景云元年,天后改称大圣天后。太平公主干预朝政,请求恢复设立昊、顺二陵的守陵官,又追尊太后为天后圣帝,不久改称圣后。太平公主被杀,天子下令废除周孝明皇帝称号,仍改为太原郡王,孝明皇后改为太原郡王妃,又废除吴、顺等陵。开元四年,追称太后为则天皇后。太常卿姜皎建议:"则天皇后配享于高宗庙,神主题作天后圣帝,不正确,请求改题为则天皇后武氏。"天子下诏同意。

唐玄宗贵妃杨氏,隋梁郡通守杨汪四代孙。她家移居蒲州,于是成为永乐人。她年幼时父母去世,在叔父家长大。起初当玄宗的儿子寿王的妃子。开元二十四年,武惠妃去世,后宫中找不到皇帝中意的人。有人说杨妃的容貌禀性天生出众,应该充任妃嫔,于是玄宗就把她召入宫中,见过面后,玄宗认为杨妃不同寻常,就让她当成是出于自己的心意,请求担任宫中女官,并为她取号太真,另替寿王娶韦昭训的女儿为妻。太真入宫后就得到天子的宠幸。她能歌善舞,深通音律,而且智能超群,揣摩他人心意总能猜中。皇帝非常高兴,于是单只让她一人待寝侍宴,宫中称她为娘子,待她的礼仪规格和皇后一样。

天宝初年,皇帝册封太真为贵妃。追赠她的父亲杨玄琰为太尉、齐国公。提拔她的叔父杨玄珪任光禄卿,族兄杨铦任鸿胪卿,杨锜任侍御史,还让杨锜娶太华公主为妻。太华公主是武惠妃生的,最受玄宗宠爱优待。而杨钊的地位也逐渐显赫起来。杨钊就是杨国忠。贵妃的三个姊姊都长得漂亮,皇帝喊她们为姨,封她们为韩国、虢国、秦国夫人,她们出入宫廷,蒙受恩宠,声威气焰震动天下。每次宫外有封号的妇女入宫晋见,按规定的位次排列,玄宗的妹妹持盈公主等都谦让杨氏诸姨,不敢就位。中央官署和州县的官吏接受杨家人的私下嘱托,立即奔走办理自定期限,比办皇帝下令要办的事还卖力。四方都有人送礼物与他们结交,杨家的门庭若市。玄宗的女儿建平、信成二公主因与贵妃家人不和,玄宗甚至把宫中分赐给她们的东西追回,信成公主的丈夫驸马都尉独孤明还因此而丢官。

有一天,贵妃因受到玄宗的责备被送回杨锜家中,等到过了中午,皇帝还不进食,抽打在身边侍候的人,对他们大发脾气。高力士想试探一下皇帝的心意,于是报告玄宗,请求把宫中张设的帷帐、司农寺供给的酒和食品等一百多车东西送到杨宅,皇帝不但同意,

贵妃上马图

还当即把自己的御膳分赐给贵妃。力士明白皇帝的旨意,这一天晚上,就请求把贵妃召回宫中,于是打开安兴坊坊门,贵妃的车马经那里驰入皇宫。贵妃见到皇帝,伏地谢罪,皇帝非常高兴,很好地抚慰了她一番。第二天,杨家诸姨往宫里进献美食,宴会的音乐一演奏起来,皇帝就猛给他身边的人赏赐东西,其数量多得无法计算。从此贵妃更加受到玄宗的宠爱。玄宗赐给杨家诸姨每人每年钱一百万,作为她们的脂粉费。杨铦以正二品勋官上柱国的身份,立戟于住宅门前,同杨锜、杨国忠、杨家诸姨等五家宅第相连,都仿效皇宫的建筑,大概建一个厅堂要费钱一千万。杨家人见别人的宅第有胜过自己的,就拆掉重盖,务以宅第的瑰玮奢丽相夸耀,大兴土木,没有停止的时候。皇帝得到的奇珍异物及四方贡品都分赐给他们,宫中派出的送物使者接连不断,赐给五家的礼物都要一样。

贵妃常跟随天子出外游乐,贵妃骑马,高力士就亲自给她递缰绳、马鞭。总计宫中在负责织锦刺绣以及负责铸造、雕刻金玉器物的部门工作的工匠,大致有一千人,他们接受贵妃的索取,各种稀奇的服饰、珍玩都能制作,变化如神。四方争相制作奇珍异物进献给贵妃,东西的奇特精巧,每每骇人耳目。岭南节度使张九章、广陵长史王翼由于进献的东西没人能比得上,天子晋升张九章为从三品散官银青光禄大夫,提拔王翼为户部侍郎,天下人于是无不追随这股风。贵妃嗜食荔枝,一定要得到新鲜的,于是特设驿骑传送,跑数千里地,荔枝的味道还没有变化已送到了京师。

天宝九载,贵妃又受到天子的责备,被送回宫外的住宅,杨国忠跑去找吉温商议,吉温于是晋见皇帝说:"妇女过分不顺从应当处死,但陛下为什么爱惜宫中可用来处斩的一张席子大的地方,却让她到外面去丢脸呢?"皇帝的感情被触动,停止进食,命令宦官张韬光把自己的食物赐给贵妃。贵妃依靠张韬光传话,与皇帝告别道:"妾有罪应当被处死一万次,但除身体头发外,妾的所有东西都是皇上所赐,现在妾将死去,没有可用来报答皇上的东西。"随即拿刀割下一束头发进献给皇帝,说道:"留下这东西与陛下诀别。"皇帝见到她的头发后,既吃惊又叹惜,急忙召她入宫,还像从前那样对她以礼相待。接着天子又亲临秦国夫人和杨国忠的府第,赐给这两家无数财物。

杨国忠遥领剑南节度使以后,每年十月,皇帝到华清宫,杨氏五家的人马都随从,每家单独排成一队,每队都穿同一种颜色的衣服,一会儿五家的队伍合在一起,灿烂犹如万花竞放,川谷化为锦绣,杨国忠还用剑南节度使的旌旗作为队伍的前导。队伍所经之地,遗落的首饰,扔下的鞋子,还有琴瑟、珠串,乱七八糟地在路上躺着,香气传到数十里外。天宝十载正月十五晚上,贵妃家人与玄宗的女儿广宁公主的随从争过市门,杨氏家奴挥鞭打人,双方喧闹争吵,公主跌下马来,只得躲开。公主找皇上哭诉,于是玄宗下令杀掉杨氏家奴,但公主的丈夫驸马都尉程昌裔也被贬官。国忠当宰相。他的儿子杨昢娶玄宗的女儿万春公主为妻,杨暄娶延和郡主为妻;他的弟弟杨鉴娶承荣郡主为妻。玄宗又下令为贵妃的父亲杨玄琰

华清出浴图

立家庙,皇帝亲自书写家庙的碑文。杨铦、秦国夫人早死,所以韩国、虢国夫人和杨国忠显达的时间最长。虢国夫人向来和杨国忠淫乱,颇为外人所知,而不以为耻。每次入宫谒见天子,两人在道上并驾齐驱,随从的宦官,侍婢有一百多,都骑在马上,蜡烛照耀得如同白昼,妆饰艳丽的妇女充满街巷,虢国夫人连障帘都不用,当时人说这是齐襄公的淫妹

行径。诸王的子孙凡有婚嫁之事，一定要先通过韩国、虢国夫人，然后向天子报告，这样做便都能如愿，诸王至于用数百金或上千金来感谢她们。

起初，安禄山有边功，皇帝宠信他，命他与杨家诸姨结为兄弟，而禄山则拜贵妃为母，禄山每次来京朝见天子，杨家人必定设宴招待，同他建立友好关系。后来安禄山造反，以讨伐杨国忠为借口，而且公开指出贵妃及杨家诸姨的罪恶。皇帝想让皇太子统率军队，并把帝位禅让给他，杨家诸人极为恐惧，聚在庭院里痛哭。杨国忠入宫禀告贵妃，贵妃口衔土块请求天子将自己处死，皇帝心情沮丧，于是便没有那样做。等到潼关失守，玄宗西行到了马嵬驿，陈玄礼等就为天下人考虑而杀掉杨国忠，但杨国忠已死，军队将士仍不散去。皇帝派高力士询问原因，将士们说："祸乱的根子还在！"皇帝不得已，与贵妃诀别，让人把她带走，勒死在路旁的祠庙里，用紫色褥子裹尸，埋在大路也，这时贵妃三十八岁。

后来玄宗自蜀郡回长安，路经马嵬驿，派人祭奠贵妃，且下令改葬。礼部侍郎李揆说："龙武军将士因为杨国忠有负于皇上，招致祸乱，替天下人杀掉杨国忠。现在改葬贵妃，恐怕将士们会疑虑不安。"玄宗于是没有正式改葬贵妃。他秘密派遣宦官备好棺椁把贵妃的遗体迁移到别的地方安葬。挖开埋贵妃的地方，贵妃原先佩带的香囊还在，宦官把它献给玄宗，玄宗看到香囊后，伤感落泪，于是就命画工在偏殿里画贵妃的像，早晚前去看望，一定要哽咽抽泣。

马嵬驿事变发生的时候，虢国夫人和杨国忠的妻子裴柔等逃往陈仓，她们猜想是逆贼作乱，便扔下马跑进树林里。虢国夫人先杀掉她的两个孩子，裴柔说："请让我死！"虢国夫人马上把她和她的女儿一起刺死，然后自己抹脖子，但还没有断气，官吏就把她驮在马上送进监狱，虢国夫人问道："是国家要杀我们？还是逆贼作乱？"县吏回答说："都是。"于是死去，被埋在陈仓东城外。

章敬吴皇后传

【题解】

吴氏，生卒年不详，自幼由于父吴令珪犯罪被收入宫中掖庭，后被选来服侍太子，生了唐代宗李豫。年十八岁就去世了。

【原文】

肃宗章敬皇后吴氏，濮州濮阳人。父令珪，以郫丞坐事死，故后幼入掖廷。

肃宗在东宫，宰相李林甫阴构不测，太子内忧，鬓发班秃。后入谒，玄宗见不悦，因幸其宫，顾廷宇不汛扫，乐器尘蠹，左右无嫔侍，帝愀然谓高力士曰："儿居处乃尔，将军岂使我知乎？"诏选京兆良家子五人虞侍太子，力士曰："京兆料择，人得以藉口，不如取掖廷衣冠子，可乎？"诏可。得三人，而后在中，因蒙幸。忽寝厌不寤。太子问之，辞曰："梦神降我,介而剑,决我胁以入,殆不能堪。"烛至,其文尚隐然。生代宗,为嫡皇孙。生之三日,帝临澡之。孙体孪弱,负姆嫌陋,更取他宫儿以进,帝视之不乐。姆叩头言非是。帝曰:"非尔所知,趣取儿来!"于是见嫡孙,帝大喜,向日视之,曰:"福过其父。"帝还,尽留内乐宴具,顾力士曰:"可与太子饮,一日见三天子,乐哉!"

后性谦柔,太子礼之甚渥,年十八薨。代宗即位,群臣请以后袝肃宗庙,乃追尊为皇后,上谥,合葬建陵。启故窆,貌泽若生,衣皆赭色。见者叹异,谓有圣子之符云。

【译文】

肃宗章敬皇后吴氏是濮州濮阳人。她的父亲吴令珪,任郫县丞时犯罪被处死,所以吴皇后幼年时被送入掖庭。

肃宗在东宫做太子时,宰相李林甫暗地里制造意外事端,太子心中忧虑,鬓发苍白秃落,皇后进宫拜见,唐玄宗见了不高兴,接着就到太子宫中来看。他看到宫殿内外没有打扫,乐器上落满了尘土,被虫子蠹坏,身边没有嫔妃侍女。唐玄宗伤感地对高力士说:"孩子的住处和生活是这样,将军怎么不让我知道呢?"就下诏挑选京兆的良家女子五个人来服侍太子。高力士说:"在京兆地区挑选,会让人得到借口,不如选取掖庭中的衣冠士族子女,可以吗?"唐玄宗下诏令说可以。从掖庭中选到三个人,而吴皇后也在其中,因此受到太子的宠幸。一次吴皇后突然熟睡不醒。太子问她,她回答说:"我梦见有神降临我这里,他穿着盔甲,带着剑,刺穿我的胁间进去,几乎无法忍受。"点了蜡烛来看时,胁间的剑痕还隐约可见。吴皇后生了代宗,是唐玄宗的嫡皇孙。生了代宗的第三天,玄宗来给他洗澡。皇孙的身体瘦小虚弱,保姆嫌他丑陋,另取了其他宫中的孩子送上来。唐玄宗看到后不高兴。保姆叩着头说这个孩子不是皇孙。唐玄宗说:"这不是你们所明白的,赶快把孩子取来!"于是见到嫡皇孙。唐玄宗非常高兴,迎着太阳光看他,说:"他的福气超过他的父亲。"唐玄宗回去时,把宫内奏乐、饮宴的器具全都留下,看着高力士说:"可以和太子饮酒,一天里见到三个天子,欢乐啊!"

皇后的性情谦恭柔顺,太子对她的礼遇非常周到,十八岁时去世。代宗即位后,群臣们请求让皇后附在肃宗庙堂中受祭祀,就把她追尊为皇后,上谥号,合葬在建陵。开启过去下葬的棺材时,吴皇后的面貌肤泽像活人一样,衣服全都变成赭色。见到的人都感叹奇异。说她有圣子的符兆。

懿安郭太后传

【题解】

郭氏,生卒年不详,唐宪宗李纯的皇贵妃,生了唐穆宗李恒。郭氏是唐代名臣郭子仪的孙女,父亲郭暧为驸马,母亲是升平公主,她历经五朝天子,为太后、太皇太后,后因唐宣宗待她礼薄而不快,突然暴卒。

【原文】

宪宗懿安皇后郭氏,汾阳王子仪之孙。父暧,尚升平公主,生后。宪宗为广陵王,娉以为妃。顺宗以其家有大功烈,而母素贵,故礼之异诸妇。是生穆宗。元和元年,进册贵妃。八年,群臣三请立为后,帝以岁子午忌,又是时后廷多嬖艳,恐后得尊位,钳掣不得肆,故章报闻罢。

穆宗嗣位,上尊号皇太后,赠暧太尉,母齐国大长公主,擢兄钊刑部尚书,鏦金吾大将军。后移御兴庆宫,凡朔望三朝,帝率百官诣宫门为寿。或岁时庆问燕飨,后宫戚里内外妇,车骑骈壅,环佩之声满宫。帝亦豪矜,朝夕供御,务华衍侈大称后意。后尝幸骊山,登览裴回,诏景王督禁甲从,帝自到昭应奉迎,留帐饮数日还。帝崩,中人有为后谋称制者。后怒曰:“吾效武氏邪?今太子虽幼,尚可选重德为辅,吾何与外事哉?”

敬宗立,号太皇太后。宝历仓卒,后召江王嗣皇帝位,是为文宗。文宗性谨孝,事后有礼,凡羞果鲜珍及四方奇奉,必先献宗庙、三宫,而后御之。

武宗喜畋游,角武抃,择五坊小儿得出入禁中。它日问后起居,从容请曰:“如何可为盛天子?”后曰:“谏臣章疏宜审览,度可用用之,有不可,以询宰相。毋拒直言,勿纳偏言,以忠良为腹心,此盛天子也。”帝再拜,还索谏章阅之,往往道游猎事,自是畋幸稀,小儿武抃等不复横赐矣。

宣宗立,于后,诸子也。而母郑,故侍儿,有曩怨。帝奉养礼稍薄,后郁郁不聊,与一二侍人登勤政楼,将自陨,左右共持之。帝闻不喜,是夕后暴崩。有司上尊谥,葬景陵外园。太常官王皞请合葬景陵,以主祔宪宗室。帝不悦,令宰相白敏中让之。皞曰:“后乃宪宗东宫元妃,事顺宗为妇,历五朝,母天下,不容有异论。”敏中亦怒。周墀又责谓。皞终不桡,墀曰:“皞信孤直。”俄贬皞句容令。懿宗咸通中,皞还为礼官,申抗前论。乃诏后主祔于庙。

【译文】

宪宗的懿安皇后郭氏,是汾阳王郭子仪的孙女。父亲郭暧,娶了升平公主,生下了皇后。宪宗为广陵王时,聘娶她做王妃。顺宗由于她家有巨大的功绩,而她的母亲身份原本高贵,所以对她的礼遇和对其他贵妃不同。她生了穆宗。元和元年,被进封册命为贵妃。元和八年,群臣们三次请求立她为皇后。宪宗由于年岁的干支阴阳犯忌讳,又由于当时宫廷中有很多受宠爱的美女,恐怕郭氏得到皇后的尊位后,自己受钳制,不能尽意,所以对奏章听过后就搁置起来了。

穆宗继承皇位后,给郭氏上尊号为皇太后,赠给郭暧太尉的职位,赠郭皇太后的母亲齐国大长公主的称号。把她的哥哥郭钊升为刑部尚书,郭鏦升为金吾大将军。郭皇太后移到兴庆宫居住,每逢初一、十五等日子的早晨,皇帝率领百官到宫门来祝她长寿。有时在过年时来庆贺、问候,举行宴会,后宫的亲戚同乡,内外命妇们来出席,车马拥拥挤挤,满宫中都是环佩的响声。皇帝也豪侈大度,早晚供奉财物,务必要达到奢华庞大的气势,让太后满意。郭皇太后曾经到骊山去,登山游览,徘徊不归。皇帝下令让景王统率甲士护卫,皇帝亲自到昭应去迎请。太后把他留在帐幕中,饮宴几天才回来。穆宗去世,宫中侍者有人给郭太后谋划听政的事。郭太后发怒了,说:"我要仿效武则天吗?现在太子虽然年幼,还可以挑选德高望重的人辅佐他。我何必干预外面的事务呢?"

唐敬宗立为皇帝,称郭氏为太皇太后。宝历年间,事变仓促,郭太皇太后召来江王继承皇帝位,是唐文宗。唐文宗生性谨慎孝顺,服侍郭太皇太后很尽礼,凡是新鲜珍奇的果品珍馐和四方供奉的奇异物品,一定先献给宗庙和三宫太后,然后才自己享用。

唐武宗喜欢游玩打猎,角力比武,挑选了五坊少年,允许他们出入宫禁。有一天武宗去问候郭太皇太后的身体健康,随意请问道:"怎么样可以成为盛世的天子呢?"郭太皇太后说:"应该审阅进谏臣子的奏章,思量可以采用的意见就采用它,有不能用的,拿去询问宰相。不要拒绝直言劝谏,不要听取片面的意见。任用忠臣良将作为心腹,这就是盛世的天子了。"唐武宗再次叩拜行礼,回去后就要来官员的奏章阅读。这些奏章往往是劝谏游玩打猎的。从此武宗很少去打猎,对角力的少年们也不再给予过分的奖赏了。

唐宣宗立为皇帝,他对于郭太皇太后来说是儿子一辈的。他的母亲郑氏是郭氏原来的侍女,一向有旧怨。唐宣宗供奉赡养郭太皇太后的礼数逐渐减少。郭太皇太后郁郁不平,和一两个侍女登上勤政楼,想要跳楼自杀。身边的人一同把她拉住。唐宣宗听了后不高兴了。这天夜里郭太皇太后突然暴卒。主管官府奉上尊号谥号,把她葬在景陵的外园中。太常官王皞请求把郭后合葬在景陵中,把她的神主附在唐宪宗的神庙中祭祀。唐宣宗不高兴,命令宰相白敏中去斥责他。王皞说:"皇后是宪宗在东宫时的正妃,服侍顺宗做媳妇,经历了五代君王,作天下的国母,不容许有别的说法。"白敏中也发怒了。周墀又来责备王皞。王皞终不屈服。周墀说:"王皞确实耿直。"不久贬王皞去做句容令。唐懿宗咸通年间,王皞回到京城任礼官,申诉坚持以前对郭太皇太后合葬的意见。唐懿宗就下令把郭太皇太后的神主附在宪宗神庙中。

王贤妃传

【题解】

王氏(?~846),由于善于歌舞被选入宫中,受到武宗宠爱。传中记录王氏向唐武宗表示要为他殉葬,并在武宗死后自杀,既表现了封建礼制对妇女的毒害,也隐喻着宫廷倾诈的激烈。传中记载的王氏穿袍服男装与武宗共同驰骋的情况,对了解唐代风俗有所裨益。

【原文】

武宗贤妃王氏,邯郸人,失其世。年十三,善歌舞,得入宫中。穆宗以赐颖王。性机悟。开成末，王嗣帝位，妃阴为助画，故进号才人，遂有宠。状纤颀，颇类帝。每畋苑中，才人必从，袍而骑，校服光侈，略同至尊，相与驰出入，观者莫知孰为帝也。帝欲立为后，宰相李德裕曰："才人无子，且家不素显，恐诒天下议。"乃止。

帝稍惑方士说，欲饵药长年，后浸不豫。才人每谓亲近曰："陛下日燎丹，言我取不死。肤泽消槁，吾独忧之。"俄而疾侵，才人侍左右。帝熟视曰："吾气奄奄，情虑耗尽，顾与汝辞。"答曰："陛下大福未艾，安语不祥？"帝曰："脱如我言，奈何？"对曰："陛下万岁后，妾得以殉。"帝不复言。及大渐，才人悉取所常贮散遗宫中，审帝已崩，即自经幄下。当时嫔媛虽常妒才人专上者，返皆义才人，为之感恸。宣宗即位，嘉其节，赠贤妃，葬端陵之柏城。

【译文】

唐武宗的贤妃王氏，是邯郸人，不知道她的身世。她十三岁时，擅长歌舞，得以选入宫中。唐穆宗把她给了颍王。王氏生性机灵聪悟。开成末年，颍王继承了帝位，王氏在暗中帮助他谋划，所以被晋封为才人，受到宠幸。王氏身形细高，很像唐武宗。武宗每当在苑囿中打猎，王氏必定跟随着，穿上长袍，骑着马，衣服光彩华丽，和皇帝大致相同。他们相随着奔驰出入，观看的人们不知道哪一个是皇帝。唐武宗想把王氏立为皇后。宰相李德裕说："王才人没有儿子，而且她家一直不显贵，恐怕会造成天下人的议论。"武宗才停止这种打算。

唐武宗逐渐被方士的说法迷惑，想食用药物，获得长寿，以后得病，卧床不起。王才人常对亲近的人说："陛下每天炼丹，说自己能得到不死药，却皮肤容泽消瘦枯槁，我很为此担忧。"不久武宗病重，王才人在身边服侍。武宗久久地看着她说："我气息奄奄，精神耗尽了，看来要和你告别了。"王才人回答说："陛下的大福分没有享用完，怎么就说这些不吉利的话呢？"武宗说："如果像我说的这样，怎么办呢？"王才人回答说："陛下万年归天后，我就以身相殉。"武帝就不再说话了。到了武宗临终时，王才人把平常积存的财物全部散发给宫中的人，看到武宗已经去世，就在帐子下上吊自杀。当时即使是经常妒忌王才人受到武宗专宠的嫔妃，也都转过来称赞王才人节义，被她感动得痛哭流涕。唐宣宗即位后，嘉奖她的节义，赠给她贤妃的名义，葬在端陵的柏城中。

何皇后传

【题解】

何氏（？～约907年），出身平民，是唐昭宗李晔的皇后，与昭宗共同度过了被挟持的最后时光，后被朱全忠杀死。她的身世是大唐帝国没落灭亡的写照。

【原文】

昭宗皇后何氏,梓州人,系族不显。帝为寿王,后得侍,婉丽多智,恩答厚甚。既即位,号淑妃。从狩华州,诏册为皇后。

光化三年,帝猎夜归,后遣德王还邸,遇刘季述,留王紫廷院。明日,季述等挟王陈兵召百官,胁帝内禅。后恐贼臣加害天子,即取玺授季述,与帝同幽东宫。贼平,反正。

天复中,从帝驻凤翔,李茂贞请帝劳军,不得已,后从御南楼。会朱全忠逼帝东迁,后谓帝曰:"此后大家夫妇委身贼手矣!"涕数行下。帝奔播既屡,威柄尽丧,左右皆悍逆庸奴,后侍膳服,无须臾去侧。至洛,帝忧,忽忽与后相视无死所。已而遇弑。

哀帝即位,尊为皇太后,宫中不敢哭,徙居积善宫,号积善太后。帝将禅天下,后亦遇害。初,蒋玄晖为全忠邀九锡,入喻,后度不免,见玄晖垂泣祈哀,以母子托命。宣徽使赵殷衡谮于全忠曰:"玄晖等铭石像瘗积善宫,将复唐。"全忠怒,遂遣缢后,以丑名加之,废为庶人。

【译文】

唐昭宗的皇后何氏,是梓州人,世系家族都不显贵。昭宗做寿王时,何皇后得以服侍他。何皇后秀丽柔媚,聪明智慧,寿王对她的情谊很深厚。寿王即帝位后,给她的名号为淑妃。何皇后跟着昭宗到华州去打猎,被册封为皇后。

光化三年,唐昭宗出猎后在夜晚回来,何皇后打发德王回官邸去,遇上了刘季述,把德王留在紫庭院。第二天,刘季述等人挟持德王,摆开军队,召来百官,逼迫昭宗禅让帝位。何皇后恐怕贼臣加害昭宗,就拿出皇帝玺印交给刘季述。何皇后和昭宗一同被幽禁在东宫中。贼人被平定后,昭宗才恢复帝位。

天复年间,何皇后随昭宗住在凤翔,李茂贞请求昭宗去慰劳军队。不得已,何皇后跟随昭宗到南楼去。正遇上朱全忠逼迫昭宗东迁。何皇后对昭宗说:"从今以后,皇帝夫妇都落入贼人手中了。"泪流满面。昭宗已经多次奔逃迁移,权力威严全丧失了,身边的人都是叛逆的凶悍奴仆。何皇后亲自服侍昭宗的饮食衣服,没有片刻离开过昭宗身边。到了洛阳,昭宗忧虑不止,神情恍惚地与何皇后对望,不知死在哪里。不久后昭宗被杀死。

哀帝即位时,把何皇后尊为皇太后。宫中不敢哭。何皇后移居积善宫,称为积善太后。哀帝将要禅让天下,何皇后也遇害了。当初,蒋玄晖为朱全忠要求获得九锡的特权,入宫劝说。何皇后自己思量不能免除一死,见到蒋玄晖,流着泪哀求,把母子的命运托付给他。宣徽使赵殷衡向朱全忠进谗言说:"蒋玄晖等人刻了石像埋在积善宫中,准备要恢复唐朝。"朱全忠大怒,就派人把何皇后勒死,给她加上丑恶的名声,废为庶人。

李靖传

【题解】

李靖(571~649),本名药师,唐京兆三原(今陕西三原东北)人。随从李世民平王世充,以功授开府。唐初,平定占据江陵的萧铣,江汉各城纷纷投降,授岭南道抚慰大使。又协助李孝恭平定南方辅公祏起义,为东南道行台兵部尚书。唐太宗时,历任刑部尚书、兵部尚书。唐使者去突厥议和时,李靖发兵突然袭击东突厥,取得很大胜利,迁尚书右仆射。又为西海道行军大总管,大败吐谷浑,改封卫国公。李靖是唐初名将,懂兵法,作战有谋略,著有《李卫公兵法》,原书佚,部分内容保留在《通典》中。

【原文】

李靖字药师,京兆三原人。姿貌魁秀,通书史。尝谓所亲曰:"丈夫遭遇,要当以功名取富贵,何至作章句儒!"其舅韩擒虎每与论兵,辄叹曰:"可与语孙、吴者,非斯人尚谁哉!"仕隋为殿内直长,吏部尚书牛弘见之曰:"王佐才也!"左仆射杨素抚其床谓曰:"卿终当坐此!"

李靖

大业末,为马邑丞。高祖击突厥,靖察有非常志,自囚上急变,传送江都,至长安,道梗。高祖已定京师,将斩之,靖呼曰:"公起兵为天下除暴乱,欲就大事,以私怨杀谊士乎?"秦王亦为请,得释,引为三卫,从平王世充,以功授开府。

萧铣据江陵,诏靖安辑,从数童骑道金州,会蛮贼邓世洛兵数万屯山谷间,卢江王瑗讨不胜,靖为瑗谋,击却之。进至峡州,阻铣兵不得前。帝谓逗留,诏都督许绍斩靖,绍为请而免。开州蛮冉肇则寇夔州,赵郡王孝恭战未利,靖率兵八百破其屯,要险设伏,斩肇则,俘禽五千。帝谓左右曰:"使功不如使过,靖果然。"因手敕劳曰:"既往不咎,向事吾久已忘之。"靖遂陈图铣十策。有诏拜靖行军总管,兼摄孝恭行军长史,军政一委焉。

武德四年八月,大阅兵夔州。时秋潦,涛濑涨恶,铣以靖未能下,不设备。诸将亦请江平乃进。靖曰:"兵机事,以速为神。今士始集,铣不及知,若乘水傅垒,是震霆不及塞耳,有能仓卒召兵,无以御我,此必禽也。"孝恭从之。

九月,舟师叩夷陵,铣将文士弘以卒数万屯清江,孝恭欲击之。靖曰:"不可。士弘健将,下皆勇士,今新失荆门,悉锐拒我,此救败之师,不可当。宜驻南岸,待其气衰乃取之。"孝恭不听，留靖守屯，自往与战，大败还。贼委舟散掠，靖视其乱，纵兵击破之，取四百余艘，溺死者万人。即率轻兵五千为先锋，趋江陵，薄城而营。破其将杨君茂、郑文秀，俘甲士四千。孝恭军继进，铣大惧，檄召江南兵，不及到，明日降。靖入其都，号令静严，军无私焉。或请靖籍铣将拒战者家赀以赏军，靖曰："王者之兵，吊人而取有罪，彼其胁驱以来，藉以拒师，本非所情，不容以叛逆比之。今新定荆、郢，宜示宽大，以慰其心，若降而籍之，恐自荆而南，坚城剧屯，驱之死守，非计之善也。"止不籍。由是江、汉列城争下。以功封永康县公，检校荆州刺史。乃度岭至桂州，分道招慰。酋领冯盎等皆以子弟来谒，南方悉定。裁量款效，承制补官。得郡凡九十六，户六十余万。诏书劳勉，授岭南抚慰大使、检校桂州总管。以岭海陋远，久不见德，非震威武、示礼义，则无以变风。即率兵南巡，所过问疾苦，延见长老，宣布天子恩意，远近欢服。

辅公祏据丹阳反，诏孝恭为帅，召靖入朝受方略，副孝恭东讨，李世勣等七总管皆受节度。公祏遣冯惠亮以舟师三万屯当涂，陈正通步骑二万屯青林，自梁山连锁以断江道。筑却月城，延袤十余里，为掎角。诸将议曰："彼劲兵连栅，将不战疲老我师。若直取丹阳，空其巢窟，惠亮等自降。"靖曰："不然。二军虽精，而公祏所自将亦锐卒也，既保石头，则牢未可拔。我留不得志，退有所忌，腹背蒙患，非百全计。且惠亮、正通百战余贼，非怯野斗，今方持重，特公祏立计尔。若出不意，挑攻其城，必破之。惠亮拔，公祏禽矣。"孝恭听之。靖率黄君汉等水陆皆进，苦战，杀伤万余人，惠亮等亡去。靖将轻兵至丹阳，公祏惧，众尚多，不能战，乃出走，禽之，江南平。置东南道行台，以为行台兵部尚书。赐物千段、奴婢百口、马百匹。行台废，检校扬州大都督府长史。帝叹曰："靖乃铣、公祏之膏肓也，古韩、白、卫、霍何以加！"

八年，突厥寇太原，为行军总管，以江淮兵万人屯太谷。时诸将多败，独靖以完军归。俄权检校安州大都督。太宗践阼，授刑部尚书，录功，赐实封四百户，兼检校中书令。突厥部种离畔，帝方图进取，以兵部尚书为定襄道行军总管，率劲骑三千繇马邑趋恶阳岭。颉利可汗大惊，曰："兵不倾国来，靖敢提孤军至此？"于是帐部数恐。靖纵谍者离其腹心，夜袭定襄，破之，可汗脱身遁碛口。进封代国公。帝曰："李陵以步卒五千绝漠，然卒降匈奴，其功尚得书竹帛。靖以骑三千，蹀血虏庭，遂取定襄，古未有辈，足澡吾渭水之耻矣！"

颉利走保铁山，遣使者谢罪，请举国内附。以靖为定襄道总管往迎之。又遣鸿胪卿唐俭、将军安修仁尉抚。靖谓副将张公谨曰："诏使到，虏必自安，若万骑赍二十日粮，自白道袭之，必得所欲。"公谨曰："上已与约降，行人在彼，奈何？"靖曰："机不可失，韩信所以破齐也。如唐俭辈何足惜哉！"督兵疾进，行遇候逻，皆俘以从，去其牙七里乃觉，部众震溃，斩万余级，俘男女十万，禽其子叠罗施，杀义成公主。颉利亡去，为大同道行军总管张宝相禽以献。于是斥地自阴山北至大漠矣。帝因大赦天下，赐民五日酺。

御史大夫萧瑀劾靖持军无律，纵士大掠，散失奇宝。帝召让之，靖无所辩，顿首谢。帝徐曰："隋史万岁破达头可汗，不赏而诛，朕不然，赦公之罪，录公之功。"乃进左光禄大夫，赐绢千匹，增户至五百。既而曰："向人谮短公，朕今悟矣。"加赐帛两千匹，迁尚书右仆射。

靖每参议，恂恂似不能言，以沈厚称。时遣使十六道巡察风俗，以靖为畿内道大使，会足疾，恳乞骸骨。帝遣中书侍郎岑文本谕旨曰："自古富贵而知止者盖少，虽疾顿愈，犹力于进。公今引大体，朕深嘉之。欲成公美，为一代法，不可不听。"乃授检校特进，就第，赐物段千，尚乘马二，禄赐、国官、府佐皆勿废。若疾少间，三日一至门下中书平章政事。加赐灵寿杖。

顷之，吐谷浑寇边。帝谓侍臣曰："靖能复起为帅乎?"靖往见房玄龄，曰："吾虽老，尚堪一行。"帝喜，以为西海道行军大总管，任城王道宗、侯君集、李大亮、李道彦、高甑生五总管兵皆属。军次伏俟城，吐谷浑尽火其莽，退保大非川。诸将议，春草未牙，马弱不可战。靖决策深入，遂逾积石山，大战数十，多所杀获，残其国，国人多降，吐谷浑伏允愁蹙自经死。靖更立大宁王慕容顺而还。甑生军繇盐泽道后期，靖簿责之。既归而憾，与广州长史唐奉义告靖谋反，有司按验无状，甑生等以诬罔论。靖乃阖门自守，宾客亲戚一谢遣。改卫国公。其妻卒，诏坟制如卫、霍故事，筑阙象铁山、积石山，以旌其功，进开府仪同三司。

帝将伐辽，召靖入，谓曰："公南平吴，北破突厥，西定吐谷浑，惟高丽未服，亦有意乎?"对曰："往凭天威，得效尺寸功。今疾虽衰，陛下诚不弃，病且瘳矣。"帝悯其老，不许。二十三年，病甚，帝幸其第，流涕曰："公乃朕生平故人，于国有劳。今疾若此，为公忧之。"薨，年七十九，赠司徒、并州都督，给班剑、羽葆、鼓吹，陪葬昭陵，谥曰景武。

【译文】

李靖，字药师，京兆三原人，身材魁梧，容貌端正，熟悉书史。曾对所亲近的人说："大丈夫要争取有所际遇，应该有功名来取得富贵，怎么能做只知背诵章句的儒生?"他的舅舅韩擒虎每次与他谈论兵家之事，就感叹说："可以一起讨论孙子、吴起兵法的，除了这个人外还有谁呢?"在隋朝任官为殿内直长，吏部尚书牛弘见到他说："这人是辅佐帝王的将相之才!"左仆射杨素摸着自己的座椅对他说："你终究会坐这个位置!"

大业年间后期，任马邑丞。高祖李渊出击突厥，李靖看出了他有夺取天下的野心，就自带枷锁向隋政府告发有紧急事变。于是押送李渊至江都。到了长安，道路不通。高祖平定京师后，将斩李靖，李靖大呼说："公起兵是为天下百姓除去暴乱，要成大事业，难道可以因私怨杀义士吗?"秦王李世民也为他说情，终于得到释放，被任为宫廷卫士，随从秦王平定王世充，因功授官开府。

萧铣占据江陵，诏命李靖去安抚，与随从的几个童子骑马取道金州，刚好蛮贼邓世洛有数万兵屯驻山谷间，庐江王李瑗讨伐不能得胜，李靖为他出计谋，击退了蛮贼。李靖进而到峡州，遇到萧铣的兵阻挡不能向前。天子认为他故意停留，下诏命都督许绍斩李靖，许绍为李靖说情，终于免于斩首。开州蛮人首领冉肇则侵扰夔州，赵郡王李孝恭出战未获胜，李靖率领八百士兵出击，破了他们的营垒，又在险要的地区设了伏兵，杀死了冉肇则，俘获了他的五千士兵。天子对左右的官吏说："使用有功之人不如使用有过之人，用李靖果然是这样。"接着亲自写命令慰劳说："既往不咎，过去的事我早已忘记了。"李靖于是上奏图谋攻克萧铣的十条计策。天子下诏任命李靖为行军总管,兼代理李孝恭的行军长史,军政大权集于一身。

武德四年八月,在夔州大规模检阅士兵。当时秋天雨水大,河水上涨水流急,萧铣以为李靖不可能沿江而下,就不加防备。各位将领也提议等江水平静后再进军。李靖说:"打仗,是神机妙算的事情,以快速为神。现在士兵刚集合,萧铣还来不及得知消息,如果乘水势靠近他们的营垒,是迅雷不及掩耳之态势,他们即使能仓促召集士兵,也没有办法抵御我们,这样就必然被擒了。"李孝恭同意。

九月,水军出击夷陵,萧铣的将领文士弘带数万士兵驻屯在清江,李孝恭想进攻他,李靖说:"不可。士弘是个健将,下面都是勇士,现在他新失荆门,把全部精兵都用来抵抗我们,这是为了挽救失败的军队,不可抵挡。应该驻军到南岸,等他们士气有所衰落后再攻取他们。"李孝恭不同意,留下李靖守营垒,自己率领部队去与他们作战,结果大败而回。贼军弃船四处抢掠,李靖见他们队伍混乱,出兵攻击并打败了他们,夺取了四百余艘船,敌人溺死上万人。接着他率领轻装的五千名士兵为先锋,直向江陵,靠近城扎营。然后打败他们的将领杨君茂、郑文秀,俘获敌人士兵四千名。李孝恭的军队紧接而来,萧铣十分害怕,用檄文急召江南的兵来支援,还没有赶到,第二天就投降了。李靖进入他的都城,号令严肃,军队没有私下掠夺。有人请求李靖籍没萧铣将领中抗拒者的家产来赏赐士兵,李靖说:"天子的士兵是用来救民于水火而征伐有罪的人,这些人是被威胁驱逐而来,借以抗拒王师,本来不是他们所情愿的,不容许把他们比作叛逆之徒。现在刚刚平定荆州、郢州,应该表示宽大,用来安慰他们的心,如果投降后而没收他们,恐怕自荆州以南,碰到的将是坚守的城市和强有力的营垒,再驱使一些死守的士兵,这恐怕不是良好的计策。"就不再籍没。从此长江、汉水两岸城市争着投降,因功封永康县公、检校荆州刺史。又翻越南岭到桂州,分道招降慰喻。少数民族的部落首领冯盎等人都派子弟来进谒,南方都平定了。他根据归附投降人的不同情况,按照政策授以官职。共得到九十六郡,六十余万户的人口。天子下诏书慰劳勉励,授以岭南抚慰大使、检校桂州总管。李靖认为岭南近海一带粗俗而遥远,长久不见德治,如不用武力震慑、用礼义教育,就不能改变他们的风气。于是就率领士兵南下巡行,所过的地方问百姓疾苦,请老人们来相见,宣布天子的恩意,远近的人们都欢欣鼓舞地臣服了。

辅公祐占据丹阳谋反,朝廷下诏命李孝恭为帅,召李靖入朝听取朝廷用兵的方针策略,作为孝恭的副职向东方讨伐,李世勣等七个总管都要受他指挥。辅公祐派冯惠亮用三万水兵屯驻当涂,陈正通的二万步兵骑兵屯驻青林,从梁山南北连锁以切断长江水道。又筑半月形的城垒,长十余里,作战时可互相支援呼应。各将议论说:"他们用强劲士兵把营垒连接起来,准备不战而使我军疲劳。如果直接攻取丹阳,挖了他们的老巢,冯惠亮等人自然会投降。"李靖说:"不然。这两支军虽然是精兵,而辅公祐自己率领的部队也是锐卒,他既据守石头城,则肯定牢不可拔,我如果直取丹阳,万一攻不下,则留不能得胜,退又要受两将的攻击,有所顾忌,腹背都受敌,这不是考虑得周密的计策。而且冯惠亮、陈正通身经百战,不怕在空旷地作战,而现在屯兵不动,一定是辅公祐设立的计谋。假如出其不意,挑动进攻他们的城,必然能取胜。冯惠亮的城攻破,辅公祏也必然被擒了。"李孝恭同意。李靖率领黄君汉等军水陆并进,经过苦战,杀死杀伤敌军一万多人,冯惠亮等逃走。李靖带领轻装士兵到丹阳,辅公祏害怕,士兵还很多,但不能战斗,就出逃,最后活捉了他,江南平定了。朝廷设置了东南道行台,任李靖为行台兵部尚书。赐给他织物千段、奴婢一百口、马一百匹;后行台废除,任检校扬州大都督府长史。天子叹道:"李靖是萧铣、辅公祏的心腹之患,古代的韩信、白起、卫青、霍去病也不一定能超过他!"

八年,突厥进犯太原,李靖任行军总管,用江淮兵一万人屯驻太谷。当时其他将领多战败,只有李靖带着全部军队归来。不久暂理检校安州大都督。太宗李世民即位,授官刑部尚书,按功,赐给封户四百户,兼任检校中书令。突厥部落内乱叛离,天子打算乘机进攻,任命李靖为兵部尚书和定襄道行军总管,率领三千名强劲的骑兵由马邑奔向恶阳岭。颉利可汗大惊,说:"如果唐军不是倾全国兵力来攻,李靖会敢于率孤军来到这里?"因此突厥营帐多次惊恐。李靖派间谍离间他们的心腹人物,又在夜晚袭击定襄,终于打败了突厥,颉利可汗脱身逃到碛口。晋封为代国公。天子说:"李陵用五千步兵到大漠,后终于投降匈奴,他的功劳尚且要记载在历史上。李靖以三千骑兵,血战在突厥的王庭,攻取了定襄,从古没有这样的人,这足以洗刷我在渭水受到的耻辱了。"

颉利可汗出走到铁山,派遣使者向唐王朝谢罪,请求全国依附于唐朝。朝廷命李靖为定襄道总管前往迎降。又派鸿胪卿唐俭、将军安修仁去慰劳、安抚。李靖对副将张公谨说:"天子派遣的送诏书的使臣到那里,突厥必定感到安心,如果出一万骑兵带二十日粮食,从白道攻击他们,必定能得到我们所想得到的胜利。"张公谨说:"天子已与他们约定受降之事,使臣已在那里,怎么办?"李靖说:"机不可失,这是韩信所以袭破齐王田广的原因。像唐俭这类人有什么可惜的!"督促士兵快速前进,行军中遇到瞭望哨和巡逻兵,都俘虏了带着走,直到离开突厥有主帅牙旗的营帐七里的地方,颉利可汗才发觉,他的部下及士兵一下子震惊而自己崩溃,李靖斩敌一万多,俘获男女十万人,擒获可汗的儿子叠罗施,杀义成公主。颉利逃走。被大同道行军总管张宝相抓获后献给朝廷。于是开拓土地从阴山以北直到大漠。天子因此大赦天下,赐准臣民聚会饮酒五天。

御史大夫萧瑀弹劾李靖主持军队纪律不严,放纵士兵大肆掠夺,使突厥的珍奇宝物散失。天子召李靖责备他,李靖无可辩解,叩头谢罪认错。天子慢慢又说:"隋朝史万岁破达头可汗,不赏赐就诛杀,朕不然,赦免你的罪,记录你的功。"晋升为左光禄大夫,赐绢一千匹,增加封户共计为五百户。过后又说:"过去人们背后说你的坏话,朕现在知道是什么原因了。"加赐帛二千匹,升为尚书右仆射。

李靖每次参加宰相的政务会议,总是很忠厚老实不会巧言善辩,因此以信实厚道闻名。当时派遣大臣为黜陟大使分十六道巡视观察社会状况和风俗,派李靖为畿内道大使,刚好他脚有病,恳求退休。天子派中书侍郎岑文本下圣旨说:"自古以来人们富贵而急流勇退的人是很少的,虽然身体有病已困顿疲惫,还要尽力而进,你现在能识大体,朕深感可嘉,朕要成全你的美事,又成为一代人效法的榜样,不可不同意。"授官检校特进,就居于府中,赐织物千段,天子御用的马二匹,俸禄、属官、府佐都不废除。如果病稍好,三天一次到门下和中书省参议政事。加赐一根灵寿杖。

　　不久，吐谷浑进犯边境。天子对侍臣说："李靖能够重新出来当统帅吗？"李靖去见房玄龄，说："我虽然老了，还能够一行。"天子高兴，任命他为西海道行军大总管，任城王李道宗、侯君集、李大亮、李道彦、高甑生五个总管的军队都归李靖统辖。军队停驻在伏俟城，吐谷浑把附近的草木全烧光，退而屯保大非川。将领们议论，春草还未发芽，马体弱不能战斗。李靖决定深入，于是大军越过积石山。大战数十次，杀敌和俘获都很多，摧毁了他们的国家，国中的人大多投降，吐谷浑可汗伏允忧愁自杀而死。李靖重新立了他的儿子大宁王慕容顺后回军。高甑生的军队从盐泽道出发迟到，李靖写文书责备他。回军后他感到愤恨，就与广州长史唐奉义告发李靖谋反，有关部门查访没有证据，高甑生等人按诬告反坐判罪。此后李靖就闭门自己生活，谢绝一切宾客亲戚来访。改封卫国公。他的妻子死，诏命营建李靖夫妇坟墓所遵循的规格按照卫青、霍去病的旧制，为冢象铁山、积石山，以表彰他的功绩，进位开府仪同三司。

　　天子将征伐辽，召李靖入朝，对他说："您南平吴，北破突厥，西定吐谷浑，只有高丽未臣服，你有意征伐高丽吗？"李靖答道："过去凭借皇帝的威力，使我得以报效尺寸的功。现今我虽有病衰弱，陛下如果不遗弃，我的病快要痊愈了。"天子悯怜他年老，没有同意。贞观二十三年，病情加重，天子到他的府第，流着泪说："你是我的从少到老相处的朋友，对国家有功劳。现在病到这种程度，我为你担忧。"死，年龄七十九岁。赠官司徒、并州都督，给予由持剑武士组成的仪仗队、华盖和鼓吹乐队，陪葬在昭陵附近，谥号为"景武"。

王焘传

【题解】

　　王焘（670～755）唐代医学家，陕西郿县人。他出身于世代官宦家庭，儿时常患疾病，成年后究心医学，多次从学于名医，精通医术。他母亲患病，王焘侍汤奉药，衣不解带。他为官历任徐州司马、给事中、邺郡太守，其才学闻名于时。

　　公元八世纪初，他在国家藏书馆——弘文馆任职长达20余年。在此期间，他博览古代医学文献，并将所参阅的医书逐条摘录，去粗芜，采精华，注明出处卷第，积累了大量宝贵的资料。天宝年间他出守大宁。王焘目睹偏僻之地缺医少药，疾病流行的惨状，他取所集经方，亲施方药，治病救人。鉴于历代方书篇目杂乱，遂立志编选一部集

王焘

历代医论和医方的医学大全。

他治学严谨，勤奋刻苦，系统收集了盛唐以前的经验医方，计古方五、六十家，近著数千万卷，历时十年，于天宝十一年(752)著成《外台秘要方》共四十卷，凡一千一百零四门。另著《外台要略》十卷，为《外台秘要方》的简本。其书先医论，后列方，讨论精明，治法大备，可惜原书已亡佚。

【原文】

焘，性至孝，为徐州司马。母有疾，弥年不废带，视絮汤剂。数从高医游，遂穷其术，因以所学作书，号《外台秘要》，计绎精明，世宝焉。历给事中、邺郡太守，治闻于时。

【译文】

王焘性情极其孝顺，任徐州司马。母亲患病，他常年侍奉，衣不解带，亲自询视调理羹汤药剂。他多次跟随著名医学大家游历习医，遂深得医学要旨。他根据所学的医学理论和临床经验，编撰著书，名为《外台秘要》。书中讨论阐述。条理分明，为世人所推崇。王焘生前历任给事中、邺郡太守。他为官清正廉明，闻名于时。

阎立德、阎立本传

【题解】

阎立德(？～656)雍州万年县(今陕西西安市西北)人。他出生于工艺世家，其父阎毗以工艺著名。他是唐代有名的工艺美术及建筑艺术家。他入仕为尚衣奉御，创制帝王公侯的朝服、伞扇等物，均典雅有则，后任将作大匠、工部尚书，代理司空等职，他规划营建高祖李渊和太宗李世民的陵墓，以及翠微宫、玉华宫等，都是唐代有名的建筑，在我国建筑艺术史上留下光辉的一页。

阎立本(？～673)，阎立德的弟弟。他是唐代著名的宫廷画家。尤其擅长画人物肖像。他的画注重形似，用笔细腻，毫发不爽。他曾为太宗李世民画像，又曾作《寿府十人学士图》《凌烟阁功臣图》等，受到当时人的赞赏。历任将作大臣、工部尚书，后来升任右宰相。但阎立本长于绘画，缺乏宰相才具，当时任左丞的姜恪只有战功，也乏治世之才，当时人借用《千字文》中的文句进行嘲讽：左相"宣威沙漠"，右相"驰誉丹青"。

【原文】

阎让字立德，以字行，京兆万年人。父毗，为隋殿内少监，本以工艺进，故立德与弟立本皆机巧有思。武德初，为秦王府士曹参军，从平东都。迁尚衣奉御，制衮冕六服、腰舆、伞扇咸有典法。贞观初，历将作少匠、大安县男。护治献陵，拜大匠。文德皇后崩，摄司空,营昭陵,坐弛职免。起为博州刺史。太宗幸洛阳,诏立德按爽垲建离宫清暑,乃度地汝州西山,控汝水,睨广成泽,号襄城宫,役凡百余万。宫成,烦懊不可居,帝废之,以赐百姓,坐免官。

未几,复为大匠,即洪州造浮海大航五百艘,遂从征辽,摄殿中监,规筑土山,破安市城。师还,至辽泽,亘二百里,淖不可通,立德筑道为桥梁,无留行。帝悦,赐予良厚。又营翠微、宝华二宫,擢工部尚书。帝崩,复摄司空,典陵事,以劳晋爵大安县公。永徽五年,高宗幸万年宫,留守京师,领徒四万治京城。卒,赠吏部尚书、并州都督,陪葬昭陵,谥曰康。

步辇图(唐阎立本)

立本,显庆中以将作大匠代立德为工部尚书。总章元年,自司平太常伯拜右相、博陵县男。初,太宗与侍臣泛舟春苑池,见异鸟容与波上,悦之,诏坐者赋诗,而召立本俾状。阁外传呼画师阎立木,是时已为主爵郎中,俯伏池左,研吮丹粉,望坐者羞怅流汗。归戒其子曰:"吾少读书,文辞不减侪辈,今独以画见名,与厮役等,若曹慎勿习!"然性所好,虽被誉屈,亦不能罢也。既辅政,但以应务俗材,无宰相器。时姜恪以功擢左相,故时人有"左相宣威沙漠,右相驰誉丹青"之嘲。咸亨元年,官复旧名,改中书令。卒,谥曰文贞。

【译文】

阎让字立德,以字行世,是京兆府万年县人。他的父亲阎毗,在隋朝任殿内少监,本来是因擅长工艺而被提拔的,因此阎立德和弟弟立本都很灵巧,富于创造力。武德初年,阎让被任为秦王府士曹参军,跟随秦王李世民平定东都洛阳。升任尚衣奉御,他创制六种帝王公所穿的衣帽礼服、轿子、伞扇等物,都典雅而符合礼仪的规定。贞观初年,历任将作少匠,封爵大安县男。因护理唐高祖李渊的坟墓有功,升任将作大匠。文德皇后逝世,他代理司空之职,营建太宗李世民的昭陵时,因管理松懈被免职。后起用为博州刺史。太宗李世民去洛阳巡视,命令他选择凉爽干燥的地方建造避暑宫殿,他选择了汝州西山,宫殿建在汝水之上,面向广成泽,称为襄城宫,动用一百多万劳力。宫殿建成后,燥热不可住,太宗废弃了,把它卖给百姓,因此而被免官。

没过多久,又任他为将作大匠,在洪州制造航海大船五百艘,于是跟随太宗征伐辽东,代理殿中监之职,他规划修筑土山,因此攻破了安市城。大军班师回朝,行至辽泽,前面横拦二百里的沼泽地,不能通过,阎立德率人修路搭桥,大军没有被滞留。太宗很高兴,给他很多赏赐。他又负责营建翠微、玉华二宫,升任工部尚书。太宗逝世,又代理司空之职,并主管陵墓事务。因有劳绩,进爵大安县公。永徽五年,高宗去万年宫,他留守京师,率领四万罪徒修治京城。他死后,追赠吏部尚书、并州都督衔,陪葬于昭陵,赠谥号为"康"。

阎立本,高宗显庆年间以将作大匠的身份代替立德为工部尚书。高宗总章元年,由司平太常伯升任右相,封爵博陵县男。当初,太宗李世民和近臣在春苑池划船,看到奇异的飞鸟在水面上下翻飞,非常高兴,令在座诸臣赋诗,召阎立本来摹写这种景象,于是阁外的侍从传唤画师阎立本,这时阎立本已升任主爵郎中,于是他在春苑池左方,俯身作画,口吮毛笔,调和颜料,他看到陪太宗而坐的诸人,不觉羞愧流汗。回家以后,教训他的儿子们说:"我年轻时读书,辞采文章不比在座的那些人差,现在只有我以绘画知名,地位与仆役相同,你们千万不要学习绘画!"但他生性为画,虽然为此而受委屈,也扔不掉画笔。他升为辅政大臣,只不过具有普通人应付事务的能力,缺乏宰相的才具。当时姜恪因作战有功升任左相,所以当时人编了两句顺口溜:"左相沙漠逞威风,右相绘画有高名。"以此来嘲弄二人缺乏宰相之才。咸亨元年,官名改为旧称,于是右相改为中书令。逝世以后。赠谥号"文贞"。

虞世南传

【题解】

虞世南(558~638),字伯施,越州余姚(今浙江省余姚市)人。仕隋,任秘书郎。入唐,历任员外散骑侍郎、弘文馆学士、秘书监等官。入唐之后,虞世南一直在唐太宗李世民左右,因唐太宗喜爱书法艺术,他很受太宗的赏识。他直言敢谏,对唐太宗多所规,太宗也喜爱他的忠直敢言。唐太宗称虞世南有五绝:德行、忠直、博学、文辞、书翰。

虞世南是唐初著名书法家。他最初向智永学书法,深得其妙,因而他的书法作品受到人们的珍爱。他以行草书著名,其书与欧阳询齐名,世称"欧虞"。虞世南在唐代书坛上影响很大,鉴赏力也高。书家褚遂良曾询问虞世南,他的书法与智永、欧阳询相比如何,虞世南对智永、欧阳询、褚遂良的书艺作了恰当的评价。可见虞世南在唐代书坛的地位。他和欧阳询、褚遂良、薛稷称为初唐四大家。传世碑刻有《孔子庙堂碑》(现藏陕西博物馆)。另外编集《北堂书钞》一百七十三卷。

虞世南

【原文】

虞世南越州馀姚人。出继叔陈中书侍郎寄之后,故字伯施。性沉静寡欲,与兄世基同受学于吴顾野王馀十年,精思不懈,至累旬不盥栉。文章婉缛,慕仆射徐陵,陵白以类己,由是有名。陈天嘉中,父荔卒,世南毁不胜丧。文帝高荔行,知二子皆博学,遣使至其所护视,召为建安王法曹参军。时寄陷于陈宝应,世南虽服除,仍衣布饭蔬;寄还,乃释布嚼肉。至德初,除西阳王友。陈灭,与世基入隋。世基辞章清劲过世南,而赡博不及也,俱名重当时,故议者方晋二陆。炀帝为晋王,与秦王俊交辟之。大业中,累至秘书郎。炀帝虽爱其才,然疾峭正,弗甚用,为七品十年不徙。世基佞敏得君,日贵盛,妻妾被服拟王者,而世南躬贫约,一不改。宇文化及已弑帝,间杀世基,而世南抱持号诉请代,不能得,自是哀毁骨立。从至聊城,为窦建德所获,署黄门侍郎。秦王灭建德,引为府参军,转记室,迁太子中舍人。王践祚,拜员外散骑侍郎、弘文馆学士。时世南已衰老,屡乞骸骨,不听,迁太子右庶子,固辞,改秘书监,封永兴县子。

世南貌儒谨,外若不胜衣,而中抗烈,论议持正。太宗尝曰:"朕与世南商略古今,有一言失,未尝不怅恨,其恳诚乃如此!"

贞观八年,进封县公。会陇右山崩,大蛇屡见,山东及江、淮大水,帝忧之,以问世南,对曰:"春秋时,梁山崩,晋侯召伯宗问焉。伯宗曰:'国主山川,故山崩川竭,君为之不举,降服,乘缦,彻乐。出次,祝币以礼焉'。梁山,晋所主也,晋侯从之,故得无害。汉文帝元年,齐、楚地二十九山同日崩,水大出,诏郡国无来贡,施惠天下,远近洽穆,亦不为灾。后汉灵帝时,青蛇见御坐。晋惠帝时,大蛇长三百步,见齐地,经市入庙。蛇宜在草野,而入市,此所以为怪耳。今蛇见山泽,适其所居。又山东淫雨,江、淮大水,恐有冤狱枉系,宜省录累囚,庶几或当天意。"帝然之,于是遣使赈饥民,申挺狱讼,多所原赦。

后星孛虚、危,历氏,馀百日,帝访群臣。世南曰:"昔齐景公时,彗见,公问晏婴,婴曰:'公穿池诏畏不深,起台榭畏不高,行刑罚畏不重,是以天见彗为戒耳。'景公惧而修德，后十六日而灭。臣愿陛下勿以功高而自矜，勿以太平久而自骄，慎终于初，彗虽见，犹未足忧。"帝曰："诚然，吾良无景公之过，但年十八举义兵，二十四平天下，未三十即大位，自谓三王以来，拨乱之主莫吾若，故负而矜之，轻天下士。上天见变，其为是乎？秦始皇除六国，隋炀帝有四海之富，卒以骄败。吾何得不戒邪？"

高祖崩，诏山陵一准汉长陵故事，厚送终礼，于是程役峻暴，人力告弊。世南谏曰：

古帝王所以薄葬者，非不欲崇大光显以荣其亲，然高坟厚陇，宝具珍物，适所以累之也。圣人深思远虑，安于菲薄，为长久计。昔汉成帝造延、昌二陵，刘向上书曰："孝文居霸陵，凄怆悲怀，顾谓群臣曰：'嗟呼！以北山石为椁，用纻絮斮陈漆其间，岂可动哉？'张释之曰：'使其中有可欲，虽锢南山犹有隙；使无可欲，虽无石椁，又何戚焉？'夫死者无终极，而国家有废兴。孝文寤焉，遂以薄葬。"

又汉法，人君在位，三分天下贡赋之一以入山陵。武帝历年长久，比葬，方中不复容物。霍光暗于大体，奢侈过度，其后赤眉入长安，破茂陵取物，犹不能尽。无故聚敛，为盗之用，甚无谓也。

魏文帝为寿陵，作终制曰："尧葬寿陵，因山为体，无封树、寝殿、园邑，棺椁足以藏骨，衣食足以朽肉。吾营此不食之地，欲使易代之后不知其处。无藏金银铜铁，一以瓦器。丧乱以来，汉氏诸陵无不发者，至乃烧取玉匣金缕，骸骨并尽，乃不重痛哉！若违诏妄有变改，吾为戮尸地下，死而重死，不忠不孝，使魂而有知，将不福汝。以为永制，藏之宗庙。"魏文此制，可谓达于事矣。

陛下之德，尧、舜所不逮，而俯与秦、汉君同为奢泰，此臣所以尤戚也。今为丘陇如此，其中虽不藏珍宝，后世岂及信乎？臣愚以为霸陵因山不起坟，自然高显。今所卜地势即平，宜依周制为三仞之坟，明器一不得用金银铜铁，事讫刻石陵左，以明示大小高下之式，一藏宗庙，为子孙万世法，岂不美乎！

书奏，未报。又上疏曰："汉家即位之初，便营陵墓，近者十馀岁，远者五十年。今以数月之程，课数十年之事，其于人力不亦劳矣。汉家大郡，户至五十万，今人众不逮往时，而功役一之，此臣所以致疑也。"时议者颇言宜奉遗诏，于是稍稍裁抑。

帝尝作宫体诗，使虞和。世南曰："圣作诚工，然体非雅正。上之所好，下必有甚者，臣恐此诗一传，天下风靡。不敢奉诏。"帝曰："朕试卿耳！"赐帛五十匹。帝数出畋猎，世南以为言，皆蒙嘉纳。尝命写《列女传》于屏风，于时无本，世南暗疏之，无一字谬。帝每称其五绝：一曰德行，二曰忠直，三曰博学，四曰文词，五曰书翰。世南始学书于浮屠智永，究其法，为世秘爱。

十二年，致仕，授银青光禄大夫，弘文馆学士如故，禄赐仿阁视京官职事者。卒，年八十一，诏陪葬昭陵，赠礼部尚书，谥曰文懿。帝手招魏王泰曰："世南于我犹一体，拾遗补阙，无日忘之，盖当代名臣，人伦准的。今其云亡，石渠、东观中无复人矣！"后帝为诗一篇，述古兴亡，既而叹曰："钟子期死，伯牙不复鼓琴。朕此诗将何所示邪？"敕起居郎褚遂良即其灵坐焚之。后数岁，梦进谠言若平生，翌日，下制厚恤其家。

【译文】

虞世南,是越州余姚人。因他过继给他的叔父——南朝陈中书侍郎虞寄为后,所以字为伯施。他生性沉静,清心寡欲,和他的哥哥世基一起在吴郡顾野王门下学习十多年,终日专心学问,从不懈怠,甚至十多天不洗脸不梳头。他的文章委婉多彩,他很崇拜仆射徐陵的文章,徐陵也说虞世南的文风颇象自己,因此虞世南得以文章著名。陈朝天嘉年间,他的父亲虞荔逝世,虞世南由于过分悲伤,损害了身体,几乎坚持不住。陈文帝敬重虞荔的品德高尚,又了解到他的两个儿子都很博学,派人到他家里看护,召任虞世南为建安王的法曹参军。当时虞寄被陈宝应劫持,虞世南虽然为父亲眼丧已满期。仍然粗衣粗饭;虞寄回来以后,才换去粗布衣服,开始吃肉食。至德初年,升为西阳王友。陈朝灭亡,和哥哥世基在隋朝任职。世基的文章清劲,超过了世南,但不如世南学问渊博,二人在当时都有很高的声望,人们将他兄弟二人比作晋朝的陆机、陆云兄弟。在隋炀帝杨广作晋王的时候,和秦王杨俊递相任用他。大业年间,虞世南官至秘书郎。隋炀帝虽然喜欢他有才能,但对他刚正的性格很头痛,所以并不怎么重用他,七品官当了十年也得不到升迁。虞世基机敏而善于巧言花语,隋炀帝很喜欢他,于是一天天尊贵起来,妻妾的穿戴和王公贵族一样,虞世南家里却很贫困,但他一点也不改变自己的节操。宇文化及杀死隋炀帝,又将杀虞世基,虞世南抱住隋炀帝,请求代他而死,宇文化及不允许,隋炀帝被杀,虞世南悲痛过分,瘦得只剩下一把骨头。他随宇文化及来到聊城,被窦建德俘获,任他为黄门侍郎。秦王季世民消灭了窦建德,任他为王府参军,转为记室,又升任太子中舍人。秦王李世民即皇帝位,封他为员外散骑侍郎、弘文馆学士。当时虞世南已年老体衰,多次请求退休,皇帝不允许,并升任他为太子右庶子,虞世南坚持不就任,改为秘书监,封爵为永兴县子。

虞世南长相儒雅温顺,从外表来看,似乎连身上的衣服也抱不动,但意志坚强,议论政事,坚持正确意见。太宗李世民曾说:"我和虞世南讨论古今史事,他说了一句不合适的话,就因此而无限悔恨,他的态度竟是这样诚恳!"

贞观八年,虞世南进封永兴县公。当时陇右一带发生山崩地震,大蛇不断出现,山东和江、淮一带大水成灾,太宗为此忧虑,问虞世南该怎么办,虞世南回答说:"春秋时代,梁山发生山崩,晋侯把伯宗召来,问他该怎么办。伯宗说:'山河是国家的象征,所以发生山崩河枯这样的灾异,君主应该放弃一切排场,换盛紧为素服,乘素帏车,撤去鼓乐。离开宫殿,另居别室,以礼祭祀山川'。梁山,是晋国的象征,晋侯按着伯宗的话去做,因此没有造成灾害。汉文帝元年,齐地、楚地的二十九座山峰同日发生山崩,大水从地下涌出,汉文帝下令,各郡国不要来贡献,给天下人以恩惠,因此四方稳定,也没有造成灾害。后汉灵帝时,青蛇出现在皇帝的宝座旁边;晋惠帝时,在齐地出现三百步长的大蛇,经过街市,进入宗庙。蛇本来应在野外草丛中,却进入街市,因此人们认为是怪异之事。现在蛇出现在山岭沼泽,这正是它生活的地方。再者,山东大雨,江、淮之间的大水,恐怕是有受冤屈的人被关在监狱所致,应该辨明在押犯是否冤枉,这样做,或许能够顺应天意。"太宗认为他的话有道理，于是派遣使者救济灾民，昭雪冤狱，赦免了很多人。

后来彗星侵入虚宿、危宿，并横扫氐宿，这种现象持续了一百多天，太宗为此历访群臣。虞世南说："古代齐景公时，彗星出现，齐景公问晏婴，晏婴回答说：'君主您下令挖池塘，总嫌不深；下令盖亭台，总嫌不高；推行刑罚，总嫌不重。因此上天现出彗星，以示警诫。'齐景公听了很害怕，推行德政，过了十六天，彗星消失了。我希望陛下您不要认为自己有大功而产生自负情绪，不要因长时间天下太平而产生骄傲情绪，始终如一，彗星虽然出现，也不必担心。"太宗说："确实像你指出的那样，我虽然没有齐景公那样的过失，但从十八岁上率兵起义，二十四岁时平定天下，不到三十岁就登上皇帝的宝座，自认为自从三皇五帝以来，平定祸乱的君主都比不上我。因此自负而傲慢，轻视天下的人物。上天出现这样的变异，大概是为此而发吧？秦始皇平灭了六国，隋炀帝富有四海，最终都因骄傲而失败，我哪能不警惕呢？"

唐高祖李渊逝世，太宗下令，高祖的陵墓规格，以汉高祖刘邦的长陵为准，丧礼隆重，于是徭役苛暴，百姓被奴役得疲惫不堪。虞世南上书进行劝诫：

古代的帝王之所以提倡薄葬，并不是不想用崇高的丧礼、显赫的陵墓来荣耀他们的亲人，但是高大的坟墓，厚厚的坟山，随葬宝物用具，反而成为沉重的负担。圣人深思远虑，安于薄葬，实在是为长远打算的。过去汉成帝建造延陵、昌陵，刘向上书说："文帝登上霸陵，心情凄怆，悲从中来，对群臣说道：'好啊！用北山的石头砌成外椁，内外棺之间填上丝麻，浇上油漆，这样坚固，怎么能打开呢！'张释之说：'如果坟墓中有引起人们希望得到的东西，虽然压在南山下，犹有缝可钻；如果其中没有东西，即使没有石椁，有什么可担心的呢？'死人的事，时时会发生，没完没了，但国家政权却有兴有灭。汉文帝听了，猛然省悟，于是薄葬高祖。

再者，按照汉代的规定，君主在位，抽出天下三分之一的贡赋，准备葬入陵墓。汉武帝在位的时间长，到下葬的时候，陵墓中被填满，已放不进任何东西了。霍光不识大体，主持葬礼，挥霍过度，后来赤眉军打入长安，打开汉武帝的茂陵，各种物品，取之不尽。聚集不用的财物，被盗贼利用，实在没有意思。

魏文帝建造自己的陵墓时，立下遗嘱："帝尧的陵墓，依山而成，地表不起坟堆，不建造灵殿和坟园，棺只容下尸体就行了，衣服被褥能掩住尸体就行了。我的坟墓选在不毛之地，这样做，是想让子孙后代不知我葬在哪里。也不要随葬金银铜铁等器物，一律用陶器。战乱以来，汉代各皇帝的陵墓，没有不被盗的，甚至为了取金，把金缕玉衣也烧化了，遗骨也随之烧光，不是让人很痛心吗？如果违背我的遗嘱，妄有改变，等于在地下戳我的尸体，使我死了又死，这种不忠不孝行为，如果我的灵魂知道了，决不保佑你们。这一条定为长远遵守的制度，把我的遗嘱收藏在祖庙里。"魏文帝定的这一制度真是通达事理的啊。

陛下您的德政，尧、舜也赶不上，但却在这一点上，等而下之，和秦、汉的君主一样，过分奢侈，我为此感到很痛心。现在坟墓建造得如此高大，其中虽然不随葬珍奇宝物，后世人能相信这一点吗？我认为，霸陵依山就势，不起坟头，自然高大显赫。现在既然选择了平地,应该按照周朝的制度,建三仞高的坟头,随葬器物,一律不用金银铜铁,埋葬完毕,在陵墓左侧立一块石碑,七面刻写陵墓的大小高低规格,一份收藏在祖庙里,成为子孙万代遵循的制度,不是很好吗!

他这封奏疏送上去,太宗未加理睬。他又上奏说:"汉代的规定,皇帝即位,便开始营造陵墓,时间短的用十几年,长的用五十多年。现在要用几个月的时间,规定完成几十年工程量,百姓也太劳累了。汉代的大郡,人户可达到五十万户,现在人数达不到汉代的数量,而工作量相同,这是我提出疑问的原因。"当时群臣议论,也认为应遵守高祖的遗嘱,于是陵墓的规模稍稍缩小了一些。

太宗曾作宫体诗,让虞世南奉和。虞世南说:"陛下的诗作,确实很好,但这种体裁并不是严肃的诗体。上面喜好什么东西,下面必然更加喜好,我担心陛下的诗作一经传开,会风靡天下。因此,我不敢奉和。"太宗说道:"我这只不过考验你一下罢了!"赏给他丝帛五十匹。太宗经常出外打猎,虞世南又加劝诫,他的话都被太宗采纳。太宗曾令他把《列女传》书写在屏风上,当时手头没有书本可据,虞世南就凭记忆书写,结果不差一字。太宗经常说虞世南有五绝:一是品德,二是忠直,三是博学,四是文章,五是书法。虞世南最初向佛僧智永学习书法,对智永的书法艺术之妙,深有所得,因此他的书法作品,受到世人的珍爱。

贞观十二年退休,加衔银青光禄大夫,弘文馆学士官衔仍旧,另外俸禄、赏赐、卫队等待遇,和在职的京官一样。八十一岁时逝世,太宗下令,将他陪葬昭陵之旁,赠衔礼部尚书,加谥号为"文懿"。太宗亲笔下圣旨给魏王李泰说:"虞世南和我的关系,像一个人一样,他对朝廷政事的疏漏,能拾遗补阙,没一天不记在心里,他真称得起当代的名臣,是人们行为的模范。可惜现在他已经过世,宫中的学者,再也没有这样的人了!"后来,太宗写了一首诗,历述古代国家的兴亡原因,诗写好以后,感叹说:"钟子期死后,因为没有知音,伯牙不再弹琴。我这首诗要给谁看呢?"派起居郎褚遂良在虞世南的灵前把诗稿焚烧了。过了好几年,太宗有一次做梦,梦见虞世南对他进行劝诫,和生前一样。第二天,太宗下令给虞世南家优厚的抚恤。

薛仁贵传

【题解】

薛仁贵(614~683),名礼,唐绛州龙门(今山西河津)人,出身贫贱,种田为生。善骑射。太宗征辽东,应募从军。在征高丽的战斗中穿白衣冲入敌阵,所向披靡。后为铁勒道行军总管,战胜铁勒九姓,发三矢,杀三人,军中有"将军三箭定天山"之歌。乾封初年,击高丽,降扶余,威震辽海。拜本卫大将军,封平阳郡公,检校安东都护。咸亨元年(670),与吐蕃作战失败,后任右领军卫将军、检校代州都督等职。薛仁贵是唐代前期的

【原文】

薛仁贵,绛州龙门人。少贫贱,以田为业。将改葬其先,妻柳曰:"夫有高世之材,要须遇时乃发。今天子自征辽东,求猛将,此难得之时,君盍图功名以自显?富贵还乡,葬未晚。"仁贵乃往见将军张士贵应募。

至安地,会郎将刘君卬为贼所围,仁贵驰救之,斩贼将,系首马鞍,贼皆慑服,由是知名。王师攻安市城,高丽莫离支遣将高延寿等率兵二十万拒战,倚山结屯,太宗命诸将分击之。仁贵恃骁悍,欲立奇功,乃著白衣自标显,持戟,腰鞬两弓,呼而驰,所向披靡;军乘之,贼遂奔溃。帝望见,遣使驰问:"先锋白衣者谁?"曰:"薛仁贵。"帝召见,嗟异,赐金帛、口马甚众,授游击将军、云泉府果毅,令北门长上。师还,帝谓曰:"朕

薛仁贵

旧将皆老,欲擢骁勇付阃外事,莫如卿者。朕不喜得辽东,喜得虎将。"迁右领军中郎将。

高宗幸万年宫,山水暴至,夜突玄武门,宿卫皆散走,仁贵曰:"当天子缓急,安可惧死?"遂登门大呼,以警宫内,帝遽出乘高。俄而水入帝寝,帝曰:"赖卿以免,始知有忠臣也。"赐以御马。

苏定方讨贺鲁,仁贵上疏曰:"臣闻兵出无名。事故不成;明其为贼,敌乃可服。今泥熟不事贺鲁,为其所破,虏系妻子。王师有于贺鲁部落转得其家口者,宜悉取以还,厚加赉遣,使百姓知贺鲁为暴而陛下至德也。"帝纳之,遂还其家属,泥熟请随军效死。

显庆三年,诏副程名振经略辽东,破高丽于贵端城,斩首三千级。明年,与梁建方、契苾何力遇高丽大将温沙多门。战横山,仁贵独驰入,所射皆应弦仆。又战石城,有善射者,杀官军十余人,仁贵怒,单骑突击,贼弓矢俱废,遂生禽之。俄与辛文陵破契丹于黑山,执其王阿卜固献东都。拜左武卫将军,封河东县男。

诏副郑仁泰为铁勒道行军总管。将行,宴内殿,帝曰:"古善射有穿七札者,卿试以五甲射焉。"仁贵一发洞贯,帝大惊,更取坚甲赐之。时九姓众十余万,令骁骑数十来挑战,仁贵发三矢,辄杀三人,于是虏气慑,皆降。仁贵虑为后患,悉坑之。转讨碛北余众,擒伪叶护兄弟三人以归,军中歌曰:"将军三箭定天山,壮士长歌入汉关。"九姓遂衰。

铁勒有思结、多览葛等部,先保天山,及仁泰至,惧而降,仁泰不纳,虏其家以赏军,贼相率遁去。有候骑言:"虏辎重畜牧被野,可往取。"仁泰选骑万四千卷甲驰,绝大漠,至仙萼河,不见虏,粮尽还。人饥相食,比入塞,余兵才二十之一。仁贵亦取所部为妾,多纳赇遗,为有司劾奏,以功见原。

　　乾封初,高丽泉男生内附,遣将军庞同善、高侃往慰纳,弟男建率国人拒弗纳,乃诏仁贵率师援送同善。至新城,夜为虏袭,仁贵击之,斩数百级。同善进次金山,衂虏不敢前,高丽乘胜进,仁贵击虏断为二,众即溃,斩馘五千,拔南苏、木底、苍岩三城,遂会男生军。手诏劳勉。仁贵负锐,提卒二千进攻扶余城,诸将以兵寡劝止。仁贵曰:"在善用,不在众。"身帅士,遇贼辄破,杀万余人,拔其城,因旁海略地,与李勣军合。扶余既降,它四十城相率送款,威震辽海。有诏仁贵率兵二万与刘仁轨镇平壤,拜本卫大将军,封平阳郡公,检校安东都护,移治新城。抚孤存老,检制盗贼,随才任职,襃崇节义,高丽士众皆欣然忘亡。

　　咸亨元年,吐蕃入寇,命为逻娑道行军大总管,率将军阿史那道真、郭待封击之,以援吐谷浑。待封尝为鄯城镇守,与仁贵等夷,及是,耻居其下,颇违节度。初,军次大非川,将趋乌海,仁贵曰:"乌海地险而障,吾入死地,可谓危道,然速则有功,迟则败。今大非岭宽平,可置二栅,悉内辎重,留万人守之,吾倍道掩贼不整,灭之矣。"乃约赍,至河口,遇贼,破之,多所杀掠,获牛羊万计。进至乌海城,以待后援。待封初不从,领辎重踵进,吐蕃率众二十万邀击取之,粮仗尽没,待封保险。仁贵退军大非川,吐蕃益兵四十万来战,王师大败。仁贵与吐蕃将论钦陵约和,乃得还,吐谷浑遂没。仁贵叹曰:"今岁在庚午,星在降娄,不应有事西方,邓艾所以死于蜀,吾固知必败。"有诏原死,除名为庶人。

　　未几,高丽余众叛,起为鸡林道总管,复坐事贬象州,会赦还。帝思其功,乃召见曰:"畴岁万年宫,微卿,我且为鱼。前日破九姓,破高丽,尔功居多。人有言向在乌海城下纵虏不击,以至失利,此朕所恨而疑也。今辽西不宁,瓜、沙路绝,卿安得高枕不为朕指麾邪?"于是拜瓜州长史、右领军卫将军、检校代州都督,率兵击突厥元珍于云州。突厥问曰:"唐将为谁?"曰:"薛仁贵。"突厥曰:"吾闻薛将军流象州死矣,安得复生?"仁贵脱兜鍪见之,突厥相视失色,下马罗拜,稍稍遁去。仁贵因进击,大破之,斩首万级,获生口三万,牛马称是。

　　永淳二年卒,年七十。赠左骁卫大将军、幽州都督,官给舆,护丧还乡里。

【译文】

　　薛仁贵,绛州龙门人,少年时家庭贫贱,以种田为业。他准备改葬已去世的父母,妻子柳氏说:"有超群才能的人,关键是要遇到好的机会才能发展。现在天子亲自出征辽东,选求猛将,这是难得的时机,君何不图求功名使自己显赫?然后富贵还乡,再葬也不晚。"薛仁贵就去见将军张士贵应募。

　　到了安地,刚好郎将刘君卬被贼军所包围,薛仁贵飞速去救他,斩了贼军将领,把他首级系在马鞍上,贼军都畏服了,由此出名。唐王朝军队进攻安市城,高丽莫离支派将领高延寿等率领二十万士兵抵抗,倚山扎营,太宗命各将分别攻击他。薛仁贵自恃勇猛,想立奇功,就穿了白色衣服以显得突出,提了戟,腰挂两张弓,大呼飞驰而出,所向披靡;军队借势追击,贼军奔散溃败。天子望见,派使者立即赶去询问:"先锋中穿白衣服的人是谁?"回答说:"薛仁贵。"天子召见,很感叹诧异,赐给他黄金绢帛,奴婢马匹等不少东西,授官游击将军、云泉府果毅都尉,令他长值班北门。回军后,天子对他说:"朕的旧将都已年老,想提拔勇猛的人在外统兵,没有一个像你那样的,朕不高兴得到辽东,而高兴得到你这位勇将。"升为右领军中郎将。

高宗到万年宫,突然山洪暴发,夜晚水很快冲到玄武门,宿卫战士都已散走,薛仁贵说:"当天子危急的时候,怎么可以怕死?"于是登门大声呼喊,以叫醒宫内的人,天子急忙出来登上高处。不一会儿水已进入天子睡处,天子说:"有赖于卿我才免于一死,我现在才开始知道有忠臣。"把御马赐给了他。

苏定方讨伐突厥沙钵罗可汗贺鲁,薛仁贵上疏说:"臣听说师出无名,事情肯定不成功;证明了他们是盗贼,敌人才可心服。现今泥熟不侍奉贺鲁,被他打败,贺鲁像对奴隶那样捆绑其妻子儿女,王师如果有从贺鲁部落转而得到他们家口的,应该都还给他们,并加以优厚赏赐,使百姓知道贺鲁的暴虐而陛下的至高德行。"皇帝采纳这意见,就遣还他们的家属,泥熟请求随军作战,以死效忠。

显庆三年,诏命薛仁贵作为程名振的副职用武力经营辽东,在贵端城打败高丽军,斩首三千级。次年,与梁建方、契苾何力与高丽大将温沙多门遭遇,在横山大战,薛仁贵单身骑马驰入阵中,向敌人射箭,都应弦而倒。在石城又发生战斗,敌人中有个善于射箭的人,射杀官军十多人,薛仁贵大怒,单骑突入阵中击贼,贼军弓矢都被打得不能发挥作用,于是活捉了他。不久与辛文陵一起在黑山大败契丹,俘获他们的王阿卜固献送到东都洛阳。拜官左武卫将军,封河东县男。

诏命薛仁贵作为郑仁泰的副职担任铁勒道行军总管。将要出发,在内殿设宴,天子说:"古代善于射箭的人可以射穿铠甲上七层金属叶片,卿试着用五层甲片来射看看。"薛仁贵一射就穿透了,天子大惊,拿出更加坚固的铠甲赐给他。当时九姓铁勒的部落联盟共有十多万人,他们派出骁勇的骑兵几十人来挑战,薛仁贵发三矢,连杀三人,于是铁勒震动害怕,都来投降。薛仁贵怕有后患,把他们都坑杀了。转而讨伐沙漠北部地区的剩余部众,擒获伪叶护兄弟三人归来。军中有歌谣唱道:"将军三箭定天山,壮士长歌入汉关。"九姓从此衰落。

铁勒中有思结、多览葛等部,先保天山,等郑仁泰的大军到达后,因惧怕而投降,郑仁泰没有接受,掳掠他们的家属以赏给军队将士,贼军相率逃去。有侦察骑兵来报告:"贼虏军用物资和牲畜满山遍野,可以去夺取。"郑仁泰挑选一万四千名骑兵卸掉铠甲飞驰而去,穿过大沙漠,到仙萼河,不见贼虏,粮食吃完,只好回军,由于饥饿,出现人吃人,等到入塞内,剩下的士兵只有二十分之一。薛仁贵也取所降部落中人为妾,并多受贿赂,被有关官吏弹劾上奏,因有功劳而得到原谅。

乾封年间初期,高丽泉男生要求依附唐朝,朝廷派将军庞同善、高侃前往慰问接纳,但他的弟弟泉男建率领国内的人抗拒内附,朝廷派薛仁贵率军队援助护送庞同善。到了新城,夜晚被敌军袭击,薛仁贵击败他们,斩敌数百人。庞同善进驻金山,败北的敌军不敢向前,泉男生乘胜前进,薛仁贵攻击敌军把他们分割成为二部分,敌军随即溃败,斩敌兵五千,攻下南苏、木底、苍岩三城,于是与泉男生军会合。天子亲写诏书慰劳勉励。薛仁贵依仗士气,领兵二千进攻扶余城,其他将领以兵少作为理由来劝阻,薛仁贵说:"兵在于运用得好,不在于人多。"他身先士卒,碰到贼军就打败他们,杀万余人,攻下了扶余城,接着沿着海扩张地盘,与李勣军会合。扶余投降后,其他四十个城也相继来降,威震辽海地区。朝廷下诏命薛仁贵率兵两万名与刘仁轨镇守平壤,拜官本卫大将军,封平阳郡公,检校安东都护,移治所到新城。薛仁贵抚慰存活孤寡老人,检查制止盗贼,根据才能任命官职,褒奖推崇有气节讲义气的人,高丽士大夫和民众都高兴得忘记了国家的灭亡。

咸亨元年,吐蕃入侵,命薛仁贵为逻娑道行军大总管,率将军阿史那道真、郭待封出兵攻击他们,以支援吐谷浑。郭待封曾任鄯城镇守,与薛仁贵地位相等,这时,耻于在他的领导下,因而常常违背指挥调度。起初,军队驻屯在大非川,将要进军去乌海,薛仁贵说:"乌海地势险要而且湿热易病,我们进入死亡地带,可说是危险的道路,然而快速则有成功可能,迟缓则要失败。现今大非岭很宽平,可设置二座营垒,把军用物资都放在里面,留一万人守卫它,我用加倍的速度对不整齐的贼军发起突然袭击,就能消灭他们了。"于是轻装,到河口,遇贼军,打败了他们,多所杀戮和掠夺,获得牛羊以万计数。进军到乌海城,以等待后面部队的支援。郭待封起初不服从,率领有军用物资的部队跟在薛仁贵军后前进,吐蕃率领二十万军队围剿追击,粮草都用光了,待封驻守。仁贵退兵到大非川。吐蕃增加兵力共四十万来进攻,唐军大败。薛仁贵与吐蕃将领论钦陵约定讲和,才得回军,而吐谷浑终于亡于吐蕃。薛仁贵叹道:"今年是庚午年,岁星运行到降娄范围,位居西方,太岁所在,是为凶方,故不应有事于西方,邓艾死于蜀的原因也在于此,我知道必然会失败。"皇帝有诏书下来,原谅他免去死罪,但除去在官的名字,成为平民。

不久,高丽剩余的部众反叛,薛仁贵又被起用为鸡林道总管。再次因事被贬到象州,碰到大赦才回来。皇帝想起他的功劳,召见他说:"过去在万年宫,没有你,我就要成为鱼了。前些日子消灭九姓,破高丽,你的功劳居多。有人说从前在乌海城下你放纵敌人不出去,以致作战失利,这是朕所以怨恨和怀疑你的原因。现今辽西不安宁,瓜州、沙州道路断绝不通,卿怎么能够高枕无忧而不为朕指挥作战呢?"于是拜官瓜州刺史、右领军卫将军、检校代州都督,率兵在云州出击突厥族的元珍。突厥人问:"唐将军是谁?"答曰:"薛仁贵。"突厥人说:"我听说将军已流放到象州死了,哪里还能再生?"薛仁贵脱下头盔让他们看,突厥人相视失色,下马四面围着下拜,然后稍稍地逃离而去。薛仁贵乘机进攻,大败他们,斩首万级,获得人口三万,牛马也相当此数。

永淳二年死,年龄七十岁。赠官左骁卫大将军、幽州都督,官府给以车,护送棺材回家乡。

白居易传

【题解】

白居易(772~846),唐代诗人。字乐天,号香山居士、醉吟先生。下邽(今陕西渭南)

人。曾任秘书省校书郎,江州司马,杭州、苏州刺史等职,官至刑部尚书。

白居易是中唐"新乐府运功"的倡导者,继承了中国古代以《诗经》为主旨的比兴美刺的传统,强调诗歌的现实内容和社会作用,主张"文章合为时而作,歌诗合为事而作",《与天九书》是他的诗论纲领。他的诗内容深刻,风格平易。所作《秦中吟》讽喻《新乐府》等讽喻诗,揭露了当时社会的黑暗,反映出民生疾苦。其诗深入浅出,意到笔随,语言平易通俗,流传甚广。除讽喻诗外,《琵琶行》《长恨歌》等长篇歌行也很有名。

白居易与元稹齐名,并称"元白";晚年常与刘禹锡唱和,人称"刘白"。有《白氏长庆集》传世。

白居易

【原文】

白居易字乐天,其先盖太原人。北齐五兵尚书建,有功于时,赐田韩城,子孙家焉。又徙下邽。父季庚,为彭城令,李正己之叛,说刺史李洧自归,累擢襄州别驾。

居易敏晤绝人,工文章。未冠,谒顾况。况,吴人,恃才少所推可,见其文,自失曰:"吾谓斯文遂绝,今复得子矣!"贞元中,擢进士、拔萃皆中,补校书郎。元和元年,对制策乙等,调盩厔尉,为集贤校理,月中。召入翰林为学士。迁左拾遗。

四年,天子以旱甚,下诏有所蠲贷,振除灾沴。居易见诏节未详,即建言乞尽免江淮两赋,以救流瘠,且多出宫人。宪宗颇采纳。是时,于頔入朝,悉以歌舞人内禁中,或言普宁公主取以献,皆頔嬖爱。居易以为不如归之,无令頔得归曲天子。李师道工私钱六百万,为魏征孙赎故第,居易言:"征任宰相,太宗用殿材成其正寝,后嗣不能守,陛下犹宜以贤者子孙赎而赐之。师道人臣,不宜掠美。"帝从之。河东王锷将加平章事,居易以为:"宰相天下具瞻,非有重望显功不可任。按锷诛求百计,不恤彫瘵,所得财号为'羡余'以献。今若假以名器,四方闻之,皆谓陛下得所献,与宰相。诸节度私议曰:'谁不如锷?',争衰割生人以求所欲。与之则纲纪大坏,不与则有厚薄,事一失不可复追。"是时,孙璹以禁卫劳,擢凤翔节度使。张奉国定徐州,平李锜有功,迁金吾将军。居易为帝言:"宜罢璹,进奉国,以竦天下忠臣心。"度支有囚系閺乡狱,更三赦不得原。又奏言:"父死,絷其子,夫久系,妻嫁,债无偿期,禁无休日,请一切免之。"奏凡十余上,益知名。

会王承宗叛,帝诏突吐承璀率师出讨,居易谏:"唐家制度,每征伐,专委将帅,责成功,比年始以中人为都监。韩全义讨淮西,贾良国监之;高崇文讨蜀,刘贞亮监之。且兴天下兵,未有以中人专统领者。神策既不置行营节度,即承璀为制将,又充诸军招讨处置使,是实都统。恐四方闻之,必轻朝廷。后世且传中人为制将自陛下始,陛下忍受此名哉？且刘济等洎诸将必耻受承璀节制，心有不乐，无以立功。此乃资承宗之奸，挫诸将立锐。"帝不听。既而兵老不决，居易上言："陛下讨伐，本委承璀，外则卢从史、范希朝、张茂昭。今承璀进不决战，已丧大将，希朝、茂昭数月乃入贼境，观其势，似阴相为计，空得一县，即壁不进，理无成功。不亟罢之，且有四害。以府帑金帛、齐民膏血助河北诸侯，使益富强，一也。河北诸将闻吴少阳受命，将请洗涤承宗，章一再上，无不许，则河北合从，其势益固。与夺恩信，不出朝廷，二也。今暑湿暴露，兵气熏蒸，虽不顾死，孰堪其苦？又神策杂募市人，不狃于役，脱奔逃相动，诸军必摇，三也。回鹘、吐蕃常有游侦，闻讨承宗历三时无功，则兵之强弱，费之多少，彼一知之，乘虚入寇，渠能救首尾哉？兵连事生，何故蔑有？四也。事至而罢，则损威失柄，祗可逆防，不可追悔。"亦会承宗请罪，兵遂罢。

后对殿中，论执强鲠，帝未谕，辄进曰："陛下误矣。"帝变色，罢，谓李绛曰："是子我自拔擢，乃敢尔，我叵堪此，必斥之！"绛曰："陛下启言者路，故群臣敢论得失。若黜之，是箝其口，使自为谋，非所以发扬盛德也。"帝悟，待之如初。岁满当迁，帝以资浅，且家素贫，听自择官。居易请如姜公辅以学士兼京兆户曹参军，以便养，诏可。明年，以母丧解，还，拜左赞善大夫。

是时，盗杀武元衡，京都震扰。居易首上疏，请亟捕贼，刷朝廷耻，以必得为期。宰相嫌其出位，不悦。俄有言："居易母坠井死，而居易赋《新井篇》，言浮华，无实行，不可用。"出为州刺史。中书舍人王涯直言不宜治郡，追贬江州司马。既失志，能顺适所遇，托浮屠生死说，若忘形骸者。久之，徙忠州刺史。入为司门员外郎，以主客郎中知制诰。

穆宗好畋游，献《续虞人箴》以讽，曰：

唐受天命，十有二圣。兢兢业业，咸勤厥政。鸟生深林，兽在丰草。春搜冬狩，取之以道。鸟兽虫鱼，各遂其生。民野君朝，亦克用宁。在昔玄祖，厥训孔彰："驰骋田畋猎猪，俾心发狂。"何以效之，曰羿与康。曾不是诫，终然覆亡。高祖方猎，苏长进言："不满十旬，未足为欢。"上心既悟，为之辍畋。降及宋璟，亦谏玄宗。温颜听纳，献替从容。璟趋以出，鹞死握中。噫！逐兽于野，走马于路。岂不快哉，衔橛可惧。审其安危，惟圣之虑。

俄转中书舍人。田布拜魏博节度使，命持节宣谕，布遗五百缣，诏使受之，辞曰："布父雠国耻未雪，人当以物助之，乃取其财，谊不忍。方谕问旁午，若悉有所赠，则贼未殄，布赀竭矣。"诏听辞饷。

是时，河朔复乱，合诸道兵出讨，迁延无功。贼取弓高，绝粮道，深州围益急。居易上言："兵多则难用，将众则不一。宜诏魏博、泽潞、定、沧四节度，令各守境，以省度之赍饷。每道各出锐兵三千，使李光颜将。光颜故有凤翔、徐、滑、河阳、陈许军无虑四万，可径薄贼，开弓高粮路，合下博，解深州之围，与牛元翼合。还裴度招讨使，使悉太原兵西压境，见利乘隙夹攻之，间令招谕以动其心，未及诛夷，必自生变。且光颜久将，有威名，度为人忠勇，可当一面，无若二人者。"于是，天子荒纵，宰相才下。赏罚失所宜，坐视贼，无能为。居易虽进忠，不见听，乃丐外迁。为杭州刺史，始筑堤捍钱塘湖，钟泄其水，溉田千顷；复浚李泌六井，民赖其汲。久之，以太子左庶子分司东都。复拜苏州刺史，病免。

文宗立,以秘书监召,迁刑部侍郎,封晋阳县男。大和初,二李党事兴,险利乘之,更相夺移,进退毁誉,若旦暮然。杨虞卿与居易姻家,而善李宗闵,居易恶缘党人斥,乃移病还东都。除太子宾客分司。逾年,即拜河南尹,复以宾客分司。开成初,起为同州刺史,不拜,改太子少傅,进冯翊县侯。会昌初,以刑部尚书致仕。六年,卒,年七十五,赠尚书右仆射,宣宗以诗吊之。遗命薄葬,毋请谥。

居易被遇宪宗时,事无不言,湔剔抉摩,多见听可,然为当路所忌,遂摈斥,所蕴不能施,乃放意文酒。既复用,又皆幼君,偃蹇益不合,居官辄病去,遂无立功名意。与弟行简、从祖弟敏中友爱。东都所居履道里,疏沼种树,构石楼香山,凿八节滩,自号"醉吟先生",为之传。暮节惑浮屠道尤甚,至经月不食荤,称"香山居士"。尝与胡杲、吉旼、郑据、刘真、卢真、张浑、狄兼谟、卢贞燕集,皆高年不事者,人慕之,绘为《九老图》。

居易于文章精切,然最工诗。初,颇以规讽得失,及其多,更下偶俗好,至数千篇,当时士人争传。鸡林行贾售其国相,率篇易一金,甚伪者,相辄能辩之。初,与元稹酬咏,故号"元白";稹卒,又与刘禹锡齐名,号"刘白"。其始生七月能展书,姆指"之""无"两字,虽试百数不差;九岁暗识声律。其笃于才章,盖天禀然。敏中为相,请谥,有司曰"文"。后履道第卒为佛寺。东都、江州人为立祠焉。

【译文】

白居易,字乐天,其先祖是太原(今属山西)人。北齐五兵尚书白建,有功于当时,赐田在韩城(今属陕西),子孙就安家在那里。后来又迁徙下邽(今陕西渭南)。父亲白季庚,当过彭城(今江苏徐州)县令,李正己叛变时,他说服刺史李洧归顺,因而提升为襄州(今湖北襄樊)别驾。

白居易聪敏颖悟超人,善于写文章。还没到成年,拜访顾况。顾况,吴(今江苏)人,自恃其才,很少被他摧许称可的。他见到白居易的文章,自失言说:"我以为斯文马上就要绝迹了,没想到今天又得到这个先生。"贞元中,白居易考进士和拔萃科,都考中了,补校书郎。元和元年(806),参加朝廷对制策考试,得乙等,调任盩厔(今陕西周至)县尉,为集贤院校理;月中,召入翰林院为学士,迁左拾遗。

元和四年(809),因为旱灾非常严重,天子下诏税赋有所减免,消除灾害。白居易见诏书事端未详述,遂即建议尽免江淮两地之赋,以救流亡贫病,并且多放出宫女。宪宗颇多采纳。那时,于頔入朝,尽将歌伎舞女收入宫禁之中,或说普宁公主取来献上的,其实都是于頔所喜爱的。白居易认为不如将这些女子放回去,不要让于頔将自己做的这种不正之事推到天子头上。李师道上私钱六百万,为魏征的孙子赎回旧宅,白居易说:"魏征任宰相,太宗用盖宫殿的材料建造他的正寝之室,他的子孙不能守业,陛下还应因他是贤者的子孙,赎其宅而赐之。李师道作为人臣,不能掠取此美事。"皇帝听从他的意见。河东王锷将加平章事,白居易认为:"宰相是天下人所瞩望的,非有威望很高功勋卓著的人是不可胜任的。而王锷这个人千方百计贪求财物,不体恤民间彫伤疾苦,所得的财物号称"羡馀",借以献上。今天如果给予重任,四方之人闻之,都说陛下得到他所献的财物,所以给他当宰相。各节度使私下议论说：'谁不如王锷呀？'于是都争着去搜刮老百姓，以得到所想要的。如果都满足他们的要求，必国家纲纪大受破坏；如果不满足他们的要求，那就有厚彼薄此之嫌。事情一旦办得失当，就不可追回来了。"那时候，孙璹以禁卫的功劳，提升为凤翔(会属陕西)节度使，张奉国平定徐州，攻打叛臣李锜有功，升为金吾将军。白居易向皇帝进言："宜罢掉孙璹的官，进张奉国，以震动天下忠臣之心。"度支有囚犯关在阌乡(今河南灵宝)狱中，已经历三次赦令却还不得赦免。白居易又上书奏言："父亲死了，抓他的儿子；丈夫长久关在狱中，妻室嫁出去，债务无偿还之期，囚禁无到头的日子，请一切都宽免了。"奏章送上去十多次，白居易更加知名。

遇上王承宗反叛，皇帝下诏让吐突承璀率领大军去征讨，白居易进谏说："唐朝的制度，每有征伐之事，专委任将帅带兵，责之成其功，近年才以宦官为都监，督兵出征。韩全义讨淮西，以贾良国监督他；高崇文讨蜀，以刘贞亮监督他。而且发天下兵，从未以宦官专权统领的。神策军既不设置行营节度，就是以吐突承璀为制将，又充诸军招讨处置使，实是都统。恐怕四方之人闻之，必定看轻朝廷。后代会传说宦官为制将是从陛下开始的，陛下难道忍心受此坏名声吗？而且刘济等人至诸将，都必然耻于受吐突承璀的节制指挥。心中不痛快，也就无法立功了。这实在是帮助王承宗的奸行，而挫败诸将的锐气。"皇帝不听。接着兵久不发，师老而未决，白居易又上书说："陛下讨伐叛将，本来委托吐突承璀，外援则有卢从史、范希朝、张茂昭。今吐突承璀进兵而不决战，已丧了大将，范希朝、张茂昭经过数月才入叛贼之境，观看其形势，像是暗中相勾结定计，空得一县之地，就壁立不进，定无成功之理。如果不迅速罢掉他，将有四害：以府库的钱币金帛和齐地民脂民血助河北诸侯，使之更加富强，这是一害；河北诸将听说吴少阳受朝廷之命，将要请求洗涤王承宗，奏章一上再上，无不许，则河北合从，各种势力联合，其势必定更加坚固。悬信的予之或夺之，都在下面而不出朝廷，这是二害；今正逢潦暑湿势，而师暴露野外，兵气像被薰被蒸似的，虽有不顾一死的勇气，谁能忍受这样的痛苦？又神策军募来市民杂入其中，不习惯于兵役，如有奔走逃亡相影响，诸军必动摇，这是三害；回鹘、吐蕃常有游骑侦察，听说讨伐王承宗，已历三个季节而无战功，那么我们军队的强弱，军费的多少，他们一旦知道，乘虚而入，进犯边境，那里能救头不救尾呢？兵连必生祸事，哪里没有卿呢？这是四害。事已至此而罢休，则损威望而且失权柄，只可提防，不能追悔。"正好碰到王承宗自己向朝廷请罪，遂罢兵。

后来白居易入殿中对答，持论强硬，皇帝还没说明白，白居易就进言："陛下错了。"皇帝为之变色，遂罢对，对李绛说："这个人是我自己提拔的，竟敢这样狂，我不可忍此，一定要罢斥他！"李绛说："陛下开言者之路，所以群臣敢于直论政之得失是非。若罢黜白居易，是箝住言者之口，使其自谋，这不是发扬盛德的做法啊。"皇帝领悟，对待白居易和初时一样。官期已满，应当迁转，皇帝因白居易资历较浅，而且家境也很清贫，就听任他自己选择官职。白居易请求像姜公辅那样，以学士兼京兆户曹参军，以便于奉养双亲，下诏称可。明年，因母丧解官，直到服丧期满还朝，任左赞善大夫。

这时，有强盗刺杀宰相武元衡，京都震恐骚扰。白居易首先上疏，请求从速追捕凶贼,以洗刷朝廷的耻辱,并限期必捕。宰相厌恶他越位上书,不高兴。不久,有人说"白居易母亲坠井而死,而他还写《新井篇》,他这个人说话浮华,无踏实作风,不可重用"。出为州刺史。中书舍人王涯上书说白居易不适宜治理州郡,于是追贬为江州(今江西九江)司马。白居易既已失意,却能顺其所遇,托佛教生死轮回之说,像忘了自身形骸似的。很久以后,他又转忠州(今四川忠县)刺史。后入朝为司门员外郎,以主客郎中知制诰。

唐穆宗爱好游猎,白居易献上《续虞人箴》加以讽劝,说:

唐朝受天命,已经有十二位皇帝,都兢兢业业,勤于执政。鸟禽生在深林里,野兽活在茂草之中。春天冬天两季打猎,猎取有一定的规律。这样鸟兽虫鱼,便会各遂其环境而生存。民在野外,君在朝廷,也都各安其位。以前玄祖的遗训是很明白的,说:"驰骋打猎,使心发狂。"谁来仿效,是后羿与康叔。曾经不以此为诫,终于覆亡。高祖刚要打猎,苏长进言:"不满一百日,不算太快乐。"高祖心里既已领悟,也就停止打猎,后来到了宋璟,也劝谏过玄宗。皇上温和的颜色,听取了臣下的劝谏,臣下也就从容以诤言进谏。宋璟趋走出宫,鹞鹰已死在手中。哎呀!追逐野兽于原野上,赶着马儿奔跑在路上,岂不痛快,但是车马驱驰,恐有颠覆之危惧呀。仔细审察打猎的安与危,是圣上所宜思虑的。

不久,白居易转中书舍人。田布拜官魏博节度使,命白居易持节去宣布解说,田布送他五百匹布,朝廷有诏书让他接受,他推辞说:"田布的父仇和国耻都未昭雪,人们当以物资帮助他,却去取他的财物,于情谊来说,实在不忍心。正当朝廷派人慰问纷繁的时候,如果都有所赠送,必定贼人未灭而田布的资财已经枯竭了。"下诏听任他辞掉馈赠。

那时候,河朔(黄河以北地区)又乱,汇集诸道的兵力出征,迁延时日,没有战功。河朔贼取弓高(今河北东光),截断运粮之路,深州(今河北深州市)之围更加危急。白居易上书说:"兵多了、就难指挥使用,将多了则指挥不统一。宜下诏魏博、泽潞、定、沧四节度,命令他们各守本境,以省军费粮饷。每道各派出精锐兵员三千,让李光颜统率。李光颜原有凤翔、徐州、滑州、河阳、陈许各处兵丁不下四万之众,可直接逼近叛贼,开弓高的粮道,联合下博,解除深州之围,和牛元翼会合。恢复裴度招讨使之任,让他以全部太原军从西边压迫其境,见有利时机乘隙夹攻之,有时下令招降,以动其军心,还没到诛杀夷灭之时,贼军必自生祸变。况且李光颜长期为将,很有威名,裴度为人忠直勇敢,可独当一面,没有像这两人的了。"于是时,天子荒淫放纵,宰相才能低下,赏罚又失当,因而坐视叛贼嚣张,而不能有所作为。白居易虽进了忠言,但是不被听取,于是乞外放。为杭州刺史,开始筑堤保护钱塘湖,集中泄水,灌溉良田千顷;又疏浚李泌所凿六井,民赖其汲。又过很久,以太子左庶子分司东都。又拜官苏州刺史,因患病而免去官职。

文宗即位,以秘书监召入朝廷,迁刑部侍郎,封晋阳县男。大和初年,二李党争事发,险与利皆乘之,互相剥夺推移,进或退,诋毁或赞誉,有如日间与夜里互为更迭。杨虞卿与白居易是姻亲,而与李宗闵友善,白居易嫌恶因涉及党争而受人指斥,于是称病移居东都。升太子宾客分司东都。过了一年,即拜官河南(今河南洛阳)府尹,又以太子宾客分司东都。开成初年,起用为同州(今陕西大荔)刺史,不赴任,改为太子少傅,进冯翊县侯。会昌初年,白居易以刑部尚书退休。会昌六年(846),白居易死,享年七十五,追赠尚书右仆射,唐宣宗写诗吊唁他。白居易遗嘱说他死后要薄葬。不要请谥号。

白居易被唐宪宗厚待的时候,事无不言,洗除抉择,多被听纳,然而为当道掌权者所忌妒,遂被排斥,所蕴藏的才能不能施展,于是纵意作文饮酒。待到复用为官,所遇又皆幼君,偃蹇难伸,更加不合于时,虽居官却以病辞退,遂无立功扬名之意。和他的弟弟白行简、堂弟白敏中互相友爱。在东都洛阳他所居住的履道里,疏沼种树,筑石楼于香山,凿八节滩,自号为"醉吟先生",并写了《醉吟先生传》。晚节迷惑于佛教尤其厉害,乃至成月不吃荤,称为"香山居士"。曾与胡杲、吉旼、郑据、刘真、卢真、张浑、狄兼谟、卢贞饮宴集会,都是年事已高不再干事的,人们羡慕他们,绘成《九老图》。

白居易于文章方面颇为精切,但最擅长的还是诗。初时,白居易颇能以诗来规劝讽谏政治的得或失,待写了很多,更是下合世俗所好,数量之多至数千篇,当时士民争相传诵。鸡林(古朝鲜)的商人拿了白居易的诗卖给他们国家的宰相,大概一篇可换得一金,甚至伪作,也能很容易辨别,其初,和元稹唱酬吟咏,故号称"元白";元稹死了,又同刘禹锡齐名,所以号称"刘白"。他才生下七个月,就能展书识字,其奶妈指"之"与"无"二字,能辨识,试百数次,都不差错;九岁就能暗辨声律。他对才章之厚实,是天性所禀。白敏中当宰相,为白居易请谥,上级官员说谥"文"。后来履道里白居易的宅第终于捐作佛寺。东都和江州人为白居易立祠祭祀。

卢怀慎传

【题解】

卢怀慎(？~716),滑州灵昌(今河南滑县西南)人,武则天时任监察御史,后历任侍御史、御史大夫,玄宗开元元年(713)为宰相。卢怀慎自知才能不如另一宰相姚崇,因此凡事避让,在任期间的政绩只在于荐贤举能,任宰相三年后病故。卢怀慎为官廉洁,家无储蓄,门无遮帘,饮食无肉,妻儿饥寒,生活得很贫穷。他是唐代比较清廉的一位宰相。卢怀慎的儿子卢奂在广州作太守时,不为当地的奇珍异宝所动,能保持清廉节操,也受到当时人的称赞。

【原文】

卢怀慎,滑州人,盖范阳著姓。祖悊,仕为灵昌令,遂为县人。怀慎在童龀已不凡,父友监察御史韩思彦叹曰:"此儿器不可量!"及长,第进士,历监察御史。神龙中,迁侍御史。中宗谒武后上阳宫,后诏帝十日一朝。怀慎谏曰:"昔汉高帝受命,五日一朝太公于栎阳宫,以起布衣登皇极,子有天下,尊归于父,故此行耳。今陛下守文继统,何所取法?况应天去提象才二里所,骑不得成列,车不得方轨。于此屡出,愚人万有一犯属车之尘,虽罪之何及?臣愚谓宜遵内朝以奉温清,无烦出入。"不省。

迁右御史台中丞。上疏陈时政曰：

臣闻"善人为邦百年，可以胜残去杀。"孔子称："苟用我者，期月而已，三年有成。"故《书》："三载考绩，三考黜陟幽明。"昔子产相郑，更法令，布刑书，一年人怨，思杀之。三年人德而歌之。子产，贤者也，其为政尚累年而后成，况常材乎？比州牧、上佐、两畿令或一二岁，或三五月即迁，曾不论以课最。使未迁者倾耳以听，企踵以望，冒进亡廉，亦何暇为陛下宣风恤人哉？礼义不能兴，户口益以流，仓库愈匮，百姓日敝，职为此耳。人知吏之不久，不率其教；吏知迁之不遥，不究其力。偷处爵位，以养资望，虽明主有勤劳天下之志，然侥幸路启，上下相蒙，宁尽至公乎？此国病也。贾谊所谓蹠盭，乃小小者耳。此而不革，虽和、缓将不能为。汉宣帝综核名实，兴治致化，黄霸，良二千石也，加秩赐金，就旌其能，终不肯迁。故古之为吏，至长子孙。臣请都督、刺史、上佐、畿令任未四考，不得迁。若治有尤异，或加赐车裘禄秩。降使临问，玺书慰勉，须公卿阙，则擢之以励能者。其不职或贪暴，免归田里，以明赏罚之信。

昔"唐、虞稽古，建官惟百"。"夏、商官倍，亦克用乂"。此省官也。故曰："官不必备，惟其才"，"无旷庶官，天工人其代之"。此择人也。今京诸司员外官数十倍，近古未有。谓不必备，则为有余；求其代工，乃多不厘务，而奉禀之费岁，巨亿万，徒竭府藏，岂致治意哉？今民力敝极，河、渭广漕，不给京师，公私耗损，边隅未静。傥炎旻成诊，租税减入，疆埸有警，赈救无年，何以济之？"毋轻人事，惟艰；毋安厥位，惟危"。此慎微也。原员外之官，皆一时良干，擢以才不申其用，尊以名不任其力，自昔用人，岂其然欤？臣请才堪牧宰上佐，并以迁授，使宣力四方，责以治状。有老病若不任职者，一废省之，使贤不肖确然殊贯，此切务也。

夫冒于宠赂，侮于鳏寡，为政之蠹也。窃见内外官有赇饷狼藉，剚剥蒸人，虽坐流黜，俄而迁复，还为牧宰，任以江、淮、岭、碛，粗示惩贬，内怀自弃，徇货掊赀，讫无悛心。明主之于万物，平分而无偏施，以罪吏牧遐方，是谓惠奸而遗远。远州陬邑，何负圣化，而独受其恶政乎？边徼之地。夷夏杂处，凭险恃远，易扰而难安。官非其才，则黎庶流亡，起为盗贼。由此言之，不可用凡才，况猾吏乎？臣请以赃论废者，削迹不数十年，不赐收齿。《书》曰："旌别淑慝"，即其谊也。

疏奏，不报。

迁黄门侍郎、渔阳县伯。与魏知古分领东都选。开元元年，进同紫微黄门平章事。三年。改黄门监。薛王舅王仙童暴百姓，宪司按得其罪，业为申列，有诏紫微、黄门覆实。怀慎与姚崇执奏："仙童罪状明甚。若御史可疑，则它人何可信？"由是狱决。怀慎自以才不及崇，故事皆推而不专，时讥为"伴食宰相"。又兼吏部尚书。以疾乞骸骨，许之。卒，赠荆州大都督，谥曰文成。遗言荐宋璟、李杰、李朝隐、卢从愿，帝悼叹之。

怀慎清俭不营产，服器无金玉文绮之饰，虽贵而妻子犹寒饥，所得禄赐，于故人亲戚无所计惜，随散辄尽。赴东都掌选，奉身之具，止一布囊。既属疾，宋璟、卢从愿候之，见敝簀单藉，门不施箔。会风雨至，举席自障。日晏设食，蒸豆两器、菜数杯而已。临别，执二人手曰："上求治切，然享国久，稍倦于勤，将有憸人乘间而进矣。公弟志之！"及治丧，家亡留储。帝时将幸东都，四门博士张星上言："怀慎忠清，以直道始终，不加优锡，无以劝善。"乃下制赐其家物百段、米粟二百斛。帝后还京，因校猎鄠、杜间，望怀慎家，环堵庳陋，家人若有所营者。驰使问焉，还白怀慎大祥。帝即以缣帛赐之，为罢猎。经其墓，碑表未立，停跸临视，泫然流涕。诏官为立碑，令中书侍郎苏颋为之文，帝自书。

子奂、弈。奂早修整，为吏有清白称。历御史中丞，出为陕州刺史。开元二十四年，帝西还，次陕，嘉其美政，题赞于听事曰："专城之重，分陕之雄。亦既利物，内存匪躬。斯为国宝，不坠家风。"寻召为兵部侍郎。天宝初，为南海太守。南海兼水陆都会，物产瑰怪。前守刘巨鳞、彭杲皆以赃败，故以奂代之。污吏敛手，中人之市舶者亦不敢干其法，远俗为安。时谓自开元后四十年，治广有清节者，宋璟、李朝隐、奂三人而已。终尚书右丞。

【译文】

卢怀慎是滑州人，大约是范阳的著名家族。祖父卢悊，任官灵昌县令，于是成为灵昌县人。卢怀慎在儿童时已经不凡，父亲的朋友监察御史韩思彦感叹说："这个儿童的才气不可限量！"到他长大，中了进士，历任监察御史。神龙年间，升任侍御史。中宗去上阳宫谒见武后，武后诏命中宗十天一朝见。声怀慎劝谏说："往昔汉高祖受命为帝时，五天一次去栎阳宫朝见太公，因为从布衣登上皇位，拥有天下，将尊贵归于父亲，所以这么做。现今陛下遵守成法、继承皇统，怎么可以效法呢？何况应天门离提象门才二里多，骑马不能成列，乘车不能并行，从这里屡出，万一有愚人进犯车驾，虽将他问罪也来不及了。愚臣认为应将太后接到内朝以尽孝养之情，这样可以免去出入的繁难。"中宗不听。

升迁右御史台中丞。上章疏陈述当时政治，说：

臣听说"善人治理国政持续到一百年，可以克服残暴免除杀戮。"孔子说："假若用我主持国家政事，一年便差不多了，三年便会很有成绩。"所以《尚书》说："每隔三年就要考核政绩，经过三次考核就决定提拔表彰或罢免惩罚。"昔日子产为郑国宰相，变更法令，颁布刑书，第一年众人怨怒，想杀他，三年后众人感德而歌颂他。子产是贤人，他治理国家尚且需要三年才有成绩，何况平常的人呢？最近州刺史、长史司马、京畿都畿县令或者一二年，或者三五个月就迁官，而不论政绩。这样就使没有迁官的人倾耳而听，跂足盼望，争相冒进，没有廉耻，还哪有闲暇为陛下宣布风化、抚恤民众呢？礼义不能施行，户口更加流散，仓库越益匮乏，百姓日见凋敝，都因为这个缘故。民众知道官吏任职不长，便不听从他的教导；官吏知道迁官日期不远，也就不竭尽他的气力。地处爵位而偷安，用来养成资历声望，虽然圣明君主有勤劳治理天下的志向，然而侥幸的道路已经开启，上下之间互相欺骗，怎么能尽力做到至公呢？这是国家的疾病。贾谊所说的脚掌反转不能行，是小小的毛病，这个病不治好，虽有名医和、名医缓也将不能治。汉宣帝考核名实，大兴治理，致使风俗向化。黄霸是优良的太守，宣帝对他加官秩赐黄金，就地表彰他的政绩，但终于不肯将他迁官。所以古时担任官吏的，以至能延长到子孙。臣请求都督、刺史、长史司马、畿县县令任职不满四年，不能迁官。如果治理的特别优异，或者可以加赐车马裳服俸禄官秩,派使节慰问,下诏书劝勉,须等到有公缺,才提拔上来以鼓励治理有才能者。对那些不称职或贪婪暴虐的人,则免官放归乡里,以表明赏罚的信义。

昔日"唐尧、虞舜稽考古事,建立官职,只有百名官员"。"夏朝、商朝官吏加倍,还能够任用才能之士"。这是说减省官吏。因此说:"官员不必完备,只在他的才能"。"不要荒废百官职务,上天设立的官职,由人来代行。"这里讲的是选择人才。现在京师各官司员外官,多出数十倍,是近代以来没有过的事。若说官员不必完备,这就是多余;若说人能代行天职,这些人却大多不掌事务,然而俸禄的支出,一年达亿万之巨,白白空竭了府库的储藏,这难道是求得治理的本意吗?现在民力极其凋敝,在黄河渭水扩大漕运,也不足以供给京师,公室私家损耗无数,边境尚不平静。如果水旱成了灾害,租税收入减少,边境出现敌情警报,赈救的谷物储量不足一年,陛下将用什么来解决危难呢?"不要轻易使用民力,这会使人危难;不要安于其位,因为这很危险"。这是说要谨小慎微。审查这些员外官,都是当世有才干的良吏。因才能提拔他们但不发挥他们的作用,用名位尊敬他们但不竭尽他们的才力,从过去以来,使用人材难道是这样吗?臣请求将那些员外官中有才能可以担任地方长官或高级僚佐的官员,一并加以升迁,让他们在地方上出力,由朝廷核查他们的政绩。若有年老有病不能任职的,一切停罢,使得贤者与不贤者能截然分开,这就是当前的迫切事务。

争恩宠,贪贿赂,欺侮鳏夫寡妇,这是政事中的祸害。臣见朝廷内外官员中有贪污受贿、声名狼藉,以及残害平民的官员,虽然被流放贬官,但很快就升迁回来,仍然作地方长官,被委任在江淮、岭表、沙漠地方,只是粗略表示一下惩罚贬斥。他们内心中自暴自弃,使贪财聚敛不顾其身,到底也没有悔改之心。圣明的君主对于万物应该平分恩泽没有偏向,用有罪的官吏治理远方,等于是给奸人恩惠而遗弃了远方的民众。远方州郡,哪点辜负了圣明教化,要单独承受这种恶政呢?边境地方夷族与华人杂居,恃仗险要依靠路远,容易扰乱而准于安定。如果长官没有治理的才能,就会使平民流亡,起事成为盗贼。由此说来,平凡之才都不可用,何况奸猾的官吏呢?臣请求因贪赃而被停罢官职的人,罢官不到数十年,不得赐恩录用。《尚书》说:"识别善恶",讲的就是这个道理。

章疏奏上,没有答复。

升任黄门侍郎、封爵渔阳县伯。与魏知古分别掌管东都的选举事务。开元元年,进任同紫微黄门平章事。三年,改任黄门监。薛王舅舅王仙童暴虐百姓,御史台调查掌握了他的罪行,已经申报立案,这时又有诏书命紫微省、黄门省覆核查实。卢怀慎与姚崇上奏说:"王仙童罪状十分明白,如果御史都可以怀疑,那么其他人怎么还能够相信呢?"于是结案。卢怀慎自认为才能不如姚崇,因此事务都推让给姚崇,自己则概不专断,当时人讥笑为"陪伴吃饭的宰相"。又兼任吏部尚书,因疾病恳请退休,被批准。去世,追赠荆州大都督,谥号为文成。留下遗言推荐宋璟、李杰、李朝隐、卢从愿。玄宗对此十分伤悼并感叹。

卢怀慎清廉俭朴不经营产业,衣服、器物上没有用金玉做的豪华装饰,虽然地位尊贵但妻子儿女仍然寒冷饥饿。得到的俸禄赐物,毫不吝惜地给予朋友亲戚,随给随无,很快散尽。赴任东都去掌管选举，随身用具只有一个布袋。得病后，宋璟、卢从愿去看望，见铺的席子单薄而破旧、门上没挂帘子，适逢有风雨刮来，举起席子遮挡自己。天晚了摆饭招待，只有两盆蒸豆、数碗蔬菜而已。临别时，卢怀慎握着二人的手说："主上急于求得天下大治，然而在位年久，对勤勉稍有些厌倦，恐怕要有险恶之人乘机被任用了。你们记住这些话！"到治丧时，家里没有留下储蓄。玄宗当时将要前往东都，四门博士张星上言说："卢怀慎忠诚清廉，始终以正直之道处世，对他不给予优厚的赏赐，就不能劝人从善。"于是下诏赐他家织物百段，米粟二百石。玄宗后来回京师，在鄠、杜间打猎，望见卢怀慎家围墙简陋低矮，家人像办什么事，就派使节驰往询问。使节回来报告说是卢怀慎死去二十五个月后的大祥祭祀，玄宗于是赏赐细绢帛，并因此停止了打猎。经过卢怀慎的墓时，石碑尚未树立，玄宗停马注视，泫然流泪，诏书命官府为他立碑，令中书侍郎苏颋草拟碑文，玄宗亲自书写。

　　儿子卢奂、卢弈。卢奂早年正直，做官有清白名声，历任御史中丞，出任陕州刺史。开元二十四年，玄宗回长安，在陕州停留，赞许他的善政，在他办公的厅里题写赞词说："身负刺史重任，分掌陕地大州。也已利沾万物，心怀忠君忘身。真是国家珍宝，不失卢公家风。"不久召入朝廷任兵部侍郎。天宝初年，任南海郡太守。南海处水陆交汇之地，物产瑰丽珍奇，前太守刘巨鳞、彭杲都因贪赃获罪，因此以卢奂代任。污吏敛手不敢贪污，宦官来买舶来品时也不敢干扰卢奂的法令，于是远方民俗十分安定。当时认为从开元以后四十年，治理广州而有清廉节操的，宋璟、李朝隐、卢奂三人而已。最终任官尚书右丞。

郭子仪传

【题解】

　　郭子仪（697~781），唐华州郑县（陕西华县）人。以武举优等累官至天德军使兼九原太守。安史之乱后，充任朔方节度使，与李光弼一起，破史思明于河北。肃宗即位后，率所部和回纥兵，在沣水东与乱军决战，歼敌六万多，收复长安，又打败安庆绪，收复洛阳。乾元元年（758），与李光弼等九节度使在相州进攻安庆绪，被史思明击败。后被宦官鱼朝恩所谮，罢兵权达三年之久。宝应元年（762），因太原、绛州兵变迭起，又起用为汾阳王。代宗时，吐蕃逼近长安，副雍王适抵御。后仆固怀恩联合回纥、吐蕃攻唐，在阵前说服回纥统治者与唐联兵，以拒吐蕃，稳定了关中局势。德宗即位，尊为尚父，罢去兵权。郭子仪统军作战，功勋卓著，身兼将相六十余年，大小数百战，是唐代杰出的军事将领。

【原文】

　　郭子仪字子仪，华州郑人。长七尺二寸。以武举异等补左卫长史，累迁单于副都护、振远军使。天宝八载，木剌山始筑横塞军及安北都护府，诏即军为使。俄苦地偏不可耕，徙筑永清，号天德军，又以使兼九原太守。

十四载，安禄山反，诏子仪为卫尉卿、灵武郡太守，充朔方节度使，率本军东讨。子仪收静边军，斩贼将周万顷，击高秀岩河曲，败之，遂收云中、马邑，开东陉。加御史大夫。贼陷常山，河北郡县皆没。会李光弼攻贼常山，拔之，子仪引军下井陉，与光弼合，破贼史思明众数万，平稿城。南攻赵郡，禽贼四千，纵之，斩伪守郭献璆，还常山。思明以众数万尾军，及行唐，子仪选骑五百更出挑之。三日，贼引去，乘之，又破于沙河，遂趋常阳以守。禄山益出精兵佐思明。子仪曰："彼恃加兵，必易我；易我，心不固，战则克矣。"与战未决，戮一步将以徇，士殊死斗，遂破之，斩首二千级，俘五百人，获马如之。于是昼扬兵，夜捣垒，贼不得息，气益老。乃与光弼、仆固怀恩、浑释之、陈回光等击贼嘉山，斩首四万级，获人马万计。思明跳奔博陵。于是河北诸郡往往斩贼守，迎王师。方北图范阳，会哥舒翰败，天子入蜀，太子即位灵武，诏班师。子仪与光弼率步骑

郭子仪

五万赴行在。时朝廷草昧，众单寡，军容缺然，及是国威大振。拜子仪兵部尚书、同中书门下平章事，仍总节度。肃宗大阅六军，鼓而南，至彭原。宰相房琯自请讨贼，次陈涛，师败，众略尽，故帝唯倚朔方军为根本。

贼将阿史那从礼以同罗、仆骨骑五千，诱河曲九府、六胡州部落数万迫行在。子仪以回纥首领葛逻支击之，执获数万，牛羊不可胜计，河曲平。

至德二载，攻贼崔乾祐于潼关，乾祐败，退保蒲津。会永乐尉赵复、河东司户参军韩旻、司士徐景及宗室子锋在城中，谋为内应，子仪攻蒲，复等斩牌者，披闉内军。乾祐走安邑，安邑伪纳之，兵半入，县门发，乾祐得脱身走。贼安守忠壁永丰仓，子仪遣子旰与战，多杀至万级，旰死于阵。进收仓。于是关、陕始通。诏还凤翔，进司空，充关内、河东副元帅。率师趋长安，次漪水上。贼守忠等军清渠左。大战，王师不利，委仗奔。子仪收溃卒保武功，待罪于朝，乃授尚书左仆射。俄从元帅广平王率蕃、汉兵十五万收长安。李嗣业为前军，元帅为中军，子仪副之，王思礼为后军，阵香积寺之北，距沣水，临大川，弥亘一舍。贼李归仁领劲骑薄战，官军嚣，嗣业以长刀突出，斩贼数十骑，乃定。回纥以奇兵缭贼背，夹攻之，斩首六万级，生禽二万，贼帅张通儒夜亡陕郡。翌日，王入京师，老幼夹道呼曰："不图今日复见官军!"王休士三日，遂东。

安庆绪闻王师至，遣严庄悉众十万屯陕，助通儒，旌帜钲鼓径百余里。师至新店，贼已阵，出轻骑，子仪遣二队逐之，又至，倍以往，皆不及贼营辄反。最后，贼以二百骑掩军，

未战走,子仪悉军追,横贯其营。贼张两翼包之,官军却。嗣业率回纥从后击,尘且坌,飞矢射贼,贼惊曰:"回纥至矣!"遂大败,僵尸相属于道。严庄等走洛阳,挟庆绪度河保相州,遂收东都。于是河东、河西、河南州县悉平。以功加司徒,封代国公,食邑千户。入朝,帝遣具军容迎灞上,劳之曰:"国家再造,卿力也。"子仪顿首陈谢。有诏还东都,经略北讨。

乾元元年,破贼河上,执安守忠以献,遂朝京师。诏百官迎于长乐驿,帝御望春楼待之。进中书令。帝即诏大举九节度师讨庆绪,以子仪、光弼皆元功,难相临摄,弟用鱼朝恩为观军容宣慰使,而不立帅。

子仪自杏园济河,围卫州。庆绪分其众为三军。将战,子仪选善射三千士伏壁内,诫曰:"须吾却,贼必乘垒,若等噪而射。"既战,伪遁,贼薄营,伏发,注射如雨。贼震骇,王师整而奋,斩首四万级,获铠胄数十万,执安庆和,收卫州。又战愁思冈,破之。连营进围相州,引漳水灌城,漫二时,不能破。城中粮尽,人相食。庆绪求救于史思明,思明自魏来,李光弼、王思礼、许叔冀、鲁炅前军遇之,战邺南,夷负相当,炅中流矢。子仪督后军,未及战。会大风拔木,遂晦,跬步不能相物色,于是王师南溃,贼亦走,辎械满野。诸节度引还。子仪以朔方军保河阳,断航桥。时王师众而无统,进退相顾望,责功不专,是以及于败。有诏留守东都,俄改东畿、山南东道、河南诸道行营元帅。

鱼朝恩素疾其功,因是媒谮之,故帝召子仪还,更以赵王为天下兵马元帅,李光弼副之,代子仪领朔方兵。子仪虽失军,无少望,乃心朝廷。思明再陷河、洛,西戎逼扰京辅,天子旰食,乃授邠宁、鄜坊两节度使,仍留京师。议者谓子仪有社稷功,而孽寇首鼠,乃置散地,非所宜。帝亦悟。

上元初,诏为诸道兵马都统,以管崇嗣副之,率英武、威远兵及河西、河东镇兵,縯邠宁、朔方、大同、横野军以趋范阳。诏下,为朝恩沮解。明年,光弼败邙山,失河阳。又明年,河中乱,杀李国贞,太原戕邓景山。朝廷忧二军与贼合,而少年新将望轻不可用,遂以子仪为朔方、河中、北庭、潞仪泽沁等州节度行营,兼兴平、定国副元帅,进封汾阳郡王,屯绛州。时帝已不豫,群臣莫有见者,子仪请曰:"老臣受命,将死于外,不见陛下,目不瞑。"帝引至卧内,谓曰:"河东事一以委卿。"子仪呜咽流涕。赐御马、银器、杂采,别赐绢布九万。子仪至屯,诛首恶王元振等数十人,太原辛云京亦治害景山者,诸镇皆惕息。

代宗立,程元振自谓于帝有功,忌宿将难制,离构百计。因罢子仪副元帅,加实户七百,为肃宗山陵使。子仪惧谗且成,尽裒代宗所赐诏敕千余篇上之,因自明。诏曰:"朕不德,诒大臣忧,朕甚自愧,自今公毋有疑。"初,帝与子仪平两京,同天下忧患,至是悔悟,眷礼弥重。

时史朝义尚盗洛,帝欲使副雍王,率师东讨,为朝恩、元振交訾之,乃止。会梁崇义据襄州叛,仆固怀恩屯汾州,阴召回纥、吐蕃寇河西,残泾州,犯奉天、武功,遽拜子仪为关内副元帅,镇咸阳。初,子仪自相州罢归京师,部曲离散,逮承诏,麾下才数十骑,驱民马补行队。至咸阳,虏已过渭水,并南山而东,天子跳幸陕。子仪闻,流涕,董行营还京师。遇射生将王献忠以毂骑叛,劫诸王欲奔虏,子仪让之,取诸王送行在。乃率骑南收兵,得武关防卒及亡士数千,军浸完。会六军将张知节迎子仪洛南,大阅兵,屯商州,威震关中。乃遣知节率乌崇福、羽林将长孙全绪为前锋,营韩公堆,击鼓欢山,张旗帜,夜丛万炬,以疑贼。初,光禄卿殷仲卿募兵蓝田,以劲骑先官军为游弈,直度浐,民绐虏曰:"郭令公来。"虏惧。会故将军王甫结侠少,夜鼓朱雀街,呼曰:"王师至!"吐蕃夜溃。于是遣大将李忠义屯苑中,渭北节度使王仲升守朝堂,子仪以中军继之。射生将王抚自署京兆尹,乱京城,子仪斩以徇。破贼书闻,帝以子仪为京城留守。

自变生仓卒,赖子仪复安,故天下皆咎程元振,群臣数论奏。元振惧,乃说帝都洛阳,帝可其计。子仪奏曰:

雍州古称天府,右陇、蜀,左崤、函,襟冯终南,太华之险,背负清渭、浊河之固,地方数千里,带甲十余万,兵强士勇,真用武之国,秦、汉所以成帝业也。后或处而泰、去而亡者不一姓,故高祖先入关定天下,太宗以来居洛阳者亦鲜。先帝兴朔方,诛庆绪,陛下席西土,戮朝义,虽天道助顺,亦地势则然。比吐蕃冯陵而不能抗者,臣能言其略。夫六军皆市井人,窬虚名,逃实赋,一日驱以就战,有百奔无一前;又宦竖掩迷,庶政荒夺,遂令陛下彷徨暴露,越在陕服。斯委任失人,岂秦地非良哉!今道路流言,不识信否,咸谓且都洛阳。洛阳自大盗以来,焚埃略尽,百曹榛荒,环服不满千户,井邑如墟,豺狼群噑;东薄郑、汴,南界徐,北绵怀、卫及相,千里萧条,亭舍不烟,何以奉万乘牲饩、供百官次舍哉?且地狭厄,裁数百里,险不足防,适为斗场。陛下意者不以京畿新罹剽蹂,国用不足乎?昔卫为狄灭,文公庐于曹,衣大布之衣,冠大帛之冠,卒复旧邦,况赫赫天子,躬俭节用,宁为一诸侯下哉?臣愿陛下斥素餐,去冗食,抑阉寺,任直臣,薄征弛役,恤隐抚鳏,委宰相以简贤任能,付臣以训兵御侮,则中兴之功,日月可冀。惟时迈亟还,见宗庙,谒园陵,再造王家,以幸天下。

帝得奏。泣谓左右曰:"子仪固社稷臣也,朕西决矣。"乘舆还,子仪顿首请罪,帝劳曰:"用卿晚,故至此。"乃赐铁券,图形凌烟阁。

仆固怀恩纵兵掠并、汾属县,帝患之,以子仪兼河东副元帅、河中节度使,镇河中。怀恩子玚屯榆次,为帐下张惟岳所杀,传首京师,持其众归子仪。怀恩惧,委其母走灵州。广德二年,进太尉,兼领北道邠宁、泾原、河西通和吐蕃及朔方招抚观察使。辞太尉不拜。怀恩诱吐蕃、回纥、党项数十万入寇,朝廷大恐,诏子仪屯奉天。帝问计所出,对曰:"无能为也。怀恩本臣偏将,虽慓果,然素失士心。今能为乱者,诱思归之人,劫与俱来,且皆臣故部曲,素以恩信结之,彼忍以刃相向乎?"帝曰:"善。"虏寇邠州,先驱至奉天,诸将请击之。子仪曰:"客深入,利速战。彼下素德我,吾缓之,当自携贰。"因下令:"敢言战者斩!"坚壁待之,贼果遁。

子仪至自泾阳,恩赉崇缛,进拜尚书令,恳辞,不听。诏趣诣省视事,百官往庆,敕射生五百骑执戟宠卫。子仪确让,且言:"太宗尝践此官,故累圣旷不置员,皇太子为雍王,定关东,乃得授,渠可猥私老臣,隳大典?且用兵以来,僭赏者多,至身兼数官,冒进亡耻。今凶丑略平,乃敕法审官之时,宜从老臣始。"帝不获已,许之,具所以让付史官。因赐美人六人,从者自副,车服帷帟咸具。

永泰元年，诏都统河南道节度行营，复镇河中。怀恩尽说吐蕃、回纥、党项、羌、浑、奴剌等三十万，掠泾、邠，躏凤翔，入醴泉、奉天，京师大震。于是帝命李忠臣屯渭桥，李光进屯云阳，马璘、郝廷玉屯便桥，骆奉先、李日越屯盩厔，李抱玉屯凤翔，周智光屯同州，杜冕屯坊州，天子自将屯苑中。急召子仪屯泾阳，军才万人。比到，虏骑围已合，乃使李国臣、高升、魏楚玉、陈回光、朱元琮各当一面，身自率铠骑二千出入阵中。回纥怪问："是谓谁？"报曰："郭令公。"惊曰："令公存乎？怀恩言天可汗弃天下，令公即世，中国无主，故我从以来。公今存，天可汗存乎？"报曰："天子万寿。"回纥悟曰："彼欺我乎！"子仪使谕虏曰："昔回纥涉万里，戡大憝，助复二京，我与若等休戚同之。今乃弃旧好，助叛臣，一何愚！彼背主弃亲，于回纥何有？"回纥曰："本谓公云亡，不然，何以至此。今诚存，我得见乎？"子仪将出，左右谏："戎狄野心不可信。"子仪曰："虏众数十倍，今力不敌。吾将示以至诚。"左右请以骑五百从，又不听。即传呼曰："令公来！"虏皆持满待。子仪以数十骑出。免胄见其大酋曰："诸君同艰难久矣，何忽亡忠谊而至是邪？"回纥舍兵下马拜曰："果吾父也。"子仪即召与饮，遗锦綵结欢，誓好如初。因曰："吐蕃本吾舅甥国，无负而来，弃亲也。马牛被数百里，公等若倒戈乘之，若俯取一芥，是谓天赐，不可失。且逐戎得利，与我继好，不两善乎？"会怀恩暴死，群虏无所统一，遂许诺。吐蕃疑之，夜引去。子仪遣将白元光合回纥众追蹑。大军继之，破吐蕃十万于灵台西原，斩级五万，俘万人，尽得所掠士女牛羊马橐驼不胜计。遂自泾阳来朝，加实封二百户，还河中。

大历元年，华州节度使周智光谋叛，帝间道以蜡书赐子仪，令悉军讨之。同、华将吏闻军起，杀智光，传首阙下。二年，吐蕃寇泾州，诏移屯泾阳。邀战于灵州，败之，斩首二万级。明年，还河中。吐蕃复寇灵武，诏率师五万屯奉天，白元光破虏于灵武。议者以吐蕃数为盗，马璘孤军在邠不能支，乃以子仪兼邠宁庆节度使，屯邠州，徙璘为泾原节度使。回纥赤心请市马万匹，有司以财乏，止市千匹。子仪曰："回纥有大功，宜答其意，中原须马，臣请内一岁奉，佐马直。"诏不听，人许其忠。

九年，入朝，对延英，帝与语吐蕃方强，慷慨至流涕。退，上书曰：

朔方，国北门，西御犬戎，北虞猃狁，五城相去三千里。开元、天宝中，战士十万，马三万匹，仅支一隅。自先帝受命灵武，战士从陛下征讨无宁岁。顷以怀恩乱，痍伤彫耗，亡三分之二，比天宝中止十之一。今吐蕃兼吞河、陇，杂羌、浑之众，岁深入畿郊，势逾十倍，与之角胜，岂易得邪？属者虏来，称四节度，将别万人，人兼数马。臣所统士不当贼四之一，马不当贼百之二，外畏内惧，将何以安？臣惟陛下制胜，力非不足，但简练不至，进退未一，时淹师老，地广势分。愿于诸道料精卒满五万者，列屯北边，则制胜可必。窃惟河南、河北、江淮大镇数万，小者数千，殚屈禀给，未始搜择。臣请追赴关中，勒步队，示金鼓，则攻必破，守必全，长久之策也。

又自陈衰老，乞骸骨。诏曰："朕终始倚赖，未可以去位。"不许。

德宗嗣位，诏还朝，摄冢宰，充山陵使，赐号"尚父"，进位太尉、中书令，增实封通前二千户，给粮千五百人，刍马二百匹，尽罢所领使及帅。建中二年，疾病，帝遣舒王到第传诏省问，子仪不能兴，叩头谢恩。薨，年八十五。帝悼痛，废朝五日。诏群臣往吊，随丧所须，皆取于官。赠太师。陪葬建陵。及葬，帝御安福门，哭过其丧，百官陪位流涕。赐谥曰忠武，配飨代宗庙廷。著令，一品坟崇丈八尺，诏特增丈，以表元功。

子仪事上诚，御下恕，赏罚必信。遭幸臣程元振、鱼朝恩短毁，方时多虞，握兵处外，然诏至，即日就道，无纤介顾望，故谗间不行。破吐蕃灵州，而朝恩使人发其父墓，盗未得。子仪自泾阳来朝，中外惧有变，及入见，帝唁之，即号泣曰：“臣久主兵，不能禁士残人之墓，人今发先臣墓，此天遣，非人患也。”朝恩又尝约子仪修具，元载使人告以军容将不利公。其下衷甲愿从，子仪不听，但以家僮十数往。朝恩曰：“何车骑之寡？”告以所闻。朝恩泣曰：“非公长者，得无致疑乎？”田承嗣傲很不轨，子仪尝遣使至魏，承嗣西望拜，指其膝谓使者曰：“兹膝不屈于人久矣，今为公拜。”李灵耀据汴州，公私财赋一皆遏绝，子仪封币道其境，莫敢留，令持兵卫送。麾下宿将数十，皆王侯贵重，子仪颐指进退，若部曲然。幕府六十余人，后皆为将相显官，其取士得才类如此。与李光弼齐名，而宽厚得人过之。子仪岁入官俸无虑二十四万缗。宅居亲仁里四分之一，中通永巷，家人三千相出入，不知其居。前后赐良田、美器、名园、甲馆不胜纪。代宗不名，呼为大臣。以身为天下安危者二十年，校中书令考二十四。八子七婿，皆贵显朝廷。诸孙数十，不能尽识，至问安，但颔之而已。富贵寿考，哀荣终始，人臣之道无缺焉。

【译文】

郭子仪，字子仪，华州郑人。身高七尺二寸。因武举优等补官左卫长史，不断加官升为单于副都护、振远军使。天宝八年，木剌山开始设置横塞军及安北都护府，诏命他到该军任军使。不久苦于该地太偏而且土地不宜耕种，徙到永清筑城，称为天德军，又以天德军使兼任九原太守。

天宝十四年。安禄山反叛，朝廷下诏任郭子仪为卫尉卿、灵武郡太守，又充任朔方节度使，率领本军向东讨伐安禄山。郭子仪收复静边军，斩贼将周万顷，在河曲出击高秀岩，打败了他，于是收复云中、马邑，开东陉关。加官御史大夫。贼军攻陷常山，河北地区的郡县都被贼军占领。刚好李光弼进攻常山，收复了它，郭子仪就带领军队出井陉，与李光弼军队会合，打败贼军史思明的部队数万人，收复稿城。向南进攻赵郡，活捉贼军四千人，都释放了，斩伪太守郭献璆，回到常山。史思明收散兵数万人跟在唐军之后，到了行唐，郭子仪选了五百骑兵向贼军挑战。三天后，贼军退去，郭子仪乘机进攻，又在沙河打败了他们，于是进到常阳据守。安禄山派出精兵来帮助史思明。郭子仪说：“他们倚仗增加兵力，必然轻视我们；轻视我们，战斗的决心就不大，战争必然能胜利。”在与贼军战斗中胜负未决，郭子仪处斩了一个步将，于是士兵们都拼死战斗，大败了敌军，斩首两千级，俘获五百人，俘获的马匹也是这个数目。接着白天在敌阵前摆开军队，作进攻的态势，夜晚就偷袭敌军的营垒，贼军昼夜不得休息，十分疲倦。郭子仪就与李光弼、仆固怀恩、浑释之、陈回光等在嘉山出击贼军，斩首四万级，俘获人口、马匹上万数。史思明逃奔到博陵。在河北的十余郡都杀贼军守将，迎接唐王朝的军队。正当要向北进攻范阳，碰到哥舒翰作战失败，唐玄宗逃往四川，太子李亨在灵武即位，朝廷下诏班师。郭子仪就与李光弼率领五万余步兵和骑兵赶往灵武皇帝所在地。当时肃宗刚即位，朝廷许多事情刚刚草创，人也不多，军容不严整，郭李大部队来到后，国威大振。朝廷任命郭子仪为兵部尚书、同中书门下平章事，仍总节度。肃宗检阅六军，鼓行向南，到了彭原。宰相房琯上疏请求自己率兵讨伐贼军，军队到了陈涛，与敌作战，失败，士兵死伤得差不多快完了，故而肃宗只能依靠朔方的军队作为基本力量。

贼将阿史那从礼用少数民族同罗、仆骨的五千骑兵，又诱说河曲九府、六胡州各胡人部落数万人进迫皇帝所在地方。郭子仪用回纥首领葛逻支的军队攻击他们，俘虏数万人，牛羊多得无法计算，河曲平定了。

至德二年，在潼关进攻贼军崔乾祐，崔乾祐战败，退保蒲津。刚好永乐尉赵复、河东司户参军韩旻、司士徐景及宗室子锋在城中，他们作为内应，郭子仪攻蒲津，赵复等人斩杀城上的敌兵，打击所有城内的敌军。崔乾祐逃到安邑，安邑人假装投降接纳他，军队进入一半，县门的士兵出击了他们，崔乾祐发觉就脱身逃走。贼军安守忠率军筑营垒于永丰仓，郭子仪派儿子郭旰出击，杀敌多达万余人，但郭旰阵亡。郭子仪进攻和收复了永丰仓，于是潼关、陕郡道路开始畅通。朝廷下诏命郭子仪回凤翔，进位司空，充任关内、河东副元帅。率领军队进发到长安，停驻滻水上。贼安守忠等军队在清渠东边。双方发生大战，唐军失败，抛弃了武器等奔逃而回。郭子仪收集溃散的士兵退守武功，等待朝廷的处罚，但朝廷仍授他为尚书左仆射。不久随从元帅广平王李叔率领蕃、汉兵共十五万去收复长安。李嗣业为前军，元帅为中军，郭子仪为中军之副职，王思礼为后军，布阵于长安西香积寺的北面，在沣水东、面临沈水、交水等大河，连在一起。贼将李归仁率领强劲骑兵出来挑战，官军惊乱，李嗣业提着长刀冲出来，杀贼军数十骑兵，官军阵地才稍稳定。回纥用奇兵绕到贼军背后，与大军前后夹击，斩首六万级，活捉二万人，贼军统帅张通儒夜晚逃陕郡。第二天，官军进入长安，男女老少夹道欢呼，说："想不到今天能再见到官军！"李叔命士兵休整三天，接着向东进军。

安庆绪听说官军来到，派严庄率全部军队共十万人屯驻陕郡，以协助张通儒，战旗和钲鼓的声音四周达百余里。官军到达新店，贼军已摆好阵势，派出轻装骑兵作战，郭子仪派两队士兵攻击他，后来他们又来，郭子仪派加倍的士兵去作战，但都不到贼军营垒就立即返回。最后，贼军用两百骑兵来突然袭击，没有战斗又回去了，郭子仪派全军追击，横穿过其营垒，贼军从两翼包抄攻击，官军退却。李嗣业率领回纥军从贼军背后出击，在黄土尘埃中发飞矢射击贼军，贼军惊呼说："回纥到了。"于是大败，尸体布满了道路。严庄等向洛阳逃跑，又拥戴着安庆绪渡过黄河逃奔相州，官军收复了东都洛阳。接着河东、河西、河南的州县都平定了。郭子仪因功加官司徒，封代国公，食邑一千户。入朝进见，皇帝派遣仪仗队在滻上迎接，慰劳他说："国家再生，是卿的功劳呀。"郭子仪叩头谢恩。诏书命郭子仪回到东都，再研究向北讨伐贼军事宜。

乾元元年，在黄河边击败贼军，俘获安守忠献给朝廷，于是郭子仪到京师入朝。朝廷下诏命百官在长乐驿迎接，皇帝到望春楼等待他。进位为中书令。皇帝当即下诏命令九个节度师大举讨伐安庆绪，因为郭子仪、李光弼都有头等功劳，难以相互统率，故不设置元帅，而以宦官鱼朝恩为观军容宣慰处置使，实际上统驭诸将。

郭子仪的军队从杏园渡过清河，包围卫州。安庆绪把他的士兵分为三军。在即将开战前，郭子仪选了射箭好的三千士兵伏在垒垣之内，对他们下命令说："等我退却，贼军必然追到我营垒前来，你们就登垒，大声喊杀和向他们射箭。"接着与安庆绪军作战，假装失败而退兵，贼军逼近营垒，伏兵万箭齐发，矢如雨下。贼军震惊害怕，官军士气更加高涨，大败贼军，斩首四万级，获得铠甲数十万套，活捉安庆和，收复了卫州。安庆绪逃向邺，郭子仪追到那里，在邺城西愁思冈又发生战斗，大败安庆绪。安庆绪入邺城固守，郭子仪与其他军队联营包围相州的邺城，用漳水灌城中，自冬到春，水弥漫了二季，没有破城。城中粮食吃完，出现人吃人。安庆绪向史思明求救，史思明从魏州引兵来救，在邺城南，与李光弼、王恩礼、许叔冀、鲁炅的前军相遇而发生战斗，双方伤亡相当。鲁炅中了流箭；郭子仪在后督军，来不及布阵。碰到大风起，吹沙拔木，天昏地暗，人们近在咫尺也不能相辨认，于是官军溃败向南退却，贼军向北退却，军用物资和武器丢得满山遍野。各节度使引军退还。郭子仪以朔方兵保河阳，为此切断航桥。这次战争是因为官军人数虽多而无统一指挥，大家想保存实力互相观望，责任不明确，因此造成失败。诏书命郭子仪留守东都，不久改任东畿、山南东道、河南诸道行营元帅。

鱼朝恩素来妒忌郭子仪的功劳，因战争失败就嫁祸于他，在天子面前讲他的坏话，故而天子召郭子仪回来，重新任命赵王李系为天下兵马元帅，又任李光弼为副元帅，以取代郭子仪领朔方节度使的兵。郭子仪虽然失去军权，没有失望，仍然心向朝廷。史思明再次攻陷河南、洛阳，西戎等羌族逼近和扰乱长安三辅地区，天子顾不上用餐，就急忙授官郭子仪为邠宁、鄜坊两道节度使，仍留在京师。有议论说郭子仪对国家有功劳，而贼寇道鼠两端，天下未平，把他放在闲散的地位，不太相宜。天子也有所觉悟，

上元年间初年，诏命郭子仪为诸道兵马都统，以管崇嗣为副职，率领英武、威远等禁军及河西、河东镇兵，由邠宁、朔方、大同、横野军向范阳进发。诏书下达不几天，被鱼朝恩所阻挠，这件事没有实行。次年，李光弼军在邙山战败，失去河阳。再下一年，即宝应元年，河中乱，绛州兵杀朔方等诸道行营都统李国贞，太原兵杀河东节度使邓景山。朝廷担心这两支军队与贼军相结合，而年轻的新将领因威望不够而不可用，于是又任命郭子仪为朔方、河中、北庭、潞、仪、泽、沁等州节度行营，兼兴平、定国副元帅，晋封为汾阳郡王，进驻绛州。当时肃宗已病危，群臣没有人能见到他，郭子仪请求说："老臣受命，将要死于外地，不见陛下，我死不瞑目。"天子在卧室接见他，对他说："河东的事完全委托你了。"郭子仪呜咽哭泣，流下了泪水。天子尝赐给他御马、银器、杂色丝织品，另外赐绢四万匹、布五万端共为九万。郭子仪到军营，斩了杀李国贞的首恶王元振等数十人，太原的辛云京也惩治害邓景山的人，这样一来，其他诸镇都比较安定了。

代宗即位，程元振自以为对天子有功，忌讳宿将难以控制，就千方百计挑拨离间。因此罢去郭子仪副元帅，加封户七百户，任肃宗山陵使。郭子仪怕别人在天子面前的挑拨离间将会得逞，于是就聚集了代宗为广平王时所赐的往来手札千余篇送给天子，并自表忠心。天子下诏说："朕德行不高，使大臣担忧，朕很惭愧，从今以后公不必有所怀疑。"早

先，代宗与郭子仪一起收复两京，共同为天下的事担忧，到这时天子悔悟，对郭子仪更加礼敬和眷念。

当时史朝义还占领着洛阳，代宗想使郭子仪为雍王李适副职，率军队向东讨伐史朝义，结果被鱼朝恩、程元振交相诋毁，就没有任命。遇上梁崇义占据襄州反叛，仆固怀恩屯兵汾州，暗中召回纥、吐蕃进攻河西，残害泾州，侵犯奉天、武功，京师震动，天子立即下诏拜郭子仪为关内副无帅，出镇咸阳抵御敌人。起初，郭子仪从相州罢官回到京师，部队离散，到下达诏书时，部下只有数十骑兵，于是招募民马补充到行队中。到了咸阳，少数民族吐蕃率领吐谷浑、党项、氐、羌等军队已经渡过渭水，并沿南山向东，天子逃到陕州。郭子仪听说后，流下了眼泪，督部队从咸阳回到京师长安。遇上射生将王献忠带领用弓弩的骑兵反叛，并劫持诸王想西投吐蕃，郭子仪斥责他，用兵送诸王到天子所在处。接着率领骑士到南部商州收集逃散士兵，又得到武关防守士兵及逃亡士兵数千人，军势稍振。遇上六军将张知节在洛南迎接郭子仪，于是大规模检阅士兵，屯军在商州，威震关中。郭子仪派张知节率领乌崇福、羽林将长孙全绪为前锋，到韩公堆筑营垒，白天击鼓声震山谷，多树旗帜，夜晚则到处点燃火炬，用来疑惑吐蕃。先前，光禄卿殷仲卿在蓝田招募一些士兵，这时他率领强劲的骑兵在官军之前作为游军渡过了浐河，老百姓又欺骗贼军说："郭令公要率大军来了。"吐蕃害怕。刚好射生将王甫到长安城中暗中聚集勇敢少年，晚上在朱雀街上一边击鼓一边大呼"王师来了！"吐蕃更加恐惧，全部逃离而去了。于是派大将李忠义驻屯在禁苑中，渭北节度使王仲升守卫朝堂，郭子仪的中军在后进入长安。射生将王抚自命为京兆尹，在京城作乱，郭子仪把他处斩。天子见到了破贼的文书，任命郭子仪为京城留守。

自从在仓促之中发生事变，依赖郭子仪才得重新安定，所以天下人都归咎于程元振，群臣多次上奏论说。程元振惧怕，劝天子把都城迁到洛阳，天子同意他的意见。郭子仪上奏说：

雍州古代称天府，西面是陇、蜀，东面是崤关、函谷关，前面凭借终南山、华山的险要地形，背部有清的渭水和浊的黄河可作阻挡，地方数千里，披甲的士卒十余万，兵强而勇，真是用武的地区，这是秦、汉所以能够建国和成就帝王事业的原因。后来或者处于这地区而兴盛、离开这地区而亡国的不止一姓，所以唐高祖先入关中而定天下，太宗以来居于洛阳的也很少。先帝兴朔方兵，诛杀安庆绪，陛下席卷西土，杀戮史朝义，虽然这是上天帮助正义的一方，也是由于地势有利起了作用。这是近来吐蕃有依持而侵犯，我们不能抗击的原因，臣能讲述它的大概。首先是六军都是市井无赖，为的是捞一个虚名，逃避实在的赋税，一旦要他们作战，有一百人会逃去而没有一个人向前；其次宦官掌权，政治昏暗，于是使陛下彷徨犹豫，最后到了陕州。这实在是用人的过失，哪里是秦的地势不优越！现在道路上的人都在流传，不知是否可信，都说将要迁都洛阳。洛阳自从安史之乱大破坏以来，焚烧得已差不多了，百官衙门荆棘丛生，整个地区不满千户，村落已成废墟，豺狼出没嗥叫；东靠近郑州、汴州，南到徐州，北直到怀州、卫州和相州，千里萧条，亭舍都不冒烟，如何来供应天子这么多马匹的饲料，供给百官的住房？而且这里地方狭小，周围才数百里,是平原地区无险可守,反而正好作为战场。陛下迁都的意思不就是因为畿地区新遭吐蕃蹂躏,国家需要的东西不足吗?想春秋时卫国被狄人所攻灭,卫文公住在曹国,穿大布的衣服,戴大帛做的帽子,终于恢复旧邦,何况赫赫的天子,如果亲自带头节俭,还能在一个诸侯之下吗?臣但愿陛下能退掉只会吃饭而不能干事的多余的人,抑制宦官的权力,任用忠直的大臣,轻徭薄赋,抚恤老弱孤独的人,委任宰相选拔贤能的人才,交给我训练士兵抵御外敌的任务,那么唐朝的中兴,就指日可待。虽然时间已过了多天还是应该立即回去,见宗庙,谒园陵,使唐王室再生,那么天下百姓就有好日子过了。

天子看到这个奏疏,流泪对左右侍臣说:"郭子仪真是国家的忠臣呀,我决心向西回长安。"天子回到长安,郭子仪叩头谢罪,天子慰劳他说:"用你迟了,故而到这地步。"赐给铁券,把他的像画在凌烟阁。

仆固怀恩放纵士兵掠夺并州、汾州所属的县城,天子很忧患,任命郭子仪为兼河东副元帅、河中节度使。镇守河中。仆固怀恩的儿子仆固玚屯兵在榆次,被部下张惟岳杀死,首级传到长安,张惟岳带着他的部下投奔郭子仪。仆固怀恩害怕,抛下他的母亲向北逃到灵州。广德二年,郭子仪进而被任为太尉,兼领北道邠宁、泾原、河西以来通和吐蕃使及朔方招抚观察使。郭子仪辞去了太尉的职务。仆固怀恩招引吐蕃、回纥、党项数十万人进犯,朝廷大震,诏命郭子仪率领诸将出镇京兆奉天县。天子召他问有何计谋,郭子仪说:"他是不会有所做的。仆固怀恩本来是臣的偏将,虽然剽悍果断,但一向失去士兵的心,现在能和他一起作乱的人,都是一些想回老家的人,而且是威胁而来,他们又都是臣的老部下,我们之间有恩情,他们能忍心拿刀来砍我们吗?"天子说:"好。"贼军进犯邠州,其前锋到奉天,各位将领请求出击。郭子仪说:"敌人深入我处,速战对我们有利。他们的部下一向感我恩德,我等待一下,他们就会分化。"于是下命令:"敢再讲出战的人斩首!"坚守营垒严阵以待,贼军果然逃走了。

郭子仪从泾阳到长安,多次受到恩赐,进而拜官为尚书令,他恳切辞退,天子不准。诏命他赶快到尚书省办公,百官都向他庆贺,天子命射生将五百骑兵拿着戟护卫他。郭子仪坚决推辞,他说:"太宗曾经担任过此官,所以以后几个皇帝都空着这个位置,皇太子为雍王时,平定关东,才得以授此官,怎么可以为了照顾老臣,而改变国家的制度?而且自从用兵以来,我受到的不该有的赏赐很多,以至身兼数官,我感到冒进而惭愧,现在凶恶的敌人略有平定,是应该加强法典审核官吏的时候,这应该从老臣开始。"天子不得已,准许了他,并把这事前后经过嘱史官记下。赐给美人六名,随从自备,车子服装帐幕等都具备。

永泰元年,诏命郭子仪为都统河南道节度行营,再次镇守河中。仆固怀恩诱说吐蕃、回纥、党项、羌、浑、奴剌等共三十万部众入侵,掠夺泾、邠两州,蹂躏凤翔,进入醴泉、奉天、京师长安大震。于是代宗命李忠臣驻屯渭桥,李光进驻云阳、马璘、郝廷玉驻屯便桥,骆奉先、李日越驻屯盩厔,李抱玉驻屯凤翔,周智光驻屯同州,杜冕驻屯坊州,天子自率六军在禁苑中。又急忙召命郭子仪驻屯泾阳,他的军队才一万人。刚到,少数民族的骑兵已经完成了包围圈,郭子仪命李国臣、高升、魏楚玉、陈回光、朱元琮各当一面,自己率领穿铠甲的骑兵两千人战斗出入于敌阵之中。回纥人奇怪地问:"这人是谁?"回报说:"郭令公。"回纥领吃惊地说:"令公还活着吗?仆固怀恩说唐天子已弃天下而死,令公也已去世,中国无主,故而我随从他而来。公现在还活着,唐天子还活着吗?"回答说:"唐天子万寿。"回纥将领有所觉悟,说:"他欺骗了我们!"郭子仪派人告谕回纥将领说:"过去回纥远涉万里,讨伐安史元凶大恶,帮助恢复长安和洛阳两京,我们和你们休戚与共。今日你们抛弃旧的好朋友,帮助叛臣,是何等愚蠢!仆固怀恩背叛天子抛弃亲人,与你们回纥有何好处?"回纥的将领说:"本来以为令公已亡,不然的话,我们何至于到此地步。现在令公既然还活着,我可见他吗?"郭子仪准备出去见他们,左右部下进谏说:"戎狄之人有野心,不可相信。"郭子仪说:"少数民族士兵比我们多十倍,现在我们论实力是敌不过他们的,我只能向他们表示我最诚恳的心。"左右请郭子仪带五百骑兵随同前去,又不同意,于是立即传呼说:"郭令公来了!"少数民族士兵都拉满了弓严阵以待。郭子仪带了数十人骑马而出,不穿盔甲,见了回纥的大酋长说:"各位大人和我们同患难已经很长久了,为什么忽然抛弃忠信友谊而到这般地步呢?"回纥首领当即离开卫兵上前下马拜谢,说:"果然是我们的长者呀。"郭子仪当即召他们来一起饮酒,送给他们锦彩等丝织品,双方谈得十分高兴,发誓要友好得与以前一样。郭子仪乘机说:"吐蕃本来与我们国家结为甥舅,现在他们背叛负心而来,是抛弃了亲人。他们的马牛弥漫数百里,你们如果能倒戈一击,乘机进攻他们取其牛马就像弯腰拾芥菜一般容易,这是天赐良机,不可失去。而且打败吐蕃得到了利益,又与我们继续和好,这不是一举两得的好事吗?"刚好仆固怀恩突然死去,许多少数民族军队没有了统一的领导,于是回纥就答应了。吐蕃有了怀疑,夜里就逃离而去。郭子仪派将领白元光联合回纥军队在后面追击,大军紧随追去,在灵台西原大败了十万吐蕃兵,斩首五万级,俘获万人,全部获得吐蕃所掠的百姓牛羊马骆驼等不可胜数。于是郭子仪从泾阳回京师朝见天子,加封邑二百户,后又回到河中。

大历元年,华州节度使周智光叛变,天子命人从偏僻小道用蜡裹的诏书赐郭子仪,命令他率领全军去讨伐。同州、华州的将吏听说军队出发,杀了周智光,把他的首级传送到朝廷。二年,吐蕃进犯泾州,诏命郭子仪移军到泾阳。在灵州与吐蕃发生战斗,打败了它,斩首两万余级。下一年,回到河中。吐蕃再次进犯灵武,诏命郭子仪率领五万军队驻屯奉天。白元光在灵武打败了吐蕃。有人议论吐蕃屡次进犯,马璘孤军在邠州不能支持,于是朝廷任命郭子仪兼邠、宁、庆三州节度使,驻屯邠州,徙马璘为泾原节度使。回纥赤心请唐朝买万匹马,有关衙门以经费缺乏的理由,只同意买千匹。郭子仪说:"回纥有功劳,应该同意他们的要求,中原也需要马,臣请求交出一年的俸禄,来增加买马的经费。"朝廷下诏不同意,但人们都赞扬他的忠心。

大历九年,郭子仪到京师入朝,在延英殿,天子与他谈到了吐蕃的强盛,很激动,以至流下了眼泪。退下后,郭子仪上书说:

朔方,是国家北边的门户,西边防御犬戎,北边警戒猃狁,五座城相距三千里。开元、天宝年间,有战士十万,马三万匹。仅支撑这一边区。自从先帝在灵武即位,战士们随从陛下出征讨伐没有过上安宁的日子。近来因仆固怀恩之乱,由于伤亡消耗,人少了三分之二,比起天宝年间中期只有十分之一。现今吐蕃兼有河西、甘肃一带土地,杂有党项、吐谷浑的部众,每年深入到京师附近,势力强大十倍,与他们战斗取胜,岂是容易的事?近时少数民族来,称四个节度,每将分别有万人,每人有数匹马,臣所统率的士兵不及贼军的四分之一,马不及贼军的百分之二,内外都畏惧,将怎么安心呢?臣思陛下要战胜,力并非不足,但挑选好的士兵没有来到,进退无统一计划,军队滞留久而疲劳,地区太广力量分散。请求在各道发精兵共计五万人,分别驻屯在北边,则制胜敌人是必然的。窃以为河南、河北、江淮大镇数万,小镇数千,尽少粮食供给,未必先去聚集选择。臣请追赶到关中,挑选步兵队伍,教给他们作战进退的军纪,那样就进攻必能破敌,防守必能保全,是长治久安的计策。

又陈说自己已经衰老,请求退休回老家。天子下诏说:"朕始终要依赖你,不可以离开职位。"没有准许。

德宗即位,诏命郭子仪还朝,任代理冢宰,充任山陵使,赐号为"尚父"。进一步升为太尉、中书令,增加食邑封户连同以前的共为二千户,给一千五百人的粮食,二百匹马的草料,全部罢去所任的"使"和"帅"的职位。建中二年,郭子仪患病,皇帝派舒王李元名到他家中传达诏命问候,郭子仪已不能起来,叩头谢恩。这一年他死了,年龄八十五岁。皇帝哀悼痛哭,停止上朝五天。诏命群臣往他家吊唁,凡丧事所需的一切都由官家供给。赠官太师。陪葬在建陵。在下葬那天,皇帝到安福门,哭得比他死的那天还厉害,百官都在一旁陪着哭。赐谥号为:"忠武"。在代宗庙廷里附祭。按照令文,一品官坟高一丈八尺,诏命他的坟再增加一丈,用以表彰他的首功。

郭子仪侍奉天子忠诚,对待下级宽恕,赏罚分明。虽然遭到幸臣宦官程元振、鱼朝恩的诋毁,又遇国家多事,他掌握大军在外,但诏书一到,他就当日上路回京,没有丝毫犹豫顾望,所以别人讲的坏话和挑拨离间都不能得逞。在灵州破吐蕃,而鱼朝恩派人发掘他父亲的坟墓,没有得到什么东西。郭子仪从泾阳来朝见天子,内外怕有变动,等到进见,天子对此事表示慰问,郭子仪痛哭说:"臣做军队统帅很久,不能够禁止士兵发掘别人的坟墓,有人现在发掘臣父的墓,这是上天的谴责,不是人事呀。"鱼朝恩又曾约郭子仪游他建造的章敬寺,瞻仰佛容,元载派人告诉他观军容使鱼朝恩将做不利于他的事。其部下请在衣中穿上铠甲一起去,郭子仪不同意,只带十几个家童前往。鱼朝恩说:"为什么车马随从那么少?"郭子仪告诉了他所听到的一切。鱼朝恩哭着说:"公如果不是个有修养的长者,能够不怀疑吗?"魏博节度使田承嗣傲慢跋扈,郭子仪曾派使者到魏博,田承嗣向西下拜,指着膝盖对使者说:"这个膝盖不对人弯曲已经很久了,今天为郭公下拜。"李灵曜占据汴州作乱,公私财赋过汴州都要留下,郭子仪封存的钱币和帛过他的境,则不敢扣留,还派士兵护送出境。部下中有几十个老将,都已封王封侯地位很高,郭子仪可以不开口用动作指挥他们进退,像对部队士兵一样。幕府中有六十多人,后来都做了将相等显赫官职,他的善于选拔人才就是这样。与李光弼的名气一样大,但比李光弼宽厚得人心。郭子仪每年官俸收入大致有二十四万缗。住宅占亲仁里的四分之一,中间可通宫中的长巷,家人有三千人进出,不知他们住在何处。前后受到赏赐的良田、美器、有名园林、上等住房不可胜数。代宗不叫他的名字，而叫大臣。唐代的安危与他个人有密切联系的时间达二十年，校中书令等官共考了二十四次。八个儿子七个女婿，都在朝廷中地位显赫。孙子有几十人，不能都认识，到请安时，只能点头表示。一生富贵寿终，有哀有荣，为臣下应该做的一切他确是十分完备的。

元结传

【题解】

元结（719~772），唐代文学家。字次山，号漫叟、聱叟，河南鲁山（今属河南）人。安史之乱时，曾组织义军抗击叛军，后历任道州刺史、容州都督充本管经略守捉使，因遭权臣嫉妒，辞官隐居。

元结承继《诗经》、乐府传统，主张诗歌为政治教化服务，为诗注重反映政治现实和人民疾苦。散文亦多涉及时政，风格古朴，后人视其为韩柳古文运动的先驱。

曾编选《箧中集》行世。明人辑有《元次山集》。

【原文】

元结，后魏常山王元遵十五代孙。曾祖仁基，字惟固，从太宗征辽东，以功赐宜君田二十顷，辽口并马牝牡各五十，拜宁塞令，袭常山公。祖亨，字利贞，美姿仪。尝曰："我承王公余烈，鹰犬声乐是习，吾当以儒学易之。"霍王元轨闻其名，辟参军事。父延祖，三岁而孤，仁基敕其母曰："此儿且祀我。"因名而字之。逮长，不仕，年过四十，亲娅强劲之，再调春陵丞，辄弃官去，曰："人生衣食，可适饥饱，不宜复有所需。"每灌畦掇薪，以为"有生之役，过此吾不思也。"安禄山反，召结戒曰："而遭逢世多故，不得自安山林，勉树名节，无近羞辱"云。卒年七十六，门人私谥曰"太先生"。

结少不羁，十七乃折节向学，事元德秀。天宝十二载举进士，礼部侍郎阳浚见其文，曰："一第愦子耳，有司得子是赖。"果擢上第。复举制科。会天下乱，沉浮人间。国子司业苏源明见肃宗，问天下士，荐结可用。时史思明攻河阳，帝将幸河东，召结诣京师，问所欲言，结自以始见轩陛，拘忌讳，恐言不悉情，乃上《时议》三篇。其一曰：

议者问："往年逆贼。东穷海，南淮、汉，西抵函、秦，北彻幽都，丑徒狼扈在四方者几百万，当时之祸可谓剧，而人心危矣。天子独以匹马至灵武，合弱旅，鉏强寇，师及渭西，曾不逾时，摧锐攘凶，复两京，收河南州县，何其易邪？乃今河北奸逆不尽，山林江湖亡命尚多，盗贼数犯州县，百姓转徙，踵系不绝，将士临敌而奔，贤人君子遁逃不出。陛下往在灵武、凤翔，无今日胜兵而能杀敌，无今日检禁而无亡命，无今日威令而盗贼不作，无今日财用而百姓不流，无今日爵赏而士不散，无今日朝廷而贤者思仕，何哉？将天子能以危为安，而忍以未安忘危邪？"对曰："此非难言之。前日天子恨愧陵庙为羯逆伤污，愤怅上皇南幸巴、蜀,隐悼宗戚见诛,侧身勤劳,不惮亲抚士卒,与人权位,信而不疑,渴闻忠直,过弗讳改。此以弱制强,以危取安之繇也。今天子重城深宫。燕和而居;凝冕大昕,缨佩而朝;太官具味,视时而献;太常备乐,和声以荐;国机军务,参筹乃敢进;百姓疾苦,时有不闻;厩刍良马、宫籍美女、舆服礼物、休符瑞谍,日月充备;朝廷歌颂盛德大业,听而不厌;四方贡赋,争上尤异;谐臣颍官,怡愉天颜,文武大臣至于庶官,皆权赏逾望。此所以不能以强制弱,以未安忘危。若陛下视分日之安,能如灵武时,何寇盗强弱可言哉!"

其二曰:

议者曰:"吾闻士人共自谋:'昔我奉天子拒凶逆,胜则家国两全,不胜则两亡,故生死决于战,是非极于谏。今吾名位重,财货足,爵赏厚,勤劳已极,外无仇雠害我,内无穷贱迫我,何苦当锋刃以近死,忤人主以近祸乎?'又闻曰:'吾州里有病父老母、孤兄寡妇,皆力役乞丐,冻馁不足,况于死者,人谁哀之?'又闻曰:'天下残破,苍生危窘,受赋与役者,皆寡弱贫独,流亡死徙,悲忧道路,盖亦极矣。天下安,我等岂无畎亩自处?若不安,我不复以忠义仁信方直死矣!'人且如此,奈何?"对曰:"国家非欲其然,盖失于太明太信耳。夫太明则见其内情,将藏内情则罔惑生下。能令必信,信可必矣,而太信之中,至奸尤恶之。如此遂使朝廷亡公直,天下失忠信,苍生益冤结。将欲治之,能无端由?吾等议于野,又何所及?"

其三曰:

议者曰:"陛下思安苍生,灭奸逆,图太平,劳心悉精,于今四年,说者异之,何哉?"对曰:"如天子所思,说者所异,非不知之。凡有诏令丁宁,事皆不行,空言一再,颇类谐戏。今有仁恤之令,忧勤之诰,人皆族立党语,指而议之。天子不知其然,以为言虽不行,犹足以劝。彼沮劝,在乎明审均当而必行也。天子能行已言之令,必将来之法,杂徭弊制,拘忌烦令,一切蠲荡。任天下贤士,屏斥小人,然后推仁信威令,谨行不惑。此帝王常道,何为不及?"

帝悦曰:"卿能破朕忧。"擢右金吾兵曹参军,摄监察御史,为山南西道节度参谋。募义士于唐、邓、汝、蔡,降剧贼五千,瘗战死露胔于泌南,名曰"哀丘"。

史思明乱,帝将亲征,结建言:"贼锐不可与争,宜折以谋。"帝善之,因命发宛、叶军挫贼南锋,结屯泌阳守险,全十五城。以讨贼功迁监察御史里行。荆南节度史吕𬤇请益兵拒贼,帝进结水部员外郎,佐𬤇府。又参山南东道来瑱府,时有父母随子在军者,结说瑱曰:"孝而仁者,可与言忠;信而勇者,可以全义。渠有责其忠信义勇而不劝之孝慈邪?将士父母,宜给以衣食,则义有所存矣。"瑱纳之。瑱诛,结摄领府事。会代宗立,固辞,丐侍亲归樊上。授著作郎。益著书,作《自释》,曰:

河南,元氏望也。结,元子名也。次山,结字也。世业载国史,世系在家谍。少居商余山,著《元子》十篇,故以"元子"为称。天下兵兴,逃乱入猗玗洞,始称"猗玗子"。后家瀼滨,乃自称"浪士"。及有官,人以为浪者亦漫为官乎,呼为"漫郎"。既客樊上,漫遂显。樊左右皆渔者,少长相戏,更曰"聱叟"。彼诮以聱者,为其不相从听,不相钩加,带漫而尽船,独聱牙而挥车。酒徒得此,又曰:"公之漫其犹聱乎?公守著作,不带箸笭乎?又漫浪于人间,得非聱歞乎?公漫久矣,可以漫为叟。"于戏!吾不从听于时俗,不钩加于当世,谁是聱者,吾欲从之!彼聱叟不惭带乎箝笒,吾又安能薄乎著作?彼聱叟不羞聱歞于邻里,吾又安能惭漫浪于人间?取而醉人议,当以"漫叟"为称。直荒浪其情性,诞漫其所为,使人知无所存有,无所将待。乃为语曰:"能带箝笒,全独而保生;能学聱歞,保宗而全家。聱也如此,漫乎非邪!"

久之,拜道州刺史。初,西原蛮掠居人数万去,遗户裁四千,诸使调发符牒二百函,结以人困甚,不忍加赋,即上言:"臣州为贼焚破,粮储、屋宅、男女、牛马几尽。今百姓十不一在,耄儒骚离,未有所安。岭南诸州,寇盗不尽,得守捉候望四十余屯,一有不靖,湖南且乱。请免百姓所负租税及租庸使和市杂物十三万缗。"帝许之。明年,租庸使索上供十万缗,结又奏:"岁正租庸外,所率宜以时增减。"诏可。结为民营舍给田,免徭役,流亡归者万余。进授容管经略使,身谕蛮豪,绥定八州。会母丧,人皆诣节度府请留,加左金吾卫将军。民乐其教,至立石颂德。罢还京师,卒,年五十,赠礼部侍郎。

【译文】

元结,后魏常山王元遵十五代孙。曾祖仁基,字帷固,跟随唐太宗李世民征讨辽东,因立军功,赐宜君县田地二十顷,又赐辽东人口五十,以及公、母马五十,拜官宁塞县令,袭封常山公。祖父元亨,字利贞,仪表俊美。曾经说:"我继承王公的馀绪,所习是鹰犬游猎和声乐歌舞这一套,自当以儒家之学取代之。"霍王李元轨听到他的名声,起用他参军事。父亲元延祖,三岁便成了孤儿,元仁基告诉他母亲:"这个孩子将来为我祭祀。"于是为他起名取字。待他长大,不求仕进,年纪过了四十,还不想当官,亲戚强劝他,才调春陵(今湖南道县)丞,不久便弃官而去,说:"人生穿衣吃饭,可解决饥饱冷暖问题,此外不宜再有什么要求的了。"每当灌溉田地,采拾樵薪,便认为"有生之年所事之役,除此以外,我不加以思考。"安禄山造反,召元结并告诫他:"你们遇到多事的时世,不能自安于山林,要勉力以树名节,不要近羞辱之事。"延祖卒年七十六,门人私下谥之曰"太先生"。

元结少年时代放荡不加拘束,直到十七岁才改变平日志向,努力学习,拜元德秀为师。天宝十二年(753)进士及第,礼部侍郎阳浚见到他的文章,说:"进士一第都是悃子而已,考官得到世人才是可倚靠的。"果然选为上第。又参加制科考试,正好碰到天下大乱,便沉浮于民间。国子司业苏源明晋见肃宗,肃宗问及天下士人,苏源明举荐元结,认为此人可用。当时史思明攻打河阳(今河南孟县),皇帝将到河东,召元结到京师,问元结有什么说的,元结自己因为才见皇上,拘束忌讳,唯恐说话不能完全表达自己的情怀,便献上《时议》三篇。第一篇说:

议者问:"往时叛逆之贼,东穷于海滨,南逼近淮河、汉水,西到达函关、秦中,北极于幽都,这帮丑恶之徒如虎狼跋扈于四方的有几百万人,当时的大祸真可说很厉害,而且人心也都自危了。皇上独以匹马赴灵武,合并力弱的军队,锄强寇,大军到渭河之西,曾经不越时而摧掉锐兵,攘除凶逆,收复东、西两京,以及河南各州县,多么不容易呀!而今河北之奸逆尚未除尽,山林和江湖逃亡者尚多,盗贼常常侵犯州县,百姓奔波转徙,接踵不断,将领和士兵临敌而奔逃,贤人君子也逃亡不出来。陛下往日在灵武、凤翔时,没有像今日这样的精兵而能杀敌,没有今日这样的检束查禁而无逃亡的,没有今日这样的威令而盗贼不骚扰,没有今日这样的资财而百姓不流亡,没有今日这样的爵禄赏赐而士人不离散,没有今日这样的朝廷而贤人想出仕,这是为什么呢? 是天子能以危为安,或者忍心于未安之时而忘危吗?"答曰:"这并非难以解释的,前日天子因陵庙被胡羯叛逆伤污而愧恨,为上皇南入巴蜀而愤慨,暗自伤悼宗亲在叛乱中被诛杀,躬身勤劳。不惜亲自安抚兵士,授予部下权力与地位,能信而不疑,希望听到忠直之言,如饥似渴,自己有过失,也不讳疾忌医。这都是能以弱胜强,于危中取安的缘由啊。今日天子处于重重城墙内的深宫里,安乐而居;戴上皇冠等待黎明时刻,佩带簪缨而上朝;尚食房做好各种美味的菜肴,按时送食;掌管礼乐的太常寺准备好音乐,选好听的推荐上来;国家的机要和军事,要待众官参详筹划以后才敢提出来;老百姓的疾苦,有时听不到;马圈里的好马、宫中的美女、车驾服装和各种礼物以及好兆头的符瑞奏谍,日常都很充足齐备;朝廷里歌颂盛德大业的赞美声,百听不厌;四方缴上来的贡物和税赋,各地争先恐后地奉上最好的;善于诙谐滑稽和善于谈笑戏谑的从军,能使皇帝笑逐颜开;文武大臣以至于下层普通的官,所受的权力和赏赐,都超过其所希望的。这就是为什么不能以强制弱,且在未安之时而忘危。如果陛下看待今日的安定局面,能如在灵武的时候那样,那些寇盗还有什么强弱可言呢!"

《时议》的第二篇说:

议者曰:"我听到士人自相谋议说:'往日我奉天子抗拒凶逆叛贼,能打胜仗,家庭和国家就会两全;不能打胜仗,就会两亡,所以是生是死,都取决于战斗,是是非非,必向皇上极谏。现在我的名誉和地位都很突出,财产货物也很充足,爵禄赏赐也厚重,为国效劳已经到头了,外面没有仇敌害我,里面没有穷困贫贱威胁我,我何苦去冒锋刃杀戮的危险呢,何必去忤逆君主而取祸呢?'又听说:'我们州中乡里有患病的父亲和垂老的母亲,还有孤独的哥哥和死了丈夫的寡妇,都当了乞丐,忍饥挨冻,比死去的还要难堪,有谁去哀怜他们呢?'又听说:'天下已经残破凋敝,老百姓处于危险窘迫的境地,承受赋税与徭役的,都是鳏寡贫弱的人家,所以流亡迁徙,悲哀忧愁充满道路,实在也到了极点了。天下安定。我们这些人哪能没有点田地可以安排自己的生活? 天下如果不安定,我不能再以忠义仁信方直自守而等死了!'老百姓已到了这地步,有什么办法呢?"答曰:"国家不是想让情况变得这样糟糕,只因为失之于过于明又过于信啊。过于明,就会显现它的内情,要隐瞒内情就会迷惑下民。能做到令必行,就要讲究信,信是必要的,而过于信,大奸尤其厌恶它。这样也就使得朝廷没有秉公持直的,天下失去忠信,百姓便含冤结恨。想要加以治理,哪能没有缘由? 我们在朝外议论,又有什么作用呢?"

《时议》的第三篇说:

议者曰:"陛下想安定百姓,消灭奸人逆贼,以求太平,劳尽心神和精力,至今已经四年了,而议论的人却有不同看法,为什么呢?"答曰:"像天子所想的和议论的人所持的异议,不是不知道啊。凡是有诏令交代要办的,事情都办不成,空话说了一遍又一遍,很像滑稽笑话。今日有关于仁爱抚恤下民的诏令,有关于忧愁劳苦国事的制议,人们都聚族结党而私语，加以议论指斥。天子不知情况是这样的，还以为言虽不能实行，还可以起劝诫的作用。他加以劝阻，在于明审切当而一定实行。天子能实行已经发布的政令，一定是将来之法。繁杂的徭役和腐败的体制，拘束禁忌，烦琐政令，一切都免除荡涤。任用天下的贤士，屏斥小人，然后推行仁信威令，谨其所行而不惑乱，这都是帝王通常所行之道，为什么做不到呢？"

皇帝读了《时议》三篇，心里很高兴，说："侯你能解除朕的忧愁呀。"提升元结为右金吾兵曹参军，代理监察御史，为山南西道节度参谋。招募义勇之士于唐、邓、汝、蔡四州，与贼对抗，招降盗贼五千之众，埋战死者露尸于泌南，其坟堆称为"哀丘"。

史思明叛乱，皇帝将要亲征，元结建议说："叛贼锐气未减，不可同他争锋，宜以谋折其锋。"皇帝以为其言甚善，因而下令发宛(今河南南阳)、叶(今河南叶县)之军，挫败贼军的锐气南向锋芒。元结屯军泌阳(今河南泌源)，以守其险要，保全十五城。元结以讨伐叛逆有功，官升监察御史里行。荆南节度使吕諲请增加兵力以抗拒叛贼，皇帝进封元结为水部员外郎，为吕諲军幕僚佐。又参山南东道来镇瑱府，当时有父母随儿子在军中的，元结同来瑱说："孝而且仁的人，始可与言忠；信而且勇的人，始可以全义。岂有只要求他忠信义勇，而不去劝他对父母孝慈的呢？将士父母在军中的，应当发给衣食，这样义就有所存了。"来瑱采纳他的意见。来瑱受诛，元结代领府事。正当代宗即位，元结坚决辞去山南东道府事，乞求归樊上侍奉父母。授予著作郎之职。更着力于著书，作《自释》，说：

河南(今河南洛阳)，元氏的祖籍。结，元先生的名啊；次山，元结的字啊。元氏世代功业，载于国史；元氏世系，见于家谱。少时居住商馀山，撰写《元子》十篇，所以称为元子。天下兵起，逃乱入猗玕洞，才称为"猗玕子"。后来家于瀼水之滨，于是自称"浪士"。及至有了官职，人家以为浪者也能漫为官呀，呼为"漫郎"。已经客居樊上，漫就更突出了。樊上左右邻都以捕鱼为业，老人小孩都与元子相戏谑，于是改称"聱叟"。他们之所以讥诮为"聱"，是因为他和他们相处不相听从，不相勾结，带着装鱼的小竹篓而听任渔船漂流，自乖忤时俗而驱车独行。酒徒得此人，又说："你之所谓漫，同聱差不多呀？您守职著作郎，不带装鱼的小竹篓？又在民间浪漫，不就是忤俗吗？你漫已久，可以漫为曳。"呜呼！我不听从时俗，不勾结当世，究竟谁是不听取意见的"聱者"，我倒想跟随他！那聱叟并不愧于带装鱼的小竹篓，我又怎能轻视这著作郎之职呢？那聱叟也不因忤于邻里而羞愧，我又怎能浪漫于民间而感到有愧呢？采取你们这些醉汉的建议，我应当以"漫曳"为称号。但放浪其情性，怪漫其作为，让人知道他无所存无所有，也无所等待。于是编几句韵语说："能带装鱼的箸箄保全自己的独行又保生；能学不听话的聱牙，却能保全家族又能保全家，聱呀就是这样的，漫呢是还是非呀！"

过了很久，元结又官拜道州刺史。上任之初，西原蛮掳掠居民数万人而去，剩下的户数才四千户，收赋税的使者发符牒二百函，元结认为居民困顿不堪，不忍心再加赋税，当即上书说："臣所管之州为西原蛮贼所破毁，粮食储备、住屋宅第、男人女人、耕牛牧马，几乎殆尽。今百姓十不存一，老叟小孩骚动离散，不能安居。岭南各州，寇盗不尽，有边防守捉候望近四十余屯，一有不宁，湖南将发生动乱。请免去百姓所负担税租以及租庸使和市杂物十三万缗钱。"皇帝准予。明年，租庸使索取上供之钱十万缗，元结又上奏章说："每年除正常租庸之外，所遵循者宜按时有所增减。"皇帝下诏准许实行。元结为老百姓经营屋舍，给予田产，免去徭役，流亡在外返回乡里的有一万多人。进授容管经略使，亲自晓谕蛮豪首长，平定八个州。恰遇母死守丧，老百姓都到节度使府署挽留，又加给元结左金吾卫将军之职。百姓乐受他的教化，乃至立石勒字歌颂他的恩德。罢官后，元结回到京师长安，死于京城，享年五十岁，追赠礼部侍郎。

颜真卿传

【题解】

颜真御(公元709～785年)，字清臣，京兆万年(今陕西西安市)人，祖籍琅邪临沂(今属山东省)。他出生在书香贵官世家，他的五世祖颜之推是北齐的著名学者，颜师古是唐代的经学大师。他于开元年间中进士，历任监察御史、毁中侍御史，因受宰相杨国忠排挤，外任为平原太守，因此后世称之为"颜平原"。安禄山反叛，他联络从史颜杲卿进行抵抗，被河北十七郡推为盟主。后入京，官至吏部尚书、太子太师，封鲁郡公，因此也称之为"颜鲁公"。德宗朝，李希烈发动叛乱，朝廷派他去劝说，被李希烈勒死。

颜真卿是我国历史上著名的书法大家。他初学褚遂良，后师张旭，甚得张氏用笔。他的楷书端庄凝重，气势雄伟，行书遒劲，形成自己独特的风格，人称之为"颜体"。他的书法，存世碑刻极多，著名的有《多宝塔碑》《扶风庙碑》《东方先生画掘碑》《郭氏家庙碑》《麻姑仙坛记》《宋景碑》等。存世墨迹有《自书告身》《祭侄文稿》《竹山》《连句》等。

颜真卿

【原文】

颜真卿字清臣，秘书监师古五世从孙。少孤，母殷躬加训导。既长，博学，工辞章，事亲孝。

开元中，举进士，又擢制科。调醴泉尉。再迁监察御史，使河、陇。时五原有冤狱久不决，天且旱，真卿辨狱而雨，郡人呼"御史雨"。复使河东，劾奏朔方令郑延祚母死不葬三十年，有诏终身不齿，闻者耸然。迁殿中侍御史。时御史吉温以私怨构中丞宋浑，谪贺州，真卿曰："奈何以一时忿，欲危宋璟后乎？"宰相杨国忠恶之，讽中丞蒋洌奏为东都采访判官。再转武部员外郎。国忠终欲去之，乃出为平原太守。

安禄山逆状牙蘖，真卿度必反，阳托霖雨，增陴浚隍，料才壮，储仓廪。日与宾客泛舟饮酒，以纾禄山之疑。果以为书生，不虞也。禄山反，河朔尽陷，独平原城守具备，使司兵参军李平驰奏。玄宗始闻乱，叹曰："河北二十四郡，无一忠臣邪？"及平至，帝大喜，谓左右曰："朕不识真卿何如人，所为乃若此！"

时平原有静塞兵三千，乃益募士，得万人，遣录事参军李择交统之，以刁万岁、和琳、徐浩、马相如、高抗朗等为将，分总部伍。大飨士城西门，慷慨泣下，众感励。饶阳太守卢全诚、济南太守李随、清河长史王怀忠、景城司马李暐、邺郡太守王焘各以众归，有诏北海太守贺兰进明率精锐五千济河为助。贼破东都，遣段子光传李憕、卢奕、蒋清首徇河北，真卿畏众惧，绐诸将曰："吾素识憕等，其首皆非是。"乃斩子光，藏三首。它日，结刍续体，敛而祭，为位哭之。

是时，从父兄杲卿为常山太守，斩贼将李钦凑等，清土门。十七郡同日自归，推真卿为盟主，兵二十万，绝燕、赵。诏即拜户部侍郎，佑李光弼讨贼。真卿以李晖自副，而用李铣、贾载、沈震为判官。俄加河北招讨采访使。

清河太守使郡人李萼来乞师，萼曰："闻公首奋裾唱大顺，河朔恃公为金城。清河，西邻也，有江淮租布备北军，号'天下北库'，计其积，足以三平原之有，士卒可以二平原之众。公因而抚有，以为腹心，它城运之如臂之指耳。"真卿为出兵六千，谓曰："吾兵已出，子将何以教我？"萼曰："朝家便程千里统众十万，自太行而东，将出崞口，限贼不得前。公若先伐魏郡，斩贼首袁知泰，以劲兵披崞口，出官师使讨邺、幽陵、平原、清河合十万众徇洛阳，分犀锐制其冲。公坚壁勿与战，不数十日，贼必溃，相图死。"真卿然之。乃檄清河等郡，遣大将李择交，副将范冬馥、和琳、徐浩、与清河、博平士五千屯堂邑。袁知泰遣将白嗣深、乙舒蒙等兵二万拒战，贼败，斩首万级，知泰走汲郡。

史思明围饶阳，遣游弈兵绝平原救军，真卿惧不敌，以书招贺兰进明，以河北招讨使让之。进明败于信都。会平卢将刘正臣以渔阳归，真卿欲坚其意，遣贾载越海遗军资十馀万，以子颇为质。颇甫十岁，军中固请留之，不从。

肃宗已即位灵武，真卿数遣使以蜡丸裹书陈事。拜工部尚书兼御史大夫，复为河北招讨使。时军费困竭，李萼劝真卿收景城盐，使诸郡相输，用度遂不乏。第五琦方参进明军，后得其法以行，军用饶雄。

禄山乘虚遣思明、尹子奇急攻河北，诸郡复陷，独平原、博平、清河固守。然人心危，不复振。真卿谋于众曰："贼锐甚，不可抗。若委命辱国，非计也，不如径赴行在，朝廷若诛败军罪，吾死不恨。"至德元载十月，弃郡度河，间关至凤翔谒帝，诏授宪部尚书，迁御史大夫。

方朝廷草昧不暇给，而真卿绳治如平日。武部侍郎崔漪、谏议大夫李何忌皆被劾斥降。广平王总兵二十万平长安，辞日，当阙不敢乘，趋出陛栊乃乘。王府都虞侯管崇嗣先王而骑，真卿劾之。帝还奏，慰答曰："朕子每出，谆谆教戒，故不敢失。崇嗣老而躄，卿姑容之。"百官肃然。两京复，帝遣左司郎中李选告宗庙，祝署"嗣皇帝"，真卿谓礼仪使崔器

曰："上皇在蜀，可乎？"器遽奏改之，帝以为达识。又建言："《春秋》，新宫灾，鲁成公三日哭。今太庙为贼毁，请筑坛于野，皇帝东向哭，然后遣使。"不从。宰相厌其言，出为冯翊太守。转蒲州刺史，封丹阳县子。为御史唐旻诬劾，贬饶州刺史。

乾元二年，拜浙西节度使。刘展将反，真卿豫饬战备，都统李峘以为生事，非短真卿，因召为刑部待郎。展卒举兵度淮，而峘奔江西。

李辅国迁上皇西宫，真卿率百官问起居，辅国恶之，贬蓬州长史。代宗立，起为利州刺史，不拜，再迁吏部侍郎。除荆南节度使，未行，改尚书右丞。

帝自陕还，真卿请先谒陵庙而即宫，宰相元载以为迂，真卿怒曰："用舍在公，言者何罪？然朝廷事岂堪公再破坏邪！"载衔之。俄以检校刑部尚书为朔方行营宣慰使，未行，留知省事，更封鲁郡公。时载多引私党，畏群臣论奏，乃绐帝曰："群臣奏事，多挟谗毁。请每论事，皆先白长官，长官以白宰相，宰相详可否以闻。"真卿上疏曰：

诸司长官者，达官也，皆得专达于天子。郎官、御史，陛下腹心耳目之臣也，故出使天下，事无细大得失。皆俾访察，还以闻。此古明四目、达四聪也。今陛下欲自屏耳目，使不聪明，则天下何望焉？《诗》曰："营营青蝇，止于棘，谗言罔极，交乱四国。"以其能变白为黑，变黑为白也。诗人疾之，故曰："取彼谗人，投畀豺虎；豺虎不食，投畀有北。"昔夏之伯明，楚之无极，汉之江充，皆谗人也。陛下恶之，宜矣。胡不回神省察？其言虚诬，则谗人也，宜诛殛之；其言不诬，则正人也，宜奖励之。舍此不为，使众人谓陛下不能省察而倦听览，以是为辞，臣窃惜之。

昔太宗勤劳庶政，其《司门式》曰："无门籍者有急奏，令监司与仗家引对，不得关碍。"防拥蔽也。置立仗马二，须乘者听。此其平治天下也。天宝后，李林甫得君，群臣不先咨宰相辄奏事者，托以他故中伤之，犹不敢明约百司，使先关白。时阉人袁思艺日宣诏至中书，天子动静，必告林甫，林甫得以先意奏请，帝惊喜若神，故权宠日甚，道路以目。上意不下宣，下情不上达，此权臣蔽主，不遵太宗之法也。陵夷至于今，天下之敝皆萃陛下，其所从来渐矣。自艰难之初，百姓尚未凋竭，太平之治犹可致，而李辅国当权，宰相用事，递为姑息。开三司，诛反侧，使余贼溃将北走党项，哀啸不逞，更相惊恐，思明危惧，相挻而反，东都陷没，先帝由是忧勤损寿。臣每思之，痛贯心骨。

今天下疮痏未平，干戈日滋，陛下岂得不博闻谠言，以广视听，而塞绝忠谏乎？陛下在陕时，奏事者不限贵贱，群臣以为太宗之治可跂而待。且君子难进易退，朝廷开不讳之路，犹恐不言，况怀厌怠，令宰相宣进止；御史台作条目，不得直进，从此人不奏事矣。陛下闻见，止于数人耳目，天下之士，方钳口结舌，陛下便谓无事可论，岂知惧而不敢进，即林甫、国忠复起矣。臣谓今日之事，旷古未有，虽林甫、国忠犹不敢公为之。陛下不早觉悟，渐成孤立，后悔无及矣。

于是中人等腾布中外。后摄太庙，言祭器不饬，载以为诽谤，贬峡州别驾。改吉州司马，迁抚、湖二州刺史。

载诛，杨绾荐之，擢刑部尚书，进吏部。帝崩，以为礼仪使，因奏列圣谥繁，请从初议为定，袁傪固排之，罢不报。时丧乱后，典法湮放，真卿虽博识今古，屡建议厘正，为权臣沮抑，多中格云。

杨炎当国，以直不容，换太子少师，然犹领使。及卢杞，益不喜，改太子太师，并使罢之，数遣人问方镇所便，将出之。真卿往见杞，辞曰："先中丞传首平原，面流血，吾不敢以衣拭，亲舌舐之，公忍不见容乎？"杞矍然下拜，而衔恨切骨。

李希烈陷汝州，杞乃建遣真卿："四方所信，若往谕之，可不劳师而定。"诏可，公卿皆失色。李勉以为失一元老，贻朝廷羞，密表固留。至河南，河南尹郑叔则以希烈反状明，劝不行，答曰："君命可避乎？"既见希烈，宣诏旨，希烈养子千余拔刃争进，诸侯皆慢骂，将食之，真卿色不变。希烈以身扞，麾其众退，乃就馆，逼使上书雪己，真卿不从。乃诈遣真卿兄子岘与从吏数辈继清，德宗不报。真卿每与诸子书，但戒严奉家庙，恤诸孤，讫无它语。希烈遣李元平说之，真卿叱曰："尔受国委任，不能致命，顾吾无兵戮汝，尚说我邪？"希烈大会其党，召真卿，使倡优斥侮朝廷，真卿怒曰："公，人臣，奈何如是！"拂衣去。希烈大惭。时朱滔、王武俊、田悦、李纳使者皆在坐，谓希烈曰："闻太师名德久矣，公欲建大号而太师至，求宰相孰先太师者？"真卿叱曰："若等闻颜常山否？吾兄也，禄山反，首举义师，后虽被执，诟贼不绝于口。吾年且八十，官太师，吾守吾节，死而后已，岂受若等胁邪！"诸贼失色。

希烈乃拘真卿，守以甲士，掘方丈坎于廷，传将坑之，真卿见希烈曰："死生分矣，何多为？"张伯仪败，希烈令赍旌节首级示真卿，真卿恸哭投地。会其党周曾、康秀林等谋袭希烈，奉真卿为帅，事泄，曾死，乃拘送真卿蔡州。真卿度必死，乃作遗表、墓志、祭文，指寝室西壁下曰："此吾殡所也。"希烈僭称帝，使问仪式，对曰："老夫耄矣，曾掌国礼，所记诸侯朝觐耳！"

兴元后，王师复振，贼虑变，遣将辛景臻、安华至其所，积薪于廷曰："不能屈节，当焚死。"真卿起赴火，景臻等遽止之。希烈弟希倩坐朱泚诛，希烈因发怒，使阉奴等害真卿，曰："有诏。"真卿再拜。奴曰："宜赐卿死。"曰："老臣无状，罪当死，然使人何日长安来？"奴曰："从大梁来。"骂曰："乃逆贼耳，何诏云！"遂缢杀之，年七十六。嗣曹王皋闻之，泣下，三军皆恸，因表其大节。淮、蔡平，子頵、硕护丧还，帝废朝五日，赠司徒，谥文忠，赙布帛米粟加等。

真卿立朝正色，刚而有礼，非公言直道；不萌于心。天下不以姓名称，而独曰鲁公。如李正己、田神功、董秦、侯希逸、王玄志等，皆真卿始招起之，后皆有功。善正、草书，笔力遒婉，世宝传之。贞元六年赦书，授頵五品正员官。开成初，又以曾孙弘式为同州参军。

【译文】

颜真卿字清臣，他是秘书监颜师古的五代堂孙，少年丧父，母亲对他亲加教诲。成人以后，学问渊博，文章写得很漂亮，对母亲很孝顺。

开元年间，考中进士，皇帝亲自主持的殿试，他又得中选。被任为醴泉县尉，再升任监察御史，出使河西、陇右地区。当时五原县有件冤案，长期得不到昭雪，时值天气大旱，颜真卿把这起冤案理清楚，就下了一场大雨，当地的人称之为"御史雨"。又派他去河东巡察，他弹劾朔方县令，郑延祚终身不许任用，听到这一消息的人，都为之一惊。又升他为殿中侍御史。当时御史吉温因私仇陷害中丞宋浑被贬住贺州，颜真卿说道："怎么能因一时的愤怒，来危害名相宋璟的后人呢？"宰相杨国忠因此厌恶颜真卿，唆使中丞蒋洌弹劾他，降为东都采访判官，又转为武部员外郎。杨国忠始终想把他排挤出京城，于是外补他为平原郡太守。

安禄山谋反的举动初露端倪，颜其卿料他必然反叛，他扬言因连日阴雨，下令增筑城防，疏浚壕沟，选择兵壮，充实仓库。他整日和宾客们划船饮酒，以避免安禄山对他的举动有所怀疑。安禄山看他整日划船饮酒，认为他确实是书生之辈，不必担心。安禄山举兵反叛，河朔各地都沦陷了，只有平原郡城因防御完善未陷落，颜真卿派司兵参军李平急速向皇帝奏报消息。唐玄宗起初听到安禄山反叛的奏报，叹了口气，说道："河北地区二十四郡，难道就没有一个忠臣吗？"对李平的到来，玄宗大为高兴，对身边的人说："我不了解颜真卿是怎么一个人，他的所做所为真是难能可贵！"

当时平原郡有静塞守兵三千人，又增募兵卒，得到一万多人，派录事参军李择交统领，任刁万岁、和琳、徐浩、马相如、高抗朗等人为将领，分别统领各部。颜真卿又在城西门大摆酒宴，犒赏士卒，他当场陈述利害，慷慨激昂，满面流泪，兵众们都感激奋发。饶阳太守卢全诚、济南太守李随、清河长史王怀忠、景城司马李昕、邺郡太守王焘等人，都率部来投奔颜真卿，朝廷命令北海太守贺兰进明率精兵五千渡过黄河增援颜真卿。贼攻破东都洛阳后，派段子光把李憕、卢奕、蒋清的首级传示河北各地，颜其卿担心兵将们看了以后产生惧敌心理，便欺骗诸将说："我一向认识李登等人，这首级都不是他们的"于是杀掉段子光，把三颗首级收藏起来。后来，用草扎成人体状，配上收藏的首级，进行殡敛祭奠，设立灵牌，颜真卿哭祭三人。

这时，他的堂兄颜杲卿任常山太守，斩杀贼将李钦凑等人，清剿了土门的叛军，河北地区十七郡的人马同一天投奔颜真卿，推他为主帅，拥兵二十万，在燕、赵之间坚持。朝廷任命他为户部侍郎，帮助李光弼讨伐叛军。颜真卿任李晖为自己的副手，任李铣、贾载、沈震为判官。不久，朝廷又任命他为河北招讨采访使。

清河太守派郡人李萼来请求援兵，李萼说："听说大人您首先举起效忠朝廷的大旗，河朔地区依靠大人您为坚不可摧的长城。清河郡是平原郡的西邻，这里有江淮间运来的租米、布匹，供应北军的军需，号称为'天下北库'，计算它的储备，三倍于平原郡。兵卒也比平原郡多出二倍。大人您如果拥有此郡，以它为中心，那么您指挥其他城池，就像手臂指挥手指一样。"颜真卿往清河郡派兵六千，对李萼说："我已经派出军队，你还有什么意见？"李萼说："朝廷派程千里领兵十万，从太行山东下，将要出兵嶂口，阻止敌军，使之不能前进。大人您如果先攻伐魏郡，杀掉叛军守将袁知泰，派精兵攻占嶂口，让朝廷派来的军队去讨伐邺、幽陵等地，平原、清河二郡合兵十万去攻占洛阳，分别派精兵控制战略要冲。大人您则坚壁清野，不与袁知泰交战，不出十天，叛军必然溃败，互相残杀而死。"颜真卿采纳了他的建议。于是传令清河等郡，派大将李择交，副将范冬馥、和琳、徐浩，会同清河、博平二郡士卒五千人屯驻堂邑县。袁知泰派将白嗣深、乙舒蒙等领兵二万前来抵抗，叛军失败，一万多人被杀，袁知泰逃往汲郡。

史思明围攻饶阳，派游击兵断绝平原援兵进军路线，颜真卿担心敌不过叛军，便写信招贺兰进明来增援，并把河北招讨使的职位让给他。贺兰进明在信都吃了败仗。这时正逢平卢将刘正臣以渔阳郡归属，颜真卿想把他稳住，便派贾载从海道送去军费十多万两，刘正臣把他的儿子刘颋送来，作为人质。刘颋才十岁，诸将请求留下刘颋，颜真卿不允许。

唐肃宗在灵武即位，颜真卿多次派人送去用蜡丸裹着的疏奏，陈述战事。朝廷任他为工部尚书兼御史大夫，仍任河北招讨使。当时军费困难，李峄建议收购景城所产的食盐，并向各郡转卖，这样一来，军费就不缺乏了。第五琦在贺兰进明军中任参军，也推行颜真卿的措施，军费也得到充实。

安禄山乘河北地区空虚，派史思明、尹子奇猛攻河北，各郡又陷入敌手，只有平原、博平、清河三郡固守。但是人人自危，士气不能重新振作。颜真卿和诸将商议："叛军的攻势，锐不可当。如果死在这里，有辱使命，并不是上策，不如直接回到皇帝那里，朝廷如果追究兵败的责任而将我处死，我毫无怨言。"至德元年十月，颜真卿放弃平原郡，渡过黄河，辗转来到凤翔，朝见皇帝，肃宗封他为宪部尚书，又升为御史大夫。

当时朝廷流亡在外，战乱之中各种制度顾不上执行，但是颜真卿对御史大夫一职，尽职尽责，惩治违法行为和平时一样。武部侍郎崔漪、谏议大夫李何忌都被他弹劾降职。广平王领兵二十万去平定长安，在他向皇帝告辞的那天，在行宫前不敢骑马，待走出栅栏之后才敢上马。王府的都虚候管崇嗣，在广平王上马之前先骑马背，遭到颜真卿的弹劾。肃宗退回他的奏章，安慰他说："我的皇子前次外出，我都谆谆告诫，因此他不敢有过失之举。崇嗣年岁大，又是瘸腿，你就饶他一回吧。"群臣都肃然起敬，不敢怠慢。两京平复后，肃宗派左司郎中李选去宗庙告慰祖宗，告慰文后署名"嗣皇帝"，颜真卿对礼仪使崔兴说："太上皇帝玄宗尚在四川，这样署名合适吗？"崔兴马上回奏肃宗，加以修改，皇帝认为颜真卿通达事理。颜真卿又建言："《春秋》记载，鲁国的新宫遭受火灾，鲁成公为此哭祭了三天。现在祖庙被叛贼毁坏，请求在郊野修筑檀台，皇帝东向哭祭，然后再派使者去告慰祖宗。"他的这一建议未被采纳。宰相讨厌他的言论，把他外补为冯翔太守。后又转任蒲州刺史，封他为丹阳县子。因遭御史唐旻的诬陷，被贬为饶州刺史。

乾元二年，升任浙西节度使。刘展将要反叛朝廷，颜真卿预先进行战备，都统李峘以为这样做会惹起事端，对颜真卿的所作所为进行非难，因而朝廷把颜真卿召回，任为刑部侍郎。刘展果然反叛，领兵渡过淮河，李峘逃往江西。

李辅国把上皇唐玄宗软禁在西宫，颜真卿率领百官去西宫向玄宗问安，李辅国对此非常厌恶，把颜真卿贬降为蓬州刺史。唐代宗即位，起用他为利州刺史，颜真卿不接受，于是升任他为吏部侍郎。又任他为荆南节度使，还未赴任，改任为尚书右丞。

代宗从陕州回到长安，颜真卿请求皇帝先拜祭祖陵祖庙，然后再入皇宫，宰相元载认为这建议十分迂腐，颜真卿愤怒地说："我的建议用不用，由您来决定，提建议的人有什么罪过？但是朝廷的政事还能经得起您再去破坏吗！"元载怀恨在心。不久，派颜真卿以检校刑部尚书的职衔出任朔方行营宣慰使，没有成行，留他在京主管尚书省事务，改封他为鲁郡公。当时元载大肆任用私人亲党，但他担心群臣向皇帝揭发，便欺蒙皇帝说："群臣上书言事，往往夹杂毁谤朝政的言论。我请求做出这样的规定：但凡朝臣议论政事的奏章，必须先送自本部门的长官，长官再送交宰相，宰相再审查决定是否上奏给皇帝。"颜真卿为此上奏说：

各部门的长官，都是显贵官员，他们有资格直接向皇帝奏事。郎官、御史，都是陛下您的心腹耳目臣子，因此，他们巡视天下，不论大事小事、成败得失，派他们加以调查，回朝以后，向天子回报。这是古人广开视听之路的措施。现在陛下您要堵塞住自己的耳目，改使耳不聪、目不明，那么天下人还仰望什么呢？《诗经》上说："往来飞行的黑苍蝇，落在篱笆上；谗言的危害无边，能使国破家亡。"谗言和苍蝇一样，能变白为黑，变黑为白。因此，诗人对进谗言的人十分痛恨，故而写下这样的诗句："抓住进谗言的人，扔去喂豺虎；豺虎嫌他脏，扔到蛮荒处。"古代夏朝的伯明，楚国的无极，汉朝的江充，都是进谗言的人。陛下您厌恶这种人，是应该的。但是不对眼前人们的言论加以分析，如果他的言论纯属虚伪诬诞，那他就是进谗言的人，应该除掉他；如果他的言论实实在在，他就是正人君子，应该奖励他。如果陛下您不采取这种态度，致使人们认为陛下您不能分辩言论的好坏而且又懒于听取正确的建议，如果是这样的话，我真替陛下惋惜。

过去太宗皇帝勤于政事，他在《司门式》中说："没有进门证件却有急事要奏上，让主管官员和仪仗引领进见，不许阻挡。"这样做是为了防止耳目受到蒙蔽。为此，备有两匹马，称为"仗马"，奏事的人如需要乘骑，听从自便。这是太宗治国平天下措施的一端。天宝年间以后，李林甫受到玄宗的宠信，群臣奏事如果不先经宰相允许，李林甫即找借口对奏事者加以中伤陷害，但是他并不敢明目张胆地规定，群臣奏事必须经他同意。当时太监袁思艺每天到中书省读圣旨，他把玄宗的一言一行，都告诉李林甫，李林甫这才能够做到迎合玄宗的意向，先行预测之言，玄宗大为惊喜，以为李林甫料事如神，因此李林甫更受宠信而夺权，路人为之侧目。这样，皇帝的旨意不能下传，下情不能上达，这种权臣蒙蔽君主的局面，是由于不遵循太宗皇帝的成法形成的。这样每况愈下直到今天，天下的各种矛盾都集中在陛下您的身上，这种情况是慢慢发展形成的。在安禄山反叛初期，百姓还没有彻底破产，还有希望赢得天下太平，但是李辅国当权，宰相夺政，相互姑息迁就。设置御史大夫、中书、门下三司衙门，受理刑狱，大肆诛杀反叛，致使叛军的残兵败将向北逃往党项，那些啸聚山林的不法之徒，更是惊慌不定，史思明成天恐惧，举兵反叛，致使东都洛阳沦陷，先帝肃宗由于忧虑操劳，损害了寿命。每当我想起这些，如万箭穿心。

现在国家的创伤还没有得到恢复，各地战事又日益加剧，陛下您说怎能不广听忠臣的言论，使自己耳聪目明？怎么能拒绝忠言直语呢！陛下您在陕州时，凡奏事的官员，不论贵贱，群臣认为太宗的贞观之治可计日而待。再说，正人君子，难进而易退，即使朝廷明文规定言者无罪，还担心他们不敢进言，何况心怀厌倦，又让宰相决定他们能否进言，御史台又拟出条条框框，使人不能面见天子，从此以后，群臣就不会再奏事了。陛下您的所见所闻，只是来自几个人耳目闻见，天下的官员因而闭口不言，陛下您还认为无事可奏，哪知是因惧怕而不敢进言呢！这样就为李林甫、杨国忠之类的人夺权创造了条件。我认为今天这样的局面，自古未有，即使是李林甫，杨国忠也不敢明目张胆地这么干。陛下您如果不及早省悟，慢慢就成为孤家寡人了，那时后悔可就晚了。

于是宫内太监把颜真卿的言论在朝廷内外广为散布。后来颜真卿主持祭祀太庙，他反应供祭祀的祭器不整洁，宰相元载认为这是诽谤朝廷，把他贬为陕州别驾。后来改任吉州司马，又升任抚、湖二州刺史。

元载有罪被处死，杨绾推荐颜真卿，朝廷提拔他任刑部尚书，又晋升吏部尚书。代宗去世，任颜真卿为礼仪使，他上书陈奏，以前各位皇帝的谥号太繁长，请求按照当初的意见确定代宗的谥号，袁傪排斥他的建议，不给他上报。当时在安史之乱以后，各种典制被废弃，颜真卿虽然博通今古，屡次建议改正，因被权臣阻挠，都中途搁浅了。

杨炎当政时，因颜真卿耿介忠直，不为所容，改任他为太子少师，仍然兼任礼仪使。至卢杞当政，更不喜欢颜真卿，改任他为太子太师，罢去礼仪使之职，并多次派人去向颜真卿询问愿意到哪个方镇任职，想把他排挤出京师。颜真卿去见卢杞，责备他说："当年你父亲卢奕中丞的首级被传送到平原郡时，满面部是血迹，我不敢用衣服去擦拭，亲自用舌头去舔，你就这样狠心容不得我吗！"卢杞听了，表面上对颜真卿蘧然下拜，但内心恨之入骨。

李希烈攻陷汝州，卢杞于是向皇帝上奏，要把颜真卿派往外地，他说道："颜真卿为各地官员所信任，如果派他去说服，可以不出兵而平定。"代宗批准了他的奏章，满朝文武都大惊失色。李勉认为，这样朝廷失去一位元老大臣，也会给朝廷带来羞辱，秘密上表，诸求留下颜真卿。颜真卿来到河南，河南尹郑叔则鉴于李希烈谋反的迹象已很明显，劝他不要前去，颜真卿说："君命能违背吗？"他见到李希烈，宣读圣旨，李希烈的养子一千多人都拔刀前来，李希烈手下的将领也破口大骂，恨不得把他吃下去，颜真卿不动声色。李希烈以身护住颜真卿，斥退众人，颜真卿才得以进入宾馆。李希烈逼迫颜真卿，让他上疏为自己辩白，颜真卿不答应，于是李希烈采取欺骗的手段，让颜真卿的侄子颜岘以及颜真卿手下的官吏向朝廷请求，为李希烈昭雪，德宗皇帝不予理睬。其实颜真卿每次给子侄们写信，只是教训他们好好守护宗庙，体恤孤儿，并无其他言语。李希烈派李元平去劝说颜真卿，颜真卿斥责说："你受国家的委任，却不以死报效朝廷，可惜我手中无刀，有刀就把你宰了，你还来劝说我吗？"李希烈和他的同党聚会，把颜真卿召来，让艺人演唱，辱骂朝廷，颜真卿怒不可遏，斥责说："你李希烈是朝廷的臣子，怎么能这么做！"说罢甩甩袖子去了。李希烈则满面羞愧。当时朱滔、王武俊、田悦、李纳派来的使者都在坐,他们对李希烈说:"早就听说太师颜真卿的高名盛德,大人您想要称帝,而太师来到,要找宰相的人才,有人能比太师颜真卿的?"颜真卿呵斥说:"你们听说过颜常山(杲卿)吗?他是我的哥哥,安禄山反叛时,他首先兴兵平叛,后来虽然被俘,口中骂贼不绝。我已年近八十,官至太师,我怪守我的节操,死而后已,我难道怕你们的胁迫吗!"叛贼们都大惊失色。

李希烈于是拘捕了颜真卿,派士兵看守,在院中挖了一个一丈见方的大坑,传言将要活埋他,颜真卿看到李希烈,说道:"去死是我的命运决定的,你不必再说什么了!"张伯仪失败被杀,李希烈派人把张伯仪的符节和首级送给颜真卿看,颜真卿失声痛哭,仆倒在地。适逢李希烈的同伙周曾、康秀林等人谋划袭杀李希烈,推颜真卿为元帅,事情泄露,周曾被杀,于是把颜真卿押送至蔡州。颜真卿估计这次必死无疑,便写下遗书、墓志、祭文,指着居室的西墙下说:"这就是我死的地方。"李希烈僭号皇帝,派人去向颜真卿请教登基仪式,颜真卿回答说:"我已经老了,曾主管国家的礼仪,我只记得诸侯朝见皇帝的礼仪!"

兴元年间以后,官军的力量又强大起来。叛贼担心形势发生变化,派将领辛景臻、安华到颜真卿那里,满院堆满柴草,对颜真卿说:"你如果不变节投降,就把你烧死!"颜真卿站起来向烈火扑去,辛景臻等人马上拉住他。李希烈的弟弟李希倩因与朱泚同谋,被朝廷处死,李希烈大为恼怒,派太监等人来杀害颜真卿,他们对颜真卿说:"圣旨到!"颜真卿行礼听旨。太监说:"应赐你死。"颜真卿说:"老臣我出使没有完成使命,罪该赐死,但使臣你哪一天从长安出发的呢?"那太监说:"我是从大梁派来的。"颜真卿大骂:"原来是叛贼派来的,怎么能称圣旨!"于是颜真卿被勒死,时年七十六岁。嗣曹王李泉听到这一消息,泪流满面,三军将士都为之痛哭,于是李泉向朝廷上表,陈述颜真卿的高风亮节。淮、蔡地区平完以后,颜真卿的儿子颜頵、颜硕护送他父亲的灵柩回到长安,德宗五日不上朝,表示悲哀,追赠他为司徒,谥号为"文忠",供丧葬用的布帛米粟等物加倍赐给。

颜真卿作为朝臣,端庄严肃,刚毅而有礼,凡不符合公论正道的事,心里连想也不想。天下人出于对他的尊敬,不直呼他的姓名,而称他为"鲁公"。像李正己、田神功、董秦、侯希逸、王玄志这些人才,都是颜真卿发现提拔起来的,后来都建立了功勋。他擅长楷书、草书,笔力遒劲婉转,世人把他的墨迹视为珍宝,加以传布。根据贞元六年朝廷颁发的大赦令,颜頵被授予五品正员官。开成初年,朝廷又任他的曾孙颜弘式为同州参军。

杜佑传

【题解】

杜佑,(735~812年),字君卿,京兆万年(今陕西西安附近)人。他从十八岁起就先后担任过青苗使、江淮水陆转运使等职，并历任德宗、顺宗、宪宗三朝宰相。他穷三十六年之功撰修的《通典》二百卷，是我国第一部关于典章制度的专史，记载了从传说的黄帝到唐朝天宝年间各类典章制度的沿革和流变，开创了史学著述的新途径，对后世有极大影响。宋代郑樵仿其例作《通志》，元代马端临亦仿其例作《文献通考》，合《通典》，就是有名的"三通"。

《通典》分为食货、选举、职官、礼、乐、兵刑、州郡、边防八典，每典又分为若干子目。它把食货列在首位，在食货中又把田制列为第一，这不仅说明杜佑对社会经济机构有较为深刻的分析，更重要的是，他强调政治措施要建立在物质经济基础之上，这种见解，在一定程度上突破了儒家"罕言利"的传统，是杜佑思想的精华所在。杜佑认为历史是不断向前发展的，他反对"非今是古"，主张"随时立制，遇弊变通，不必因循，重难改作"。杜佑学识渊博，理财经验丰富，所以《通典》能博采经史，精选时论，保存了大量的宝贵史料。《通典》还保存了不少今已亡佚的典籍的片段和文章，仅严可均编辑的《全上古三代秦汉三国六朝文》中，就有近九百条是从《通典》中辑出的。当然，作为第一部典制专史的《通典》，也不可避免地存在缺点，如兵典，只记兵法，则不记历代兵制沿革等等。

【原文】

杜佑字君卿，京兆万年人。父希望，重然诺，所交游皆一时俊桀。为安陵令，都督宋庆礼表其异政。坐小累去官。开元中，交河公主嫁突骑施，诏希望为和亲判官。信安郡王禕表署灵州别驾、关内道支度判官。自代州都督召还京师，对边事，玄宗才之。属吐蕃攻勃律，勃律乞归，右相李林甫方领陇西节度，故拜希望鄯州都督，知留后。驰传度陇，破乌莽众，斩千余级，进拔新城，振旅而还。擢鸿胪卿。于是置镇西军，希望引师部分塞下，吐蕃惧，遗书求和。希望报曰："受和非臣下所得专。"虏悉众争檀泉，希望大小战数十，俘其大酋，至莫门，焚积蓄，卒城而还。授二子官。时军屡兴，府库虚寡，希望居数岁，刍粟金帛丰余。宦者牛仙童行边，或劝希望结其欢，答曰："以货藩身，吾不忍。"仙童还奏希望不职，下迁恒州刺史，徙西河。而仙童受诸将金，事泄。抵死，畀金者皆得罪。希望爱重文学，门下所引如崔颢等，皆名重当时。

佑以荫补济南参军事、剡县丞。尝过润州刺史韦元甫，元甫以故人子待之，不加礼。它日，元甫有疑狱不能决，试讯佑，佑为辨处契要无不尽，元甫奇之，署司法参军。府徙浙西、淮南，皆表置幕府。入为工部郎中，充江淮青苗使，再迁容管经略使。杨炎辅政，历金部郎中，为水陆转运使，改度支兼和籴使。于是军兴馈漕，佑得刬决。以户部侍郎判度支。建中初，河朔兵挐战，民困，赋无所出。佑以为救敝莫若省用，省用则省官，乃上议曰：

汉光武建武中废县四百，吏率十署一；魏太和时分遣使者，省吏员，正始时并郡县；晋太元省官七百；隋开皇废郡五百；贞观初省内官六百员。设官之本，以治众庶，故古者计人置吏，不肯虚设。自汉至唐，因征战艰难以省吏员，诚救弊之切也。

昔咎繇作士，今刑部尚书、大理卿，则二咎繇也。垂作共工，今工部尚书、将作监，则二垂也。契作司徒，今司徒、户部尚书，则二契也。伯夷为秩宗，今礼部尚书、礼仪使，则二伯夷也。伯益为虞，今虞部郎中、都水使者，则二伯益也。伯冏为太仆，今太仆卿、驾部郎中、尚辇奉御、闲厩使，则四伯冏也。古天子有六军，汉前后左右将军四人，今十二卫、神策八军，凡将军六十员。旧名不废，新资日加。且汉置别驾，随刺史巡察，犹今观察使之有副也。参军者，参其府军事，犹今节度判官也。官名职务，直迁易不同尔，讵有事实哉？诚宜斟酌繁省。欲致治者先正名。神龙中，官纪荡然，有司大集选者，既无阙员，则置员外官两千人，自是以为常。当开元、天宝中，四方无虞，编户九百余万，帑藏丰溢，虽有浮费，不足为忧。今黎苗凋瘵，天下户百三十万，陛下诏使者按比，才得三百万，比天宝三分之一，就中浮寄又五之二，出赋者已耗，而食之者如旧，安可不革？

议者以天下尚有跋邑不廷，一省官吏，被罢者皆往托焉。此常情之说，类非至论。且才者荐用，不才者何患其亡，又况顾姻戚家产哉！建武时公孙述、隗嚣未灭，太和、正始、太元时吴、蜀鼎立，开皇时陈尚割据，皆罗取俊义，犹不虑失人以资敌。今田悦辈繁刑暴赋，惟军是恤，遇士人如奴，固无范雎业秦、贾季强狄之患。若以习久不可以遽改，且应权省别驾、参军、司马，州县额内官，约户置尉。当罢者，有行义，在所以闻；不如状，举者当坐；不为人举者，任参常调。亦何患哉？如魏置柱国，当时宿德盛业者居之，贵宠第一，周、隋间授受已多，国家以为勋级，才得地三十顷耳。又开府仪同三司、光禄大夫，亦官名，以其太多，回作阶级。随时立制，遇弊则变，何必因循惮改作耶？

议入，不省。

卢杞当国，恶之，出为苏州刺史。前刺史母丧解，佑母在，辞不行，改饶州。俄迁岭南节度使。佑为开大衢，疏析廛闬，以息火灾。朱崖黎民三世保险不宾，佑讨平之。召拜尚书右丞。俄出为淮南节度使，以母丧解，诏不许。

徐州节度使张建封卒，军乱，立其子愔，请于朝，帝不许，乃诏佑检校尚书左仆射、同中书门下平章事，节度徐泗讨定之。佑具舠舰，遣属将孟准度淮击徐，不克，引还。佑于出师应变非所长，因固境不敢进，乃诏授愔徐州节度使，析濠、泗二州隶淮南。初，佑决雷陂以广灌溉，斥海濒弃地为田，积米至五十万斛，列营三十区，士马整饬，四邻畏之；然宽假僚佐，故南宫僎、李亚、郑元均至争权乱政，帝为佑斥去之。

十九年，拜检校司空、同中书门下平章事。德宗崩，诏摄冢宰。进检校司徒，兼度支盐铁使。于是王叔文为副，佑既以宰相不亲事，叔文遂专权。后叔文以母丧还第，佑有所按决，郎中陈谏请须叔文，佑曰："使不可专耶？"乃出谏为河中少尹。叔文欲摇东宫，冀佑为助，佑不应，乃谋逐之。未决而败。佑更荐李巽以自副。宪宗在谅闇，复摄冢宰，尽让度支盐铁于巽。始，度支啬用度，多署吏权摄百司，繁而不纲；佑以营缮还将作，木炭归司农，涑染还少府，职务简修。明年，拜司徒，封岐国公。

党项阴导吐蕃为乱，诸将邀功，请讨之，佑以为无良边臣，有为而叛，即上疏曰：

昔周宣中兴，猃狁为害，追之太原，及境而止，不欲弊中国，怒远夷也。秦恃兵力，北拒匈奴,西逐诸羌,结怨阶乱,实生谪戍。盖圣王之治天下,惟欲绥静生人,西至于流沙,东渐于海,在北与南,止存声教,岂疲内而事外耶?昔冯奉世矫诏斩莎车王,传首京师,威震西域,宣帝议加爵土,萧望之独谓矫制违命,虽有功不可为法,恐后奉使者为国家生事夷狄。比突厥默啜寇害中国,开元初,郝灵佺捕斩之,自谓功莫与二,宋璟虑边臣由此邀功,但授郎将而已,繇是讫开元之盛,不复议边,中国遂安。此成败鉴戒之不远也。

党项小蕃,与中国杂处,间者边将侵刻,利其善马子女,敛求徭役,遂致叛亡,与北狄西戎相诱盗边。《传》曰:"远人不服,则修文德以来之。"管仲有言:"国家无使勇猛者为边境。"此诚圣哲识微知著之略也。今戎丑方强,边备未实,诚宜慎择良将,使之完辑,禁绝诛求,示以信诚,来则惩御,去则谨备。彼当怀柔,革其奸谋。何必亟兴师役,坐取劳费哉?

帝嘉纳之。

岁余,乞致仕,不听,诏三五日一入中书,平章政事。佑每进见,天子尊礼之,官而不名。后数年,固乞骸骨,帝不得已,许之,仍拜光禄大夫、守太保致仕,俾朝朔望,遣中人锡予备厚。元和七年卒,年七十八,册赠太傅,谥曰安简。

佑资嗜学,虽贵犹夜分读书。先是,刘秩摭百家,俾周六官法,为《政典》三十五篇,房琯称才过刘向。佑以为未尽,因广其阙,参益新礼为二百篇,自号《通典》,奏之,优诏嘉美,儒者服其书约而详。

为人平易逊顺,与物不违忤,人皆爱重之,方汉胡广,然练达文采不及也。朱坡樊川,颇治亭观林苾,凿山股泉,与宾客置酒为乐。子弟皆奉朝请,贵盛为一时冠。天性精于吏职,为治不皦察,数斡计赋,相民利病而上下之,议者称佑治行无缺。惟晚年以妾为夫人,有所蔽云。

【译文】

杜佑,字君卿,京兆府万年县人。杜佑的父亲杜希望,是一个言而有信的人,他交接的朋友都是当时的杰出人物。他任安陵县令时,都督宋庆礼曾上表向朝廷上汇报,说杜希望为官从政有独到之处。杜希望后来因为一点小过失而被免了官。开元年间,交河公主下嫁突骑施,玄宗下诏派杜希望为和亲判官,送公主入突厥。信安郡王李祎也曾上表请准杜希望代理灵州别驾、关内道支度判官。杜希望从代州都督府被召回长安,应对边防之事,他的才能深得玄宗赏识。当吐蕃攻打勃律,勃律要求归附唐朝时,尚书右丞相李林甫刚领陇西节度使之衔,所以拜杜希望为鄯州都督,代行陇西节度使之职。于是,朝廷诏命一到甘肃,杜希望当即率军大破乌莽兵众,杀死一千多人,乘胜追击,进而攻占新城,军威大振,凯旋而归。杜希望因此晋升为鸿胪卿。于是在甘肃宁夏一带设置镇西军,杜希望带领部分军队驻扎在边关,吐蕃人很害怕,写信来求和。杜希望回复吐蕃:"接受和议,事关重大,不是我作为臣下所能决定得了的。"吐蕃又倾巢出动与唐朝争夺檀泉,杜希望率部下与之大小交战数十次,终于俘虏了吐蕃的酋长,直捣莫门,焚烧了吐蕃积蓄的物资,筑好城池,班师归来。从而得到两个儿子可以授官的褒奖。当时,由于频繁地兴兵打仗,府库空虚,而自杜希望镇守边防以来,数年间粮草、钱吊都丰盛有余。宦官牛仙童来边防巡行,有人劝杜希望讨好他,杜希望回答说:"用钱巩固自己的地位,这种事我不能容忍。"因此,牛仙童还朝奏报,就诬陷杜希望不称职,结果,杜希望被降为恒州刺史,后又调任西河太守。然而,牛仙童接受诸将钱财的事终于败露,以死抵罪。那些送钱行贿的人也都受到惩罚。杜希望喜爱、重视文章、诗词,出自他门下的,象崔颢等人都是当时著名的文士。

杜佑凭借先人勋业而步入仕途,开始做济南府的参军事,继而又任剡县县丞。杜佑曾去拜访润州刺史韦元甫,韦元甫把他当作老朋友的儿子来接待,并没有什么特殊的礼遇。一天韦元甫碰到一个疑案难以决断,就试着征询杜佑的意见,杜佑替他辨析有关此案的关键无一遗漏。韦元甫对他的才华颇感惊异,于是委派他任司法参军事。自此以后,不管任所在浙西,还是淮南,韦元甫都上表请求朝廷准许杜佑在他门下任职。大历六年,韦元甫死,杜佑入朝为工佐郎中,后又充任江淮青苗使,又调任容管经略使。大历十四年,杨炎辅佐朝政,杜佑应召入京,历任金部郎中、水陆转运使,后又改任度支兼和籴使。于是,每逢有战事,杜佑有权决定增减、调整漕运的数量、次数诸事宜。杜佑也曾以户部侍郎之职行度支之事。建中初年,河朔战乱纷起,弄得民不聊生,交不起租赋。杜佑认为解决时弊的良策莫过于节省开支,而节省开支就必须裁减官员,于是上奏本说:

汉光武帝在建武年间,合并、废除了四百个县,大抵每十个官吏当中只留用一个;魏明帝太和年间,朝廷采取派遣使者的方法,减少在编官员的数量;正始年间又合并郡县,以此减少了官吏;东晋太元年间,减省了七百名官吏;隋文帝开皇年间,废掉五百个郡;唐太宗贞观初年,精减禁中诸省官吏六百人。设置官吏的根本目的在于治理百姓,所以古人根据百姓的多少决定官吏的数量,不愿虚设多余的官吏。从汉朝到唐朝,由于征战和时局艰难,从而减省官吏,这确实是拯救时弊的切实办法。

古代咎繇作士,掌管刑狱,现在由刑部尚书、大理卿分掌,就相当于两个咎繇。垂为共工,掌百工之事,现在由工部尚书、将作监分管,就相当于两个垂。契作司徒,掌管土地、民户,现在由司徒、户部尚书分掌,就相当于两个契。伯夷为秩宗,分别长幼尊卑,掌礼仪,现在由礼部尚书、礼仪使分管,就相当于两个伯夷。伯益任虞,掌管山泽,现在由虞部郎中、都水使者分管,就相当于两个伯益。伯同为太仆,掌管厩牧、车马,现在由太仆卿、驾部郎中、尚辇奉御、闲厩使分掌,就相当于四个伯同。古代天子有六军,汉代有前、后、左、右将军四人,本朝有掌管宫禁宿卫的十二卫,还有神策八军,共有将军六十人。旧的官职没废,而新的官职却日益增加。汉代设别驾之官,跟随刺史巡察地方,犹如现在观察使的副职。参军这个官职,参与官府的军事事务,不过是变动而已,难道真有什么事实根据吗?实在应该斟酌情况增减官员。想把天下治理好,必须先正名分,使其名实相符。神龙年间,官吏制度松弛,主管官吏的部门聚集着很多等候入选为官的人,官府已经没有空缺,就安排了二千名员外官,自此之后,这就变成了通例。正巧赶上开元、天宝时期,四方太平无事,国家编户有九百余万,朝廷金库丰溢,虽有些浪费,不致引起人们的忧虑。而今,百姓几经丧乱,元气大伤,天下户数只有一百三十万,陛下命令使者查核户口,也只得到三百万户,这数字不过是天宝年间的三分之一,而其中还包括五分之二的浮寄户,交纳赋税的人锐减,而消耗赋税的人却依然如故,怎么可以不改革呢?

一些议论省官的人,顾虑目前天下还存在跋扈骄横不听命于朝廷的割据势力,一旦减省官吏,被罢免者就会投奔到割据势力那里去。这虽是合乎常情的说法,但大概并非深切中肯之论。况且有才能的人得到举荐录用,为什么还怕无能的人走掉,更何况那些还是眷顾亲友、家产的,投靠割据势力谈何容易!汉光武建武时,公孙述、隗嚣尚未翦灭,曹魏太和、正始以及东晋太元时,吴、蜀仍与魏鼎立,隋开皇年间陈叔宝依然割据东南,他们都能网罗杰出之士,当时尚且不忧虑人才外流而增强敌方的力量。何况现在的田悦之流,刑法繁苛,横征暴敛,只体恤军伍,而对待读书人则像奴仆,所以根本没有范雎效力于秦、贾季使狄强盛的忧患。如果因为官吏过多的状况沿袭太久,不能马上彻底改变,那也应该权且减少别驾、参军、司马这些在州县编制之内的官吏,要根据户数多少设置。应当减省下来的官员,有品行道义者,他们所在的官府可为其陈述,如果实际情况与推举者所言不符,推举者应当受到惩罚。不被人举荐的,听任他们参与正常的官吏调动。还有什么可担心的?比如北魏开始设柱国之职,由当时德高望重、功劳卓著的人荣任,其贵宠为举国第一。北周及隋,授予柱国之职的人已经很多了,于是,国家就以柱国为勋级,而获得柱国称号的人,也不过只得到三十顷土地而已。还有开府仪同三司、光禄大夫。也都是官职,因授予过多,反过来成了官位的等级。根据时势建立制度,遇到弊病就改正,何必因循旧习而害怕改革呢?

这本奏折呈送朝廷,没有得到重视。

卢杞把持朝政,憎恶杜佑,把他贬出京师为苏州刺史。前苏州刺史因母亲去世而解任,杜佑的母亲健在,他提出不去苏州赴任,于是改任饶州刺史。不久,杜佑就被派往岭南为节度使。在岭南,杜佑为当地开辟大路,疏散民宅、店铺,以防止为灾。朱崖地区的黎民三代依靠天险,不服从唐王朝的统治,杜佑率兵讨平朱崖黎民。后来,朝廷召杜佑回京为尚书右丞,不久又命他离京出任淮南节度使,杜佑以母亲新丧为理由推辞,但朝廷下诏,没有批准他的请求。

徐州节度使张建封病逝,军中一片混乱,擅立张建封的儿子张愔为留后,上报朝廷,德宗不准,于是下诏以杜佑为检校尚书左仆射、同中书门下平章事,统率徐、泗兵马讨伐张愔,安定徐州。杜佑军中准备了刀形战舰,派遣部将孟准渡过淮河攻打徐州,结果攻城失败,只好引兵而还。对于统兵打仗,应付瞬息万变的战事,不是杜佑的特长,因而杜佑固守城池不敢前进。朝廷不得已下诏授张愔徐州节度使之职,不过把原属徐州节度使管辖的濠、泗两州分出来,隶属于淮南节度使。当初,杜佑在淮南任上,引雷陂的水扩大灌溉面积,开拓海边的荒地为农田,于是淮南积存的米达五十万斛之多。杜佑所辖军队驻扎在三十个营区,个个兵强马壮,四邻无不敬畏。但是,杜佑对部下宽容,管理不严,所以南宫僔、李亚、郑元均等竟至争夺权力，把官弄得乌烟瘴气，最后还是德宗出面，才替杜佑清除了这些人。

贞元十九年，杜佑官拜检校司空、同中书门下平章事。贞元二十一年，德宗驾崩，诏杜佑代行冢宰之职，进而又任检校司徒并兼度支盐铁使。这时王叔文是度支盐铁副使，既然杜佑因身为宰相，不亲自处理度支盐铁事务，于是王叔文独揽大权。后来，王叔文因母亲去世，回家乡办理丧事，杜佑才有了处理事务的权力，而郎中陈谏却让他等王叔文回来再处理。杜佑气愤地说："难道我这个度支盐铁正使还不能独立处理公事吗?"事后就将陈谏贬出京师，担任河中少尹。王叔文要废黜太子，希望杜佑帮助，杜佑不答应，于是王叔文等策划驱逐杜佑，然而这计划还未实施，顺宗驾崩，王叔文等人就被贬斥了。杜佑改荐李巽为自己的助手，任度支盐铁副使。宪宗居丧，杜佑又代行冢宰之职，并把度支盐铁大权全部交给李巽。当初，度支为节省用费，多让官吏暂且身兼数职，足涉各官府，因此职杂而又不得要领。杜佑对此做了改革，把营缮归将作监，木炭归司农寺，湅染归少府监，结果职务简化、整肃。第二年，杜佑拜司徒，封为岐国公。

党项暗地勾结吐蕃寻衅闹事，边防诸将求功心切，要求征讨吐蕃。杜佑认为没有好的治边之臣将，采取进击的做法反倒会招致少数民族的背叛，于是立即上疏说：

"古代周宣王中兴，猃狁侵害周朝，宣王率兵追击猃狁到太原，而一到边境即停兵不前，这样做的原因在于不想消耗中原实力，也不想触怒远方的少数民族。秦王自恃兵力雄厚，在北方抵御匈奴，在西方驱逐诸羌，与边境异族结怨过多而形成乱事，这实际上就是派大批罪徒戍守边疆的原因。一般说来，圣王治理天下，只想安抚百姓，如果西至沙漠，东濒大海，北方与南方，都只存在天子的声威教谕，难道还会出现为应付外来骚扰而削弱国力的事？从前，冯奉世假托圣旨杀了莎车王，把他的首级传往京师长安，此举威震西域。汉宣帝与朝臣议论，要褒奖冯奉世，封爵赐田，唯独萧望之力排众议，说冯奉世矫制违抗圣命，虽然有功，但不能以此为法，否则，恐怕以后奉命出使的人以他为榜样，在处理与夷狄的关系时给国家招来祸患。到突厥默啜侵害中原时，正值开元初年，入蕃使郝灵佺捕杀默啜，自称功大无比，希图得到厚奖，而宋璟担心边防诸臣效法郝灵佺而追求边功，玄宗采纳宋璟的意见，只授予郝灵佺右武卫郎将而已。从此一直到开元盛世，再没有边境争端，中原于是和平安定。这样的成败教训，与现在距离并不远啊。

党项是个不大的民族，与我朝边民杂居，由于有时边将对党项人侵害过甚，贪图他们的良马、子女，强征掳掠，迫使他们服劳役，从而逼得他们叛逃，与北狄、西戎相勾结攻我边防。有记载说："远方的人不臣服，就修治文德，使他们来归顺。"管仲说过这样的话："国家不要委派勇猛的人戍守边疆。"这真是圣贤哲人洞察细末的明识灼见。目前，边疆众民族势力正强，而我边防军备还不充实，实在应该谨慎地选择良将，让他们与边境民族缔修友好，禁绝对他们的诛杀苛求，显示我们的信用和诚意，如果异族来犯边，就坚决抵制，予以严惩；打退进犯之后，就要谨防再次进犯。边将应该用安抚边境少数民族的做法，革除他们反叛、犯边的阴谋。何必急急忙忙在动干戈，徒然自招劳费消耗呢！"

宪宗欣然采纳了他的建议。

过了一年多,杜佑要求退休,朝廷不准,下诏允许他三五天到中书省一次,处理政事。杜佑每次上朝进见,宪宗都非常尊敬他,称呼他的官职,而不称呼他的名字。又过了几年,杜佑坚持要退休,宪宗不得已就同意了,仍然拜他为光禄大夫、守太保致仕;让他每逢初一、十五入朝,宪宗吩咐宦官给杜佑丰厚、齐备的赏赐。元和七年,杜佑病逝,终年七十八岁。朝廷追赠杜佑为太傅,谥为"安简"。

杜佑嗜好学问,虽然身居高位。还每每读书到深夜。以前,刘秩兼采百家,按《周礼》的六官法撰成《政典》三十五卷,房琯称赞刘秩的才学胜过刘向。而杜佑却认为尚有不足,因此在《政典》的基础上,广泛地补其所缺,并且斟酌情况,增加了《开元新礼》的内容,完成一部二百卷的巨著,杜佑称它为《通典》。贞元十七年,杜佑把《通典》呈献给德宗,龙颜大悦,下诏大加褒奖,当时的读书人也被《通典》的简明详备所折服。

杜佑为人平易,谦逊、和顺,遇事能迁就别人,不把自己的意愿强加于人,所以众人都爱戴、敬重他。杜佑为人处事很像汉代胡广,但是就熟练、通达和文采而论,则不如胡广。杜佑那位于朱坡之南的樊川别墅,修缮得亭阁错落,草木繁茂,加之凿山引泉,景致十分宜人,杜佑在此设酒宴客,甚是惬意。杜佑的子侄都在朝为官,杜氏家族的高贵兴盛,在当时无与伦比。杜佑生性擅长做官,从政比较宽厚,不甚细察,多次主管、筹划赋税收支,他能根据对百姓的利弊而权衡变化。凡是评论杜佑的人,都认为他做官品行完美无缺。唯有晚年扶妾李氏为夫人,受到时人的非议。

杜牧传

【题解】

杜牧(803~852),唐代诗人。字牧之,京兆万年(今陕西西安)人。唐文宗时中进士,曾为黄、池、睦、湖等州刺史,晚年任中书舍人,居长安城南樊川别墅,后世称为"杜樊川"。

杜牧在诗、赋、古文的创作上都有较高成就。其诗题材广阔,笔力雄健,在晚唐成就颇高,与李商隐并称"小李杜"。杜牧的文章也自成一家,"纵横奥衍,多切经世之务"(《四库全书总目》)。他将散文的笔法引入赋中,创作出《阿房宫赋》。那样融叙事、抒情、议论为一炉的新体"散赋",对后来赋的发展有重要影响。有《樊川集》。

【原文】

牧字牧之,善属文。第进士,复举贤良方正。沈传师表为江西团练府巡官,又为牛僧孺淮南节度府掌书记。擢监察御史,移疾分司东都,以弟颛病弃官。复为宣州团练判官,拜殿中侍御史内供奉。

杜牧

是时,刘从谏守泽潞,何进滔据魏博,颇骄蹇不循法度。牧追咎长庆以来朝廷措置亡术,复失山东,钜封剧镇,所以系天下轻重,不得承袭轻授,皆国家大事,嫌不当位而言,实有罪,故作《罪言》。其辞曰:

生人常病兵,兵祖于山东,羡于天下。不得山东,兵不可死。山东之地,禹画九土曰"冀州",舜以其分太大,离为幽州,为并州。程其水土,与河南等,常重十一二,故其人沉鸷多材力,重许可,能辛苦。魏、晋以下,工机纤杂,意态百出,俗益卑弊,人益脆弱,唯山东敦五种,本兵矢,他不能荡而自若也。产健马,下者日驰二百里,所以兵常当天下。冀州,以其恃强不循理,冀其必破弱;虽已破,冀其复强大也。并州,力足以并吞也。幽州,幽阴惨杀也。圣人因以为名。

黄帝时,蚩尤为兵阶,自后帝王多居其地。周劣齐霸,不一世,晋大,常佣役诸侯。至秦萃锐三晋,经六世乃能得韩,遂折天下脊;复得赵,因拾取诸国。韩信联齐有之,故蒯通知汉,楚轻重在信。光武始于上谷,成于鄗。魏武举官渡,三分天下有其二。晋乱胡作,至宋武号英雄,得蜀,得关中,尽有河南地,十分天下之八,然不能使一人度河以窥胡。至高齐荒荡,宇文取之,隋文因以灭陈,五百年间,天下乃一家。隋文非宋武敌也,是宋不得山东,隋得山东,故隋为王,宋为霸。由此言之,山东,王者不得不为王,霸者不得不为霸,猾贼得之,足以致天下不安。

天宝末,燕盗起,出入成皋、函、潼间,若涉无人地。郭、李辈兵五十万,不能过邺。自尔百余城,天下力尽,不得尺寸,人望之若回鹘、吐蕃,义无敢窥者。国家因之畦河修障戍,塞其街蹊。齐、鲁、梁、蔡被其风流,因亦为寇。以裹拓表,以表撑里,混涺回转,颠倒横邪,未常五年间不战。生人日顿委,四夷日日炽,天子因之幸陕,幸汉中,焦焦然七十余年。运遭孝武,汗衣一肉,不畋不乐,自卑冗中拔取将相,凡十三年,乃能尽得河南、山西地,洗削更革,罔不能适。唯山东不服,亦再攻之,皆不利。岂天使生人未至于怙泰邪? 岂人谋未至邪? 何其艰哉!

今日天子圣明,超出古昔,志于平治,若欲悉使生人无事,其要先去兵。不得山东,兵不可去。今者,上策莫如自治。何者? 当贞元时,山东有燕、赵、魏叛,河南有齐、蔡叛,梁、徐、陈、汝、白马津、盟津、襄、邓、安、黄、寿春皆戍厚兵,十余所才足自护治所,实不辍一人以他使,遂使我力解势弛,熟视不轨者,无可奈何。阶此,蜀亦叛,吴亦叛,其他未叛者,迎时上下,不可保信。自元和初至今二十九年间,得蜀,得吴,得蔡,得齐,收郡县二百余城,所未能得,唯山东百城耳。土地人户,财物甲兵,较之往年,岂不绰绰乎? 亦足自以为治也。法令制度，品式条章，果自治乎？贤才奸恶，搜选置舍，果自治乎？障戍镇守，干戈车马，果自治乎？井闾阡陌，仓廪财赋，果自治乎？如不果自治，是助虏为虏。环土三千里，植根七十年，复有天下阴为之助，则安可以取？故曰上策莫如自治。中策莫如取魏。魏于山东最重，于河南亦最重。魏在山东，以其能遮赵也。既不可越魏以取赵，固不可越赵以取燕。是燕、赵常取重于魏，魏常操燕、赵之命。故魏在山东最重。黎阳距白马津三十里，新乡距盟津一百五十里，陴垒相望，朝驾暮战，是二津虏能溃一，则驰入成皋，不数日间。故魏于河南亦最重。元和中，举天下兵诛蔡，诛齐，顿之五年，无山东忧者，以能得魏也。昨日诛沧，顿之三年，无山东忧，亦以能得魏也。长庆初诛赵，一日五诸侯兵四出溃解，以失魏也。昨日诛赵，罢如长庆时，亦以失魏也。故河南、山东之轻重在魏。非魏强大，地形使然也。故曰取魏为中策。最下策为浪战，不计地势，不审攻守是也。兵多粟多，驱人使战者，便于守；兵少粟少，人不驱自战者，便于战。故我常失于战，虏常困于守。山东叛且三五世，后生所见言语举止，无非叛也，以为事理正当如此，沈酣入骨髓，无以非者，至有围急食尽，啖尸以战。以此为俗，岂可与决一胜一负哉？自十余年凡三收赵，食尽且下。郗士美败，赵复振；杜叔良败，赵复振；李听败，赵复振。故曰不计地势，不审攻守，为浪战，最下策也。

累迁左补阙、史馆修撰，改膳部员外郎。宰相李德裕素奇其才。会昌中，黜戛斯破回鹘，回鹘种落溃入漠南，牧说德裕不如遂取之，以为："两汉伐虏，常以秋冬，当匈奴劲弓折胶重马免乳，与之相校，故败多胜少。今若以仲夏发幽、并突骑及酒泉兵，出其意外，一举无类矣。"德裕善之。会刘稹拒命，诏诸镇兵讨之，牧复移书于德裕，以"河阳西北去天井关强百里，用万人为垒，窒其口，深壁勿与战。成德军世与昭义为敌，王元逵思一雪以自奋，然不能长驱径捣上党，其必取者在西面。今若以忠武、武宁两军益青州精甲五千、宣润弩手二千，道绛而入，不数月必覆贼巢。昭义之食，尽仰山东，常日节度使率留食邢州，山西兵单少，可乘虚袭取。故兵闻拙速，未睹巧之久也。"俄而泽潞平，略如牧策。历黄、池、睦三州刺史，入为司勋员外郎，常兼史职。改吏部，复乞为湖州刺史。逾年，以考功郎中知制诰，迁中书舍人。

牧刚直有奇节，不为龊龊小谨，敢论列大事，指陈病利尤切至。少与李甘、李中敏、宋祁善，其通古今，善处成败，甘等不及也。牧亦以疏直，时无右援者。从兄悰更历将相，而牧回踬不自振，颇怏怏不平。卒，年五十。初，牧梦人告曰："尔应名毕。"复梦书"皎皎白驹"字，或曰"过隙也。"俄而炊甑裂，牧曰："不祥也。"乃自为墓志，悉取所为文章焚之。

牧于诗，情致豪迈，人号为"小杜"，以别杜甫云。

【译文】

杜牧，字牧之，善于写文章。中进士第，又举贤良方正。沈传师表请为江西团练府巡官，又为牛僧孺淮南节度府掌书记。提升为监察御史，因病分司东都，又因弟弟杜颛患病而弃官。复任宣州团练判官，拜殿中侍御史内供奉。

这时候，刘从谏镇守泽潞，何进滔据守魏博，都颇为骄横不遵守法度。杜牧追溯归咎长庆以来朝廷的一些措施不得法，所以又失去山东，大封藩镇，借以维系天下的轻重，不能听任继承袭职式轻意授予，这都是国家的大事，朝廷怪他不在其位而妄言，实责其罪，所以他写了《罪言》，其文曰：

老百姓常常受兵祸之害，兵祸始于山东，泛溢于天下。不拿下山东，兵祸不可止息。山东这地方，夏禹画定九州，称为冀州，舜帝因为觉得分得太大，析为幽州和并州。量其水与土，与河南相等，曾多十分之一二，所以其民生性深沉勇猛而多材力，重然诺，能吃苦。自魏、晋以来，工巧机诈相杂，意态百出，其俗更加卑下，其民更加脆弱，只有山东聚五种之男，以兵矢为本，他人不能涤除而自如。其地出产健马，下等的马也能一日跑二百里，所以其兵常能敌于天下。冀州，因为自恃其强而不循理，希望定能破弱者；既已破弱者，又希望再强大。并州，其力足以并兼天下。幽州，阴森森充满杀气，圣人所以取"幽"为名。

黄帝之时，蚩尤是战争的祸根，从那以后帝王多居于其地。周朝衰落而齐国称霸，不到一世（三十年），晋朝强大，常奴役诸侯。至秦时才聚精兵攻三晋，经过六代才克韩，遂挫折天下之脊梁；后来又攻克赵，因而兼并诸侯。韩信联合齐国而得齐，所以蒯通知道汉与楚之轻或重全在韩信。后汉光武帝兴起于上谷（今河北易县），终成于鄗（今河北柏乡）。魏武帝的官渡之战，三分天下得其二。晋末大乱而五胡继起，至宋武帝时，号称英雄，攻蜀，又得关中，后尽占河南之地，十分天下得其八，但不能使一个人渡河去窥伺胡人。至高氏北齐，荒淫放荡，宇文氏攻取之，隋文帝因而灭掉南朝陈国，五百年后，天下才归于一统。隋文帝不是宋武帝的对手，因为宋没取得山东，而隋取得山东，所以隋得以称王，而宋只能称霸。由此说来，山东这地方，王者不能取得便不能为王，霸者不能取得便不能称霸，狡猾的叛贼得之，便足以使天下不得安宁。

天宝末年，燕地叛贼兴起，出入成皋（今河南荥阳）、函谷、潼关之间，如入无人之境。郭子仪、李光弼之辈拥兵五十万，尚且不能打过邺（今河南临漳）。从此一百多个城，尽天下之力，不能收复尺寸之地，民之见叛贼如同回鹘、吐蕃，竟没人敢于窥视。国家因此挖河渠塞为屏障加以戍卫，堵其通路。齐、鲁、梁、蔡各地受其影响，因而也起而为寇，从内开拓外，以外支撑内，混杂回转，颠倒横斜，没有长达五年之久不发生战争。人民日益困顿，四夷日益嚣张，天子因此跑到陕州（今河南陕县），跑到汉中，疲惫不堪竟达七十多年之久。幸遇孝武皇帝，十日浣衣，十日一肉，不游猎，不听乐，从卑下的官员中提拔宰相和将领，历十三年，方才尽收河南、山西之地，洗削弊政，实行改革，没有不能适应的。只有山东不服，也一再攻打，但都不利。岂非老天让百姓们未能达到安泰地步吗？岂非人谋还没到达使天下太平的境地吗？何等的艰难啊？

今日天子圣明，超出前代，有志于平稳而治。如果想使老百姓无事，其首要之事是除去兵祸。不取得山东之地，就不能消除兵祸。今之上策，不如使其自治。为什么呢？当贞元（785～804年）之际，山东有燕、赵、魏反叛，河南有齐、蔡反叛，梁、徐、陈、汝、白马津、盟津、襄、邓、安、黄、寿春各地都拥有强兵,十余所才足以自己保卫治所,实在不能腾出一人派别的用场,遂使我势力松散瓦解,熟视不轨之徒而无可奈何。继此,蜀也反叛,吴也反叛,其他没有反叛的,也是看着时势或上或下,无可信任。自元和至今二十九年之间,收得蜀、吴、蔡、齐各地郡县约二百城,所未收复的只有山东一百城而已。土地户口,财物兵甲,和往年相比,岂不绰绰有余?也足以自为平治了。法令制度,规格条例,果真能自治?贤才与奸恶,选拔和舍弃,果真能自治?屏障戍守,车马兵器,果真能自治?闾里田间,仓库财税,果真能自治?如果不能真正自治,便是助寇为寇。周围三千里,植根七十年,又有天下暗中为助,那么应如何取得?所以说上策莫如自治,中策莫如取魏。魏在山东各地中分量最重,在河南各地中也最重。魏在山东,之所以最重,以其能遮住赵,既不可越过魏去取得赵,又不可越过赵去取得燕。所以燕、赵常借重于魏,魏则常控制燕、赵的命脉。所以说魏在山东最重要。黎阳(今河南浚县)距白马津三十里,新乡(今属河南)距盟津一百五十里,屏障堡垒遥相对望,朝驾车而暮可战,这两个津口,如果敌人能击溃其一,那么要杀入成皋(今河南汜水)。不需数日,便能到达,所以魏对于河南来说,也是最重要的。元和中,统天下大军以诛讨蔡州和齐州的叛贼,停了五年,山东之所以没有忧患,是因为取得了魏地。昨者诛伐沧州(今河北沧县),停兵三年,没有山东的忧患,也是因为取得了魏地。长庆初年诛伐赵,一日五路诸侯四面出击尽皆溃散,因为失去魏地。昨日诛伐赵,疲惫如长庆之时,也是因为失去魏地。所以河南、山东的轻重关键在魏。不是因为魏之强大才显得重要,而是地理形势使之显得重要。所以收取魏地为中策。最下策是轻率出战,不审察地理形势,不审察攻守战略。兵多粮多,驱赶人去作战,便于防守;兵少粮少,人不驱而能自奋而战,利于战。所以我方常失于战,而贼虏常困于守。山东叛变将近三五世,后生所见到的言语和举止,无不是叛变之态,长久为此,便以如事理正该为此,深刻入于骨髓,没有以为非的,甚至有围城危急,粮食用尽,吃尸体以维持生命继续战斗。以此为风俗,岂可同他决胜负?十余年来,共三次收复赵地,赵粮食用尽,即将攻下,而郗士美兵败,赵又振作起来;杜叔良兵败,赵又振兴起来;李听兵败,赵又兴起。所以说不审察攻守战略,轻率作战,是最下策。

杜牧历任左补阙、史馆修撰,又改膳部员外郎。宰相李德裕素来欣赏他的奇才。会昌(841~846)中,黠戛斯击破回鹘,回鹘部落溃败转入沙漠之南,杜牧劝李德裕乘势收取,认为:"两汉征伐北虏,常因秋冬之时,正当匈奴劲弓折胶,生马停乳,和他们相较量,所以败多胜少。今如果在仲夏之时,发幽州、并州之兵及酒泉之兵,出其不意,一举成功,则回鹘无余类了。"李德裕认为这主意好。正巧刘稹抗拒朝廷之命,下诏让诸镇征讨他,杜牧又写信给李德裕,认为"河阳距西北天井关百里有余,用一万人筑垒,堵塞其关口,深沟壁垒,不要与之作战。成德军世代与昭义军为敌,王元逵想一雪其耻而自奋起,然而不能长驱直捣上党,其必定可取的在西面。如今若以忠武军和武宁军两军加青州精兵五千、宣润弓弩手二千,取道绛州而入,不用数月工夫,必定倾覆贼巢。昭义军的粮食,都仰给予山东,日常节度使则留食于邢州,山西兵少力单,可乘虚袭取。所以听说兵贵拙而速,未见兵之巧而久啊。"不久,泽潞平定,其经过大略如杜牧所献之策。他又历黄州(今湖北黄冈)、池州(今安徽贵池)、睦州(今浙江遂安)三州刺史,入朝为司勋员外郎,并常兼吏职。后改任吏部,又乞请为湖州(今属浙江)刺史。越年,杜牧以考功郎中知制诰,迁为中书舍人。

杜牧刚直有奇节,不谨小慎微,敢纵论大事,指摘陈述各种利弊尤其切中肯綮。少时同李甘、李中敏、宋祁友善,他之博古通今,善于处理成败,李甘等人都不及他。杜牧也因为疏直,于时没有援助的。从兄杜悰历任将相,而杜牧困顿不能自振,常怏怏不乐。卒年五十。初时,杜牧梦有人告诉他说:"你应取名毕。"又梦见写"皎皎白驹"四字,有人说"这是过隙"。不久,炊器瓦甑被火烧裂,杜牧说:"这是不祥之兆!"于是自己写了一篇墓诚,并将平时所写的文章尽行焚烧。

杜牧在诗歌方面,情致豪迈,人们称他为"小杜",以区别于杜甫。

李德裕传

【题解】

李德裕(787~850),字文饶,赵郡(今河北赵县)人。唐后期著名宰相、政治家,历经宪、穆、敬、文、武各朝,作为李党的代表与以牛僧孺、李宗闵为首的牛党斗争激烈,史称"牛李党争"。

李德裕父亲李吉甫,在宪宗朝任宰相,德裕以门荫入仕。穆宗即位,以监察御史充任翰林学士,不久进宫中书舍,御史中丞。李逢吉入相,德裕出为浙西观察使,在任锐意经营,拆毁不合制度的祠庙,改变当地恶俗。敬宗时多次上疏并上《丹扆六箴》,指出皇上荒怠朝政、搜求珍宝、任用小人等行为,规劝皇上节俭爱人,言辞明直。又规谏敬宗远离迂腐怪诞的僧道之徒。文宗时入朝任兵部侍郎,李宗闵掌权,调德裕为郑滑节度使,一年后改镇剑南西川。德裕到镇后,整治残局,振奋民心,增强武备,抵御南诏、吐蕃,吐蕃维州镇将悉怛谋慑于威严举城归降,德裕派兵接管,由于牛僧孺从中阻挠,悉怛谋又被送还吐蕃,维州丧失,双方矛盾更加激化。以后,德裕又调任淮南节度使。武宗立,召德裕入朝为相,执政六年,进位太尉,封怀国公。回鹘被黠戛斯所破,时议均倾向于出兵讨灭回鹘,武宗采纳了德裕的建议,发粮赈济,同时设兵严防。乌介可汗大掠云州、朔川时,德裕派河东节度使刘沔与幽州节度使张仲武合力招抚,刘沔部将石雄在杀胡山击败乌介,回鹘从此衰败。泽潞节度使刘从谏卒,其侄刘稹擅为留后。德裕力主讨伐,并负责起草给成德、魏博二镇的诏书,取得二镇的合作,切断刘稹的退路,平定了泽潞。随后又支持武宗实行"会昌废佛"政策,清查天下寺院及僧侣人数,括得4600余所寺和私立僧居4万所,被勒令还俗的僧尼260500人,没收大量的寺产良田。宣宗即位后,德裕罢相,牛党白敏中等人为相，再贬德裕为潮州司马、崖州司户参军。大中三年去世，终年六十三岁。生平著述至今尚存者有《会昌一品集》《次柳氏旧闻》。

【原文】

李德裕，字文饶，元和宰相吉甫子也。少力于学，既冠，卓荦有大节。不喜与诸生试有司，以荫补校书郎。河东张弘靖辟为掌书记。府罢，召拜监察御史。

穆宗即位，擢翰林学士。帝为太子时，已闻吉甫名，由是顾德裕厚，凡号令大典册，皆更其手。数召见，赉奖优华。帝怠荒于政，故戚里多所请丐，挟宦人诇禁中语，关托大臣。德裕建言："旧制，驸马都尉与要官禁不往来。开元中，诃督尤切。今乃公至宰相及大臣私第。是等无它材，直泄漏禁密，交通中外耳。请白事宰相者，听至中书，无辄诣第。"帝然之。再进中书舍人。未几，援御史中丞。

始，吉甫相宪宗，牛僧孺、李宗闵对直言策，痛诋当路，条失政。吉甫诉于帝，且泣，有司皆得罪，遂与为怨。吉甫又为帝谋讨两河叛将，李逢吉沮解其言，功未既而吉甫卒，裴度实继之。逢吉以议不合罢去，故追衔吉甫而怨度，摈德裕不得进。至是，间帝暗庸，诪度使与元稹相怨，夺其宰相而己代之。欲引僧孺益树党，乃出德裕为浙西观察使。俄而僧孺入相，由是牛、李之憾结矣。

初，润州承王国清乱，窦易直倾府库赉军，赀用空殚，而下益骄。德裕自检约，以留州财赡兵，虽俭而均，故士无怨。再期，则赋物储牣。南方信机巫，虽父母疠疾，子弃不敢养。德裕择长老可语者，谕以孝慈大伦，患难相收不可弃之义，使归相晓敕，违约者显寘以法。数年，恶俗大变。又按属州非经祠者，毁千余所，撤私邑山房千四百合，寇无所瘦蔽。天子下诏褒扬。

敬宗立，侈用无度，诏浙西上脂盝妆具。德裕奏："比年旱灾，物力未完。乃三月壬子赦令，'常贡之外，悉罢进献'。此陛下恐聚敛之吏缘以成奸，凋瘵之人不胜其敝也。本道素号富饶，更李锜、薛苹，皆榷酒于民，供有羡财。元和诏书停榷酤，又赦令禁诸州羡余无送使。今存者惟留使钱五十万缗，率岁经费常少十三万，军用褊急。今所须脂盝妆具，度用银二万三千两，金百三十两，物非土产，虽力营索，尚恐不逮。愿诏宰相议，何以俾臣不违诏旨，不乏军兴，不疲人，不敛怨，则前敕后诏，咸可遵承。"不报。方是时，罢进献不阅月，而求贡使者足相接于道，故德裕推一以讽它。

又诏索盘缘缭绫千匹。复奏言："太宗时，使至凉州，见名鹰，讽李大亮献之，大亮谏止，赐诏嘉叹。玄宗时，使者抵江南捕鹢鸐、翠鸟，汴州刺史倪若水言之，即见褒纳。皇甫询织半臂、造琵琶捍拨、镂牙桶筒于益州，苏颋不奉诏，帝不加罪。夫鹢鸐、镂牙，微物也。二三臣尚以劳人损德为言，岂二祖有臣如此，今独无之？盖有位者蔽而不闻，非陛下拒不纳也。且立鹅天马，盘缘掬豹，文彩怪丽，惟乘舆当御。今广用千匹，臣所未谕。昔汉文身衣弋绨，元帝罢轻纤服，故仁德慈俭，至今称之。愿陛下师二祖容纳，远思汉家恭约，裁赐节减，则海隅苍生毕受赐矣。"优诏为停。

自元和后，天下禁毋私度僧。徐州王智兴给言天子诞月，请筑坛度人以资福，诏可。即显募江淮间，民皆曹辈奔走，因牟撷其财以自入。德裕劾奏："智兴为坛泗州，募愿度者人输钱二千，则不复勘诘，普加髡落。自淮而右，户三丁男，必一男剔发，规影徭赋，所度无算。臣阅度江者日数百，苏、常齐民，十固八九，若不加禁遏，则前至诞月，江淮失丁男六十万，不为细变。"有诏徐州禁止。

时帝昏荒，数游幸，狎比群小，听朝简忽。德裕上《丹扆六箴》，表言："'心乎爱矣，遐不谓矣'，此古之贤人笃于事君者也。夫迹疏而言亲者危，地远而意忠者忏。臣窃惟念拔自先圣，遍荷宠私，不能竭忠，是负灵鉴。臣在先朝，尝献《大明赋》以讽，颇蒙嘉采。今日尽节明主，亦由是也。"其一曰《宵衣》，讽视朝希晚也；二曰《正服》，讽服御非法也；三曰《罢献》，讽敛求怪珍也；四曰《纳诲》，讽侮弃忠言也；五曰《辨邪》，讽任群小也；六曰《防微》，讽伪游轻出也。辞皆明直婉切。帝虽不能用其言，犹敕韦处厚谆谆作诏，厚谢其意。然为逢吉排笮，讫不内徙。

时亳州浮屠诡言水可愈疾，号曰"圣水"，转相流闻，南方之人，率十户僦一人使往汲。既行若饮，病者不敢近荤血，危老之人率多死。而水斗三十钱，取者益它汲转鬻于道，互相欺诳，往者日数十百人。德裕严勒津逻捕绝之；且言："昔吴有圣水，宋、齐有圣火，皆本妖祥，古人所禁。请下观察使令狐楚填塞，以绝妄源。"从之。

帝方惑佛老，祷福祈年，浮屠方士，并出入禁中。狂人杜景先上言，其友周息元寿数百岁，帝遣宦者至浙西迎之，诏在所驰驲敦遣。德裕上疏曰："道之高者，莫若广成、玄元；人之圣者，莫若轩辕、孔子。昔轩辕问广成子治身之要，曰：'无视无听，抱神以静，形将自正。无劳子形，无摇子精，乃可长生。慎守其一，以处其和。故我修身千二百岁矣，形未尝衰。'又曰：'得吾道者上为皇，下为王。'玄元语孔子曰：'去子之骄气与多欲、态色与淫志，是皆无益于子之身。'陛下修轩后之术，物色异人，若使广成、玄元混迹而至，告陛下之言，亦无出于此。臣虑今所得者，皆迂怪之士，使物淖冰，以小术欺聪明，如文成、五利者也。又前世天子虽好方士，未有御其药者。故汉人称黄金可成，以为饮食器则寿。高宗时刘道合、玄宗时孙甑生皆能作黄金'二祖不之服，岂非以宗庙为重乎？倘必致真隐，愿止师保和之术，慎毋及药，则九庙尉悦矣。"息元果诞谲不情，自言与张果、叶静能游。帝诏画工肖状为图以观之，终帝世无它验。文宗即位，乃逐之。

大和三年。召拜兵部侍郎。裴度荐材堪宰相，而李宗闵以中人助，先秉政，且得君，出德裕为郑、滑节度使，引僧孺协力，罢度政事。二怨相济，凡德裕所善，悉逐之。于是二人权震天下，党人牢不可破矣。

逾年，徙剑南西川。蜀自南诏入寇，败杜元颖，而郭钊代之，病不能事，民失职，无聊生。德裕至，则完残奋怯，皆有条次。成都既南失姚、协，西亡维、松，由清溪下沫水而左，尽为蛮有。始，韦皋招来南诏，复巂州，倾内资结蛮好，示以战阵文法。德裕以皋启戎资盗，其策非是，养成痈疽，弟未决耳。至元颖时，遇隙而发，故长驱深入，蹂剔千里，荡无孑遗。今瘢夷尚新，非痛矫革，不能刷一方耻。乃建筹边楼，按南道山川险要与蛮相入者图之左,西道与吐蕃接者图之右。其部落众寡,馈饷远迩,曲折咸具。乃召习边事者与之指画商订,凡虏之情伪尽知之。又料择伏瘴旧獠与州兵之任战者,废遣狞毳什三四,士无敢怨。又请甲人于安定,弓人河中,弩人浙西。繇是蜀之器械皆犀锐。率户二百取一人,使习战,贷勿事,缓则农,急则战,谓之"雄边子弟"。其精兵曰南燕保义、保惠、两河慕义、左右连弩;骑士曰飞星、鸷击、奇锋、流电、霆声、突骑。总十一军。筑杖义城,以制大度、青溪关之阻;作御侮城,以控荣经掎角势;作柔远城,以厄西山吐蕃;复邛崃关,徙巂州治台登,以夺蛮险。

　　旧制,岁杪运内粟赡黎、巂州,起嘉、眉,道阳山江,而达大度,乃分饷诸戍。常以盛夏至,地苦瘴毒,辇夫多死。德裕命转邛、雅粟,以十月为漕始,先夏而至,以佐阳山之运,馈者不涉炎月,远民乃安。

　　蜀人多鬻女为人妾,德裕为著科约:凡十三而上,执三年劳;下者,五岁;及期则归之父母。毁属下浮屠私庐数千,以地予农。蜀先主祠旁有猱村,其民剺发若浮屠者,畜妻子自如,德裕下令禁止。蜀风大变。

　　于是二边浸惧,南诏请还所俘掠四千人,吐蕃维州将悉怛谋以城降。维距成都四百里,因山为固,东北繇索丛岭而下二百里,地无险,走长川不三千里,直吐蕃之牙,异时戍之,以制虏入者也。德裕既得之,即发兵以守,且陈出师之利。僧孺居中沮其功,命返悉怛谋于虏,以信所盟,德裕终身以为恨。会监军使王践言入朝,盛言悉怛谋死,拒远人向化意。帝亦悔之,即以兵部尚书召,俄拜中书门下平章事。封赞皇县伯。

　　故事,丞郎诣宰相,须少间乃敢通,郎官非公事不敢谒。李宗闵时,往往通宾客。李听为太子太傅,招所善载酒集宗闵阁,酣醉乃去。至德裕,则喻御史:"有以事见宰相,必先白台乃听。凡罢朝,繇龙尾道趋出。"遂无辄至阁者。又罢京兆筑沙堤、两街上朝卫兵。尝建言:"朝廷惟邪正二途,正必去邪,邪必害正。然其辞皆若可听,愿审所取舍。不然,二者并进,虽圣贤经营,无繇成功。"俄而宗闵罢,德裕代为中书侍郎、集贤殿大学士。始,二省符江淮大贾,使主堂厨食利,因是挟赀行天下,所至州镇为右客,富人倚以自高。德裕一切罢之。

　　后帝暴感风,害语言。郑注始因王守澄以药进,帝少间,又荐李训使待诏,帝欲授谏官,德裕曰:"昔诸葛亮有言:'亲贤臣,远小人,汉所以兴隆也;亲小人,远贤士,后汉所以倾颓也。'今训小人,顷咎恶暴天下,不宜引致左右。"帝曰:"人谁无过,当容其改。且逢吉尝言之。"对曰:"圣贤则有改过,若训天资奸邪,尚何能改? 逢吉位宰相,而顾爱凶回,以累陛下,亦罪人也。"帝语王涯别与官,德裕摇手止涯,帝适见,不怿,训、注皆怨,即复召宗闵辅政,拜德裕为兴元节度使。入见帝,自陈愿留阙下,复拜兵部尚书。宗闵奏:"命已行,不可止。"更徙镇海军以代王璠。

　　先是大和中,漳王养母杜仲阳归浙西,有诏在所存问。时德裕被召,乃檄留后使如诏书。璠入为尚书左丞,而漳王以罪废死,因与户部侍郎李汉共僭德裕尝赂仲阳导王为不轨。帝惑其言,召王涯、李固言、路隋质之。注、璠、汉三人者语益坚,独隋言:"德裕大臣,不宜有此。"谗焰少衰。遂贬德裕为太子宾客,分司东都。复贬袁州长史,隋亦免宰相。未几,宗闵以罪斥,而注、训等乱败。帝追悟德裕以诬构逐,乃徙滁州刺史。又以太子宾客分司东都。开成初,帝从容语宰相:"朝廷岂有遗事乎?"众进以宋申锡对。帝俯首涕数行下,曰:"当此时,兄弟不相保,况申锡邪?有司为我褒显之。"又曰:"德裕亦申锡比也。"起为浙西观察使。后对学士禁中,黎埴顿首言:"德裕与宗闵皆逐,而独三进官。"帝曰:"彼尝进郑注,而德裕欲杀之,今当以官与何人?"埴惧而出。又指坐宸前示宰相曰:"此德裕争郑注处。"

德裕三在浙西,出入十年,迁淮南节度使,代牛僧孺。僧孺闻之,以军事付其副张鹭。即驰去。淮南府钱八十万缗。德裕奏言止四十万,为鹭用其半。僧孺诉于帝,而谏官姚合、魏暮等共劾奏德裕挟私怨沮伤僧孺,帝置章不下,诏德裕覆实。德裕上言:"诸镇更代,例杀半数以备水旱、助军费。因索王播、段文昌、崔从相授簿最具在。惟从死官下,僧孺代之,其所杀数最多。"即自劾"始至镇,失于用例,不敢妄"。遂待罪,有诏释之。

武宗立,召为门下侍郎、同中书门下平章事。既入谢,即进戒帝:"辨邪正,专委任,而后朝廷治。臣尝为先帝言之,不见用。夫正人既呼小人为邪,小人亦谓正人为邪,何以辨之?请借物为谕,松柏之为木,孤生劲特,无所因倚。萝茑则不然,弱不能立,必附它木。故正人一心事君,无待于助。邪人必更为党,以相蔽欺。君人者以是辨之。则无惑矣。"又谓治乱系信任,引齐桓公问管仲所以害霸者,仲对琴瑟笙竽、弋猎驰骋,非害霸者;惟知人不能举,举不能任,任而又杂以小人,害霸也。"太、玄、德、宪四宗皆盛朝,其始监御,自视若尧、舜,浸久则不及初,陛下知其然乎?始一委辅相,故贤者得尽心。久则小人并进,造党与,乱视听,故上疑而不专。政去宰相则不治矣。在德宗最甚,晚节宰相惟奉行诏书,所与图事者,李齐运、裴延龄、韦渠牟等,迄今谓之乱政。夫辅相有欺罔不忠,当亟免,忠而材者属任之。政无它门,天下安有不治?先帝任人,始皆回容,积纤微以至诛贬。诚使虽小过必知而改之,君臣无猜,则谗邪不干其间矣。"又言:"开元初,辅相率三考辄去,虽姚崇、宋璟不能逾。至李林甫秉权乃十九年,遂及祸败。是知亟进罢宰相,使政在中书,诚治本也。"

帝尝疑杨嗣复、李珏顾望不忠,遣使杀之。德裕知帝性刚而果于断,即率三宰相见延英,呜咽流涕曰:"昔太宗、德宗诛大臣,未尝不悔。臣欲陛下全活之,无异时恨。使二人罪恶暴著,天下共疾之。"帝不许,德裕伏不起。帝曰:"为公等赦之。"德裕降拜升坐。帝曰:"如令谏官论争,虽千疏,我不赦。"德裕重拜。因追还使者,嗣复等乃免。

时帝数出畋游,暮夜乃还。德裕上言:"人君动法于日,故出而视朝,入而燕息。传曰:'君就房有常节。惟深察古谊,毋继以夜。侧闻五星失度,恐天以是勤勤儆戒。《诗》曰:'敬天之渝,不敢驰驱。'愿节田游,承天意。"寻册拜司空。

回鹘自开成时为黠戛斯所破。会昌后,乌介可汗挟公主牙塞下,种族大饥,以弱口、重器易粟于边。退浑、党项利房掠,因天德军使田牟上言,愿以部落兵击之。议者请可其奏。德裕曰:"回鹘于国尝有功,以穷来归,未辄扰边,遽伐之,非汉宣帝待呼韩之义。不如与之食,以待其变。"陈夷行曰:"资盗粮,非计也,不如击之便。"德裕曰:"沙陀、退浑,不可恃也。夫见利则进,遇敌则走,杂虏之常态,孰肯为国家用邪?天德兵素弱,以一城与劲虏确,无不败。请诏牟无听诸戎计。"帝于是贷粟三万斛。

会腽没斯杀赤心以降,赤心兵溃去。于是回鹘势穷,数丐羊马,欲藉兵复故地,又愿假天德城以舍公主,帝不许。乃进逼振武保大栅杷头峰,以略朔川,转战云州,刺史张献节婴城不出。回鹘乃大掠,党项、退浑皆保险莫敢拒。帝益知向不许田牟用二部兵之效,乃复问以计,德裕曰:"杷头峰北皆大碛,利用骑,不可以步当之。今乌介所恃公主尔,得健将出奇夺还之,王师急击,彼必走。今锐将无易石雄者,请以藩浑劲卒与汉兵衔枚夜击之,势必得。"帝即以方略授刘沔,令雄邀击可汗于杀胡山,败之,迎公主还,回鹘遂败。进位司徒。

黠戛斯遣使来,且言攻取安西、北庭、帝欲从黠戛斯求其地,德裕曰:"不可。安西距京师七千里,北庭五千里。异时缘河西、陇右抵玉门关,皆我郡县,往往有兵,故能缓急调发。自河、陇入吐蕃,则道出回鹘。回鹘今破灭。未知黠戛斯果有其地邪?假令安西可得,即复置都护,以万人往戍,何所兴发,何道馈饷?彼天德、振武于京师近,力犹苦不足,况七千里安西哉?臣以为纵得之,无用也。昔汉魏相请罢田车师,贾捐之请弃珠崖,近狄仁杰亦请弃四镇及安东,皆不愿贪外以耗内。此三臣者,当全盛时,尚欲弃割以肥中国,况久没甚远之地乎?是持实费市虚事,灭一回鹘,而又生之。"帝乃止。

泽潞刘从谏死,其从子稹擅留事。以邀节度。德裕曰:"泽潞内地,非河朔比,昔皆儒术大臣守之。李抱真始建昭义军,最有功,德宗尚不许其子继。及刘悟死,敬宗方怠于政,遂以符节付从谏。大和时,擅兵长子,阴连训、注,外托效忠,请除君侧。及有狗马疾,谢医拒使,便以兵属稹。舍而不讨,无以示四方。"帝曰:"可胜乎?"对曰:"河朔,稹所恃以唇齿也。如今魏、镇不与,则破矣。夫三镇世嗣,列圣许之。请使近臣明告以:'泽潞命帅,不得视三镇,今朕欲诛稹,其各以兵会。'"帝然之。乃以李回持节谕王元逵、何弘敬,皆听命。始议用兵,中外交章固争,皆曰:"悟功高,不可绝其嗣。又从谏畜兵十万,粟支十年,未可以破也。"它宰相亦婥婀趋和,德裕独曰:"诸葛亮言曹操善为兵,犹五攻昌霸,三越漯,况其下哉?然赢缩胜负,兵家之常,惟陛下圣策先定,不以小利钝为浮议所摇,则有功矣。有如不利,臣请以死塞责!"帝忿然曰:"为我语于朝,有沮吾军议者,先诛之!"群论遂息。元逵兵已出,而弘敬逗留持两端。德裕建遣王宰以陈、许精甲,假道于魏以伐磁。弘敬闻,遽勒兵请自涉漳取磁、潞。

会横水戍兵叛,入太原,逐其帅李石,奉裨将杨弁主留事。方是时,稹未下,朝廷益为忧。议者颇言兵皆可罢。帝遣中人马元实如太原,侦其变。弁厚贿中人,帐饮三日。还,谬曰:"弁兵多,属明光甲者十五里。"德裕诘曰:"李石以太原无兵,故调横水卒千五百使戍榆社,弁因以乱,渠能列卒如此多邪?"则曰:"晋人勇,皆兵也,募而得之。"德裕曰:"募士当以财,李石以人欠一缣,故兵乱,石无以索之,弁何得邪?太原一铠一戟,举送行营,安致十五里明光乎?"使者语塞。德裕即奏:"弁贱伍,不可赦。如力不足,请舍稹而诛弁。"遽趣王逢起榆社军,诏元逵趋土门,会太原。河东监军吕义忠闻,即日召榆社卒入斩弁,献首京师。

德裕每疾贞元、大和间有所讨伐,诸道兵出境,即仰给度支,多迁延以困国力。或与贼约,令懈守备,得一县一屯以报天子,故师无大功。因请敕诸将,令直取州,勿攻县。故元逵等下邢、洺、磁,而积气索矣。俄而高文端归命,称积粮乏,皆女子援矬哺兵。未几,郭谊持积首降。帝问:"何以处谊?"德裕曰:"积竖子,安知反?职谊为之。今三州已降,而积穷蹙,又贩其族以邀富贵,不诛,后无以惩恶。"帝曰:"朕意亦尔。"因诏石雄入潞,尽取谊等及尝为积用者,悉诛之。策功拜太尉,进封赵国公。德裕固让,言:"唐兴,太尉惟七人,尚父子仪乃不敢拜。近王智兴、李载义皆超拜保、傅,盖重惜此官。裴度为司徒十年,亦不迁,臣愿守旧秩足矣。"帝曰:"吾恨无官酬公,毋固辞。"德裕又陈:"先臣封于赵。冢孙宽中始生,字曰三赵,意将传嫡,不及支庶。臣前益封,已改中山。臣先世皆尝居汲,愿得封卫。"从之,遂改卫国公。

帝尝从容谓宰相曰:"有人称孔子其徒三千亦为党,信乎?"德裕曰:"昔刘向云:'孔子与颜回、子贡更相称誉,不为朋党;禹、稷与皋陶转相汲引,不为比周。无邪心也。'臣尝以共、鲧、欢兜与舜、禹杂处尧朝,共工、欢兜则为党,舜、禹不为党。小人相与比周,迭为掩蔽也。贤人君子不然,忠于国则同心,闻于义则同志,退而各行其已,不可交以私。赵宣子、随会继而纳谏,司马侯、叔向比以事君,不为党也。公孙弘每与汲黯请间,黯先发之,弘推其后,武帝所言皆听。黯、弘虽并进,然廷诘齐人少情,讥其布被为诈,则先发后继,不为党也。太宗与房玄龄图事,则曰非杜如晦莫能筹之。及如晦在焉。亦推玄龄之策。则同心图国,不为党也。汉朱博、陈咸相为腹心,背公死党。周福、房植各以其党相倾,议论相轧,故朋党始于甘陵二部。及其也,谓之钩党,继受诛夷。以王制言之,非不幸也。周之衰,列国公子有信陵、平原、孟尝、春申,游谈者以四豪为称首,亦各有客三千,务以谲诈势利相高;仲尼之徒,唯行仁义。今议者欲以比之。罔矣。臣未知所谓党者为国乎?为身乎?诚为国邪,随会、叔向、汲黯、房、杜之道可行,不必党也。今所谓党者,诬善蔽忠,附下罔上,车马驰驱,以趋权势,昼夜合谋,美官要选,悉引其党为之,否则抑压以退。仲尼之徒,有是乎?陛下以是察之,则奸伪见矣。"

国之重器,莫重于令。令重君尊,君尊国安。治人之本,莫要于令。'故曰:'亏令者死,益令者死,不行令者死,留令者死,不从令者死。五者无赦。'又曰:'令在上而论可否在下,是主威下系于人也。'大和后,风俗浸敝,令出于上,非之在下。此敝不止,无以治国。匡衡曰:'大臣者,国家股肱,万姓所瞻仰,明主所慎择也。'传曰:'下轻其上爵,贱人图柄臣,则国家摇动而人不静。'今弘质为人所教而言,是图柄臣者也。且萧望之汉名儒,为御史大夫,奏云:'岁首,日月少光,咎在臣等。'宣帝以望之意轻丞相,下有司诘问。贞观中,监察御史陈师合上言:'人之思虑有限,一人不可总数职。'太宗曰:'此欲离间我君臣。'斥之岭外。臣谓宰相有奸谋隐慝,则人人皆得上论。至于制置职业。人主之柄,非小人所得干。'古者朝廷之士,各守官业,思不出位。弘质贱臣,岂得以非所宜言妄触天听！是轻宰相。陛下照其邪计，从党人中来，当遏绝之。"德裕大意，欲朝廷尊，臣下肃，而政出宰相，深疾朋党，故感愤切言之。

又尝谓："省事不如省官，省官不如省吏，能简冗官，诚治本也。"乃请罢郡县吏凡二千余员，衣冠去者皆怨。时天下已平，数上疏乞骸骨，而星家言荧惑犯上相，又恳丐去位，皆不许。当国凡六年，方用兵时，决策制胜，它相无与，故威名独重于时。

宣宗即位，德裕奉册太极殿。帝退谓左右曰："向行事近我者，非太尉邪？每顾我，毛发为森竖。"翌日，罢为检校司徒、同中书门下平章事，荆南节度使。俄徙东都留守。白敏中、令狐绹、崔铉皆素仇，大中元年，使党人李咸斥德裕阴事。故以太子少保分司东都，再贬潮州司马。明年，又导吴汝纳讼李绅杀吴湘事，而大理卿卢言、刑部侍郎马植、御史中丞魏扶言："绅杀无罪，德裕徇成其冤，至为黜御史，罔上不道。"乃贬为崖州司户参军事。明年，卒，年六十三。德裕既没，见梦令狐绹曰："公幸哀我，使得归葬。"绹语其子滈，滈曰："执政皆其憾，可乎？"既夕，又梦，绹惧曰："卫公精爽可畏，不言。祸将及。"白于帝，得以丧还。

德裕性孤峭，明辨有风采，善为文章。虽至大位，犹不去书。其谋议援古为质，衮衮可喜。常以经纶天下自为，武宗知而能任之，言从计行，是时王室几中兴。

先是，韩全义败于蔡，杜叔良败于深，皆监军宦人制其权，将不得专进退，诏书一日三四下，宰相不豫。又诸道锐兵骠士，皆监军取以自随，每督战，乘高建旗自表，师小不胜，辄卷旗去，大兵随以北。繇是王师所向多负。至讨回鹘、泽潞，德裕建请诏书付宰司乃下，监军不得干军要，率兵百人取一以为卫。自是，号令明一，将乃有功。

元和后数用兵，宰相不休沐，或继火乃得罢。德裕在位，虽遽书警奏，皆从容裁决，率午漏下还第，休沐辄如令，沛然若无事时。其处报机急，帝一切令德裕作诏，德裕数辞，帝曰："学士不能尽吾意。"伐刘稹也，诏王元逵、何弘敬曰："勿为子孙之谋，存辅车之势。"元逵等情得，皆震恐思效。已而三州降，贼遂平。帝每称魏博功，则顾德裕道诏语，咨其切于事而能伐谋也。三镇每奏事，德裕引使者戒敕为忠义，指意丁宁，使归各谓其帅道之，故河朔畏威不敢慢。后除浮屠法，僧亡命多趣幽州，德裕召邸吏戒曰："为我谢张仲武，刘从谏招纳亡命，今视之何益？"仲武惧，以刀授居庸关吏曰："僧敢入者斩！"

帝既数讨叛有功，德裕虑怵于武，不可戢，既奏言："曹操破袁绍于官渡，不追奔，自谓所获已多，恐伤威重。养由基古善射者，柳叶虽百步必中，观者曰：'不如少息，若弓拨矢钩，前功皆弃。'陛下征伐已不得所欲，愿以兵为戒，乃可保成功。"帝嘉纳其言。

方士赵归真以术进，德裕谏曰："是尝敬宗时以诡妄出入禁中，人皆不愿至陛下前。"帝曰："归真我自识，顾无大过，召与语养生术尔。"对曰："小人于利，若蛾赴烛。向见归真之门，车辙满矣。"帝不听。于是挟术诡时者进，帝志衰焉。

所居安邑里第，有院号起草，亭曰精思，每计大事，则处其中，虽左右侍御不得豫。不喜饮酒，后房无声色娱。生平所沦著多行于世云。

子烨，仕汴宋幕府，贬象州立山尉。懿宗时，以赦令徙郴州。余子皆从死贬所。

烨子延古,乾符中,为集贤校理,擢累司勋员外郎,还居平泉。昭宗东迁,坐不朝谒,贬卫尉主簿。

德裕之斥,中书舍人崔嘏,字乾锡,谊士也。坐书制不深切,贬端州刺史。嘏举进士,复以制策历邢州刺史。刘稹叛,使其党裴问戍于州,嘏说使听命,改考功郎中,时皆谓遴赏。至是,作诏不肯巧傅以罪。

吴汝纳之狱,朝廷公卿无为辨者,惟淮南府佐魏铏就逮,吏使诬引德裕,虽痛楚掠,终不从,竟贬死岭外。

又丁柔立者,德裕当国时,或荐其直清可任谏争官,不果用。大中初,为左拾遗。既德裕被放,柔立内愍伤之,为上书直其冤,坐阿附,贬南阳尉。

懿宗时,诏追复德裕太子少保、卫国公,赠尚书左仆射,距其没十年。

【译文】

李德裕字文饶,是元和朝(806~820)宰相李吉甫的儿子。少年时就致力于读书,成年后不久已经卓越而有节操。他不喜欢和众多读书人一样去参加官府举行的考试,靠先人的庇荫补授为校书郎。河东人张弘靖征召他作掌书记。府职结束后,朝廷征召他任监察御史。

穆宗即位,提拔他为翰林学士。当年穆宗做太子的时候,已经听说了李吉甫的名字,从此非常器重德裕,凡有号令和大典册都经他手起草。多次召见他,赏赐和奖励他十分优厚而华美。穆宗怠慢荒废朝政,所以很多亲属有所乞请,他们挟持宦官刺探宫里的言论,和大臣往来为援。德裕向皇帝建议说:"从前制度规定,禁止驸马都尉和朝廷要官往来。开元年间,更加强调。现在却公开地到宰相和大臣的家宅去。这些人没有其他才能,只会泄漏宫中机密,沟通宫廷内外。请求今后有事禀报宰相的人,允许他们到中书省,不要总是去宰相私宅。"穆宗同意了他的意见。德裕又晋升为中书舍人。没过多久,朝廷又授予他御史中丞的官职。

天津李吉甫故居

当初，李吉甫辅佐宪宗时，牛僧孺、李宗闵在直言科应试对策中，尽情斥毁把持朝政的人，列举时政的过失。李吉甫向皇帝诉说，几乎落泪。主管官吏都因此获罪，便和他结了仇。吉甫又替皇帝谋划如何讨伐两河反叛将领，李逢吉阻止、破坏了他的建议。功业未成而吉甫去世，由裴度继续完成。逢吉因为双方主张不合而罢官离开，所以回想对吉甫的仇恨而怨恨裴度，排斥德裕使他不能升官。至此他乘皇帝愚昧平庸，就引诱裴度和元稹结怨，强夺了他的宰相职位取而代之。他想要招引僧孺更多地培养党羽，于是调出德裕去任浙西观察使。不久，僧孺入朝作了宰相，牛、李从此结怨。

当初，润州在王国清兵乱以后，窦易直竭尽府库所藏犒赏军队，虽然财用耗尽，部下却更加放纵。德裕以节俭约束自己，用留州的钱财供养兵士，虽然节俭却能均衡，所以兵士都没有怨言。两年后，赋税物资储备充实。南方人信鬼怪巫祝，纵然是父母染上瘟疫，子女也撇下他们不敢奉养。德裕从他们中选择年岁大可以交谈的人，告诉他们孝敬父母的伦理道德观念和患难相收不能相弃的道理，让他们回到乡人中间转达他的意思，违反约定的依法严厉惩治。几年的时间就使这种恶俗大为改变了。德裕又考察所属州内有不按规定设立的祠庙，拆毁了一千多所，拆除私人封地山房一千四百座，使寇盗无处隐匿。为此，天子颁布诏书给以褒扬。

敬宗即位，挥霍资财没有节制，下诏让浙西上贡化妆用具。德裕上奏说："连年遭受旱灾，物力没有恢复。才在三月壬子的赦令中规定"固定的上贡以外，所有进献一律停止"，这是陛下怕搜刮财货的官吏借此狡诈邪恶，使贫穷的人不能承受其苦。浙西一向号称富足，李锜、薛苹任使以来，向百姓实行酒类专卖，上供以外还有余财。宪宗在元和年间的诏书中规定停止酒专卖，又颁布赦令各州的余财不用送交使府。现存的只有留使钱五十万缗，大致上每年经费常亏欠十三万，军国费用非常紧张。现在所需上贡的化妆用具，估算要花费二万三千两银钱和一百三十两金子，这些东西并非本土所产，虽然尽力搜寻，还怕不能达到要求。希望您下诏让宰相们商议一下，如何使臣上不违背诏旨，下不使军储缺乏，既不劳烦百姓，也不招致怨恨，使先后颁布的诏敕都可以一贯遵行。"他的奏书没有得到答复。当时，停止进献的诏令颁布不过一个月，而征收贡品的使者足迹沿路相接，所以德裕才借上贡化妆用具这件事来婉言劝说皇帝其他方面的索取。

皇帝又下诏寻找一千匹盘回丝带的缭绫。德裕再次上奏说："太宗时期，使者到凉州，看见名鹰。劝李大亮进献，大亮经过劝谏，制止了进献，太宗赐诏表示赞许。玄宗时，使者到达江南捕获鸂鶒、翠鸟，汴州刺史倪若水指出后，立即得到皇帝的表扬和采纳。皇甫询在益州织短袖衣，制造琵琶护拨上的饰物和象牙镂刻的筒子，苏颋不肯照诏令要求去做，皇帝也没有怪罪他。鸂鶒、象牙雕刻等等，都是些小东西。两三位臣子尚且能针对劳烦百姓有损圣德的事发表言论，难道只有太宗、玄宗时期有这样的臣僚而现在却偏偏没有吗？是居官的人遮隐蒙蔽皇帝使他得不到消息，而不是陛下拒不接受。况且立(应为玄)鹅、天马、盘曲丝带、掬豹，其花纹色彩独特奇丽，只有皇帝才能使用。现在大量需用上千匹，是为臣所不明白的。过去汉文帝身穿黑色粗厚的丝织衣服，元帝禁止穿轻纤的服装，所以他们的仁义德行和慈爱节俭直至今天还为人称道。希望陛下近效太宗、玄宗的宽容、纳谏，远思汉代文帝、元帝的谦逊、节俭，裁减节省，让全国百姓蒙受您的恩赐。"皇帝于是颁布优诏停止了进献。

自元和朝以后，全国各地禁止私度僧人。徐州人王智兴哄骗敬宗，在敬宗的诞月请求筑戒坛度人，为皇帝积福，敬宗下诏同意。马上就在江淮间大张旗鼓地招募，百姓成群奔走，集聚钱财无度。为此，德裕弹劾说："王智兴在泗州筑戒坛，招募愿落发为僧的人纳钱二千，便不再勘验查问，统统予以剃度。自淮河以下，每户三个丁男中必有一人剃发，逃避徭役赋税，落发为僧的人无法计算。我察看每天渡江的人有几百人，其中苏州、常州的平民就有十之八九，如果不加以禁止，等到诞月来临之时，江淮地区就要失去丁男六十万人，这不能看成是小的变化。"敬宗于是颁诏对徐州加以禁止。

当时皇帝昏庸放纵，多次出外游赏，亲近小人，听朝荒疏。德裕献上《丹扆六箴》，表中说："'爱在心中，怎能不勤勉呢'，这是古代有德之人都忠诚侍奉君主的缘故。较少往来的人谈论亲近是有害的，地处僻远而意志忠诚的人容易违反旨意。我私下以为是穆宗皇帝提拔了我，让我蒙受宠信，如不能竭尽忠心，则有负天鉴。我在穆宗统治时期，曾经献上《大明赋》以规劝皇帝，颇受皇帝嘉奖、采纳。现在我向圣明君主竭尽人臣之节，也是由于这个缘故。"其一称《宵衣》，规劝皇帝指出他视朝次数少、时间晚；其二称《正服》，规劝指出皇帝衣着不合制度；其三称《罢献》，规谏皇帝停止征敛搜求奇珍异宝；其四称《纳海》，规劝皇帝指出其轻慢和舍弃忠言的做法；其五称《辨邪》，规劝并指出他任用小人的错误；其六称《防微》，讽谏他不合制度的随意出游。李德裕言辞明直，委婉恳切。敬宗虽然不能采用，还是诲而不倦地让韦处厚代作诏书，对他的一番心意表示重谢，然而由于他遭受李逢吉的排挤，终究没能内迁为官。

当时亳州僧人欺骗人们说有种水能治病，号称"圣水"，人们互相传布，南方大致每十户人家中就雇一人前去取水。既饮此水，病人不敢吃荤，危重病人和年迈者大多因为喝了这种水而死亡。而水每斗值三千文，取水的人兑入从其他地方取来的水沿路转卖，互相欺骗，来来往往取水的人每天达几十人乃至上百人。德裕严厉强制渡口巡防者拘捕、断绝，并且说："昔日吴国有圣水，宋、齐两朝有圣火，原本都是邪恶的祥瑞，为古人所禁止。请下令让观察使令狐楚加以阻止，以断绝这种荒诞之源。"皇帝听从了他的建议。

皇帝正在受佛道的迷惑，祈求降福和延年，僧人、道士往来出入于宫中。狂放之人杜景先上奏指出，他的友人周息元寿命达几百岁，皇帝派宦官到浙西迎接他，命令当地驱赶驿马，厚加护送。德裕上疏说："道高之人，比不上广成、玄元，圣明之人，不如轩辕、孔子。过去轩辕向广成子询问修身的要领，广成子说：'不看不听，胸怀神灵而静处，身形将自然端正。你的身形未遭劳扰，精气没有动摇，就能够长生。谨守其一，以处其和。所以我修身一千二百年了，而形体未曾衰老。'他又说：'得到我这种方法的上可以做皇帝，下可以为王。'玄元对孔子说：'除去你身上的傲慢气质和过多贪欲，以及举止态度过分的志向，这些都不利于你的健康。'陛下学习的是轩后之法，形貌不同于常人，如果让广成、玄元混迹而来,告诉陛下的话,也超不出这些。我思虑陛下现在所得到的,都是些迂腐怪诞的人,让人们看他们怎样用药石消冰,以小小的骗术来蒙骗视听,就像文成、五利等人那样。另外,前代天子虽然喜好方士,却没有服用他们配制的药。所以,汉代有人说可以炼成黄金,用它作成饮食器具就能益寿延年。高宗时的刘道合、玄宗时的孙甑生都能炼作黄金,而二祖却都不服用,难道不是以国家为重吗?假如一定要成为真正的隐士,希望您只学些保养温和的技术,不要去服药,那么,祖先们就能欣慰了。"息元果然荒诞欺诈,他自称和张果、叶静能一道出游。皇帝让画工按形象画出图来看,皇帝终生也没得到应验。文宗即位后,便把他驱逐出宫。

大和三年,征召德裕入朝任兵部侍郎。裴度推荐他有宰相才能,而李宗闵因为有宦官的辅助,先掌管了大权,又掌握了皇帝,把德裕调出任郑滑节度使,援引牛僧孺一同合作,罢免了裴度执掌朝政的权力。双方继续结怨,凡是德裕所欣赏的,他们都要废除。于是二人权震天下,党羽阵营牢不可破。

又过了一年,德裕改迁节镇剑南西川。蜀地从南诏入侵以来,打败了杜元颖,郭钊取代了他,郭因病不能处理政事,致使百姓失业,生活无所依赖。德裕到镇后,治理残局,振奋人心,一切做得有条有理。当时成都已经南面丧失姚州、协州,西面丧失维州、松州,从清溪关以下到沫水以西,都已被南诏占据了。开始,韦皋对南诏实行招徕政策,收复了巂州,竭尽资财与南诏结好,向他们教示阵法和法令。德裕认为韦皋启发资助南诏的办法不妥,会把他们养成祸患,当时只是没有出事而已。到杜元颖在任时期,由于一些小矛盾而引发大乱,所以南诏能长驱深入内地,蹂躏千里,涤荡无遗。现在创伤犹新,如不彻底纠正以往的过失,就不能刷洗所受的耻辱。所以,他修建筹边楼,按照剑南南面山河险要地势和南诏相接的地方画在楼的左面墙上,把西面道路和吐蕃相接的地方画在右面墙上。将部落的多少、粮运路途远近等曲曲折折都记录下来。于是征召熟习边境事务的人,和他们一起谋划商议,全面了解了南诏、吐蕃的情况,又从适应瘴气环境的、过去的獠人和州兵中挑选能征善战的人,裁去三四成凶险或年老的人,士兵们没人敢有怨言。德裕又从安定请来造甲的人,从河中请来造弓的人,从浙西请来造弩的人,从此蜀地的兵器都非常坚固锋利。大致上从每二百户中抽取一人,让他们习武练兵,宽免他们的其他事务,形势缓和时务农,迫急时就应战,称他们是"雄边子弟"。他们中的精兵称南燕保义、保惠、两河慕义、左右连弩;骑士称飞星、鸷击、奇锋、流电、霆声、突骑。总共十一军。筑杖义城,以掌握大度、青溪关的险阻;建御侮城,来控制荣经夹击牵制的形势;造柔远城,以阻塞西山吐蕃;修复邛崃关,将巂州治所迁到台登,以夺取南诏、吐蕃占据的险要。

以往的制度是,每年年底运输内地的粮食来供应黎州、巂州,从嘉州、眉州启程,取道阳山江,抵达大度,分给各戍作为粮饷。常常因盛夏季节到来,当地苦于瘴气的毒害,运粮的辇夫中很多人死去。德裕下令转运邛州、雅州的粮食,将十月作为水运的开始时间,在夏季到来之前把粮食运到,以辅助阳山的粮运。这样,运粮的人不用经历炎热的月份,远方的人才得以安定。

蜀地的百姓中有很多卖女做妾的现象,德裕为此制定条例:凡十三岁以上为妾的捉住后服三年劳作;十三岁以下的,劳作五年。服刑期满后送回父母身边。命令拆毁管辖内和尚的私宅几千处,把土地送给农民。刘备祠旁有个地方叫猱村,那里的人和僧人一样剃发,同时自由自在地娶妻生子,德裕下令禁止。蜀地风俗从此有了很大改变。

于是邻接的南诏和吐蕃政权渐渐害怕起来,南诏请求送还被他们俘获的四千人,吐蕃驻守维州的将领悉怛谋举城归降。维州离成都有四百里,山势险要,牢不可破。东北从索丛岭以下二百里的地方,地势不险,沿河而下不到三千里,便直抵吐蕃的牙帐,过去唐兵在这里戍守是为了钳制吐蕃的入侵。德裕取得维州以后,马上派兵镇守,并向朝廷列举出兵的益处。牛僧孺从中阻止破坏,让他把悉怛谋送回吐蕃,以此表示盟者的信义。德裕为此终生为恨。正好监军使王践言入朝,大谈悉怛谋被处死和朝廷拒绝远方百姓的归化之心。这时皇帝也有所悔悟,便用兵部尚书的官职召入德裕,不久以后又拜官中书门下平章事,封爵为赞皇县伯。

过去的典章制度是,丞郎拜见宰相时,必须稍等片刻才敢通报,郎官不是因为公事不敢谒见。李宗闵时期,常常是通报宾客。李听任太子太傅,招集友人携酒聚集在宗闵那里,畅饮酒醉后才走。到德裕为相时,他告诉御史说:"如果有人因事谒见宰相,必须先禀报御史台才能接受。凡罢朝时,要赶快从龙尾道退出去。"这样就没有人随意到宰相官署来了。他又停废京兆府的筑沙堤和两街上朝的卫士。他曾经建议说:"朝廷只有邪和正两种途径,正必去邪,邪必害正。然其正反言辞都可以接受,希望陛下审慎取舍。否则,两者并进,即使是由圣贤来治理国家也无法成功。"不久李宗闵罢官,德裕代替他任中书侍郎、集贤殿大学士。当初,门下、中书两省下符给江淮大贾,让他们主掌堂厨食用的高利贷经营,因此造成他们挟资各地行走,所到州镇都把他们视为豪右,富人们借此便自高自大起来。德裕将这一切全部取消。

后来文宗突然受风不能讲话,郑注开始由王守澄推荐,为皇帝治病开药。皇帝病势稍有好转,王守澄又荐举李训任待诏,皇帝要授他谏官的职位,德裕说:"过去诸葛亮曾说:'亲近小人,远离贤士,后汉才所以倾覆崩溃。'现在李训这样的小人,他过去的罪恶行径世人皆知,陛下不该招他到身边来。"皇上说:"做人谁能没有过错,应该允许他改正。而且逢吉也曾提及。"德裕说:"只有圣贤才能改过。像李训这种天生奸邪之人,还能怎么改?李逢吉位居宰相之职,却关心爱护这种凶暴奸邪的人,来牵累陛下,他也是有罪的人。"文宗告诉王涯,另外给李训一个官职,德裕摆手制止王涯,正好被皇帝看见,心中不快,训、注二人也都怨恨他。随后皇帝马上又召宗闵入朝辅政,而授予德裕兴元节度使职。德裕进宫觐见皇帝,表示愿意留在朝中,文宗又让他任兵部尚书。李宗闵上奏说:"诏命已经执行,不能中止。"又改迁德裕赴镇海军代替王璠。

过去在大和年间,漳王的养母杜仲阳回到浙西,皇帝命当地抚恤问候。当时德裕被召入朝,就发檄书给留后,让他按诏书办事。王璠便和户部侍郎李汉一道诬陷德裕曾贿赂杜仲阳诱导漳王图谋不轨。皇帝被他们的话所蒙蔽,召见王涯、李固言、路隋质问。郑注、王璠、李汉三人言语更加坚定，只育路隋说："李德裕这样的大臣，不应当有这种行为。"进谗者的气焰才有所衰减。于是贬德裕为太子宾客，分管东都洛阳事务。后又降职为袁州长史，路隋也因此而免去相职。不久，李宗闵因罪被斥退，郑注、李训等人也因乱而败。皇帝追念德裕，意识到他是因诬陷被放逐的，便改授他为滁州刺史。又以太子宾客的身份分管东都。开成初年，文宗从容地对宰相说："朝廷有被遗漏的事吗？"众人都以宋申锡的事来回答。皇帝低头泪流数行，说："当时兄弟之间尚不能相保，何况是申锡呢？主管部门的官吏要替我给以嘉奖和传扬。"文宗又说："德裕的遭遇也类似申锡。"便起用他作浙西观察使。后来在禁中应对学士时，黎埴叩头说："德裕和宗闵都被放逐，而唯独他能三次入朝做官。"皇帝说："李宗闵曾进荐郑注，而德裕想要杀他，现在应该给谁官呢？"埴吓得退了下去。皇帝又指着他座位边屏风的前方给宰相看，说："这就是当年德裕为郑注的事论争的地方。"

德裕三度在浙西任节度使，前后十年出入朝中，皇帝又改迁他任淮南节度使，代替牛僧孺。僧孺听说这个消息后，把军务交给副手张鹭，立即驱马离开。淮南府库存八十万缗钱，德裕上奏说只有四十万，被张鹭支用了一半。牛增孺向皇帝告状，谏官姚合、魏謩等人也一起弹奏德裕挟带私仇伤害僧孺，皇帝把他们的奏章搁置一边不予下达，下令让德裕审覆核实。德裕上奏说："各镇更替时，照例是减少半数以防备水旱，资助军费。因而将王播、段文昌、崔从历届相授的账目文书查找齐备。只有崔从死于当道节帅职位，牛僧孺代替了他，所减的数量最多。"随即自劾说："我刚刚到镇，使用惯例有误，不敢非法。"于是听候治罪，皇帝下诏不予追究。

武宗即位，征召他任门下侍郎、同中书门下平章事。德裕入朝谢恩后，随即便劝诫皇帝说："要辨别邪正，专一委任，而后朝廷才能太平。这些话我曾对先帝说过，但不被采用。正直人指出小人为非作歹之后，小人也指控正直人作恶，怎样辨别其真伪呢？请允许我借物来作说明。松柏之为树木，独立生长，强劲无比，无所依附。萝茑则不然，柔弱不能独立，必然要依附其他树木。所以，正直的人一心侍奉君主无须相助，邪恶的人必然结为党羽，互相遮蔽欺骗。君主能根据这个道理来分辨正邪，就不会被迷惑住。"德裕又指出朝政的好坏取决于是否信任百官，他举例说当年齐桓公询问管仲危害霸业的原因时，管仲回答说，琴瑟笙竽、弋猎驰骋都不会危害称霸；只有知人不能推举，推举后不能任用，任用中又掺杂小人，这才是危害霸业的祸源。德裕说："太宗、玄宗、德宗、宪宗四位都是盛朝之主，他们开始统治时，都把自己看作尧、舜，在位时间久了，便比不上开始时，陛下知道其中的原因吗？开始是一切政事都交给辅佐的宰相，所以贤士得以竭尽忠心。时间一久小人也一同被召进，他们结成党羽，扰乱视听，让皇帝产生疑心，就不能专一任贤。政事脱离了宰相，天下就不能太平。这种情况在德宗时期最为严重，后期的宰相只能按照颁下的诏书办事。与皇帝一道图谋划策的，则是李齐运、裴延龄、韦渠牟之流，至今还被人们称为乱政。当辅佐宰臣出现欺君不忠的人时，就应当立即铲除，尽忠而有才干的就该任用。政事不经其他歪门邪道，天下怎么会不太平呢？而先帝用人，开始便曲法宽容,微小的过错逐渐积累,最后导致诛杀和贬逐。如果意识到哪怕是小错也能真心改过,君臣无猜,任何谗言邪恶也不能冲犯他们。"他又说:"开元初年,辅佐皇帝的相臣大致都经三次考课就离任,纵然是姚崇、宋璟也不能逾越。到李林甫时,他前后掌权十九年,才导致了政局的衰败。可见及时进罢宰相,使朝政操纵在中枢决策机构,的确是治理朝政的根本所在。"

武宗曾怀疑杨嗣复、李珏观望不忠,便派使臣去杀他们。德裕深知皇帝性情刚毅果断,马上带着三位宰相到延英殿见皇帝,鸣咽落泪,说:"过去太宗、德宗诛杀大臣后,没有不后悔的。我希望陛下保全他们的性命,摒弃前嫌。等他们二人的罪恶昭彰于世后,天下人会痛恨他们的。"皇帝不答应,德裕便伏地不起。皇帝说:"我为了你们,就赦免了他们吧。"李德裕于是致礼落座。皇帝说:"如果是谏官论争,纵使有千道上疏,我也不赦。"德裕再次拜谢行礼。因而追回使者,杨嗣复等人才免一死。

这时皇帝屡次出外打猎游赏,深夜才归。德裕上奏说:"人君的行动,应该以太阳的出没为准,所以,日出而临朝听政,日落而宴饮歇息。有文字记载说:'君主回房有固定的制度。'希望您能深刻体会古人的思想,不要连续夜归。听说现在五星失度,恐怕是上天以此来奖励勤勉、告诫违禁之人。《诗经》说:'尊重天体的改变,不敢肆意放纵。'希望您在狩猎上有所节制,接受天意。"不久便册拜他为司空。

回鹘自从开成时期被黠戛斯所破。会昌以后,乌介可汗挟制公主于衙帐要塞之下,种族内部饥荒严重,他们用病弱人口和重要物品到边境去交换粮食。退浑、党项则利用他们四出掠夺,因天德军使田牟上奏表示愿意出兵讨伐,人们议论请求皇帝批准他的奏请。德裕说:"回鹘对于国家曾经有功,因为贫困前来投奔,并未骚扰边境,如果马上出兵讨伐,则违背了汉宣帝对待呼韩的政策。不如送给他们食物以待其变。"陈夷行说:"给强盗送粮不是办法,不如出击更方便。"德裕说:"对于沙陀、退浑,我们不能依赖他们。他们见利就进,遇敌就逃,这是他们一贯的态度,那么谁肯为国家所用呢?天德军兵士一向软弱,用此一城来与强劲有力的对手较量,没个不败的。请求皇帝下诏给田牟,让他不要听从他们的计谋。"皇帝于是拿出三万斛粮食借给回鹘。

正巧嗢没斯杀掉赤心可汗来投奔唐朝,可汗的兵马纷纷溃散。于是回鹘势力窘迫,几次乞求唐朝以羊马相助,打算借兵收复原有的土地,又希望借天德城让公主住,皇帝没有同意。回鹘就进攻振武军保大栅杷头峰,进犯朔川,转而攻打云州。刺史张献节婴城固守。回鹘便大肆抢掠,而党项和退浑都凭借着险要不敢抵抗。皇帝对先前德裕不让田牟用党项、退浑兵马的结果看得更明白了,便又向德裕询问计策,德裕说:"杷头峰以北都是大沙漠,可以用骑兵出击,不能用步兵抵挡。现在乌介可汗所依仗的不过是公主罢了,可以找些勇猛强健的兵士出其不意地把公主夺回来,再用军队急速出击,可汗必定逃走。现在精锐之将没有能顶替石雄的了,请求让藩、浑劲卒和汉兵一道在夜间出击,一定能够获胜。"皇帝就把这一计策交给刘沔执行,让石雄在杀胡山截击可汗,石雄打败了乌介可汗,接回了公主,回鹘从此衰败了。德裕晋升为司徒。

黠戛斯派使者来到唐廷，声称攻取安西和北庭，皇帝打算向黠戛斯要回这些地方。德裕说："不行。安西离长安七千里，北庭到长安有五千里，以往从河西、陇右到玉门关一带，都是唐朝的郡县，常常派兵驻守，所以危急时刻可以随时调遣。自从河、陇落入吐蕃之手后，都取道出入回鹘的领地。回鹘现在已经衰败，不知黠戛斯是否确实占据安西、北庭？假使安西可以取得，再在那里设置都护，调遣上万人去镇守，人员如何发动，从哪条路运粮呢？过去天德军、振武军都在长安附近，还苦于力量不足，况且是七千里外的安西呢？我认为纵然得到了也没有用处。过去汉代魏相请求放弃在车师营田，贾捐之请求放弃珠崖，距现在很近的狄仁杰也请求放弃四镇和安东，他们都不愿贪求外功而损耗国内。这三位大臣，处于王朝全盛时期，尚且要割舍边地来充实中原政权，况且现在的安西、北庭是沦陷已久的荒远之地呢？这是用实实在在的耗损与毫不实际的事情做交易，就是消灭了一个回鹘又出了一个回鹘。"皇帝才放弃他的想法。

泽潞节度使刘从谏去世，他的侄子刘稹擅自总理留后事务，要求朝廷授予他节度使职。德裕说："泽潞处于国家内地，不同于河朔，过去都是让儒学文臣镇守。李抱真首建昭义军，功劳最大，德宗尚且不允许他的儿子继任节帅。等到刘悟死时，赶上敬宗怠废政事，就把节度使的符节给了他的儿子刘从谏。大和时期，他擅自让长子集结兵马，暗中联合李训、郑注，外表假装效忠国家，请求君主铲除身边的祸害。等到他得病以后，谢绝前来的医生、使臣，把兵马交给刘稹。如果置之不理，不加以讨伐的话，就不能昭示全国。"皇帝问："能打胜吗？"德裕回答说："河朔是刘稹赖以存在的靠山，如果使魏、镇不参与的话，必能破稹。三镇的节帅世代相袭，都是由各位先帝答应的。恳请您派遣亲近大臣明确告诉他们：'这次泽潞委任将帅，不能和三镇一样，现在我准备讨伐刘稹，希望你们各自派兵前来会合。'"皇帝同意了。于是让李回持节去告谕王元逵、何弘敬，二人都听从皇帝的命令。开始商讨如何用兵的时候，中外大臣相继上疏争论，都认为："刘悟功高，不能让他后继无人。另外，刘从谏养兵十万，粮食能够维持十年，我们无法攻破他。"其他宰相也都曲意迎合，只有德裕说："诸葛亮说曹操善于用兵，还需要五攻昌霸，三渡潦湖，何况不如他的人呢。然而盈亏胜败，本来是兵家常事，希望陛下早做决策，不要因为无关宏旨的利弊被浮躁的言论所动摇，就能成就功业。如果有不利的事情发生，我请求以死来抵罪！"皇帝气愤地说："替我通告当朝百官，如有反对我出兵计划的就先杀了他！"众人的议论才告平息。王元逵的兵马已经出发，而何弘敬却逗留徘徊。李德裕建议派王宰调用陈、许两州的精兵，取道魏州去攻磁州。弘敬闻讯，立即带兵请求渡漳水攻取磁、潞。

正巧驻守横水的兵士叛乱，攻入太原，驱逐了主帅李石，拥立副将杨弁主持留后事务。正在这个时候，刘稹尚未攻下，朝廷更为忧虑。人们纷纷议论说各路兵马都可以撤回。皇帝派宦官马元宝到太原去侦察势态发展。杨弁对宦官大加贿赂，在帐内饮酒三天。宦官回来后，谎报说："杨弁的兵马很多，身穿明光锃亮铠甲的人能列队十五里。"德裕质问他："李石因为太原没兵，才调遣横水一千五百名戍卒去镇守榆社，杨弁正是借这个机会叛乱的，难道他能列出这么多兵吗？"宦官说："晋人勇猛，人人皆兵，他们是招募来的。"德裕说："招兵买马要花费钱财,李石就因为欠士兵每人一缣,他们才叛乱的,李石没地方解决经费,杨弁从哪儿寻来呢? 太原的一铠一戟全都送到行营了,哪里会有十五里的明亮闪光的铠甲呢?"使臣无言相对。德裕上奏说："对杨弁这种卑贱的小人,陛下不能饶恕。如果兵力不够,请放弃征讨刘稹的兵力来讨伐杨弁。"便立即敦促王逢调发榆社军,令王元逵奔赴土门,会师太原。河东监军吕义忠闻讯后,当天就召集榆社兵士进入衙帐杀了杨弁,把他的首级献给长安。

德裕每每痛恨贞元、大和年间举行讨伐时,各道兵出境后就仰仗度支供给,大多拖延时间,造成国力困乏。他们有的和敌人约好,让敌人放松守备,攻下一县一屯来回报天子,所以虽然出兵却没有取得大的功效。因而他请求皇帝让各路将领直接攻占州城,不必攻县。所以,元逵他们便攻克了邢州、洺州、磁州,刘稹则气焰已尽。没有多久,高文瑞归顺朝廷,报告刘稹缺粮,都是由女子搓掉谷壳给士兵充饥。不久,郭谊带着刘稹的首级归降朝廷。皇帝问："怎样处置郭谊呢?"德裕说："刘稹这小子怎么懂得谋反呢? 主要是郭谊干的。现在三州已经归降,刘稹也穷困窘迫,他又以出卖他的部族来求取富贵,如果不杀他,以后将无法惩治邪恶。"武宗说："我也是这个主意。"于是下令让石雄进入潞州,把郭谊之流以及受刘稹重用的人一网打尽。德裕因谋划之功拜官太尉,进封赵国公。德裕坚决辞让,说："自唐兴以来,太尉只有七人,尚父郭子仪都不敢接受。近来王智兴、李载义都越级拜官太保、太傅而不任太尉,说明对此官尤其重视。裴度作了十年司徒,也不迁改太尉,我希望维持原来的品级就足够了。"武宗说："我只恨没有官职可以酬谢你,就不要拒绝了。"德裕又说："我的前辈在赵受封,嫡长孙宽中出生后,字称三赵,意思是要传给嫡长子,不传庶子。我先前增加封赐,已改在中山。我的祖先都曾在汲住过,我希望能封在卫。"皇帝答应他的请求,改封他为卫国公。

皇帝曾从容地对宰相们说："有人说孔子的三千门徒也结伙,是真的吗?"德裕说："过去刘向说:'孔子和颜回、子贡互相称赞,没有结党;禹、稷和皋陶转相提拔,也不是结伙。他们都没有邪念。'我曾认为共、鲧、欢兜和舜、禹同处于尧统治的时期,共工和欢兜便勾结为党,舜、禹则不然。小人相互结伙,是为了彼此掩蔽,贤人君子就不是如此,他们效忠国家就能同心同德,明了大义就能志向相同,退朝后各行其是,而不因私交往。赵宣子和随会相继纳谏,司马侯、叔向相继侍奉君主,都不是结党。公孙弘每次和汲黯请求在皇帝闲暇时讨论政事,汲黯先发表言论,公孙弘继他之后,武帝都采纳他们的意见。汲黯虽然和公孙弘一同进言,却在殿廷之上责问公孙弘说齐人大多缺乏情实,讥讽他平日简朴是假的。他们先发和后继,也不是结党。太宗在和房玄龄谋划政事时,便说缺了杜如晦就没法商量。等到杜如晦在场时,又推求房玄龄的计谋。这种一心商讨国家大事的做法也不是结党。汉代朱博、陈咸互为亲信,违背公正结为死党,尽死力于朋党。周福、房植各自凭借自己的一伙互相倾轧,议论排挤对方,因而朋党从甘陵二部开始形成。发展到严重的时候,被称为钩党,他们都接连被消灭了。从皇帝大业来看,并非不幸之事。周朝衰落,各国贵族子弟有信陵、平原、孟尝、春申君,游说者把这四人视为魁首,他们也各有三千门客,这些人专门从事欺骗和争权夺利;相反仲尼的门徒却只行仁义。而现在议论的人却想拿他们来比较,不能这么做啊。我不知他们所说的结党是为国还是为己?果真是为了国家,随会、叔向、汲黯、房玄龄、杜如晦的办法可行,不必结党。现在所说的结党,是用来诬陷好人,淹没忠臣,依附于下而欺骗君主,他们到处奔忙,为的是追求权势,昼夜合谋,美官显职都以他们的同党充任,对其他人则采取压制态度,令其退出。仲尼之流有这样的行为吗?陛下从这个角度观察的话,就会奸伪自见。"

当时韦弘质建议,宰相不能兼掌钱粮。李德裕上奏说:"管仲清楚治国之道,他说:'国家重要的标志,没有比法令更至关紧要的了。法令庄严则国君位尊,国君位尊则国家安定。治理百姓的根本,没有比法令更重要了。'所以说:'败坏法令者死,擅增法令者死,不行法令者死,稽留法令者死,不服法令者死。五种死罪不能赦免。'又说:'法令在上,议论在下,这是君主威慑臣民控制人民的办法。'大和以后,风气渐衰,虽然令出于上,而否定权在下。这种弊端如不能终止,就无法治国。匡衡说:'大臣是国家的股肱之材,受百姓的敬仰,由圣明君主谨慎挑选出来的。'有文字记载说:'当百姓轻视国家礼器,贱人图谋掌权大臣的时候,国家统治就要动摇,百姓就人心不定。'现在弘质受人指使发表的议论,就是在图谋掌权大臣。且说萧望之这个汉代知名的儒士,任御史大夫,上奏说:'年初,日月缺少光辉,错在我们这些臣下。'皇帝认为望之的意思是轻视丞相,下令让有关部门官吏质问。贞观年间,监察御史陈师合上奏说:'人的思虑是有限的,一个人不能同时掌管几个职务。'太宗说:'这是要离间我们君臣关系。'把他贬到岭外。我认为宰相中虽然有人为非作恶,人人都能向上反映他们的意见。至于分派所从事的工作,那是君主的权力,不是小人该干预的。古代朝廷百官都各司其职,考虑问题不超出自己的权限。韦弘质这个贱臣,怎么能用不该说的话来冒犯视听!这是看不起宰相。陛下既看出他的邪恶阴谋出自党人,就应该加以阻止。"德裕一番话的大意是要维护朝廷的尊严,以及臣下的恭敬,由宰相决定政令,他对朋党深恶痛绝,才有感而发上述愤慨谴责之辞。

他又曾说:"省事不如省官,省官不如省吏,能裁减闲散多余的官吏,才是治理朝政的根本。"因而请求罢废二千多名郡县官吏,丢官的人都记恨他。此时天下已经太平,德裕多次上疏请求告老退职,而星象术数家也说火星冲犯上相星,所以德裕再次恳请皇帝允许他离职,皇帝均不答应,李德裕秉政六年,用兵之时,出谋划策,克敌制胜,其他宰相都不如他,所以在当时威名独重。

宣宗即位,由德裕在太极殿捧册书。皇帝退朝后对身边的人说:"方才行事靠近我的那个人,不就是太尉吗?每次看我,我都吓得毛发直竖。"第二天,罢为检校司徒、同中书门下平章事,荆南节度使。不久改迁东都留守。白敏中,令狐绹、崔铉都是过去的政敌,大中元年,指使党人李咸揭发德裕的秘事。所以宣宗让他以太子少保之职分管东都事务,随后又降职为潮州司马。第二年,李德裕又引导吴汝纳诉讼李绅杀害吴湘事件,而大理卿卢言、刑部侍郎马植、御史中丞魏扶却说:"李绅杀人无罪,李德裕徇私冤枉他,以达到罢黜御史欺君不道的目的。"于是贬他为崖州司户参军事。次年,李德裕去世,终年六十三岁。德裕死后,托梦给令狐绚说:"我希望你能哀怜我,让我归葬故里。"令狐绚告诉了他的儿子令狐滈,滈说:"主持正义的人都觉得遗憾,这样行吗?"晚间又梦见了,令狐绚害怕了,说:"卫公德裕魂灵可怕,如果不讲的话,怕要招来祸端。"便禀报了皇帝,德裕才得以归葬。

李德裕生性孤傲,不随流俗,明辨而有风采,擅写文章,虽身居显位,仍手不释卷。他的谋议大多引经据典,衮衮不绝,颇为可喜。常以筹划治国之道为己任,武宗知人善用,对他言听计从,当时王室几乎达到了中兴的局面。

先前,韩全义在蔡州失败,杜叔良在深州失败,都是因监军宦官把持兵权,将领不能专掌进退造成的,一天中诏书下发三四次,宰相却无权参与。另外各道精锐兵士都被监军召为身边随从,每次督战,在高处竖立旗帜作为标志,军队稍有不胜,便卷旗而去,大部队则随之而败。因此国家军队所向多败。到征讨回鹘、泽潞时,李德裕建议诏书经宰相机构颁布,监军宦官不能干预军事要务,大致百名士兵中出一人做卫士。从此,号令明确划一,将领才发挥了作用。

元和以后多次用兵,宰相们顾不得洗头洗澡,政事往往忙到上灯时才完。李德裕做宰相时,下朝回家,按照制度洗浴,处理政务和平日无事时一样。处理紧急事务时,宪宗全由德裕草诏,德裕推辞多次,皇帝说:"学士不能表达出我的意思来。"讨伐刘稹时,给王元逵、何弘敬的诏书说:"不为子孙着想,保存相互依靠的形势。"抓住要害,使他们非常惊恐,都考虑如何报效国家。三州降服后,刘稹之乱便随之平定。皇帝每次称赞魏博的功劳时,便想到德裕诏书中的引导之辞,赞叹他能切中本质,破坏对手的计谋。三镇每次奏事,德裕都以忠义之道引导告诫他们,叮咛嘱咐,让他们回去后向节帅传达,所以河朔三镇都慑于他的威力不敢怠慢。后实行废佛政策,僧人多向幽州逃命,德裕召集管理邸店的小吏告诫他们:"替我感谢张仲武,刘从谏先前招纳亡命,现在看来有什么好处呢?"仲武害怕了,授刀给驻守居庸关的官吏说:"僧人有敢入境者一律斩杀!"

皇帝屡次讨伐叛乱皆获成功,德裕担心他会贪恋武功,一发不可收,便上奏说:"曹操在官渡打败袁绍,不再追赶,自认为已有很多收获,唯恐有损威严。养由基是古代善于射箭的人,百步以外的柳叶每射必中。观射的人说:'不如稍事休息,一旦弓折箭弯,则前功尽弃。'陛下每次征伐无不达到目的,希望您以兵为诫,才能巩固成功。"皇帝欣然采纳他的意见。

方士赵归真以术数被召进宫中,德裕规劝说:"这些人曾在敬宗时期靠施诡计和胡言乱语出入宫中,使人们都不愿到陛下面前。"皇帝说:"归真这个人我自己了解他,没有什么大错,召他来只是和我讨论养生之术。"李德裕回答:"小人逐利,犹如飞蛾扑火。以往见归真门前布满了拜访他的人的车辙。"皇帝不听,于是赵归真便挟带哄骗术入宫,使皇帝治国大志日渐衰减。

李德裕安邑里的家宅中,有起名为"起草"的院子和称作"精思"的亭子,每当筹划大事时,便呆在里面,左右侍奉的人都不能进入。他不喜饮酒,后房也无声色行乐,一生中的论著很多都传播于世间。

他的儿子李烨,在汴宋幕府供职,降职为象州立山尉。懿宗时因皇帝大赦令颁布改迁郴州。其他诸子都随他死在降谪之地。

李烨之子李延古,乾符年间任集贤院校理,几经升迁作到司勋员外郎,回到平泉居住。昭宗东迁后,因不朝谒而获罪,降职为卫尉主簿。

德裕遭贬时,中书舍人崔嘏,字乾锡,是仁义之士。因为所起草的诏书言辞不够深挚切实,降职为端州刺史。嘏进士科及第,又因制策历官邢州刺史。刘稹反叛,以党羽裴问镇守州城,崔嘏说服使者归顺朝廷,改官为考功郎中,当时人都认为他能审慎选拔。至此,因草诏不肯用巧言依附权贵而获罪。

吴汝纳入狱之事,朝廷百官没人替他争辩,只淮南府佐魏铏能替他说话,有的官吏让他诬陷德裕,虽施以严刑,始终不肯,最后被贬谪死在岭南。

另一位是丁柔立,李德裕做宰相时,有人推荐他耿直清廉,可以委任为谏官,结果李德裕没有录用他。大中初年,任左拾遗。德裕遭放逐以后,柔立心中忧伤,替他上书申冤,以阿谀依附德裕获罪,被贬为南阳尉。

懿宗时期,颁诏追复李德裕为太子少保、卫国公,赠尚书左仆射,距德裕死时已经过了十年。

王绩传

【题解】

王绩(585~644),隋唐时诗人。字无功,自号东皋子,太原祁(今山西省祁县)人,隋时官秘书省正字,六合县丞,入唐为太乐丞。

王绩仕途失意,弃官归隐。其文骈散兼长,诗多以田园山水为题材,描写隐居生活和饮酒的情趣。诗风清新朴素,在风行绮丽婉媚的六朝诗风的初唐诗坛上,独具特色。有《王无功集》。

【原文】

王绩字无功,绛州龙门人。性简放,不喜拜揖。兄通,隋末大儒也,聚徒河、汾间,仿古作《六经》,又为《中说》以拟《论语》。不为诸儒称道,故书不显,惟《中说》独传。通知绩诞纵,不婴以家事,乡族庆吊冠昏,不与也。与李播、吕才善。

大业中,举孝悌廉洁,授秘书省正字。不乐在朝,求为六合丞,以嗜酒不任事,时天下亦乱,因劾,遂解去。叹曰:"网罗在天,吾且安之!"乃还乡里。有田十六顷在河渚间。仲长子光者,亦隐者也,无妻子,结庐北渚,凡三十年,非其力不食。绩爱其真,徙与相近。

子光瘖,未尝交语,与对酌酒甚。绩有奴婢数人,种黍,春秋酿酒,养凫雁,莳药草自供。以《周易》《老子》《庄子》置床头,佗书罕读也。欲见兄弟,辄渡河还家。游北山东皋,著书自号"东皋子"。乘牛经酒肆,留或数日。

高祖武德初,以前官待诏门下省。故事,官给酒日三升,或问:"待诏何乐邪?"答曰:"良署可恋耳!"侍中陈叔达闻之,日给一斗,时称"斗酒学士"。贞观初,以疾罢。复调有司,时太乐署史焦革家善酿,绩求为丞,吏部以非流不许,绩固请曰:"有深意。"竟除之。革死,妻送酒不绝,岁余,又死。绩曰:"天不使我酣美酒邪?"弃官去。自是太乐丞为清职。追述革酒法为经,又采杜康、仪狄以来善酒者为谱。李淳风曰:"君,酒家南、董也。"所居东南有磐石,立杜康祠祭之,尊为师,以革配。著《醉乡记》以次刘伶《酒德颂》。其饮至五斗不乱,人有以酒邀者,无贵贱辄往,著《五斗先生传》。刺史崔喜悦之,请相见,答曰:"奈何坐诏严君平邪?"卒不诣。杜之松,故人也,为刺史,请绩讲礼,答曰:"吾不能揖让邦君门,谈糟粕,弃醇醪也。"之松岁时赠以酒脯。初,兄凝为隋著作郎,撰《隋书》未成死,绩续余功,亦不能成。豫知终日,命薄葬,自志其墓。

绩之仕,以醉失职,乡人靳之,托无心子以见趣曰:"无心子居越,越王不知其大人也,拘之仕,无喜色。越国法曰:'秽行者不齿。'俄而无心子以秽行闻,王黜之,无愠色。退而适茫荡之野,过动之邑而见机士,机士抚髀曰:'嘻!子贤者而以罪废邪?'无心子不应。机士曰:'愿见教。'曰:'子闻蚩廉氏马乎?一者朱鬣白毳,龙骼凤亿,骤驰如舞,终日不释辔而以热死;一者重头昂尾,驼颈貉膝,蹴齿善蹶,弃诸野,终年而肥。夫凤不憎山栖,龙不羞泥蟠,君子不苟絜以罹患,不避秽而养精也。'"其自处如此。

【译文】

王绩,字无功,绛州龙门(今山西河津)人。性情傲岸豪放,不喜欢打躬作揖,逢迎拍马。

他哥哥王通,是隋朝末年的一位著名学者,曾在黄河和汾水之间聚集门徒讲学;专心钻研儒家经典,模仿古经书,写了一部《六经》,又模仿《论语》,写了一部《中说》。这两部书因为没有儒家学者们的推崇,所以不很知名,其中只有《中说》留传下来。

王通知道弟弟王绩古怪放纵。所以没让家中杂事拖累他,诸如乡亲或族人的婚丧喜事等活动,都没让他参加。王绩和李播、吕才两人最友好。

隋大业年间,王绩参加科举考试,中孝廉,即所谓孝悌廉洁之士,授予秘书省正字之职。他不乐意在朝中当官,请求到六合(今江苏南京长江北岸)当县丞,但却不管政事,因为他特别爱喝酒。当时天下已乱,有人告他一状,他也就乘机辞官而去,感叹说:"罗网张挂在天上,我还能到哪里去呢?"于是返回老家。他家在黄河岸边还有十六顷田呢。

有一位叫仲长子光的,也是个隐士,没有妻室和子女,在黄河北岸结庐而居,长达三十年,一直自食其力。王绩喜爱他有真情性,便迁移到他家近处,卜邻而居。仲长子光是个哑巴,王绩不曾同他交谈,但两人相对饮酒,却都很开心。

王绩有几个奴婢，耕种黄米子，每年春季和秋季用黄米子酿酒，又养了些水鸭，还种了些草药，自供自给。他爱读《周易》《老子》《庄子》这些道家的书，把它们放在床头，随时翻阅，别的书很少读。他想和兄弟见面，就乘船渡河到南岸家中。平时他常游北山东皋，著书署名就署东皋子。有时他乘牛外出，经过酒店，一留就是几天。

唐高祖武德初年，王绩按前官待诏门下省。依旧例，门下省的官，每日给酒三升。有人问："你当待诏有什么可乐的呢？"王绩答道："只有美酒值得依恋而已！"侍中陈叔达听说他爱酒，便每日拨给一斗酒，当时人们就称他"斗酒学士"。贞观（627～649）初年，因病辞官疗养。后来又调任官职。当时太乐署官吏焦革家很善于造酒，王绩就要求到太乐署去任职，管理安排官吏的吏部认为专业不对口，没同意。王绩坚持这个请求说："我这个请求，用意很深。"终于提他到太乐署任职。焦革死后，他的妻子还不断为王绩送酒；过了一年多，焦妻又死去，没人送酒了。王绩感慨地说："老天不让我沉醉于美酒之中啊？"于是辞官而去。自从王绩任职而不务政事只管饮酒，太乐丞这个职务也就成了清闲之职。王绩追记焦革酿酒之法，撰写一本酒经，又采录杜康、仪狄以来善于酿酒的酒家，编成酒谱。李淳风说："王绩君是酒家的南史、董狐啊，善记史实。"他家东南有一大块磐石，就在那里盖了一座祠庙，叫杜康祠，祭祀杜康，尊杜为师；以焦革配祠。作《醉乡记》，以续刘伶的《酒德颂》。王绩酒量很大，饮至五斗之量，也不会醉。有人邀请他喝酒，不管请他的是高贵的，还是下贱的，全都应邀去饮。作自传题为《五斗先生传》。

刺史崔喜欣赏他的为人，邀请相见。王绩答道："为什么坐在官府里召见严君平呀？"怪崔喜没亲自登门拜访，终于没去见崔喜。老朋友杜之松，也官至刺史，聘请王绩去讲礼经，王绩答道："我不能到刺史门下作揖推让，谈些糟粕，而舍弃醇酒啊！"杜之松逢年过节必定赠送他美酒和干肉。

初时，王绩的哥哥王凝担任隋朝著作郎，曾撰写《隋书》，没完稿；王绩继承兄业，接着写下去，也没能完成。他预知自己快要死了，叫家人一定要薄葬，不要讲排场。他自己撰写一篇墓志铭。

王绩当官的时候，因酒醉而失职，乡里有人嘲弄他，托名无心子，风趣地说："无心子旅居越国，越王不知他是个大人物，勉强聘他做官，他面无喜色。按越国法律规定：'行为不正的，不能当官。'不久，无心子以行为不正闻于远近，越王便罢掉他的官，他面无怒色。被罢退后，无心子就到茫荡的原野，经过动城时见到机士。机士手拍大腿，感慨地说：'哎呀！您是个贤人，却因罪而被废弃啊？'无心子不回答。机士说："请指教指教。"无心子说："您听说过蜚廉氏的马吗？他的马，有一匹颈上的毛是红的，身上的细毛是白的，骨骼像龙，胸臆像凤，奔跑起来像跳舞，成天不卸下马鞍，终因热而死；有一匹头沉重地向下垂，尾高高地向上扬，脖子像骆驼，膝盖像野貉，会踢会咬又会尥蹶子，被丢弃在野外，反而一年到头都是骠肥肉壮。那凤凰呀并不嫌恶栖宿在山里，那蛟龙呀也不因盘屈在泥中而感到羞愧，君子不拘泥于洁行而招来祸患，不回避污秽而善养精神呀。'"王绩他对待自己就是这样的。

陆羽传

【题解】

陆羽(773~804),唐代茶学家,复州竟陵(今湖北天门)人,字鸿渐,自称桑苎翁,又号东冈子,竟陵子,所著《茶经》三卷,总结唐以前种茶经验和自己的体会,包括茶的起源、种类、特性、制法、烹煎、茶具,水的品第,饮茶风俗,名茶产地以及有关茶叶的典故和药用价值等,是世界第一部关于茶叶的专著。

【原文】

陆羽字鸿渐,一名疾,字季疵,复州竟陵人。不知所生,或言有僧得诸水滨,畜之。既长,以《易》自筮,得《蹇》之《渐》,曰:"鸿渐于陆,其羽可用为仪。"乃以陆为氏,名而字之。

幼时,其师教以旁行书,答曰:"终鲜兄弟,而绝后嗣,得为孝乎?"师怒,使执粪除污塓以苦之,又使牧牛三十,羽潜以竹画牛背为字。得张衡《南都赋》,不能读,危坐效群儿嗫嚅若成诵状,师拘之,令剃草莽。当其记文字,懵懵若有遗,过日不作,主者鞭苦,因叹曰:

陆羽品茶

"岁月往矣,奈何不知书!"呜咽不自胜,因亡去,若为优人,作诙谐数千言。

天宝中,州人酺,吏署羽伶师,太守李齐物见,异之,授以书,遂庐火门山。貌侻陋,口吃而辩。闻人善,若在己,见有过者,规切至忤人。朋友燕处,意有所行辄去,人疑其多嗔。与人期,雨雪虎狼不避也。上元初,更隐苕溪,自称桑苎翁,阖门著书。或独行野中,诵诗击木,裴回不得意,或恸哭而归,故时谓今接舆也。久之,诏拜羽太子文学,徙太常寺太祝,不就职。贞元末,卒。

羽嗜茶,著经三篇,言茶之原、之法、之具尤备,天下益知饮茶矣。时鬻茶者,至陶羽形置炀突间,祀为茶神。有常伯熊者,因羽论复广著茶之功。御史大夫李季卿宣慰江南,次临淮,知伯熊善煮茶,召之,伯熊执器前,季卿为再举杯。至江南,又有荐羽者,召之,羽衣野服,挈具而入,季卿不为礼,羽愧之,更著《毁茶论》。其后尚茶成风,时回纥入朝,始驱马市茶。

【译文】

陆羽,字鸿渐,一名疾,字季疵,复州竟陵(湖北天门)人。不知是谁生的,有人说,是个和尚从水边捡来的,并收养了他。长大后,他用《周易》给自己算了一卦,得到的是《蹇》卦中的《渐》卦,卦说:"大雁飞翔到陆地上,它的羽毛可以用来做装饰。"便以陆为自己的姓氏,来取名字。

小时候,他的老师教给他左右书写横排的文字。他回答说:"我一辈子都没有兄弟,也没有子孙后代,可以尽到自己的孝心吗?"老师听后气愤,罚他去搬运垃圾,清除脏污,又让他去放三十头牛。陆羽偷偷地用竹枝在牛背上写字。得到一篇张衡写的《南都赋》,他又不认识其中的字,便正襟危坐,装模作样,仿效那群小孩。口中念念有词,好像能背诵出来的样子。给老师抓住了,命令他去割草。当他背诵文章的时候,总是糊里糊涂,好像有遗漏似的,过一天不能背出来,主人便用鞭子狠狠地抽打他,他自己感叹地说:"时光都白白地过去了,为什么还读不好书呢!"痛哭得不得了,便逃跑了,躲藏起来,成为卖艺的人,并做了几千字的幽默诙谐的小品。

天宝(742~756)年间,复州有人聚会饮酒,官吏任陆羽为歌舞表演队的导演,太守李齐物对他感到很惊奇,授以他一些书,于是他便在火门山建起了简易的房子。他长相难看,说话结结巴巴,又喜欢说。听到人家有什么好事,就好像自己有了什么好事似的。见到人家有什么过错,就去规劝人家,甚至于为此人家跟他有抵触情绪。朋友们一道聚会,只要有不合他意的地方,他就

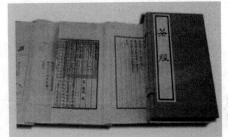

《茶经》书影

气走了。人家都觉得他是个容易生气的人。和人家有约,不管是遇上了下雨落雪,虎狼挡道,他都要去。上元(760~761)初,他又隐居到了苕溪,自称"桑苎翁",关门写书。有时一个人在荒野中漫步,一边读着诗,一边还敲击木头。走来走去,心情不好,有时便大哭一场回家。所以当时的人们都把他称为"今日的楚狂人接舆"。过了很久以后,皇帝下诏任命陆羽为太子文学,升为太常寺太祝,没有到任就职。贞元(785~805)末年,逝世。

陆习喜欢饮茶,著有《茶经》三篇,讲述茶的起源,茶叶生产方法和茶具,特别详备,从此之后,天下就更加知道饮茶了。当时卖茶的人,甚至有的把陆羽制成陶器模型,放置在烧火的烟囱之间,将陆羽祭礼为茶神。有个名叫常伯熊的人,根据陆羽的论述,进一步去宣传茶的功效。御史大夫李季卿到江南来视察,停留在临淮,知道伯熊擅长于煮茶,便把他叫来了,伯熊拿着茶具将茶呈献在御史大夫面前,李季卿为此两次举起了茶杯。到了

江南,又有人向他推荐陆羽,他又把陆羽叫来了,陆羽穿着一身随随便便的衣服,拿着茶具走了进来,李季卿对他没有礼节的表示,陆羽为此感到羞愧。又重新写作了《毁茶论》。在他以后,尚茶成为一种风气,当时回纥(今维吾尔族)人进京朝拜,开始赶着马来交换茶叶。

陆龟蒙传

【题解】

陆龟蒙(?~881年),字鲁望。吴郡(今江苏苏州)人。晚唐时期著名诗人、小品文作家。早年曾热衷于功名,考进士未取以后,一度曾作为幕僚。后隐居松江甫里(今江苏关县东南)。除了写作以外,陆龟蒙还嗜好饮茶和钓鱼。他在顾渚山设置了一个茶园,常常带着书、纸、笔、墨、砚、茶炉、渔具,驾着小船往来于江湖之上。长期生活于民间,使他对农具、渔具、茶具以及农业技术和茶叶的制作技术等都有一定的了解。所著《耒耜经》是一篇专门记述农具的小品文,为后人留下了研究中国犁耕发展史最可靠最权威的资料。不仅如此,《耒耜经》还是关于江南水田农业的最早的一篇文献。从中可以看出,当时南方地区的水田农业已经开始走上精耕细作的道路。陆龟蒙的另一篇小品文《象耕鸟耘辩》。他根据当时江南地区的农业实践,把一个本是古代的传说解释为深耕疾耘,从中也可以看出陆龟蒙对农业技术的认识,和当时江南地区水田农业技术的发展水平。

陆龟蒙用诗歌和小品文来抒情表志,也记下了自己对农业的认识,他不仅是一个文学家,也是一个农学家。

【原文】

陆龟蒙,字鲁望,元方七世孙也。父宾虞,以文历侍御史。龟蒙少高放,通《六经》大义,尤明《春秋》。举进士,一不中,往从湖州刺史张抟游,抟历湖、苏二州,辟以自佐。尝至饶州,三日无所诣。刺史蔡京率官属就见之,龟蒙不乐,拂衣去。

居淞江甫里,多所论撰。虽幽忧疾痛,赍无十日计,不少辍也。文成,窜稿箧中或历年不省,为好事者盗去。得书熟诵乃录,雠比勤勤,朱黄不去手,所藏虽少,其精皆可传。借人书,篇秩坏舛,必为辑褫刊正。乐闻人学,讲论不倦。

有田数百亩,屋三十楹,田苦下,雨潦则与江通,故常苦饥。身畚锸,薅刺无休时,或讥其劳,答曰:"尧、舜微瘠,禹胼胝。彼圣人也,吾一褐衣,敢不勤乎?"嗜茶,置园顾渚山下,岁取租茶,自判品第。张又新为《水说》七种,二慧山泉,三虎丘井,六松江。人助其好者,虽百里为致之。初,病酒,再期乃已,其后客至,携壶置杯不复饮。不喜与流俗交,虽造门不肯见。不乘马,升舟设蓬席,赍束书、茶灶、笔床、钓具往来。时谓江湖散人,或号天随子、甫里先生，自比涪翁、渔父、江上丈人。后以高士召，不至。李蔚、卢携素与善，及当国，召拜左拾遗。诏方下，龟蒙卒。光化中，韦庄表龟蒙及孟郊等十人，皆赠右补阙。

陆氏在姑苏，其门有巨石，远祖绩尝事吴为郁林太守，罢归无装，舟轻不可越海，取石为重，人称其廉，号"郁林石"，世保其居云。

【译文】

陆龟蒙，字鲁望，是陆元方的七世孙。父亲陆宾虞，以长于文学做过御史。龟蒙少年时候，高傲豪放，通晓《六经》的大义，尤其精通《春秋》。在参加过一次进士考试落第后，便跟随湖州刺史张抟游历。后张抟在湖州和苏州两地做官，便让他做了自己的幕僚，他曾经到达饶州，整整三日，没有人接见他。刺史蔡京带着自己的一班官吏来见他，陆龟蒙很不高兴，甩甩衣袖就走了。

居住在松江甫里，写了许多论著，尽管深愁满怀，疾病缠身，甚至连十天的生计也没有着落，他还是没有停止写作。文章写成之后，便将稿子塞进箱子，甚至几年也不去理它，被喜欢多事的人盗去。得到一本书便读得滚瓜烂熟然后再抄录下来，仔细加以核对，朱笔黄笔从不离开手，他所藏的书虽然很少，但很精，都可以流传。借了人家的书。篇章次序损坏或是有错乱，他都一定要帮助进行辑补删除，加以刊正。他喜听别人的学说，讲论从不疲倦。

陆龟蒙有田几百亩，房屋三十多问。田因为地势低下，下大雨便与江水连成一片，因此常常面临饥饿之苦。他亲自扛着畚锸，耕耘除草，从不休息。有人讥笑他太劳苦了，他回答说："尧舜因劳作变得又黑又瘦，大禹也是手上长满了老茧，他们那些圣人尚且这样，我一个平民百姓，能不勤劳吗？"喜好粗茶，在颐渚山下建置了一个茶园，把每年收取来的粗茶，自己进行品评划分等级，张又新写有《水说》七种，其中列第二的是慧山泉，第三是虎丘井，第六是松江。有人愿意成全他的嗜好，尽管是百里之外，也要帮他弄到。当初，他饮酒沉醉如病，再后把酒给戒了。后来，客人来了，他只拿着壶摆着杯，但不喝酒。不喜欢与一般庸俗之人交往，就是到他门上，也不肯接见。不乘马，只坐船，船上没有帐篷和席子，往来时带上一捆书，一个茶炉，文房四宝和书桌、渔具。当时有人称他为"江湖散人"，有人号他为"天随子""甫里先生"，他把自己则比作"涪翁""渔父""江上丈人"。后来朝廷曾以"高士"的荣誉征召他，他不去。李蔚、卢携平素与他的关系挺好，到他们主持国事时，征召他担任左拾遗。诏书刚下，陆龟蒙就死了。

光化（898～901）中，韦庄曾上书表彰陆龟蒙及孟郊等十人，都被赠予"右补阙"。

陆氏的祖籍在姑苏，屋门前有块巨石，陆氏的远祖陆绩曾经在吴国担任郁林太守，被罢免回家时，一点行装也没有，由于船太轻不可以过海，便拿石头作为重物压船底，人们称颂他的廉洁，号为"郁林石"，世世代代都保存在他的故居。

隐逸传

【题解】

本传所记朱桃椎、孟诜、武攸绪、秦系、孔述睿五人，每人所占的篇幅都不多，但就在不多的篇幅中，各通过几件典型、鲜明的事例，塑造出了他们各自的形象。举一例言之。孔述睿曾起草檄文骂唐太宗。被抓后问其故，他以一言回答："狗所以吠叫，因为巨宅面前的那人不是他的主人。"宁死不屈，而且幽默。

【原文】

朱桃椎，益州成都人。澹泊绝俗，被裘曳索，人莫能测其为。长史窦轨见之，遗以衣服、鹿帻、鹿靴，副署乡正。委之地，不肯服。更结庐山中，夏则裸，冬缉木皮叶自蔽，赠遗无所受。尝织十芒屩置道上，见者曰："居士屩也。"为鬻米茗易之，置其处，辄取去，终不与人接。其为屩，草柔细，环结促密，人争蹑之。高士廉为长史，备礼以请，降阶与之语，不答，睅视而出。士廉拜曰："祭酒其使我以无事治蜀邪？"乃简条目，薄赋敛，州大治。屡遣人存问见辄走林草自匿云。

孟诜，汝州梁人。擢进士第，累迁凤阁舍人。它日至刘祎之家，见赐金曰："此药金也，烧之，火有五色气。"试之，验。武后闻，不悦，出为台州司马，频迁春官侍郎。相王召为侍读。拜同州刺史。神龙初，致仕，居伊阳山，治方药。睿宗召，将用之，以老固辞，赐物百段，诏河南春秋给羊酒糜粥。尹毕构以诜有古人风，名所居为子平里。开元初，卒，年九十三。

诜居官颇刻敛，然后治称。其闲居尝语人曰："养性者善言不可离口，善药不可离手。"当时传其当。

武攸绪，则天皇后兄惟良子也。恬淡寡欲，好易、庄周书。少变姓名，卖卜长安市，得钱辄委去。后更授太子通事舍人，累迁扬州大都督府长史、鸿胪少卿。后革命，封安平郡王，从封中岳，固辞官，原隐居。后疑其诈，许之，以观所为攸绪庐岩下如素遁者，后遣其兄攸宜敦谕，卒不起，后乃异之。盘桓龙门、少室间，冬蔽茅椒，夏居石室，所赐金银铛鬲、野服，王公所遗鹿裘、素障、癭杯，尘皆流积，不御也。市田颍阳，使家奴杂作，自混于民。晚年肌肉销耄，瞳有紫光，昼能见星。

中宗初，降封巢国公，遣国子司业杜慎盈赍书以安车召，拜太子宾客。苦祈还山，诏可。安乐公主出降，又遣通事舍人李邈以玺书迎之。将至，帝敕有司即两仪殿设位，行问道礼，诏见日山岋葛巾，不名不拜。攸绪至，更冠带。仗入，通事舍人赞就位，攸绪趋就常班再拜，帝愕然，礼不及行，朝廷叹息。赐予无所受，亲贵来谒，道寒温外，默无所言。及

还,中书、门下、学士、朝官五品以上,并祖城东。

俄而诸韦诛,武氏连祸,唯攸绪不及。睿宗恐其不自安,下诏慰谕,后召拜太子宾客,不就谯王重福之乱。攸绪以诬被系,张说表置庐山,中书令姚元崇奏:"攸绪在武后时未尝辄出,今州县逼遣,士为惊嗟。愿诏赐嵩山旧居,令州县存问。"诏可。开元十一年卒。

秦系字公绪,越州会稽人。天宝末,避乱剡溪,北都留守薛兼训奏为右卫率府仓曹参军,不就。客泉州,南安有九日山,大松百馀章,俗传东晋时所植,系结庐其上,穴石为研,注老子,弥年不出。刺史薛播数往见之,岁时致羊酒,而系未尝至城门。姜公辅之谪,见系辄穷日不能去,筑室与相近,忘流落之苦。公辅卒,妻子在远,系为葬山下。张建封闻系之不可致,请就加校书郎。

与刘长卿善,以诗相赠答。权德舆曰:"长卿自以为五言长城,系用偏师攻之,虽老益壮。"其后东度秣陵,年八十余卒。南安人思之,为立子亭,号其山为高士峰云。

孔述睿,越州山阴人。梁侍中体源八世孙。高祖德绍,事窦建德为中书侍郎,尝草檄毁薄太宗,贼平,执登氾水楼,责曰:"尔以檄谤我云何?"对曰:"犬吠非其主。"帝怒曰:"贼乃主邪?"命壮士捽殒楼下。曾祖昌属,字广成,贞观中对策高第,历魏州司马,有治状,帝为不置刺史。为政三年,玺书褒美,进膳部郎中。祖祖舜,字奉先,为监察御史,以累下除成武令,雄驯于廷。

述睿少与兄充符、弟克让笃孝,已孤,偕隐嵩山。而述睿资嗜学,大历中,刘晏荐于代宗,以太常寺协律郎召,擢累司勋员外郎、史馆修撰。述睿每一迁,即至朝谢,俄而辞疾归,以为常。

德宗立,拜谏议大夫,命河南尹赵惠伯赍诏书束帛,备礼敦遣。即至对别殿,赐宅第,给厩马,兼皇太子侍读。固辞,弗许。久乃改秘书少监,兼右庶子,复为史馆修撰。述睿重次地理志,本末最详。性退让,未始忤物,虽亲朋燕集,至严默终日,人皆畏之。与令狐峘同职,峘数抵侮,然卒不校也,时称长者。

贞元四年,帝念平凉之难尤恻怛,以述睿精悫而诚,故遣持祠具称诏临祭。又以疾乞解,久乃许,以太子宾客还乡,赐帛五十匹、衣一袭。故事,致仕不给公驲,帝特命给焉。卒,年七十一,赠工部尚书。

子敏行,字至之,元和初,擢进士第。岳鄂吕元膺表在节度府,元膺徙东都、河中,辄随府迁。入拜右拾遗,四迁司勋郎中、集贤殿学士、谏议大夫。李绛遇害,事本军杨叔元时无敢言,敏行上书极论之,叔元乃得罪。以名臣子,少修絜,及仕宦,能交当时豪俊有名一时,而雅操不逮父矣。卒,年三十九,赠工部侍郎。

【译文】

朱桃椎,益州成都人。性格淡泊,超凡脱俗,披着裘衣,拖着飘带,旁人都不能猜测出他想做什么。长史窦轨看见他,送给他衣服、鹿皮头巾、麂皮鞋子,逼迫他当乡正。他把这些东西扔在地下,不愿意穿他们。居住在庐山中,夏天就赤裸着身体,冬天把树皮连缀起来当衣服穿。别人送他东西,他什么都不要。曾经织了十双芒草鞋放在路上,看到的人说:"这是居士的鞋子啊。"用米、茶与鞋交换,放在鞋旁,他就取走,始终不跟别人接触。他所做的鞋,草很柔细,环扣结得很紧很密,人们争相穿它。高士廉当长史,准备好了礼节来请他,下到台阶下面来跟他讲话,他不回答,眼睛瞪着看他走出去。士廉拜谢说:"您是想让我用不生事的办法来治理蜀州吧?"于是简化了规章制度,减轻了税收,蜀州于是得到大治。多次派人去慰问他,他看见来人,便走到草林中躲藏起来。

孟诜,汝州梁人。被拔为进士,多次升迁,做到凤阁舍人。后来有一天到刘祎家,看到赐给刘祎的黄金,说:"这是药金啊,烧它,火有五种颜色。"经试验,果然如此。武则天听说后,不高兴了。把他贬为台州司马,很快又升迁到春官侍郎。相王把他提拔成侍读。又让他当了同州刺史。神龙初年,退休,住在伊阳山,制造方术神药。睿宗召他去,打算任用他,他以年纪大为借口坚决推辞。赐给他很多礼品,并命河南尹定时送给他羊、酒、稀饭。河南尹毕构因为孟诜有古人的风范,把他的居住的地方称作子平里。开元初年,他逝世,年纪九十三岁。

孟诜当官颇为苛刻严肃,但是也以有政绩著称。他退休后闲居时曾对人说:"修养性命的人,好话不能离口,好药不能离手。"当时都盛传这句话,认为说得很恰当。

武攸绪,武则天皇后哥武惟良的儿子。性格恬静淡泊,清心寡欲,喜欢读《周易》、庄子的书。年幼时改换了姓名,在长安市占卜,赚到钱后就扔掉。后来被授予太子通事舍人,多次升官,升到扬州大都督府长史、鸿胪少卿。武则天夺取政权后,封为安平郡王,又封中岳。他坚决推辞,愿意隐居。武后怀疑其中有伪,批准了他,想看看他有什么行动。攸绪在岩石下住下,就像早就隐居的一样。武后让他的哥哥攸宜苦劝他,他始终不出来,武后这才觉得他不一般,在龙门、少室两地之间来来往往,冬天用茅草当被盖,夏天住在石室中,皇上赐的金银器物、便服,王公大臣所送的鹿皮衣、白障、瘿杯,尘土扑满,都不使用。在颍阳买了田地,让家中奴仆在上面耕作,自己混在老百姓当中。晚年肌肉消瘦,眼珠有紫色光芒。白天也能看见星星。

中宗初年,封为巢国公,派遣国子司业北慎盈带着书信安车召他,拜他为太子宾客。他苦苦要求返回山中,中宗下诏说可以。安乐公主投降,又派通事舍人李邈用玺书迎接他,他将到的时候,皇帝命令下人在西仪殿设好位置,实行询问道的礼节,诏见那一天穿便服披葛巾,不通报姓名,不拜。攸绪来到,换了帽、带。仪仗进来,通事舍人让大家入座。攸绪跑到通常所在的行列行拜礼。皇帝很惊讶,礼也来不及行。朝廷大臣都为之叹息。赐给他的东西他都不接受,亲人贵人来拜见他,除了说说天气冷暖外,默默地,没有其他什么话。等到他返回之时,中书、门下、学士、朝官五品以上的人,都在城东为他饯行。

不久韦氏诸人被诛杀,武氏也牵连受害,只有攸绪不受牵连。睿宗担心他自己不安心,下诏安慰。又召他为太子宾客,他不上任。谯王重福叛乱的时候,攸绪被诬陷下狱,张说上表把他安置在庐山,中书令姚元崇奏道:"攸绪在武后时不曾出来当官,现在州县之官逼他做官,士大夫都因此而很感到惊诧。希望赐给他嵩山中旧日的居室,让州县之官去慰问。"得到批准。开元十一年去世。

秦系,字公绪,越州会稽人。天宝末年,在剡溪避战乱,北都留守薛兼训奏他为右卫率府仓曹参军,他不接受。客居在泉州,南安有九日山,高大的松树一百多棵,传说是东晋时栽的。秦系在上面搭了房屋,注释《老子》,一年不出去。刺史薛播几次去看他,一年中按时送给他羊和酒等礼物,而秦系不曾到城门去一次。姜公辅被贬谪,看到秦系就整天都不能离去,在他旁边搭个房屋与他相接近,忘掉了自己被流放的痛苦。公甫死,他的妻子在远方,秦系把他埋葬在山下。张建封听说秦系没法招到身旁来,请求去他那儿封他为校书郎。

秦系和刘长卿关系好,用诗相互赠和酬答。权德舆说:"长卿自以为是五言诗长城,秦系只用一部分军队攻打他,虽然老了,更加豪壮。"后来去了东边的秣陵,八十多岁时去世。南安人思念他,为他建了个小亭子,把那做山称作"高士峰"。

孔述睿,越州山阴人。梁朝侍中孔休源的第八代孙。高祖德绍时,在窦建德手下当中书侍郎。曾经起草檄文骂太宗。反叛平息后,把他抓起来登上氾水楼。斥责他说:"你为什么用檄文毁谤我呢?"他回答说:"狗叫不是他的主人。"皇帝发怒说:"叛贼也是主人吗?"喊壮士把他摔死在楼下。他的曾祖昌寓,字广成,贞观年中对策登了高第,历任魏州司马,有政绩,皇帝因此不再设置刺史。主持政务三年,皇帝诏书嘉奖,提升他为膳部郎中。述睿的祖父祖舜,字奉先,当监察御史,因受其他事牵累降为成武令,连鸟儿都驯服地停在他的院子中。

述睿年轻时与哥哥充符、弟弟克让非常孝顺,父母死后,一起隐居嵩山。而述睿天性好学,大历年中,刘晏向代宗荐举他,召他为太常协律郎,又提为司勋员外郎、史馆修撰。述睿每迁升一次,立刻就到朝廷感谢,不久因生病辞官归去。

德宗继位后,他被拜为谏议大夫。德宗派河南尹赵惠伯带着诏书和礼物,去竭力劝他上任。到任以后,在专门的殿堂内和他会见,赐给他居室,送给他车马,让他兼任太子侍读。他坚决推让,皇上不准许。很久之后,才改为秘书上监,兼右庶子,又为史馆修撰。述睿重新编辑《地理志》,本本末末,最为详细。性格退让,不曾触怒他人。即使是亲朋好友聚会,也严肃地终日沉默,人们都很敬畏他。与令狐峘担任同一职务,令狐峘多次诋毁侮辱他,他始终不加以计较。当时人都把他称为长者。

贞元四年,皇帝想起平凉之难,特别难过,由于述睿谨慎诚恳,所以派他主持祭礼。他又以有病为借口,乞求退休。很久才得到批准,以太子宾客的身份回到乡里,赐帛五十匹、衣服一套。按照以往的常规,退休公家不配给驿马,皇上特别下令配给他。七十一岁时去世,赠他为工部尚书。

述睿的儿子敏行,字至之。元和初年,提为进士及第。岳鄂吕元膺上表招他在节度府。元膺迁到东都、河中,他便跟随一起迁徙。拜为右拾遗,四次升迁为司勋郎中,集贤殿学士、谏议大夫。李绛被害,事情是监军杨叔元干的,当时人没有谁敢说话,敏行上书詳细地论说此事,叔元才被判罪。他作为一个名臣的儿子,自小修养高洁,能与当时的豪俊之士相交往,一时间很有名气。但高雅的风度操行就赶不上他的父亲了。三十九岁时去世,赠他为工部侍郎。

欧阳询传

【题解】

欧阳询(557~641),字信木,潭州临湘(今湖南省属县)人。早年在隋朝任官,曾仕至太常博士。入唐,历任给事中、太子率更令、弘文馆学士。

欧阳询是我国唐代著名书法家。他初学王羲之,但用笔险劲,结字严整,笔画刚劲,形成自己的独特书风,世称为"率更体"。他的书法,唐高祖李渊、唐太宗李世民都很喜爱。高丽国专门派使者来中原购求他的书法作品。欧阳询学书法,刻苦专心,他曾在索靖所书碑前,精心揣摩,三日三夜,终于成为书法名家。他的书法作品,传世的有《九成宫醴泉铭》《皇甫诞碑》《卜商帖》《张翰帖》等。

欧阳通,字通昕,欧阳询第四子。唐高宗时任中书舍人,武则天时以司礼卿、判纳言事为相。因反对立武承嗣为太子,被武氏诸人陷害,处死。

欧阳通幼承母教,刻意学习乃父的书体,最终有成,与乃父齐名,世称"大小欧阳体"。

欧阳询

【原文】

欧阳询字信木,潭州临湘人。父纥,陈广州刺史,以谋反诛。询当从坐,匿而免。江总以故人子,私养之。貌寝侻,敏悟绝人。总教以书记,每读辄数行同尽,遂博贯经史。仕隋,为太常博士。高祖微时,数与游,既即位,累擢给事中。

询初仿羲之书,后险劲过之,因自名其体。尺牍所传,人以为法。高丽尝遣使求之,帝叹曰:"彼观其书,固谓形貌魁梧邪?"尝行见索靖所书碑,观之,去数步复返,及疲,乃布坐,至宿其傍,三日乃得去。其所嗜类此。

贞观初,历太子率更令、弘文馆学士,封渤海男。卒,年八十五。

子通,仪凤中累迁中书舍人。居母丧,诏夺哀。每入朝,徒跣及门。夜直,藉藁以寝。

非公事不语,还家辄号恸。年饥,未克葬,居庐四年,不释服。冬月,家人以毡絮潜置席下,通觉,即彻去。迁累殿中监,封渤海子。天授初,转司礼卿,判纳言事。辅政月余,会凤阁舍人张嘉福以武承嗣为太子,通与岑长倩等固执,忤诸武意。及长倩下狱,坐大逆死,来俊臣并引通同谋,通虽被惨毒无异词,俊臣代占,诛之。神龙初,追复官爵。

通早孤,母徐教以父书,惧其堕,尝遗钱使市父遗迹,通乃刻意临仿以求售,数年,书亚于询,父子齐名,号"大小欧阳体"。褚遂良亦以书自名,尝问虞世南曰:"吾书何如智永?"答曰:"吾闻彼一字直五万,君岂得此?"曰:"孰与询?"曰:"吾闻询不择纸笔,皆得如志,君岂得此?"遂良曰:"然则何如?"世南曰:"君若手和笔调,固可贵尚。"遂良大喜。通晚自矜重,以狸毛为笔,复以兔毫,管皆象犀,非是未尝书。

【译文】

欧阳询字信本,是潭州临湘人。父亲欧阳纥,为南朝陈广州刺史,因谋反被杀。按法律规定,欧阳询也应治罪,因逃藏而得免。江总因他是老朋友的儿子,便私自收养了他。欧阳询相貌丑陋,但聪明悟性过人。江总教他读书,他能一目十行,过目不忘,因此他博通经史诸书。在隋朝做官,为太常博士。唐高祖李渊还没有发迹的时候,和他不断交往,李渊登上皇帝的宝座,他多次升迁,至提拔为给事中。

欧阳询最初临摹王羲之的书体,后来用笔险涩刚劲,超过了王羲之,因而自成其体。他随意书写的书信,流传在世上,被人们效法。高丽国曾专门派遣使者,购求他的书法作品,皇帝李渊慨叹说:"高丽人看到他的书法作品,一定会以为他相貌魁伟、仪表堂堂呢!"他曾经在路上看到晋人索靖所书的石碑,详细观看,走出几步,又返回细看,站着看得疲劳了,坐下来再看,最后索性睡在石碑旁边,三天三夜才离去。他对书法艺术的爱好,竟达到这种地步。

唐太宗贞观初年,历任太子率更令、弘文馆学士,封爵渤海男。死时年八十五岁。

欧阳询的儿子欧阳通,唐高宗仪凤年间历升至中书舍人。母死,应在家守孝,皇帝下令照旧任官供职,不许在家守孝。欧阳通每次上朝都光着脚走路,直至朝门。夜里值班,睡觉只铺一张草席。不为公事,概不说话,回家以后就放声大哭。因遇上灾荒年,母亲的灵柩未能下葬,在丧室中守了四年,从未脱去孝服。在冬天,家人偷偷地在他睡的草席下铺上毛毡和棉絮,欧阳通发现,立即撤去。后来他历升为殿中监,封爵渤海子。武则天天授初年,转为司礼卿、判纳言事。任辅政大臣一个多月,正逢凤阁舍人张嘉福奏请武承嗣为太子,欧阳通和岑长倩坚持反对,因此得罪了武氏诸人。岑长倩被投入监狱,以大逆不道的罪名判了死刑,酷吏来俊臣诬告欧阳通与岑长倩同谋,欧阳通虽被毒刑拷打,始终不肯承认,于是来俊臣替他拟供词,把他处死。中宗神龙初年,追复原来的官爵。

欧阳通早年死了父亲,他母亲徐氏教他学习父亲的书法,怕他不能继承父业,曾给他钱让他去购买父亲的手迹,于是欧阳通刻意模仿,以求得功名,过了几年,他的书法水平仅仅次于父亲欧阳询,因此父子齐名,号称"大小欧阳体"。褚遂良也以书法著名,褚遂良曾问虞世南："我的书法比智永怎么样?"虞世南回答说："我听说智永的字,一字值五万钱,你的字怎么能达到这一点?"褚遂良又问:"比欧阳询怎么样?"虞世南回答:"我听说欧阳询写字,不论纸笔好坏,都能写出他的水平,你怎么能达到这一点?"褚遂良说:"那么我的书法到底怎样?"虞世南说:"你若写顺了手,笔也合适,写出字来,也是可贵的作品。"褚遂良非常高兴。欧阳通晚年更加矜持持重,用狸毛作笔尖,外面再加一层兔毛,笔管都是用象牙犀牛角做的,若不是这样的笔,从不肯动手书写。

王勃传

【题解】

王勃(649 或 650~675 或 676),初唐诗人。字子安,绛州龙门(今山西河津)人。祖父王通是隋末著名学者,号文中子。王勃少有文名,仕途却屡屡失意,曾任沛王府,后任虢州参军,因罪革职。渡海赴交趾省之时,溺水而死。

王勃与杨炯、卢照邻、骆宾王并称"初唐四杰"。他的文学主张崇尚实用,反对当时"争构纤微,竞为雕刻"的绮靡诗风。其创作体现了南朝余风向唐朝新声的过渡。他的诗清新质朴,以离别怀乡之作最为出色;赋和文多是骈体,《滕王阁序》堪称绝唱。此外,他还写作了大量学术著作,涉及天文、医学、哲学等许多方面。

王勃

作品大多散佚,今存《王子安集》。

【原文】

王勃字子安,绛州龙门人。六岁善文辞,九岁得颜师古注《汉书》读之,作《指瑕》以擿其失。麟德初,刘祥道巡行关内,勃上书自陈,祥道表于朝,对策高第。年未及冠,授朝散郎,数献颂阙下。沛王闻其名,召署府修撰,论次《平台秘略》。书成,王爱重之。是时,诸王斗鸡,勃戏为文檄英王鸡,高宗怒曰:"是且交构。"斥出府。

勃既废,客剑南。尝登葛愦山旷望,慨然思诸葛亮之功,赋诗见情。闻虢州多药草,求补参军。倚才陵藉,为僚吏共嫉。官奴曹达抵罪,匿勃所,惧事泄,辄杀之。事觉当诛,会赦除名。父福畤,繇雍州司功参军坐勃故左迁交趾令。勃往省,度海溺水,疾而卒,年二十九。

初,道出锺陵,九月九日都督大宴滕王阁,宿命其婿作序以夸客,因出纸笔遍请客,莫敢当,至勃,泛然不辞。都督怒,起更衣,遣吏伺其文辄报。一再报,语益奇,乃矍然曰:"天才也!"请遂成文,极欢罢。勃属文,初不精思,先磨墨数升,则酣饮,引被覆面卧,及寤,援笔成篇,不易一字,时人谓勃为腹稿。尤喜著书。

初,祖通,隋末居白牛溪,教授门人甚众。尝起汉、魏尽晋作书百二十篇,以续古《尚书》,后亡其序,有录无书者十篇,勃补完缺逸,定著二十五篇。尝谓人子不可不知医,时长安曹元有秘术,勃从之游,尽得其要。尝读《易》,夜梦若有告者曰:"《易》,有太极,子勉思之。"寤而作《易发挥》数篇,至《晋卦》,会病止。又谓:"王者乘土王,世五十,数尽千年;乘金王,世四十九,数九百年;乘水王,世二十,数六百年;乘木王,世三十,数八百年;乘火王,世二十,数七百年。天地之常也。自黄帝至汉,五运适周,土复归唐,唐应继周、汉,不可承周、隋短祚。"乃斥魏、晋以降非真主正统,皆五行沴气。遂作《唐家千岁历》。

武后时,李嗣真请以周、汉为二王后,而废周、隋,中宗复用周、隋。天宝中,太平久,上言者多以诡异进,有崔昌者采勃旧说,上《五行应运历》,请承周、汉,废周、隋为闰,右相李林甫亦赞佑之。集公卿议可否,集贤学士卫包、起居舍人阎伯玙上表曰:"都堂集议之夕,四星聚于尾,天意昭然矣。"于是玄宗下诏以唐承汉,黜隋以前帝王,废介、酅公,尊周、汉为二王后,以商为三恪,京城起周武王、汉高祖庙。授崔昌太子赞善大夫,卫包司虞员外郎。杨国忠为右相,自称隋宗,建议复用魏为三恪,周、隋为二王后,酅、介二公复旧封,贬崔昌乌雷尉,卫包夜郎尉,阎伯玙涪川尉。

【译文】

王勃,字子安,绛州龙门(今山西河津)人。六岁时就很会写文章,九岁读颜师古注的《汉书》,并作《指瑕》一文,指出《汉书》中失误之处。麟德(664~665)初年,右相刘祥道巡视关内,王勃上书自荐;祥道上表报告朝廷,王勃于是入朝面试,对答治国方略,果中高第。年纪不满二十岁,还未戴成人的帽子,王勃就被授予朝散郎之职,并且几次献上他自作的赋颂给朝廷。沛王听说他很有文名,就召他到府署担任写作,编著《平台秘略》。书编完了,沛王很重视疼爱他。那时候,诸王都爱斗鸡之戏。王勃为沛王写了一篇带开玩笑的檄文,声讨英王的鸡。高宗知道后,非常愤怒,说:"这是在诸王之间挑拨离间制造矛盾。"于是将他逐出沛王府。

王勃既已被废,便客游剑南。曾登上葛愦山遥望,感慨万端,油然思念起三国蜀汉诸葛亮的功劳,并写诗表达了这种感情。听说虢州(今河南灵宝南)有很多草药,便请求补为虢州参军。他自恃才高,凌驾于他人之上,所以甚为众同僚官吏所嫉恨。有官奴名叫曹达,犯罪当抵偿,躲藏在王勃的住所;王勃生怕事情败露,竟将他杀掉。王勃私杀官奴的事被发觉,论罪当斩。正好遇到大赦,没有处死,只是免掉他的官职。

王勃的父亲王福畤,官职是雍州(今陕西彬县)司功参军,因受王勃的牵累,被贬谪到交趾,(在今越南)当县令。王勃到交趾省亲,中途渡海,沉溺于海水中,因惊恐而引起心悴,以至死亡。他死时才二十九岁。

其初,王勃曾途经锺陵(今江西南昌),正逢九月九日重阳节,都督阎公大宴宾客于滕王阁,他也赴宴。都督事先叫他女婿作篇序文,准备在宴会上向宾客夸耀。为了表示客气,在筵席上取出纸笔,一个个比过去,请客人写序,没有一个敢担当此任的;及至请到王勃,王勃却反而不推辞。都督有些生气了,站了起来,换了件衣服,又派一名小吏去偷看王勃写序文,并让他及时回报。一报,再报,都督听了小吏报告,觉得王勃的序文愈往后写,文句愈是奇警精彩,于是惊讶地说道:"真是天才呀!"便让王勃当即将文章写完,尽欢而罢。

王勃写文章,其初并不太用心精思,先磨墨几升,接着便痛痛快快地喝酒,然后拉被盖着脸,卧床而睡,等醒过来,拿起笔就写,下笔成文,不改动一个字。当时人们说王勃写文先打"腹稿"。他尤其喜欢著书。

原先,王勃的祖父王通,隋朝末年,居住在白牛溪,教授很多学生。曾著书一百二十篇,记汉魏至晋朝的事,用以续古《尚书》。后来书的序文丢失了,有目录而无正文的十篇,王勃补完缺佚的部分,并定著二十五篇。他曾说人子不可不通晓医术,当时长安曹元有秘方,王勃和他交游,学得他的全部要旨。他读《易》经,曾夜梦有人告诉他:"《易》有太极,你勤思之。"醒来就撰写《易发挥》几篇,写至《晋卦》,碰上染病,才中止写作。他又说:"为王者,因土德而王,五十世,尽千年之数;因金德而王,四十九世,有九百年之数;因水德而王,二十世,有六百年之数;因木德而王,三十世,有八百年之数;因火德而王,二十世,有七百年之数。这是天地之常规。自黄帝至汉朝,五德运转,正好一个周期。今天土德复归于唐朝,唐朝应继周朝和汉朝,不可承北周和隋朝之短命。"因此斥责魏、晋以来,不是真主君临天下,也不是承继先朝正统,都属于土、金、水、木、火五行之中的不祥之气。于是著《唐家千岁历》一书。

武则天当皇帝时,李嗣真建议以周朝、汉朝二代帝王的后裔为"二王后",而废除此前以北周、隋朝二代;及至唐中宗时,又恢复北周、隋朝二代后裔为"二王后"。天宝(742~756)中,太平日久,向皇帝进言的,多说些迷信的鬼话,有一个叫崔昌的,采用王勃的旧说,以五德终始推算王朝寿数,写成并献上《五行应运历》一书,请以唐朝直接继承周朝和汉朝,将北周和隋二朝作为"闰",就像闰月那样。右丞相李林甫表示赞同并支持这种说法。于是召集公卿大臣讨论可行或不可行,集贤学士卫包、起居舍人阎伯玙上表说:"在都堂集中讨论《五行应运历》及以周、汉为'二王后'时,这夜四星聚集在尾宿,天意昭昭然。"于是唐玄宗下诏书,声称以唐朝直接承接汉朝,而废隋以前各代帝王,废介公、酅公,而以周、汉为"二王后",以周之前的商代后裔为"三恪",在都城长安建造周武王、汉高祖的祀庙,授予崔昌以太子赞善大夫之职,授予卫包以司虞员外郎之职。后来,杨国忠当宰相,他自称是隋朝帝王杨氏的宗室之后,建议复用北魏后裔为"三恪",而仍以北周、隋朝二代后裔为"二王后",酅公、介公恢复旧封,贬崔昌为乌雷县尉,贬卫包为夜郎县尉,贬阎伯玙为涪川县尉。

李邕传

【题解】

李邕(678~747),字泰和,扬州江都(今属江苏省扬州市)人。其父李善,是著名的《文选》学家。李邕聪明博学,少年即有文名。武则天时,任左拾遗,后历任左台殿中侍御史、户部员外郎、陈州刺史,后为汲郡、北海郡太守,被李林甫所杀。因其最后任北海太守,故人称其为"李北海"。因李邕生性刚直激烈,加之细节不检点,屡遭贬斥、诬陷,以致最后被害。

李邕在当时文名甚著,尤其擅长撰写碑传墓铭。书法亦很著名,最初学王羲之,后来不为王书所拘,自成一体,别具风格,人称"书中仙手"。因他长于碑铭文字,又长于书法,由他撰文或书丹的碑刻很多,传世的碑刻拓本多种,著名的如《麓山寺碑》《东林寺碑》《云麾将军李思训碑》《叶慧明碑》《婆罗树碑》等。

【原文】

李邕字泰和,扬州江都人。父善,有雅行,淹贯古今,不能属辞,故人号"书簏"。显庆中,累擢崇贤馆直学士兼沛王侍读。为《文选注》,敷析渊洽,表上之,赐赉颇渥。除潞王府记室参军,为泾城令,坐与贺兰敏之善,流姚州,遇赦还。居汴、郑间讲授,诸生四远至,传其业,号"《文选》学"。

邕少知名。始善注《文选》,释事而忘意。书成以问邕,邕不敢对,善诘之,邕意欲有所更,善曰:"试为我补益之。"邕附事见义,善以其不可夺,故两书并行。既冠,见特进李峤,自言读书未遍,愿一见秘书。峤曰:"秘阁万卷,岂时日能习邪?"邕固请,乃假直秘书。未几辞去,峤惊,试问奥篇隐帙,了辩如响,峤叹曰:"子且名家!"

李邕《晴热帖》(局部)

峤为内史,与监察御史张廷珪荐邕文高气方直,才任谏诤,乃召拜左拾遗。御史中丞宋璟劾张昌宗等反状,武后不应,邕立阶下大言曰:"璟所陈社稷大计,陛下当听。"后色解,即可璟奏。邕出,或让曰:"子位卑,一忤旨,祸不测。"邕曰:"不如是,名亦不传。"

中宗立,郑普思以方伎幸,擢秘书监。邕陈曰:"陛下躬政日浅,有九重之严,未闻道路横议。今藉藉皆言普思冯诡惑,说妖祥,陛下不知,猥见驱使。孔子曰:'《诗》三百,一言以蔽之,曰:思无邪。'陛下诚以普思术可致长生,则爽鸠氏且因之永有天下,非陛下乃今可得;能致神人邪,秦、汉且因之永有天下,非陛下乃今可得;能致佛法邪,梁武帝且因之永有天下,非陛下乃今可得;能鬼道邪,墨翟、干宝且各献其主,永有天下,非陛下乃今可得。自古尧、舜称圣者,臣观所以行,皆在人事,敦睦九族,平章百姓,不闻以鬼神道治天下,惟陛下省察。"不纳。

五王诛,坐善张柬之,出为南和令,贬富州司户参军事。韦氏平,召拜左台殿中侍御史,弹劾任职,人颇惮之。谯王重福谋反,邕与洛州司马崔日知捕支党,迁户部员外郎。岑羲、崔湜恶日用,而邕与之交,玄宗在东宫,邕及崔隐甫、倪若水同被礼遇,羲等忌之,贬邕舍城丞。玄宗即位,召为户部郎中。张廷珪为黄门侍郎,而姜皎方幸,共援邕为御史中丞。姚崇疾邕险躁,左迁括州司马,起为陈州刺史。

帝封太山还,邕见帝汴州,诏献辞赋,帝悦。然矜肆,自谓且宰相。邕素轻张说,与相恶。会仇人告邕赃贷枉法,下狱当死。许昌男子孔璋上书天子曰:

明主举能而舍过,取才而弃行,烈士抗节,勇者不避死,故晋用林父不以过,汉任陈平不以行,禽息殒身不祈生,北郭碎首不爱死。向若林父诛,陈平死,百里不用,晏婴见逐,是晋无赤狄之土,汉无天子之尊,秦不强,齐不霸矣。伏见陈州刺史邕,刚毅忠烈,难不苟免。往者折二张之角,挫韦氏之锋,虽身受谪屈,而奸谋诅解,即邕有功于国。且邕所能者,拯孤恤穷,救乏赒惠,家无私聚。今闻坐赃下吏,死在旦夕。臣闻生无益于国者,不若杀身以明贤。臣愿以六尺之躯膏铁钺,以代邕死。臣与邕生平不款曲,臣知有邕,邕不知有臣,臣不逮邕明矣。走知贤而举,仁也;任人之患,义也。获二善以死,臣又何求?伏惟陛下宽邕之死,使率德改行。兴林父、曲逆之功,臣得瞑目;附禽息、北郭之迹,大愿毕矣。若以阳和方始,重行大戮,则臣请伏剑,不敢烦有司,皇天后土,实闻臣言。昔吴、楚反,汉得剧孟则不忧,夫以一贤而敌七国之众,伏惟敷含垢之道,弃遐遗之义,远思剧孟,近取于邕。况告成岱宗,天地更新,赦而复论,人谁无罪,惟明主图之。臣闻士为知己者死,臣不为死者所知,而甘之死者,非特惜邕贤,亦以成陛下矜能之慈。

疏奏,邕得减死,贬遵化尉,流璋岭南。邕妻温,复为邕请戍边自赎,曰:

邕少习文章,疾恶如仇,不容于众,邪佞切齿,诸儒侧目。频谪远郡,削迹朝端,不啻十载。岁时叹恋,闻者伤怀。属国家有事泰山,法驾旋路,邕献牛酒,例蒙恩私。妾闻正人用则佞人忧,邕之祸端,故自此始。且邕比任外官,卒无一毁,天意暂顾,罪过旋生。谚曰:"士无贤不肖,入朝见疾。"惟陛下明察。邕初蒙讯责,便系牢户,水不入口者逾五日,气息奄奄,惟吏是听。事生吏口,迫邕手书。贷人蚕种,以为枉法;市罗贡奉,指为奸赃。于时瓯使朝堂,守捉严固,号天诉地,谁肯为闻?泣血去国,投骨荒裔,永无还期。妾愿使邕得充一卒,效力王事,膏涂朔边,骨粪沙壤,成邕夙心。

表入不省。

邕后从中人杨思勖讨岭南贼有功，徙澧州司马。开元二十三年，起为括州刺史，喜兴利除害。复坐诬枉，且得罪，天子识其名，诏勿劾。后历淄、滑二州刺史，上计京师。始，邕早有名，重义爱士，久斥外，不与士大夫接。既入朝，人间传其眉目瑰异，至阡陌聚观，后生望风内谒，门巷填隘。中人临问，索所为文章，且进上。以谗媚不得留，出为汲郡、北海太守。

天宝中，左骁卫兵曹参军柳勣有罪下狱，邕尝遗勣马，故吉温使引邕尝以休咎相语，阴赂遗。宰相李林甫素忌邕，因傅以罪。诏刑部员外郎祁顺之、监察御史罗希奭就郡杖杀之，时年七十。代宗时，赠秘书监。

邕之文，于碑颂是所长，人奉金帛请其文，前后所受巨万计。邕虽诎不进，而文名天下，时称李北海。卢藏用尝谓："邕如干将、莫邪，难与争锋，但虞伤缺耳。"后卒如言。杜甫知邕负谤死，作《八哀诗》，读者伤之。邕资豪放，不能治细行，所在贿谢，畋游自肆，终以败云。

【译文】

李邕字泰和，扬州江都县人。父亲李善，品行高雅，博通古今，但却不善于写文章，因此人称他为"书橱"。唐高宗显庆年间，历升为崇贤馆直学士兼沛王侍读。他作《文选注》，注释详尽、准确，进呈给皇帝，得到优厚的赏赐。又升李善为潞王府记室参军，又任泾城县令，因他和贺兰敏之是好朋友，贺兰敏之犯罪，他被流放到姚州，遇上大赦，回到中原。他在汴州、郑州之间讲学，从学的人从四面八方远道而来，教授他专精的学问，称为"《文选》学"。

李邕从小就有文名。他父亲李善注释《文选》，注重词句和史实，而忽略了文辞的主旨。书注成以后，他问李邕质量如何，李邕不敢说，李善追问，李邕表示想改变一下注释的体例，李善说："你替我补充补充吧。"李邕就注释的史实，道出文章的宗旨，李善也认为李邕的阐释不可或缺，于是两书并传于世。李邕二十岁时，去觐见大官特进李峤，说明来意，称："有些书我还没读到，希望看看内阁的藏书。"李峤说："内阁藏书上万卷，哪能短时间读完？"李邕坚持要看，于是就暂时让他在内阁藏书处值班。没过多久，就辞职而去，李峤很吃惊，便拿藏书中的深奥、冷僻书籍考问他，李邕随问即答，不加思索，李峤赞叹说："你将来要成为专家！"

李峤任内史，和监察御史张廷珪推荐李邕文章写得好，为人又正直，是谏官的材料，于是李邕被任为左拾遗。御史中丞宋璟检举张昌宗等人谋反事实，武则天不理睬，李邕立在殿阶下大声说道："宋璟所奏，事关国家命运，陛下您应该听从。"武则天神色稍微缓和，当时就批准了宋璟的奏章。李邕退出宫殿，有人责备他说："你的官位低，如果违背了皇帝的意旨，会大祸临头的。"李邕说："不这样做，就不能闻名。"

唐中宗即位，郑普思凭借方术爱宠幸，被提拔为秘书监。李邕劝诫说："陛下您亲政的时间尚短,因有天子的威严,听不到社会上的议论。现在外边沸沸扬扬,都说郑普思凭借他的各种诱惑,陈说种种怪异,陛下您不明白,被他驱使。孔子说:'《诗》三百篇,用一句话来概括,即是没有邪恶的念头。'陛下您如果真的认为郑普思的方术能够使人长生不老的话,那么爽鸠氏将会永远统治天下,陛下您的皇帝宝座,现在就不可能得到;如果他的方术能招致神仙,秦朝和汉朝会因此而永远拥有天下,陛下您今天也做不了皇帝;如果他的方术能使人成佛,那么梁武帝会因此而永远拥有天下,今天陛下您的皇帝也做不成;如果他的方术能役鬼施展邪术,那么墨子、干宝会将这种办法献给他们的君主,从而永远拥有天下,今天陛下您也做不了皇帝。自古尧、舜之所以被尊为圣人,我观察他们的所言所行,都是时事人伦,使人家族和睦,百姓安居乐业,没听说用鬼神来治理天下,希望陛下您认真考虑。"中宗不接受他的意见。

张柬之、敬晖、崔玄暐、袁恕己、桓彦范等五位郡王遭贬降,李邕因与张柬之是好朋友,亦被贬出,任南和县令,再贬为富州司户参军事。韦氏之乱被平定,召任李邕为左台殿中侍御,他尽职弹劾不法官员,人们都对他惧怕三分。谯王李重福谋反,李邕和洛州司马崔日知搜捕谯王余党,升任为户部员外郎。岑羲、崔湜与崔日用交恶,李邕却和崔日用来往;玄宗在东宫为太子时,李邕和崔隐甫、倪若水都受到玄宗的礼遇,岑羲等人十分嫉妒,于是贬降李邕为舍城县丞。玄宗即皇帝位,召任李邕为户部郎中。当时张廷珪为黄门侍郎,姜皎又受皇帝的宠幸,二人共同推荐李邕任御史中丞。宰相姚崇讨厌李邕轻薄躁进,把他降为括州司马,后又升为陈州刺史。

玄宗去泰山祭祀返回,李邕在汴州觐见皇帝,玄宗令他献呈歌颂泰山封禅的词赋,看了以后,玄宗很高兴。但是李邕傲慢放肆,自以为将要做宰相。李邕向来看不起丞相张说,二人关系很坏。又遇上仇人告发李邕在官贪赃枉法,李邕被逮捕入狱,判为死罪。许昌人孔璋给天子上书说:

开明的君主,提拔有才能的人,对他的过错,却不去计较,只用其才,而不管他的行为如何,壮烈之士坚持节操,勇敢之士不怕死,因此,晋国任用荀林父,不计较他的过失,汉朝任用陈平,并不计较他的品行,秦国的禽息为荐贤不惜弃生,齐国的北郭骚为劝留晏婴自刎,不惜一死。如果荀林父因有过错被杀,陈平因偷嫂被处死,百里奚因得不到推荐而被弃,晏婴被驱逐,那么晋国得不到赤狄的地盘,汉朝就不会取得天下,秦国也不会强大,齐国也不可能称霸。我听说,陈州刺史李邕,是个刚毅忠烈、不苟且避祸的人。以前为除掉张昌宗、张易之,为摧毁韦氏之乱,虽然受委屈被贬降,但坏人的阴谋被瓦解,李邕对国家是有功的。再说,李邕在官位上,能做到的都做了,他拯救孤寡,抚恤穷人,解救贫乏,普施恩惠,而且不聚集私产。现在听说他因贪赃而被投入监狱,不日就要被处死。我崇仰这样的信条:人生在世上如不能做出对国家有益的事情,不如舍弃生命,为贤人申明冤屈。我情愿用我的六尺之身服刑而死,代替李邕。我和李邕一向没有交往,我知道有个李邕,李邕却不知道有孔璋这个人,我比不上李邕,这是明摆着的。知道他是贤人加以举荐,这是仁的表现;能替人承担祸患,这是义的表现。能以一死得到仁义的好名声,我还想得到什么？我希望陛下您宽免李邕的死罪，让他改过自新，去建立荀林父、陈平那样的功业，我死也瞑目了；让他象禽息、北郭骚那样为国家舍生忘死，我的愿望也就达到了。如果陛下刚刚即位就杀戮大臣，我请求伏剑自刎，不敢麻烦行刑官。皇天在上，会听从我的忠直之言的。过去吴、楚等七国之乱，汉朝得到剧孟这员战将，就不必担心，以一员战将能抵挡七国的兵众，我以为，君主应该宽容大度，不计较小节的失误，这样就会得到人才，远有剧孟，近有李邕。况且陛下已封禅泰山，向上天报告了成功，天下面目为之一新，如把已赦免了的罪人重新判罪，那谁会没有罪过呢？希望贤明的陛下认真考虑。我听说过"士为知己者死"这句古训，被判死罪的李邕并不了解我，我之所以甘心替他而死，不只是出于可惜李邕的才能，也想成全陛下您爱护人才的慈悲之心。

这封书信上奏给皇帝，结果李邕免去死罪，贬降为遵化县尉，孔璋被流放到岭南。李邕的妻子温氏，又向朝廷请求，让李邕去守卫边境，以此来赎罪，她说：

李邕年少时读书习文，养成疾恶如仇的性格，因此不被众人所容，邪恶的人对他恨得咬牙切齿，读书人因嫉妒对他怒目而视。他多次被贬降到边远地区，朝廷中再没有他的踪迹，这样度过了十多年。他时时刻刻为离开朝廷而伤叹，使人听了以后，也替他伤心。陛下去泰山封禅，圣驾返回的路上，李邕向皇帝贡献牛酒，受到皇帝的恩赐。我听说过，正人君子被任用，奸恶小人就担忧，李邕的灾难，就发端于此。再者李邕连年在外地任官，没有一个人出来毁谤他，但是一旦陛下对他产生好感，马上就被加上种种罪名。常言说："不管是贤才或者不肖之徒，只要进入朝廷，就被人嫉妒。"这一点请陛下您明辨是非。李邕刚被审讯，就投入监狱，五天五夜，汤水未进，被折磨得只剩一口气，只有听从狱吏的摆布。罪名由狱吏口述，逼迫李邕亲笔书写。贷给百姓蚕种，被说成是枉法；收购丝罗贡献给朝廷，被诬告为贪赃。当时的投诉衙门，被严密封锁，尽管你呼天唤地，谁肯替他上诉？他满怀悲愤，离开京师，投身边地，且永远没有归还的日期。我希望让李邕充当一名军卒，在边境为国家效力，血染边壤，身埋黄沙，以成全李邕平生报国之心。

这封书信送上去，没有被理睬。

后来李邕跟随内臣杨思勗征伐岭南的盗贼，立了功，升任澧州司马。开元二十三年，又起用为括州刺史。因他喜欢兴利除害，又被诬告，将要判罪，因皇帝记住了他的名字，下令不要弹劾。后来李邕历任淄、滑二州刺史，进京述职。起初，李邕很早就出了名，重义气，爱惜人才，因长年被贬在外地，与京师的官员没有接触。他进京以后，人们传说他的长相特别怪异，在道路上围观他，年轻的后生，闻风纷纷去拜访，街巷都挤满了人。朝廷的内臣也来问候，并索取他的文章，将要呈送皇帝。因遭受谗言、嫉妒，不能留在京师，外任为汲郡、北海太守。

天宝年间，左骁卫兵曹参军柳勣有罪被逮捕入狱，因李邕曾赠送给他一匹马，于是吉温逼迫柳勣供出李邕，说李邕曾向他陈说朝廷的吉凶祸福，并暗中贿赂他财物。宰相李林甫一向忌恨李邕，便趁机给他加以罪名。传旨刑部员外郎祁顺之、监察御史罗希奭去北海郡就地处死李邕。时年七十岁。唐代宗时，追赠秘书监衔。

李邕的文章,擅长作碑铭颂文,人们拿黄金丝帛为礼请他撰文,前后所收的润笔钱,以万万计。李邕虽然官运不通,却以文章闻名天下,当时人称他为"李北海"。卢藏用曾说:"李邕的为人,好像宝剑干将、莫邪,人们很难和他争锋,但担心宝剑会断刃。"李邕的下场,正和卢藏用说的那样。杜甫知道李邕是被诽谤而死,为此作了《八哀诗》,读者也为李邕伤心。李邕生性豪放,不拘细节,他所到之处,接受贿赂酬谢,任意打猎游玩,最终因此而败亡。

李白传

【题解】

李白(701~762),唐代大诗人。字太白,号青莲居士。祖籍陇西成纪(今甘肃秦安),出生于碎叶(今苏联托克马克),后迁绵州昌隆(今四川江油)青莲乡。少年时即显露才华,博学广览,吟诗作赋。二十多岁出蜀,漫游长江、黄河流域。天宝元年,受玉真公主推荐,被唐玄宗召为翰林供奉。不久辞官,继续过漫游隐居生活。安史之乱时,曾从永王李璘起兵,为唐肃宗所败。李白因此获罪,长席夜郎,遇赦东归。晚年流落江南一带,病逝于当涂。

李白是中国诗歌史上一位伟大诗人,今存诗九百余首。在诗中,他表现出蔑视权贵的傲岸精神,对当时的黑暗政治作了深刻批判,抒发了建功立业、报效国家的理想。李白"一生好入名山游",写下大量描绘自然风景的诗篇,表达出对祖国河山的热爱。李白还写了大量歌唱爱情和友谊的诗篇,感情真挚,具有很强的艺术感染力。由于李白受儒、道及纵横家的思想影响很深,他的某些诗作宣扬人生若梦,表现及时行乐的虚无思想和宗教迷信思想。

李白在各种诗歌体裁的创作上都取得了很高的成就,尤擅形式比较自由的古诗和绝句。他的诗风雄奇豪放,想象丰富,语言朴素自然,善于运用夸张的手法、生动的比喻来表现他热烈奔放的思想感情。他善

李白

于从民歌、神话中吸取营养,构成其特有的瑰玮绚烂的色彩,是屈原以来积极浪漫主义诗

歌的新高峰。

李白的诗歌影响深远，其散文和词的创作也留下若干佳作。有多种《李白文集》
传世。

【原文】

李白字太白，兴圣皇帝九世孙。其先隋末以罪徙西域，神龙初，遁还，客巴西。白之
生，母梦长庚星，因以命之。十岁通诗书，既长，隐岷山。州举有道，不应。苏颋为益州长
史，见白异之，曰："是子天才英特，少益以学，可比相如。"然喜纵横术，击剑，为任侠，轻财
重施。更客任城，与孔巢父、韩准、裴政、张叔明、陶沔居徂徕山，日沉饮，号"竹溪六逸"。

天宝初，南入会稽，与吴筠善，筠被召，故白亦至长安。往见贺知章，知章见其文，叹
曰："子，谪仙人也！"言于玄宗，召见金銮殿，论当世事，奏颂一篇。帝赐食，亲为调羹，有
诏供奉翰林。白犹与饮徒醉于市。帝坐沉香子亭，意有所感，欲得白为乐章，召入，而白
已醉，左右以水颒面，稍解，授笔成文，婉丽精切，无留思。帝爱其才，数宴见。白尝侍帝，
醉，使高力士脱靴。力士素贵，耻之，摘其诗以激杨贵妃，帝欲官白，妃辄沮止。白自知不
为亲近所容，益骜放不自修，与知章、李适之、汝阳王琎、崔宗之、苏晋、张旭、焦遂为"酒八
仙人"。恳求还山，帝赐金放还。白浮游四方，尝乘月与崔宗之自采石至金陵，著宫锦袍
坐舟中，旁若无人。

安禄山反，转侧宿松、匡庐间，永王璘辟为府僚佐。璘起兵，逃还彭泽；璘败，当诛。
初，白游并州，见郭子仪，奇之。子仪尝犯法，白为救免。至是子仪请解官以赎，有诏长流
夜郎。会赦，还寻阳，坐事下狱。时宋若思将吴兵三千赴河南，道寻阳，释囚辟为参谋，未
几辞职。李阳冰为当涂令，白依之。代宗立，以左拾遗召，而白已卒，年六十余。

白晚好黄老，度牛渚矶至姑孰，悦谢家青山，欲终焉。及卒，葬东麓。元和末，宣歙观
察使范传正祭其冢，禁樵采。访后裔，惟二孙女嫁为民妻，进止仍有风范，因泣曰："先祖
志在青山，顷葬东麓。非本意，"传正为改葬，立二碑焉。告二女，将改妻士族，辞以孤穷
失身，命也，不愿更嫁。传正嘉叹，复其夫徭役。

文宗时，诏以白歌诗、裴旻剑舞、张旭草书为"三绝"。

【译文】

李白，字太白，兴圣皇帝第九代孙。他的祖先于隋朝末年因罪被流放到西域。神龙
（705~707）初年，他的父辈从西域逃回来，客居于巴西（在今四川江油）。

李白诞生的时候，他母亲梦见太白星，因而取其字为太白。十岁时就通读诗书，及至
长大成人，隐居于岷山。当时所在州郡以有道科举荐他，他没有应举。苏颋为益州（今四
川成都）长史时，见到李白，感到惊异，说："这个青年天才英特，如果再稍加努力，增加点
学问，便可以同汉代的司马相如相比。"然而李白喜欢纵横家的那一套术数，学击剑，想当
个游侠之士，轻财好施。

后来，李白又客居任城(今山东济宁)，和孔巢父、韩准、裴政、张叔明、陶沔居于徂来山，成日酣饮沉醉，当时号称"竹溪六逸"。

天宝初年，李白南游到会稽(今浙江绍兴)，和吴筠友善。吴筠被召入京，所以李白也到了长安。

李白在长安，去拜见贺知章；贺知章见到他的诗文，感叹地说："您，是个天上贬下人间的仙人啊。"并在玄宗面前说起，玄宗于是在金銮殿召见李白，论当代的大事，献上一篇赋颂。玄宗皇帝赐李白吃的东西，并亲自为他调羹，下诏命他为翰林供奉。李白和酒徒还在街市中醉酒，玄宗皇帝坐在沉香子亭。忽然意有所感，想要听演奏歌唱李白的歌词，于是召李白入宫，而李白已经醉倒，左右侍从用水洗他的面，酒醉稍醒，拿笔给他，他提起笔一挥而就，下笔成文，辞章婉转华丽，意精旨切，一气呵成，不留余思。玄宗皇帝爱他的才华，几次召见宴请。李白曾经陪玄宗皇帝饮酒，醉了，让高力士为他脱鞋。

《李诗选集》书影

高力士平素为朝中显贵，当替李白脱鞋，深以为耻，于是挑剔他诗中的毛病，并加以附会，以激怒杨贵妃。玄宗皇帝想让李白当官，杨贵妃总是从中作梗加以阻止。

李白自己知道不被玄宗的亲近所容忍，愈加桀骜不群，放荡不羁，和贺知章、李适之、汝阳王李琎、崔宗之、苏晋、张旭、焦遂并称为"酒中八仙人"。李白恳求引退还山，玄宗皇帝也就赐给他金帛，让他回去。

李白浮游漂泊于四方，曾经于夜间借着月色，和崔宗之乘船从采石矶至金陵(今江苏南京)，身上穿着皇帝所赐宫锦袍，坐在船中，旁若无人。

安禄山起兵造反，天下大乱，李白辗转于宿松(今属安徽)和匡庐(今江西庐山)之间。永王李璘聘请他到幕下当僚佐，及至永王起兵，心怀不轨，他即逃回彭泽(今属江西)；永王失败了，李白论罪当斩。其初，李白游并州(今山西太原)曾见郭子仪，暗暗称奇。当时郭子仪曾犯法，应受处罚，李白救了他，他才免受处罚。及至李白论罪当诛的时候，郭子仪愿解除官职以赎李白之罪，于是他得免于一死，朝廷下诏，把他长期流放夜郎。正好碰上大赦，又回浔阳(今江西九江)，因事获罪下狱。那时宋若思率领吴地之兵三千人将赴河南(今河南洛阳)，道经浔阳，将李白释放了，并聘请他为行军参谋，没多久，又辞

高力士为李白脱靴

去参谋之职。李阳冰任当涂(令属安徽)县令,李白去投奔他。代宗即帝位后,召李白任左拾遗之职,而这时李白已经逝世了,终年六十余岁。

李白晚年颇好黄老之学,经牛渚矶来到姑孰(今安徽当涂),喜欢谢朓终老的青山,他也想在此地终老。等他死了,先葬在龙山东麓。元和末年,宣歙观察使范传正到姑孰祭奠他的墓,并下令禁止在李白坟墓周围采樵和放牧。范传正访问李白的后裔,只有嫁给平民为妻的两个孙女,行为举止仍然保持着斯文世家的风范。她们见了范传正,哭泣地说:"先祖志在青山,临时葬在龙山东麓,不是他的本意。"于是改葬于青山,并立了两通石碑。他还告诉李白的两位孙女,要将她们改嫁给士族为妻;两位孙女辞谢说孤独穷苦而失身于平民,是命该如此,不愿再嫁。范传正嘉奖感叹不已,免除其夫的徭役。

唐文宗时,下诏以李白的歌诗,斐旻的剑舞,张旭的草书,合称"三绝"。

张旭传

【题解】

张旭,字伯高,苏州吴县(今江苏苏州市)人。因他曾任左率府长史,因此世称他为"张长史"。他是唐代著名书法家,以草书最为驰名,被人称为"草圣"。他往往醉后作书,被人称为"张颠"。他的草书气势跌宕,连绵缠绕,富于神韵。僧怀素继承了他的笔法,发展为狂草,怀素自称他"以狂继颠"(见其《自叙帖》),人称"颠张醉素"。唐文宗称李白的诗歌、裴旻的舞剑和张旭的草书为"三绝"。传世碑刻拓本有《尚书省郎官石记》,

墨迹有《草书古诗四帖》等。

【原文】

旭,苏州吴人。嗜酒,每大醉,呼叫狂走,乃下笔,或以头濡墨而书,既醒自视,以为神,不可复得也,世呼张颠。

张旭《草书古诗四帖》(局部)

初,仕为常熟尉,有老人陈牒求判,宿昔又来,旭怒其烦,责之。老人曰:"观公笔奇妙,欲以藏家尔。"旭因问所藏,尽出其父书,旭视之,天下奇笔也,自是尽其法。旭自言,始见公主檐夫争道,又闻鼓吹,而得笔法意,观倡公孙舞《剑器》,得其神。后人论书,欧、虞、褚、陆皆有异论,至旭,无非短者。传其法,唯崔邈、颜真卿云。

【译文】

张旭,是苏州吴县人。嗜酒如命,经常喝得大醉,醉后大声呼叫,发疯一样来回狂跑,在这种情况下,才下笔作字。或者手攥自己的头发蘸墨挥洒,酒醒以后,自己审视,认为是神力所书,再也写不出这样的字来了,因此人们称他为"张颠"。

当初,张旭任常熟县尉时,有一个老头儿手拿状纸,求张旭写判词,过了两天,老头儿又来求写,张旭对老人的啰唆感到厌烦而责备他。老头儿说:"我看大人您的笔法奇妙无比，我只不过想收藏您的书法作品罢了。"张旭问他家里还有什么收藏品，老头儿把他父亲的书法作品全拿出来，张旭仔细观看，真是天下的绝妙笔墨，从此尽得其用笔之法。张旭曾说，他看到公主和挑担人争路，又听到乐队的吹打声，从中悟出用笔的意境，欣赏艺人公孙大娘跳《剑器》舞，从中悟出用笔的神韵。后人评论前辈书法成就，对欧阳询、虞世南、褚遂良、陆东之等人都有不同意见，说到张旭，众口一词，没人能指出他的不足之处。能继承他的书法艺术的人，只有崔邈和颜真卿。

郑虔传

【题解】

郑虔，生卒年不详，字弱齐，唐郑州荥阳（今属河南省）人。天宝初年任协律郎，因有人告发他私撰国史，被流放在外十年。唐玄宗赏识他的才华，开元二十五年任广文馆博士。安禄山反叛，郑虔被劫住洛阳，任他为水部郎中。安禄山被平定，郑虔被囚禁，后贬为台州司户参军，死于任所。

郑虔是唐代著名画家，亦善诗文书法，他曾将诗书画献给唐玄宗，玄宗称赞他诗书画三绝。他的画长于山水，兼及人物虫鱼。另外他又长于地理之学，对各地的山川、物产、守卫情况十分熟悉，曾著《天宝军防录》。他和李白、杜甫是朋友，杜甫赠诗有"才名四十年，从客寒无毡"之句，对他的才华和清廉加以赞扬。

【原文】

郑虔，郑州荥阳人。天宝初，为协律郎，集掇当世事，著书八十余篇。有窥其稿者，上书告虔私撰国史，虔苍黄焚之，坐谪十年。还京师，玄宗爱其才，欲置左右，以不事事，更为置广文馆，以虔为博士。虔闻命，不知广文曹司何在，诉宰相，宰相曰："上增国学，置广文馆，以居贤者，令后世言广文博士自君始，不亦美乎？"虔乃就职。久之，雨坏庑舍，有司不复修完，寓治国子馆，自是遂废。

初，虔追绅故书可讠志者得四十余篇，国子司业苏源明名其书曰《会粹》。虔善图山水，好书，常苦无纸，于是慈恩寺贮柿叶数屋，遂往日取叶肆书，岁久殆遍。尝自写其诗并画以献，帝大署其尾曰："郑虔三绝。"迁著作郎。

安禄山反，遣张通儒劫百官置东都，伪授虔水部郎中，因称风缓，求摄市令，潜以密章达灵武。贼平，与张通、王维并囚宣阳里。三人者，皆善画，崔圆使绘斋壁，虔等方悸死，即极思祈解于圆，卒免死，贬台州司户参军事，维止下迁。后数年卒。

虔学长于地理，山川险易、方隅物产、兵戍众寡无不详。尝为《天宝军防录》，言典事该。诸儒服其善著书，时号郑广文。在官贫约甚，澹如也。杜甫尝赠以诗曰："才名四十有郑相如者，自沧州来，师事虔，虔未之礼，间问何所业，相如曰："闻孔子称'继周者百世可知'，仆亦能知之。"虔骇然，即曰："开元尽三十午当改元，尽十五年天下乱，贼臣僭位，公当僭伪官，愿守节，可以免。"虔又问："自谓云何？"答曰："相如有官三年，死衢州。"是年及进士第，调信安尉。既三年，虔询吏部，则相如果死，故虔念其言，终不附贼。

【译文】

郑虔，是郑州荥阳县人。天宝初年，任官协律郎，他搜集当代史事，著书八十多篇。有人偷偷地看过他的书稿，便上书告发郑虔私修国史，郑虔急忙把书稿焚烧，因此被贬降了十年。他回到京城以后，唐玄宗很欣赏他的才能，想把他安排在自己身边，不管任何具体事务，于是设置了广文馆，任郑虔为广文馆博士。郑虔得到任命，不知道广文馆这个机构在哪里，便去找宰相诉苦，宰相说："皇帝陛下下令扩充国立大学，增设广文馆，来安排有贤德的人，让后代人说起广文博士是从你开始的，这不是很好吗？"这样郑虔才走马上任。过了很久，大雨毁坏了广文馆的房屋，有关部门也不加修复，借住在国子馆内，从此广文馆被废弃。

当初，郑虔从旧书中选出有流传价值的文章四十多篇，国子监司业苏源明为这部书起名叫《会粹》。郑虔擅长画山水，好书法，常苦于没有纸张，当时慈恩寺里存放着好几屋子柿树叶，于是他每天去拿些柿叶回来练习书法，时间久了，几屋子柿叶几乎都被他写遍。他曾经书写自己的诗作和绘画献给皇帝唐玄宗，玄宗在他的书画上用大字题写："郑虔三绝。"并升他为著作郎。

安禄山反叛，派张通儒劫持百官往东都洛阳，任郑虔为水部郎中，他声称自己患有风湿病，不胜任水部郎中之职，请求掌管市场条令，他乘职务之便，把奏章秘密送到唐玄宗所在的灵武。叛贼被平定以后，郑虔和张通、王维一起被囚禁在宣阳里。这三个人，都长于绘画，中书令崔圆让他们彩绘自家墙壁，郑虔等人怕被处死，极力请求崔圆解救，终于免去死罪，郑虔被贬降为台州司户参军，王维只是降级处分。过了几年以后，郑虔死去。

郑虔的学问，长于地理，各地山川的险易，地方特产，守兵的多少，他都了解得很详细。他曾写了一本《天宝军防录》，文字简练，叙事详尽，读书人都佩服他善于写书，称他为"郑广文"。他虽然做官，但家中一贫如洗，他却毫不放在心里。杜甫曾赠他诗句说："才名四十年，坐客寒无毡。"

有一个叫郑相如的人，从沧州来，以郑虔为老师，但郑虔却并不以弟子的礼节对待他，有一次郑虔问他有什么学问，郑相如回答说："我听说孔子说过'继承周朝的政权，千百年以后的事情我可以推知'，我也能推知千百年以后的事情"。郑虔听了，大为吃惊，郑相如接着说："开元满三十年必将改换年号，再满十五年将天下大乱，奸臣贼子称王称帝，您老先生必将身受其侮辱，充任伪政权的官员，希望您坚持节操，可以避免祸害。"郑虔又问："你自己的命运怎么样呢？"郑相如回答说："我将当三年官，死于衢州。"当年郑相如考中进士,任信安县尉。过了三年,郑虔向吏部官员打听郑相如的情况,郑相如果然死去,因郑虔记住了郑相如的话,终于没有跟叛贼跑。

王远智传

【题解】

王远智是初唐道士,极具道术,头发能随黑白,知隐微,识天命,测生死,预未来,神奇之至。显然是对道士的一种美化。

【原文】

王远智,系本琅玡,后为扬州人。父昙选,为陈扬州刺史。母昼寝,梦凤集其身,因有娠。浮屠宝志谓昙选曰:"生子当为方士。"

远智少警敏,多通书传,事陶弘景,传其术,为道士。又从臧兢游。陈后主闻其名,召入重阳殿,辩论超诣,甚见咨挹。隋炀帝为晋王,镇扬州,使人介以邀见,少选发白,俄复菜,帝惧,遣之。后幸涿郡,诏远智见临朔宫,帝执弟子礼,咨质仙事,诏京师作玉清玄坛以处之。及幸扬州,远智谓帝不宜远京国,不省。

高祖尚微,远智密语天命。武德中,平王世充,秦王与房玄龄微服过之,远智未识,迎语曰:"中有圣人,非王乎?"乃谂以实。远智曰:"方为太平天子,愿自爱。"太宗立,欲官之,苦辞。贞观九年,诏润州即茅山为观,俾居之。玺诏曰:"省所奏,愿还旧山,已别诏不违雅素,并敕立祠观,以伸曩怀。未知先生早晚至江外,祠舍何当就功?令太史令薛颐等往宣朕意。"

远智多怪言,诧其弟子潘师正曰:"吾少也有累,不得上天,今署少室伯,吾将行。"即沐浴,加冠衣,若寝者,遂卒。或言寿盖百二十六岁云。遗命子绍业曰:"尔年六十五见天子,七十见女君。"调露中,绍业表其言,高宗召见,嗟赏,追赠远智太中大夫,谥升真先生。武后时复召见,皆如其年。又赠金紫光禄大夫。天授中改谥升玄。

【译文】

王远智,祖籍琅玡,后来成为扬州人。父亲昙选,是陈代时扬州刺史。母亲白天睡觉,梦见凤凰停在她身上,便有了身孕。僧人宝志对昙选说:"你生的孩子会成为方士。"

远智小时候便聪明敏捷,对书传很精通,师从陶弘景,得到了他的道术,做了道士。又跟从臧兢游历,陈后主听说他的名后,召他到重阳殿中来,辩论高超,很能为陈后主参谋。隋炀帝当晋王,在扬州,让人引见,王远智马上头发就白了,一会儿又变黑。隋炀帝害怕了,打发他回去。后来巡幸涿郡,让远智到临朔宫相见,炀帝用弟子的礼节对待他,咨询神仙之事,让京师建造玉清玄坛让他居住。等到巡幸扬州,远智对皇帝说不宜远离京国,炀帝不明白。

隋高祖喜欢隐微之事,远智跟他密谈天命。武德年中,平定王世充。秦王与房玄龄穿着便服访问他,远智不认识,迎上去说:"你们当中有圣人,怕不是王吧?"他们才以实情相告。远智说:"将要当太平天子,望自爱。"太宗即位后,打算让他当官,他坚决推辞。贞观九年,下诏在润州即茅山建道观,使他居住在那里。下诏说:"看了你的奏书,想回到原来的山中。已下诏不使你违背素洁之愿,并命令建立祠观,使你实现愿望。不知先生什么时候到江外?道观什么时候建成?命令太史令薛颐等前来告知我的意见。"

远智有很多怪话。对弟子潘师正说:"我小时候有拖累,不得上天。今天当了少室伯,我就要走了。"立刻洗澡,穿戴好衣帽,像是要睡觉似的,便死了。有的人说他年寿大约有一百二十六岁的样子。留给儿子绍业的遗书说:"你年纪六十五岁时见天子,七十岁时见女性君王。"调露年中,绍业说出他的这些话,高宗召见绍,叹赏,追赠远智为太中大夫,谥号升真先生。武后时又召见,都如他所说的年纪。又赠金紫光禄大夫。天授中改谥升玄。